Florek • Neue Trading-Dimension

Erich Florek

NEUE TRADING-DIMENSIONEN

Nutzen Sie das Erfolgspotenzial modernster Börsentechniken

FinanzBuch Verlag München

Die Deutsche Bibliothek – CIP-Einheitsaufnahme
Ein Titeldatensatz für diese Publikation ist bei Der
Deutschen Bibliothek erhältlich

Gesamtbearbeitung: Michael Volk, München
Umschlaggestaltung: Julia Grunow

© 2000 BY FINANZBUCH VERLAG GMBH MÜNCHEN
LANDSHUTER ALLEE 61 • 80637 MÜNCHEN
TEL.: 089-65 12 85 0 • FAX: 089-65 20 96
E-MAIL: FLOREK@FINANZVERLAG.COM

Alle Rechte, einschließlich derjenigen des auszugsweisen Abdrucks sowie der photomechanischen Wiedergabe, vorbehalten.
Dieses Buch will keine spezifischen Anlageempfehlungen geben und enthält lediglich allgemeine Hinweise. Autor, Herausgeber und die zitierten Quellen haften nicht für etwaige Verluste, die aufgrund der Umsetzung ihrer Gedanken und Ideen entstehen.

ISBN 3-932114-19-1

Printed in Spain

Für mehr Bücher: www.finanzverlag.com

Inhaltsverzeichnis

Vorwort zum Buch	011
Danksagungen	013

Teil 1 Einleitung

1 Grundlegende Betrachtungen — 019
- Warum die meisten Analysten falsch liegen? — 019
- Weshalb Menschen an der Börse Geld verlieren? — 030
- Was Sie dagegen tun können? — 044

2 Kennen Sie die Fallstricke der Technischen Analyse? — 067
- Die KISS-Falle — 067
- Bremsklötze — 070
- Die unbekannten Mängel herkömmlicher Chart-Programme — 083
- Popularität von Uralt-Indikatoren — 099
- Starre Anwendung vereinfachter Regeln — 106

Teil 2 Jenseits der traditionellen Chart-Analyse

3 Moderne Chart-Formen der Darstellung — 121
- Herkömmliche Charts — 122
- Three Line Break-, Renko-, Kagi-Chart — 126
- Equivolume- und Candlevolume-Charts — 130
- Support-Resistance Profile — 133
- Market Profile — 135
- Activity Bars — 139

4 Trendlinien-Faszination — 141
- Trendpsychologie — 142
- Die Trendlinien-Differenz-Methode — 143
- Floreks Trendlinien-Kreuzungspunkte — 147
- Bill Wolfe's „Wolfe Waves" — 148

Inhaltsverzeichnis

5	Auf der Suche nach neuen Chart-Formationen	156
	■ Lindas „Turtle Soup"-Formation	156
	■ Pattern	162
	■ Eröffnungskurs-Formationen	167

Teil 3 Die Technischen Indikatoren

6	Unterscheidung der Indikatoren		181

7	Trendfolger		187
	■ Die „Oldies":	Gleitende Durchschnitte	187
		MACD	192
		TRIX	194
	■ Die „Newcomer":	VIDYA	196
		Commodity Channel Index (CCI)	198
		Point of Balance-Indikator	200
	■ Die „Next Generation":	Kaufmanns Adaptive Moving Averages	203
		Relative Momentum Index (RMI)	205
		Polarized Fractal Efficiency	207

8	Momentum-Oszillatoren		210
	■ Die „Oldies":	Momentum	210
		RSI	212
		Stochastik	214
	■ Die „Newcomer":	TD-Rei-Oscillator	217
		Chaikin-Oscillator	219
		Chande Momentum Oscillator (CMO)	221
	■ Die „Next Generation":	Projection Oscillator	223
		Double Smoothed Stochastic (DSS)	225

9	Trendbestimmungs-Indikatoren		228
	■ Die „Oldies":	Directional Movement Index-Konzept (DMI)	228
		ADX-Indikator und seine Handelsstrategien	231
	■ Die „Newcomer":	RAVI-Indikatoren	243
		Random Walk Index	245
	■ Die „Nächste Generation":	AROON Indikator	247

10	Volatilitäts-Indikatoren		250
	■ Die „Oldies":	Standard Deviation-Indikator	253
		6/100er-Historische Volatilität	255
	■ Die „Newcomer":	Vertical Horizontal Filter (VHF)	257
		Chaikins Volatility-Indikator	259
	■ Die „Next Generation":	Dynamic Momentum Index	261

11	Indikator-Generationen im Vergleich	264
	■ Trendfolger-Indikatoren	265
	■ Momentum-Oszillatoren	267
	■ Trendbestimmungs-Indikatoren	269
	■ Volatilitäts-Indikatoren	270

Teil 4   Tricks und Hilfsmittel

12	Der richtige Einsatz von Indikatoren	273
	■ Einzelanalyse	273
	Wie finden Sie die besten Indikator-Einstellungen	273
	Wann verwendet man welche Indikatoren?	279
	■ Formationsanalyse	280
	Indikator-Formationen	281
	Divergenzanalyse	285
	Die Zonenanalyse	299
	■ Floreks Interaktionsanalyse	305
	Das Zusammenspiel der Indikatoren	305
	Indikator-Korrelationen	310
	Die Spread-Analyse zur Selektion von Einzelwerten	315

13	Wie lassen sich Indikatoren verbessern?	323
	■ Die Trendlinienanalyse	323
	■ Indikatoren mit gleitenden Durchschnitten	327
	■ Indikatoren mit Bändern	328
	■ Verweildauer und Reifezeit	331
	■ Mega-Mix-Party	334

14 Techniken, mit denen die Profis Kursziele ermitteln — 337
- Instrumente zur Kursprognose — 338
  - Kursmuster (Wellen, Range Targets, Channel Ranges) — 338
  - Fibonacci-Techniken — 343
  - Trendlinien-Differenzmethode — 352
  - Point & Figure Kurszielbestimmung — 353
  - Ganns Cardinal Squares — 356
- Instrumente zur Bestimmung von Handelsspannen — 360
  - Pivot-Punkte — 360
  - TD-Range Projection — 364
  - Symmetrically Projected Resistances & Supports — 366

Teil 5 Aufbruch in das 21. Jahrhundert

15 Neue Börsenlandschaften voraus — 373
- Politische und gesellschaftliche Bedenken — 373
- Zuküntiger Wirtschaftszyklus — 377
- Merkmale des Informationszeitalters — 382
- Auswirkungen auf das Arbeitsumfeld der Börsianer — 390

16 Einblicke in die Zukunft der Technischen Analyse — 400
- Moderne Kompenenten von Chart- und Analyseprogrammen — 401
- Virtual Reality Trading mit Metaphor Mixer — 405
- Handelssysteme per „LINUX-Effekt" — 407
- Schlusswort — 409

Teil 6 Informationen für Technische Analysten

17 Börsen und Behörden — 413
- US-Börsen — 413
- US-Behörden — 415
- Canada — 415
- Süd- und Lateinamerika — 416
- Deutschland — 417
- Europa — 418
- Osteuropa — 421
- Asien — 423
- Sonstige — 425

18 Internetadressen der Börsen-Profis — 428
- Charting-Software — 428
- Pattern-Software — 428
- Sonstige Börsen-Software — 429
- Computerisierte Trading-Modelle und Handelsstrategien — 430
- Moderne Indikatoren und Studien — 431
- Ausbildung, Seminare, Bücher, Messen und Tipps — 431
- Bücher — 432
- Messen — 433
- Tipps für Investoren und (Day) Trader — 433
- Vereinigungen und Clubs — 434
- Fachzeitschriften und Medien — 434
- Weiterführende Link-Paradiese — 435
- Discount-Broker und Tradingplattformen — 436
- Informationsdienste, Kursdaten und Charts sowie Sonstiges — 436
- Sonstiges — 438
- Optionsschein-Info — 438

19 Programmierbeispiele für MetaStock und TradeStation — 439

20 Literaturverzeichnis — 451
- Bücher — 451
- Zeitschriften — 453

Sachregister — 457

Meinen Eltern

Vorwort

Obwohl sich die Technische Analyse in den letzten Jahren rasant fortentwickelt hat, findet man insbesondere in der deutschsprachigen Fachliteratur kaum Spuren innovativer Ansätze. Bei den meisten Neuerscheinungen handelt es sich oftmals nur um Übersetzungen. Es gibt nur wenige Autoren, die wirklich neue Impulse in ihre Werke einfließen lassen. Die Gründe für diese Misere sind vielfältiger Natur. Hierzulande wäre sicherlich das fehlende Wissen und die Eigenbrötler-Mentalität zu nennen. Anstatt eines gegenseitigen Erfahrungsaustausches, behält man etwaige Erkenntnisse lieber für sich.

Da uns diese ganze Geheimniskrämerei nicht weiter bringt, wurde bei der Erstellung dieses Buches darauf geachtet, dass Sie als Leser mit vielen neuen und modernen Ansätzen der Technischen Analyse, von denen man sonst vielleicht nur in Fachmagazinen oder auf internationalen Kongressen etwas hört, versorgt werden.

Um die jeweiligen Verfahren nicht blindlings übernehmen zu müssen, werden Ihnen zum Teil recht unkonventionelle Instrumente an die Hand gegeben, mit deren Hilfe Sie lernen, die gefährlichen Klippen der Technischen Analyse zu umfahren und selber Strategien für ein eigenständiges Handeln an den Börsen zu entwickeln.

Dieses Buch wird Ihnen dabei nicht nur "goldene Eier" (Fachjargon: "Holy Grails") und zukunftsweisende Visionen der Technischen Analyse präsentieren, sondern auch auf die vorhandenen Mängel eingehen, die oftmals überhaupt nicht bekannt sind und daher auch zu gewissen Fehleinschätzungen geführt haben, was der Technischen Analyse insgesamt geschadet hat.

Trotz aller Fehlerquellen bietet die Technische Analyse ein einzigartiges Spektrum an Analyse- und Trading-Instrumenten. Nutzen Sie dieses Potenzial, um in eine neue Dimension des Trading vorzudringen.

Danksagungen

Ich möchte mich bei einer Reihe von Leuten bedanken, die mich zu diesem Buch inspiriert und mir bei der Fertigstellung geholfen haben. Hätte ich vorher gewusst, was da an freizeitraubenden Schritten auf mich zukommt, würde dieses Buch nur in meinem Kopf herumschwirren, nicht aber vorliegen.

Kein Buch kann ohne die Unterstützung seines Verlages gemacht werden. Daher danke ich Christian Jund und Michael Volk vom FinanzBuchVerlag München, die mich bei diesem Projekt hervorragend unterstützt haben. Ihr Drang, Bücher als drucktechnische Kunstwerke zu publizieren, und diese interessierten Lesern mit Hilfe vieler innovativer Ideen näher zu bringen, hat mir imponiert.

Außerdem möchte ich Stefan Böhm und seinen Mitarbeitern vom BÖRSE N.O.W.-Magazin in Würzburg dafür danken, dass ich meine Artikel-Ideen mit ihrer kreativen Hilfe uneingeschränkt verwirklichen und sie dann auch noch in dieses Buch einbringen durfte.

Bestimmte Ideen und Vorstellungen können sich nur durchsetzen, wenn sie von einer Lobby unterstützt und gefördert werden. Der Erfolg einer solchen Lobby hängt wiederum von organisatorischen Strukturen und vor allem von Personen ab, die sich dort engagieren. Insofern danke ich auch allen Aktiven der Vereinigung Technischer Analysten Deutschland e.V. (VTAD), dessen Mitglied ich bin.

Ich bin sehr froh und dankbar, mich mit einem kleinen Kreis von innovativen Vordenkern der Technischen Analyse und hochspezialisierten Software-Experten austauschen zu können. Zu Ihnen gehören in erster Linie Christian Holzner von Financial Systems, Miroslav Kocur von MK_Informationssysteme, Martin Weiß, Horst Wengert, Roman Becker und Henning Kober. Sie alle gehören zu der Sorte von „Technikern", die die Technische Analyse nicht nur mit ihren eigenen herausragenden Ansätzen voranbringen, sondern sich gegenüber anderen Verfahren auch sehr aufgeschlossen zeigen. Dieser offene Gedankenaustausch hat dazu geführt, dass ich einige meiner Ideen überhaupt verwirklichen konnte. Hierzu haben auch die Verantwortlichen von M.T.H.-Midas Trading House (Ireland) plc beigetragen, die mir die für diese Arbeit notwendigen Freiräume zur Verfügung stellten.

„Auch eine Reise von 1000 Tagen fängt mit dem ersten Schritt an."

Chinesisches Sprichwort

Mein größter Dank gilt allerdings meiner Familie, die mich in den zurückliegenden Jahren auf jede erdenkliche Art und Weise unterstützte, wie auch meiner Lebenspartnerin Renate Simon, die mich auf dieser Reise von 1000 Tagen tatkräftig begleitete, und selbst noch spät abends mein Manuskript korrigierte. Vielen Dank Euch allen.

Erich Florek
Head of Technical Trading,
M.T.H.- Midas Trading House (Ireland) plc

Ziel dieses Buches ist es, ...

... Ihnen die psychologischen Einwirkungen zu verdeutlichen, die Ihr Verhalten an der Börse beeinflussen können.

... Sie auf die typischen Fehlerquellen der Technischen Analyse und die sich daraus ergebenden Gefahren des technisch orientierten Trading hinzuweisen.

... Ihnen innovative und moderne Methoden der Technischen Analyse vorzustellen, mit deren Hilfe Sie Ihre Ansätze von starren Vorgehensweisen und fehlerhaften (Lehrbuch-) Standardregeln befreien können.

... Ihnen aufzuzeigen, wie Sie mit sehr einfachen aber dennoch praxisnahen und anwendungsfreundlichen Verfahren zum Erfolg kommen können.

... Ihnen im Detail zu erläutern, welche Indikatoren Sie wann und wie einsetzen können, um sich eigene Handelsregeln zu erstellen.

... Sie in die Zukunft der Technischen Analyse eintauchen zu lassen, Ihnen interessante Informationsquellen zu nennen und Ihnen die Formeln der neuen Indikatoren bereitzustellen.

> „Markets are never wrong, opinions often are."
> **Jesse Livermore**

Teil Eins

Einleitung

1. Grundlegende Betrachtungen
2. Kennen Sie die Fallstricke der Technischen Analyse?

Die ersten beiden Kapitel dieses Buches sollen Ihnen ein grundlegendes Verständnis für persönliche und methodische Fehlerquellen geben, die Ihrem Erfolg an der Börse im Wege stehen.

Kapitel 1 beschäftigt sich mit den Fragen, warum die meisten Analysten falsch liegen und wir Menschen an den Börsen Geld verlieren. Obwohl viele Börsianer die Gründe ihres Misserfolges zuallererst in den Instrumenten und Methoden suchen, liegen sie eher im eigenen Ego und den damit verbundenen Verhaltensirrationalitäten begründet. Wer die Defizite menschlichen Verhaltens entdeckt hat und sie professionell zu nutzen weiß, dem wird das Tor zum Börsenerfolg automatisch geöffnet.

Das zweite Kapitel gibt Ihnen detaillierte Informationen über die verschiedenen Fehlerquellen der Technischen Analyse. Es werden u.a. auch Mängel vorgestellt, die bisher völlig vernachlässigt wurden.

„Nur wer die Fehler einer Methode kennt, der kann ihre Vorzüge auch richtig nutzen."

1 Grundlegende Betrachtungen

■ Warum die meisten Analysten falsch liegen

...weil irren menschlich ist und weil sich an der Börse seltsame Dinge ereignen!

Schwedische Journalisten haben sich nicht erst seit dem „Elch-Test" einen Namen für ausgefallene Testverfahren gemacht. Die schwedische Zeitung „Expressen" veranstaltete vom 3. August bis 3. September 1993 einen denkwürdigen Test, bei dem gestandene Börsenanalysten gegen einen Schimpansen antraten. Sie sollten aus ihrem Startkapital von je 10.000 Kronen an der Börse möglichst viel Gewinn herausschlagen. Gegen die Profis, die ihre Aktienauswahl mit aufwendigen Research-Methoden untermauerten, trat der Schimpanse „Ola" mit einer simplen Wurftechnik an. Unaufhörlich warf der dreijährige Schimpanse Dartpfeile gegen eine Wand in der Stockholmer Börse, an der Firmenlogos schwedischer Aktiengesellschaften hingen. Einige der so ausgewählten Werte entwickelten sich besser als die Kurse jener Firmen, die die fünf erfahrenen Wertpapierspezialisten ausgewählt hatten. Am Ende der vierwöchigen Veranstaltung war das Konto des Schimpansen auf 11.542 Kronen angewachsen. Der beste Analyst konnte dagegen nur 11.050 Kronen vorweisen – eine Affenschande für ihn und seine Zunft. Der Schimpanse „Ola" wurde danach übrigens Stockholms prominentester Aktienguru.

Wenngleich das Ergebnis überrascht – neu ist diese Erkenntnis nicht: Vor 20 Jahren stellte Burton Malkiels in seinem Buch „A Random Walk Down Wall Street" die These auf, dass Dartspieler an der Börse genauso erfolgreich sein können wie ausgefuchste Analysten, denn Finanzmärkte – so seine Theorie – seien effizient. Da die Börsenkurse bereits alle Informationen widerspiegeln, hätten die Anhänger der fundamentalen Wertpapieranalyse keine Chance

---

„Seltsam ist des Propheten Lied, doppelt seltsam, was geschieht."

Goethe

In deutscher Übersetzung:
Burton G. Malkiel, Börsenerfolg ist kein Zufall, München 2000

[Teil I] Einführung

auf überdurchschnittliche Gewinne. Auch die Versuche der Charttechniker, die Prognosen über künftige Kursentwicklungen aus vergangenen Kursverläufen ableiten wollen, müssten demnach fehlschlagen.

Um das „affige" Ergebnis vergessen zu lassen und die Börsenkurse besser vorhersagen zu können, sind weltweit ganze Heerscharen von Analysten bei den führenden Investmenthäusern beschäftigt. Grundlage ihrer Analysen bilden meist die traditionellen Ansätze der fundamentalen und der Technischen Analyse. Trotz großer Anstrengungen, die Trefferquote der Prognosen zu verbessern, scheitert man noch immer an der Aufgabe der korrekten Vorhersage der Marktentwicklungen. Dies wird besonders deutlich, wenn man sich in der nachfolgenden Abbildung die Erwartungsprognosen einiger Finanzhäuser für bestimmte Kursentwicklungen des Jahres 1997 ansieht.

Stand im Januar 1997		Prognoseziel für 1997		tatsächlich erreicht		Abweichung
DAX	2850	Up	3200	Up	4400	37,5%
Dow Jones	6500	Up	7200	Up	8300	15%
Gold	370	Up	450	Down	280	37,8%
Dollar	1.5400	Up	1.7000	Up	1.8900	11%
Bund-Future	100.85	Up	103.00	Side	105.00	2%

Abbildung 1
Erhebliche Abweichungen der Prognosen

Die Abbildung zeigt auf, welche Abweichungen zwischen den Prognosen für 1997 und den in diesem Jahr tatsächlich erreichten Werten auftraten (siehe rechten Teil der Abbildung). Die Vorhersagen für 1998 und 1999 waren ähnlich enttäuschend. So haben einige Fundamentalanalysten beispielsweise den US-Dollar für 1998 bei 2 DM, das Öl bei 35 $ und den Goldpreis bei 450 $ gesehen, was ebenfalls als eklatante Fehleinschätzung gewertet werden kann. Obwohl der DAX 1998 sogar 6200 Punkte erreichte, konnten sich die Aktienexperten nur 4600 Punkte vorstellen. Es sind also noch immer keine Modelle entwickelt worden, die sichere Vorhersagen ermöglichen. Ähnliche Erkenntnisse sammelte auch Prof. Dr. Reinhart Schmidt von der Uni Halle. In einem n-tv-Interview am 7. Juli 1998 musste er einräumen, dass es nur sehr wenige Häuser gab, die besser als der Index waren, was als Maßstab für die Prognosequalität gilt.

Die Hauptursache für dieses Prognosedebakel ist sicherlich im Befragungsmodus zu finden. Wenn Analysten, ob technisch oder fundamental orientiert, den Kurs eines Wertes für einen bestimmten Stichtag in der Zukunft prognostizieren sollen, mag dies vielleicht für Journalisten und Laien interessant sein, ist in meinen Augen aber schlicht unseriös. Hierbei kommt dem Zufall mehr Bedeutung zu als der Qualität des Analysten. Wer eine imaginäre Glaskugel zum Maßstab macht, legt den Grundstein für Fehlprognosen und Manipulationen. Trotz der Vorhersageprobleme beider Verfahren wird in unserer fundamental und rational geprägten Investmentlandschaft noch immer sehr einseitig mit zweierlei Maß gemessen.

Während sich die Fundamentalanalysten tagein tagaus erstaunliche Fehlprognosen leisten dürfen, ohne dabei irgendwelche Konsequenzen fürchten zu müssen – schließlich sind unvorhersehbare Ereignisse für die Fehlprognosen verantwortlich, nimmt man der Technischen Analyse jede kleine Abweichung der Marktbewegung, jede verpasste Einstiegschance und jeden sonstigen kleinen Fehler sofort übel.

Die ungleiche Bewertung beider Analyseformen liegt vor allem auch in den unterschiedlichen Zielsetzungen begründet. Während die Technische Analyse ein präzises Timing und detaillierte Handelsstrategien fokussiert, deren Erfolg oder Misserfolg für alle kurzfristig sichtbar wird, beruht die Fundamentalanalyse auf eher allgemein gehaltenen, teils unpräzisen und meist langfristig orientierten Floskeln, die oft nur den aktuellen Stand wirtschaftlicher Aktivitäten interpretieren. Da die Fundamentalanalysten ihre Einschätzungen häufig direkt nach der Veröffentlichung von Wirtschaftsdaten oder nach besonderen Ereignissen vornehmen, wirken sie oftmals beeindruckender als sie es eigentlich sind.

Sobald die Aktualität aber nachlässt, geraten Fehlinterpretationen der „Fundis" schnell in Vergessenheit. Im Juli 1998 beispielsweise berichtete ein fundamental orientierter Analyst bei einem DAX-Stand von 6100 in der Sendung „n-tv Telebörse", wie rosig doch die Aussichten für deutsche Aktien seien. Im Oktober behauptete dort der gleiche Analyst, nachdem der DAX über 2000 Punkte gefallen war, dass sich diese Korrektur bereits im Sommer abgezeichnet hätte, da die Kurse damals völlig überbewertet worden seien. Da sich kaum jemand an seine vorherige Aussage vom Juli erinnerte, blieb eine kritische Beurteilung durch die Öffentlichkeit aus.

Ein direkter Vergleich beider Verfahren ist sicherlich schwierig, da sie von völlig unterschiedlichen Ansätzen ausgehen. Um eine eigene Beurteilung vornehmen zu können, sollten Sie sich einfach einmal die Aussagen der verschiedenen Experten notieren und sie über einen längeren Zeitraum analysieren.

[Teil I] Einführung

…weil Analysten ihre Meinungen und Analysen anpassen müssen!

Ein wesentlicher Aspekt, warum Analysten häufig falsch liegen, ist in der „Anpassungsfalle" zu suchen: Da jeder Analyst eher „gebauchpinselt" als „gescholten" werden möchte, neigt er dazu, sein Prognoseverhalten gewissen Erwartungen anzupassen. Hierbei spielen sowohl Erfahrungen, die in der Vergangenheit gemacht wurden, als auch Erwartungen von Kunden, Kollegen oder Vorgesetzten eine wichtige Rolle. Je nachdem, wie früher auf die Analysen reagiert wurde, wird ein Analyst in Zukunft bewusst oder unbewusst versuchen, möglichst nur solche Analysen herauszugeben, die ein positives Feedback versprechen. Die folgende Matrix zeigt ein Schema auf, nach dem Analysten, Sales-Leute und auch Händler bewertet werden.

Abbildung 2
Bewertungsmatrix von Analysten

	Analyst lag richtig!	Analyst lag falsch!
Alle anderen lagen richtig!	o.k.	K.I.T.A.
Alle anderen lagen falsch!	GHETTO	Der Markt ist schuld!

o.k.: Wenn ein Analyst den Markt mit der Mehrheit richtig eingeschätzt hat, erntet er i.d.R. ein positives Feedback und erhält evtl. sogar ein „Schulterklopfen" des Vorgesetzten oder der Kollegen und Kunden. Dies erfolgt insbesondere dann, wenn die ursprüngliche Prognose deren Meinung bestätigte und sie vielleicht sogar veranlasste, eine Position einzugehen. Solche Erlebnisse prägen natürlich jeden Analysten. Um das Gefühl der Wertschätzung häufiger zu erfahren, stellt er die Prognosen in Zukunft sehr eng am Markt, so dass sie möglichst oft erreicht werden. Je mehr er von dem eigentlichen Marktgeschehen abweichen würde, desto größer wäre die Gefahr eines Misserfolges. Da sich dieser quasi in Form eines zu vermeidenden „Liebesentzuges" seitens seiner Gesprächspartner äußern würde, sind markante Abweichungen von der Mehrheitsmeinung in der Branche verpönt („Let's stay in the main stream").

Ghetto: Als Ergebnis dieser Konstellation kann man sich auf ein Lied von „Good Old Elvis" einstimmen („In the Ghetto"), denn anstatt gefeiert und belobigt zu werden, wird man von Vorgesetzten, Kollegen und Kunden, die eventuell eine andere Meinung oder gar Position hatten, verärgert ins Ghetto (Ghetto = Get outta here = verschwinde) geschickt. Man wird als Besserwisser oder als Angeber abgestempelt, der „neunmalklug" auf die Richtigkeit seiner Prognosen hinweisen will. Hat ein junger Analyst erst einmal diese Erfahrung gemacht, weiß er, dass sich eine richtige Prognose nicht immer auszahlt. Für die Karriere eines Bankers ist es bekanntlich sowieso vorteilhafter, sich nicht gegen die Meinung seines Chefs zu stellen, sondern ihm letzten Endes zuzustimmen.

K.I.T.A.: Der Begriff K.I.T.A. stammt ursprünglich aus der betriebswirtschaftlichen Motivationslehre und wurde von Vera Birkenbiehl geprägt. Er steht für „Kick in the aaa ..." (Tritt in den Allerwertesten). Ein solcher Vorfall ist für die Karriere eines Analysten äußerst schädlich. Da das jeder weiß, versucht man durch gleichlautende Prognosen möglichst nicht von der Masse abzuweichen. Diejenigen Analysten, die es dennoch wagen sollten, eine abweichende Analyse einzureichen, werden entweder verspottet oder von ihren Vorgesetzten zurückgepfiffen. Schließlich möchte der Vorgesetzte nicht von Kunden oder den Vorständen seines Hauses eine entsprechende Behandlung erfahren.

So untersagte ein Arbeitgeber beispielsweise seinem Frankfurter Analysten im November 1996 bei einem Stand des Deutschen Aktienindex (DAX) von ca. 2700, öffentlich zu behaupten, dass der DAX binnen 12 Monaten durchaus 3500 Punkte erreichen könnte. Obwohl der DAX in diesem Zeitraum sogar 4400 schaffte, einigte man sich auf einen Wert von 2950, der in die Publikation dieses Hauses einfließen sollte. Schließlich sei das seriöser. In einem anderen Fall wurde einem Münchner Analysten untersagt, den US-Dollar im Frühjahr 1998 schwächer einzustufen, da das Anlagekomitee des Hauses, welches sich vorwiegend aus Vorständen zusammensetzte, die aus der Kredit- oder Immobilienbereich stammten, eine Dollar-Long-Position hatte, und der Vorgesetzte des Analysten nicht gegen die Meinung des omnipotenten Vorstandsvorsitzenden agieren wollte. Obwohl der Analyst den Dollar unter 1,70 DM sah, was nachher auch eintraf, musste er seine Analyse bei einem Stand von 1,83 DM auf neutral umschreiben. Dies ist übrigens in einigen der renommierten Finanzinstituten gängige Praxis. Während das Zurückpfeifen der beiden Analysten dem K.I.T.A. zuzuordnen ist, passen die Resultate auch zu der Beschreibung des „Ghettos".

Der Markt ist schuld: Diese Redewendung ist wiederum einer dieser Schutzröcke, hinter denen sich insbesondere Fundamentalanalysten verstecken, wenn sich der Markt nicht in die vorhergesagte Richtung begeben hat. Sollten andere Häuser ähnliche Einschätzungen gehabt haben, müssen eben unvorhersehbare Ereignisse des Marktes schuld gewesen sein. Schließlich können so viele Analysten und Methoden unter rationellen Gesichtspunkten gar nicht falsch liegen. Insofern begründet man die Fehlprognose gerne mit der Aussage, dass der Markt verrückt gespielt hat, nicht aber die Analysemethoden ineffektiv seien.

Diese Argumentation konnte man übrigens auch im Spätsommer 1998 vorzüglich beobachten. Da mussten plötzlich die schon lange vorher aufgetretenen Asien- und Russland-Krisen, der Absturz des US-Dollars und rezessive Entwicklungen (Verfall der Rohstoffpreise) herhalten, um die fallenden Aktienpreise zu erläutern. Ein Teil dieser Informationen ist wenige Wochen zuvor, als man das ganze Umfeld noch sehr bullish einschätzte, völlig ignoriert worden. Gehen Sie doch mal in ein Nachrichtenarchiv, um die Wirtschaftsnachrichten des Frühsommers 1998 nachzulesen. Trotz solcher Fehleinschätzungen zeigen Kunden und Vorgesetzte vollstes Verständnis für den Analysten, da sie selbst von den irrationalen Marktereignissen überrascht wurden, so dass eine Schelte ausbleibt. Leider muss dieses Argument immer häufiger herhalten. Als Krönung dieser Variante melden sich dann einige Wochen später immer wieder ein paar Experten zu Wort, die behaupten, dass sich diese neue Entwicklung der Märkte schon vor Wochen abgezeichnet hätte. Leider hat man solche Marktmeinungen vorher nicht hören können.

... weil Analysten Informationen selektiv wahrnehmen und unbewusst filtern !

Es gilt als gesichert, dass Menschen nur eine begrenzte Menge an Informationen aufnehmen und verarbeiten können. Um die enorme Informationsflut zu bewältigen, die uns heutzutage sogar orbital erreicht, selektiert jeder Börsianer neu eingehende Informationen nach sehr individuellen Kriterien. Die Auswahl von Informationen wird in erster Linie von

- bestimmten Erfahrungs- und Performancewerten
  (man hört bevorzugt auf Quellen, die häufiger richtig lagen),

[1] Grundlegende Betrachtungen

- den eigenen Erwartungen (wenn man „bullish" ist, dann nimmt man nur entsprechende Nachrichten wahr)

- gewissen Wahrnehmungsprioritäten (Renommee des Absenders, Design, Medium)

- sowie der Zielsetzung und den personenbezogenen Motiven (Gefühle, Anerkennungsstreben, Risikobereitschaft),

gelenkt (siehe Abbildung 3). Hierbei kommt den meisten Akteuren nicht gerade zugute, dass sie schon von frühester Kindheit daran gewöhnt wurden, eingehende Informationen oder neue Situationen so umzuformen, dass sie in ihre Denkkategorien („Schubläden") passen. Wenn man mit Neuem konfrontiert wird, reagiert man sinngemäß mit Aussagen wie: „Das erinnert mich an ..." oder „Das ist wie ...". Trader sagen dagegen häufig: „Das sieht so aus, wie das letzte ...".

Die individuelle, zielgerichtete und häufig auch zweckorientierte Verarbeitung von Informationen führt dazu, dass bestimmte Daten übergewichtet oder nur diejenigen wahrgenommen werden, die die eigene Anlagestrategie unterstützen. Schließlich muss man seine bisherige Meinung irgendwie rechtfertigen. Informationen, die sich in kein bekanntes Schema pressen lassen, werden herausgefiltert, vereinfacht, meinungskonform ergänzt oder nach dem Prinzip der Ähnlichkeit subjektiv eingestuft. Da sich kaum ein Marktteilnehmer diesen Prozessen entziehen kann, sind eklatante Fehlprognosen vorprogrammiert.

Besonders problematisch ist die Tatsache, dass sich die Finanzjournalisten, Analysten und Investoren gegenseitig beeinflussen und somit Rückkoppelungseffekte entstehen, die die ganze

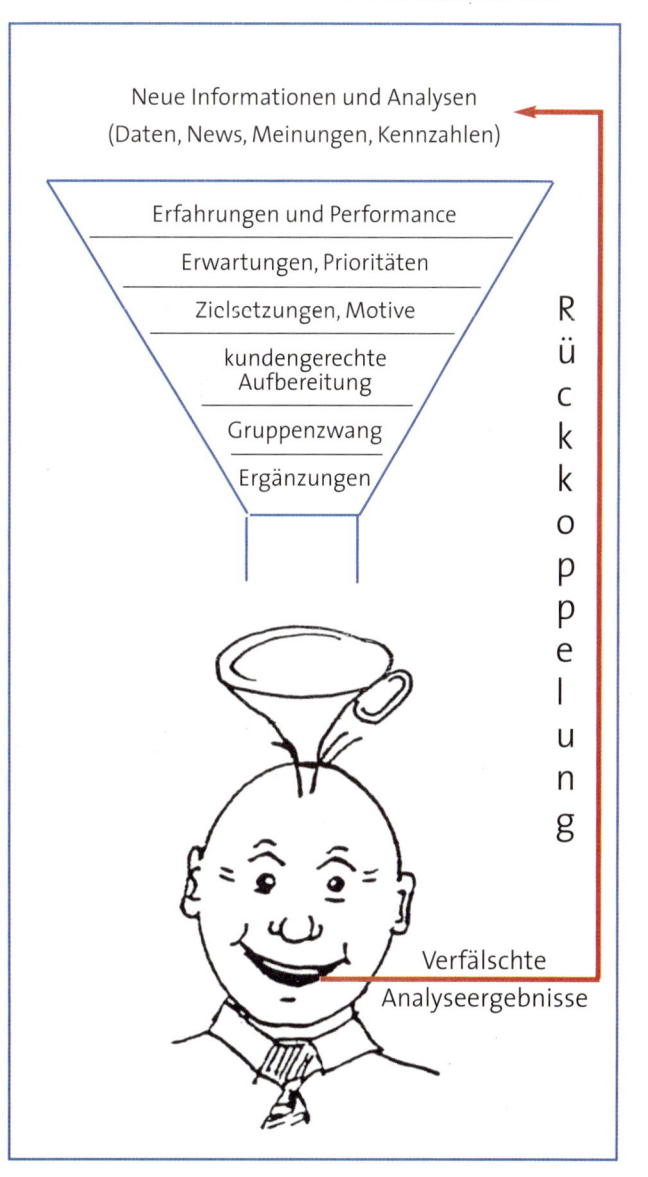

Abbildung 3
Der Informationsfilter

Misere noch verstärken. Während zum Beispiel Nachrichtenagenturen elektronische Handelsplattformen anbieten, die von Finanzinstituten genutzt werden (z. B. Reuters Dealing), gibt es umgekehrt Bestrebungen der Finanzwelt, stärkeren Einfluss auf die Medien auszuüben und eigene, kundenwirksame Nachrichten einzubringen. Dadurch ist oftmals eine gegenseitige Abhängigkeit der handelnden Akteure zu beobachten, die sich wie folgt schildern lässt:

> *Finanzjournalisten werden von Analysten und sonstigen Marktteilnehmern mit Informationen, Einschätzungen und Nachrichten versorgt, die sie dann mediengerecht aufgearbeitet (noch ein Filter!) über ihre Distributionskanäle an die Börsenakteure weiterreichen. Diese versuchen wiederum, wie Alchemisten bei ihrem Bemühen, Blei in Gold umzuwandeln, die Informationen in Handelsstrategien umzumünzen, was entsprechende Marktbewegungen zur Folge haben kann.*

Weil sich insbesondere diese drei Parteien gegenseitig als Informationsquellen nutzen, entstehen immer wieder bestimmte Informationskreisläufe, die sogar eine massenpsychologisch bedingte Lawine der Emotionen ins Rollen bringen kann. Viele Analysten tendieren nämlich schnell dazu, Markteinschätzungen erfolgreicher Kollegen oder renommierter Häuser als eigene Meinung weiterzureichen, wenn ihre Auswertungen in letzter Zeit nicht so gefruchtet haben. Dadurch werden natürlich bestimmte Marktmeinungen noch verstärkt, andere wiederum völlig außer Acht gelassen.

Da Marktteilnehmer und Journalisten Zeit für die Umsetzung der Informationen bzw. für ihre Entscheidungsfindung benötigen, erfolgt die Rückkoppelung der Informationen zum Teil mit einer zeitlichen Verzögerung. Dies erklärt, warum viele Informationen und Analysen häufig hoffnungslos hinter dem tatsächlichen Marktgeschehen herhinken. Warum finden die so genannten Sentiment-Indikatoren wohl sonst gerade an markanten Wendepunkten im Markt Massenmeinungen vor, die ihre Gültigkeit längst verloren haben. „Was die Masse macht, muss nicht immer stimmen", lautet daher auch eine der vielen Börsenweisheiten.

Die Börse ist den Nachrichten aber nicht nur deshalb immer voraus. Vielmehr spielt hier eine Fähigkeit des Menschen eine Rolle, die ihm in der Evolutionsgeschichte das Überleben gesichert hat. Der Mensch versucht nämlich, bestimmte Ereignisse vorweg zu ahnen, indem er die aktuelle Situation analysiert und das Ergebnis mit Hilfe bestimmter Erfahrungswerte sowie

Ergänzungsprozesse in die Zukunft transformiert. Treffen seine Erwartungen ein, fällt die Reaktion bescheiden aus, obwohl beispielsweise eine bestimmte Kennzahl als enorm wichtig angekündigt wurde. Den größten Einfluss haben daher Ereignisse, die von niemanden erwartet wurden. Es bleibt also die Frage, ob man sich auf fundamentale Daten, Analysen und fremde Marktmeinungen verlassen kann. Die Antwort dürfte lauten: Nur sehr bedingt.

... weil Analysten ihre subjektiven Erwartungen nicht ablegen können !

Analysten und Anleger neigen dazu, Erfahrungen der Vergangenheit nahezu unverändert in die Zukunft zu projizieren. Aus den Erfahrungswerten ergibt sich in der Regel eine bestimmte Erwartungshaltung, die wiederum die Auswahl von Informationen beeinflusst. Oftmals kommt es nämlich weniger auf die Qualität der Informationen an, als darauf, ob und inwieweit sie mit der eigenen Erwartungshaltung oder mit der des Marktes übereinstimmen. Dabei gilt:

- Je häufiger eine Hypothese in der Vergangenheit bestätigt wurde oder je profitabler sie war, desto weniger Informationen sind zukünftig nötig, um sie erneut zu favorisieren. Leider bergen solche Erfahrungsmuster aber auch gewisse Gefahren: Crash-Tage sind nämlich nicht immer Kauftage und Top-Quellen irren sich auch mal !

- Je stärker eine Information den eigenen Erwartungen und Positionen entgegenkommt, desto höher ist deren Glaubwürdigkeit und desto schwieriger ist deren Widerlegung. Gemäß der „Wishful-Thinking"-Theorie werden wünschenswerten Zuständen höhere Wahrscheinlichkeiten des Eintreffens zugeschrieben als unerwünschten.

- Die Menge an Informationen, die nötig ist, um eine bestehende Erwartung zu widerlegen, muss umso größer sein, je sicherer sich ein Analyst seiner Erwartung ist.

Da die Erwartungen nicht immer auf der Basis wirtschaftlicher Fakten geformt werden, sondern den Versuch darstellen, die Meinung der anderen Marktteilnehmer vorherzusagen, beziehen sich immer mehr Nachrichten-

[Teil I] Einführung

konzepte auf die Darstellung der möglichen Erwartungen, was Tür und Tor für Informationsverfälschungen öffnet. Wenn sich jedoch alle an Erwartungen klammern, die in der Vergangenheit bestätigt wurden, dann können kurioserweise auch massenpsychologisch bedingte Phänomene wie der Herdentrieb oder die „Self-Fulfilling-Prophecy"-Effekte entstehen. Diese mehr oder weniger unbewusste Ausrichtung der Prognosen an Erwartungswerten ist sicherlich ein Grund dafür, dass die Märkte manchmal auch ganz ähnliche oder sogar deckungsgleiche Verlaufsmuster aufzeigen.

…weil Analysten nur eine begrenzte Vorstellungskraft haben!

Es ist schon erstaunlich. Da bewegen sich Märkte entweder lange (z. B. die Aktienmärkte) oder schnell und massiv in eine Richtung, und schon kommen uns Zweifel, ob es denn so weiter gehen könnte. In steigenden Märkten gibt es ständig Warnungen vor drohenden Korrekturen und in fallenden unentwegt Hinweise auf baldige Trendwenden nach oben. Da die Plausibilität bisheriger Argumente mit dem Erreichen bestimmter Kursniveaus abnimmt bzw. die Gründe für diese Bewegung als erfüllt gelten, können wir

Abbildung 4
Analysten wollen die Kurse häufig in ihre Richtung zwingen

[1] Grundlegende Betrachtungen

uns keine Fortführung des Trends vorstellen. Wir suchen förmlich nach Argumenten oder Techniken, die uns ein Ende dieser Entwicklung prognostizieren (... da wird plötzlich die Luft dünn oder es gibt negative Divergenzen usw.). Während Fundamentalanalysten in solchen Marktphasen von unter- oder überbewertet sprechen, interpretieren sie Technische Analysten als überverkauft oder überkauft. Obwohl beide Vorgehensweisen unterschiedlich sind, unterliegen sie demselben Fehler.

Welche Auswirkungen dieses Phänomen auf unser Handeln hat, werden Sie etwas später noch genauer nachlesen können. Vorerst bleibt festzuhalten, dass der Hauptgrund für dieses Fehlverhalten in der begrenzten Dimension unserer Vorstellungskraft liegt. Man kann in diesem Zusammenhang auch von einer Standardabweichung des Denkens sprechen. Abbildung 5 soll Ihnen grafisch verdeutlichen, wie sich dieses Phänomen an der Börse äußert und auswirkt. Ausgehend von den aktuellen Kursniveaus macht sich jeder Börsenteilnehmer eine Vorstellung davon, wohin ein Markt noch laufen kann. Die äußeren Kurven der Standardabweichung im Chart stellen unüberwindliche Grenzen unserer Vorstellungskraft bzw. unseres Prognosehorizontes dar.

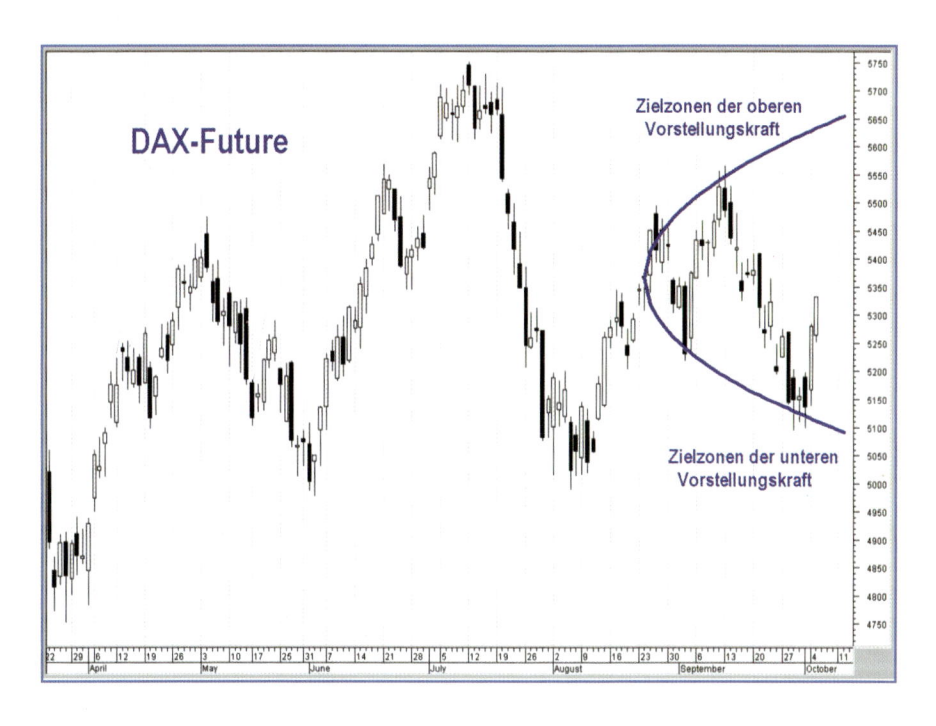

Abbildung 5
Standardabweichung unseres Denkens und unserer Vorstellungskraft

[Teil I] Einführung

■ Weshalb Menschen an der Börse Geld verlieren

…weil sich viele im Börsengeschäft nicht auskennen!

„Um im Leben erfolgreich zu sein, braucht es zwei Dinge: Unwissenheit und Selbstvertrauen."
Mark Twain

Unter der von Mark Twain beschriebenen Voraussetzung beginnen die meisten Menschen ihr erstes Börsenengagement. Der Einstieg in die sagenumwobene Börsenwelt erfolgt in der Regel nach dem Tipp eines Freundes, Kollegen oder Nachbarn sowie durch besondere Ereignisse, wie z. B. den Aktien-Boom der letzten Jahre. In den USA investieren mittlerweile über 35% der Bevölkerung ihr Geld in Aktien. Das ist wesentlich mehr als in der Boom-Zeit der 20er-Jahre. Erstaunlicherweise laufen die ersten Engagements oftmals recht positiv ab. Der Erfolg veranlasst viele Neubörsianer dann dazu, sich genauer mit der Materie und auch mit spekulativeren Instrumenten zu beschäftigen. Leider eignet sich die Masse des Börsenpublikums nur ein relativ oberflächliches Wissen an. Ein Wertpapierberater aus einer kleinen Bankfiliale erzählte mir folgendes Beispiel eines Kundentelefonates:

Kunde: „Guten Tag, ich möchte sofort Dollar-Optionsscheine kaufen."
Berater: „Guten Tag, möchten Sie Calls oder Puts kaufen."
Kunde: „Das ist mir doch egal. Mein Kollege meinte, dass man mit Dollar-Optionsscheinen oder so, viel Geld machen kann. Also kaufen Sie die Dinger."

Wenn die ersten Fehltreffer das Selbstvertrauen schwinden lassen, bleibt nur noch die Unwissenheit, um verlorene Gewinne zurückzuholen. Wenn man nicht weiß, wie die Märkte wirklich funktionieren, dann wird ein solches Unterfangen scheitern. Warum fällt beispielsweise der Aktienmarkt, wenn die Zahl der offenen Stellen stark gesunken ist? Warum fallen die Anleihekurse, wenn die Zinsen steigen? Warum fällt ein Aktienkurs, obwohl ein Indikator noch im „Übergekauft"-Bereich ist? Warum machen die Märkte manchmal genau das Gegenteil von dem, was die Nachrichten vermitteln? Schlagen die ersten Versuche fehl, schwindet zwar das Selbstbewusstsein, nicht aber die Hoffnung, dass man es doch noch schaffen könnte. Bevor die Börsenpläne komplett aufgegeben werden, sucht man nach Alternativen. Um sich jedoch ein erfolgreiches Anlagekonzept erarbeiten zu können, das den Bedürfnissen und Fähigkeiten eines Investors entspricht, bedarf es eines enormen Aufwandes an Zeit und Mitteln, wie in jedem anderen Wirtschaftszweig auch. Dieser Schritt fällt den meisten jedoch schwer, da er zeitintensiv und teuer sein kann. Wer aber am Handwerkszeug spart und gleichzeitig keine Geduld für die Erstellung einer Investitionsstrategie aufbringt, der gibt sich oftmals mit unprofessionellen Zwischenlösungen ab, was dazu führt, dass viele Anleger ihren letzten Pfennig verlieren.

Als letzter Hoffnungsschimmer kommen dann noch die „Rattenfänger von Hameln" (auch Börsengurus genannt). Ihre anfängliche Trefferquote lässt zwar noch einmal den Hoffnungspegel ansteigen, oftmals laufen die zu willenlosen Ratten degenerierten Börsianer ihrem Rattenfänger, der aufgrund seines Ruhmes an Überheblichkeit und Unachtsamkeit gewonnen hat, aber blindlings ins Verderben hinterher. Und dies alles, obwohl schon der Volksmund sagt: „Wer sich auf andere verlässt, der wird (auch an der Börse) verlassen." Ist das Geld erst einmal „verspielt", sucht man die Schuld bei anderen, anstatt die eigenen Fehler zu erforschen.

...weil sie die psychologischen Aspekte des Börsenhandels unterschätzen!

Obwohl die psychologischen Komponenten für einen großen Teil des Erfolges an der Börse entscheidend sind, werden sie von der Mehrheit der Marktteilnehmer unterschätzt oder gar völlig verdrängt. Dies resultiert in erster Linie aus der Missachtung psychologischer Aspekte von seiten der Ökonomen, die von einer rein rationalen Betrachtung des Börsengeschehens ausgehen und von einer volkswirtschaftlichen Denkweise geprägt sind. Da hier Nachholbedarf herrscht, soll der Börsen- oder auch Investmentpsychologie nachfolgend Raum gewidmet werden: An den Finanzmärkten geht es nämlich nicht darum, das zu tun, was nach fundamentaler Betrachtungsweise als das Beste erscheint, oder was die Mehrheit für plausibel hält, entscheidend ist nur, wie die Marktteilnehmer reagieren. Die Reaktionsmuster der Börsianer lassen sich nur selten mit Alltagslogik erklären, wie Abbildung 6 verdeutlicht. Im Sinne der Logik müsste sich die Börse immer parallel zum aktuellen Wirtschaftsgeschehen entwickeln. Wie wir alle wissen, ist dem nicht so, denn das, was die Mehrheit denkt und macht, braucht keineswegs logisch zu sein. An der Börse sind vielmehr individualpsychologische Prozesse vorzufinden, deren massenpsychologischen Phänomene als Schlüsselpunkte anzusehen sind. Da sich die einzelnen Marktteilnehmer in ihren

„Um die Zukunft der Aktie einzuschätzen, müssen wir die Nerven, Hysterien, ja sogar die Verdauung und die Wetterfühligkeit jener Personen beachten, von deren Handlungen diese Geldanlage abhängig ist."
Lord John Maynard Keynes

[Teil I] Einführung

Reiz-Reaktions-Schemata so stark gleichen, dass sich ihre Einzelverhaltensweisen in der Gesamtheit zu einer massenpsychologischen Gesamtverhaltensweise bündeln, lassen sich für die Verlaufsmuster massenpsychologische Effekte klassifizieren und prognostizieren. Insofern lohnt sich eine nähere Betrachtung psychologischer Komponenten.

Trotz der Erkenntnis, dass die Kursbewegungen weniger die tatsächliche ökonomische Situation, sondern vielmehr menschliche Gefühlswelten widerspiegeln, spielte die Wirtschaftspsychologie bei der Einschätzung der Märkte jahrelang keine Rolle. Dieses Defizit ist insofern erstaunlich, als sowohl gestandene Börsenprofis als auch Wissenschaftler wie Lord John Maynard Keynes schon vor Jahrzehnten auf die entscheidende Rolle psychologischer Aspekte bei der Einschätzung von Börsenentwicklungen hinwiesen. Mittlerweile hat sich in den USA mit der „Behavioral Finance" jedoch ein Wissenschaftsgebiet etabliert, das auf die Erforschung systematischer und damit im Prinzip vorhersagbarer Reaktionsmuster spezialisiert ist. Erst kürzlich wurde auf diesem Sektor ein Phänomen definiert, das „Overconfidence

Abbildung 6
Die Psychologie der Börsianer spielt oftmals verrückt.
(Welt am Sonntag vom 2. 11. 1997)

[1] Grundlegende Betrachtungen

Bias" (verzerrte, sich selbst überschätzende Wahrnehmung) genannt wurde. Fragt man zum Beispiel Autofahrer, ob sie besser als der Durchschnitt fahren, dann antworten 90% der Befragten mit „ja". Da es unmöglich ist, dass fast jeder besser fährt als der Durchschnitt, irrt ein großer Teil.

An den Börsen können solche Selbstüberschätzungen heftige Kursschwankungen zur Folge haben, was insbesondere bei der Veröffentlichung neuer Informationen eines Unternehmens zu beobachten ist. Unterstützen die neuen Nachrichten die Meinung des Investors, wird er sich bestätigt fühlen und der Information viel mehr Bedeutung beimessen. Dies führt in der Regel dazu, dass der Investor plötzlich mehr kauft als ursprünglich beabsichtigt. Informationen, die der eigenen Einschätzung widersprechen, werden kaum beachtet. Wenn die Masse der Investoren positiv gestimmt ist, dann löst eine negative Nachricht in einer solchen Situation keine Kurskorrektur aus, was aber logisch wäre. Die Reaktionen der Börsianer auf Nachrichten können also sehr unterschiedlich sein. Eine Meldung im „Handelsblatt" vom 25.01.99 macht dies deutlich (nachfolgend Auszüge):

> *„Siemens hat wieder Pech mit den Börsianern. Das hat man nun davon. Siemens war mit konzerninternen Berechnungen früher fertig und wollte die Märkte über die jüngsten Quartalszahlen umgehend informieren. Stolz berichtete das Unternehmen eine Woche früher als geplant vom zweistelligen Plus bei Umsatz und Gewinn – eigentlich ein guter Start ins neue Geschäftsjahr. Und was ist der Dank der Börsianer? Sie lassen den Kurs um 5% purzeln. Die Anleger seien enttäuscht gewesen, heißt es. Wegen der vorgezogenen Veröffentlichung habe man mit etwas Spektakulärem wie einer Akquisition gerechnet."*

In diesem Beispiel haben die Börsianer scheinbar einen völlig falschen Erwartungshorizont aufgebaut, der dann trotz der positiven Nachricht wie ein Kartenhaus eingestürzt ist. Leider lassen sich die psychologischen Erfolgsparameter, die in den meisten Lebensbereichen zutreffen, nicht so einfach (wenn überhaupt) auf das Börsengeschehen übertragen. Erfolgreiches Trading weicht oftmals erheblich von den psychologischen und natürlichen Verhaltensweisen ab, die sonstwo Garant des Erfolges sind. Bevor Sie sich also an die Börse wagen, sollten Sie erst einmal die Auswüchse und Erscheinungsformen psychologischer Komponenten analysieren, die Ihr Verhalten prägen und beeinflussen. Erst dann können Sie entsprechende Maßnahmen ergreifen, um Ihre Erfolgsparameter auf das Börsengeschehen zu trimmen. Im Literaturverzeichnis finden Sie zu diesem wichtigen Thema entsprechende Titel.

Das maßgebliche Buch zum Thema:
Joachim Goldberg,
Rüdiger von Nitzsch,
Behavioral Finance,
München 1999

Es bleibt festzuhalten, dass der Mensch mit all seinen „Marotten" nur bedingt für ein auf Dauer erfolgreiches Agieren an den Börsen geeignet ist. Die einzige Hilfestellung, die uns geboten wird, um im Börsengeschäft zu bestehen, ist der Computer. Er liefert uns in Sekundenschnelle nicht nur alle Informationen dieser Welt, sondern kann uns auch Entscheidungen abnehmen, zu denen wir zumindest temporär nicht in der Lage sind. Da die Börse keine langwierigen Grübeleien über mögliche Kursbewegungen erlaubt, ist es besser, wenn der Computer uns zwingt, im richtigen Moment das Richtige zu tun.

… weil wir von Natur aus gegen eine „goldene Regel" der Börse verstoßen!

„Let the profit (exquisites Menü) run (in den Magen), cut your losses (schlechtes Mahl) short."
Weisheiten eines Börsen-Gourmets

Würde ein Gourmet ein exquisites Menü schon nach der Vorspeise abbrechen, bzw. ein schlechtes Mahl „blitzeblank" aufessen? Wohl nicht! Was für Gourmets gilt, hat auch seine Richtigkeit im Börsengeschäft. Leider scheint es dort kaum Gourmets zu geben. Obwohl eine der goldenen Börsenregeln vorschreibt, dass man Gewinne laufen lassen und Verluste frühzeitig eindecken soll, was der obigen Gourmet-Theorie gleichkäme, verhalten wir uns eher wie die Steinzeitmenschen, die zwar herumliegende Früchte (Gewinne) eilig einsammelten, sich aber nicht um den Bestand des Saatgutes kümmerten (Verluste).

Neben den verschiedenen psychologischen Komponenten, die für dieses Fehlverhalten verantwortlich sind, spielt auch hier die begrenzte Dimension unserer Vorstellungskraft bzw. die Standardabweichung unseres Denkens eine entscheidende Rolle. Wir kaufen Verlustpositionen am scheinbaren maximalen Tiefpunkt nach, weil wir nicht glauben wollen, dass die Kurse noch weiter fallen können. Gewinne realisieren wir dagegen zu früh, weil wir annehmen, dass die Kurse nicht weiter steigen können. Bevor wir die Gewinne verlieren, wollen wir sie lieber sichern.

Was uns am „Let the profit run"- Gedanken hindert!

Erreichen die Kurse die obere Begrenzung unserer Vorstellungskraft, erscheint es uns unwahrscheinlich, dass sie noch weiter ansteigen. Die Position wird komplett oder zumindest größtenteils glattgestellt. Dies erfolgt insbesondere dann, wenn die Kurse nach Erreichen der Zielmarke wieder

[1] Grundlegende Betrachtungen

Abbildung 7
Die drei „Let the profit run"-Fehler

nach unten abbrechen. Meist entwickelt sich aus dem Ärger heraus, dass man nicht am Top verkauft hat, die pure Angst, die einmal gemachten Gewinne wieder zu verlieren. Es kommt zu einer verfrühten Glattstellung der Position, die oftmals am Korrekturtief stattfindet (s. Fall 1 in Abbildung 7). Je länger man auf das Erreichen der Kursmarke warten und hoffen musste (siehe Fall 2), desto unwahrscheinlicher erscheint uns eine Fortführung des Trends. Wurde unsere Vorstellungskraft durch einen längeren Seitwärtstrend zu sehr auf die Probe gestellt, können oder wollen wir eine markante Breakout-Bewegung kaum erkennen. Dadurch sind die meisten Händler zu Beginn eines stärkeren Trends selten investiert. Rennen sie den Märkten hinterher, erhöhen sie noch die Trendstärke.

Werden die Zielzonen hingegen schnell und problemlos erreicht (s. Fall 3), treten zwei Verhaltensweisen auf. In der Regel realisieren wir einen große Teil unserer Gewinne, weil man sein Glück ja nicht herausfordern möchte. Dies führt dazu, dass man Gewinne (wenn überhaupt) nur mit einem kleinen Teil der Position laufen lässt. Manchmal keimt in uns aber auch die Hoffnung auf, dass die Kurse noch weiter steigen könnten. Die ursprünglichen Zielzonen werden plötzlich erhöht, was sich sehr schnell in blinde Gier äußern kann. Hat sich die Kurve unserer Vorstellungskraft erst einmal auf extrem „bullish" konditioniert, riskieren wir in der Hoffnung auf ein Erreichen der neuen Zielzone oftmals den ganzen Profit der bisherigen Kursbewegung. Schließlich kann man sich als „Gierhals" nicht vorstellen, dass die Kurse, die so schnell an eine bestimmte Marke gelaufen sind, genauso schnell wieder fallen können. Wie man es auch macht, die Psyche scheint gegen uns zu arbeiten.

Was uns am „cut your losses short"-Gedanken hindert !

Erreichen die Kurse hingegen die untere Grenze unserer Vorstellungskraft, erscheint es uns unmöglich, dass sie noch weiter fallen. Weil die Kurse von diesem Niveau aus scheinbar nur noch steigen können, stellt man seine Position bei einem leichten Unterschreiten der Kursmarke nicht glatt. Schließlich möchte man nicht am Tiefpunkt ausgestoppt werden. Für einen Börsianer gibt es nämlich nichts Schlimmeres, als die richtige Meinung gehabt zu haben und dann doch nicht dabei gewesen zu sein. Größere Verluste oder zu frühe Gewinnmitnahmen verkraftet jeder. Wenn man aber bei einer Marktentwicklung, die man richtig eingeschätzt hatte, nicht dabei war, das hält keiner aus. Insofern fällt es jedem Investor schwer, hier Verlustbegrenzungen („Stop-Loss"-Marken) zu setzen. Das Fehlen der Stop-Loss-Marken kann sehr negative Auswirkungen haben.

Viel gravierender ist jedoch die Tatsache, dass diese Kursniveaus sogar als Chance betrachtet werden, um am Tiefpunkt noch einmal billig nachzukaufen. Aufgrund der Suche nach Sicherheit und Bestätigung erfolgen diese Nachkäufe häufig erst dann, wenn die Kurse nach Erreichen der Unterstützungszonen wieder leicht angestiegen sind (siehe Fall 4, Abb. 8), so dass die Leute quasi am Höchstkurs vor dem Absturz kaufen. Die Philosophie des Nachkaufens soll bewirken, dass die Gewinnschwelle einer Verlustposition ein günstigeres Niveau erreicht, wodurch man auch schneller aus dem Zustand der Hoffnungslosigkeit befreit wird. Das Nachkaufen erhöht also unsere Hoffnungen.

„Hoffnung ist jedoch nichts weiter als der Ausdruck dessen, dass man entweder einen Fehler gemacht hat oder sich im Begriff befindet, einen Fehler zu machen."

Brechen die Kurse doch unter das Niveau unserer Vorstellungskraft, sind wir oftmals doppelt und dreifach investiert, wodurch die Verluste sehr schnell Dimensionen annehmen, die zum totalen „Aus" führen. Unterstützt vom Prinzip Hoffnung wartet der Börsianer auf den Zeitpunkt, zu dem sich die Verlustposition in eine Gewinnposition umkehrt. Je tiefer die Kurse unter dieses Niveau fallen (siehe Fall 5, Abb. 8) oder je länger sie unter diesem Niveau verharren (siehe Fall 6, Abb. 8), desto weniger Hoffnung bleibt ihm, dass er jemals wieder aus dieser Misere herauskommt. Sollten sich die Kurse wieder in Richtung der alten Kaufzone bewegen, können wir davon in der

[1] Grundlegende Betrachtungen

Abbildung 8
Die drei „cut your losses short"- Fehler

Regel trotzdem nicht profitieren. Obwohl sich in diesen Fällen die Hoffnungslosigkeit recht schnell in „Happiness" wandelt, schafft es kaum jemand, die Position so lange zu halten, dass man das ursprünglich angestrebte Gewinnziel erreicht. Dazu benötigt man schon Nerven aus Stahl, und darüber verfügen nur sehr wenige Menschen.

Meist drehen die Kurse noch vor Erreichen der Gewinnschwelle wieder nach unten ab, weil sich viele Börsianer mit diesem voreiligen Verkauf ihre alten Angstgefühle entledigen können. Ist ein Börsianer erst einmal durch die Hölle der Ängste (Fall 5) und die Qualen der Hoffnungslosigkeit (Fall 6) gegangen, will er dies nicht wieder erleben. Lieber stellt er die Position mit einem kleinen Verlust glatt, als erneut in diese Situation zu geraten. Man spricht bei diesem Verhaltensmuster auch von einer „Pull-Back-Sell"-Formation. Ehemalige Unterstützungszonen werden plötzlich zu mental unüberwindlichen Widerstandszonen, so scheint es zumindest. Tritt dieser Fall ein, dann könnten einem die Nerven aus Stahl sogar schaden, weil man die Position erneut hält. Wie man es auch anstellt, mit dieser Verhaltensvariante liegt man meistens falsch. Daher macht es keinen Sinn, Positionen über das Stop-Loss-Niveau hinaus zu halten. Ganz im Gegenteil – mit Stops könnten wir uns viele Ängste und Verluste ersparen.

[Teil I] Einführung

Da unser Ego aber auch andere Wege findet, um sich den lästigen Gefühlen der Angst und der Hoffnungslosigkeit zu entledigen, wird öfters auf eine konsequente „Stop Loss"-Regelung verzichtet. Positionen, die in der Verlustzone liegen, werden ...

- ... durch Nachkaufen „verbilligt", so dass der neue „Break-Even-Point" im Vergleich zu dem des ursprünglichen Kaufpreises nicht mehr ganz so unerreichbar erscheint, wodurch wieder unsere Hoffnungen aufflackern, dass wir aus dieser ganzen Misere doch noch mit einem blauen Auge davon kommen können.

- ... in das Depot für langfristige, strategische Positionen umgebucht, so dass man sich vorerst keinen Fehler eingestehen muss. Diese Variante findet man besonders oft bei Positionen, die von den Vorständen eines Hauses etabliert wurden, da sie in ihrer exponierten Stellung keine Fehler zugeben dürfen.

- ... mental als Totalverlust abgeschrieben, so dass man sich seiner Sorgen entledigen kann, was einer Erlösung gleichkommt. Diese Verhaltensweise taucht übrigens nicht nur bei den typischen Verlierern des Börsengeschäftes auf, sondern auch bei Top-Tradern/Investoren. Deren Ego weist nach besonders erfolgreichen Tagen/Trades nämlich Gefühle der Macht und der Unfehlbarkeit auf, so dass sie glauben, dass sie nach all dem Erfolg und aufgrund des vorhandenen Gewinnpolsters auch mal einen riskanten Trade eingehen können. Dies erklärt das Phänomen, warum die größten Verluste der Top-Leute meist nach hervorragenden Aktionen auftreten.

- ... irgendwie manipuliert oder gar in Unterkonten versteckt, wie es Nick Leeson bei der Barings-Pleite praktizierte (s. Abbildung 9).

Abbildung 9
Das Titelblatt des „Time Magazin" nach der Barings-Pleite

Da die Folgen solcher Verdrängungsmechanismen fatale Auswirkungen haben können, sollte man von vornherein maximale Verlustgrößen festlegen, bei deren Erreichen die Reißleine gezogen wird. Obwohl unser Ego diese Variante zwar kategorisch ablehnt, da es einen Fehler eingestehen müsste, noch bevor alle Instrumente der Hoffnungssteigerung ausgenutzt wurden, kann uns dies jedoch vor großen Verlusten oder gar dem endgültigen Aus bewahren.

[1] Grundlegende Betrachtungen

...weil viele ihre „Cleverness" überschätzen !

Intelligenz, Cleverness und Erfolg einer Person werden in unserer Gesellschaft immer am Kontostand, an Titeln und an Statussymbolen gemessen. So gilt ein Sportler lediglich als populär und erfolgreich, wenn er mit seinem Talent Millionen scheffelt. Wird er hingegen Weltmeister in einer Nebensportart, die kein Geld einbringt, dann zählt dies nur wenig. Wirklich „erfolgreich" sind in den Augen der meisten Menschen nur diejenigen Vertreter von Berufsgruppen, die mehrere Villen oder Autos besitzen und Top-Gehälter kassieren.

„Raten Sie mal, warum so viele Ärzte, Rechtsanwälte, Manager, Banker und Top-Sportler an der Börse Geld verlieren."
Floreks Börsenfragen

Während „Ruhm und Reichtum" in den meisten Berufen nur mit Hilfe einer speziellen Ausbildung, langjährigen Berufserfahrungen, speziellen Talenten und Top-Zeugnissen zu erreichen ist, was vielen als zu schwierig oder gar unmöglich erscheint, bietet die Börse offenbar den direkten Zugang zum Geld. Man benötigt keinen Universitätsabschluss, um dort finanziell erfolgreich zu sein. Im Prinzip reicht es aus, so der subjektive Eindruck, beim Kauf von Aktien „etwas geschickter" zu sein als andere. Da wir zwar gerne zugeben, dass wir zu klein, zu dick oder vielleicht auch zu ungebildet, nicht aber, dass wir nicht clever genug sind, stellt die Börse oftmals die einzige Möglichkeit dar, dies (auch uns selbst) zu beweisen. Die Vorstellung, dass man an der Börse ohne große Umwege und irgendwelche Voraussetzungen direkt an das ganz große Geld kommen kann, lässt die Menschen scharenweise und voller Hoffnung an die Börse strömen. Die unzähligen Glamour-Geschichten über die großen Könner der Branche, von denen man in Fernsehberichten und in Zeitungsartikeln hört, tun ihr Übriges.

Wer aber annimmt, er könne an den Börsen dieser Welt tätig werden, ohne über spezifische Fähigkeiten und Kenntnisse (jeder Beruf benötigt schließlich eine Ausbildung) zu verfügen, der wird noch viel Lehrgeld bezahlen müssen. Diesem Trugschluss unterliegen vor allem Menschen, die bereits in anderen Berufszweigen und Lebensbereichen erfolgreich sind. Sie haben der Gesellschaft schließlich schon bewiesen, dass sie „besonders clever" sind. Was liegt da also näher, als die Annahme, dass man auch an der Börse entsprechend agieren kann. Manche Menschen fangen an zu spekulieren, weil der Nachbar, ein Kollege oder ein Verwandter davon berichtet hat, wieviel Geld man an der Börse verdienen kann. Nur weil diejenigen Erfolg hatten, heißt das aber noch lange nicht, dass es einem selbst genauso ergehen wird.

Der Börsenerfolg hängt nämlich erst in zweiter Linie von der subjektiv angenommenen „Cleverness" einer Person ab, und basiert in erster Linie auf selten vorhandenen intuitiven Fähigkeiten sowie auf dem Wissen, das man sich im wahrsten Sinne des Wortes hart und geduldig „erarbeiten" muss. Da die Begriffe „Geduld und Arbeit" nicht zur „Cleverness" passen, werden sie fatalerweise vernachlässigt. Wer diese Voraussetzungen missachtet, der unterschätzt das Börsengeschehen. Ganz so einfach ist es nämlich nicht, sonst gäbe es nur noch Börsenmillionäre.

…weil sich viele kein Konzept erarbeiten, das zu ihnen passt !

> „I truly feel that I could give away all my secrets and it wouldn´t make any difference. Most people can´t control their emotions or follow a system, even if I gave them step-by-step instructions, because my approach wouldn´t feel right to them."
> Linda Bradford Raschke

Auf der einen Seite des Börsengeschehens stehen die vielen Börsianer mit ihren eigenen spezifischen Fähigkeiten (z. B. optische oder akustische Wahrnehmung), eigenen Vorstellungen vom Handeln sowie ihren ureigenen Ängste, Hoffnungen, Nervenkostümen und sonstigen Emotionen. Auf der anderen Seite findet man die verschiedenen Märkte, die je nach Marktphase und je nach Zeitrahmen ganz unterschiedliche Anforderungen an die Börsenteilnehmer stellen. Die diversen Analyseinstrumente bilden das Bindeglied zwischen diesen beiden Seiten. Eine der Grundlagen für den Börsenerfolg basiert auf der Abstimmung zwischen diesen drei Komponenten, also den eigenen Fähigkeiten, den Erfordernissen des Marktes sowie den vorhandenen Analyse- und Handelstechniken. Sollten dem Investor hier bereits Fehler unterlaufen, dann werden seine Bemühungen im Misserfolg enden. Während die wenigen erfolgreichen Investoren ein Gespür für diesen Prozess der Zusammenführung entwickelt haben, hat die Masse der Anleger oftmals keine Ahnung von der Notwendigkeit dieser Vorgehensweise.

Nur wenn man feststellt, welche Märkte, Marktphasen, Zeitfenster (z. B. Daily oder Intraday) und Instrumente man von der eigenen psychischen Belastungsgrenze her überhaupt handeln kann, macht es auch Sinn, einen gekauften (bei anderen Börsianern erfolgreichen) Handelsansatz oder einen bestimmten Indikator zu verwenden. Es gilt auch Vorsicht bei der Nachahmung von Freunden oder Nachbarn walten zu lassen, die damit prahlen, wieviel sie beispielsweise schon am „Neuen Markt" verdient haben. Auch sollte man keinem „Guru" hinterherlaufen, nur weil er ein paar Mal auf der richtigen Seite lag. Langfristig geraten sie alle wieder in Vergessenheit. Jegliche Hilfsmittel dieser Art können einem nur nützen, wenn sie die eigenen Fähigkeiten unterstützen und der eigenen Handelsphilosophie entgegenkommen.

[1] Grundlegende Betrachtungen

Das Entwickeln eines individuellen Handelskonzeptes kann mitunter Jahre in Anspruch nehmen. Neben grundlegenden Kenntnissen über sich selbst sowie über die vorhandenen Instrumente erfordert es vor allem auch eines, nämlich Geduld. Da den meisten Anlegern die Geduld fehlt, sich ein Konzept zu „erarbeiten"(!), stürzen sich viele „Hitzköpfe" blindlings in die Märkte. Das Resultat kann man dann binnen weniger Wochen oder Monate verfolgen. Man sollte sich darauf einstellen, dass uns unser Ego trotz eines ausgearbeiteten Handelskonzeptes gelegentlich mit Verhaltensirrationalitäten konfrontiert, die wir alle kennen: Kontrollillusion, Überheblichkeit, Hoffnung, Gier, Ärger, Kontrollverlust und diverse Formen der Angst.

Sollte Ihre psychische Konsistenz ständig von diesen Elementen des menschlichen Naturells beeinflusst werden, dann müssen Sie damit rechnen, dass Ihre Anlagestrategien jederzeit komplett aus den Angeln gehoben werden können. Hier stellt sich dann allerdings die Frage, ob man überhaupt für die Börse geschaffen ist. Wenn dem nicht so ist, dann wird Ihnen kein Ansatz dieser Welt helfen können, den Sie selbst ausführen und handeln müssen. Hier hilft dann nur der Weg über vollkommen computerisierte Handelsstrategien (abgestimmt auf die eigene Handelsphilosophie) oder der Weg über die Vermögensverwaltung bzw. Beteiligung an Fonds, die von talentierteren Leuten „gemanagt" werden.

…weil manche zu wenig Startkapital haben !

Die Frage, warum man tendenziell eher zu den Verlierern zählt, wenn man eine zu geringe Kapitaldecke hat, können viele Börsianer überhaupt nicht beantworten. Ohne zu wissen, dass die Würfel des Glücks bei kleinen Positionen aufgrund der schlechten Kosten-/Ertragssituation gegen sie gefallen sind, stürzen sich viele Menschen dennoch mit kleinen Beträgen in das Marktgeschehen. Dabei ist längst nachgewiesen worden, dass das Risiko des Ruins mit der relativen Größe des Verlustes je Position korreliert. Je größer der relative Verlust, desto höher die Wahrscheinlichkeit eines Scheiterns. Je mehr man verliert, desto weniger Restkapital bleibt einem, um die Verluste wieder aufzuholen. Wer zum Beispiel bei einer Investition 25% des Gesamtkapitals verliert, der muss bei der nächsten Investition mindestens 33% erwirtschaften, um wieder auf die vorherige Kapitalgröße zu kommen. Was die meisten erstaunen wird, ist die Tatsache, dass viele Handelsstrategien bereits scheitern können, wenn sie pro Einzelposition mehr als 4% des

„Die erste Million ist die schwerste."
Lebensweisheit

Gesamtkapitals riskieren. Viele Profis verwenden sogar 2%-Marken, um ihren maximalen Verlust zu definieren. Wenn Sie größere Verluste zulassen, kann sich das Börsenschicksal früher oder später gegen sie wenden.

Wenn man ein Portfolio hat, das beispielsweise 100 Millionen DM beinhaltet, dann kann man durchaus 4 Millionen DM pro Position riskieren, bevor sich die Gewinnwahrscheinlichkeit gegen einen richtet. Die Transaktionskosten nehmen bei dieser Größenordnung nur einen sehr kleinen prozentualen Anteil ein. Für einen Kleininvestor sieht diese Thematik schon etwas brisanter aus, wie das nachfolgende Beispiel verdeutlichen soll. Wenn jemand über 10.000 DM Gesamtkapital verfügt und damit aus Gründen der Risikominimierung in zwei verschiedene Werte jeweils 5.000 DM investiert, dann fallen sowohl beim Kauf als auch beim Verkauf Kosten an (unter Berücksichtigung normaler Bankgebühren ca. 300 DM). Um das Risiko einer Position bewerten zu können, muss man neben den möglichen Verlustbeträgen auch die Transaktionskosten und die so gennante Handelsspanne berücksichtigen, die zwischen dem Ankaufs- und Verkaufskurs eines Wertes liegt. Obwohl die Preisspanne selbst unter normalen Marktbedingungen bei einigen Optionen und Optionsscheinen durchaus über 5% liegen kann, wollen wir hier nur 1% annehmen (ca. 100 DM). Bevor sich unsere beiden Positionen also überhaupt entfalten können, lastet auf ihnen bereits ein Kostenblock von ca. 400 DM, was 4% des Gesamtkapitals ausmacht. Wenn ein Investor das Schicksal also halbwegs auf seiner Seite belassen will, dann darf er diese Positionen nicht einen einzigen Pfennig in die Verlustzone laufen lassen, was schier unmöglich ist. Mit jeder noch so kleinen Verlustbewegung würde sich die „Risk of Ruin"-Wahrscheinlichkeit umgehend erhöhen.

Die Tatsache, dass der eine oder andere Kleininvestor bisher nicht zum Millionär geworden ist, liegt also nicht unbedingt daran, dass er eine schlechte Investitionsstrategie hatte oder ein schlechter Händler ist, sondern daran, dass er aufgrund der hohen Gebührenstruktur oftmals keine Chance hat, ein effizientes Risikomanagement aufzuziehen, um so die Gewinnwahrscheinlichkeit zu erhöhen. Hinzu kommt, dass sich viele Börsianer mit dieser Thematik noch nicht beschäftigt haben bzw. sie sich dessen überhaupt nicht bewusst waren, aber... „Unwissenheit schützt vor Torheit nicht, Wissen manchmal auch nicht."

[1] Grundlegende Betrachtungen

... weil wir Menschen offenbar zu „dumm" zum Handeln sind !

Wie bisher aufgezeigt wurde, ist die Analyse von Wirtschaftsdaten und damit auch die fundamentale Einschätzung der Märkte ein schwieriges Unterfangen, weil Märkte oftmals nicht rational reagieren, sondern gewissen Anomalien unterliegen. Noch schwieriger scheint es jedoch, die Analyseergebnisse in gewinnbringende Trades umzusetzen. Sind die Menschen wirklich zu „dumm" zum Handeln?

Zieht man das Ergebnis einer Studie der US-Regierung heran, so muss diese Frage mit einem eindeutigen „Ja" beantwortet werden. Zehn Jahre befasste man sich mit dem Verhalten von 700.000 Börsianern. Das Ergebnis war niederschmetternd. Nur 10% der Börsianer hatten langfristig Gewinne erzielt, wobei nur sehr wenige Händler wirklich reich wurden. Über 90% hatten hingegen Verluste eingefahren. An der Börse ist es halt wie im richtigen Leben: Es gibt viele, die sich mit einer bestimmten Sache beschäftigen (z. B. Sportarten, Hobby´s oder Berufe), aber nur wenige, die es mit ihren speziellen Talenten in der jeweiligen Disziplin auch wirklich bis an die Spitze schaffen. Betrachtet man die 1996er-Liste der 400 reichsten Amerikaner vom Forbes Magazin, so findet man nur 12, die ihren Reichtum an der Börse mit eigenen Investitionen erzielt haben. Zu ihnen gehören beispielsweise:

- Warren Buffet (Berkshire Hathaway, ca. $ 15 Milliarden)
- George Soros (Quantum Fund, ca. $ 3 Milliarden)
- Fayez Shalaby Sarofim (Spinks, ca. $ 1,2 Milliarden)
- Marc Rich (Pincus Green, ca. $ 850 Millionen)
- Stanley Druckenmiller (Quantum Fund, ca. $ 700 Millionen)

Darüber hinaus gibt es natürlich noch einige Händler und Investoren, die man zwar nicht zu den 400 Reichsten zählen kann, die sich im Verlauf ihrer Karriere dennoch ein beachtliches Vermögen erhandeln konnten. Zu ihnen gehören Trading-Legenden wie Tom Baldwin (Bonds), Lewis J. Borsellino (S&P-Future) oder Bill Lipschutz (Devisen). In Interviews weisen viele Top-Leute der Börse immer wieder darauf hin, dass ihr Erfolg vorwiegend psychologisch bestimmt sei, andere haben dagegen Instrumente und Handelstechniken gefunden, die sie so erfolgreich machen. Was die meisten Top-Trader jedoch von der Masse unterscheidet, ist die Tatsache, dass sie (manchmal auch nur zufällig) über die seltene Gabe der „richtigen Intuition"

> „Die Börse funktioniert wie ein Flohmarkt; Man kauft billig ein und verkauft es teuer. Das kann doch jeder."
>
> Floreks
> Börsenweisheiten

verfügen. Leider schützt sie dies auch nicht vor Dummheiten, die sich ihr eigenes „Ego" ausgedacht hat. Die größten Verluste fahren die meisten Supertrader nämlich direkt nach ihren größten Gewinntagen ein. Vor Selbstüberschätzung des Egos sind auch sie nicht gefeit.

Obwohl das Prinzip der Börse recht einfach und mit dem eines Flohmarktes zu vergleichen ist – billig einkaufen, teuer verkaufen – scheint die Masse der Menschen paradoxerweise gegen diese Regel zu handeln. Immer wieder behindern altgewohnte Verhaltensweisen den Börsenerfolg. Dies gilt übrigens auch für das Antiquitäten- und Immobiliengeschäft. Es liegt auf der Hand, dass die genetischen Erfolgsrezepte, die der Menschheit dazu verhalfen, sich über einen Zeitraum von drei Milliarden Jahren vom Urbakterium hin zum homo sapiens zu entwickeln, uns im Börsenalltag eher im Wege stehen. Jeder will zwar dabei sein, wenn es vermeintlich viel Gutes preiswert gibt, doch nur wenige schaffen es, sich das Beste zu sichern. Entwicklungsgeschichtlich betrachtet, scheint die große Mehrheit der Menschen für die Börse falsch programmiert zu sein.

■ Was Sie dagegen tun können ?

Gar nichts !!! Wirklich gar nichts? Naja, die eine oder andere Möglichkeit gibt es da schon, nur ...

„Nur auf dem Boden harter Arbeit bereitet sich normalerweise der Einfall vor."
Max Weber

... sollte man sich im Klaren darüber sein, dass das ganze Börsengeschäft nicht so einfach ist, wie es viele Berichterstattungen aufzeigen. Wenn beispielsweise in einer TV-Sendung von einem Top-Trader berichtet wird, der ohne große Ausbildung und ohne irgendeine Strategie erfolgreich ist, dann verklärt das bei dem einen oder anderen Zuschauer nicht nur die realistische Sicht für die Notwendigkeiten der Börse, sondern weckt auch noch die falschen Hoffnungen. Von den 90-95% der Börsianer, die in der Verlustzone enden, spricht nämlich keiner. Entweder muss man zu den ganz wenigen Leuten gehören, die von Mutter Natur mit entsprechenden Talenten gesegnet wurden, oder Sie müssen sich alles hart erarbeiten. Nehmen Sie zu Ihrem eigenen Vorteil besser an, dass Sie nicht zu denjenigen gehören, die ein spezielles Gespür für die Märkte haben. Mit einer solchen Einstellung investieren Sie sicherlich mehr Zeit und Geld in Ihre Ausbildung (Seminare, Videos, Messen, Konferenzen oder Bücher und sonstige Medien über Börsenpsychologie, Analysemethoden und Handelsstrategien) sowie in Ihre Ausrüstung /Ausstattung (vernünftige Software), was wesentlich professioneller und erfolgsversprechender ist als der „Harakiri"-Stil.

Was ist zu tun ? Da wir Menschen sehr unterschiedliche und vielfältige Persönlichkeitsstrukturen aufweisen, gibt es leider keine allgemein gültige Lösung für einen plötzlichen Geldsegen. Es wurde auch noch kein Superindikator erfunden, den alle gleich gut bedienen könnten. Dies widerspräche der Komplexität menschlichen Verhaltens, was als Hauptproblem anzusehen ist. In den meisten Fällen scheitern die Börsianer aufgrund ihrer Verhaltensirrationalitäten und nicht aufgrund der schlechten Handelsansätze. Nur wer die eigenen Fehlerquellen wirklich kennt, kann ihnen erfolgreich entgegentreten. Viele wissen oftmals nicht, woran es überhaupt liegt, dass sie an den Börsen Geld verlieren. Sollte man nicht in der Lage sein, seine eigenen Fehlerquellen zu erkennen und abzubauen, empfiehlt sich letzten Endes ein professionelles, börsenorientiertes Verhaltens-Coaching. In den USA sind beispielsweise Van K. Tharp, Bill Williams und einige andere auf diesem Gebiet tätig. In Deutschland bietet Klaus Grube ein spezielles NLP-Programm für Trader an (www.grube-trainings.com). Trotz Nennung entziehen sich diese Quellen jeglicher Wertung meinerseits.

Bewerten Sie fundamentale Daten nicht nur rational!

Die fundamentale Betrachtungsweise der Finanzmarktanalyse artikuliert sich in der Auffassung, dass man auf der Basis ökonomischer Fakten die komplexen Zusammenhänge des Angebots- und Nachfrageverhaltens ermitteln und somit auch den aktuellen Börsenkurs eines Wertes schätzen kann. Ziel der so gennanten „Fundamentalanalyse" ist es, aus der Vielzahl von Informationen diejenigen Bestimmungsfaktoren aufzuspüren, die für die Kursbildung relevant sind. Dies rational zu ermitteln, fällt uns aufgrund der Filtereffekte bei der Informationsverarbeitung jedoch äußerst schwer. Wie die nachfolgende Überschrift eines Artikels, der am 23. November 1996 in der FAZ erschien, erkennen lässt, verwenden die Fundamentalanalysten zudem oftmals auch fragliche Filter:

> *Merrill Lynch:„Bei der Zinsentscheidung der Bundesbank spielt M3 keine Rolle."*

Mit Hilfe einer ökonometrischen Analyse, die das geldpolitische Verhalten

„There´s nothing as disastrous as a rational investment behavior in an irrational world."

Lord
John Maynard Keynes

der Deutschen Bundesbank seit der Formulierung ihres Geldmengenzieles im Jahre 1975 untersuchte, fanden die Experten von Merrill Lynch heraus, dass sich unser oberstes Geldinstitut bei den Zinsentscheidungen vor allem nach dem Wirtschaftswachstum, der Kapazitätsauslastung, der Inflationsrate und dem realen Außenwert der DM richtet, nicht aber, wie von vielen Analysten propagiert, nach der Geldmenge M3. Da sich diese Erkenntnis leider noch nicht flächendeckend verbreitet hat und ganze Jahrgänge von Nachwuchs-DVFA-Analysten in ihren Ausbildungsunterlagen noch immer mit solchen Informationen ausgestattet werden, können Sie sich vorstellen, welche Fehleinschätzungen zukünftige fundamentale Analysen zur Zinsentwicklung aufweisen können.

Als ob diese Mängel die Fundamentalanalyse nicht schon genug in Frage stellen würde, erschweren zusätzlich börsenpsychologische Aspekte ihre Vorgehensweise. Ob gewisse Ereignisse überhaupt wahrgenommen werden, ist beispielsweise von dem vorherrschenden Stimmungs- und Erwartungsgefüge sowie den subjektiven Einschätzungen abhängig, was im Fall von Siemens eindrucksvoll aufgezeigt wurde. Die Nachrichten selber spielen häufig überhaupt keine Rolle, sondern die Art und Weise, wie die Anleger darauf reagieren. Eine objektive Bewertung aller relevanten Kursdeterminanten scheint daher fast unmöglich, so dass man fundamentale Daten und Nachrichten nicht nur rational wissenschaftlich bewerten, sondern vor allem auch börsenpsychologischen Betrachtungen unterziehen sollte.

Da empirisch nachgewiesen wurde, dass die irrationalen Ausmaße des Börsengeschehens nicht nur vereinzelt, sondern regelmäßig auftreten, sollte man als nächsten Schritt versuchen, die herkömmliche Betrachtungs- und Bewertungsweise fundamentaler Aspekte abzulegen. Da man sich von der subjektiven Aufbereitung der Informationen kaum abgrenzen kann, muss man wissen, wie sie sich besser einstufen und einschätzen lassen. Um Ihnen diesbezüglich eine kleine Hilfestellung zu geben, finden Sie in Abbildung 9 einen „News Indikator". Er zeigt auf, wie unterschiedlich ein und dieselbe Nachricht in den jeweiligen Marktphasen interpretiert werden kann. Der Indikator ist sowohl für Intraday- als auch für sehr langfristige Bewertungen von Nachrichten einsetzbar. Die Beschreibung der Klassifizierungen finden Sie nachfolgend.

[1] Grundlegende Betrachtungen

Nutzen Sie „börsenpsychologische NEWS-Indikatoren"

Bad News are Good News: Wenn der Markt trotz schlechter Nachrichten nicht mehr weiter fällt, dann besteht die Chance einer Trendwende nach oben. Diese Konstellation findet man sowohl in Korrekturtiefs als auch in Bodenbildungsphasen, denen ein lang anhaltender Abwärtstrend vorherging (z. B. Irak-Krieg).

Good News are Good News: In einem positiven Stimmungsumfeld wirken sich positive Nachrichten entsprechend aus. Hier befindet man sich in der Mitte eines Aufwärtstrends. Anleger fühlen sich durch die positiven Nachrichten bestätigt und legen noch einmal zu (z. B. Aktienmärkte der letzten Jahre).

Good News are Bad News: Wenn positive Nachrichten nichts mehr bewegen können, dann sollte man vorsichtig werden und Gewinne sichern. Es besteht die Möglichkeit einer Korrektur bzw. sogar die Gefahr eines Trendwechsels nach unten (z. B. Spätsommer 1998 beim DAX und Dow Jones).

Bad News are Bad News: Wenn der Markt aufgrund schlechter Nachrichten weiter fällt, dann befindet man sich in der Mitte eines Abwärtstrends. Hier sollte man nicht den „Mutigen spielen" und in das „fallende Messer" greifen (z. B. Russland 1998).

„Nicht die News machen den Markt, sondern der Markt macht die News, indem er sie beachtet oder nicht."
André Kostolany

Abbildung 10
Bewertungszyklus beim „Börsenpsychologischen NEWS-Indikator"

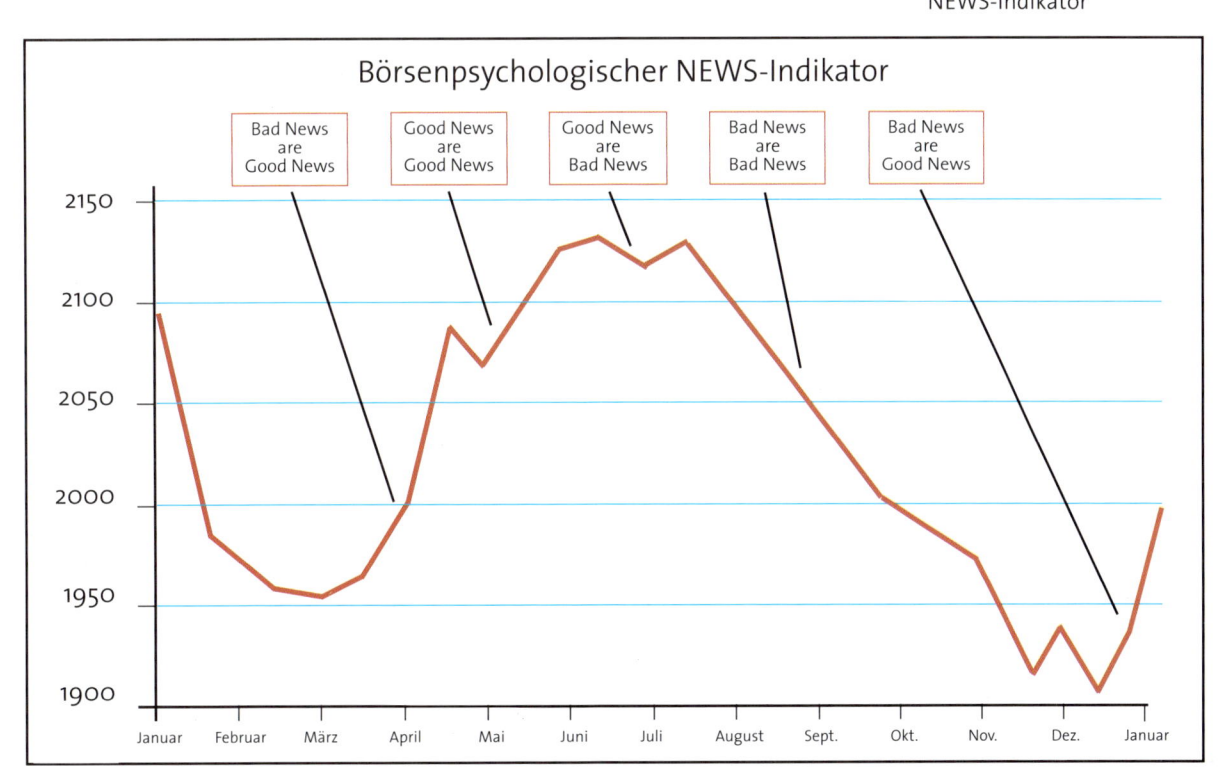

[Teil I]   Einführung

Welchen Markt Sie auch betrachten, ob Russland, Japan, Gold, Devisen oder Aktien, alle lassen sich mit Hilfe einer börsenpsychologischen Betrachtung (Reaktion der Menschen auf Daten) besser einschätzen, als es die rein fundamentalen Modelle können. Die Gründe dafür finden sich im ersten Teil dieses Kapitels. Mit dem „Morning-News-Reversal"-Konzept stellte Linda Bradford Raschke, eine der erfolgreichsten US-Traderinnen, in ihrem Buch „Street Smarts" sogar einen Ansatz vor, wie man die Reaktionen der Anleger auf Nachrichten beim Bond-Markt in konkrete Handelsstrategien umsetzen kann. Wenn in den USA ökonomische Daten veröffentlicht werden, dann sollte man sich das Vortageshoch oder -tief der verschiedenen Bond-Futures betrachten. Je wichtiger die Daten sind, desto bessere Handelsmöglichkeiten ergeben sich. Das Regelwerk lautet wie folgt:

Abbildung 11
Handelsstrategien mit Hilfe des „Morning-News-Reversal"-Ansatzes

Verkaufssignal: Wenn die Nachricht dazu führt, dass der vorherige Höchstkurs (Top) schnell und um mindestens 4 Ticks überschritten wird (siehe Einkreisung in Abbildung 11), der Markt sich trotz der positiven Nachricht aber nicht weiter in diese Richtung bewegt, dann sollte man bei einem nachfolgenden Unterschreiten des vorherigen Höchstkurses (siehe horizontale Linie im Chart) ca. drei Ticks unterhalb dieses Tops eine Verkaufsorder platzieren. Sobald man gefüllt wird, setzt man eine Stop Loss-Order einen Tick oberhalb des bis dahin erreichten Tops. Wenn die Position in die Gewinnzone läuft, zieht man den Stop sofort nach, um die Gewinne zu sichern.

Kaufsignal: Wird dagegen zuallererst der Tiefstkurs (Low) des Vortages um mindestens 4 Ticks unterschritten, platziert man eine Kauforder ca. 3 Ticks oberhalb dieser Marke. Sollte sich der Markt trotz der negativen Nachricht nicht weiter nach unten bewegen, und man bei der Erholung nach oben gefüllt werden, setzt man eine Stop-Loss-Order für seine Long-Position einen Tick unterhalb des bis dahin erreichten Tagestief. Sobald die Position in die Gewinnzone läuft, zieht man auch hier den Gewinnsicherungs-Stop schnell nach.

Erstellen Sie sich systematische Handelskonzepte!

Da die eine Seite Ihres Egos ständig versucht, der anderen eine Falle zu stellen, macht es Sinn, sich bei der Entscheidungsfindung von beiden zu trennen und sich Regeln aufzustellen, nach denen man unabhängig und konsequent handeln kann. Dabei geht es nicht nur um hochkomplexe Computermodelle, sondern auch um einfache Ansätze (z. B. „Morning-News-Reversal"-Ansatz von Linda Bradford Raschke). Wichtig ist, dass Sie sich ein Konzept erarbeiten, das Ihnen feste Vorgaben macht, wann Sie in einen Markt einsteigen und wann Sie wieder aussteigen. Konzentrieren Sie sich vor allem auf die Festlegung des Ausstiegszeitpunktes, da dieser für den Erfolg an der Börse wesentlich entscheidender ist als der Einstiegszeitpunkt.

Bevor man sich blindlings in die Märkte begibt, sollte man sich also Regeln erstellen, nach denen man zukünftig vorgeht. Das Regelwerk sollte so gebaut sein, dass man die Möglichkeit hat, dessen Erfolg in der Vergangenheit überprüfen zu können. Die Erfolgsquote der Vergangenheit gibt einem zwar keine Garantie, dass man mit diesem Regelwerk auch in Zukunft erfolgreich agieren kann, offeriert einem aber mehr Sicherheit als ein Konzept, das in der Vergangenheit nur Verluste erzielt hat.

Entdeckt man dann ein paar Regeln, die in der Vergangenheit profitabel waren, sollte man sie erst einmal in Form von „Papertrades" (Tests) ausprobieren. Diese Trockenübungen beugen wirklichen Verlusten vor. Erst wenn man diese Phase erfolgreich überstanden hat, sollte man sich langsam in die Märkte wagen.

Trotz aller Vorsicht muss man aber darauf vorbereitet sein, dass sich unser Ego immer wieder in Form von Inkonsequenzen, Hoffnungen sowie Ängsten

[Teil I] Einführung

Unkonventionelle Einteilung der Analyseformen

- Neofundamentalanalyse (Intermarket)
- Statistikfüchse
- Old KISS
- New KISS

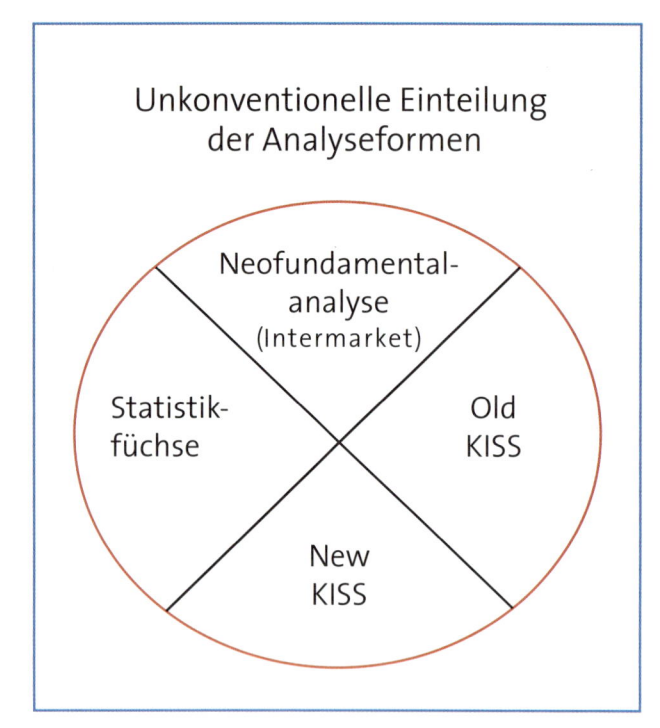

Abbildung 12
Unterschiedliche Ansätze zur Analyse der Finanzmärkte

zeigt. Wenn man sich aber von vornherein kein Konzept erstellt, das zu seiner Persönlichkeitsstruktur (nicht jeder ist ein perfekter Day Trader) passt, wird man langfristig im Börsengeschäft viel Geld verlieren. Für die Erarbeitung eines systematischen Handelsansatzes bieten sich verschiedene Instrumente an, die Sie in der nachfolgenden Abbildung finden und im Anschluss daran erläutert werden. Hierbei handelt es sich um eine unkonventionelle Betrachtung der verschiedenen Methoden.

Die Neofundamentalanalyse

Aufgrund der geringen Prognosegüte fundamental orientierter Ansätze flüchten immer mehr Fundamentalanalysten in Richtung Technische Analyse. Da sie sich nicht gleich als Techniker „outen" können, gehen sie dazu über, Verfahren der Technischen Analyse terminologisch umzufärben und auf fundamentale Daten anzuwenden, was hier als „Neofundamentalanalyse" bezeichnet wird. Zu diesen Ansätzen zählen u. a. quantitative Ansätze, ökonometrische Modelle, Sentiment-Indikatoren und die von dem amerikanischen „Techniker" John J. Murphy bekanntgemachte Intermarket-Analyse, die an dieser Stelle beispielhaft erläutert werden soll.

Die Intermarket-Analyse ist ein technischer Ansatz, bei dem fundamentale Wechselbeziehungen und Zusammenhänge verschiedener Finanzmärkte untereinander aufgespürt und meist als „Ratio" dargestellt werden. Nach Murphy üben die bisher eher vernachlässigten Rohstoffmärkte einen erheblichen Einfluss auf die übrigen Märkte aus, so dass den verschiedenen Beziehungsstrukturen dieser Märkte eine hohe Bedeutung zukommt. Am bekanntesten sind sicherlich die diversen Zins-Ratios, die man zum Beispiel zur Prognose von Devisenkursen heranziehen kann. Weitere Zusammenhänge findet man auch bei Silberpreisen und dem Aktienkurs von Kodak sowie bei Kupferpreisen und der Konjunkturentwicklungen.

Obwohl die verschiedenen Beziehungen der Märkte meist deutlich erkennbar sind, bleibt bei der Intermarket-Analyse die zeitliche Problematik der Vorlauf- und Verzögerungsphasen zu beachten. Aussagekräftige Zusam-

[1] Grundlegende Betrachtungen

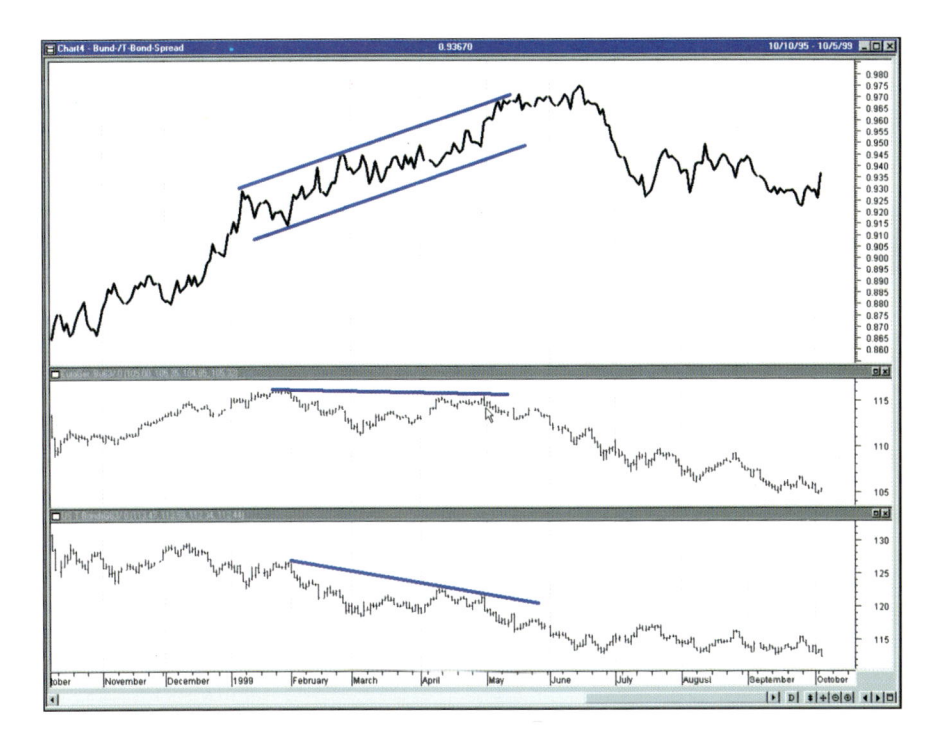

Abbildung 13
Intermarket-Analyse am Beispiel des Bund/T-Bond-Zins-Spreads

menhänge können durch das Zusammentreffen bestimmter Faktoren (z. B. politische) außer Kraft gesetzt werden, so dass eine stabile Prognose erschwert wird. Außerdem erhöhen die „vagabundierenden" Milliarden des globalen Computerhandels teilweise auch die Irrationalität der Investoren und die Schwankungsbreite der Märkte, wodurch viele fundamentale Zusammenhänge zunehmend aus dem Lot geraten oder in den Hintergrund treten, so dass dieser Ansatz nur bedingt zu empfehlen ist.

Old KISS (Keep it simple stupid)

Ausgangspunkt der Technischen Analyse ist die Annahme, dass der Börsenkurs die aktuellste Informationslage eines Wertes darstellt und sich hierin alle kursrelevanten Fakten, also auch alle Antizipationen und psychologischen Faktoren niedergeschlagen haben. Sie stellt mit ihren diversen Ansätzen das Instrumentarium zur Verfügung, um anhand kursprägender Reaktionsmuster der Börsianer, die auch aufgrund der Veröffentlichung fundamentaler Daten zustande kommen, detaillierte Analysen und Prognosen ermitteln zu können. Obgleich sich „Techniker" bei der Analyse von Märkten auf die Verlaufsmuster der Kurse stützen, reicht ihre Betrachtung allein jedoch bei weitem nicht aus. Schließlich ist die Psyche der Investoren so komplex, dass man auch weitere Aspekte wie die Ordersituation (z. B. kumu-

[Teil I] Einführung

lierte Bid/Asks-Kurse) oder das Sentiment der einzelnen Anlegergruppen (z. B. Börsenbriefumfragen) analysieren muss. Leider verharren viele Verfahren der Technischen Analyse noch immer auf einem Niveau, das einem innovativen Anspruch nicht gerecht wird, was in diesem Buch unter dem Synonym „Old KISS" noch näher erläutert werden wird.

Die Quantifizierung börsenpsychologischer Bestimmungsfaktoren ist in der Darstellungspyramide (Abbildung 14) als Fundament der Technischen Analyse zu betrachten. Eine weitere Grundlage stellen die verschiedenen Marktstudien und Marktstrukturansätze dar, zu denen u. a. die allseits bekannten Dow-, Gann- Fibonacci-, Elliott-Wave- und Zyklus-Studien gehören oder auch Verfahren wie zum Beispiel die Chaos-Theorie und die „Non-Linear Dynamics".

Die Chartanalyse, die fälschlicherweise nicht als ein Bestandteil der Technischen Analyse angesehen, sondern häufig mit ihr gleichgesetzt wird, greift

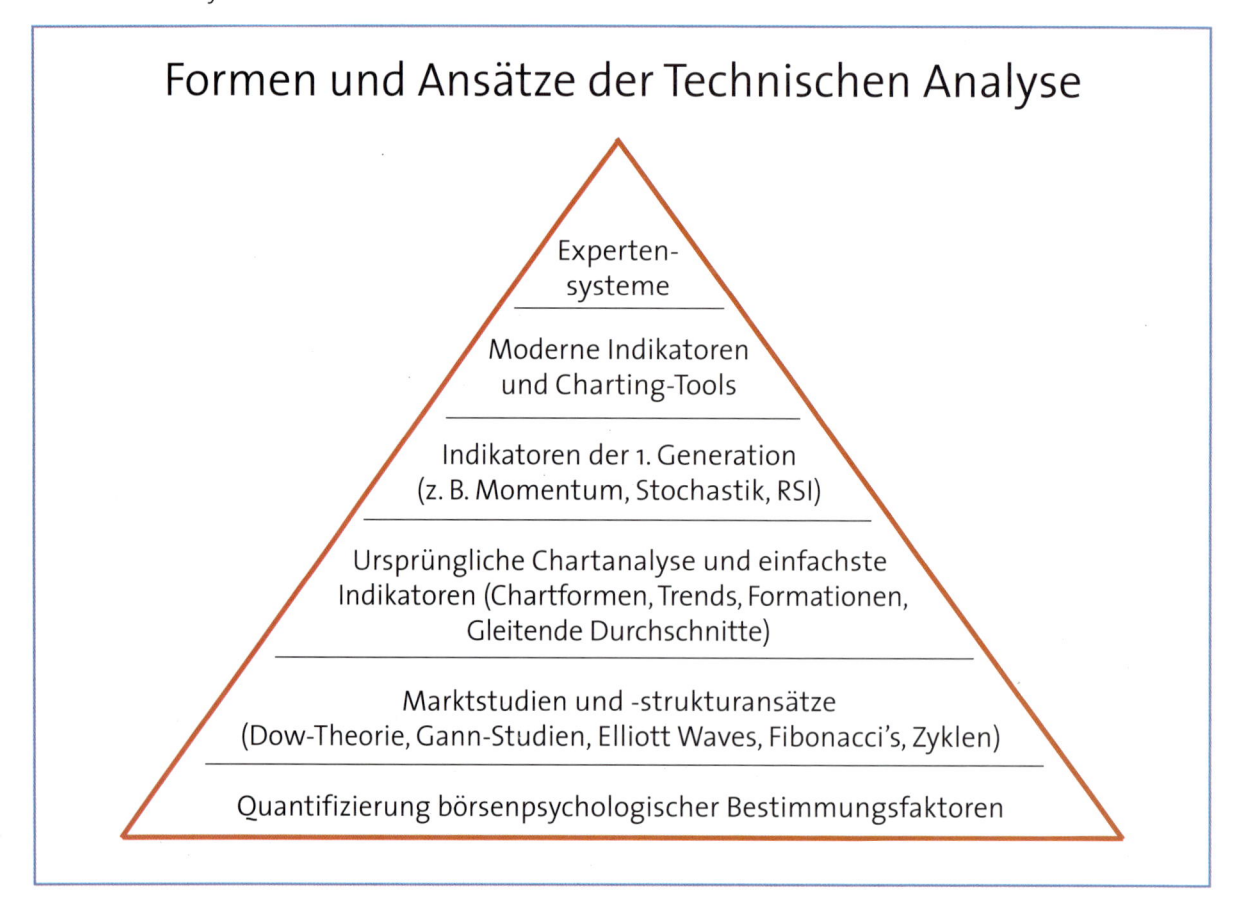

Abbildung 14
Formen und Ansätze der Technischen Analyse

Formen und Ansätze der Technischen Analyse

- Expertensysteme
- Moderne Indikatoren und Charting-Tools
- Indikatoren der 1. Generation (z. B. Momentum, Stochastik, RSI)
- Ursprüngliche Chartanalyse und einfachste Indikatoren (Chartformen, Trends, Formationen, Gleitende Durchschnitte)
- Marktstudien und -strukturansätze (Dow-Theorie, Gann-Studien, Elliott Waves, Fibonacci's, Zyklen)
- Quantifizierung börsenpsychologischer Bestimmungsfaktoren

[1] Grundlegende Betrachtungen

auf die beiden erstgenannten Punkte zurück. Sie befasst sich mit der grafischen Untersuchung der Kursverläufe und nutzt dazu neben den diversen Chart-Darstellungsformen auch die Trendlinien- und Formationsanalyse sowie einfache Indikatoren (z. B. gleitende Durchschnitte). Obwohl die Möglichkeiten der grafischen Analyse mit der Einführung des Computers enorm zugenommen haben, werden heute noch immer Formationen (Kopf-Schulter-, Dreiecks-, Flaggen-, Wimpel- und Gap-Formationen) verwendet, die von Richard Schabacker bereits in den frühen 30er-Jahren klassifiziert und später von seinem Neffen R.D. Edwards in dem berühmten Buch „Technical Analysis of Stock Trends" (vgl. Edwards & Magee, 1948) der großen Öffentlichkeit nähergebracht wurden. Was hat sich aber seit dem getan?

Die heute so populären Standard-Indikatoren weisen ein ähnliches Forschungsloch auf. So wurde der Stochastik-Indikator nach Auskunft von Cynthia Kase bereits Anfang der 60er-Jahre von der Firma Investment Educator, Inc entwickelt. Wie die meisten Indikatoren der ersten Generation besitzt auch er nur eine sehr rudimentäre Formel, dessen Berechnung zwar damals, in einer Zeit, in der es noch keine Computer gab, eine Herausforderung darstellte, heutzutage aber leicht durchzuführen ist. Viele Indikatoren wurden erst 1978, als Hewlett Packard die ersten wissenschaftlich programmierbaren Taschenrechner auf den Markt brachte und auch Personal Computer auftauchten, umgesetzt. Ihr Bekanntheitsgrad stieg mit der Veröffentlichung des Buches „New Concepts in Technical Trading" von Welles Wilder, in dem er beispielsweise den „Relative Stärke Index", das DMI-Konzept, den Parabolic- und viele andere Indikatoren präsentierte. Dank verschiedener Arbeiten von Larry Williams und George Lane (1984) wurde auch die „Stochastik" populär. 1986 folgten die Bollinger Bands von John Bollinger. Danach flaute der Innovationsschub scheinbar ab, denn die meisten Indikatoren, die sich heute im Einsatz befinden, sind über 20 Jahre (konzeptionell sogar über 30 Jahre) alt. Obwohl sich diese „Oldies" einer großen Beliebtheit erfreuen, stellen sie sicherlich nicht den „Status Quo" der Technischen Analyse dar.

Da sich heutzutage mit Hilfe besserer Computer wesentlich komplexere Rechenvorgänge bearbeitet lassen, eröffnen uns moderne Indikatoren eine neue Dimension der Analyse, so dass sie in der Hierarchie der Pyramidendarstellungen höher eingestuft wurden. Darüber befinden sich nur noch die so genannten Expertensysteme, denen sehr unterschiedliche Instrumente zugeordnet werden. In der Regel handelt es sich um computerisierte Analyse- und Handelsmodelle, die mehrere Zusammenhänge gleichzeitig aufarbeiten. Zu ihnen zählen die Ökonometrischen Modelle, Hybride Systeme sowie Neuronalen Netze, Genetische Algorithmen und Fuzzy Logic-Verfahren.

NEW KISS (Keep it super sophisticated or simple & successful)

Der rasante Fortschritt der Computertechnologie hat dazu geführt, dass bestimmte Verfahren und Darstellungsformen der Technischen Analyse, von deren Umsetzung die „Technik-Urväter" nur träumen konnten, mittlerweile von jedem Hobby-Analysten auf seinem Home-PC realisiert werden könnten, wenn alle vorhandenen Potenziale voll ausgeschöpft würden. Die „OLD KISS"-Einstellung hat leider dazu geführt, dass man ein wenig nachlässig mit innovativen Lösungsschritten umgegangen ist. Der Begriff „NEW KISS" soll in diesem Buch als Synonym für moderne Ansätze der Technischen Analyse Verwendung finden. Zugegeben, „super sophisticated" klingt zwar sehr anspruchsvoll, soll aber lediglich die Diskrepanz hervorheben, zwischen dem, was möglich wäre, und dem, was davon genutzt wird. Obwohl sich die neuen Instrumente oftmals nur in bestimmten Details (z. B. weniger Fehlsignale, schnellere Signalgenerierung oder markantere Ausprägungen) von den älteren unterscheiden, sollte man sie nicht links liegenlassen. Gemäß des japanischen KAIZEN- Denkansatzes können nämlich gerade kleine Verbesserungsschritte zum Erfolg führen.

Statistikfüchse

„Den Rahm abschöpfen und nicht darin ertrinken."

Motto von Statistikfüchsen

Die statistische Erfassung und Aufbereitung von Daten bietet sich ebenfalls für die Erstellung systematischer Ansätze an. Für die Amerikaner ist diese Variante zu einer Art Volkssport geworden. So werden nicht nur beim Baseball oder American Football die Anzahl der Homeruns und Touchdowns penibel festgehalten, sondern auch andere Details wie die Länge der Schläge und Pässe. Die amerikanischen Börsianer und Analysten können sich diesem Habitus nicht entziehen. Sie suchen auf allen Ebenen des Börsengeschehens nach auffälligen Regelmäßigkeiten, die für einen sicheren Trade genutzt werden könnten. Während sich die meisten Börsianer in die aufschäumenden Wogen der Finanzmärkte stürzen und ihnen dort wegen ihrer vielfältigen Aktivitäten häufig das „Ertrinken" droht, konzentrieren sich die Statistiker darauf, aus sicherer Distanz immer dann den Rahm abzuschöpfen, wenn eine vielversprechende Woge hochschwappt. Sie gehen also nur eine Position ein, wenn eine Situation (z. B. eine Kursformation = Woge) auftaucht, die in der Vergangenheit mit hoher Wahrscheinlichkeit einen profi-

[1] Grundlegende Betrachtungen

tablen Trade ergab. Da das gesamte Einsatzspektrum statistischer Auswertungen der Finanzmärkte ganze Bibliotheken füllt, dieses interessante Thema in diesem Buch aber nur am Rande behandelt werden kann, können Sie sich nachfolgend zumindest einen kleinen Überblick verschaffen. Die aufgezeigten Beispiele werden Ihnen dennoch genügend Anregungen vermitteln, um eigene Ansätze auszutesten oder sich mit genannten Quellen ausführlicher auseinander zu setzen.

Monats- und Tagesperformance

Sie alle kennen sicherlich die statistischen Übersichten, die in den Juli- oder Dezember-Veröffentlichungen diverser Fachmagazine und Zeitungen auftauchen. Dort wird darauf hingewiesen, dass der September/Oktober zu den schlechtesten und der Januar zu den besten Monaten für Aktien zählt. Was auf monatlicher Basis möglich ist, lässt sich natürlich auch für alle anderen Zeitebenen ermitteln. Die nachfolgende Abbildung 15 zeigt zum Beispiel auf, welche durchschnittliche tägliche Rendite (in %) der DAX je Wochentag zwischen 1960 und 1990 erzielt hat. Aufgrund des 87er- und einiger anderer Crashs wies der Montag besonders schlechte Resultate auf.

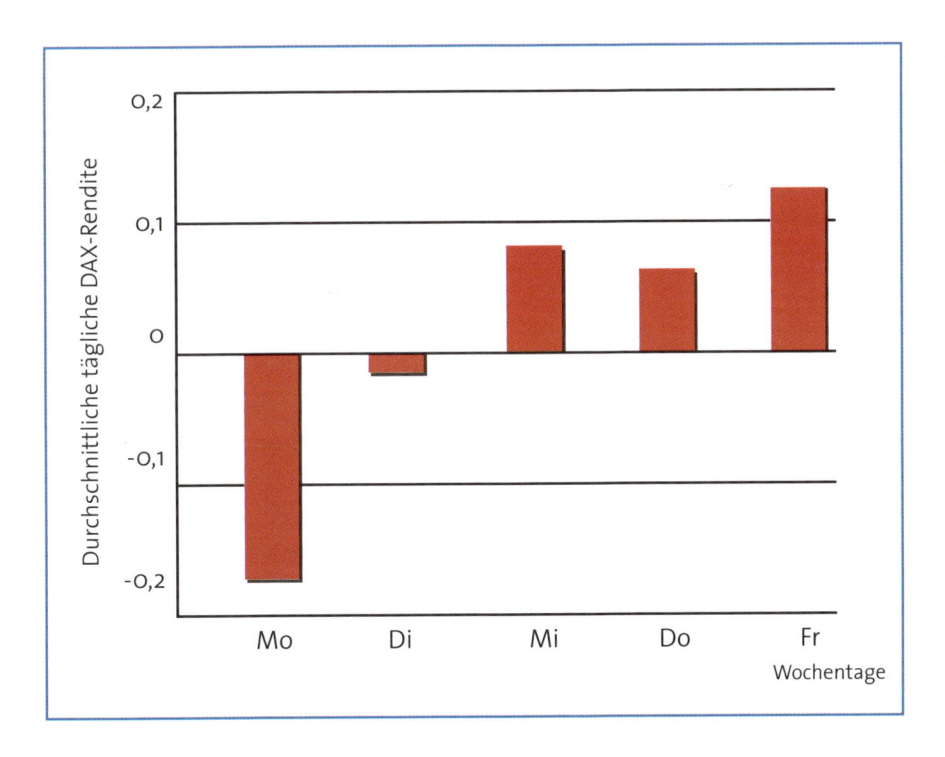

Abbildung 15
Durchschnittliche tägliche Rendite (in Prozent) des DAX von 1960 bis 1990 je Wochentag (Quelle: Lexikon der populären Irrtümer, Walter Kräer, Götz Trenkler, Eichborn Verlag 1996)

„Day-of-the-week"- Performance

Für den S&P-Future veröffentlichte Murray A. Ruggiero Jr. im Januar 1996 in der ersten Ausgabe seines Börsenbriefes „Inside Advantage" folgende Übersicht:

Wochentag	Punkte	Durchschnitt	%-Anteil im Vergleich zu Buy&Hold
Montag	264.10	.387	54.4%
Dienstag	6.05	.009	1.2%
Mittwoch	192.80	.275	39.8%
Donnerstag	52.50	.075	10.8%
Freitag	115.39	-.167	23.8%

Abbildung 16
„Day-of-Week"-Analyse zum S&P-Future von Murray A. Ruggiero Jr. (Ruggiero Associates, 18 Oregon Avenue, East Haven, CT 06512)

In dem analysierten Zeitraum (21.4.82 - 24.11.95) hat eine „Buy&Hold"-Strategie im S&P-Future 484,70 Punkte eingebracht. Hätte man immer nur montags und mittwochs zum Open gekauft und zum Closing verkauft, dann wären 94% der Performance der „Buy&Hold"-Strategie erzielt worden, obwohl nur 40% der Zeit investiert wurde. Gleiche Performance bei weniger Risiko und bei einer geringeren Kapitalbindungsdauer sind zwar zu empfehlen, aber nicht immer zu realisieren. Was bei diesem Ansatz nämlich unbeachtet blieb, waren die hohen Gebühren, die für den ständigen Kauf und Verkauf angefallen wären. Um diese Kosten zu verringern, findet man auch Ansätze, die über mehrere Tage investiert bleiben (z. B. beim S&P montags kaufen und donnerstags glattstellen oder donnerstags shorten und montags zum Open glattstellen). Beide Vorgehensweisen sind mit einem erheblichen Risiko behaftet, da man als Investor hohe Schwankungsbreiten (auch in die falsche Richtung = Drawdowns) aushalten können muss, was aus Sicht eines effizienten Risikomanagements sehr bedenklich ist.

Seasonal Trades

Wem diese Zahlen zu allgemein sind, der wird unter dem Stichwort „Seasonals" oder „Seasonal Trades" mehr Details finden. Bei den Seasonal Trades handelt es sich um einen Ansatz, bei dem festgestellt wird, an welchen Tagen oder in welchen saisonalen Perioden eines Jahres Märkte bestimmte Kursverläufe aufzeigen, die sich mit einer möglichst hohen Wahrscheinlichkeit wiederholen. Diese Vorgehensweise wird am Beispiel des Heizöls deutlich. Jeder weiß, dass das Heizöl im Spätsommer/Herbst (wenn sich alle Kunden Vorräte für den Winter anlegen) eher steigt als im Frühsommer. Jake Bernstein hat sowohl in seinem Buch „The Compleat Day Trader" als auch in „Seasonal Traders Bible" diverse Beispiele aufgezeigt.

[1] Grundlegende Betrachtungen

Markt	Datum	Trefferquote	Anzahl d. getesteten Jahre
S&P-Future	14. Jan.	81,82 %	11
S&P-Future	12. April	81,82 %	11
S&P-Future	14. Juli	81,82 %	11
T-Bonds	3. Juni	85,71 %	14
T-Bonds	2. Juli	78,57 %	14
Yen	6. Mai	80,00 %	15
Yen	21. Juni	86,67 %	15

Abbildung 17 zeigt einige Beispiele von Märkten, die an bestimmten Tagen mit einer Trefferquote von über 80% eher steigende als fallende Kurse aufweisen. Tage oder Ereignisse mit sehr geringen Trefferquoten können für entgegengesetzte Positionen verwendet werden. Wer nicht so oft handeln möchte, der findet in Jake Bernsteins Buch „Seasonal Traders Bible" unzählige Tabellen und Charts zu „hochprozentigen" Kauf- und Verkaufspositionen, die über mehrere Tage oder Wochen gehalten werden. Die meisten Beispiele beziehen sich dort jedoch nur auf die amerikanischen Commodity-Märkte (Website von Jake Bernstein: www.trade-futures.com). Seit dem das Moore Research Center (www.mrci.com/seastat.htm) umfangreiche Analysen im Bereich „Seasonals" anbietet, hat diese Form des Tradings in den USA deutlich an Popularität gewonnen. Wenn Sie Interesse an Handelssystemen haben, die sich mit saisonalen Aspekten beschäftigen, dann sollten Sie in folgende Website schauen (www.insideedgesystems.com von Bill Brower).

Es bleibt allerdings festzuhalten, dass die „Seasonal"-Ansätze trotz hoher Trefferquoten auch zu einem Totalverlust führen können, wenn man für diejenigen Fälle, in denen der jeweilige Markt anders reagiert als erwartet, keine Stop-Loss-Marken setzt. Für eingefleischte Statistiker stellt sich außerdem die Frage, ob zum Beispiel elf Jahre (siehe Abbildung 17) ausreichen, um eine gewisse Signifikanz der Aussagen zu ermitteln. Wird ein langfristiger Bullenmarkt (z. B. zehn - 20 Jahre) bei solch kurzen Betrachtungszeiträumen plötzlich von einem Bärenmarkt abgelöst, dann könnten sich die angegebenen Ergebnisse sehr schnell verschlechtern. Bei der Analyse einzelner Tage muss man außerdem beachten, welche Ereignisse zu diesem Ergebnis geführt haben. Wurden in der Vergangenheit an diesen Tagen beispielsweise bestimmte Daten veröffentlicht (z. B. Zinsentscheidungen nach Bundesbanksitzung), dann könnte dieser Tag in der Zukunft plötzlich keine Rolle mehr spielen, wenn sich beim Veröffentlichungsmodus etwas verändert (z. B. neue Termine gemäß EZB-Sitzungen).

Abbildung 17
Wahrscheinlichkeiten, an welchen Tagen im Jahr der Schlusskurs über dem Eröffnungskurs liegt
(Quelle: Bernstein, Jake/ „The Compleat Day Trader", 1998)

Chart-Formationen

Eine der ältesten Plattformen für die Ermittlung von hohen Wahrscheinlichkeiten bilden die verschiedenen Chart-Formationen und die Formationen, die durch bestimmte Chart-Darstellungsformen entstehen. Die Bandbreite der getesteten Formationen reicht von einfachen Kursvergleichen (z. B. Open/Close, High/Low) über herkömmliche Formationen bis hin zu komplexen, mehrwöchigen Verlaufsmustern. Abbildung 18 zeigt die erstaunlichen Ergebnisse einer empirischen Untersuchung von Prof. Robert E. Davis von der Purdue Universität in den USA. Grundlage seiner Ergebnisse bei den verschiedenen Point&Figure-Formationen waren die Kursverläufe von 1100 Aktien zwischen 1964 und 1984. Die Trefferquote lag zum Teil bei über 90%.

Ob diese Zahlen auch heute noch erreicht werden, ist eher zu bezweifeln, da gerade in den letzten Jahren die Anzahl von „False Breakouts" (Grundlage vieler Point&Figure-Formationen sind fehlerfreie Breakouts) erheblich zugenommen hat. Dies bedeutet aber nicht, dass es heutzutage generell keine Formationen mehr gibt, die eine Trefferquote von über 90% aufweisen. Aufgrund umfangreicher Software-Angebote (z. B. „Visual Pattern Designer" oder „Pattern Smasher" von Kasanjian = www. Kasanjianresearch.com), mit deren Hilfe man mittlerweile recht einfach eigene Ansätze bearbeiten kann, lassen sich noch immer solche „High-Probability-Pattern" finden. Vielleicht müssen wir den Blick nach vorne richten, anstatt uns noch immer nur mit Linien- oder Balkencharts, der 200-Tages-Durchschnittslinie, der Kopf-Schulter-Formation oder sonstigen „Oldies" der Technischen Analyse zu beschäftigen. Warum gibt es kaum Studien über Kagi-, Renko-, 3-Line-Break- oder Market-Profile-Charts bzw. über Shark-, Wolfe-Wave-, Waldo- und Hook-Formationen?

Rentabilitäts-Studie verschiedener Kaufsignale

Formation	Häufigkeit	Trefferquote
Simple Buy	12,8	80,3
Doppeltop mit steig. Boden	56,9	80,4
Dreifach Top	15,3	**87,9**
Steigendes Dreifach Top	6,6	79,5
Gespreiztes Dreifach Top	2,4	85,7
Bullish Triangle	1,2	71,4
Hausse Turnaround	0,7	**92,0**

Rentabilitäts-Studie verschiedener Verkaufssignale

Formation	Häufigkeit	Trefferquote
Simple Sell	13,5	82,1
Doppeltop mit fallend. Tops	56,4	88,6
Dreifach Bottom	15,5	**93,5**
Fallender Dreifach Boden	8,4	83,3
Gespreizter Dreier Boden	1,6	86,5
Bearish Triangle	2,6	**87,5**
Baisse Turnaround	1,4	85,7

Abbildung 18:
Trefferquoten bei Point&Figure-Formationen

Ähnliche Untersuchungen findet man in der Regel nur für die üblichen Chart-Darstellungsformationen. Thomas Gebert hat in seinen Buch „Der intelligente Investor" zumindest einen weiterführenden Ansatz präsentiert. Er skizziert den durchschnittlichen Verlauf des DAX-Index nach Auftreten eines „Bullish Engulfing"- und eines „Bearish Engulfing"-Patterns (siehe

[1] Grundlegende Betrachtungen

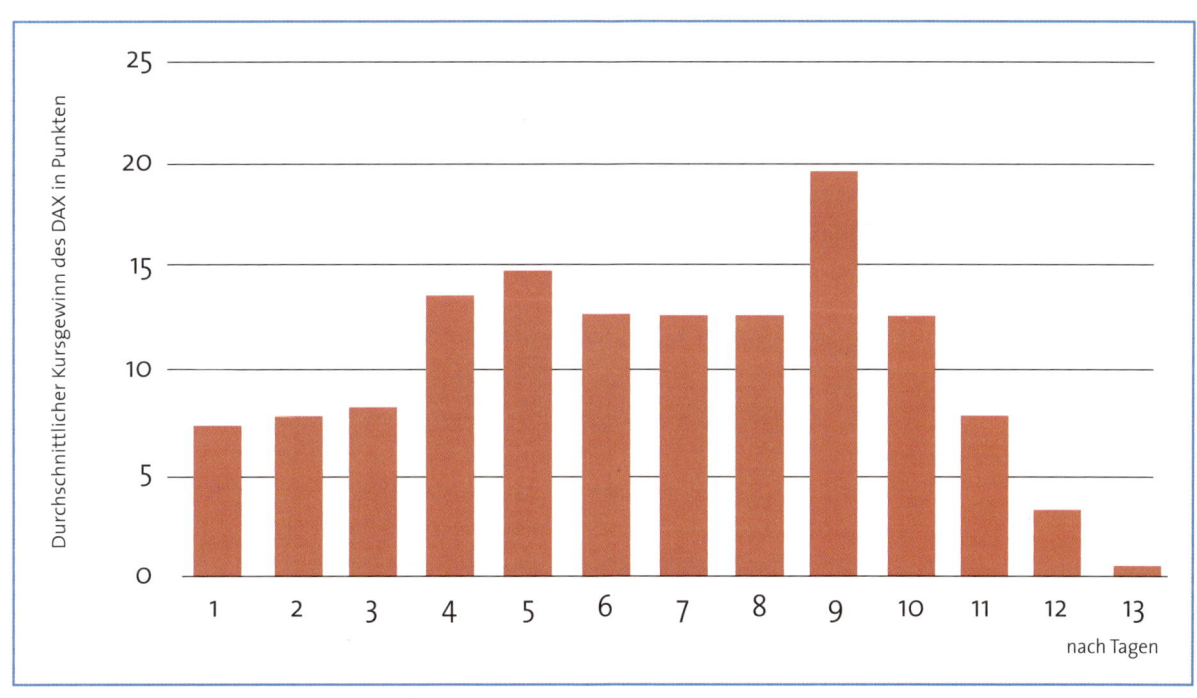

Abbildung 19 und 20). Mit Hilfe dieser Vorgehensweise lassen sich wichtige Regeln für die Positionserweiterung (Pyramidieren) oder Strategien für die Gewinnsicherung erarbeiten.

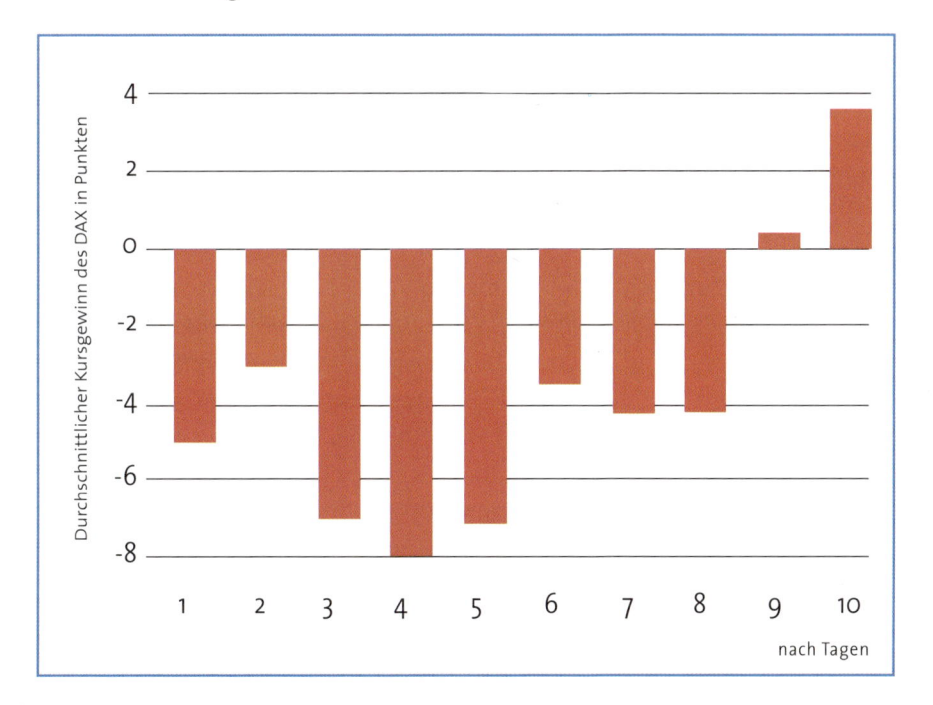

Abbildung 19
Verlauf der Performance von der „Bullish Engulfing"-Candlestick-Formation

Abbildung 20
Verlauf der Performance von der „Bearish Engulfing"-Candlestick-Formation

Einzelne Indikatoren und die Kombination verschiedener Ansätze

Die meisten Handelssysteme basieren lediglich auf einem einzigen Indikator. Obwohl diese Variante gute Ergebnisse erzielen kann, stellt sie nicht das Optimum dar. Interessanter ist da die statistische Auswertung kombinierter Ansätze. So lassen sich beispielsweise Seasonals und Chart-Formationen mit Indikatoren oder verschiedene Indikatoren (Interaktionsanalyse) miteinander verbinden. Denkbar ist auch folgende Kombination:

> „Man kauft immer freitags zum Eröffnungskurs, wenn ein 9er gleitender Durchschnitt einen 38er im Verlauf der Woche von unten nach oben schneidet. Die Position wird im Verlauf des Montags glattgestellt."

Auf dem Gebiet der statistischen Auswertung kombinierter Ansätze gibt es noch viel zu tun. Wenn man aber nach einem der Schlüssel sucht, die an der Börse zum Erfolg führen können, dann lohnt es sich, hier zu suchen. Die prinzipielle Vorgehensweise der Interaktionsanalyse wird Ihnen im vierten Teil dieses Buches erläutert.

Bei der Ermittlung statistischer Wahrscheinlichkeiten geht es immer um die Frage, welche Ansätze oder welche Kombinationen von Instrumenten eine hohe Trefferquote erzielen. Je höher sie ist, desto besser fällt die Bewertung aus. Obwohl ihre Höhe nichts über die endgültige Performance eines Handelssystems aussagt, spielt sie für viele Menschen an der Börse eine wichtige Rolle. Schließlich wurde uns schon von Kindheit an eingeprägt (z. B. in der Schule), dass Quantität oftmals auch Qualität bedeutet. Fällt die Trefferquote ab, fühlen sich die meisten Börsianer unwohl (als ob man eine 5 in Mathematik bekommen hätte).

Zeitzonen

Die beiden nächsten Abbildungen stammen von einer S&P-Studie, die George Angell in seinem Buch „Profitable Day Trading with Precision" vorgestellt hat. Bei der Studie ging es darum herauszufinden, zu welcher Tageszeit der S&P-Future die absoluten Höchst- und Tiefstkurse erreicht. Abbildung 21 (stündliche Basis) macht deutlich, dass 33% der Extremkurse eines Tages innerhalb der ersten Stunde, weitere 33% in den letzten zwei Stunden (die beiden rechten Bars addiert) und 34% in den übrigen vier Handelsstunden auftreten. Da die Extremkurse oftmals für markante Wendepunkte im Markt stehen, lassen sich nach Auffassung von George Angell entsprechende Handelsstrategien erarbeiten.

[1] Grundlegende Betrachtungen

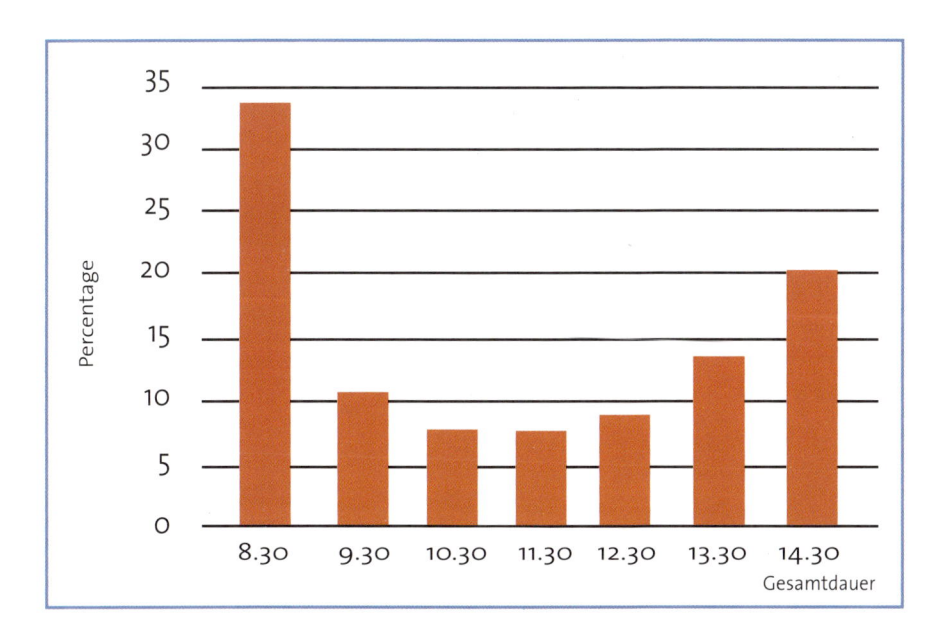

Abbildung 21
Zeitliches Eintreffen der Extremkurse eines Handelstages auf Stundenbasis

Um eine bessere Einschätzung vom Tagesgeschehen zu erhalten, kann man den Handelstag auch in 15 Minuten unterteilen, was in Abbildung 22 illustriert wird. Hierbei fällt auf, dass vor allem in den ersten und in den letzten 15 Minuten eines Handelstages mit Abstand die meisten Höchst- und Tiefstkurse eines Tages erreicht werden. Während allein in diesen beiden Zeitzonen die Anzahl der auftretenden Extremkurse bei 19% und 10% liegen, treten bei den restlichen Zeiteinheiten (zwischen 9:30 Uhr und 14:30 Uhr) jeweils weniger als 5% (siehe Abbildung 22) der Extremkurse auf.

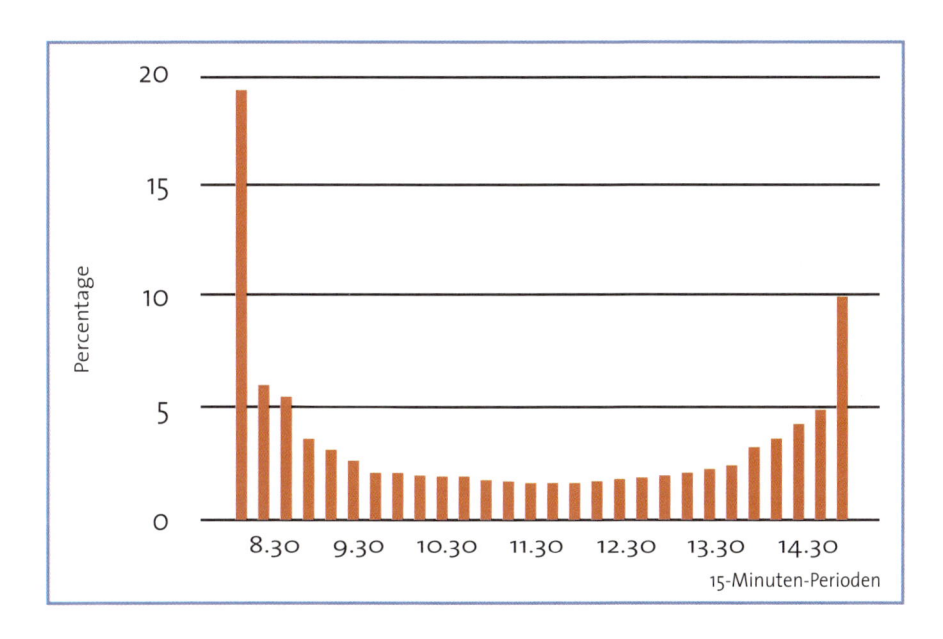

Abbildung 22
Zeitliches Eintreffen der Extremkurse eines Handelstages auf 15min-Basis

[Teil I] Einführung

Das Konzept der Preiszonen...

...wurde ursprünglich von dem Commodity-Trader Dr. Bruce Gould vorgestellt, ist später von J. T. Jackson in seinem Buch „Detecting High Profit Day Trades in the Future Markets" aufgegriffen und mit Hilfe der Pivot-Zahlen für das Day Trading erweitert worden. Nach Gould sollte man die Preisspanne eines Wertes der letzten drei Jahre in fünf Zonen unterteilen, so dass jede Zone 20% der Preisspanne ausmacht. Eine solche Einteilung findet sich im nachfolgenden Gold-Wochenchart.

Abbildung 23
Gold-Wochenchart mit dem Konzept der Preiszonen nach Dr. Bruce Gould

Wenn sich die Kurse in Zone 1 befinden, dann soll man aggressiv kaufen, in der Zone 5 entsprechend verkaufen. Gemäß Dr. Gould funktioniert dieser Ansatz in den Rohstoffmärkten besonders gut, da diese aufgrund zyklischer Komponenten des Angebots- und Nachfrageverhaltens relativ gleichmäßig in bestimmten Bandbreiten schwanken. Rohstoffe werden niemals völlig wertlos werden und nur selten extrem überteuert sein. Beim Gold war ein solcher Handelsansatz aber mit gewissen Risiken verbunden. Hätte man zum Beispiel Anfang 1996 die Kurse der letzten drei Jahre (1993 bis 1996) als Preisspanne verwendet, dann wäre die Zone 1 (=Kaufzone) zwischen 370 und 415 gewesen. Da der Goldpreis trotz aller Expertenmeinungen danach ständig weiter gefallen ist, wären die Käufe, die man aufgrund dieser Strategie 1996 getätigt hätte, 1997/98 erheblich in die Verlustzone gelaufen. Der Kursverfall des Goldes hat dazu geführt, dass sich die Zone 1 (alle anderen Zonen entsprechend) immer weiter nach unten verlegt hat. Im obigen Chart liegt sie zwischen 270 und 300. Es bleibt außerdem zu beachten, dass sich die Zonen mit dem Wegfall der Daten, die älter als drei Jahre sind, entsprechend verändern können. Wenn beispielsweise die Kurse, die über 400 lagen (siehe Einkreisung links), keine Rolle mehr spielen, werden alle Zonen gemäß ihrer 20%-Anteile an der Preisspanne nach unten rutschen. Um bei diesem Ansatz nicht ins fallende Messer hinein zu kaufen, sollte man zum Beispiel abwarten, bis der Goldpreis von Zone 1 in Zone 2 oder von Zone 2 in Zone 3 läuft. Die Trefferquote einer solchen Vorgehensweise untersuchen die (Statistik-)Sportsfreunde ständig.

Pivot-Preiszonen

Um den Preiszonen-Ansatz im Day Trading besser einsetzen zu können, verwendet J. T. Jackson für die Unterteilung eines Charts die Pivot-Zahlen, die sich wie folgt ermitteln lassen:

Pivot-Resist 2 = Pivot + gestriger Höchstkurs − gestriger Tiefstkurs

Pivot-Resist 1 = 2 · Pivot − gestriger Tiefstkurs

$$\text{Pivot} = \frac{\text{(Gestriger Höchstkurs + gestriger Tiefstkurs + Schlusskurs)}}{3}$$

Pivot-Support 1 = 2 · Pivot − gestriger Höchstkurs

Pivot-Support 2 = Pivot − gestriger Höchstkurs + gestriger Tiefstkurs

Mit Hilfe dieser Formeln, bei denen die gestrigen Daten zur Ermittlung der heutigen Preis-Levels (insgesamt 5) verwendet werden, ergeben sich sechs Zonen, wobei sich die Zonen 1+2 im Intraday zum Kaufen, die Zonen 5+6 zum Verkaufen eignen. Abbildung 24 zeigt auf, wie häufig die S&P-Extremkurse eines Tages in der Vergangenheit die jeweiligen Pivot-Zonen erreichten. Es fällt auf, dass die Häufigkeit eine Normalverteilung aufweist, d. h. die Kurse handeln häufiger um einen bestimmten Mittelwert als an irgendwelchen Extremwerten. Obwohl die Extremzonen relativ selten angesteuert werden, können sich die Kurse dort durchaus festsetzen oder gar weiterlaufen. Da die Zonen recht groß und daher für Handelsentscheidungen zu unpräzise sein können, zeigt diese Methode durchaus auch Schwächen. Man sollte sich in jedem Fall bewusst sein, dass man hierbei als so gennanter „Contrarian" gegen den Trend handelt, was erhebliche Risiken in sich birgt. Sollte man den Extremkurs jedoch bekommen haben und der Markt anschließend drehen, dann ist diese Position sehr lukrativ.

[Teil I]   Einführung

Abbildung 24
Wahrscheinlichkeit des Erreichens der sechs Zonen

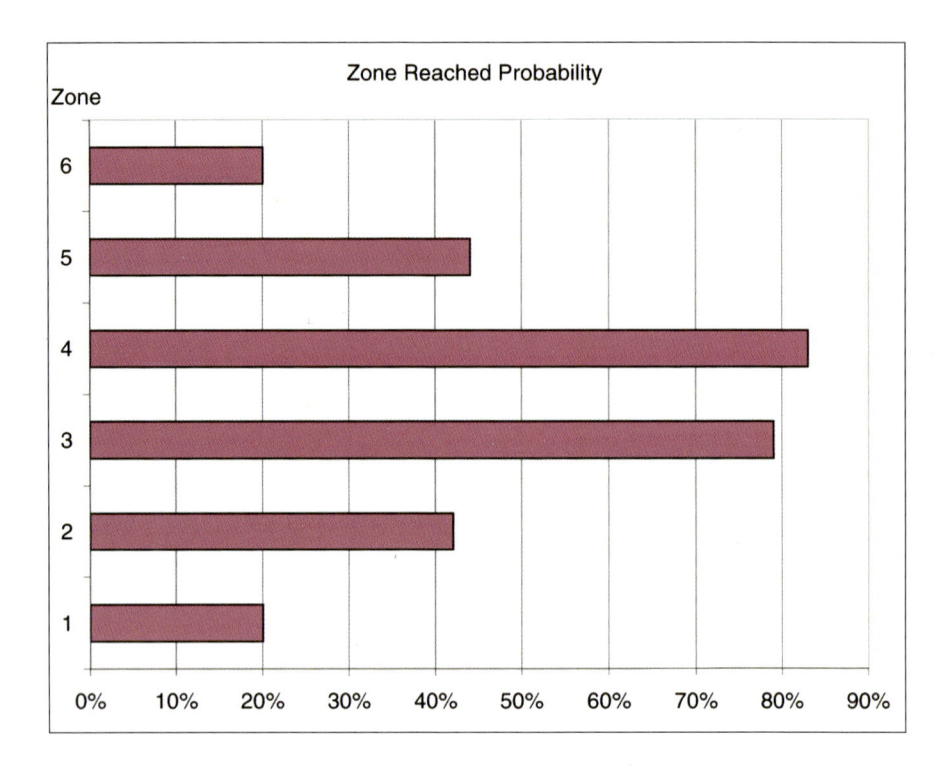

Zone	Zone Reached Probability
6	~20%
5	~44%
4	~83%
3	~79%
2	~42%
1	~20%

Präzisere Preiszonen

Für den Erfolg bei der Day-Trading-Variante des Preiszonen-Ansatzes ist nicht nur die Tatsache ausschlaggebend, wie oft die Preise eine bestimmte Zone ansteuern, sondern auch das Wissen darüber, was die Kurse machen, wenn ein Preislevel unter- oder überschritten wird. Um mehr Präzision in den Preiszonen-Ansatz zu bringen, hat Miro Kocur von MK_Informationssysteme in München (www.mkinfosys.de) den MK_OpenClose-Indikator entwickelt.

Er unterteilt einen herkömmlichen Chart (siehe oberen Abschnitt der Abbildung 25) so, dass der jeweilige Eröffnungskurs eines Tages immer wieder auf einem gleichen Niveau beginnt (siehe unteren Abschnitt der Abbildung 25). Dies hat den Vorteil, dass man die Verlaufsmuster der Kurse nach dem „Opening" besser miteinander vergleichen und analysieren kann. In unserem Beispiel verdeutlichen die horizontalen Linien sehr schnell, dass sich die Kurse im Verlauf eines Tages vom Eröffnungskurs kurioserweise sowohl nach unten als auch nach oben oftmals in gleichen Proportionen entfernen (60 Punkte beim DAX-Future). Mit Hilfe dieses Indikators lassen sich also nicht nur weitläufige Preiszonen definieren, sondern auch konkrete Zielmarken, die sowohl für das Eingehen einer Position als auch für die Glattstellung genutzt werden können.

[1] Grundlegende Betrachtungen

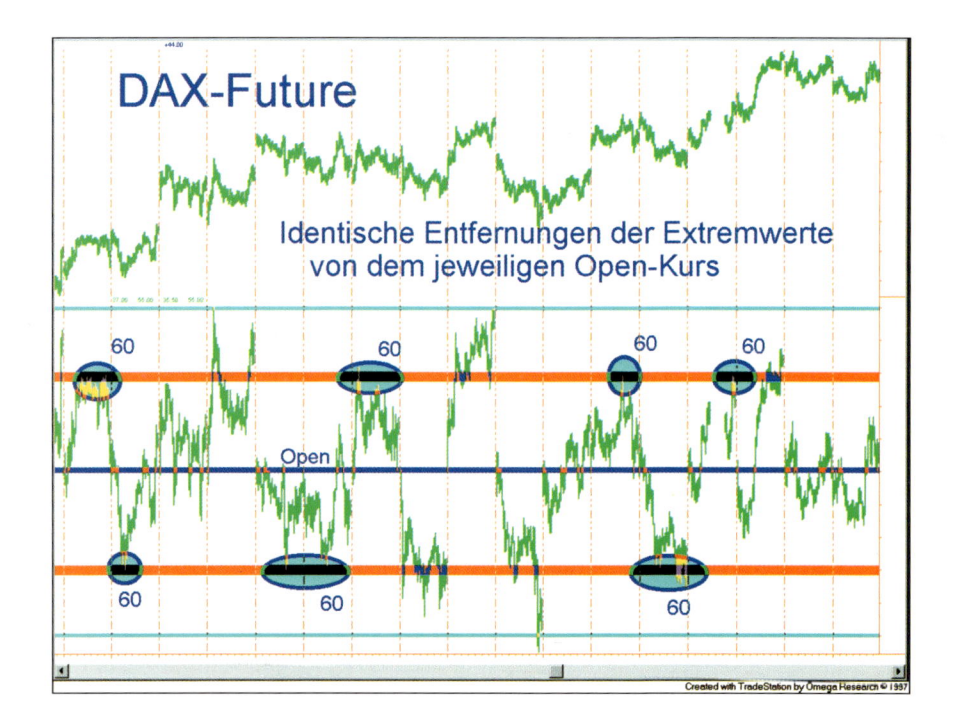

Abbildung 25
Der MK_OpenClose-Indikator zur Präzision des Preiszonen-Ansatzes

| Handelssysteme |

Geht man noch einen Schritt weiter, so kann man konkrete Kauf- und Verkaufssignale generieren, indem man ermittelt, welches Niveau ein Kurs über- oder unterschreiten muss, damit eine möglichst hohe Wahrscheinlichkeit vorhanden ist, dass die Kurse in die entsprechende Richtung weiterlaufen. Abbildung 26 zeigt Ihnen die Performance der Kaufsignale eines Handelssystems auf. Um die Kursentwicklung nach dem Eingehen der Position besser analysieren zu können, wurden die jeweiligen Einstiegspreise auf ein gleiches Niveau gesetzt (siehe mittlere Linie). Solange die Kurse unterhalb der mittleren Linien verharren, befindet sich die Position in der Verlustzone, ansonsten in der Gewinnzone (ungeachtet der Gebühren und der Preisspanne). Die obere horizontale Linie stellt ein Niveau dar, das überwunden werden muss, damit die Position noch weiter in die Gewinnzone laufen kann. Hier gewinnt dann das so gennante „Scaling-in" (stufenweiser Positionsaufbau) aus dem Money Management an Bedeutung. Nehmen wir an, unsere Long Position im S&P-Future würde mit einer sehr hohen Wahrscheinlichkeit weiter in die Gewinnzone laufen, sobald der S&P-Kontrakt die Marke von 9 Punkten (siehe rechte Skala bzw. obere horizontale Linie mit Einkreisungen) überschreitet. In diesem Fall würde es sich durchaus lohnen, die Position zu vergrößern, um von dem möglichen Potenzial doppelt profitieren zu können. Andererseits macht es Sinn, die Verlustzonen nach der Wahr-

[Teil I] Einführung

Abbildung 26
Handelssysteme mit statistisch optimierten Einstiegs- und Ausstiegssignalen

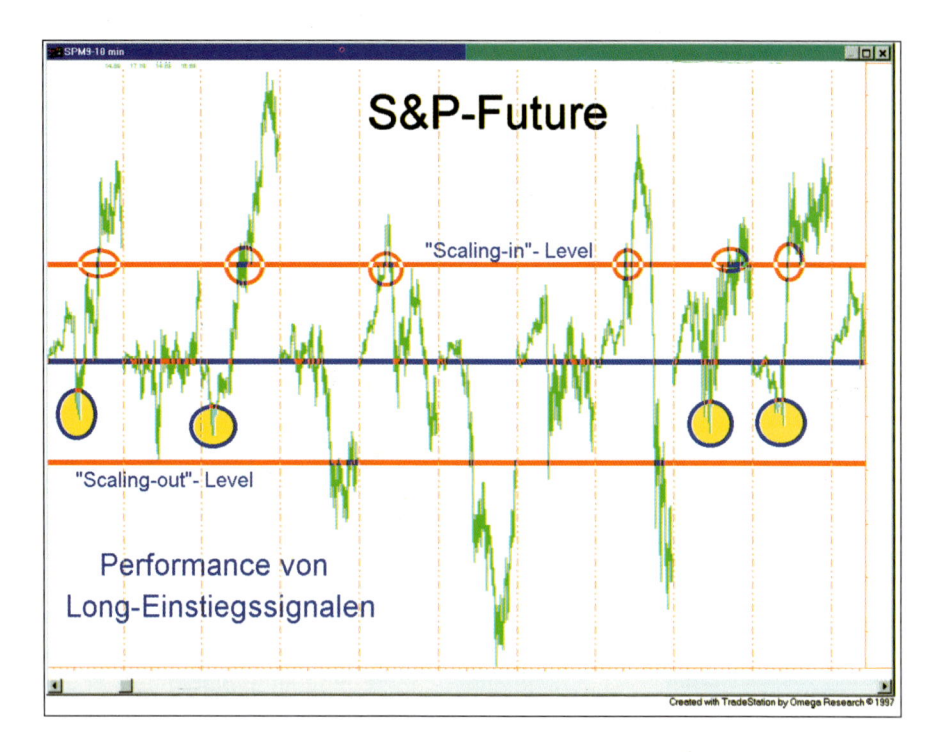

scheinlichkeit ihres Eintreffens zu klassifizieren, um das Verlustrisiko mit Hilfe eines „Scaling-Out"-Verfahrens (stufenweiser Positionsabbau) zu reduzieren. Die Kreise machen deutlich, dass man Gewinnpotenzial verschenken würde, wenn man die Stop-Loss-Levels knapp oberhalb dieser Marken gesetzt hätte. Schließlich wäre man aus einer gewinnträchtigen Position ausgestoppt worden, bevor die Profitzone erreicht wurde. Für den Erfolg von systematischen Handelsansätzen sind die „Scaling-in / Scaling-out"- Verfahren übrigens wesentlich wichtiger als die Signallogik selber. Das „Scaling" kann die Performance eines Handelssystems erheblich verbessern.

Fazit

Um einen Einstieg in diese Thematik zu finden, reicht es aus, wenn Sie sich zunächst einmal auf die Ermittlung der Trefferquote Ihrer Investitions- bzw. Handelsstrategie konzentrieren. Als nächsten Schritt sollten Sie sich dann an die Auswertung der Ergebnisse von kombinierten Ansätzen wagen (Zeit- und Preiszonen), die oftmals mit recht einfachen, aber arbeitsintensiven Mitteln umzusetzen sind. Die Profis verwenden mittlerweile Garch-Modelle, Arima-Verfahren oder auch die Monte-Carlo-Simulation, um den Geheimnissen der Börse auf die Spur zu kommen. Eines ist sicher: Auf dem Gebiet der statistischen Auswertung von Kursverläufen und Zeitzonen gibt es noch viel zu tun.

2 Kennen Sie die Fallstricke der Technischen Analyse?

■ Die „KISS"- Falle

Ist die Anzahl der Elemente und der zwischen ihnen bestehenden Beziehungen eines Systems oder einer Situation so groß, dass ihr Zusammenwirken nicht vollständig beschreibbar ist, dann spricht man in der systemorientierten Managementlehre von äußerst komplexen Systemen. Je komplexer ein System ist, desto unterschiedlicher ist sein Verhaltensrepertoire und desto vielfältiger sind seine Interpretationsmöglichkeiten. Systeme mit gegebener Komplexität können ohne die erforderliche Varietät (gleich komplexe Systeme) nicht unter Kontrolle gehalten werden. Gegen einen guten Schachspieler kann eben nur ein guter Schachspieler bestehen. Wer ein System lenken, gestalten oder gar beherrschen will, das komplexer ist als er selbst, kann das nur, indem er die Organisationsstruktur des Systems begreift und sie für seine Zwecke nutzt. Wissenschaftler und moderne Manager verwenden hierzu einen kybernetischen Denkansatz (Kybernetik = griech. Steuermannskunst, steuern und kontrollieren von dynamischen Prozessen). Obwohl die Mechanismen der Börse als äußerst komplex eingestuft werden können, ist man hier von kybernetischen, wissenschaftlichen oder zumindest wirklich analytischen Vorgehensweisen bei der situativen Steuerung der Märkte noch weit entfernt.

> *„Komplexität kann nur durch Komplexität beherrscht werden"."*
> Ashbys Gesetz der erforderlichen Varietät

In einer Zeit, in der der technologische Fortschritt in sämtliche Lebensbereiche vorgedrungen ist, verharrt die Technische Analyse fatalerweise noch immer im KISS-Modus. „KISS" steht für den „Keep it simple stupid"- Gedanken, der sich unter den Anwendern wie ein ideenfressender Virus verbreitet hat, da er jegliche Versuche, innovative Lösungen anzustreben, von vornherein zunichte macht. Das KISS-Konzept wurde ursprünglich von der US-Army entwickelt, um komplexe Regeln so zu vereinfachen, dass ein jeder Soldat sie verstehen und leicht umsetzen kann. Die grundlegende Vorgehensweise des KISS-Ansatzes war so effektiv, dass sie später auch von der NASA beispielsweise für die Rettung von Apollo 13 übernommen wurde. Während man bei der NASA aber modernste Technik einsetzte, um simple Lösungen mit den entsprechenden Entscheidungsregeln zu finden, hat man in der Technischen Analyse von vornherein einfache Instrumente und Techniken eingesetzt und diese Vorgehensweise als Voraussetzung für Erfolg definiert. Anstatt modernste Technik und innovative Methoden einzusetzen, um einfache Handelsregeln für die Märkte zu generieren, wurden komplexer erscheinende Verfahren von vornherein abgelehnt.

> *„Vieles geht in der Welt verloren, weil man es zu geschwind für verloren gibt."*
> Johann Wolfgang von Goethe

So blieben gute Ideen oftmals auf der Strecke, weil man annahm, dass ein Handelsansatz, der bereits die erste Hürde (z. B. Programmieren) nicht überwinden konnte, die nächste erst gar nicht schaffen könnte. Scheiterten Analysten beispielsweise schon an der Umsetzung eines zweiteiligen Handelssystems (Verknüpfung von zwei Indikatoren), wurde ein mehrteiliges System noch nicht einmal ausprobiert. Fragt man bei den KISS-Vertretern einmal genauer nach, so stellt sich schnell heraus, dass sich die wenigsten überhaupt die Mühe gemacht haben, sich nachhaltiger mit komplexeren Ansätzen zu beschäftigen. Dennoch behaupten sie, dass man an den Börsen nur mit einfachen Ansätzen erfolgreich sein kann. Wer dies wirklich annimmt, der sollte sich mit den Prozessen beschäftigen, die für evolutionäre und innovative Quantensprünge des Wissens verantwortlich sind.

Unterstützung fanden die KISS-Jünger durch die Befragungsergebnisse erfolgreicher Trader. Wenn überhaupt, so deren Auskunft, dann nutzen sie einfache Ansätze. Da die Top-Performer gleichzeitig von den Verlierern erfuhren, dass diese weder mit einfachen noch mit komplexen Verfahren zurechtkamen, entstand ein Rückkoppelungseffekt. Dieser hatte zur Folge, dass die Top-Trader den Verlierern vermittelten, dass sie nur mit einfachen Methoden erfolgreich sein können (weil sie es sind!). Da sie aufgrund ihrer Erfolge als Vorbilder fungieren, wird fälschlicherweise angenommen, dass die KISS-Philosophie für alle Gültigkeit besitzt. Was letzten Endes völlig außer Acht gelassen oder lediglich in Nebensätzen erwähnt wird, ist die Tatsache, dass die meisten Trading-Legenden von Mutter Natur mit einem hochkomplexen System ausgestattet wurden, das in der Fachwelt als „Bauch, Intuition, Talent" oder auch als „seltene Gabe" bezeichnet wird. Diesem erhabenen Kreis gehören leider nur 2% bis 5% der Bevölkerung an.

Um diese „Denke" zu korrigieren, möchte ich folgendes Beispiel einfügen. Bei der Performance-Analyse eines Top-Traders ließ ich mir von ihm alle Details seines Handelsansatzes erklären und daraus für Vergleichszwecke ein Handelssystem programmieren. Während der Händler mit einem einfachen Regelwerk für drei gleitende Durchschnitte gutes Geld verdiente, kam das mechanische System kaum über das „Break Even"-Niveau hinaus. Ein Nachwuchstrader, der diesen vielversprechenden Ansatz manuell testen sollte, machte sogar Verluste damit. Es stellte sich heraus, dass der Top-Händler mit Hilfe seiner Intuition manchmal ein paar Kontrakte mehr hielt, wenn die Position für ihn lief, Verlust-Trades teilweise schneller glattstellte und Gewinne meistens besser realisierte als es sein Regelwerk vorschrieb. Trotz der Erkenntnis, dass der Erfolg dieses einfachen Ansatzes auf seine Intuition zurückzuführen ist, empfiehlt er – wie viele andere Top-Trader auch – heute noch immer jedem Nachwuchstrader, der ihn um Rat bittet, seinen Ansatz zu probieren.

Der KISS-Virus hat zwei Krankheitsbilder mit sich gebracht, für die die Technische Analyse scheinbar noch immer kein Gegenmittel gefunden hat. Zum einen handelt es sich um den Irrglauben, dass man nur mit dem KISS-Prinzip an den Börsen zum Erfolg kommen kann. Dies hat nämlich dazu geführt, dass sich viele Anleger mit den in Deutschland so populären, meist veralteten und wegen ihres „Einfachst Regelwerks" als eher abenteuerlich zu bezeichnenden Methoden wie MACD, Momentum, RSI oder Stochastik sehr oft die Finger verbrannt haben. Schließlich birgt eine tendenzielle Vereinfachung der Ansätze immer die Gefahr in sich, dass Einsteiger mit ihrer oberflächlichen Interpretation der 08/15-Standardregeln eines Tages die „Mutter aller Verluste" erleiden werden. Da dies in den letzten Jahren häufiger geschehen ist, hat der Ruf der Technischen Analyse gelitten. Die daraus gewachsene Skepsis gegenüber ihren Instrumenten verhindert aber auch eine vielversprechende Weiterentwicklung und einen wirklichen Durchbruch.

Zum anderen ist die im Vergleich zum Fortschritt der gesamten Computertechnologie antiquierte Ausrüstung zu bemängeln, die heutzutage „Chartisten" offeriert wird. Während über der Technischen Analyse noch immer der Nimbus der altehrwürdigen Bankenwelt schwebt, beinhaltend, dass ein konservatives Auftreten mit Qualität und Verlässlichkeit gleichzusetzen ist, hat sich in anderen Wirtschaftszweigen längst die Philosophie durchgesetzt, dass man nur mit neuen und innovativen Ideen weiterkommt. Unternehmen, die am Markt nicht nur überleben möchten, sondern auch erfolgreich agieren wollen, setzen sich Benchmarks, die sich an den besten Lösungen der Konkurrenten orientieren. Da sich die börsenorientierten Software-Kunden hingegen recht genügsam zeigen (fehlendes Anspruchsdenken) und sich oftmals mit schlechten Lösungen zufriedengeben, hat sich die Software-Industrie auf diesem Gebiet bei der Etablierung von „Benchmarks" nicht gerade mit Ruhm bekleckert. Beide Krankheitssymptome haben dazu geführt, dass die herkömmlichen Betrachtungen der Technischen Analyse große Mängel aufweisen. Immer dann, wenn Börsianer mit dem KISS-Stichwort argumentieren, fällt mir daher nur ein: „... and stay that way!"

■ Bremsklötze

> *„Unser gesamtes Wissen bringt uns näher zu unserer Ignoranz."*
> — T.S. Eliot

Ignoranz

Je mehr man zu wissen glaubt, desto ignoranter verhält man sich gegenüber neuen oder anderen Ideen. Ist das Wissen dann erst einmal veraltet, kann es sehr beschwerlich sein, neue Wege zu schreiten. Während sich die Welt in einem kontinuierlichen Wandel befindet, strebt der Mensch nach Beständigkeit und Ordnung. Was dem Alltag eine gewisse Ruhe (Routine) verleiht, kann aber dem Erfolg an den sich wandelnden Finanzmärkten im Wege stehen.

> *„Ein amerikanischer Forscher sagte 1900 anlässlich der Weltausstellung in Paris vorher, dass sich der Fortschritt in Zukunft wohl deutlich verlangsamen würde, da bereits alle wichtigen Dinge dieser Welt entdeckt oder erfunden wurden."*
>
> *„... es irrt der Mensch, wohin er denkt und..."*

Diese Aussage, die im Nachhinein betrachtet wohl als ignoranteste Fehldeutung der letzten 100 Jahre eingestuft werden dürfte, macht deutlich, dass eine Anpassung an den nächst höheren Stand der Technik auch in der Vergangenheit nur schwer vorstellbar war, da man sich von seinen gewohnten Denkkategorien kaum trennen konnte. In der Technischen Analyse ist diese Verhaltensweise auch heute noch vorzufinden. Anstatt neue Indikatoren zumindest einmal anzuschauen, werden sie oftmals mit dem Argument abgelehnt, dass die Mathematik, die hinter all diesen Ansätzen stecke, sowieso in etwa die gleiche sei. Dem kann aber entgegnet werden, dass die Prinzipien, die hinter dem Otto- und dem Dieselmotor stecken, auch heute noch genau die selben sind. Fahren wir deshalb alle mit Oldtimern durch die Gegend? Sicherlich nicht! Warum konzentrieren sich dann die meisten Veröffentlichungen und Anwendungen noch immer nur auf die paar Oldtimer-Indikatoren? Die Evolution der Computertechnologie hat in den letzten 20 Jahren schließlich mehr Fortschritte erzielt als die der Autoindustrie in den letzten 100 Jahren. Warum nutzen wir diesen Vorsprung nicht?

[2] Kennen Sie die Fallstricke der Technischen Analyse?

Fehlende Professionalität

In Europa fristet die Technische Analyse noch immer ein vergleichsweise jämmerliches Dasein. Während sich die Fundamentalanalyse im Schutze fundamental orientierter und entsprechend ausgebildeten Entscheidungsträger einen hohen Stellenwert erarbeiten konnte, muss sich die Technische Analyse noch immer mit Akzeptanzproblemen und Vorurteilen beschäftigen. Im Gegensatz zur Fundamentalanalyse, deren professionelle Anwendung in der Regel ein Studium voraussetzt und die in einigen Teilbereichen sogar Nobelpreise hervorgebracht hat (*dies hat die Qualität dieser Prognoseform zwar auch nicht verbessern können, wie man bei Long Term Capital Management sehen konnte, zumindest bleibt aber der professionelle Schein gewahrt*), ist die Technische Analyse ein recht offenes Feld, auf dem sich selbsternannte Experten und Hasadeure tummeln können. Das Hintergrundwissen der beteiligten „Möchtegern-Techniker" ist manchmal sogar bei Fernsehauftritten oder Vorträgen erschreckend gering. Da muss man sich teilweise laienhafte, weil völlig oberflächliche Interpretationen anhören, die jeglicher analytischer Grundlage entbehren. Fragt man Wissenschaftler, was für sie der Begriff Analyse beinhaltet, dann sprechen sie in erster Linie von Arbeit. Bei der Anwendung der Technische Analyse fehlt dieser Aspekt des Öfteren. Zudem vermittelt man jedem Laien aus einem verkaufstechnischem Interesse heraus, wie einfach die Technische Analyse doch sein kann, wenn er sich nur ein bestimmtes Programm oder einen Fax-Service kauft.

Fliegen ohne Pilotenschein

Nehmen wir an, dass Sie keinen Pilotenschein besitzen und in Ihrem Leben noch nie ein Flugzeug geflogen haben. Würden Sie sich in das Cockpit eines Düsenjägers begeben und damit losfliegen? Wohl nicht, da Sie ganz selbstverständlich annähmen, dass Sie mit der Maschine abstürzen würden. Da Ihnen Ihr Leben lieb ist und Sie es noch genießen wollen, kämen Sie noch nicht einmal auf diese Schnapsidee. Beim Einsatz der Technischen Analyse nimmt hingegen jeder Einsteiger an, er könne die verschiedenen Instrumente beherrschen, ohne dabei irgendwelche Mindestanforderungen zu erfüllen oder zumindest Grundkenntnisse darüber zu haben. Diese Annahme hat natürlich einige Unfälle verursacht, was fälschlicherweise den Instrumenten der Technischen Analyse zugeschrieben wurde.

"Die scheinbare Einfachheit der Technischen Analyse führt dazu, dass Anwender nicht realisieren, wieviel Kenntnisse nötig sind, um die jeweiligen Instrumente wirklich beherrschen zu können."

Henry Pruden

Obwohl einige Ansätze den Eindruck erwecken, dass man mit ihrer Hilfe die Bewegungen der Märkte in den Griff bekommen könnte, weil sie sich einfach bedienen lassen und schnell zu begreifen sind, sollte man sich hiervon nicht täuschen lassen. Neben versteckten Fehlerquellen bergen natür-

[Teil I] Einführung

lich auch individuelle Interpretationsmöglichkeiten der einzelnen Instrumente und psychologische Fehlverhalten (z. B. bei der Begrenzung der Verlustpositionen) enorme Gefahren in sich, insbesondere dann, wenn man sich nur an die herkömmlichen Regeln hält. Kein Wunder also, dass der eine oder andere „Blender" (bzw. „fehlende Pilotenschein") die Technische Analyse in Verruf gebracht hat. Obwohl die Vereinigung Technischer Analysten Deutschland e.V. (VTAD) mit Hilfe des internationalen Verbandes IFTA einen weltweit anerkannten Standard für Examen zum Thema Technische Analyse anbieten kann, liegt in Sachen Qualitätsstandards noch immer einiges im argen. Es bleibt viel zu tun, bis hierzulande aus der Technischen Analyse eine anerkannte Disziplin mit respektierten Fachleuten wird.

Subjektivität

Die Möglichkeit der individuellen Anwendung vieler ihrer Instrumente ist eines der größten Übel der Technischen Analyse. Dadurch gibt man den Nutzern nämlich die Chance, nur diejenigen Informationen herauszufiltern und an andere weiterzugeben, die ihre eigene und oftmals höchst subjektive Marktmeinung bestätigen. Welche Auswirkungen das auf die Qualität haben kann, konnten Sie bereits im ersten Kapitel nachlesen. Obwohl die Stärken der Technischen Analyse eindeutig in der systematischen Anwendung (systematic approach) zu finden sind, hat sich vorwiegend die subjektive (discretionary) Spielart verbreitet. Mit Hilfe ihrer Intuition und einer gewissen Erfahrung schaffen es einige wenige auch, Prognose- oder Handelsergebnisse zu erzielen, die die meisten Systeme (denken Sie hier nicht nur an computerisierte Systeme, sondern auch an ganz einfache Handelsregeln) in den Schatten stellen. Die Masse der „Techniker" besitzt das spezielle „Feeling" für die Instrumente der Technischen Analyse aber nicht. Sie werden von emotionalen, sozialen oder privaten Aspekten beeinflusst, unterliegen Ängsten, Hoffnungen sowie Übertreibungen und können ihr Ego nur schwer disziplinieren. Insofern stellt die interpretative Handhabung der Technischen Analyse eine große Gefahrenquelle dar, was sich auch dadurch zeigt, dass die meisten Analysten und „Discretionary Traders" nicht nur weit unter dem Durchschnittsergebnis der systembasierten Anleger liegen, sondern oftmals auch Totalverluste erleiden.

"Überall geht ein frühes Ahnen dem späteren Wissen voraus."
Alexander
von Humbold

Die größten Freiräume der Subjektivität ergeben sich dort, wo die Instrumente der Technischen Analyse zur Prognose von zukünftigen Marktentwicklungen herangezogen werden. Trotz der hohen Fehlerquote dieses Einsatzgebietes, findet man hier das größte Anwendungspotenzial. Was die Menschen nämlich am meisten interessiert, ist die Frage, wo ihr Markt bzw.

[2] Kennen Sie die Fallstricke der Technischen Analyse?

Einzelwert in 6, 12 oder 24 Monaten sein könnte. Während einige Marktteilnehmer durch die Aussagen der Analyse-Experten nur ihre Meinung bestätigt sehen wollen, möchten andere sogar erfahren, welchen Wert sie überhaupt kaufen sollen, um möglichst schon am Morgen danach Millionär zu sein. Da man diesen Bedürfnissen am besten mit individuellen Vorhersagen begegnen kann, haben sich nicht nur die Fundamentalanalysten darauf eingestellt, sondern die Medien (Zeitungen und TV-Sendungen) und leider auch viele Anwender der Technischen Analyse. Je ausgefeilter dabei die Formulierungs- und Überzeugungskünste der Glaskugel-Akrobaten sind, desto größer ist deren Glaubwürdigkeit.

Aufgrund dieser Nachfragesituation wird man als Analyst zwangsläufig in die Rolle eines „Hellsehers" gedrängt. Dieser Begriff erinnert mich übrigens an eine spezielle Ausgabe des Comics „Asterix & Obelix". Dort schlich sich eine sehr zwielichtige Person („der Seher") in die Idylle des gallischen Dorfes ein, um mit Hilfe von Knochenwürfen und anderen obskuren Methoden die Bewohner in seinen Bann zu ziehen. Obwohl die Aussagen des „Sehers" teilweise sehr banal waren, verstand er es, sie so geheimnisvoll zu formulieren, dass die Bewohner beeindruckt waren, wenn die Vorhersagen eintrafen. Die Wertschätzung der Bürger ließ er sich dann teuer bezahlen. Im Börsenbereich findet man solche „Knochenwurf"-Prognosen manchmal auch. Nicht umsonst hat sich der Begriff „Sehen" bei uns durchgesetzt, was auf der nächsten Seite veranschaulicht wird.

Abbildung 27
Glaskugelprinzip der Börsenexperten

In Fernsehinterviews werden die Marktteilnehmer häufig mit der Frage konfrontiert: „Wo sehen Sie den Markt in den nächsten drei Monaten?". Schaut man sich Zeitungen an, dann findet man folgende Aussagen:

• „Experten sehen neuen Aufwärtstrend beim Gold bereits eingeleitet."

Handelsblatt vom 24.Juni 1999

• „Börsenprofis sehen den DAX bei 6000 Punkten."

Handelsblatt vom 1. Juli 1999

Kurz danach stürzten die Kurse beider Märkte kräftig ein. Wer schuld ist, die Dorfbewohner oder der Seher, wird wohl nie geklärt werden. Fakt ist, dass der eine oder andere „Seher" mit Hilfe seiner Intuition auch mal richtig lie-

„Si tacuisses, philosophus manisisses."
(wenn du geschwiegen hättest, wärest du Philosoph geblieben)
Boethius
(Römischer Gelehrter 480-524 n. Chr.

...so aber bist du Börsen-Guru geworden

[Teil I] Einführung

Abbildung 28
An dieser Stelle sagt Ihnen ein Indikator nichts über die Zukunft?

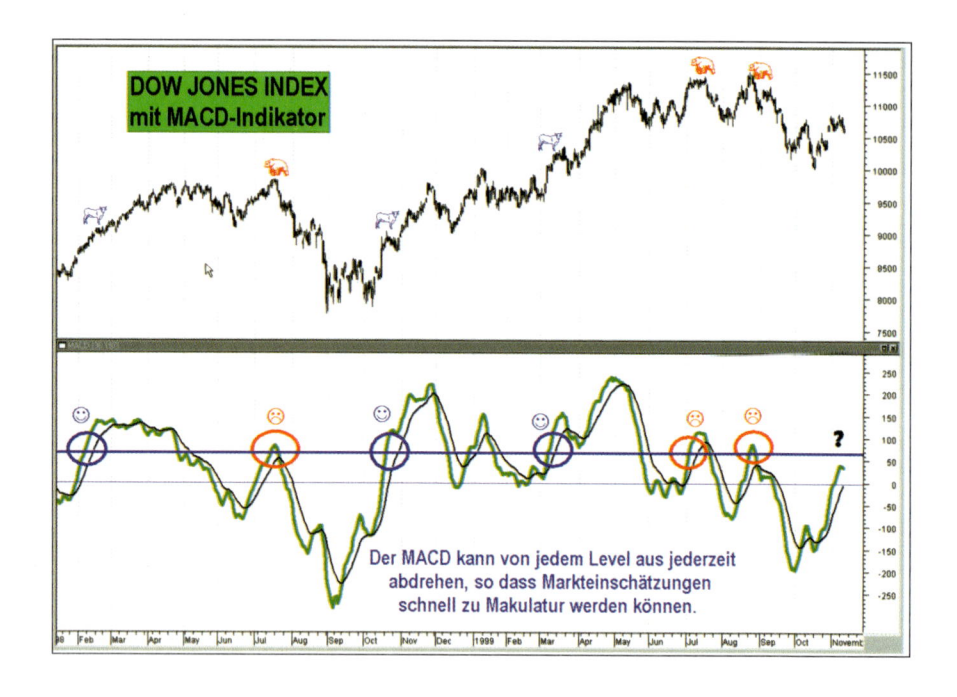

(Chart: DOW JONES INDEX mit MACD-Indikator – Der MACD kann von jedem Level aus jederzeit abdrehen, so dass Markteinschätzungen schnell zu Makulatur werden können.)

gen kann, (nach dem Motto: „Ein blindes ‚Seher'-Huhn findet auch mal ein Prognosekörnchen"), dass die große Masse der Anwender mit der subjektiv beeinflussten Interpretation technischer Instrumente aber besonders viele Fehler macht. Abbildung 28 zeigt Ihnen anhand von sechs Beispielen des MACD-Indikators (siehe Einkreisungen) im Chart des Dow Jones Index, welche höchst unterschiedlichen Wege die Märkte gehen können, wenn der MACD ein bestimmtes Niveau überschreitet. Wenn man Prognosen zu den Märkten hört, dann sollte man wissen, dass diese nicht unbedingt auf der Aussagefähigkeit der verwendeten Indikatoren beruhen können, sondern eher durch eine gehörige Portion „eigene Meinung" zustande gekommen sind.

„Was schert mich mein Geschwätz von gestern."
Konrad Adenauer

Da der MACD-Indikator jederzeit seine Richtung ändern kann, kann auch eine subjektiv geprägte Markteinschätzung schnell „ad absurdum" geführt werden. Was nützt es dem Zuhörer, wenn die Halbwertzeit solcher Vorhersagen Konrad Adenauers Zitat entsprechen. Die verschiedenen Instrumente der Technischen Analyse können keine Hellseher-Funktion erfüllen. Sie bieten nur bestimmte Wahrscheinlichkeiten an, mit denen man in den Märkten agieren kann.

Diese Form der „Wahrsagerei" eröffnet dem einen oder anderen Laien leider auch die Möglichkeit, sich trotz mangelnden Wissens und oberflächlicher

[2] Kennen Sie die Fallstricke der Technischen Analyse?

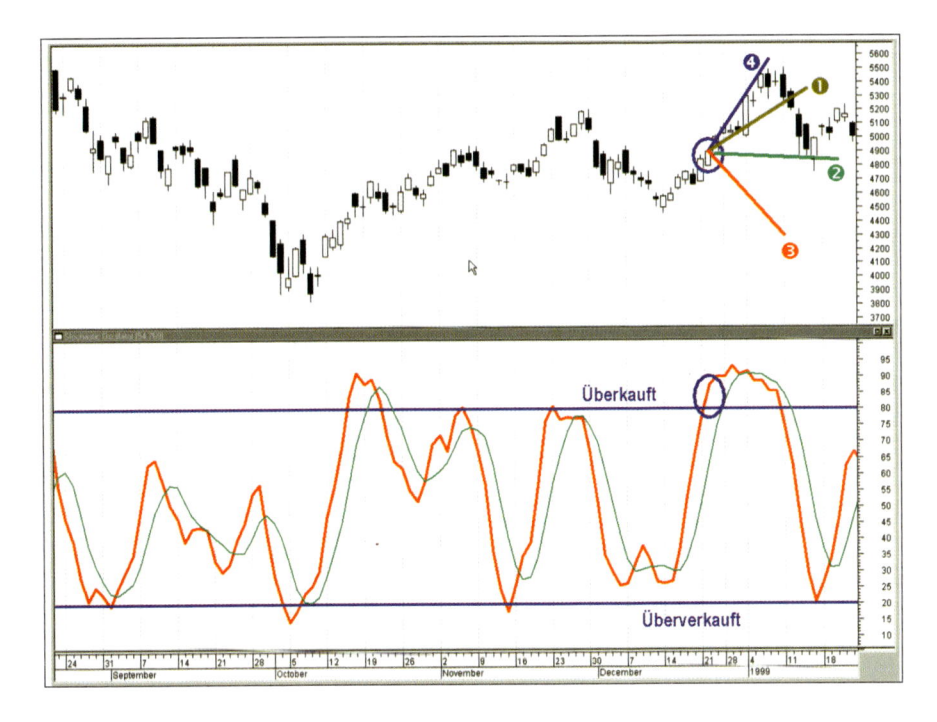

Abbildung 29
Warum lassen sich aus dieser Position des Indikators vier Meinungen erkennen?

Interpretation mit Hilfe gut klingender, charttechnischer Fachbegriffe als Experte (in diesen Fällen eher als „Klugschwätzer") ausgeben zu können, was dem Renommee der Technischen Analyse nicht gerade hilft. Auf einer Veranstaltung konnte ich bezüglich der subjektiven Interpretation einige Aussagen aufgreifen, die ein sehr engagierter und überzeugend auftretender „Junior-Techniker" dort zu sechs verschiedenen Aktienmärkten präsentierte.

Trotz der Tatsache, dass vier von diesen Märkten zu diesem Zeitpunkt ähnliche Kursverläufe aufwiesen, und die jeweils mitgelieferten Stochastik-Indikatoren alle gerade erst in die so gennante „Übergekauftzone" einliefen (Markierung in Abbildung 29 verdeutlicht dies beispielhaft für alle Märkte), kam er zu völlig unterschiedlichen Schlüssen:

Markt 1: Der Stochastik-Indikator **stimmt mich** recht positiv, da er sich noch voll im Steigflug befindet. **Ich erwarte** daher, dass dieser Index noch bis auf „xxx" steigt.

Markt 2: Obwohl der Indikator hier noch etwas ansteigt, **bin ich der Meinung**, dass dieser Wert tendenziell eher seitwärts laufen müsste. Diesem Markt **traue ich** auch aufgrund der politischen Situation nicht über dem Weg. Da sollten Sie vorsichtig sein.

Markt 3: Hier ist der Stochastik-Indikator in den völlig überkauften Bereich gelaufen und zeigt auch schon die ersten Anzeichen von Schwäche, was **mich persönlich** veranlasst, den Markt niedriger **einzustufen**.

Markt 4: Bei **meinem Liebling**, dem DAX, **sehe ich** noch viel Potenzial. Mein Kursziel liegt bei 7000 bis 8000 Punkten. Obwohl **ich glaube**, dass wir diese Kursziele durchaus noch 1999 erreichen können, muss **ich mir noch überlegen**, ob ich **meine Meinung** beibehalten kann. Schließlich wurden diese Kursmarken auch schon im Fernsehen genannt, was **meiner Ansicht** nach eher negativ zu bewerten ist, da dadurch zu viele Börsenteilnehmer „bullish" werden könnten.

Ob dieser Vielfalt subjektiver Aussagen ist mir ganz „schwindelig" geworden. Das eigene Ego des Vortragenden mag vielleicht von einer richtigen, wenn möglich öffentlich getätigten Vorhersage profitieren, der objektive Zuhörer konnte sich bei dieser wilden Interpretation aber nur wundern. Je mehr Subjektivität beim Einsatz der Technischen Analyse einfließt, desto höher steigt die Fehlerquote.

Wer wirklich glaubt, dass ein Analyst mit Hilfe der technischen Instrumente regelmäßig vorhersagen kann, wo ein bestimmter Wert zu einem festgelegten Zeitpunkt in der Zukunft liegt, hat weder die Prinzipien der Börse verstanden, noch die langfristigen Qualitäten der Vorhersage-Gurus analysiert. „Wer sich auf andere verlässt", so heißt es doch schon in einem Sprichwort, der „wird eines Tages (auch an der Börse) verlassen". Dennoch nimmt die Schlange der zum Teil schon völlig abhängigen Guru-Gläubigen ständig zu. Da das „Kaffeesatzlesen" („Glaskugel-Ansatz") eine hohe Fehlerquote aufweist, sollten wir Techniker diese Vorgehensweise doch lieber den Fundamental(-isten)-analysten überlassen. Für den Erfolg an der Börse sind ganz andere Aspekte entscheidend.

Subjektivität findet man in der Technischen Analyse nicht nur bei den Vorhersagen, sondern auch beim Festlegen von Handelsregeln und beim „Discretionary Trading". In diesen Fällen werden die technischen Instrumente nur dafür herangezogen, individuelle Handelsstrategien zu unterstützen. Dadurch behält der Anwender das Gefühl, dass seine Investitionsentscheidungen trotz des Einsatzes von Indikatoren immer noch seiner angenommenen „Cleverness" zuzuschreiben sind, und nicht irgendeinem Computer. Der Nervenkitzel bei der Entscheidungsfindung ist eben für die meisten Bör-

[2] Kennen Sie die Fallstricke der Technischen Analyse?

sianer viel aufregender und reizvoller als das Geldverdienen selber, denn das misslingt den meisten bei dieser Vorgehensweise. Die einzige Chance, um sich dem Strudel der Subjektivität und damit auch der hohen Fehlerquote entziehen zu können, liegt in einem systematischen Ansatz. Nur so wird ein emotional unabhängiges und daher auch stabiles bzw. messbares Instrumentarium gewährleistet, mit dem auch die Masse der Anwender umgehen könnte. Da alle anderen Versuche bisher fehlgeschlagen sind, ist Subjektivität in der Technischen Analyse abzulehnen.

Oberflächlichkeit

Die Oberflächlichkeit, mit der bei der Anwendung der Technischen Analyse häufig hantiert wird, rangiert bei den Übeln gleich hinter der Subjektivität. Anstatt Indikatoren und deren Anwendungsregeln sowie die dazugehörigen Parameterempfehlungen erst auf ihre Wirksamkeit hin zu überprüfen, bevor man sie einsetzt, werden sie ohne große Nachforschung einfach so übernommen. Die nachfolgende Abbildung des Nikkei-Index zeigt beispielsweise das Standard-Regelwerk des MACD-Indikators für Kaufsignale („Crossover"). Leider wurde nicht darauf hingewiesen, dass der Nikkei bei dieser Regelinterpretation des MACD-Indikators durchaus noch einige tausend Punkte abstürzen kann (siehe Einkreisungen), bevor das Signal greift.

Abbildung 30
Oberflächliche Interpretation der Kaufsignale beim MACD

[Teil I]   Einführung

Um diese Gefahrenquelle einigen unserer Kunden zu verdeutlichen, führte ich vor Jahren ein kleines Experiment durch. Ein paar Minuten, bevor eine Präsentation zum Thema Stochastik-Indikator stattfinden sollte, beauftragte ich kurzfristig einen unserer Nachwuchshändler, diese Präsentation zu übernehmen. Obwohl er bis dahin von Technischer Analyse nicht viel gehört hatte, erklärte ich ihm kurz die Standardregeln des Stochastik-Indikators und bat ihn, in seinem Vortrag nur erfolgreiche Beispiele von Aktionen darzulegen. Die eigentlichen Gründe für seinen Vortrag verriet ich ihm nicht. Ich teilte ihm lediglich mit, dass er als einer unserer erfolgreichsten Händler vorgestellt wird, wodurch ihm eine höhere Akzeptanz der Zuhörer sicher sein würde. Der Händler schaute sich die von mir mitgelieferten Charts an, stellte einige Verständnisfragen, markierte sich ein paar Beispiele und legte dann so richtig überzeugend los. Er faszinierte die Besucher beispielsweise mit Aussagen, dass man mit Hilfe des Stochastik-Indikators besonders gute Gewinne „einfahren" könnte, wenn man in seinen Übergekauftzonen (oberhalb 80) verkaufen und in den Überverkauftzonen (unter 20) kaufen würde. Am Ende war fast jeder der im Raum anwesenden Personen davon überzeugt, dass das eine erfolgreiche Methode sei. Bevor die Euphorie der Hoffnung jedoch überschwappte, legte ich die nachfolgende Folie (siehe Abbildung 31) auf und erklärte ihnen, dass sie gerade an einem erfolgreichen Experiment teilgenommen hatten.

Abbildung 31
Experiment zur Oberflächlichkeit von Standardregeln

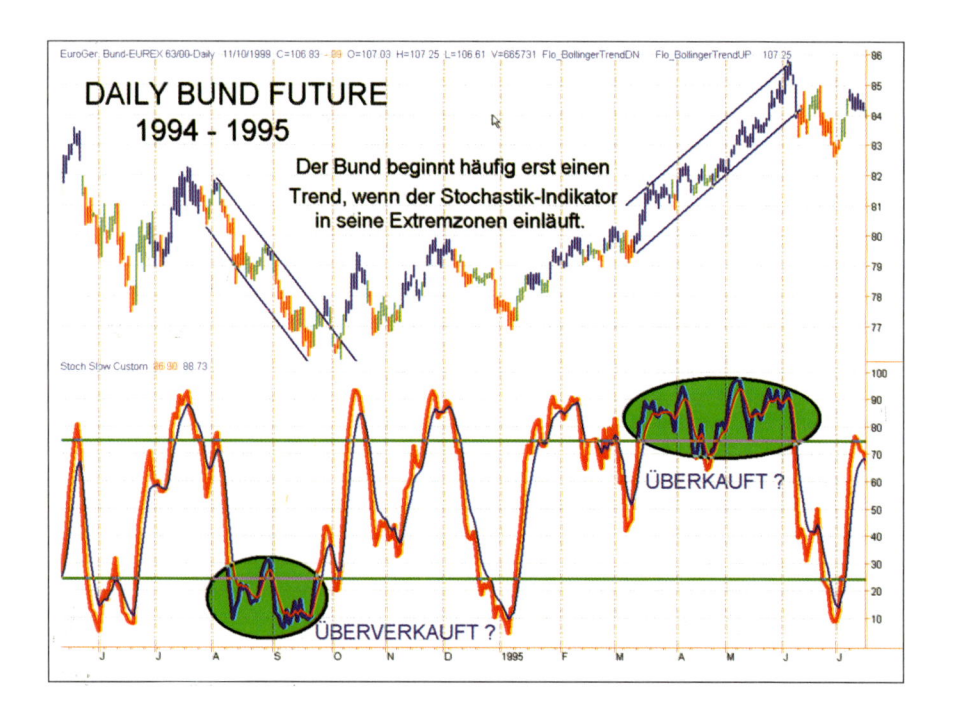

[2] Kennen Sie die Fallstricke der Technischen Analyse?

Was sie alle nicht beachtet hatten, war die Tatsache, dass die Märkte häufig erst richtig in die entsprechende Richtung laufen, wenn der Stochastik-Indikator in seine Extremzonen eintaucht, was anhand der blauen und roten Einfärbungen des Charts deutlich wird. Wären die Kunden anschliessend blindlings den von unserem Händler vorgestellten Standardregeln gefolgt (= im angeblich überkauften Bereich verkaufen und im überverkauften Sektor kaufen, sobald der Stochastik seine Triggerlinie schneidet), hätten Sie viel Geld verlieren können. Aufgrund dieses Experiments ist ihnen heute jedoch der Unterschied zwischen Oberflächlichkeit und wirklicher Analyse klar.

Der Teufel steckt eben doch im Detail. Vielversprechende Ansätze sind schon häufiger durch kleine Fehlerquellen zum Scheitern verurteilt worden. Obwohl die meisten Oszillatoren viel über die Volatilität der Märkte, die Trendstärke und -dynamik etc. aussagen können, weisen sie bei einer isolierten Betrachtung auch Fehler auf. Um erfolgreicher agieren zu können, muss man die Stärken und Schwächen der einzelnen Indikatoren genauestens analysieren und sie in das entsprechende Umfeld integrieren, anstatt eine oberflächliche Interpretation zuzulassen.

Fehlende Geduld

Wenn man mit Hilfe der Technischen Analyse individuelle Handelskonzepte erstellen möchte, dann ist das in der Regel mit viel Arbeit und großem Zeitaufwand verbunden. Diese äußerst wichtige Zeit nehmen sich einige Börsianer leider nicht. Als typisches Beispiel einer Anfrage, die ich häufig von Einsteigern erhalte, möchte ich Ihnen folgende E-Mail-Diskussion in verkürzter Form wiedergeben:

Einsteiger: *Ich bin ein kurzfristig orientierter Aktien-Day-Trader und an Technischer Analyse sehr interessiert. Demnächst möchte ich auch Lufthansa und die Deutsche Telekom „traden". Ich wäre Ihnen schlicht dankbar, wenn Sie mir ein Chart-Programm und einige Indikatoren empfehlen könnten, mit deren Hilfe man diese beiden Werte besonders gut handeln kann. Die Parameter kriege ich schon hin, denke ich.*

Antwort: *Wenn Sie Day Trading betreiben wollen, dann sollten Sie sich halbwegs professionelle Software zulegen. Ich empfehle Ihnen XXX oder YYY. Sammeln Sie aber erst einmal ein wenig Erfahrung damit, bevor Sie sich in die Höhle des Löwen begeben. Das spart Geld. Leider gibt es keine besonderen Indikatoren, mit denen alle*

> *Börsenteilnehmer eine bestimmte XY-Aktie erfolgreich handeln können. Sie sollten verschiedene Indikatoren testen, ob diese überhaupt zu Ihrem Handelsstil passen, und sich dann ein Handelskonzept erarbeiten. Das müssen unsere Nachwuchshändler auch.*

Einsteiger: *Ihre empfohlene Software ist mir leider zu teuer. Kann man für das Day Trading nichts günstigeres bekommen? Den langen Weg Ihrer Nachwuchsmitarbeiter möchte ich ja gerade nicht gehen. Daher auch meine Bitte um Starthilfe. Haben Sie nicht etwas, was ich einsetzen kann?*

Was soll man in diesem Fall noch antworten? Wenn man sich noch nicht einmal Zeit nimmt, um sich ein Handelskonzept zu erstellen, das man sowohl technisch (Software) als auch psychisch her umsetzen kann, dann fehlt einem eine wesentliche Voraussetzung zum Handeln, nämlich Geduld. Treiben sich diejenigen dann auch noch in Bereichen herum, in denen viele Top-Profis nur darauf warten, dass man ihnen ein Häppchen zuwirft, dann ist der Verlust des Geldes vorprogrammiert.

Tipps für Einsteiger
Nehmen Sie sich die Zeit, um sich bestimmte Handelsansätze zu erarbeiten, die Sie umsetzen können. Nicht jeder erfolgreiche Optionschein-Investor ist automatisch für das Day Trading geschaffen. Besuchen Sie Seminare oder kaufen Sie entsprechende Literatur. Das Geld dafür ist allemal besser angelegt als es ohne Vorbereitung an der Eingangspforte der Börse schnell mal eben abzugeben. Überprüfen Sie Ihre Handelsideen anhand historischer Daten auf ihre Wirksamkeit. Arbeiten Sie sich insbesondere in die Themen Verlustbegrenzung, Gewinnmitnahmen und Money Management ein. Hierin liegen nämlich die wirklichen Geheimnisse der Börse. Wenn Sie alles bedacht haben, dann sollten Sie Ihr Konzept erst einmal auf theoretischer Basis (sog. Papertrades) testen, bevor Sie sich in die Märkte stürzen. Glauben Sie nicht, etwas zu verpassen, wenn Sie sich einige Wochen oder Monate Zeit dafür lassen. Die Börse bietet uns täglich unzählige Chancen.

Teamwork-Odyssee
Einer der größten Bremsklötze, der der Entwicklung der Technischen Analyse im Wege steht, ist in der fehlenden Zusammenarbeit zu sehen. Da die Technische Analyse ein Anziehungspunkt für Tüftler ist und viele Neueinsteiger mit der notwendigen Unbefangenheit an die Sache herangehen, kommen gerade aus diesem Kreis viele Anregungen und Ideen, die für alle von Nutzen

sein könnten. Insofern müsste ein Weg gefunden werden, die unterschiedlichen Potenziale in Form eines methodischen Ideenaustausches zu aktivieren, um dadurch den gegenseitigen Wissensstand zu erweitern und die Instrumente zu verbessern. Ob Systemanbieter, Profi-Analyst, Hobby-Tüftler oder unbefangener Einsteiger, sie müssten sich alle intensiver austauschen.

Viele Entwickler haben jedoch Angst davor, einen gewissen Wissensvorsprung gegenüber irgendeiner Konkurrenz zu verlieren, bevor sie ihre Produkte erfolgreich vermarkten oder davon profitieren konnten. Leider führt diese Form der Angst manchmal auch dazu, dass sogar Kopien von irgendwelchen Uralt-Ansätzen nur mit dem Vermerk weitergereicht werden, sie keinem anderen zu zeigen. Es ist schon erstaunlich, dass manchmal sogar die Parametereinstellungen von gleitenden Durchschnitten zum Staatsgeheimnis erklärt werden, obwohl längst alle „Crossover"-Konstellationen getestet und für untauglich befunden wurden. Je unbedeutender der Ansatz, so der Eindruck, desto verschwiegener geben sich die Personen. Diese Form der „Black-Boxes" kann man dann getrost unter der Rubrik „Wichtigtuerei" einordnen und abhaken. Zu guter Letzt hört man auch das Argument, dass man sich das vielleicht in jahrelanger und mühsamer Arbeit angeeignet Know-how nicht so „mir nichts, dir nichts" an Leute abgeben möchte, die nicht einen Finger dafür gekrümmt haben.

Andere glauben wiederum, die Geheimnisse ihrer neuen Software-Lösungen oder Indikatoren könnten wertlos werden, wenn sie bekannt würden. Da das Anlegerspektrum (viele Märkte, unterschiedliche Timing-Ansätze, individuelle Prioritäten) so groß ist, dass man selbst für eine angebliche „Money Machine" nur 1 oder 2% der Börsianer begeistern könnte, kann dieses Argument nur sehr bedingt gelten. So sind zum Beispiel die Techniken der äußerst erfolgreichen „Turtle Traders" längst bekannt, dennoch machen sie mit diesen Methoden immer noch genug Geld.

Die meisten Verfahren lassen meiner Meinung nach mit der Zeit eher nach, weil sich die Märkte insgesamt ändern, und nicht, weil sie von zu vielen Investoren eingesetzt werden. Einige Analysten sind daher auch dazu übergegangen, ihre Ansätze zu propagieren, da deren Wert nach der „Self-Fulfilling-Prophecy"-Philosophie mit dem Bekanntheitsgrad ansteigen könnte. Oftmals werden sogar die Formeln offengelegt, da sich die Entwickler eine Art „LINUX-Effekt" (LINUX = Konkurrenz-Software für Microsoft, die durch freie Mitarbeit im Internet erstellt wurde) versprechen, der zu einer Erweiterung ihres Ansatzes beitragen kann.

> „Die rasanten Entwicklungen der Computertechnologie haben der Welt gezeigt, dass nur der offene Austausch von Informationen wirklichen Fortschritt bringt."
>
> John Cage,
> Technologie-Guru von
> Sun Microsystem

[Teil I] Einführung

„It is a conceptionally simple system but technically complex in the details of the software."

Gary Hirst,
erfolgreicher
US-Systemtrader

> Fehlende Benchmarks

Was in anderen Branchen zur Steigerung von Produktqualitäten und Serviceleistungen längst an der Tagesordnung ist, nämlich Benchmarking-Konzepte (Benchmarks sind die besten Produkte bzw. Teillösungen auf dem Markt, die als Maßstab für eigene Entwicklungen herangezogen werden), hat in der Welt der Börsen-Produkte, so scheint es zumindest, noch lange nicht Einzug gehalten. Die meisten Chart-Programme verfügen nur über sehr limitierte und standardisierte Darstellungs- sowie Analysemöglichkeiten, da ihnen oftmals die technischen Voraussetzungen fehlen, so dass viele Ansätze der Technischen Analyse bereits im Keim erstickt werden. Die Probleme sind unter anderem darauf zurückzuführen, dass ...

1. gute Analysten nicht unbedingt gute Programmierer sind,
2. gute Programmierer und Datenanbieter nicht unbedingt gute Analysten sind,
3. oftmals technische Voraussetzungen für die Umsetzung guter Ansätze fehlen.

Selbst hervorragende Chart-Programme sind daher nicht immer auf die Belange von Analysten, Tradern und Handelssystem-Entwicklern ausgerichtet. Betrachtet man die jeweiligen Vorzüge und Nachteile der einzelnen Programme, oder hört man sich auf Seminaren und Fachtagungen die Kritiken der Anwender an, so lässt sich feststellen, dass die meisten Programme neben besonders guten, nur in diesen Programmen vorkommenden Lösungen, oft auch Mängel aufweisen, die wiederum in anderen Programmen erheblich besser gelöst wurden. Die nebenstehende Tabelle soll dies verdeutlichen.

Die Einstufungen Top (= gut bis sehr gut), Mid (= befriedigend) und Flop (ungenügend) unterliegen natürlich subjektiven Eindrücken und sind relativ zu sehen. So ist der Test von Handelssystemen mit Hilfe der TradeStation noch am besten zu bewältigen, daher auch ein Top. Für die Erstellung eines halbwegs professionellen Handelssystems, bei dem z. B. Intraday-Breakouts sowie Money Management- und Portfolio-Aspekte einfließen müssten, ist die TradeStation allein aber nicht zu gebrauchen. Mit Hilfe zusätzlicher Software lassen sich zwar einige Erweiterungen vornehmen, als Gesamtkonzept kommt aber dennoch nur eine Art Flickenteppich dabei heraus. Um den Problemen herkömmlicher Software aus dem Weg zu gehen, haben sich viele Firmen von Top-Programmierern längst Programme schreiben lassen, mit deren Hilfe qualifizierte Analysen und HighTech-Trading-Konzepte realisier-

	TradeStation 4.0	MetaStock 6.5	CQG
Mehrere Indikatoren in einem Fenster	**Top**	Mid	Flop
Tests von Handelssystemen	**Top**	Mid	Flop
Drag & Drop Technik	Mid	**Top**	Flop
Spread-Analysen	Flop	**Top**	Mid
Charts übereinander legen	Flop	Mid	**Top**
Charts innerhalb des Fensters verschieben	Flop	Mid	**Top**

bar sind. Es ist erstaunlich, wie viele Top-Analyseprogramme mittlerweile erfunden wurden, nicht aber verkauft werden. Wenn die herkömmlichen Software-Firmen deren Standards zur Benchmark erklären würden, wäre die Technische Analyse schon viel weiter.

■ Die unbekannten Mängel herkömmlicher Chart-Programme

In der Software-Industrie ist es wie im richtigen Leben. Da schleichen sich im Verlauf der Jahre bestimmte Entwicklungen und Maßstäbe ein, die zwar von vielen als ungenügend empfunden, dennoch aber hingenommen werden. Unterliegt die Wertschätzung der Produkte und Möglichkeiten zusätzlich einer entwicklungshemmenden KISS-Philosophie, wie es in der Technischen Analyse der Fall ist, wird man genügsam und ist schon dankbar, dass überhaupt ein paar Charts laufen. Setzt dann noch der Gewöhnungsprozess ein, nimmt man Fehlerquellen sehr bald nicht mehr als solche wahr. Und darin liegt eine der größten Gefahren der Technischen Analyse. Viele Chart-Programme weisen Mängel auf, die die Qualität der technischen Instrumente negativ beeinflussen. Dennoch fehlt oftmals, so mein persönlicher Eindruck, das Bewusstsein dafür und der Drang hin zum Besseren.

„Wenn es einen Weg gibt, etwas besser zu machen, finde ihn."
Thomas Alva Edison

Veraltete Plattformen
Vergleicht man die heutigen Chart-Programme mit den Produkten der Autoindustrie, so kann man die Chart-Software quasi mit einem Wagen vergleichen, dessen Karosserie zwar auf dem heutigen Stand der Technik ist, dessen Fahrgestell aber aus den 20er-Jahren stammt. Dementsprechend fahrun-

tüchtig sind solche „Software-Autos". Die ersten Programme, die in den 80er-Jahren auf den Markt kamen, wurden nämlich auf einer sehr einfachen DOS-Plattform (Fahrgestell) programmiert. Als dann die Windows-Welt Einzug in die Handelsräume hielt, mussten die Entwickler Rücksicht auf die alten DOS-Benutzer nehmen und eine Rückwärtskompatibilität gewährleisten. Daher konnten die DOS-Programmierungen mit Hilfe eines Compilers nur an die 16Bit-, später 32Bit-Windows-Welt angepasst, nicht aber auf moderne Programmierphilosophien (z. B. „Component Objekt Model Architecture") umprogrammiert werden. Die aktuellen Chart-Programme sehen mit ihren bunten Darstellungsmöglichkeiten zwar wie moderne Autos aus, schleppen in Wirklichkeit aber noch immer Krücken aus der Dinosaurierzeit der Softwareentwicklung mit sich herum, wie z. B. eingeschränkte Vernetzungsmöglichkeiten mit „Add on"-Produkten, peinliche Speicherbeschränkungen oder Auflösungsprobleme. Oberflächlich betrachtet haben sich die Anwendungsmöglichkeiten rasant erweitert, geht man jedoch auf Detailfragen ein, dann erlebt man sein blaues Wunder.

Eindimensionalität versus Dreidimensionalität
Fast alle Chart-Programme (z. B. MetaStock, TradeStation, Winchart usw.) haben ein Auflösungsproblem, da sie nur eindimensionale Zusammenhänge aufzeigen können. Sie gaukeln dem Anwender zwar eine Zweidimensionalität vor, sind es in Wirklichkeit aber nicht. Was heißt das? Der Erfolg vieler populärer Anwendungen (z. B. Fibonacci-Techniken, Gann-Analysen usw.) basiert auf einer zweidimensionalen Verknüpfung zwischen der Zeit- und der Preisebene. Die meisten Programme betrachten diese beiden Aspekte jedoch völlig separat, was im nachfolgenden Absatz („Unbekanntes Zeit-/Preis-Ratio") noch genauer behandelt wird. Eine Zweidimensionalität wäre nämlich erst dann vorhanden, wenn die Chart-Darstellung der Preise (horizontale Ebene) in einer bestimmten Relation (z. B. 0.3815er-Ratio) zu der Zeitachse erfolgen könnte. Da eine solche individuelle Ratio-Einstellung unmöglich ist, kommt es zu verzerrten Darstellungen und damit auch Ergebnissen dieser Techniken. Dieser entscheidende Punkt blieb bisher noch völlig unbeachtet, da die Konfiguration herkömmlicher Chart-Programme eine solche Variante überhaupt nicht vorsieht. Vorsicht ist daher auch geboten, wenn Softwarehersteller bereits die ersten dreidimensionalen Programme propagieren. Rein optisch mögen sie dreidimensional sein, funktional betrachtet handelt es sich aber nur um ein dreidimensionales „Wishful Thinking".

[2] Kennen Sie die Fallstricke der Technischen Analyse?

Abbildung 32
Spiegeleffekt – ein Bulle wird zum Bär
Illustration von Henning Löhlein, Titelblatt Börse Online, Nr. 1 vom 30. 12. 98)

Unbekanntes Zeit-/Preis-Ratio

Diese Problematik kann man am besten mit den Auswirkungen eines Spiegelkabinetts auf einem Jahrmarkt verdeutlichen. Stellt man sich vor einen solchen Spiegel, so verändern sich die Konturen einer Person je nach Krümmung des Spiegels. Ein schlanker Mensch erscheint plötzlich dick und umgekehrt. Lediglich ein glatter Spiegel zeigt ein klares Bild.

Das gleiche gilt für ein Chart. Wenn Sie mit Ihrem Programm einen Chart aufrufen, dann lädt das Programm den Chart automatisch so auf den Bildschirm, dass sämtliche Preise des von Ihnen oder dem Programm (automatisch) ausgewählten Zeitraumes im Chart erscheinen. Nehmen wir einmal an, sie wollten sich den Chart einer Aktie genauer anschauen. Zu diesem Zweck würden Sie die letzten 200 Handelstage (einige Programme lassen eine zahlenmäßige Bestimmung der Tage zu) in den Chart laden. Ihre Chart-Software wird den Chart nun so aufbauen, dass Sie in der Lage sind, alle Kursschwankungen, die in diesem Zeitraum stattgefunden haben, zu sehen. Je größer die so gennante „Handelsspanne" (auch Trading Range) ist, desto stärker müssen die Kurse vom Programm quasi „zusammengepresst" werden, damit sie auf Ihren Bildschirm bzw. in den Chart passen. Hat die Aktie in diesem Zeitraum eine Seitwärtsphase mit sehr geringer Handelsspanne gehabt, wird die Software die Preise auseinanderziehen müssen, um das gesamte Chart-Fenster zu füllen. Je nachdem, wie stark die Software die

[Teil I] Einführung

A ideale Spiegel-Oberfläche

B Folgen der horizontalen Krümmung

C Folgen der vertikalen Krümmung

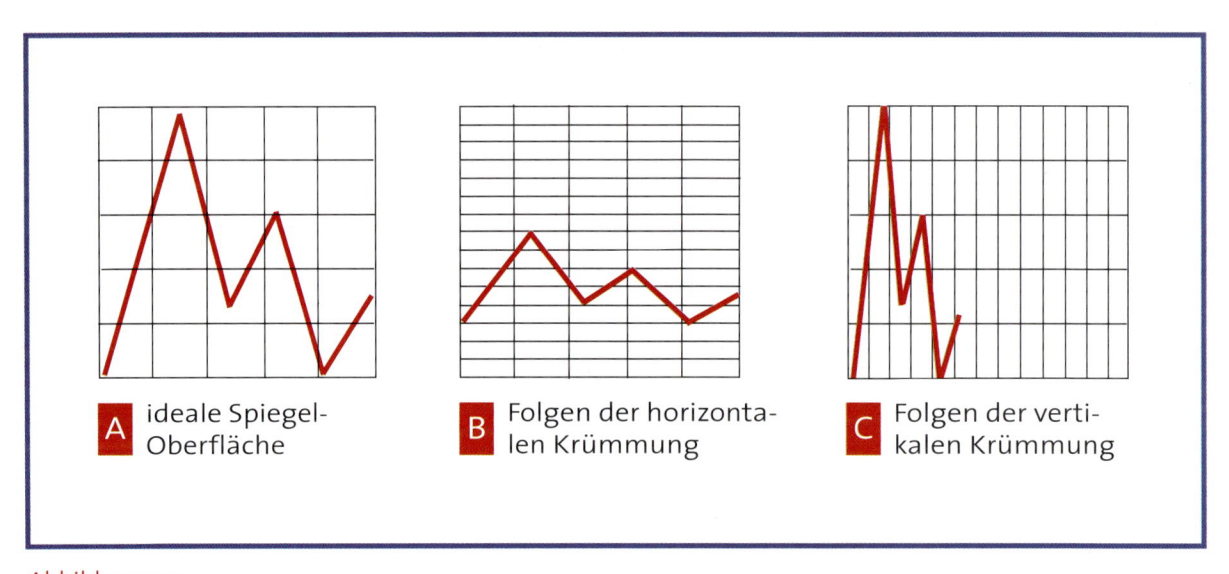

Abbildung 33
Veränderung der Chart-Diagonale (Zeit-/Preis-Ratio)

Handelsspanne stauchen oder dehnen muss bzw. je nachdem, wie viele Tage sie sich betrachten wollen, wird Ihr Chart in seinem diagonalen Muster (Zeit-/Preis-Ratio) verzerrt werden. Dieser Effekt ist in Abbildung 33 gezeigt.

Gehen wir mal davon aus, dass die in der obigen Abbildung aufgeführten Quadrate und Rechtecke übergroße Bildschirmpunkte sind, die Ihnen das diagonale Verhältnis des Charts mikroskopisch darstellen sollen. Nehmen wir außerdem an, dass man einen unverzerrten Chart nur dann erhält, wenn die Bildpunkte quadratisch und nicht rechteckig sind (siehe Beispiel A) und dies bei einem Zeit-/Preis-Ratio von 2 der Fall wäre. Das Zeit-/Preis-Ratio kann je nach Markt sehr unterschiedlich sein.

Beispiel A: In diesem Chart befindet sich eine Aktie mit 200 Handelstagen und einer Handelsspanne von 100 DM. Es liegt ein Zeit-/Preis-Ratio von 2.0 (200 / 100 = 2.0) vor, was nach unserer Annahme gleich große, quadratische Bildpunkte beinhaltet, die wir als unverzerrten Chart in diesem Beispiel definiert haben.

Beispiel B: In diesem Chart wurde zwar die gleiche Anzahl von Handelstagen (200) verwendet, aber die Aktie war wesentlich volatiler. Um die komplette Handelsspanne (250 DM) unterzubringen, musste das Chart-Programm die Darstellung etwas zusammenquetschen, wodurch mehr horizontale Preisebenen in die Berechnung des Zeit-/Preis-Ratios einflossen. Dadurch ergibt sich eine wesentlich flachere Diagonale bzw. ein Zeit-/Preis-Ratio von 0.8 (200 / 250 = 0.8).

[2] Kennen Sie die Fallstricke der Technischen Analyse?

Beispiel C: Im Fall C sieht man, wie sich die Diagonale eines Charts bzw. das Zeit-/Preis- Ratio verändert, wenn man bei gleicher Handelsspanne die Anzahl der aufgezeigten Handelstage erhöht. Der Chart wird dann nur auf der vertikalen Ebene zusammengeschoben, nicht aber auf der horizontalen entsprechend angepasst, so dass sich das Ratio willkürlich verzerren kann.

Die Verzerrungen einer Chart-Diagonale werden natürlich nicht nur durch das zum Teil automatische Laden von Charts hervorgerufen, sondern vor allem auch durch die Vergrößerung oder durch das Zoomen eines Charts. Da die Qualität bestimmter Techniken von der Einstellung des Zeit-Preis-Ratios abhängig sind, würde es Sinn machen, wenn man bei Chart-Programmen auch die Ratios einstellen könnte. Aufgrund ihrer veralteten Programmierplattformen ist eine solche Einstellungsmöglichkeit aber gar nicht realisierbar. Die einzige Chance, die man hat, um ein bestimmtes Ratio zu erhalten, ist das Zoomen (vergrößern). Diese Vorgehensweise stellt jedoch eine ziemlich ungenaue Form der Ratio-Einstellung dar.

Ahnungslose Kritiker

Viele Anwender zweidimensionaler Techniken (z. B. Arcs, Fanlines, Golden Square, etc.) machen sich überhaupt keine Vorstellung davon, was sie diesen Methoden antun, wenn sie einen Chart nach ihren Erfordernissen

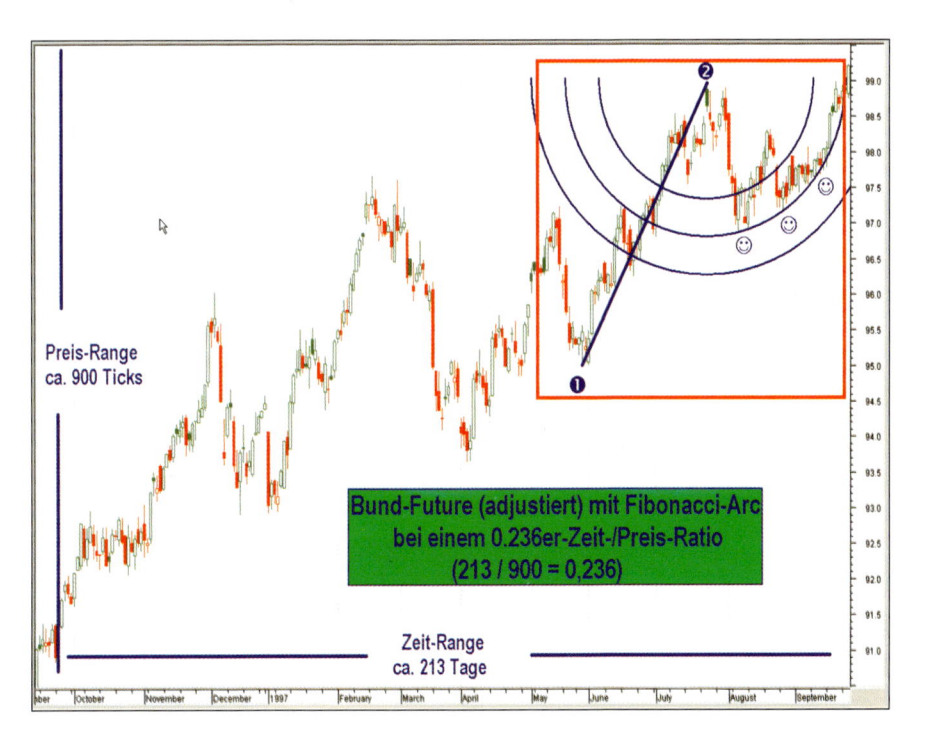

Abbildung 34
Chart mit einem Fibonacci-Arc bei einem 0.236er-Zeit/Preis-Ratio

[Teil I] Einführung

zurecht-„zoomen". Die Folge zeigt sich im Grad der Ablehnung gegenüber solchen Techniken. „Das ist doch alles Hokuspokus, mal klappen diese Techniken, mal nicht", lauten nämlich die Kommentare. Abbildung 34 zeigt den Bund-Future mit einem Fibonacci-Arc bei einem 0.236er-Zeit-/Preis-Ratio (213/900). Wie man sieht, korrigiert der Bund auf diesem Chart genau bis zum 50%-Retracement Winkel des Fibonacci-Arcs.

Um uns das ganze einmal etwas genauer anzuschauen, vergrößern („zoomen") wir den Teil des Charts, der sich im Quadrat befindet (siehe Ergebnis in Abbildung 35). Da das „Zoomen" des Charts zu einer Veränderung des Zeit-/Preis-Ratios führt, tritt eine Verzerrung des Charts auf, die wiederum ausschlaggebend dafür ist, dass die Kurse des Bund-Futures plötzlich nicht mehr auf dem 50%-Retracement-Winkel des Fibonacci-Arcs gelandet sind, sondern ca. 10 Ticks darüber. Dieser Softwarefehler ist verantwortlich dafür, dass diese Instrumente eher zufällig als zuverlässig funktionieren. Obwohl die meisten „Techniker" sowieso nur die einfachen Fibonacci-Techniken (Retracement, Extensions, Fanlines, Arcs) kennen, werden insbesondere die wirklich interessanten, zweidimensional graphischen Ansätze aufgrund dieses Mangels als fehlerhaft eingestuft und abgelehnt. Wegen der völlig unbekannten Zeit-/Preis-Ratio-Problematik herkömmlicher Chart-Programme können diese Techniken ihre wahren Stärken nicht richtig zeigen. Das gleiche Problem tritt übrigens auch bei der für „Point&Figure"-

Abbildung 35
Die Folgen eines „Zoomings" auf Fibonacci-Techniken

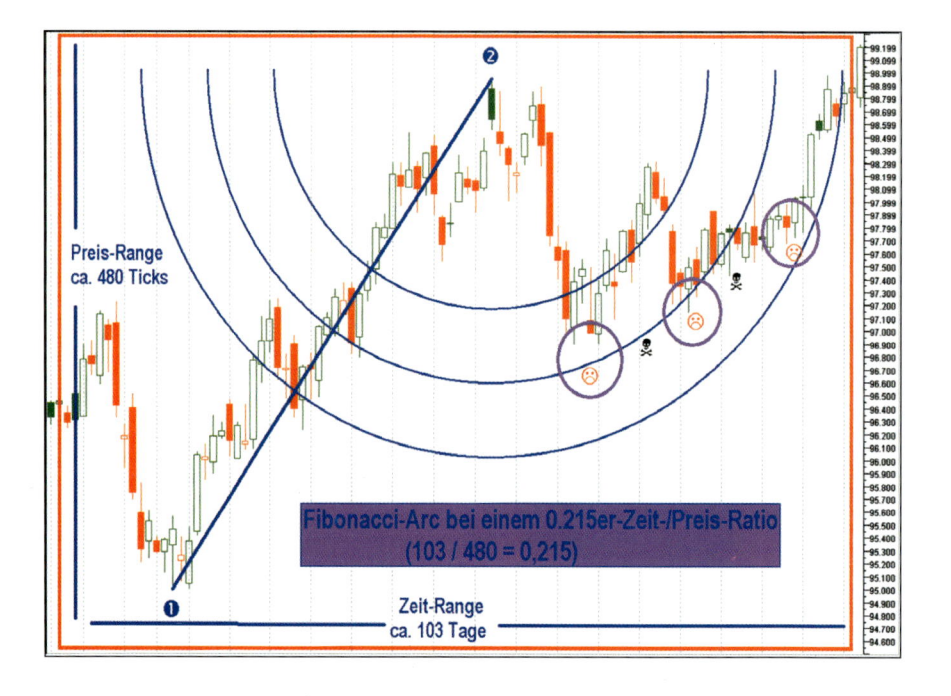

Chartisten äußerst wichtige 45°-Winkellinie auf. Während sie immer in ihrem Winkel verharrt, kann man den Chart darunter beliebig verändern, so dass völlig falsche Unterstützungs- und Widerstandsniveaus angezeigt werden.

Leider bietet keines der herkömmlichen Chart-Programme eine Einstellungsmöglichkeit für das Zeit-/ Preis-Ratio an. Man kann zwar die Anzahl der Tage manuell und die Preisskala mit Hilfe des „Zoomings" separat verändern, jedoch erhält man dadurch nur ungenaue Zeit-/Preis-Ratios. Eine logarithmische Chart-Darstellung oder auch die Einstellungsfunktion, die zwecks Anpassung an solche Ratios beim Fibonacci-Arc in der TradeStation angeboten wird, stellen keine Lösung des Problems dar. Hierzu müsste man völlig neue Programmplattformen schaffen.

Der Spiegel eines Charts

Im Gegensatz zum Spiegelkabinett, bei dem die schrägen Konturen einer Person sehr deutlich werden, sieht man dem Chart, oberflächlich betrachtet, nicht an, ob er durch das „Zoomen" verzerrt wurde und entsprechende Funktionsschwierigkeiten auftreten. Für Fibonacci-Techniken bieten sich sicherlich die Fibonacci-Ratios als „Spiegel" des Charts an. Um Ihnen die Vorzüge einer solchen Funktion aufzuzeigen, folgen zwei Abbildungen, die aus einer Software stammen, die solche Funktionen anbietet. In Abbildung 36 und 37

Abbildung 36
Ein „Golden Triangle" mit einem 0.618er-Ratio im 3min S&P-Chart

[Teil I]   Einführung

Abbildung 37
Ein „Golden Triangle" mit einem 0.3815er-Ratio im 3min S&P-Chart

befinden sich zwei identische 3min-Charts des S&P-Futures sowie ein „Fibonacci-Golden-Triangle", dessen Endpunkte wichtige Trendwendepunkte (siehe Pfeile) im voraus anzeigen. Sie werden mit Hilfe von Fibonacci-Ratios berechnet. Während in Abbildung 36 die von dem „Golden Triangle" angezeigten Trendwendepunkte aufgrund eines 0.618er-Zeit-/Preis-Ratio des Charts um 10:28 Uhr und 10:37 Uhr erscheinen, treten sie in der Abbildung 37 bei dem gleichen 3-min-Chart des S&P-Futures und der gleichen Parametereinstellung für das „Golden Triangle" um10:53 Uhr und 11:10 Uhr auf. Grund dafür ist das 0,3825er-Zeit-/Preis-Ratio des Chart-Fensters. Da die beiden Zeit-/Preis-Ratios auf Fibonacci-Ratios basierten, konnte das „Golden Triangle" in beiden Fällen markante Trendwendepunkte im Chart anzeigen (siehe Pfeile). Andere Zeit-/-Preis-Ratios hätten dazu geführt, dass die genaue Bestimmung der Extremkurse misslungen wäre.

Herkömmliche Zeitfenster (Bars) und ihre Folgen für zyklische Studien
Beim „Zoomen" eines Charts muss das Zeit-/Preis-Verhältnis konstant bleiben, am besten noch auf einem Fibonacci-Ratio (0,38, 0,61 usw.). Um die Vorzüge zweidimensionaler und zyklischer Analysetechniken voll ausschöpfen zu können, bedarf es aber auch einer exakten Darstellung von Zeitfenstern (Bars/Candles). Mit einem herkömmlichen 60min-Chart ist den zyklischen Phänomenen dieser Welt, denen Fibonacci und Gann sicherlich recht nahe gekommen sind, nicht unbedingt beizukommen. Welche zyklische Relevanz besitzt denn schon ein 60min-Chart? Vielmehr würden Zeitfenster Sinn

machen, die zum Beispiel der Fibonacci-Zahlenreihe (5-, 8-, 13-, 21-, 34-, 55-, 89-, 144- oder 233-min-Charts) entsprechen. Man müsste Charts aber auch in 38,15-min- oder 61,85-min-Bars (Zeitfenster) unterteilen können. Wie bereits angesprochen wurde, sind die meisten Systeme von solchen Möglichkeiten aber noch weit entfernt.

Ungenauer Datenfeed verhindert eine korrekte Zyklusanalyse

Ein besonderes Problem stellt der fehlerhafte Datenfeed der meisten Systeme dar. Um eine effiziente Zyklusanalyse betreiben zu können, muss man identische Bars/Candles in einem Chart haben. Nehmen wir einmal an, dass der DAX-Future erst um 9:15 Uhr anstatt um 9:00 Uhr eröffnet hätte und Sie einen 30min-Chart verwenden. Der letzte 30min-Bar/Candle würde in diesem Fall lediglich von 17:15 bis 17:30 Uhr (Börsenschluss) mit Kursdaten gefüllt werden. Am nächsten Tag wird dieser unvollständige Bar/Candle aber nicht weiter mit Daten gefüllt, sondern ein neuer Bar wird angezeigt. Eröffnet der DAX-Future nur zweimal hintereinander um 9:15 Uhr, dann hätte man bereits nach zwei Tagen einen Extra-Bar im Chart, wodurch das Chart-Bild künstlich verlängert würde. Nach einem Monat wären bereits zehn Bars/Candles zu viel im Chart, so dass Zyklen, die nicht auf bestimmte Tageszeiten basieren, sondern Regelmäßigkeiten im Zeitablauf darstellen, von der Software nicht mehr richtig erfasst werden können bzw. die Zyklus-

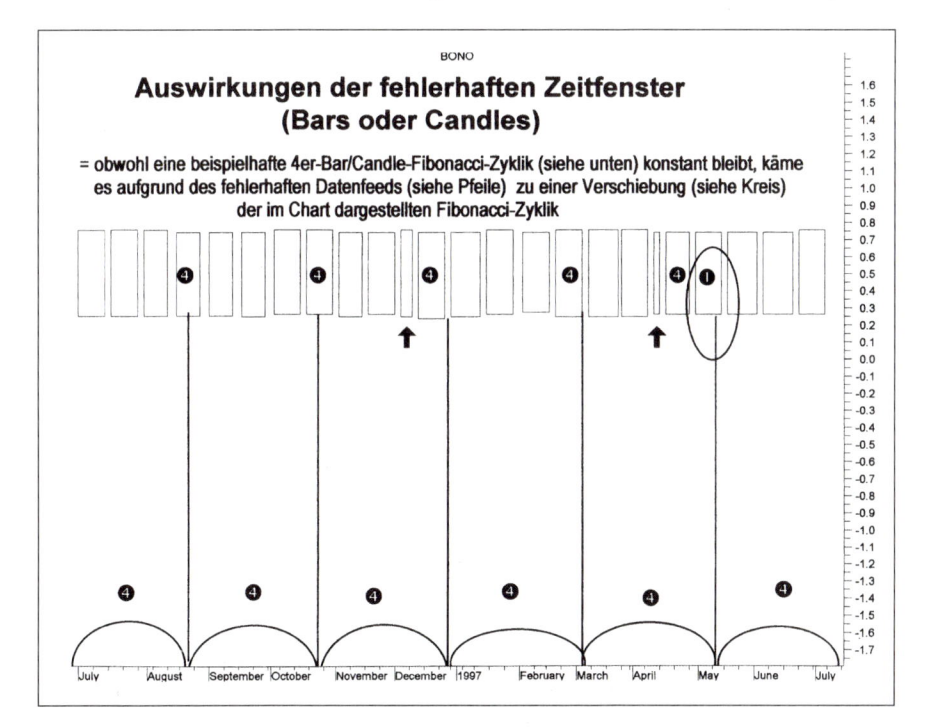

Abbildung 38
Der verlängerte Chart täuscht die Zyklus-Instrumente der Chart-Programme

Instrumente der Chart-Software getäuscht werden. In Abbildung 38 wird diese Problematik des Verschiebens eines Charts kurz skizziert.

Auffalten des Zeithorizontes

Bisher konnte dieses Manko in keinem Chart-Programm behoben werden, da das Problem in der zeitlichen Konfiguration der Windows-Welt bzw. in der entsprechenden Fehlkonstruktion der Datenserver begründet liegt. Wenn Ihre Zyklusstudien im Intraday-Bereich (dies können z. B. Fibonacci-Time-Extentions sein, die im Stunden-Chart mehrere Wochen oder gar Monate mit einbeziehen) nicht immer funktionieren, dann kennen Sie jetzt eine mögliche Fehlerquelle. Betrachtet man den enormen Aufwand, den Analysten und Händler betreiben, um zyklische Phänomene in diesem Bereich zu entdecken, dann ist es kaum zu verstehen, warum diese Fehler noch nicht behoben wurden. Als vorläufige Notlösung bietet sich lediglich an, die Handelstage in identische Zeitfenster einzuteilen, indem man nur solche Realtime-Charts aufruft, die die Handelszeit eines Wertes in identische Bars unterteilen können. Bei einem Wert, der beispielsweise 360 Minuten am Tag gehandelt wird, ergeben sich folgende Minuteneinstellungen:

1-, 2-, 3-, 4-, 5-, 6-, 8-, 9-, 10-, 12-, 15-,
18-, 20-, 24-, 30-, 36-, 40-, 45-, 60-,
72-, 90-, 120-, 180- und 360-min

Beim S&P-Future, der 405 Minuten gehandelt wird, ergeben sich dagegen nur

1-, 3-, 5-, 9-, 27-, 45-, 81-, 135- und 405-min-Charts.

Dieser Lösungsansatz funktioniert allerdings nicht bei Werten, die sehr unterschiedliche Eröffnungszeiten haben, wie z. B. der DAX-Future. Das „Auffalten des Zeithorizontes" bewirkt, dass sich die zyklischen Instrumente auf identische Zeitfenster beziehen können. Dadurch gibt es weniger Irritationen und Ungenauigkeiten, was sich auch auf die Trefferquote der verschiedenen Techniken positiv auswirkt. Nicht auszudenken, wo sie liegen würde, wenn man die Charts nach Fibonacci- oder Gann-Maßstäben konfigurieren könnte.

Starrheit der Zeitparameter eines Charts

Eine weitere Einschränkung findet sich bei den starren Vorgaben für die Einstellung der Zeiteinheiten. Viele Programme bieten lediglich die Option eines

Tages-, Wochen-, Monats-, evtl. noch eines Viertel- und eines Ganzjahres-Charts an. Im Intraday werden oftmals sogar nur 5min-, 15min-, 30min- und 60min-Charts bereitgestellt. Gerade für Investoren, die langfristige Intraday-Zyklus-Studien vornehmen wollen, ist eine solche Einschränkung aber sehr hinderlich. Bei einem Wochen-Chart finden man nämlich wieder das Problem der unterschiedlich großen Zeitfenster vor. In Deutschland kann es beispielsweise Handelswochen mit 3, 4 oder 5 Tagen geben. Dieser Tatsache kann zu einer Verzerrung des Wochen-Charts führen, so dass zyklische Analysetools getäuscht werden. Wer sagt uns denn, dass man zyklische Aspekte in einem 3- oder 8-Tageschart nicht besser ermitteln kann, als der starre Wochenchart.

Das Gleiche gilt übrigens für Indikatoren oder Handelssysteme. Vieler dieser Instrumente weisen eine bessere Performance auf, wenn man sie auf „ungeraden" Charts (z. B. 18min oder 44min-Chart, bzw. 3-Tageschart) laufen lässt. Wenn man Handelssysteme jedoch auf der zeitlichen Ebene testet, dann sollte man unbedingt darauf achten, dass die Performances (Zeiteinstellungen) in der Nähe der besten Zeiteinheit ähnlich gut ist. Wenn es sich nämlich nur um einen Zufallstreffer handelt, wäre die Performance nicht stabil genug. Vielleicht sind Systeme auf abweichenden Zeiteinheiten gerade deshalb so erfolgreich, weil die Masse der Investoren eher starre Zeitparameter (z. B. 5min- oder 60min-Charts) verwendet, und die Masse bekanntermaßen Geld verliert.

Während MetaStock 6.5 seinen Anwendern über die Menü-Route „X-Axis-Properties, Compression, Other" längst alle Einstellungsmöglichkeiten anbietet, gibt es für die TradeStation bisher nur eine „Combine Days"- Funktion, die zwar bei einigen „Solution Providern" der TradeStation erhältlich ist, aber keine wirkliche Lösung darstellt. Im unteren Teil der Abbildung 39 findet man die „Combine Days"-Funktion im 10-min-Chart des Bund-Futures. In diesem Beispiel stellt ein Bar/Candle der Funktion (Indikator) drei 10-min-Charts des regulären Bund-Future-Charts dar. Während die Anwendung dieser Funktion im Intraday-Bereich weniger Sinn macht, da man bei der TradeStation auch einen 60-min-Chart einstellen kann, lassen sich die „Daily Charts", die in der TradeStation 4.0 nicht zu verstellen sind, individuell zusammenfassen.

Leider fungiert die „CombineDays"-Funktion in der TradeStation nur als Indikator, was wiederum den Einsatz von Handelssystemen oder Indikatoren erschwert bzw. verhindert. Hier bleibt in jedem Fall noch abzuwarten, bis eine anwenderfreundliche Lösung angeboten wird. Bei den meisten ande-

[Teil I]   Einführung

Abbildung 39
Combine Days/Bars-Funktion im 10min-Chart des Bund-Futures

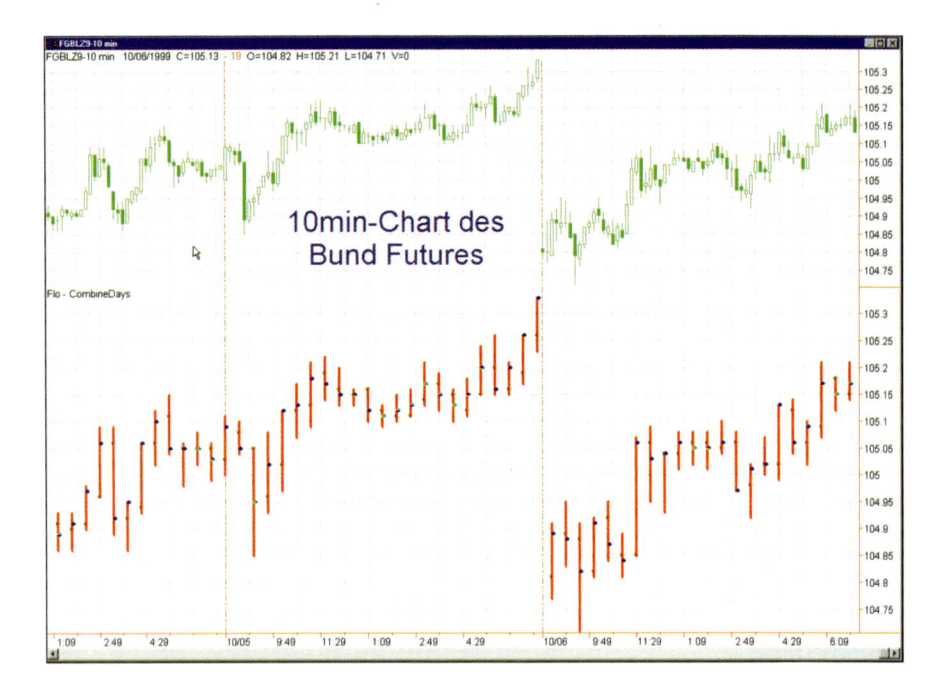

ren Programmen sieht es ähnlich düster aus. Die zeitliche Skalierung eines Charts wird noch immer völlig vernachlässigt und ist meistens überhaupt nicht möglich.

Abbildung 40 zeigt auf, dass solche „Mehr-Bar-Charts" durchaus andere Verlaufsmuster aufweisen, die bessere Signale generieren als ihre „Counterparts". Würde man beispielsweise das Verhalten der Open-Close-Relationen der drei Bars (siehe untere Einkreisung) analysieren, kämen andere Signalmuster heraus als bei der obigen Markierung.

Eingeschränkte Darstellungsmöglichkeiten

Wenn wir uns gerade bei den Softwarefehlern aufhalten, dann muss auch erwähnt werden, dass sich viele Kursdaten überhaupt nicht, bzw. nur sehr eingeschränkt darstellen lassen. Obwohl mittlerweile viele Investoren die Erkenntnisse der Intermarket-Analyse ausnutzen möchten, indem sie Spreads handeln, scheitert dieses Vorhaben an den fehlenden Darstellungsmöglichkeiten. Viele Chart-Programme können einen Spread nur in Form eines Indikators darstellen. Auf einen solchen Spread-Indikator lassen sich aber nur sehr schwer oder keine Indikatoren sowie Handelssysteme legen, mit deren Hilfe man Spreads entsprechend handeln könnte. Wie Abbildung 41 verdeutlicht, kann man häufig nur zwei Werte laden und deren Spread als Linien-Chart (siehe untere Hälfte im Chart) darstellen. Da Linien-Charts nur

[2] Kennen Sie die Fallstricke der Technischen Analyse?

Abbildung 40
Geglättete Verlaufsmuster eines Mehr-Bar-Chart im DAX-Future

sehr wenige Informationen bereitstellen, fällt es natürlich schwer, professionelle Analysen oder gar Handelssignale zu generieren.

MetaStock-Nutzern bietet sich über den Downloader (File, New, Composite) zumindest die Möglichkeit, einen Spread als Datenfeed zu laden. Dadurch

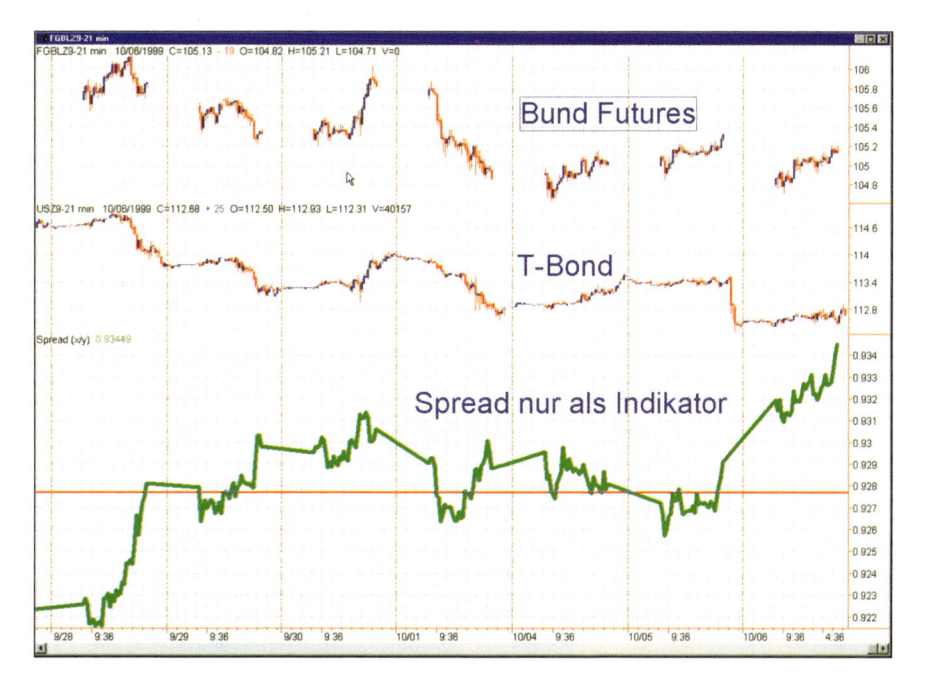

Abbildung 41
Darstellung eines Bund/T-Bond- Spreads auf der TradeStation 4.0

können zumindest einige technische Studien und Handelssysteme eingesetzt werden. Leider basiert ein Spread aus diesem Downloader lediglich auf dem Vergleich der jeweiligen Tagesschlusskurse, so dass ebenfalls nur ein Linienchart zustande kommt (es fehlen Open-, High- und Low-Kurse). Mit einem kleinen Trick kann man aber auch einen Candlestick-Chart etablieren. Dazu muss man über die Menüfolge (Format, X-Axis, Compression, Other) die Anzahl der einbezogenen Tage je Bar/Candle verändern (z. B. 3 oder 5 Tage je Zeiteinheit). Die wichtigen Extremwerte der jeweiligen Einzelwerte bleiben jedoch unberücksichtigt, was einen deutlichen Nachteil aufweist.

Das Laden von Spreads als Datenfeed hätte den Vorteil, dass man sie nicht nur charttechnisch (z. B. in Form von Candlesticks) besser darstellen, sondern auch umfangreiche Analysen durchführen sowie Handelssysteme darüber laufen lassen könnte. Mehr zu den Spread-Analysen finden Sie übrigens im vierten Teil dieses Buches. Die Spread-Problematik zeigt, dass nicht nur die Software-Anbieter auf dem Gebiet der Spreads noch einiges nachzuholen haben, sondern auch die Datenanbieter. Bisher werden nur die Kurse der offiziell gehandelten Spreads als Datenfeed angeboten. Für eine professionelle Vorgehensweise reicht dies natürlich nicht aus, so dass viele Spread-Analysten und Händler oft gezwungen sind, Kompromisse einzugehen.

Mangelnde Datenvielfalt und -qualität

Hier wird die fehlende Abstimmung der Anbieter mit Kundenwünschen ebenfalls deutlich. Die meisten Datenzulieferer lassen sich ihren Service zwar gut bezahlen, für die Ansprüche eines Technischen Analysten, der alle Werte als Chart sehen möchte, hört das Angebot aber schon bei gehandelten Werten auf. Wenn man bedenkt, mit welchen prähistorischen Mitteln man heutzutage noch immer Daten in PCs eingeben muss, dann ist zu verstehen, warum bestimmte Analyseansätze in der Vergangenheit gescheitert sind. Erwartungswerte auf wirtschaftliche Kennzahlen, implizite Volatilitäten oder simple Spreads werden zum Beispiel nur auf Informationsseiten der Datenanbieter offeriert (siehe Abbildung 42), können aber nicht als Datenfeed in einen Chart gelesen werden. Wenn man als Analyst solche Werte überhaupt analysieren möchte, dann muss man diese Daten oftmals manuell eintippen.

Es wäre wirklich schön, wenn man in Zukunft folgende Werte direkt als Datenfeed erhalten könnte, und diese nicht umständlich einlesen oder gar eintippen müsste:

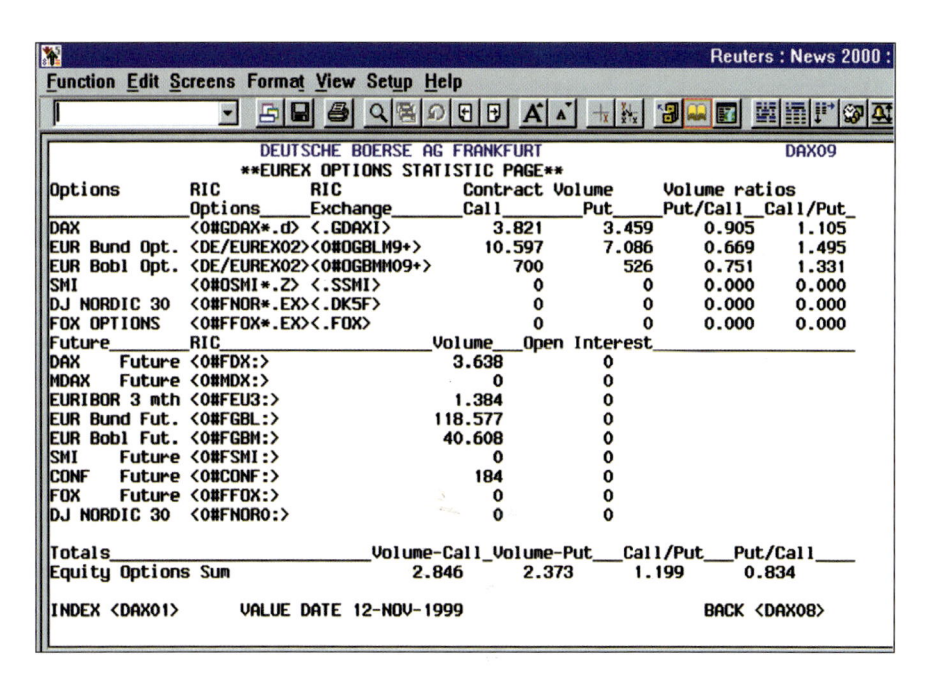

[2] Kennen Sie die Fallstricke der Technischen Analyse?

Abbildung 42
Beispiel einer Informationsseite von Reuters

```
                    DEUTSCHE BOERSE AG FRANKFURT                    DAX09
                   **EUREX OPTIONS STATISTIC PAGE**
Options         RIC            RIC         Contract Volume    Volume ratios
                Options        Exchange    Call      Put      Put/Call  Call/Put
DAX             <O#GDAX*.d>    <.GDAXI>    3.821     3.459    0.905     1.105
EUR Bund Opt.   <DE/EUREX02>   <O#OGBLM9+> 10.597    7.086    0.669     1.495
EUR Bobl Opt.   <DE/EUREX02>   <O#OGBMM09+> 700      526      0.751     1.331
SMI             <O#OSMI*.Z>    <.SSMI>     0         0        0.000     0.000
DJ NORDIC 30    <O#FNOR*.EX>   <.DK5F>     0         0        0.000     0.000
FOX OPTIONS     <O#FFOX*.EX>   <.FOX>      0         0        0.000     0.000
Future          RIC                        Volume    Open Interest
DAX     Future  <O#FDX:>                   3.638     0
MDAX    Future  <O#MDX:>                   0         0
EURIBOR 3 mth   <O#FEU3:>                  1.384     0
EUR Bund Fut.   <O#FGBL:>                  118.577   0
EUR Bobl Fut.   <O#FGBM:>                  40.608    0
SMI     Future  <O#FSMI:>                  0         0
CONF    Future  <O#CONF:>                  184       0
FOX     Future  <O#FFOX:>                  0         0
DJ NORDIC 30    <O#FNORO:>                 0         0

Totals                      Volume-Call  Volume-Put  Call/Put  Put/Call
Equity Options Sum          2.846        2.373       1.199     0.834

INDEX <DAX01>    VALUE DATE 12-NOV-1999              BACK <DAX08>
```

- Spreads, auch solche, die aus zwei verschiedenen Datenquellen stammen (z. B. Bloomberg Bund Kasse-Umsatz minus Reuters Bund Future Volumen).

- Nicht gehandelte Werte (z. B. implizite Volas, P/C-Ratio oder die kumulierten Bid/Asks-Größen des Orderbuches der EUREX usw.).

- Eigene Indikatoren, die man beispielsweise in Excel erstellt hat und sich als Datenfeed, bzw. als Chart ansehen möchte.

- Den Gesamtwert des eigenen Portfolios (z. B. Wert von 5 Optionsscheinen) oder einzelner Positionen, um „Stop-Loss"- bzw. „Take Profit"-Strategien zu ermöglichen.

- Die P&L von Händlern, um deren Stärken und Schwächen zu analysieren. Day Trader weisen beispielsweise nach Erreichen bestimmten Profitzonen relativ ähnliche Verhaltensmuster auf, wenn es darum geht, ihren Gewinn wieder abzugeben. Hier könnten Trading-Coaches oder Risk Manager Trailing-Stops optimieren. Die Entwicklung der P&L im Verlauf einer Trading-Phase könnte ebenfalls analysiert werden.

- tägliche Nettopositionen der verschiedenen Anlegergruppen (wie „Commitment of Traders Report" in den USA)

[Teil I]   Einführung

Bevor die Vielfalt vorangetrieben wird, müsste erst einmal die Datenqualität verbessert werden. Während die „End-of-Day"-Daten mittlerweile gut gepflegt sind, herrscht im Intraday-Bereich noch tiefste Eiszeit. Datenlücken, Fehleingaben (Spikes) und sonstige Ungenauigkeiten sind an der Tagesordnung. Selbst eine Firma wie Reuters schafft es beispielsweise nicht, die wirklich gehandelten Preise des Eurex-Bund-Futures originalgetreu auf den Bildschirm zu bringen. Bei den verschiedenen Intraday-Zwischenhochs oder -Tiefstkursen können durchaus mal 3 bis 4 Ticks fehlen, was das Chart-Bild und die Effizienz kurzfristige Handelsmodelle, die auf die dargestellten Kurse basieren, negativ beinflusst. Für diesen Fehler sind zum Teil aber auch die Chart-Programme verantwortlich. Sobald man nämlich die Maus bedient oder irgendeine Bedienungsfunktion benutzt, werden die Kapazitäten des Datenservers herunter gefahren, weil ansonsten die Bedienungsfreundlichkeit leiden könnte. Vergleichen Sie nach einigen Maus-Aktionen anschließend einfach einmal die im Chart dargestellten Kurse mit den so genannte „Time&Sales"-Übersichten der jeweilgen elektronischen Börse. Sie werden überrascht sein, wieviel Daten in Ihrem Chart fehlen.

Falsches Intraday-Volumen

Leider gibt es kaum einen Datenanbieter, der auf Realtime-Basis das wirklich gehandelte Volumen der jeweiligen Werte anzeigt. Ruft man in seinem Chart-Programm das Volumen-Histogramm auf, erhält man bei einigen Anbietern lediglich die Anzahl der Ticks je Zeiteinheit, nicht aber die Anzahl der gehandelten Kontrakte. Wenn man ein Analysemodell im Intraday-Bereich einsetzen will, das auf Volumenkonzepten basiert und vorher bei „End-of-day"-Daten (hier ist das Tagesvolumen vorhanden) getestet wurde, wird man bei dem Modell eine schlechtere Aussagekraft feststellen. Echte Analysen des „Trade-Volumens" oder auch volumenbasierte Chart-Darstellungen sind daher nicht möglich.

Internet und Videotext-Daten

Für Privatleute bietet das Internet mittlerweile günstige Alternativen an. In den letzten Jahren ist nicht nur das Angebot an Realtime-Kursen aus dem Internet (z. B. PC-Quote, S&P Comstock) erheblich angewachsen, sondern auch der Umfang zeitnaher Kurse (Dollar wird beispielsweise fast minütlich aktualisiert) auf den Videotextseiten. Mit Hilfe der Software OmniCom lassen sich sowohl die Datenanbieter (DDE-fähige Daten vorausgesetzt) aus dem Internet als auch die des Fernsehens (Videotextkarte im PC nötig) in die Analyseprogramme TradeStation-, SuperChart RT oder MetaStock RT einlesen.

Strategische Allianzen

Die Internationalisierung der Börsen sowie die kostenreduzierende Konkurrenz des Internets werden die Preise für Datenfeeds purzeln lassen. Um die Folgen dieses Prozesses zu mildern, schließen sich viele Datenprovider zusammen oder werden einfach von den Großen der Nachrichtenbranche aufgekauft, wodurch oligopolistische Strukturen entstehen, die bestimmte Mindestpreise am Markt durchhalten könnten.

Gefahren für diese Preisstabilität von Daten droht aber durch die zunehmende Computerisierung des Handels. Man stelle sich einfach mal vor, dass die EUREX, XETRA und die anderen Börsen eine eigene Chart- und Informationssoftware (bzw. über Lizenzverträge mit solchen Firmen) auf den Markt bringen würden. Da jeder EUREX-Händler sowieso ein EUREX-Terminal mit Datenfeed hat, könnte man die unnötigen Kosten einsparen, die ein zusätzliches Charting bzw. Analysesystem mit Extra-Datenfeed verursacht. Bisher gibt es noch keinen Datenanbieter, der eine Kooperation mit der EUREX oder den anderen Börsen eingegangen ist, um als Partner ein Charting-System anzubieten. Die Kunden würden dadurch aber den Original-Datenfeed mit all seinen Vorzügen erhalten.

Popularität von Uralt-Indikatoren

Geprägt von einem Bankenumfeld, in dem ein traditionelles, eher konservatives Auftreten mit Seriosität, Verlässlichkeit und Erfolg gleichgesetzt wird, haben es innovative Lösungen der Technischen Analyse schwer, sich zu etablieren. Anders ist es nicht zu verstehen, dass noch immer Indikatoren eingesetzt und zum zigtausendsten Mal vorgestellt werden, die zum Teil über 30 Jahre alt sind und in einer Zeit entwickelt wurden, in der es noch keine Computer gab. Hierzu zählen so beliebte „Oldies" wie Momentum, RSI, Stochastik, MACD und ADX. Zugegeben, für die damalige Zeit war es eine grandiose Leistung, zwei verschiedene Schlusskurse einer historischen Datenzeitreihe mit Hilfe der ersten Taschenrechner bzw. Computervorläufer voneinander subtrahieren und das Ergebnis analysieren zu können (= Momentum-Indikator). Heutzutage stellen solche Aktionen jedoch „Peanuts" der PC-Leistungsfähigkeit dar. Obwohl die Rechner der heutigen Generation wesentlich komplexere Rechenvorgänge durchführen könnten, wird auf moderne Indikatoren verzichtet. Zöge man die Produkte der Flugzeugindu-

> *„Das Erkennen von Mängeln einer Methodik und die Konzentration auf ihre Stärken eröffnet ungeahnte Chancen."*
> Dr. Markus Hofmaier

[Teil I]   Einführung

strie zum Vergleich heran, so müsste man die populärsten Indikatoren nach dem heutigen Stand der Technik als „Spirit of St. Louis"- Maschine von Charles Lindbergh oder gar als Flugmodell der Gebrüder Wright einstufen.

Bei allem Respekt für diese Indikatoren-Generation bleibt festzuhalten, dass der hohe Bekanntheits- und Beliebtheitsgrad leider nicht ihren Nutzwert widerspiegelt. Schließlich wurde in diversen Testläufen festgestellt, dass sich mit den „Oldies" und deren Standardregeln kaum Geld verdienen lässt. Dennoch werden sie überall eingesetzt und propagiert. Als Beispiel für die Mängel veralteter Indikatoren soll die Berechnungsart des Momentum-Oszillators untersucht werden. Das Momentum vergleicht lediglich den heutigen Schlusskurs mit dem von vor n-Tagen (in unserem Beispiel 9 Tage), indem der Kurs von vor n-Tagen von dem heutigen subtrahiert wird. Bei diesem simplen Rechenvorgang spielen die Kursdaten, die dazwischen liegen, überhaupt keine Rolle. Da man den jeweils aktuellen Schlusskurs mit dem letzten einer gewählten Periode vergleicht, kann sich das Ergebnis des Indikators erheblich verändern, wenn bei einem neuen Tag der letzte Kurs aus der Berechnung herausfällt und automatisch der vorletzte Kurs zum letzten wird. Sollte der weggefallene Kurs markant gewesen sein, kann sich das Momentum in irgendeine Richtung bewegen, ohne das irgendwelche Marktbewegungen stattgefunden haben, was natürlich zu Irritationen führen kann. Dieses Phänomen wird in Abbildung 43 deutlich, wo ein 9-Tages-Momentum (blaue Linie) über den DAX-Chart gelegt wurde.

Abbildung 43
Die Ungereimtheiten des Momentum-Indikators

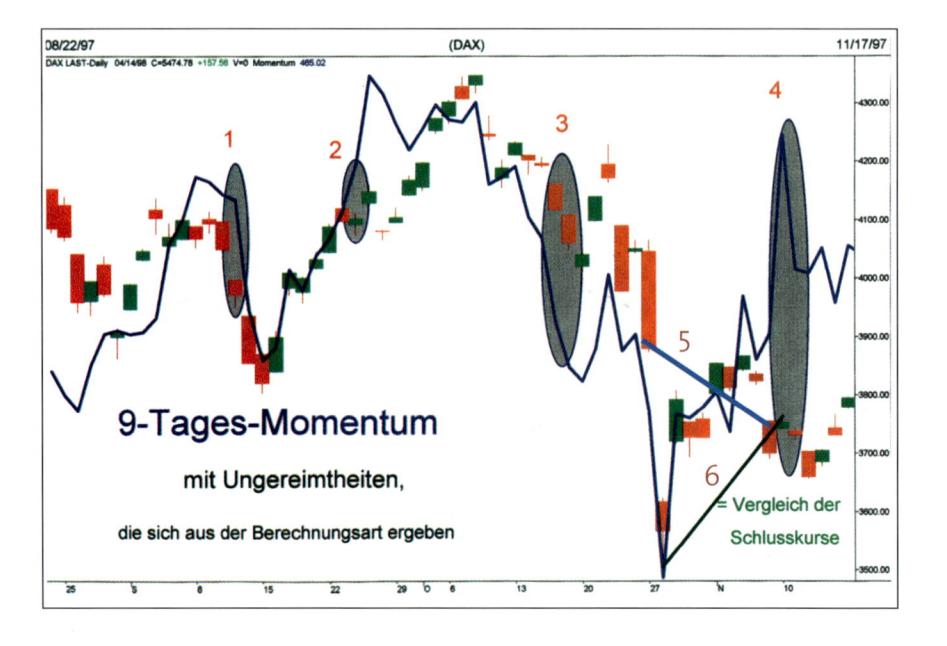

[2] Kennen Sie die Fallstricke der Technischen Analyse?

- In Beispiel 1 (siehe graue Einkreisung, links) hat sich das Momentum trotz stark anziehender Kurse des DAX abgeflacht.

- Beispiel 2 zeigt den starken Anstieg des Momentum-Indikators bei eher seitwärts verlaufenden Kursen.

- Das dritte Beispiel verdeutlicht dagegen, wie das Momentum bei seitwärts verlaufenden Kursen stark abfällt.

- Im vierten Beispiel sehen sie den Ausschlag des Momentum-Indikators nach oben (siehe graue Einkreisung), obwohl die aktuellen (vorderen) Kurse der letzten Tage gefallen waren.

- Die Linien 5 und 6 sollen aufzeigen, welche Kurse jeweils miteinander verglichen werden, wobei der Winkel der Linien die unterschiedliche Berechnungsbasis skizziert. Linie 5 zeigt die Berechnungsgrundlage für den 9.11.97. Während hier der Schlusskurs des letzten Tages vor dem Crash-Tag lag, wurde der Schlusskurs des 10.11.97 mit dem des Crash-Tages verglichen. Da dieser erheblich tiefer lag, brach der Momentum-Indikator nach oben aus, obwohl sich in der aktuellen Kursentwicklung nichts verändert hatte.

Die Mängel der „Oldies" werden erst deutlich, wenn man sie mit den Indikatoren der neuen Generation vergleicht. Abbildung 44 soll die Unterschie-

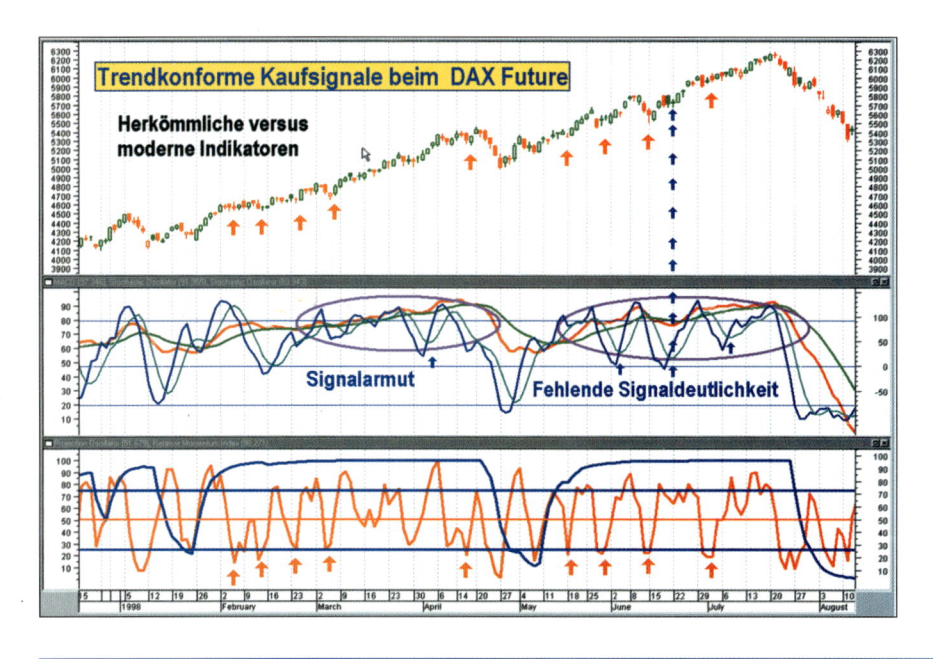

Abbildung 44
„Oldies" versus Indikatoren der neuen Generation

de aufzeigen. Während die „Oldies" MACD, Stochastik und RSI (siehe mittlerer Abschnitt) in der gesamten Aufwärtstrendphase lediglich ein erneutes Einstiegssignal aufweisen (allerdings nicht eindeutig und zu spät), konnte der „Projection Oscillator" gleich mehrere Einstiegssignale (meist am jeweiligen Tiefstkurs, siehe Pfeile) generieren, wodurch dem Anwender wesentlich mehr Einstiegschancen geboten wurden als bei den „Oldies". Die wesentlich besser ausgeprägten Verlaufsmuster des „Projection Oscillator" erleichtern darüber hinaus auch die Verifizierung von Signalen. Die große Einkreisung soll verdeutlichen, dass nach dem herkömmlichen Regelwerk in dieser Trendphase viel zu viele „falsche" Verkaufssignale generiert wurden.

Hat man erst einmal die Vorzüge der modernen Indikatoren analysiert, dann wird man sich ganz automatisch darüber wundern, warum die Börsen dieser Welt noch immer mit solchen Uralt-Flugzeugen (-Indikatoren) bezwungen werden sollen. Schließlich gibt es längst Indikatoren, die die Leistungsfähigkeit eines Jumbos, Überschallflugzeuges oder gar Space Shuttles aufweisen. Aus der Weltraumforschung stammen beispielsweise der „Kalman Filter" oder der „Fixed Memory Polynomial Filter". Man muss zwar nicht gleich zum Mond fliegen, um sich bessere Indikatoren ins Haus zu holen, eine kleine Reise durch unseren erdnahen Orbit via Internet wäre von Zeit zu Zeit jedoch angebracht. Schauen Sie zum Beispiel mal bei www.meyersanalytics.com oder www.janarps.com hinein, um sich von der Zukunft der Technischen Analyse inspirieren zu lassen (diese Nennung beinhaltet keine qualitative Einstufung).

Der Teufel steckt im Detail

Bevor man sich auf Indikatoren einlässt, sollte man deren Konstruktion kennen und eine detaillierte Analyse der möglichen Fehlerquellen vornehmen. Ansonsten entstehen falsche Eindrücke vom Nutzwert und von den Anwendungsregeln eines Indikators. Der konstruktionsbedingte Fehler, dass lediglich zwei relativ weit voneinander entfernte Kursdaten in die Berechnung eines Indikators einfließen, fällt zwar beim Momentum-Indikator besonders deutlich auf, beeinflusst aber auch die Aussagefähigkeit vieler anderer Indikatoren. Wenn ein Indikator durch das Wegfallen des letzten Kurses so stark beeinflusst wird, dass solche Signalirritationen auftreten, dann ist von einer Anwendung abzuraten. Wichtig ist, dass man weiß, welche Details für mögliche Fehlsignale der Indikatoren verantwortlich sein können.

[2] Kennen Sie die Fallstricke der Technischen Analyse?

> Konstruktionsfehler

Ein weiteres Beispiel für Fehlerquellen findet sich bei den so genannten Channel-Indikatoren, zu deren berühmtesten Vertretern die „Bollinger Bands" und der „Keltner Channel" gehören. Abbildung 45 zeigt den US-Dollar-Chart mit den Bollinger Bands. Anhand der eingekreisten Beispiele können Sie sehen, wie oft die Kurse scheinbar genau an die Linie der Bänder heranlaufen. Man bekommt den Eindruck, als ob sie wunderbare Unterstützungs- und Widerstandszonen darstellen. Es gibt viele Handelsansätze, die diese Tatsache ausnutzen wollen. Zum einen werden so genannte „Channel-Breakout"-Systeme erstellt, die bei einem Überwinden der Linien eine Position in Richtung des Ausbruchs aufbauen. Zum anderen gibt es aber auch Strategien, die nach einem Breakout warten, bis die Kurse wieder zurück in den „Channel" laufen, um dann eine Position gegen die vorherige Ausbruchsrichtung einzugehen. Da dies auch an ein und dem selben Tag passieren kann, warten viele auf solche 1-Tages-Breakouts.

Abbildung 45
Channel-Indikatoren und ihre nachträglichen Ausbruchstellen

[Teil I] Einführung

Abbildung 46
Fehler bei der postponen Betrachtung und Bewertung von Bändern

> **Grundproblem bei Channel-Indikatoren**
>
> In der nachträglichen Betrachtung sehen diese Handelsstrategien der Channel-Indikatoren immer vielversprechend aus, denn die Bänder liegen oftmals genau an den jeweiligen Extremzonen. Abbildung 46 macht aber deutlich, welche Crux hinter den Bändern steckt.

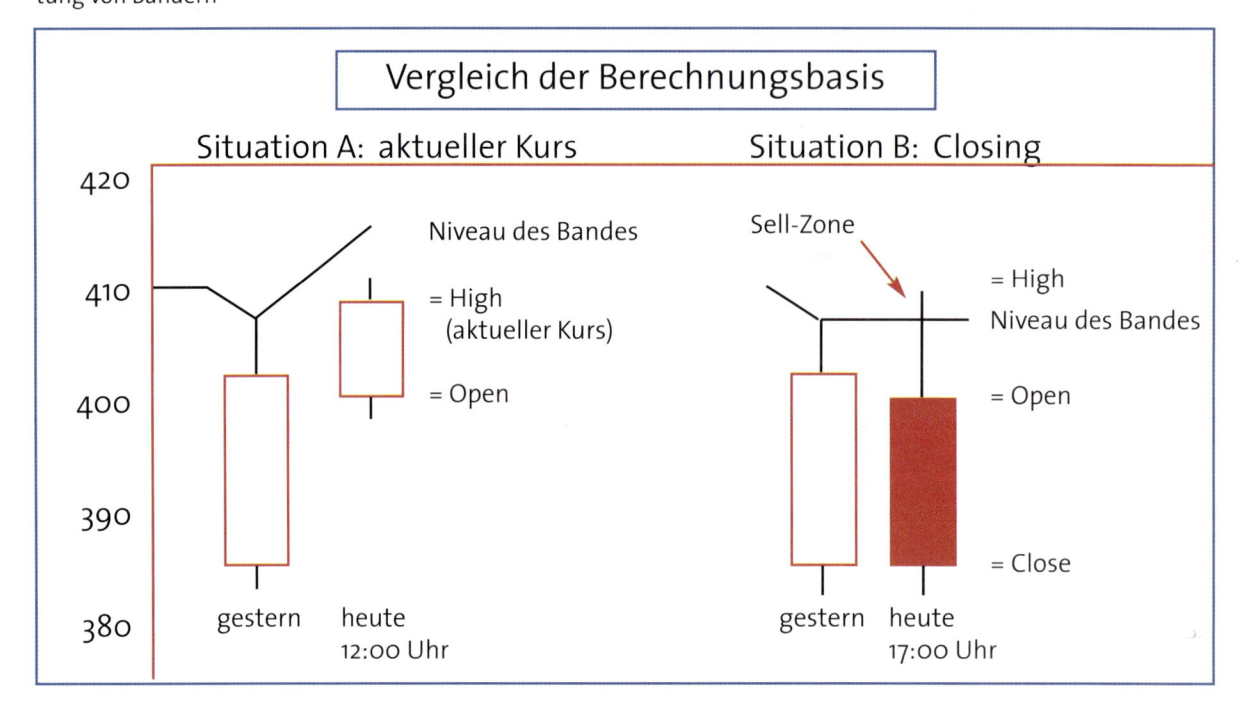

Vergleich der Berechnungsbasis

Situation A: aktueller Kurs — Niveau des Bandes, = High (aktueller Kurs), = Open, gestern, heute 12:00 Uhr

Situation B: Closing — Sell-Zone, = High, Niveau des Bandes, = Open, = Close, gestern, heute 17:00 Uhr

Situation A: Nehmen wir einmal an, dass unser Tages-Chart mit einem Realtime-Datenfeed versorgt und sich der aktuelle Kurs um 12:00 Uhr (siehe rechten Candle) am Tageshoch bei 410 befinden würde. Da die Berechnung der Bänder immer auf Basis des aktuellen Kurses (quasi wie ein Schlusskurs) erfolgt, erreichen sie aufgrund des hohen Kurses auch ein entsprechend höheres Niveau, welches in diesem Beispiel bei ca. 416 liegt. Der aktuelle Höchstkurs (= High) erreicht dieses Niveau nicht, so dass kein Handlungsbedarf nach der üblichen Handelsstrategie besteht.

Situation B: Am Nachmittag des gleichen Tages fallen die Kurse bis zum Closing auf ca. 388, so dass sich der Candle-Chart negativ (rot oder schwarz) einfärbt. Da die Bänder (in diesem Fall das Top-Band) nun mit dem niedrigeren Schlusskurs berechnet werden, befindet sich das Top-Band plötzlich auf einem viel tieferen Niveau (ca. 406) als noch am Vormittag, so dass im Nachhinein eine Breakout&Reverse-Formation auftaucht, die oftmals Grundlage

[2] Kennen Sie die Fallstricke der Technischen Analyse?

von Handelsentscheidungen ist. Leider hätte man ein solches Signal aufgrund des beschriebenen Tatbestandes gar nicht handeln können. Dies erklärt auch, warum Handelssysteme mit Channel-Indikatoren bei Tests meist besser abschneiden als bei ihrer Umsetzung. Obwohl sich die Bänder aufgrund einer Glättung in Wirklichkeit nicht so stark verändern, wie es in dem Beispiel aufgezeigt wurde, stellen solche Details Fehlerquellen dar, die jedem Anwender bewusst sein sollten. Man kann dem Problem höchstens dadurch Herr werden, dass man die Bänder zum Beispiel um einen Tag nach rechts verschiebt (einige Software-Programme bieten dies an), so dass das heutige Band auf Basis des gestrigen Schlusskurses berechnet wird.

[Ammenmärchen]
Es ist schon erstaunlich, wie oft man in Fachbüchern und Fernsehsendungen auf wichtige und angeblich aussagekräftige Instrumente der Technischen Analyse hingewiesen wird, die einer näheren Untersuchung in keinster Weise standhalten. Zu diesen Instrumenten zählt u.a. die 200-Tages-Durchschnittslinie. Sie gilt gerade im Aktienbereich als Maß aller Dinge. Die 200-Tageslinie sei eine wichtige Unterstützungs- oder Widerstandslinie, bei deren Erreichen man erneut Positionen eingehen kann oder bei deren Durchbruch man seine Positionen drehen bzw. „hedgen" müsse, so lauten einhellig die Aussagen der Verantwortlichen. Wenn man miterlebt, welche Beträge in Millionenhöhe von Vorständen und Bereichsleitern gemäß des Regelwerks der 200-Tageslinie bewegt werden, dann muss man sich über

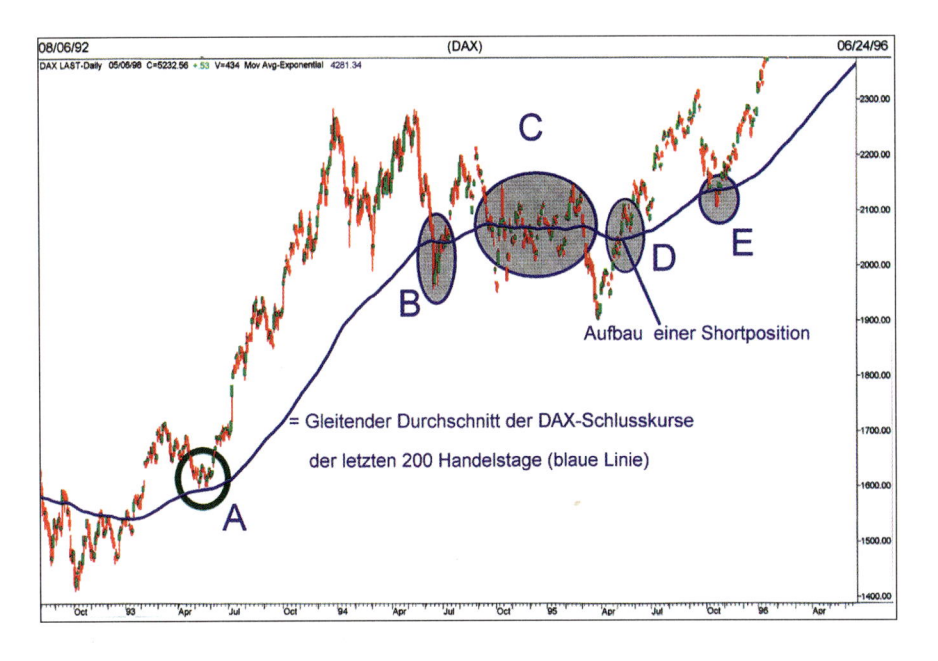

Abbildung 47
Das Märchen von dem bösen Markt und der 200-Tageslinie

[Teil I] Einführung

die Folgen, wie sie anhand des Beispiels D in Abbildung 47 beispielhaft beschrieben werden, nicht wundern. Die Abbildung zeigt auf, welche Trefferquote die 200-Tageslinie im Zeitraum Oktober 1993 bis April 1996 beim DAX hatte.

Lediglich im Fall A gab sie eine „wichtige" Unterstützungslinie ab. Die Beispiele B bis E stehen dagegen für unzählige Fehlsignale gemäß Regelwerk. Als der Fall D auftrat, rief mich ein Freund an und teilte mir mit, dass der Vorstand seines Finanzinstitutes beim Erreichen der 200-Tageslinie massiv „Short" gegangen sei, in der Annahme, die 200-Tageslinie würde als wichtiger Widerstand halten und Basis für eine weitere Abwärtsbewegung sein. Scheinbar hatte der Vorstand irgendwo von der Signifikanz der 200-Tageslinie gehört und ohne weitere Kenntnisse bzw. Erfahrungswerte entsprechend „technisch" gehandelt. Die Short-Position wurde erst einige Wochen später mit größerem Verlust glattgestellt, schließlich müssen „Strategen" auch einmal Schwankungen des Marktes aushalten können. Seit diesem Zeitpunkt werden übrigens jegliche Ansätze der Technischen Analyse in diesem Hause abgelehnt. Möglicherweise generieren aus der 200-Tageslinie abgeleitete Indikatoren (z. B. Abstand aller Werte von ihrer 200-Tageslinie etc.) gute Signale, aber die so oft hervorgehobene 200-Tageslinie selbst hat nach meiner Erfahrung in keinem Markt dieser Welt irgendeine signifikante Aussagekraft, da ihre angeblich wichtigen Unterstützungs- und Widerstandslevel beliebig oft durchbrochen werden.

■ Starre Anwendung vereinfachter Regeln

„Lass Dir von keinem Fachmann imponieren, der Dir erzählt, 'Lieber Freund, das mache ich schon seit 20 Jahren so!'.
Man kann eine Sache auch 20 Jahre lang falsch machen."
Kurt Tucholsky

Seminaranbieter, FAX-Dienste, Börsenbriefschreiber, Buchautoren, Systementwickler und Softwarefirmen propagieren in ihren Angeboten die Vorzüge der Technischen Analyse und stellen dabei besonders heraus, wie einfach doch die Anwendung der Instrumente ist. Mit Aussagen über leicht nachvollziehbare und verständliche Regeln lassen sich eben allerlei Kunden akquirieren. Die scheinbare Einfachheit eines Regelwerks verfehlt ihr Ziel natürlich nicht. Laien wie Profis erliegen oftmals dem Eindruck, sie könnten mit Hilfe der Technischen Analyse erfolgreich investieren, indem sie irgendwelche Uralt-Indikatoren und deren 08/15-Standard-Regeln verwenden. Und hier lauert eine der wohl größten Gefahren, die die Technische Analyse zu bieten hat.

Grundsätzliche Problematik

Die meisten Indikatoren können lediglich eine Momentaufnahme der aktuellen Marktsituation wiedergeben, woraus sich zwar kurzfristige Handelsentscheidungen ableiten, nicht aber präzise, langfristige Einschätzungen vornehmen lassen. Je weiter man auf Basis der Momentaufnahme in die Zukunft sieht bzw. interpretiert, desto subjektiver bzw. intuitiver werden die Aussagen und desto unwahrscheinlicher ihr Eintreffen. Als Glaskugel lassen sich die Momentaufnahmen der Indikatoren nicht einsetzen. Schließlich kann sich das aktuelle Bild der Indikatoren aufgrund ihrer Berechnungsart jederzeit völlig verändern, ohne dass die vorhergesagten Marktbewegungen auch nur ansatzweise stattgefunden haben.

Fehlende Signalorientierung

Eine der häufigsten Fragen, die einem Technischen Analysten gestellt wird, lautet sinngemäß: „Was sagen die Indikatoren?" Man hört diese Frage meistens zu einem Zeitpunkt, an dem ein bestimmtes Marktereignis dazu geführt hat, dass man mit herkömmlichen Analyseansätzen (intuitiv, fundamental etc.) nicht mehr zurechtkommt. Die jeweilige Momentaufnahme der Indikatoren soll dem Fragenden in diesem Augenblick eine klare Aussage über das zukünftige Marktgeschehen auf allen Zeitebenen geben können. Da es aber durchaus Phasen gibt, in denen man mit Hilfe der Momentaufnahmen der Indikatoren keine klaren Aussagen treffen kann, müssen sich viele Analysten häufig etwas aus den „Fingern saugen", um eine Antwort geben und Prognosen erstellen zu können. Dies öffnet individuellen Interpretationsfehlern natürlich Tür und Tor. Anstatt sich auf bestimmte Konstellationen der Indikatoren zu konzentrieren, die bei einer relativ hohen Trefferquote klare Instruktionen zum Handeln geben, soll die Technische Analyse auf zufällig eintrudelnde Anfragen reagieren und bestimmte Phasen des Marktgeschehens interpretieren.

Im Rahmen der Erstellung von Prognosen erfolgt also meistens eine anfrageorientierte Anwendung der Indikatoren, und nicht, was viel erfolgreicher wäre, eine signalorientierte. Um die Technische Analyse überhaupt Kunden, Vorgesetzten und Kollegen schmackhaft zu machen, muss man leider oftmals so vorgehen. Schließlich möchten diese Personengruppen lieber wissen, was die Indikatoren gerade in dem Moment aussagen, in dem sie sich Hilfe versprechen, als immer abwarten zu müssen, bis die Indikatoren konkrete Kauf- und Verkaufssignale generieren. Für das Ego eines Investors gibt es nichts Langweiligeres, als den Kitzel der Entscheidungsfindung an eine Methodik oder ein System abzutreten.

[Teil I]   Einführung

Man wartet also nicht die Phasen ab, in denen die Indikatoren eindeutige Signale (wenn es so etwas überhaupt gibt) liefern, sondern zieht Momentaufnahmen bestimmter Marktereignisse oder zufälliger Anfragen von Kunden und Kollegen zu Prognosezwecken heran. Da man als Analyst kaum zugeben darf, dass man keine Meinung hat und seine Entscheidungen sowieso einem Computer überlässt (dies würde die eigene Daseinsberechtigung in Frage stellen), transformiert man die unklare Momentaufnahme eines Indikators mit Hilfe intuitiver Instrumente in aussagekräftige Prognosen. Wenn dann für die Nachfragergruppe eine Vorhersage für die nächsten sechs Monate dabei herausspringt (Glaskugel- oder Orakel-Denke), sind alle zunächst einmal glücklich und zufrieden. Leider bergen solche Anwendungsformen ein hohes Risiko in sich, da weder die Treffer- noch die Fehlerquote kontrollierbar sind. Die nachfolgenden Abbildungen 48 und 49 sollen Ihnen den Unterschied zwischen der signal- und der nachfrageorientierten Anwendung der Technischen Analyse verdeutlichen.

Abbildung 48
Signalorientiertes versus anfrageorientiertes Handeln

Der „Stoch RSI&WMA"-Indikator gibt klare Signale, wenn ein Crossover über oder unter dessen Signallinie (i.d.R. ein gleitender Durchschnitt des Indika-

[2] Kennen Sie die Fallstricke der Technischen Analyse?

tors) erfolgt, was durch die Pfeile im Gold-Chart (siehe Abbildung 48) angedeutet wird. Gemäß dieser Regel wurden Positionen aufgebaut, deren Kurse im Chart zu finden sind. Der aktuelle Stand des Indikators (siehe graue Einkreisung auf der rechten Seite des Charts, Fall 3) kam in dem betrachteten Zeitraum dieses Beispiels bereits zwei Mal vor (siehe Fall 1 und 2). Obwohl die eigentlichen Kaufsignale schon vorher generiert wurden (siehe Pfeile), zog der Goldpreis erst mit Überschreiten des „Stoch RSI&WMA"-Indikators über das Niveau von 80 weiter an, was durch die dicken Linien im Gold-Chart verdeutlicht wurde. Nehmen wir einmal an, ein Kunde ruft einen Tag nach der Signalgenerierung (Fall 3) bei einem Technischen Analysten an und möchte in dieser Phase von ihm wissen, ob er Gold noch kaufen soll oder nicht. Obwohl das Handelssystem bereits am Vortag bei 294,50 „Long" gegangen ist und Gold mittlerweile bei 300 notiert, muss er dem verspäteten Anrufer eine Antwort geben.

Aufgrund der noch so frischen Erfahrungen (Fall 1 und 2) dieser Methodik, rät er dem Kunden, Gold zu kaufen, da die Wahrscheinlichkeit eines weiteren Anstieges durchaus gegeben ist. Trotz seines Ratschlages, etwas tiefere Kur-

Abbildung 49
Prognoseverhalten versus Handelsstrategie

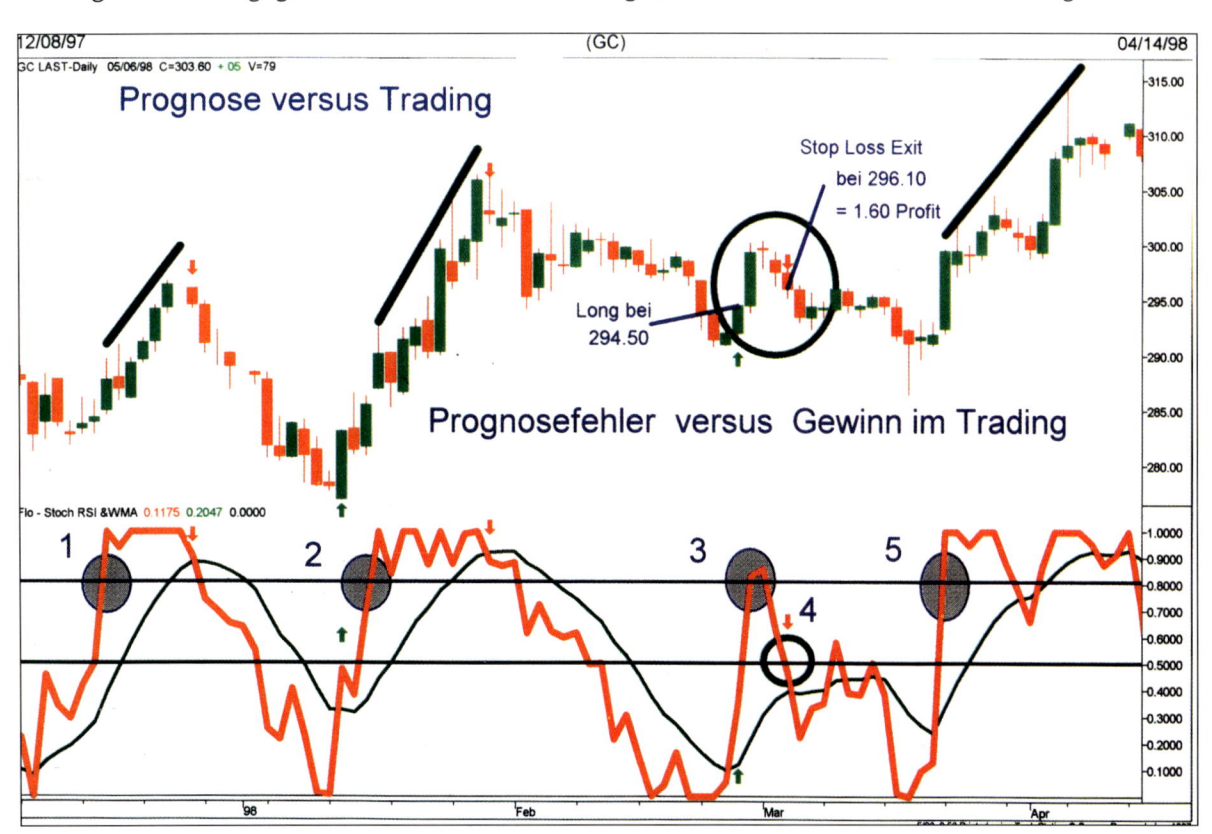

se abzuwarten, kauft der Kunde schon bei 300 $, da er Angst hat, den weiteren Anstieg zu verpassen.

Abbildung 49 macht deutlich, was danach passierte. Während der systematische Ansatz bei 296.10 aufgrund einer Gewinnsicherung mit Profit ausgestoppt wurde (siehe Einkreisung), stellte sich der Kunde erst bei 295 $ mit 5$ Verlust glatt. Hätte er pünktlich zum Signal gehandelt, wäre er mit einem Plus herausgekommen. So aber ist er verärgert. Obwohl der Indikator ein gutes Signal generiert hatte, wurde die Signalqualität durch die (gezwungene) subjektive Interpretation des Analysten negativ beeinflusst. Es versteht sich von selbst, dass man dem Kunden das Signal im Fall 5 nicht mehr schmackhaft machen kann, denn diesem Indikator vertraut er nicht mehr. Solche Vorfälle sind sicherlich ein Grund dafür, warum die Technische Analyse teilweise einen schlechten Ruf hat.

Ihre Instrumente können nicht bei jeder Momentaufnahme klare und vielversprechende Aussagen treffen. Man sollte sich lieber auf bestimmte Signalmuster konzentrieren, die zwar seltener vorkommen, deren Wirksamkeit aber überprüfbar ist. Der dritte Fall zeigt auf, dass bestimmte Signalmuster, seien sie noch so gut, auch Fehlsignale produzieren können. Solange diese aber methodisch erfasst und umgesetzt werden, ist eine systematische Vorgehensweise jedem intuitiv orientierten, nicht weiter getesteten Ansatz vorzuziehen. Fall 3 stellt alle Gehversuche der Technischen Analyse in Frage, die anhand einer Momentaufnahme weitreichende Aussagen bezüglich zukünftiger Marktentwicklungen treffen. Nur weil beispielsweise ein MACD-Indikator gerade steigt, heißt das noch lange nicht, dass die jeweiligen Märkte für die nächsten Wochen steigen müssen. Da ein Markt selbst bei relativ zuverlässigen Instrumenten jederzeit drehen kann, kann jede Vorhersage schon am nächsten Tag zur Makulatur werden (Siehe hierzu Abb. 28). Insofern steckt in dieser Vorgehensweise oftmals nur das Bedürfnis nach Befriedigung eines „Prognose-Egos" und kein methodisch effektiver Ansatz.

Prognose versus Trading

Obwohl die Stärken der Technischen Analyse vorwiegend im handelsorientierten Ansatz zu finden sind, wird sie auch zur Erstellung von Prognosen verwendet. Da sich beide Zielsetzungen jedoch völlig unterscheiden, müsste eine differenzierte Vorgehensweise propagiert werden. Dies geschieht aber nicht immer. Oftmals sind Instrumente, die eher für Prognosezwecke eingesetzt werden sollten (z. B. Fibonacci Retracement), auch die Grundlage von Handelsentscheidungen und umgekehrt (Indikatoren und ihre

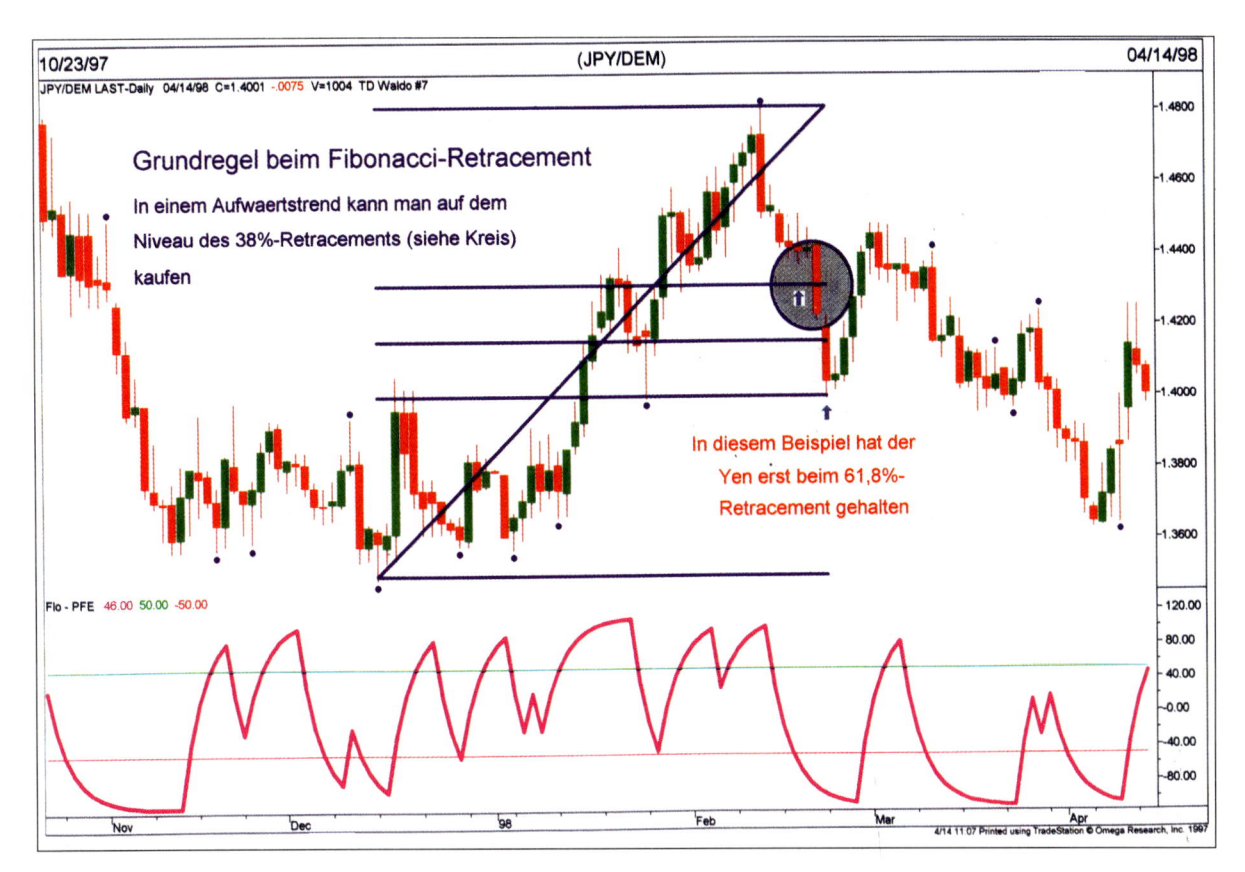

[2] Kennen Sie die Fallstricke der Technischen Analyse?

Grundregel beim Fibonacci-Retracement

In einem Aufwaertstrend kann man auf dem Niveau des 38%-Retracements (siehe Kreis) kaufen

In diesem Beispiel hat der Yen erst beim 61,8%-Retracement gehalten

Abbildung 50
Fibonacci-Retracement als Trading-Instrument und die Folgen

Momentaufnahmen). Abbildung 50 zeigt den Yen mit einem Fibonacci Retracement und den Polarized Fractal Efficiency-Indikator. Da man mit den Fibonacci Retracements detaillierte Zielmarken von Kurskorrekturen innerhalb eines Trends ermitteln kann, eignen sie sich insbesondere für die Prognose. Einige Anwender bauen aber auch Positionen auf, sobald die typischen Retracement-Niveaus (23,6%, 38,15%, 61,85 usw.) erreicht werden. Da die Kurse in unserem Beispiel aber nicht am 38,15%-Retracement gehalten, sondern erst am 61,85%-Level eine Punktlandung absolviert haben, hätte dieses Prognose-Instrument ein Fehlsignal mit entsprechendem Verlust geliefert. Es wäre besser gewesen, sich den negativen Indikator anzuschauen oder wirkliche Handelssignale abzuwarten, anstatt an einem bestimmten Level zu kaufen.

Beim Trading sollte zuallererst darauf geachtet werden, dass einzelne Indikatoren nicht in allen Marktphasen blindlings eingesetzt und für sämtliche Signalformen (Einstieg, Ausstieg, Reentry, Stop, etc.) eines Handelssystems gleichzeitig verwendet werden. Dies gilt übrigens auch für die verschiede-

[Teil I] Einführung

nen Zeithorizonte. Wer glaubt, alle Marktphasen und Zeitebenen mit einem einzelnen Indikator und einigen Standardregeln gleichbleibend gut beherrschen zu können, der irrt.

Isolierte Betrachtung einzelner Indikatoren

Die meisten Handelsansätze enthalten lediglich einen einzigen Indikator, dessen Parametereinstellung auch noch in verschiedenen Märkten erfolgreich agieren soll. Hier lautet das Gegenargument: „One size does not fit all market patterns". Obwohl die einzelnen Indikatorengruppen für sich ganz spezifische Stärken und Schwächen aufweisen, die man idealerweise verknüpfen könnte, beschränken sich viele Systemtester und -entwickler noch immer auf die „Old KISS"-Variante. Ein einzelner Indikator wird so lange optimiert, bis er anschauliche Ergebnisse hergibt. Dies ist zwar nicht immer der richtige, dafür aber der gebräuchlichste Weg. Findet man mal ein System, das mit mehreren Indikatoren arbeitet (auch Binary Wave-Exemplare), so stellt sich schnell heraus, dass die verschiedenen Indikatoren häufig aus der gleichen Familie stammen, damit also ähnliche Verlaufsmuster und Signale aufweisen. Diese Gleichartigkeit wird in Abbildung 51 gezeigt.

Abbildung 51
Die Auswirkungen der Gleichartigkeit von Indikatoren

Dort finden sich mit dem „Dynamic Momentum Oscillator" (im Chart), dem Momentum, dem RSI- und der Stochastik vier Oszillatoren, deren Verlaufsmuster fast identisch sind. Sie alle haben beim Dollar Ende April 1998 ein Kaufsignal generiert (siehe Pfeile), ohne die starke Trendkomponente zu beachten, die in der Regel für Fehlsignale der Indikatoren aus der Oszillatoren-Gruppe verantwortlich ist. Eine solche Handhabung, bei der mehrere Indikatoren der gleichen Bauart in einen Chart geladen werden, um dann Prognosen erstellen zu wollen, ist leider noch immer weit verbreitet. Eine Lösung hierzu bietet die Interaktionsanalyse, die im vierten Teil dieses Buches präsentiert wird.

Schiffbruchgefahr mit Standardregeln und -einstellungen

Es ist erstaunlich, mit welcher Selbstverständlichkeit sich bestimmte Interpretationsweisen von Indikatoren durchgesetzt haben, ohne dass deren Wirksamkeit unter die Lupe genommen wird. Besonders deutlich wird dies bei den Standardregeln der Oszillatoren. Sie sollen nicht nur Kauf- und Verkaufssignale generieren, sondern auch anzeigen, wann ein Markt „überkauft" oder „überverkauft" ist. Beim Stochastik-Indikator werden zum Beispiel folgende Losungen ausgegeben:

"An nichts muss man mehr zweifeln als an Sätzen, die zur Mode geworden sind."
Lichtenberg

- „Wenn der Indikator über 80 ist, dann ist der Markt überkauft. Es droht eine Korrektur."

- „Ist der Indikator unter 20, dann ist der Markt überverkauft. Es müsste bald eine Erholung einsetzen."

- „Kaufe einen Ausbruch über 20 und verkaufe einen Break unter 80." (oftmals unter Einbezug seines gleitenden Durchschnitts)

Solange die Kurse seitwärts oder relativ volatil verlaufen, sehen die Ergebnisse des Stochastik-Indikators noch zufriedenstellend aus. Beginnt aber eine stärkere Trendphase, kommt es zu Fehlinterpretationen, was anhand der Abbildung 52 aufgezeigt werden soll. Dort markiert die blaue Einfärbung des Charts diejenigen Phasen, in denen der Stochastik-Indikator in den „überkauften" Bereich oberhalb 80 eingelaufen ist. Die rote Farbe signalisiert die Überverkauft-Phasen unter 20. Es wird deutlich, wie lange der Stochastik-Indikator (aber auch viele andere Oszillatoren) in den Extremzonen verharren kann, wenn erst einmal ein Trend eingesetzt hat.

[Teil I] Einführung

Abbildung 52
Das „Overbought/Oversold"-Gespenst des Stochastik-Indikators

In diesen Fällen lässt die „Overbought/Oversold"-Interpretation in uns häufig das Gefühl aufkommen, dass die Kurse ungerechtfertigt stark in eine Richtung gelaufen seien und nun korrigiert werden müssten. Die Folge ist, dass wir uns in einer Phase, in der bei uns die größte Zuversicht vorherrschen sollte (z. B. Long-Position in einem starken Bullenmarkt oder Short-Position in einem „Bear Market"), die größten Sorgen um die bisher erzielten Gewinne machen, wodurch einige Anwender veranlasst werden, ihre Positionen zu früh glattzustellen. Unterstützt wird diese Misere noch durch die Standardabweichung unseres Denkens und dem damit verbundenen Reiz, zu denen zu gehören, die an den angeblichen Extrempunkten eines Marktes Gewinne realisiert oder sogar Positionen gegen den Trend aufgebaut haben. Die graue kreisförmige Markierung in Abbildung 53 zeigt auf, dass die starre Anwendung der Verkaufsregeln des Stochastik-Indikators in starken Aufwärtstrendphasen ständig Verkaufssignale gegen die Trendrichtung generiert, wodurch häufig der gesamte Profit der vorherigen Trades verloren gehen kann. Man sollte nicht annehmen, dass nach einem guten Kaufsignal automatisch auch ein gutes Verkaufssignal auftaucht und umgekehrt.

[2] Kennen Sie die Fallstricke der Technischen Analyse?

Standard-Regelwerk des Stochastik-Indikators

Buy Break ueber 20, Sell Break unter 80,

ansonsten Trade Crossovers mit Triggerlinie

Abbildung 53
Nicht jeder „Break" unter 80 generiert ein profitables Verkaufssignal.

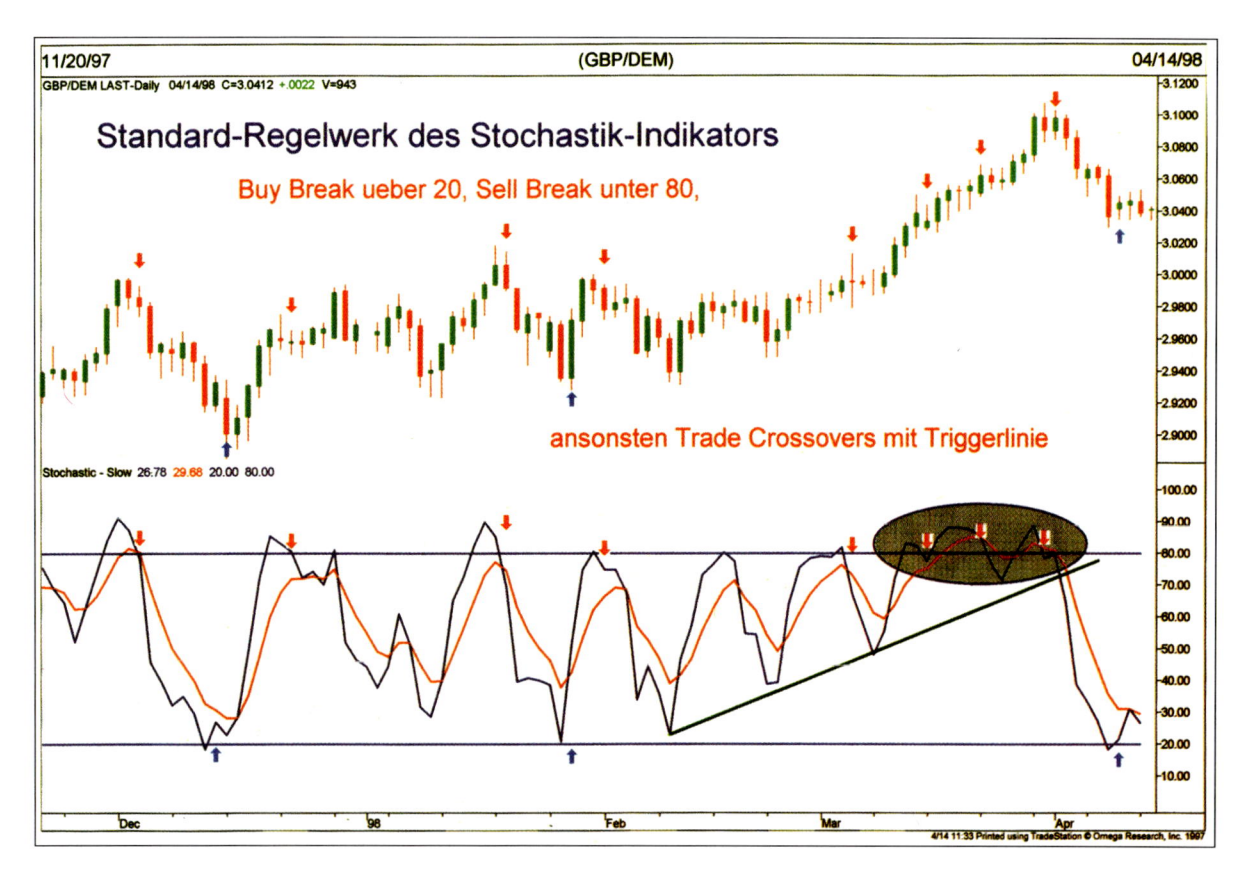

Mögliche Fehlerquellen sind außerdem damit zu begründen, dass blindlings Standardeinstellungen (9er- oder 14er-Parameter) der Indikatoren übernommen werden, ohne zu überprüfen, ob diese für den jeweiligen Markt überhaupt aussagekräftig sind. Da sich die Parameter häufig aus den individuellen Vorlieben der Erfinder ergaben, kann nicht immer eine wissenschaftliche Fundierung angenommen werden. Welles Wilder hat beispielsweise für seinen RSI-Oszillator einen 14-Tages-Parameter vorgesehen, weil die Zahl 14 die Hälfte eines kompletten Mondzyklusses entsprach, was für Wilder ein enorm wichtiger zyklischer Aspekt war. Leider finden sich innerhalb eines halben Mondzyklusses nur 10 Börsentage oder weniger, was zu zyklischen Irritationen des RSI führen muss. Zu den Grundeinstellungen eines Indikators zählen auch seine Levels (z. B. 70/30 beim RSI oder 80/20 beim Stochastik), die sogar als Basis für Signalgenerierungen herhalten müssen. Obwohl sie aus diesem Grund äußerst wichtig sind, werden die Levels selbst aber bei der Erstellung von Handelskonzepten selten optimiert (Siehe hierzu Zonenanalyse, Teil 4).

Signifikanz der Open-Kurse

Da viele Börsen dieser Welt im Durchschnitt lediglich 6 Stunden am Tag geöffnet haben, verbleiben dem Anleger rund 18 Stunden täglich, um seine Entscheidungen zu überdenken und etwaige Handelsideen für den nächsten Tag zu entwerfen. Ganz offensichtlich findet ein Großteil des Entscheidungsprozesses der Anleger in der Zeit zwischen Börsenschluss und Börseneröffnung statt, da er in dieser handelsfreien Zeit eine Vielzahl von Informationen heranziehen kann, für die er im Verlauf des Tages keine Zeit hätte oder die er nicht beachten würde. Am nächsten Tag fließen demnach die zahlreichen Gedanken der Anleger sehr komprimiert in den Eröffnungskurs oder in die erste Phase des Handels („Open-Range" = morgendliche Handelsspanne) ein. Schließlich möchte der Anleger seine Trading-Idee in die Tat umsetzen.

Daher kommt dem Eröffnungs- bzw. Open-Kurs eine besondere Bedeutung zu. Er stellt einen Zeitpunkt im Meinungsbild der Börsianer dar, der auf einer hohen Informationsdichte beruht. Meist bilden Angebot und Nachfrage auf diesem Niveau einen Gleichgewichtspreis, von dem aus markante Kursbewegungen einsetzen können. Sollten die Kurse in der Nähe des Open-Gleichgewichtspreises verharren, spricht man von einem Seitwärtstrading. Liegen jedoch Kursüber- oder -untertreibungen des Open-Kurses vor, werden sie im Verlauf des Tages korrigiert. Statistische Studien beweisen, dass der Eröffnungskurs in vielen Märkten über 80% der Fälle direkt am oder zumindest ganz in der Nähe des Tageshochs oder des Tagestiefs liegt. Eine alte Händlerregel besagt daher auch, dass man in die Richtung handeln sollte, in die sich die Märkte nach dem Eröffnungskurs wenden. Bewegen sich die Preise eines Marktes über den Open-Kurs, sollte man eine Long-Position aufbauen, fallen die Kurse unter den Eröffnungswert, sind Short-Positionen vorzuziehen.

Einseitige Fixierung auf Schlusskurse

Obwohl japanische Reisbauern bereits vor rund 300 Jahren die Wichtigkeit der Open-Kurse erkannten und ihre Erkenntnisse in Form der Candlesticks bis in die heutige Zeit überliefert wurden, werden als Datengrundlage für die Berechnung von Indikatoren und für die Signalgebung bei Handelssystemen noch immer (fast) nur die Schlusskurse verwendet. Da den Open-Kursen von vielen scheinbar keine oder nur wenig Bedeutung zugemessen wird, findet man selbst in der einschlägigen Literatur kaum Hinweise auf den Einsatz von Eröffnungskursen. Insofern sollte man Indikatoren auch mal mit Eröffnungskursen berechnen lassen. Im Gegensatz zu den auf Schlusskursen

[2] Kennen Sie die Fallstricke der Technischen Analyse?

basierenden Indikatoren bieten die Open-Kurs-Indikatoren nämlich den Vorteil, dass man ein Signal bereits mit dem Eröffnungskurs eines Tages erhalten kann.

> Der Worte sind genug gewechselt,
> lasst uns endlich Taten sehen
> **Johann Wolfgang von Goethe**

Teil Zwei

Jenseits der traditionellen Chart-Analyse

3. Moderne Formen der Chart-Darstellung
4. Trendlinien-Faszination
5. Auf der Suche nach neuen Chart-Formationen

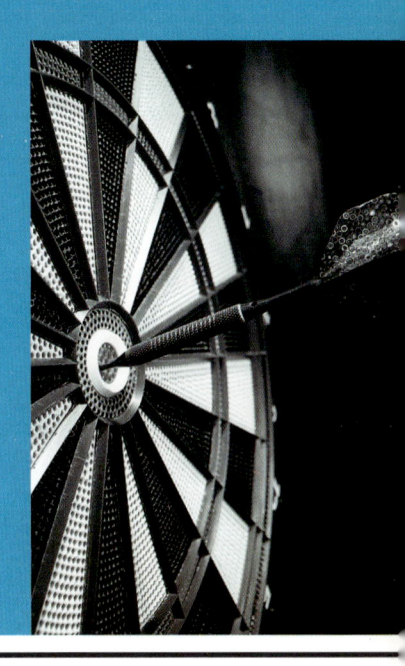

In diesem Teil des Buches geht es um moderne Aspekte der so genannten Chart-Analyse. Charts sind grafische Darstellungen von Datenreihen, zu denen neben den Kursen auch Umsätze, Open Interest und statistische Kennziffern herangezogen werden. Obwohl Charts das Hauptinstrument der Technischen Analyse darstellen, umfasst die Chart-Analyse selber nur einen kleinen Teil davon. Leider werden beide Begriffe des öfteren gleichbedeutend verwendet oder gar verwechselt, was zu Irritationen führt.

Aufgrund der gewichtigen Bedeutung von Charts ist es nicht zu verstehen, warum noch immer Chart-Darstellungsformen verwendet werden, die zum Teil über 300 Jahre alt sind (Candlesticks). Im dritten Kapitel werden Ihnen daher Ansätze präsentiert, die sich zwar im Alltag von Analysten und Händlern noch nicht etablieren konnten, die aber dem Anwender interessante Hilfestellungen geben können.

Die Bezeichnung „Trendlinien-Faszination" soll Ihnen im vierten Kapitel aufzeigen, welche Möglichkeiten in der Kombination von Bleistift und Lineal stecken.

Das fünfte Kapitel stellt Ihnen darüber hinaus neue Chart-Formationen vor.

3 Moderne Formen der Chart-Darstellung

Die Technische Analyse versucht mit Hilfe grafischer, zyklischer und mathematisch-statistischer Methoden aktuelle Kursentwicklungen mit Verlaufsmustern der Vergangenheit zu vergleichen. Aus Sicht der Chart-Analyse lässt sich das Kursverhalten mit Hilfe von Chart-Bildern visuell erfassen, wobei die Verlaufsmuster der Kurse nichts anderes als das Spiegelbild menschlicher Reaktionen auf bestimmte ihr Verhalten beeinflussende Faktoren darstellen. Der Chartist versucht aus diesen Bildern anhand erkennbarer Trends, berechneter Widerstands- und Unterstützungszonen, typischer Kursformationen und unter Berücksichtigung des Umsatzvolumens Vorhersagen über die weitere Kursentwicklung zu tätigen oder gar den besten Zeitpunkt zum Kauf oder Verkauf eines Wertes ausfindig zu machen.

Da die vielseitigen Analysebedürfnisse der Börsianer insbesondere im Verlauf der letzten 100 Jahre dazu geführt haben, dass sich unter dem Oberbegriff der Technischen Analyse eine Vielzahl von Chart-Analyseansätzen entwickelt haben, die selbst für Profis dieses Genres nicht immer vollständig zu durchschauen sind, bietet Ihnen die nachfolgende Illustration einen Überblick der verschiedenen Instrumente. Es bleibt zu beachten, dass die Chartanalyse nur ein Teilgebiet der Technischen Analyse ist.

Wie die Abbildung 54 verdeutlicht, unterteilt sich die Chart-Analyse in Chart-Darstellungsformen sowie in Trend- und Formationsanalysen. Während bei den Instrumenten der Trendanalyse aufgrund ihrer prinzipiellen Vorgehensweise nicht viel Neues hinzukam, gab es in den beiden anderen Bereichen innovative Weiterentwicklungen, die Ihnen nachfolgend skizziert werden.

[Teil II] Jenseits der traditionellen Chart-Analyse

Chartanalyse

Darstellungsformen
- Linien
- Bar/Balken
- Point & Figure
- Candlesticks
- Candlevolume
- Equivolume
- Three-Line-Break
- Renko
- Kagi
- Support/Resistance-Profile
- Market Profile
- Activity Bars

Trendanalyse
- Trendlinien
- Trendkanäle
- Trend-Pattern

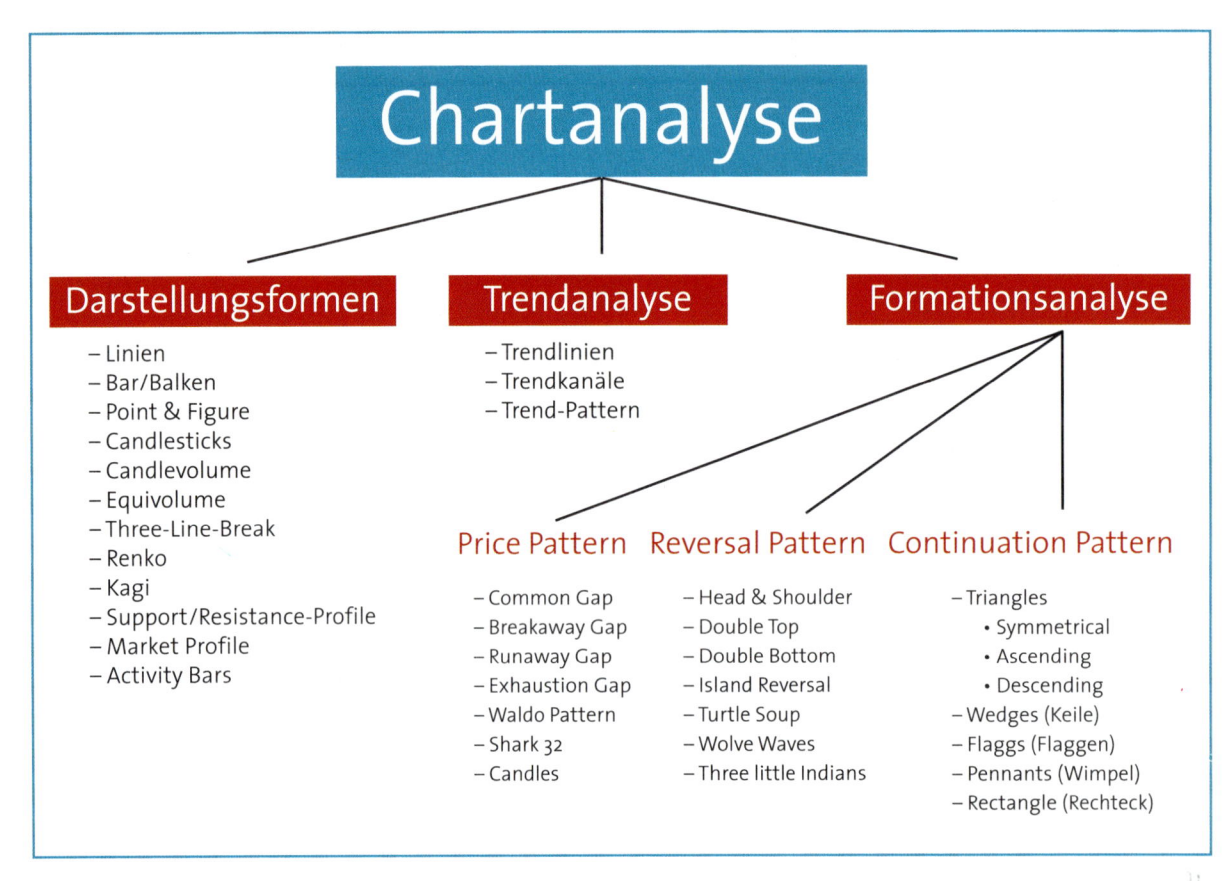

Formationsanalyse

Price Pattern
- Common Gap
- Breakaway Gap
- Runaway Gap
- Exhaustion Gap
- Waldo Pattern
- Shark 32
- Candles

Reversal Pattern
- Head & Shoulder
- Double Top
- Double Bottom
- Island Reversal
- Turtle Soup
- Wolve Waves
- Three little Indians

Continuation Pattern
- Triangles
  • Symmetrical
  • Ascending
  • Descending
- Wedges (Keile)
- Flaggs (Flaggen)
- Pennants (Wimpel)
- Rectangle (Rechteck)

Abbildung 54
Einteilung der Chart-Analyse

■ Herkömmliche Charts

Obwohl sich das Spektrum der Chart-Darstellungsformen mittlerweile stark erweitern konnte, werden noch immer die traditionellen Ansätze bevorzugt. Wenn Steve Nison mit seinen Büchern Anfang der 90er-Jahre nicht die japanischen „Candlestick-Charts" in die westliche Welt eingeführt hätte, würden wir wahrscheinlich noch immer nur mit Linien-, Balken- oder Point & Figure-Charts agieren. Dabei bieten gerade die unterschiedlichen Formen der Kursdarstellung enormes Analysepotenzial. Die Chart-Darstellungsformen bestehen in der Regel aus Diagrammen, die auf der horizontalen Zeitachse (Abszisse) eine zeitliche Einteilung (Jahre, Wochen, Tage, Stunden, Minuten, Ticks) aufweisen und auf der vertikalen Ordinate die entsprechenden Kursskalen der Handelsobjekte wiedergeben.

Linien-Charts

Obwohl sich die Linien-Charts noch immer großer Beliebtheit erfreuen, zählen sie zur aussageschwächsten Chart-Darstellungsmethodik, da sie dem Anwender lediglich einen Kurs pro Tag anzeigen. In den meisten Fällen werden nur die Schlusskurse eines Wertes in den Charts eingetragen. Dadurch entsteht zwar eine kontinuierliche Linie, die das Verhältnis der Schlusskurse wiedergibt, es entfallen aber sehr wichtige Elemente aus dem Chart-Bild (z. B. Open-, High-, Low- Kurse oder die Handelsspanne), so dass die Analysekapazität deutlich eingeschränkt wird. Der Vorteil des Linien-Charts liegt in der übersichtlichen Darstellung. Leider lassen einige Chart-Programme die Indikatoren bei einem Linien-Chart nur auf Schlusskursen berechnen. Daher sollte ein Linien-Chart lediglich zur Verdeutlichung von langfristigen Entwicklungen, nicht aber zur Analyse der Märkte verwendet werden.

Abbildung 55
Linien-Chart

Bar-/ Balken-Charts

Beim Balken-Chart werden mittels eines senkrechten Balkens pro Zeiteinheit Hoch- und Tiefpunkte verbunden. An dem Balken kennzeichnet man durch eine Markierung den Eröffnungskurs links und den Schlusskurs rechts. Durch diese Dokumentation wird das Ausmaß der Kursschwankungen deutlicher und es lassen sich detaillierter Kursmarken ermitteln. Balken-Charts können neben einfachen Gaps auch spezifische Kursformationen anzeigen. Trotz ihrer übersichtlichen Darstellung fehlt ihnen die Einstufung des Sentiments, wie sie bei den Candlesticks mit Hilfe der körperhaften Darstellung und der farblichen Markierung erfolgt. Für Analysezwecke sind sie aber durchaus geeignet.

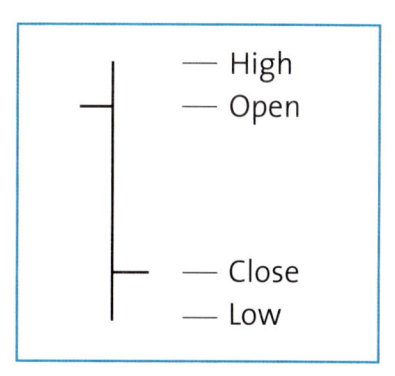

Abbildung 56
Balken-Chart

Candlestick-Charts

Die „Candlestick"(Kerzen)-Charts wurden schon vor über 300 Jahren von japanischen Reishändlern verwendet und sind somit eine der ältesten Methoden der Technischen Analyse. Was die Candlesticks so interessant macht, ist, dass sie gegenüber allen anderen Darstellungsformen dem Anwender wesentlich mehr Informationen optisch zur Verfügung stellen.

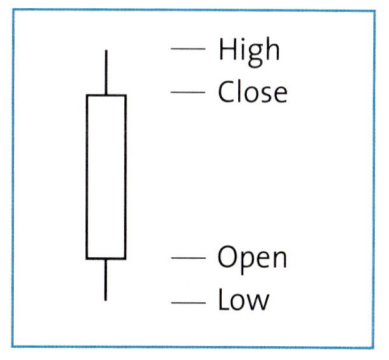

Abbildung 57
Weiße Kerze

[Teil II] Jenseits der traditionellen Chart-Analyse

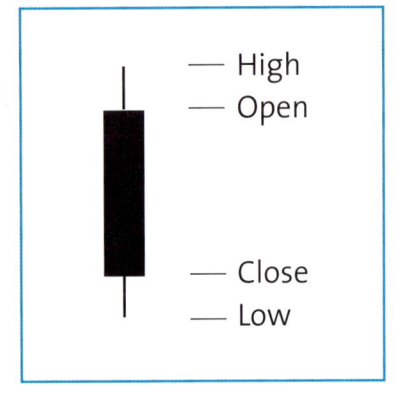

— High
— Open

— Close
— Low

Die Differenz zwischen Eröffnungs- und Schlusskurs bildet den so genannten Kerzenkörper, der in zwei verschiedenen Farben dargestellt werden kann. Ist der Schlusskurs am Ende der jeweiligen Zeiteinheit über dem Eröffnungskurs (= positiv), wird eine weiße bzw. grüne Kerze eingezeichnet, umgekehrt eine schwarze bzw. rote. Die oberen und unteren Striche an den Kerzenkörpern werden „Schatten" genannt. Sie zeigen den jeweiligen Höchst- und Tiefstkurs der gewählten Periode an. Weil dadurch die Ähnlichkeit mit einer Kerze gegeben ist, wird der Name „Candlestick" verständlich. Durch diese Darstellungsform entstehen unterschiedlichste Formationen, die fest definiert sind. Die

Abbildung 58
Schwarze Kerze

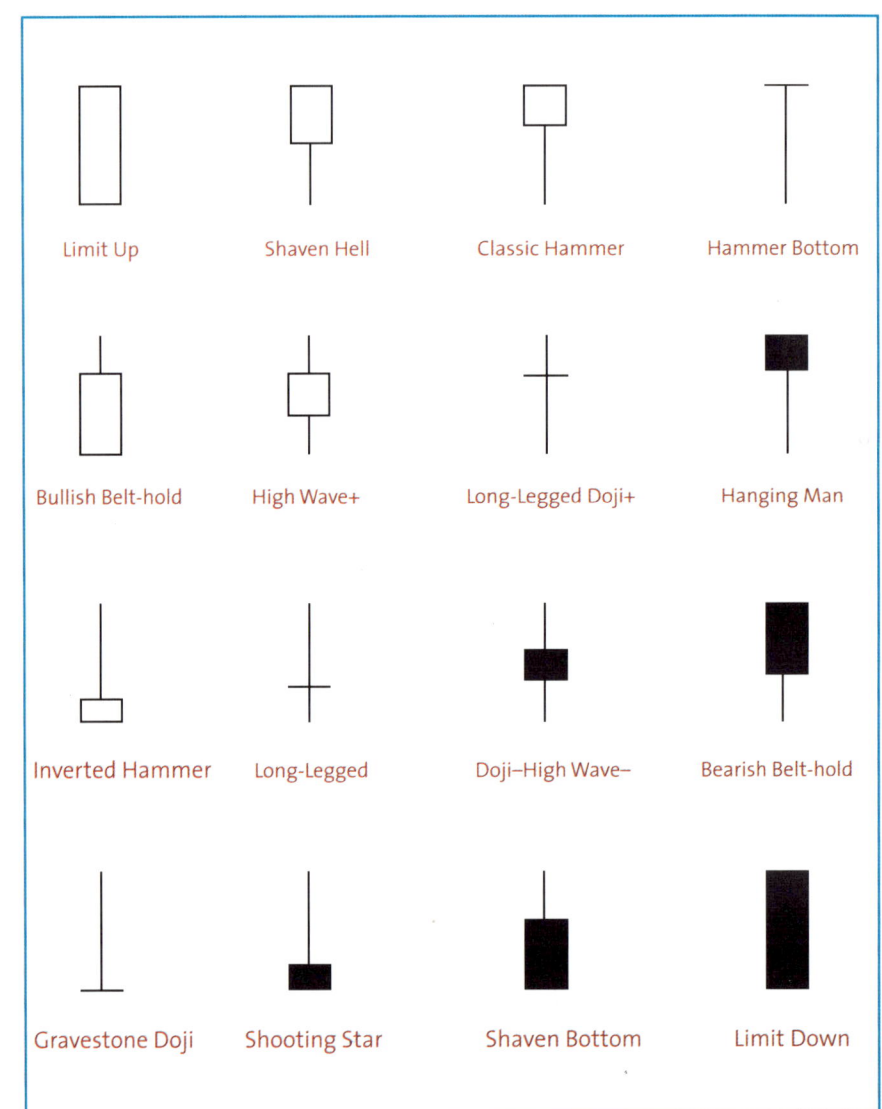

Limit Up — Shaven Hell — Classic Hammer — Hammer Bottom

Bullish Belt-hold — High Wave+ — Long-Legged Doji+ — Hanging Man

Inverted Hammer — Long-Legged — Doji–High Wave– — Bearish Belt-hold

Gravestone Doji — Shooting Star — Shaven Bottom — Limit Down

Abbildung 59
Standardformationen in der Candlestick-Analyse

Form der einzelnen Kerzen und die Aufeinanderfolge von bestimmten Kerzen besitzt in der Candlestick-Analyse große Bedeutung. Es gibt Formationen, die sich aus der Kombination von zwei, drei oder noch mehr hintereinanderliegenden Kerzen ergeben.

Abbildung 59 zeigt ihnen die wichtigsten Standardformationen die neben phantasievollen Namen auch konkrete Signale aufweisen.

Point & Figure - Charts

Obwohl die traditionellen Ansätze der Point & Figure-Analyse bereits ihr 100-jähriges Jubiläum feiern konnten, ist ihre Popularität ungebrochen. Mittlerweile sind die Grundzüge dieser Darstellungsform in fast jedem Basisbuch der Technischen Analyse enthalten oder werden auf Seminaren angeboten.

Point & Figure-Charts (P&F-Chart) unterscheiden sich von normalen Preis-Charts darin, dass sie den gesamten Kursverlauf unabhängig von einer konkreten Zeitachse betrachten. Eintragungen in den Chart erfolgen nur, wenn die Kurse eine bestimmte Mindestbewegung (z. B. Boxgröße von 10 Punkten) in eine Richtung absolviert haben. Kursveränderungen werden bei steigenden Kursen mit einem 'X' und bei fallenden Kursen mit einer 'O' notiert. Ist die Preisbewegung kleiner als die definierte Boxgröße, werden keine Xs oder Os eingezeichnet, womit kleine unbedeutende Kursschwankungen aus dem Chart gefiltert werden.

Die Anzahl der Spalten (quasi Zeiteinheiten) wird lediglich durch die Häufigkeit von Trendwechseln bestimmt, denn erst mit einem Richtungswechsel der Kurse wird in einer neuen Spalte rechts neben der bisherigen Notierung eine neue Eintragung vorgenommen. Sollte ein Wert über Monate ohne große Korrektur nur in eine Richtung laufen, dann würde man in einem P&F-Chart für die Zeitperiode nur eine Spalte finden. Da man mit Hilfe der Umkehrregel festlegen kann, wann ein Trendwechsel stattgefunden hat, lassen sich auch die Anzahl der Spalten verändern. Die Verlaufsmuster eines P&F-Charts weisen allerhand Formationen aus. Da ein Teil der Kursbewegungen herausgefiltert wurde, sind sie oftmals einfacher zu erkennen als in anderen Chart-Darstellungsformen.

[Teil II]   Jenseits der traditionellen Chart-Analyse

Abbildung 60
Point & Figure- Darstellung eines Charts

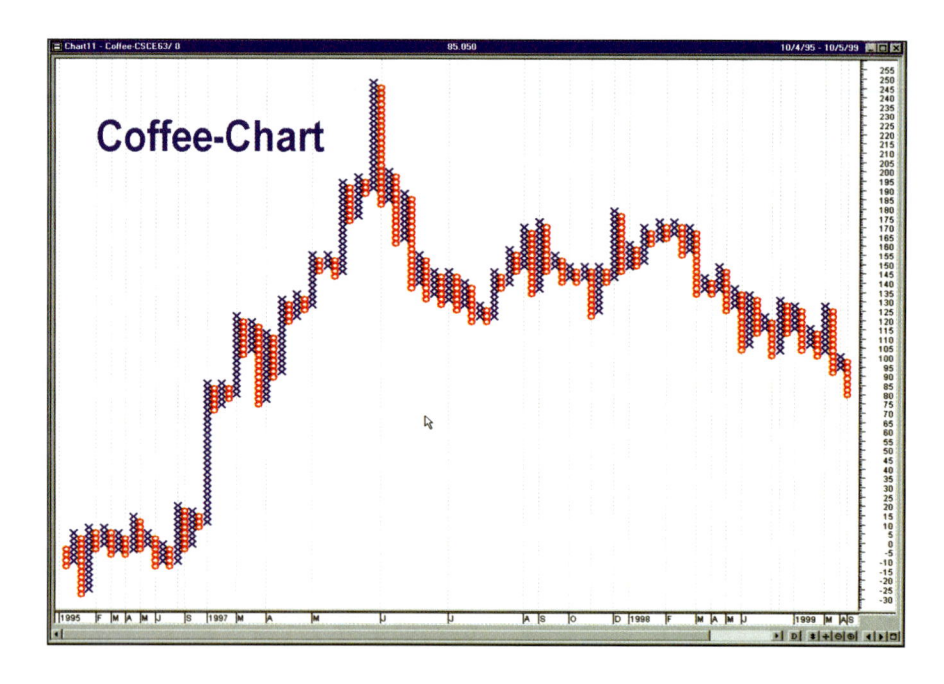

■ Three-Line-Break-, Renko- und Kagi-Charts

Three-Line-Break-Charts

Japanische Händler bezeichnen den „Three-Line-Break"-Chart (TLB) als eine subtilere Form des Point & Figure - Charts, weil die Trendwendesignale nicht durch eine starre Umkehrregel bestimmt werden, sondern durch die Dynamik der Märkte. Betrachtet man ein TLB-Chart, so stellt man fest, dass er aus weißen und schwarzen Blöcken besteht. Ein jeder Block wird auch als „Line" bezeichnet. Folgende Regeln sind zu beachten:

1. Ein weißer Block entsteht, wenn der heutige Schlusskurs das Vortageshoch überwindet.

2. Ein schwarzer Block wird hingegen eingezeichnet, wenn der heutige Schlusskurs unter dem Vortagestief liegt.

3. Eine positive Trendwende mit entsprechendem Kaufsignal erfolgt erst, wenn der heutige Höchstkurs den Höchstkurs des vorvorletzten (drittletzten) schwarzen Blocks überwindet.

[3] Moderne Chart-Darstellungsformen

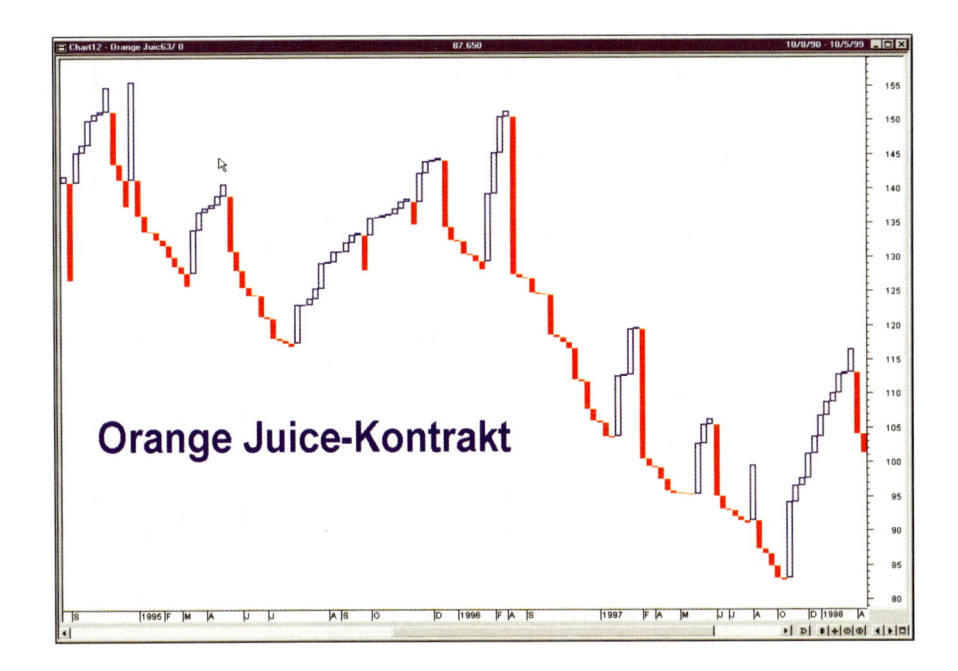

Abbildung 61
Three-Line-Break-Chart

4. Eine negative Trendwende mit entsprechendem Verkaufssignal erfolgt, wenn der heutige Tiefstkurs den Tiefstkurs des vorvorletzten (drittletzten) weißen Blocks unterschreitet.

5. Ein so gennanter „Inside Day", bei dem die Schlusskurse weder ein neues Hoch noch ein neues High machen, werden nicht eingetragen und somit herausgefiltert.

Demnach sind nicht die Höchst- und Tiefstkurse eines Tages oder die Anzahl von Kästchen für eine Trendwende im TLB-Chart verantwortlich, sondern das Verhältnis des heutigen Kurses zu dem Extremkurs des vorvorletzten Blocks. Ein umfangreiches Regelwerk findet man im Buch „Beyond Candlesticks" von Steve Nison. Die Handelsregeln lassen sich verbessern, indem man bereits ein Intraday-Break der relevanten Niveaus handelt. Wartet man bis zum Schlusskurs, könnte ein Großteil des Trends schon gelaufen sein.

Renko-Charts

Renko-Charts gehören zu einer Reihe von Chart-Darstellungsformen, die Steve Nison in Japan aufgriff und in seinem Buch „Beyond Candlestick" der westlichen Welt zugänglich machte. Da sie konkrete Kauf- und Verkaufssig-

[Teil II] Jenseits der traditionellen Chart-Analyse

Abbildung 62
Renko-Chart als Signalgeber und Trendindikation

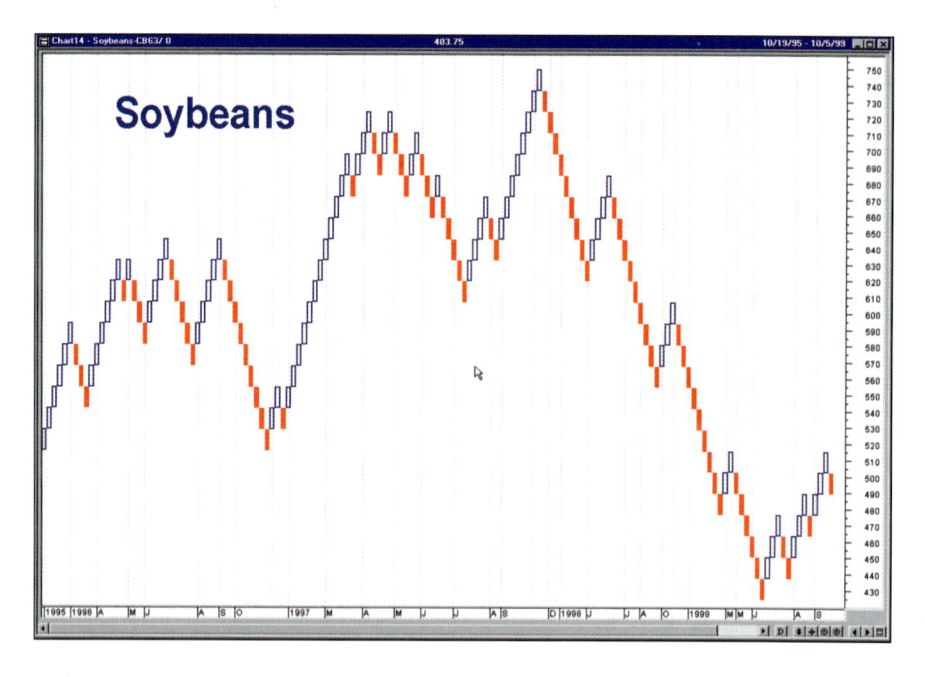

nale generieren sowie eindeutige Trenddefinitionen vorgeben, können sie den Börsianer in seinem Entscheidungsprozess besser unterstützen als herkömmliche Charts. Dennoch sind sie völlig in Vergessenheit geraten. Renko-Charts bestehen aus einer Serie aneinandergereihter Kästchen, die auch als „Bricks" (Klinker) bezeichnet werden. Diese Bricks haben eine bestimmte „Boxgröße", die an die Märkte angepasst werden sollte. Sie unterscheiden sich lediglich durch ihre Farbgebung. Weiße Bricks stehen für steigende Kurse, schwarze für fallende.

1. Ein neuer „Brick" (Renga) entsteht erst, wenn der Schlusskurs über dem Vortageshoch oder unter dem Vortagestief liegt und sich die Kurse mindestens um eine Boxgröße verändert haben (in unserem Beispiel 21 Ticks, siehe Abbildung 62).

2. Eine Trendumkehr erfolgt in der Regel mit einem „1- Brick-Reversal", wobei mit jedem Reversal eine entsprechende Position eingegangen werden soll.

3. Positionen werden nach einer Umkehr so lange gehalten, bis eine neue Umkehr stattfindet. Insofern ähneln die Renko-Charts der Point & Figure-Methode.

Die Renko-Charts sind besonders bei der Anzeige von Trendwechseln oder

[3] Moderne Chart-Darstellungsformen

bei Reentry-Signalen in Richtung eines starken Trends erfolgreich. Man sollte Signale gegen einen starken Trend und in Seitwärtsmärkten jedoch ignorieren, da es sonst zu erheblichen Verlusten kommen kann. Hier helfen trendbestimmende Indikatoren (z. B. der ADX-Indikator).

Kagi-Charts

Kagi-Charts wurden von den Japanern wahrscheinlich erst um 1870 entwickelt. Das Wort „Kagi" beschreibt ursprünglich einen alten L-förmigen Schlüssel, so dass die Kagi-Charts manchmal auch als „Key Charts" bezeichnet werden. Kagi-Charts bestehen aus einer Serie aneinandergereihter vertikaler Linien, die bei einem Richtungswechsel der Kurse mit einem kleinen Haken (horizontalen Linie) verbunden werden. Solange sich die Kurse in eine Richtung entwickeln, zeichnet man eine vertikale Linie fort. Inside Days bleiben hier unberücksichtigt.

1. Ausgangspunkt ist eine Reversal-Größe, die vorab bestimmt werden muss (z. B. 38 Punkte beim Dow Jones Index in Abbildung 63).

2. Ein vertikaler Strich nach oben wird eingezeichnet, wenn die Kurse vom letzten Tiefpunkt aus mindestens um die Reversal-Größe angestiegen sind. Die Software zeichnet dann automatisch von dem

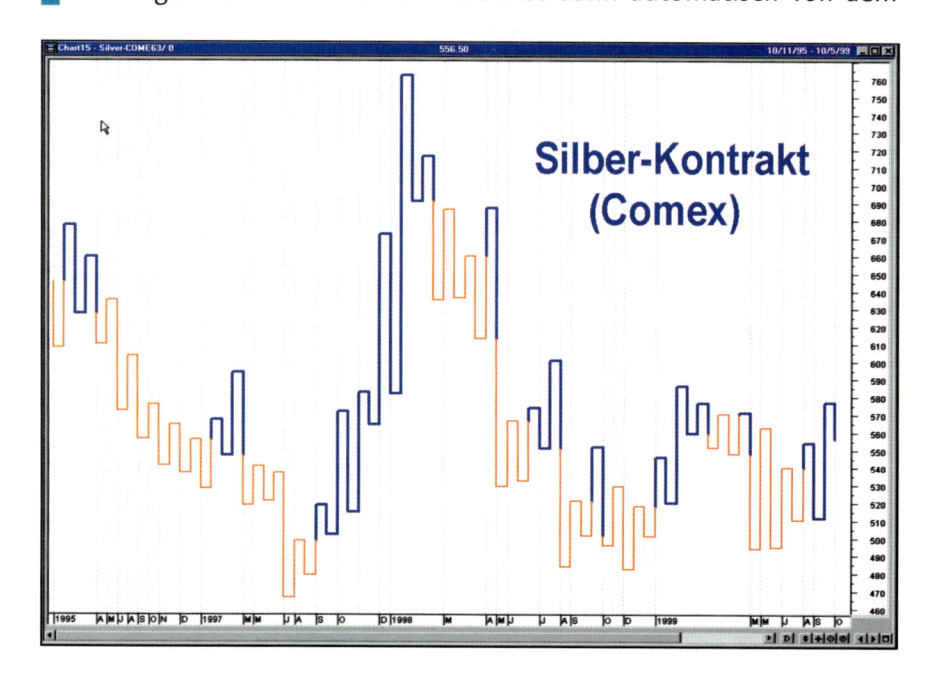

Abbildung 63
Kagi-Chart entspricht einem Breakout-System (Dow Jones Index)

Niveau des letzten Tiefstkurses eine horizontale Verbindungslinie und dann einen vertikalen Strich nach oben.

3. Eine Trendwende nach oben mit entsprechendem Kaufsignal wird anhand einer dicken Linie erst dann angezeigt, wenn das Niveau der letzten horizontalen Verbindungslinie eines Abwärtstrends (dünne Linie) überwunden wird. In einer Trendphase können also mehrfach horizontale Linien auftreten, ohne dass dabei die Stärke der Linie und damit die Trendindikation wechselt. Dies passiert, wenn die Korrekturtiefs jeweils höhere Niveaus haben. Die umgekehrte Sichtweise gilt für einen Trendwechsel nach unten.

Da die Verbindungslinien an den vorherigen Höchst- oder Tiefstkursen ansetzen, kann man bei den Kagi-Charts auch von einer Chart-Darstellung mit integriertem Breakout-System sprechen. Um das Handelsergebnis zu optimieren, sollte man bei den Kagi-Charts ebenfalls Intraday-Entwicklungen in die Positionsentscheidung mit einbeziehen.

Equivolume- und Candlevolume-Charts

Equivolume-Charts

Das Konzept der Equivolume-Charts wurde von Richard W. Arms erfunden und in seinem Buch „Volume Cycles of the Stock Market" der Öffentlichkeit vorgestellt. Im Vergleich zu anderen Chart-Darstellungsformen, bei denen das Volumen lediglich als Histogramm im unteren Teil des Charts zu betrachten ist, wird das Volumen beim Equivolume-Chart mit den Preisen kombiniert und dann in Gestalt einer zweidimensionalen Box abgebildet. Die aus diesen Berechnungen resultierenden Charts stellen eine völlig neue Betrachtungsweise dar, da dem Volumen mehr Bedeutung zukommt als der Zeit. Die Equivolume-Charts basieren auf der Annahme, dass jede Preisbewegung eine Funktion der Werte ist, die den Besitzer wechseln, nicht aber die abgelaufene Zeit. Das Bild einer jeden Box gibt also einen Eindruck von Angebot und Nachfrage eines Wertes während einer bestimmten Handelsperiode. Insofern liefern die Equivolume-Charts ein wesentlich informativeres Bild von Werten als herkömmliche Charts.

[3] Moderne Chart-Darstellungsformen

Abbildung 64
Equivolume-Chart

Die Equivolume-Charts bestehen aus Körpern (Boxen), deren Höhe von der Handelsspanne (Differenz zwischen Tageshöchst- und Tagestiefstkurs) eines Tages bestimmt wird. Eröffnungs- und Schlusskurse können dadurch zum Teil entfallen. Eine farbliche Unterscheidung in positive oder negative Tage erfolgt nicht. Was besonders hervorsticht, ist die unterschiedliche Breite der Boxen. Sie repräsentiert das Volumen für die jeweilige Handelsperiode.

Moderne Chart-Programme berechnen die Breite der einzelnen Boxen, indem sie den prozentualen Volumenanteil je Box am gesamten abgebildeten Volumen ermitteln. Sollten beispielsweise 200 Handelstage auf dem Chart abgebildet sein, so würde die Software das Volumen eines Handelstages ins Verhältnis zu dem Gesamtvolumen aller 200 Handelstage setzen. Im Extremfall könnte eine Box mit ihrer Breite 1/5 des Chart-Fensters abdecken, wenn an diesem Tag 20% des gesamten Handels der letzen 200 Handelstage stattgefunden hätte. Auf der nachfolgenden Seite finden Sie einige Definitionen zu den Boxgrößen. Während kleine und gleichzeitig breite Boxen (=geringe Handelsspanne trotz hohen Volumens) dazu tendieren, Wendepunkte anzuzeigen, treten große dünne Boxen (= große Handelsspanne bei niedrigem Volumen) eher in Trendmärkten auf.

[Teil II] Jenseits der traditionellen Chart-Analyse

Abbildung 65
Definition der Boxen-Breite

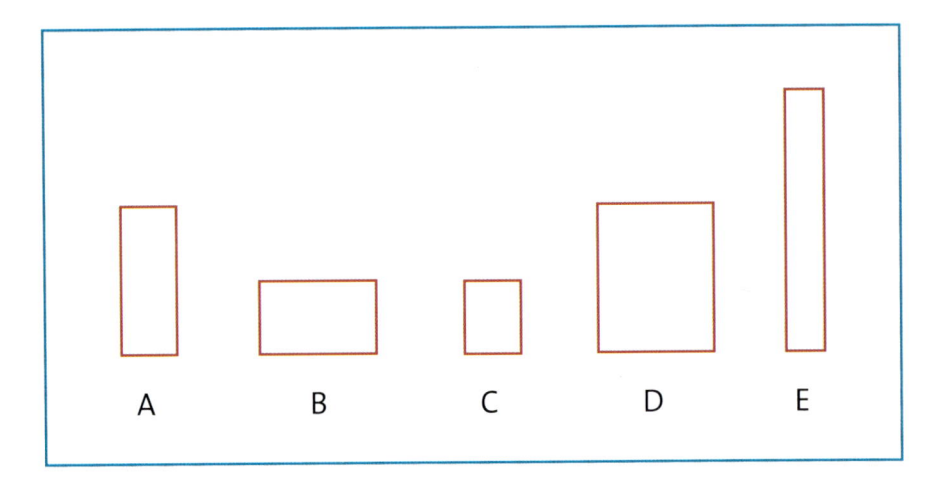

(Abbildung: Fünf Boxen mit den Bezeichnungen A, B, C, D, E, die unterschiedliche Breiten und Höhen aufweisen.)

Box A zeichnet einen normalen Handelstag aus, bei dem die Kurse mit durchschnittlichem Volumen eine übliche Tagesschwankung absolviert haben.
Box B repräsentiert dagegen einen Handelstag, an dem trotz doppeltem Volumens nur die Hälfte der Tagesrange erreicht wurde.
Box C repräsentiert einen „Square Day". Hier treten erste Widerstände gegen den bisherigen Trend auf (normales Volumen, aber nur halbe Preis-Range).
Box D zeigt einen Börsentag, an dem das doppelte Volumen von Box A benötigt wird, um die gleiche Preis-Range zu erzielen.
Box E steht für hohe Preis-Ranges bei niedrigen Umsätzen.

Die Definitionen der Boxen eröffnen entsprechende Handelsstrategien. Besonderes Gewicht sollte man auf solche Boxen legen, die es schaffen, mit großem Volumen alte Widerstands- oder Unterstützungszonen zu durchdringen. Da es dazu im wahrsten Sinne des Wortes „Power" braucht, nennt man solche Boxen auch „Power Boxes". Das Fehlen von Volumen stellt einen Durchbruch nämlich in Frage. Mehr hierzu finden Sie in dem Buch von Richard W. Arms (siehe Anhang).

Candlevolume-Charts

Candlevolume-Charts stellen eine Verknüpfung von Equivolume und Candlestick-Charts dar. Hierbei wird jedoch nur der Open-/Close-bedingte Kerzenkörper mit Volumen angereichert, und nicht die gesamte Handelsspanne. Außerdem erfolgt weiterhin eine farbliche Markierung für positive und

[3] Moderne Chart-Darstellungsformen

Abbildung 66
Candlevolume-Chart

negative Tage, was eine bessere Einschätzung gewährleistet. Obwohl bei dem Candlevolume-Chart die gleichen Regeln und Interpretationen gelten wie beim Equivolume-Chart, lässt sich diese Methode noch mit den typischen Candlestick-Formationen erweitern.

Support-Resistance-Profile

Das Support- und Resistance-Profile formuliert die Tendenz eines Marktes, bei bestimmten Kursniveaus Unterstützungs- oder Widerstandszonen auszubilden. Klaus A. Wobbe stellte in dem Buch „Am Puls der Märkte" vor, wie man solche Bereiche insbesondere in Point & Figure-Charts sichtbar machen kann. Wie Abbildung 67 verdeutlicht, zeigt das Support-Resistance-Profile die Häufigkeitsverteilung der Kurse und Reversals (Säulenwechsel) in Form eines Balkendiagramms an der rechten Chart-Seite auf. Zur Berechnung eines Balkens werden zunächst alle Kurse einer Preisebene zeitgewichtet addiert, wobei die aktuellen mehr Gewicht als die älteren erhalten. Danach werden alle Reversals gezählt und wiederum zeitgewichtet addiert. Beides bestimmt zu gleichen Teilen die Länge eines Balkens.

[Teil II] Jenseits der traditionellen Chart-Analyse

Abbildung 67
Definition der Boxen-Breite

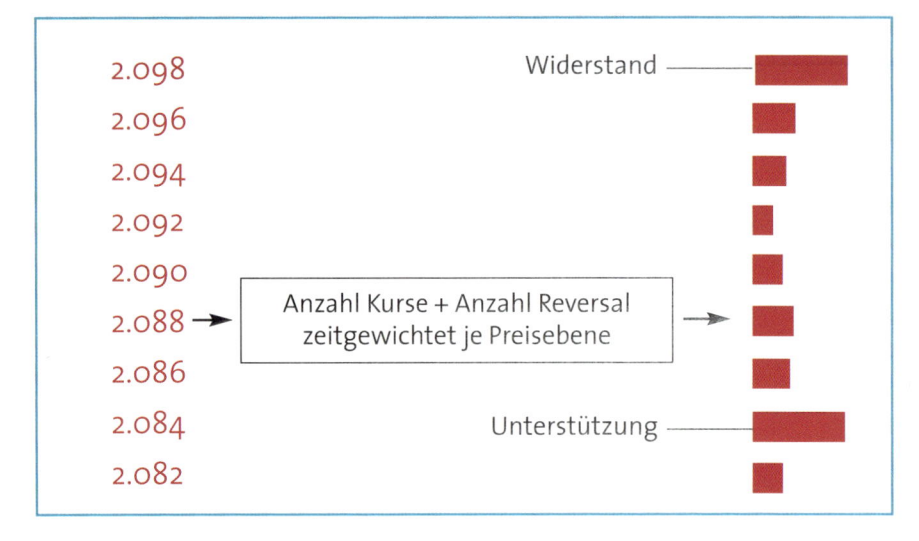

2.098 — Widerstand
2.096
2.094
2.092
2.090
2.088 → Anzahl Kurse + Anzahl Reversal zeitgewichtet je Preisebene →
2.086
2.084 — Unterstützung
2.082

Je länger demnach ein Balken ist, desto wichtiger ist die entsprechende Preiszone für zukünftige Kursbewegungen. Die Balken im Support-Resistance-Profiles liefern also wichtige Unterstützungs- und Widerstandszonen, die beispielsweise in Kombination mit Kurszielschätzungen etwaige Gewinnrealisierungs- oder Stop-Loss-Marken ergeben. Außerdem lassen sich so mögliche Handelssignale, die sich in der Nähe dieser Preiszonen entwickeln, antizipieren, um so ein noch besseres Handelsergebnis zu erreichen. Die Abbildung 68 macht deutlich, dass ein Anwender der Point & Figure-Charts mit Hilfe des Support-Resistance-Profiles auf einem Blick sehen kann, auf welchem Kursniveau er ein erstes Kursziel bzw. eine starke Unterstützungs- und Widerstandszone erwarten kann.

Abbildung 68
Konzept des Support-Resistance-Profiles (Software TradeSignal Professional)

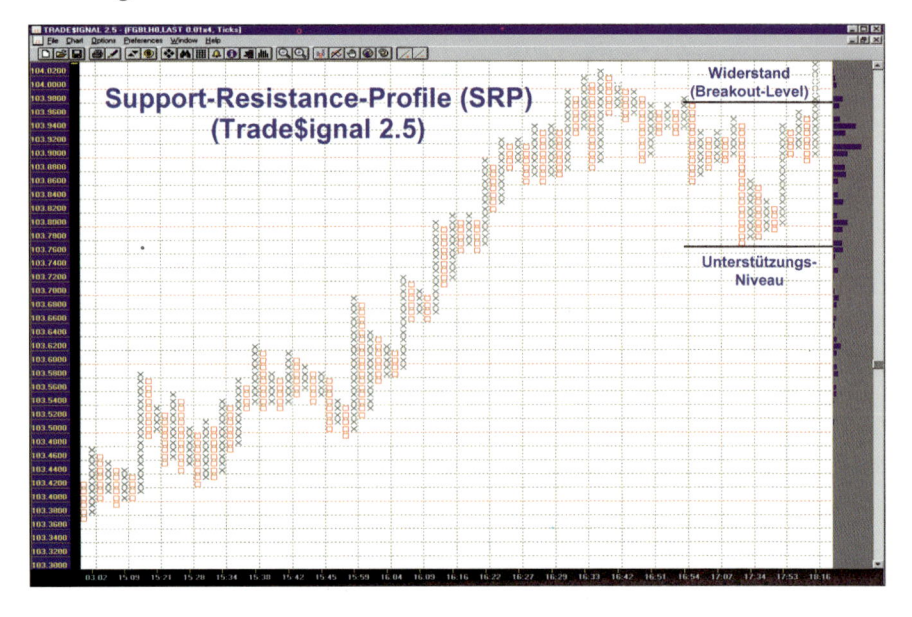

Market Profile

Lokale Kursbewegungen sind keine isolierten Ereignisse, sondern Teil eines globalen Verteilungsprozesses. Die Globalisierung der Cash Flows hat zu einer spezifischen Form der Volatilität an den Finanzmärkten geführt, deren Verlaufsmuster mit herkömmlichen Analysetools nicht mehr ausreichend zu erkennen sind. Peter Steidlmayer und die Chicago Board of Trade (CBOT) entwickelten in den 80er-Jahren den „Market Profile"-Ansatz, der zu den ganzheitlichen Methoden der Chart-Darstellung gehört. Da der jeweilige Cash Flow die tatsächliche Reaktion der Anleger auf ein bestimmtes Preisniveau aufzeigt, versucht Market Profile, die jeweiligen Preise mit ihren Cash Flows in eine zeitlichen Dimension einzubinden.

Annahmen:
- Steidlmayer sieht den Fair Value als konstantes Medium an, welches von dem stetigen Wandel zwischen Gleichgewicht und Ungleichgewicht gesteuert wird. Der Fair Value kann nur mit einem zeitlich fixierten Marktvolumen/Cash Flow richtig manifestiert werden.

- Kursbewegungen formen über einen bestimmten Zeitraum glockenähnliche Profile, wobei gewisse Profile häufiger als andere auftauchen. Die jeweiligen Profile ermöglichen Rückschlüsse auf zukünftige Kursbewegungen.

Ziel:
- Frühzeitige Erkennung der unterschiedlichen Profile und Ableitung von Handelsstrategien.

Aufbau des „Market Profile"-Charts

Jeder Handelstag wird in bestimmte Zeitintervalle unterteilt, die als „Time/Price Opportunities" (TPOs) bezeichnet werden. Jedem TPO wird ein Buchstabe zugeordnet. In der nachfolgenden Auflistung wurde eine Einteilung der TPOs in 30-Minuten-Intervall gewählt.

[Teil II] Jenseits der traditionellen Chart-Analyse

Einteilung der TPOs

9:00 - 9:30	= A
9:30 - 10:00	= B
10:00 - 10:30	= C
10:30 - 11:00	= D
11:00 - 11:30	= E
11:30 - 12:00	= F
12:00 - 12:30	= G
12:30 - 13:00	= H
13:00 - 13:30	= I
13:30 - 14:00	= J
14:00 - 14:30	= K
14:30 - 15:00	= L
15:00 - 15:30	= M
15:30 - 16:00	= N
16:00 - 16:30	= O
16:30 - 17:00	= P

Abbildung 69
Zuordnung der TPOs zu den Kursen (Chart von Bloomberg)

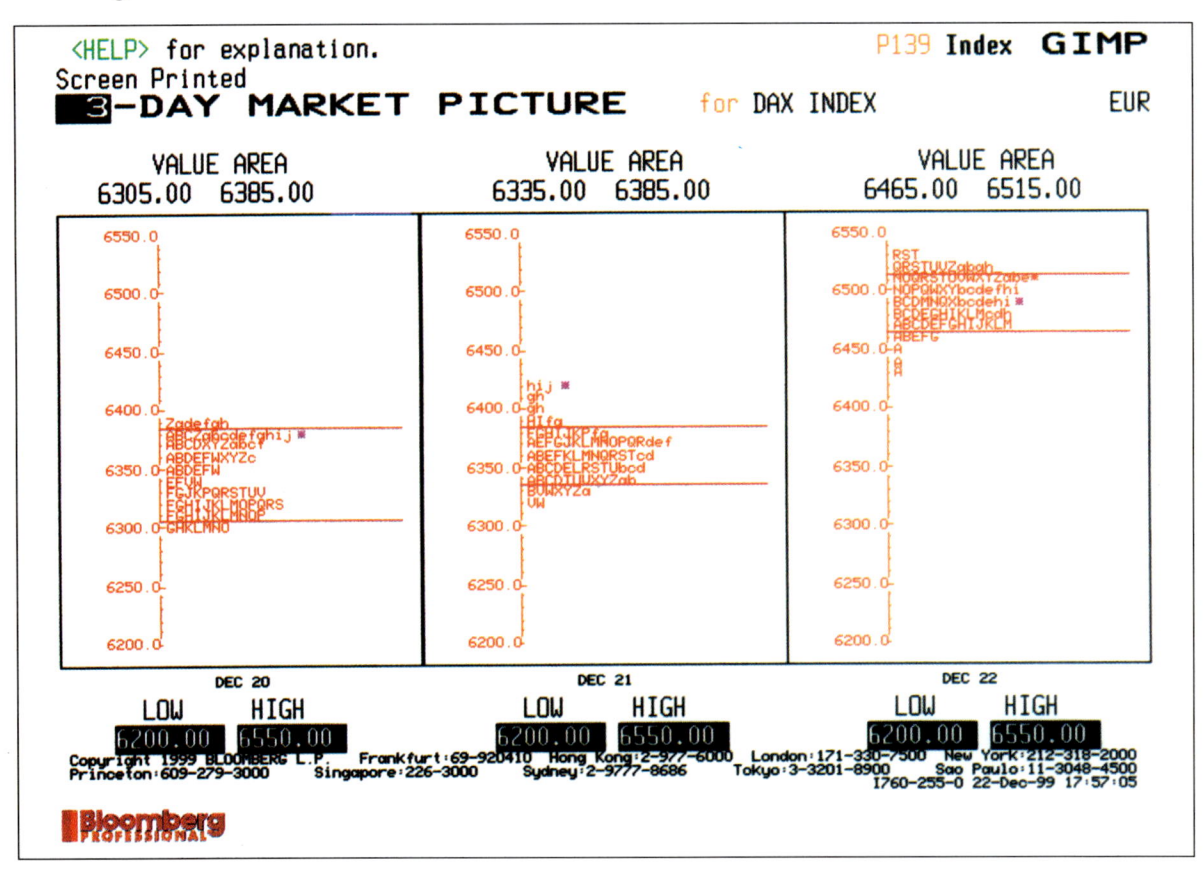

[3] Moderne Chart-Darstellungsformen

Wie die Abbildung 69 zeigt, erhalten alle Preise, die während eines bestimmten Zeitintervalls gehandelt werden, dessen Buchstaben. Die Verlaufsmuster der Buchstaben (Kurse) formen verschiedene Profile aus, von denen in der Abbildung 70 drei kurz vorgestellt werden: An einem normalen Tag wird bereits in den ersten Handelsperioden eine größere Handelsspanne ausgebildet, auf die dann Korrekturen folgen. Der Schlusskurs liegt in der Mitte der Preisspanne. Ein „Non Trend-Day" zeichnet sich durch eine geringe Handelsspanne aus, insbesondere zu Beginn eines Handelstages. Händlern wird empfohlen, keine Positionen einzugehen. Ein „Strong Trend-Day" zeigt sich nicht unbedingt durch eine schnelle Preisveränderung, sondern durch eine kontinuierliche. Je nach Ausbildung der Formation innerhalb der ersten Stunden können entsprechende Positionen eingegangen werden.

Mit Hilfe der Market Profiles lassen sich typische Verlaufsmuster der Kurse klassifizieren und handeln. Neben wichtigen Unterstützungs- und Widerstandsmarken offerieren die Market Profiles auch Handelsstrategien. Einige Anwender haben beispielsweise versucht, die Wahrscheinlichkeiten von „Breakout-Pattern" zu ermitteln. Steidlmayer hat eine Vielzahl von Formationen entdeckt und Handelsideen entwickelt, die er ursprünglich in seinen Seminaren vermittelte.

Das umfangreichste Material stammt aber noch immer von dem Originalseminar „Market Logic School", das von Peter Steidlmayer und der CBOT gehalten wurde. Es gibt außerdem noch eine Veröffentlichung der CBOT (CBOT Market Profile von 1984), die man dort noch beziehen kann.

Bisher wurden drei Bücher zu diesem Thema veröffentlicht:
- Steidlmayer, J. Peter, Steidlmayer on markets, John Wiley&Sons 1989
- Koy, Kevin, Markets 101, MLS Publishing, Chicago 1989
- Jones Donald, Applications on the Market Profile.

Normal Day:	Non Trend - Day:	Strong Trend - Day:
		AB
A		ABC
A		ABCDEF
AD	CEF	BCDEF
ABDEI	ABCDEFI	CDEF
ABCDEGHI	ABCDEFGIJK	CEF
ABCDEFGHJK	BCDEFGHIJK	CF
ABCDEFHJK	CDGHJ	FG
ABCD	GH	FG
ABC		GHI
AB		GHIJK
A		GHIJK
		JK

Abbildung 70
Beispiele für die mögliche Ausbildung von Profilen

[Teil II] Jenseits der traditionellen Chart-Analyse

Abbildung 71
Detaillierte Darstellung eines Market Profile-Charts

Die Market Profile-Charts konnten sich trotz ihrer hohen Analysekapazität nicht im Markt durchsetzen. Ein Grund dafür ist wohl auch der hohe Preis, der noch heute dafür verlangt wird.

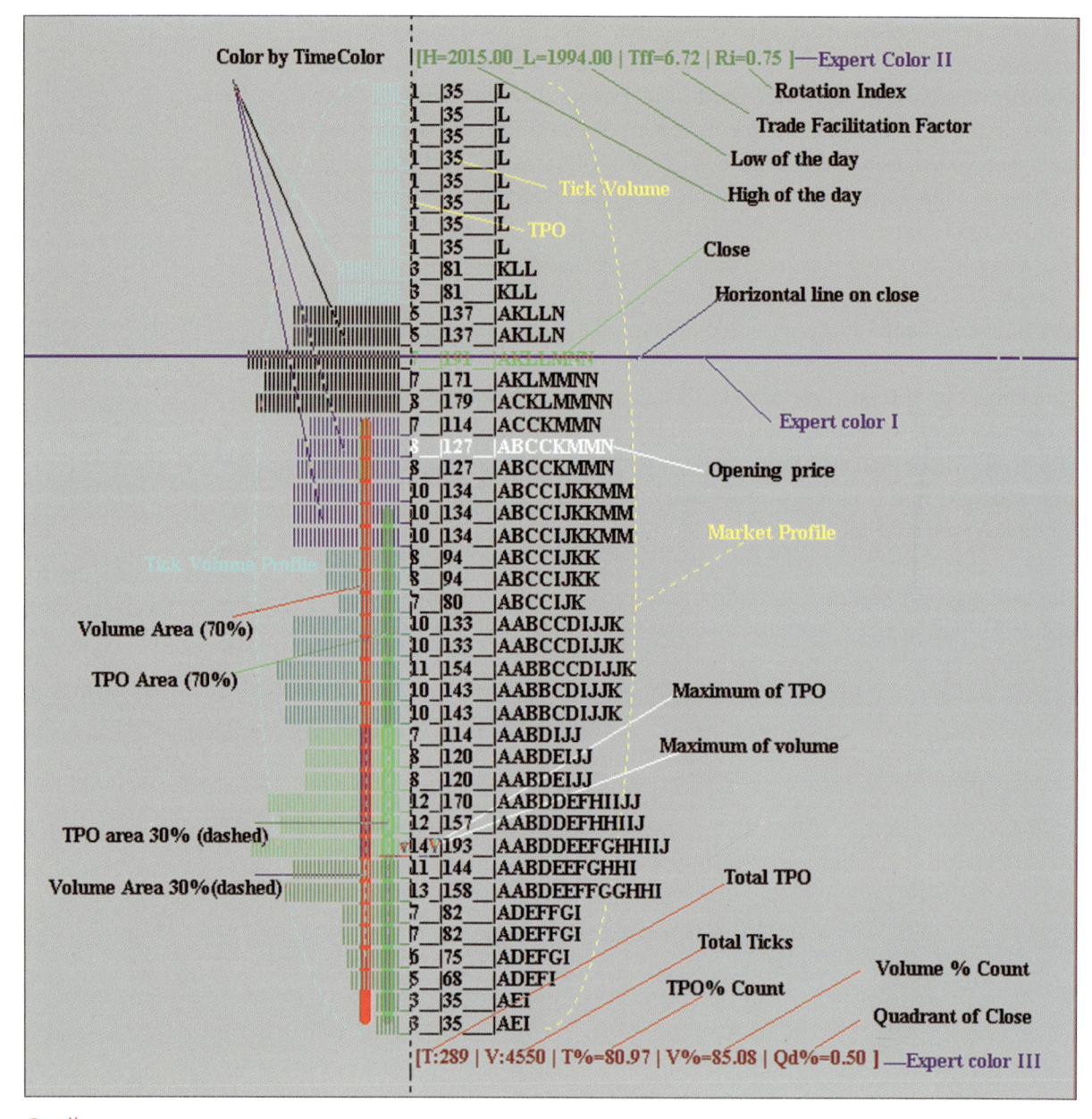

Quelle
www.sirtrade.com

[3] Moderne Chart-Darstellungsformen

■ Activity Bars

Diese Chart-Darstellungsform findet man in der Software „TradeStation 2000i" von Omega Research. Sie basiert auf dem „Market Profile"-Ansatz von Peter Steidlmayer und ermöglicht dem Anwender gewissermaßen in einen Bar hineinzuschauen, um beispielsweise die Handelsaktivitäten eines Tages zu betrachten. Bisher konnte man nur die Open-, High-, Low- und Close-Kurse eines Bars sehen (siehe linkes Beispiel in Abbildung 72).

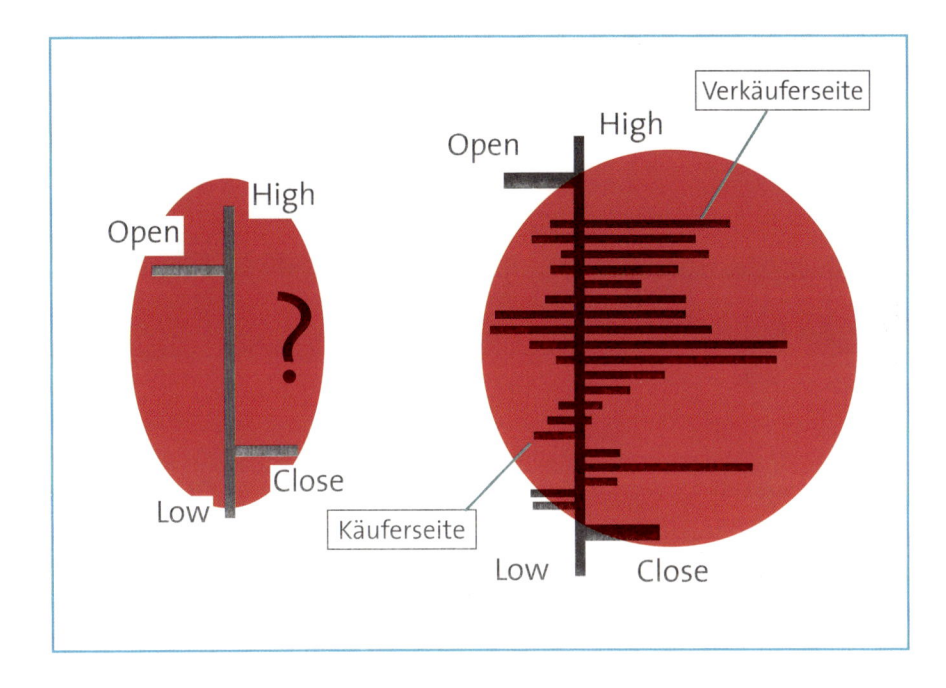

Abbildung 72
Activity-Charts

Bei den „Activity Bars" werden dem herkömmlichen Bar noch die Handelsaktivitäten in Form von horizontalen Histogrammen hinzugefügt (siehe rechtes Beispiel in Abbildung 72). Dadurch kann man erkennen, ob an einem Tag mehr Käufer oder Verkäufer im Markt waren, auf welchen Preisniveau am meisten Umsatz erfolgte und wo markante Unterstützungs- oder Widerstandsbereiche liegen. Je nach Handelsaktivität werden die einzelnen „Activity Bars" unterschiedlich breit dargestellt. Leider liefern die meisten Datenanbieter nicht das wirklich gehandelte Volumen, sondern lediglich die Anzahl der Ticks (Preisveränderungen), so dass es zu Irritationen kommen kann. Dennoch gibt es bereits die ersten Handelssysteme, die darauf aufbauen. Ackles stellte einen Ansatz vor, bei dem man ein Kaufsignal erhält, solange die so gennanten „Commercials" (siehe Comittment of Traders

[Teil II] Jenseits der traditionellen Chart-Analyse

Report) Long sind, ein Crossover zweier gleitender Durchschnitte erfolgte und x % der Handelsaktivitäten innerhalb der letzten Handelsstunde in der oberen Hälfte des Activity Bar stattfanden.

Abbildung 73
„Activity Bars"-Chart aus der TradeStation 2000i von Omega Research

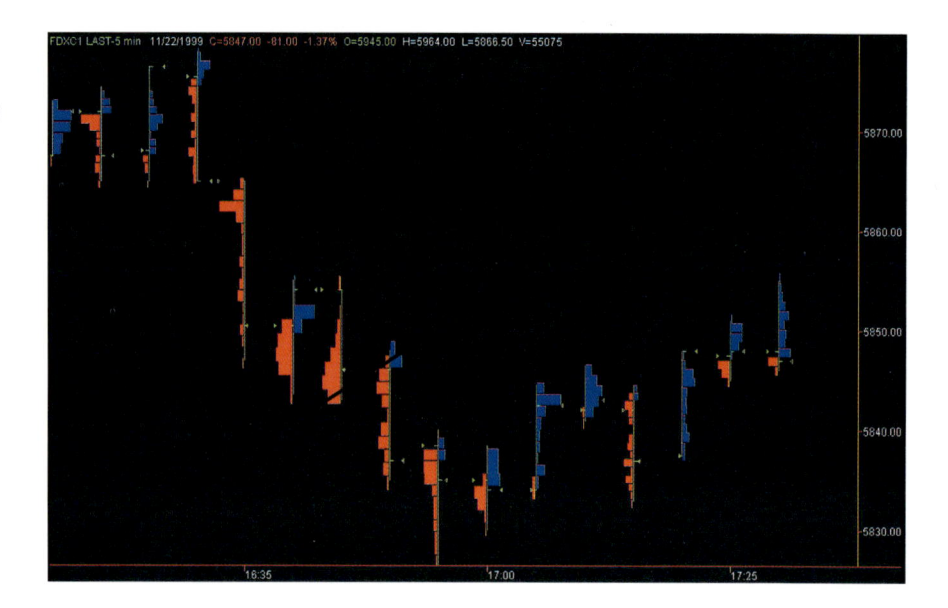

4 Trendlinien-Faszination

Bei dieser Begriffsverknüpfung kommen der neuen Generation von Technischen Analysten einige Zweifel, da sie für die Uralt-Methoden der Chartisten meist nur noch ein müdes Lächeln aufbringen können. Schließlich verwenden die mathematisch-statistisch versierten Analysten weitaus innovativere Ansätze als herkömmliche Trendlinien. Wie sollen sie also ein Gefühl der Faszination auslösen? Trendlinien, so die allgemeine Auffassung, sind doch nichts anderes als Striche in einem Chart.

Obwohl diese Form der Trendanalyse lediglich mit Hilfe von Bleistift und Lineal agiert, kann sie wertvolle Hinweise für die Prognose von Trendrichtungen, Kurszielen und Trendwechseln geben. Bei der Suche nach günstigen Kauf und Verkaufszeitpunkten zeichnet sie sich gerade durch ihre Einfachheit aus. Da die Trendlinienanalyse im Gegensatz zu der zeitlichen Verzögerung der Formationsanalyse weitaus früher und präziser entsprechende Dispositionssignale auslöst, nimmt sie innerhalb der Chart-Analyse sogar einen sehr hohen Stellenwert ein.

„Ein Trend ist so lange intakt, bis seine Trendlinie gebrochen worden ist."
Credo der Trendanalyse

Abbildung 74
Trendformen

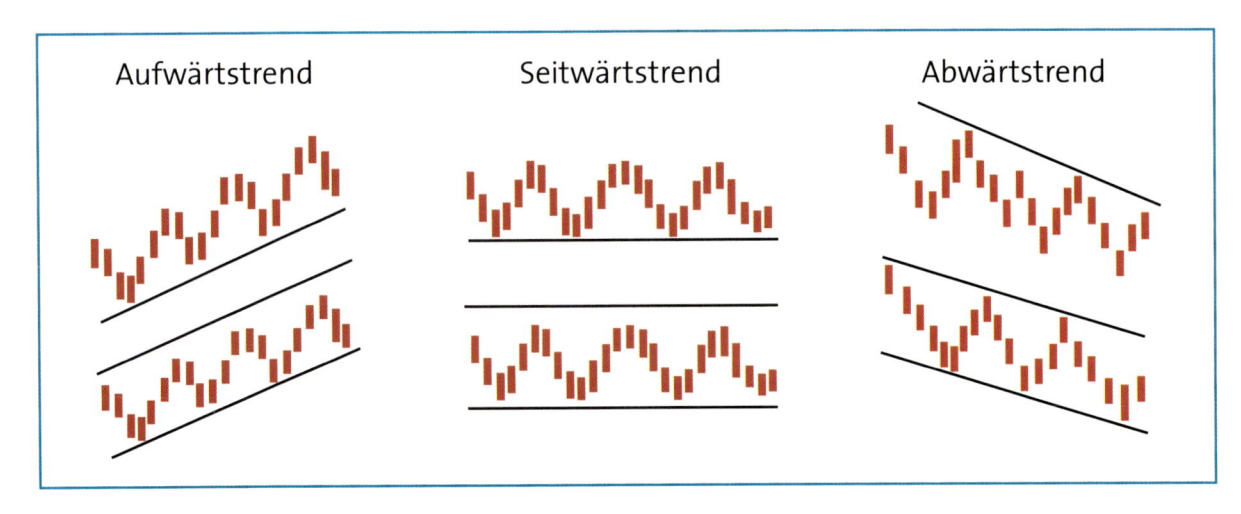

Trends können aufwärts, seitwärts als auch abwärts gerichtet sein. Um Trends exakter zu veranschaulichen, bedient man sich der Trendlinien als Hilfe. Bei Aufwärtsbewegungen werden sie als Unterstützungslinie so angelegt, dass die jeweils tiefsten Punkte eines Trends miteinander verbunden werden. Liegt eine abwärtsgerichtete Kursbewegung vor, dann werden die höchsten Punkte des Trends zu einer Widerstandslinie verbunden. In Seitwärtsmärkten bieten sich beide Möglichkeiten an. Ein so gennanter Trendkanal entsteht, wenn zwei Linien parallel ober- und unterhalb des Trends gezogen werden können. Im Regelfall pendelt der Kurs zwischen diesen Kanallinien hin und her. Schließlich lautet das Credo der Trendanalyse, dass ein Trend so lange intakt ist, bis seine ihm zugrundeliegende Trendlinie gebrochen worden ist. An der Frage, wann ein Trend eindeutig gebrochen wurde, scheiden sich jedoch die Meinungen der Chartisten.

Trendpsychologie

Das menschliche Verhalten wird von psychologischen Gesetzmäßigkeiten geprägt, die unsere Denk- und Handlungsweise beeinflusst. Einerseits nehmen wir zwar an, dass etwas weiter steigen wird, was schon gestiegen ist, und etwas weiter fallen kann, was schon gefallen ist. Auf der anderen Seite glauben wir durch die Begrenzung unserer Vorstellungskraft (Standardabweichung des Denkens) aber auch, dass etwas halten muss, was bisher gehalten hat. Abbildung 75 verdeutlicht anhand einer Seitwärtsentwicklung der Kurse, inwieweit sich dieses Verhaltensphänomen auf das Angebots- und Nachfragevolumen sowie auf die Kursbewegungen an Trendlinien bzw. Unterstützungs- und Widerstandsmarken auswirken kann.

Abbildung 75
Die Psychologie eines Trends und eines Trendausbruches

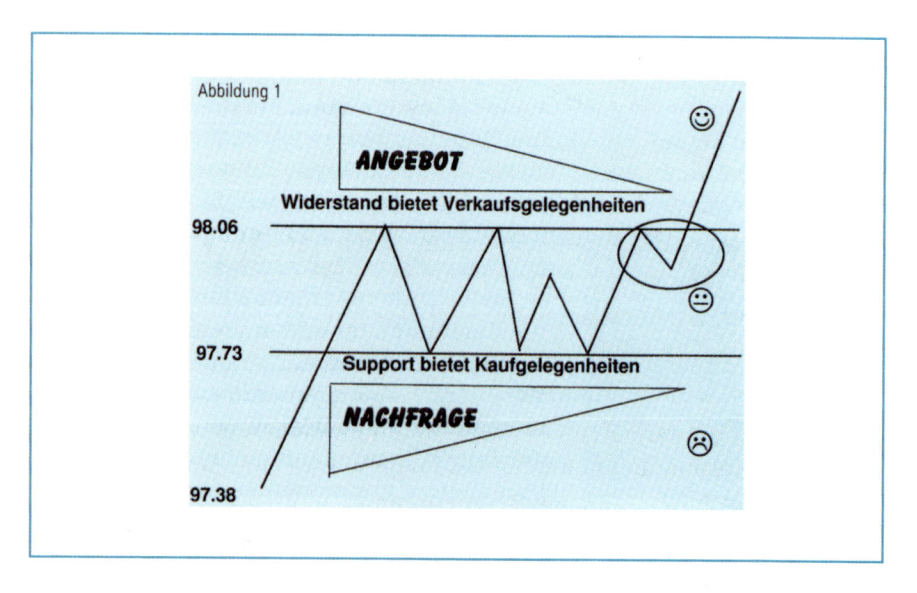

Sollten diese Preismarken mehrmals halten, glauben Investoren, die normalerweise bei Kursen außerhalb der aufgezeigten Zone (in unserem Fall liegt sie zwischen 97.73 und 98.06) kaufen oder verkaufen wollten, nicht mehr daran, dass ihre Orders dort noch gefüllt werden. Im Verlauf der Zeit engagieren sie sich daher immer häufiger innerhalb der Zone, so dass sich sowohl das Angebot oberhalb der Widerstandslinie als auch die Nachfrage unterhalb der Unterstützungslinie verringert. Jenseits des Trendkanals entsteht also eine Art Order-Vakuum. Je häufiger an einem bestimmten Chart-Niveau gehandelt wurde, desto größer kann das Vakuum sein.

Brechen die Kurse aus dieser Zone aus, dann fehlen genau die Orders, die die Kurse noch aufhalten könnten. Daher haben Ausbruchsbewegungen fast immer einen sehr dynamischen Charakter. Oftmals werden sie noch dadurch verstärkt, dass zum einen Positionen von Marktteilnehmern eingedeckt werden müssen, die auf dem falschen Fuß erwischt wurden, zum anderen aber spät entschlossene Börsianer noch auf „den fahrenden Zug aufspringen" wollen, um eine neue Position aufzubauen. Bei einem steigenden Trend kommt es zu immer höheren Tiefpunkten, weil die Nachfrager bei ihren alten Levels keine Ware erhalten haben und dem Markt hinterherlaufen (zu immer höheren Niveaus kaufen) müssen – vice versa bei einem Abwärtstrend. Sobald ein bestimmtes Preisniveau erreicht wird, kann erneut ein Seitwärtstrend einsetzen, da die Marktteilnehmer sich neu orientieren müssen und sich die Frage stellen, ob das neue Kursniveau überhaupt gerechtfertigt ist.

Die Trendlinien-Differenz-Methode

In den unterschiedlichen Philosophien der Finanzmärkte gilt der „Fair Value" (fairer Preis) eines Wertes als konstantes Medium, das von dem steten Wandel zwischen Gleichgewicht und Ungleichgewicht gesteuert wird. Das Auspendeln der Märkte verursacht einen preislichen Anpassungsprozess, der in seinen Ausdehnungen häufig symmetrische Verlaufsmuster eingeht. Demnach pendeln die Märkte um einen sich stetig verändernden Mittelwert (Fair Value). Die Entfernung, die ein Markt in eine Richtung vom Mittelwert abgewichen ist, wird er normalerweise wie bei einem Gummiband auch in die andere Richtung zurücklegen. Da Trendlinien oftmals den Mittelwert darstellen, kann man sich diese Erkenntnis mit Hilfe der Trendlinien-Differenz-Methode zunutze machen, um nach einem Trendbruch beispielsweise potenzielle Zielzonen festzustellen. Normalerweise steht eine mögliche Trendwende bevor, sobald eine Trendlinie signifikant durchbrochen wird. Die Relevanz einer jeden Trendlinie ist abhängig von ihrer Länge, der Häufigkeit, in der sie mit den Kursen in Berührung kommt und ihrem Steigungs-, bzw. Fallwinkel. Es gilt:

1. Je länger ein Trend anhält, desto bedeutender ist er.

2. Je öfter eine Linie von den Kursen tangiert wurde, desto aussagekräftiger ist sie.

3. Trendlinien mit hohem Steigungs- bzw. Fallwinkel sind weniger relevant als Trendlinien mit flachem Winkel.

4. Die Stärke dieser Unterstützungs- und Widerstandsmarken lässt sich unter anderem an der Höhe der auf diesem Niveau getätigten Umsätze messen.

Die Trendlinien-/Differenz-Methode basiert auf einem Ansatz von Tom DeMark. Während er mit seinen „TD High" und „TD Low" speziell definierte Kursextreme verwendet, um Trendlinien anzusetzen, lassen sich mit Hilfe der Trendlinien-/Differenz-Methode auch normale Wendepunkte einsetzen. Folgende Vorgehensweise ist zu beachten:

1. Zunächst zeichnet man in einem Chart markante Trendlinien ein, wie in Abbildung 76 geschehen (US-Dollar auf täglicher Basis)

2. Sobald die Trendlinien vorliegen, fixiert man diejenigen Extrempunkte, deren Kurse am weitesten von der Trendlinie entfernt sind (siehe Numerierung in Abbildung 76 und 77).

3. Danach misst man die größte Differenz zwischen dem entferntesten Kursextrem und dem jeweiligen (an diesem Tag vorliegenden) Niveau der Trendlinie (siehe horizontale Linien in Abb. 77).

4. Die jeweilige Differenz wird dann an der Trendbruchstelle in die entgegengesetzte Richtung projiziert, um so ein Kursziel zu ermitteln. Dies entspricht dem Gummiband-Effekt des „Fair Value"-Ansatzes.

[4] Trendlinien-Faszination

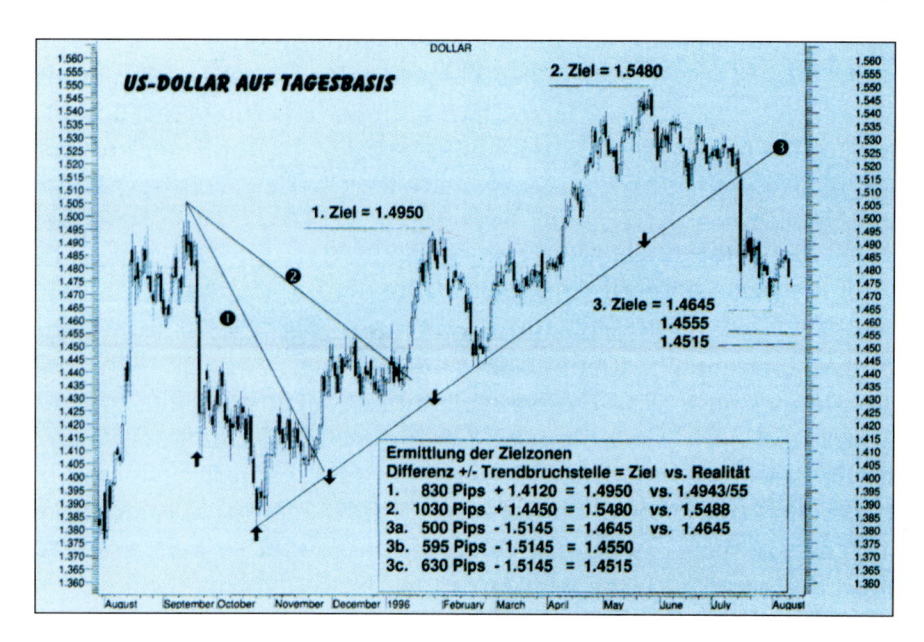

Abbildung 76
Die Trendlinien-/Differenz-Methode mit einem Kursziel beim US-Dollar

Wird zum Beispiel ein Abwärtstrend nach oben durchbrochen, addiert man die größte Differenz zu dem Kurs an der Bruchstelle hinzu. Dadurch erhält man die Zielzone für den anschließenden Aufwärtstrend. Beim Bruch eines Aufwärtstrends subtrahiert man die ermittelte Differenz von der Kursmarke an der Bruchstelle der Trendlinie.

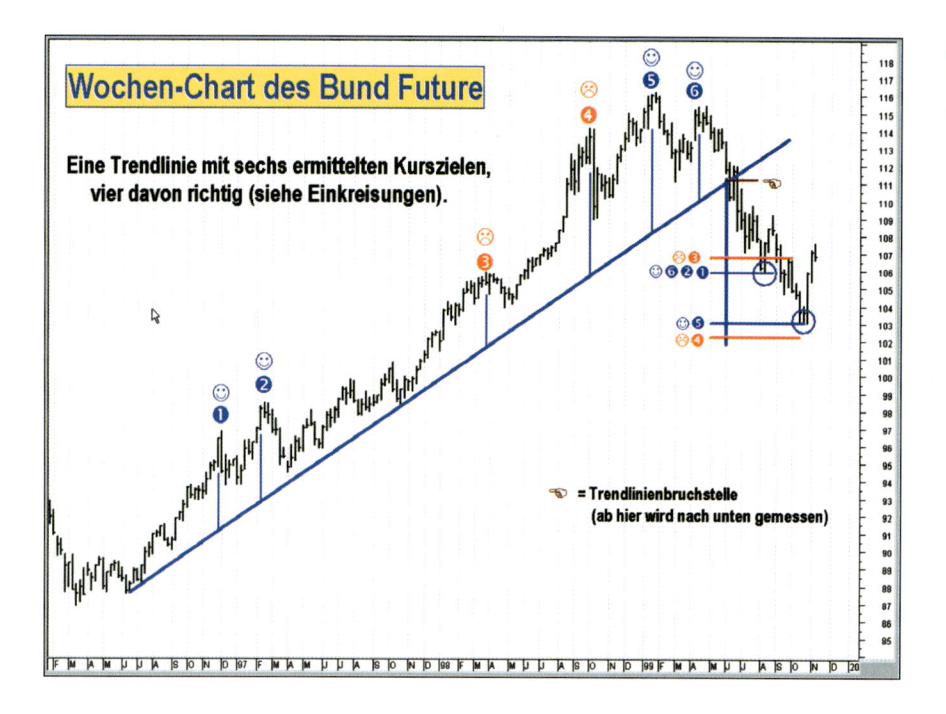

Abbildung 77
Die Trendlinien-/Differenz-Methode mit mehreren Kurszielen

145

[Teil II] Jenseits der traditionellen Chart-Analyse

Die jeweiligen Differenzen markieren quasi die extremsten Ausschläge des Gummibandes. Liegen viele markante Top- bzw. Bodenformationen innerhalb eines Trends vor, bietet sich an, deren Differenzen zu ermitteln (siehe Abbildung 77), so dass sich von der einen Bruchstelle der Trendlinie mehr Kursziele ermitteln lassen. Eine Erweiterung dieses Ansatzes besteht darin, gleichzeitig mehrere Trendlinien zu ziehen und deren Differenzen zu ermitteln. In diesem Fall spricht man von einem „Cluster"-Ansatz (siehe Abbildung 78). Da die Märkte fraktalen Gesetzmäßigkeiten unterworfen sind, sollten sich die Zielzonen, die sich aus den verschiedenen Trendlinien, deren Differenzen sowie den unterschiedlichen Niveaus der Trendbrüche ergeben haben, gegenseitig bestätigen. Je öfter dadurch Kursziele auf einem gleichen Niveau vorkommen, desto markanter ist deren Aussagekraft.

Abbildung 78
Die Trendlinien-/Differenz-Methode mit einem „Cluster"-Ansatz

Bei der Suche nach möglichen Zielzonen zeichnet sich die Trendlinien-Differenzmethode durch ihre Einfachheit aus. Man benötigt lediglich einen Bleistift, ein Lineal und einen Chart des Wertes, den man begutachten möchte. Zu meinem Erstaunen werden die ermittelten Zielzonen öfters in Form einer Punktlandung von den Kursen angesteuert, was in der Häufigkeit und Präsision nur wenige Ansätze schaffen. Das Verfahren ist auf allen Zeitebenen anwendbar, sogar im Intraday-Bereich weisen die ermittelten Zielzonen eine hohe Treffsicherheit auf. Vergleicht man die Aufwand-/Nutzen- Relation, so dürfte dieser Ansatz aufgrund seiner Einfachheit tatsächlich Faszinationen für Trendlinien auslösen.

[4] Trendlinien-Faszination

■ Floreks Trendlinien-Kreuzungspunkte

Der zweite Ansatz, der sich wiederum nur mit einfachen Trendlinien verwirklichen lässt, wird hier „Trendlinien-Kreuzungspunkte" genannt. Zeichnet man in einen Chart aufwärts- und abwärtsgerichtete Trendlinien (dies ist meist bei Dreiecksformationen möglich) so lange weiter, bis sie sich irgendwann einmal kreuzen, dann ist dieser Tag häufig der Zeitpunkt, an dem die vorherige Marktbewegung (nach einem Ausbruch aus dem Dreieck) ein vorläufiges Kurshoch oder Kurstief erreicht. Hier können dann Korrekturen oder sogar Trendwenden einsetzen. In unserem Beispiel (siehe Abbildung 79) liegen die Kreuzungspunkte der Trendlinien direkt unter den Hochpunkten des Ausbruchsbewegung.

Abbildung 79
Trendlinien-Kreuzungspunkte als Timing-Instrument

Die Trendlinien-Kreuzungspunkte sind auf allen Zeitebenen (Weekly-, Daily- und Intraday-Charts) einsetzbar. Obwohl ihre Aussagen häufig zutreffen, ist sie nicht ganz so effektiv, wie die Trendlinien-Differenz-Methode. Sie ist in jedem Fall aber besser, als die übliche „Pi mal Daumen"-Methode.

Bill Wolfes „Wolfe Waves"

Die „Wolfe Waves" wurden von dem Amerikaner Bill Wolfe entwickelt und in dem Buch „Street Smarts" von Raschke/Connors der großen Öffentlichkeit zugänglich gemacht. Der theoretische Hintergrund seiner Strategie basiert auf Newtons erstem Gesetz der Physik: „Auf jede Aktion erfolgt eine Reaktion." Diese Erkenntnis lässt sich auch in den Charts wiederfinden, wo sie erhebliches Prognosepotenzial entwickelt. Die „Wolfe Waves" funktionieren vor allem in volatilen Märkten, da sich dort ihre Kursmuster besonders gut ausbilden. Man findet sie sowohl in kurzfristigen Intraday-Charts als auch in langfristigen Wochencharts.

Kaufformation der „Wolfe Waves"

- Ausgehend von einem ersten Top im Chart stellt Punkt 1 ein kleines Korrekturtief dar.

- Punkt 2 erzielt ein höheres Top als das Top vor Punkt 1.

- Punkt 3 muss tiefer liegen als Punkt 1. Beide Tiefpunkte bilden die Basis für eine Trendlinie, die nach rechts in die Zukunft weiter gezeichnet wird und dort die Zielzone für Punkt 5 vorgibt.

- Punkt 4 muss höher liegen als Punkt 1, aber niedriger als Punkt 2. Danach wird eine Trendlinie vom Tiefpunkt bei Punkt 1 über den Höchstkurs bei Punkt 4 in die Zukunft fort gezeichnet, wodurch die Zielzone der Long-Position ermittelt wird.

- Punkt 5 liegt an der Fortführung der abwärtsgerichteten Trendlinie und bildet die Kaufzone. Sobald der Einstieg erfolgt ist, setzt man einen „Stop Loss" unterhalb des tiefsten Kurses bei Punkt 5 und zieht ihn mit den steigenden Kursen hinterher, um die Gewinne der Long-Position zu sichern.

Wer es sich bei der Suche nach der „Wolfe Wave-Buy"-Formation etwas leichter machen möchte, der sollte einfach nach einer Kopf-Schulter-Formation Ausschau halten. Die Verlaufsmuster beider Formationen ähneln sich nämlich sehr (vgl. Bögen über den drei Tops in Abbildung 80). Da sich die

[4] Trendlinien-Faszination

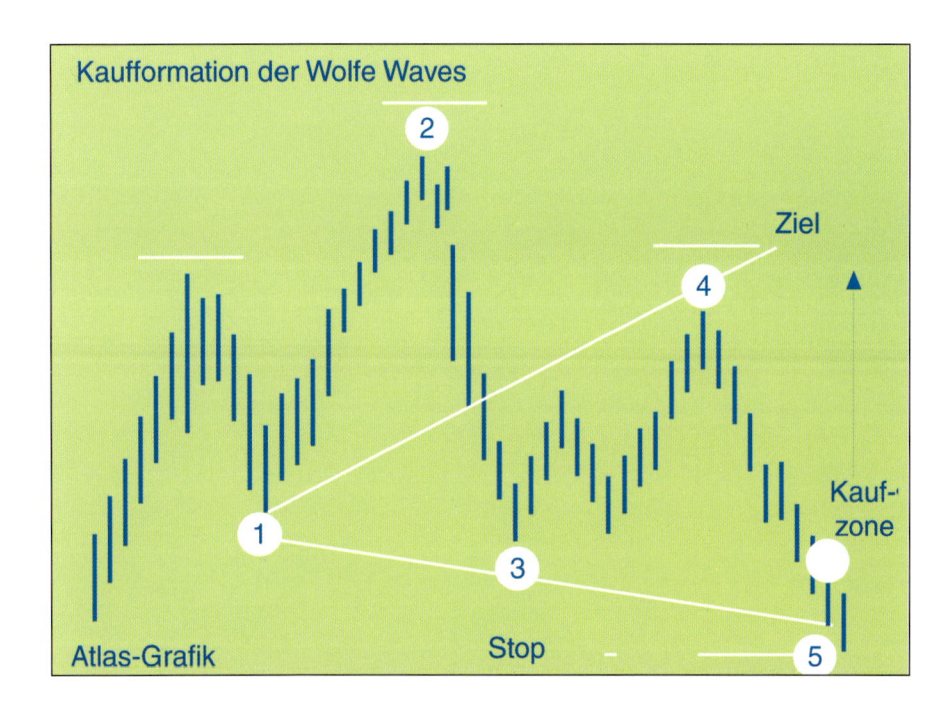

Abbildung 80
Kaufformation der „Wolfe Waves"

Kopf-Schulter-Formation bei uns allen längst eingeprägt hat und sie im Chart auch relativ einfach zu identifizieren ist, fällt es Ihnen so möglicherweise leichter als mit dem neuen „Wolfe Wave"-Regelwerk. Aufgrund ihres enormen Gewinnpotenzials hat in den letzen Jahren unter den Chart-Profis übrigens eine Formation für Furore gesorgt, die als „False Head & Shoulder" bezeichnet wird. Dabei handelt es sich um ein Fehlsignal der normalen Kopf-Schulter-Formation, bei dem der Markt zwar erst nach unten ausbricht, dann aber dreht und mit Vehemenz nach oben durchstartet. Wie auch immer die Bezeichnung für dieses Chart-Muster lauten mag, die Anwendung lohnt sich allemal. Man findet sie übrigens recht oft in den so gennanten 4er-Wellen der „Elliott-Wave"-Zählung.

Verkaufsformation der „Wolfe Waves"

- Punkt 1 = erstes Top.

- Punkt 2 = erstes Korrekturtief.

- Punkt 3 = höheres Top als bei Punkt 1. Beide Tops bilden die Basis für eine Trendlinie, die in die Zukunft (im Chart nach rechts) weiter gezeichnet wird und dort die Zielzone für Punkt 5 vorgibt.

Abbildung 81
Verkaufsformation der „Wolfe Waves"

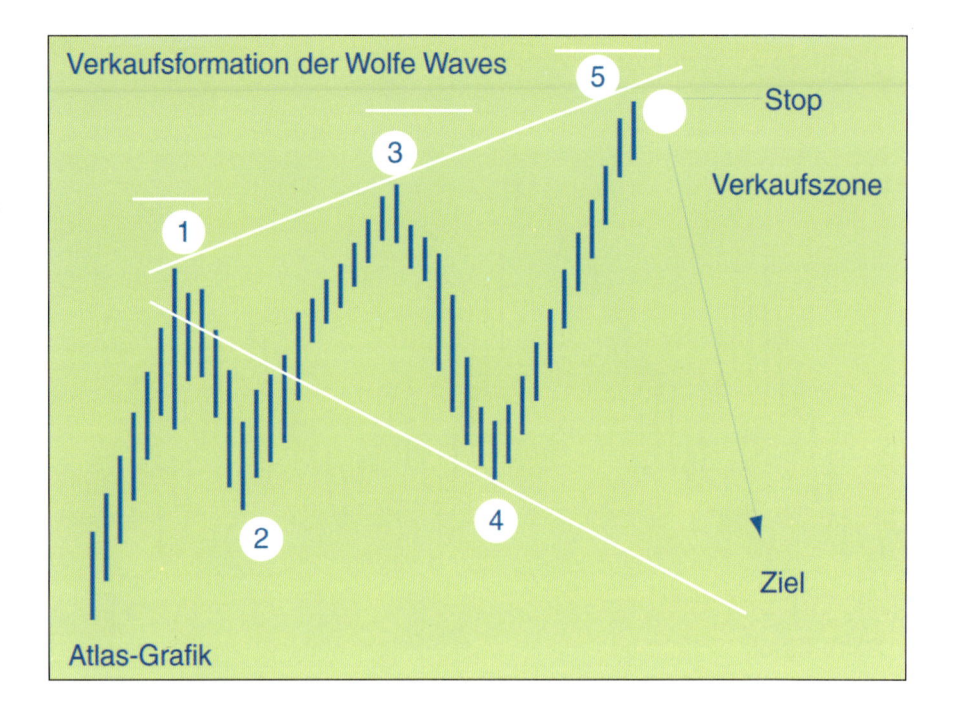

- Punkt 4 muss tiefer liegen als Punkt 1, aber höher als Punkt 2. Danach wird eine Trendlinie vom Höchstkurs bei Punkt 1 über den Tiefstkurs bei Punkt 4 in die Zukunft fort gezeichnet, wodurch die Zielzone der Short-Position ermittelt wird.

- Punkt 5 liegt an der Fortführung der aufwärtsgerichteten Trendlinie und bildet die Verkaufszone. Sobald der Einstieg erfolgt ist, setzt man einen „Stop Loss" oberhalb des höchsten Kurses bei Punkt 5 und zieht ihn mit den fallenden Kursen hinterher, um die Gewinne der Short-Position zu sichern. Die „Wolfe Wave-Sell"-Formation ähnelt einer „Rising Triple Top"-Formation, wie man sie aus den Point & Figure-Charts kennt.

Reversal-Ansatz

Da die beiden ersten Formationen lediglich für Aufwärtstrends gelten, haben wir sie für Abwärtstrends einfach umgedreht und die Vorgehensweise angepasst, was aber nicht dem offiziellen Regelwerk entspricht. Während die „Reverse Wolfe Wave-Buy"-Formation einem fallenden „Triple Bottom" ähnelt (siehe Abbildung 82), zeigt die „Reverse Wolfe Wave-Sell"-For-

[4] Trendlinien-Faszination

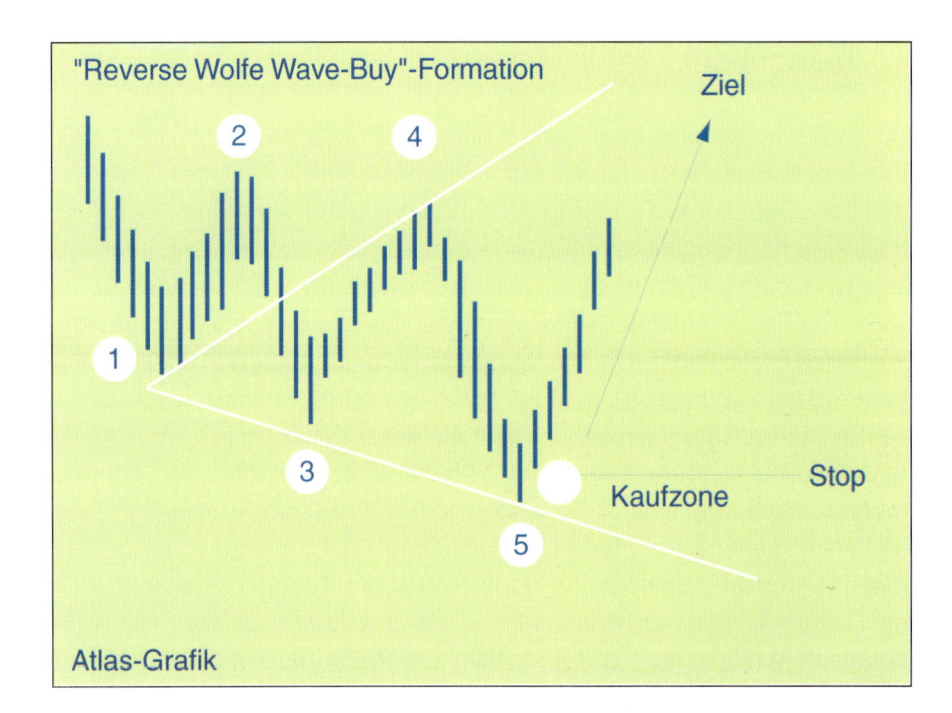

Abbildung 82
„Reverse Wolfe Wave-Buy"-Formation

mation Ansätze einer „Reverse Head & Shoulder"-Formation (siehe Abbildung 83). Siehe dazu die Regeln anhand der Numerierung auf den vorhergehenden Seiten.

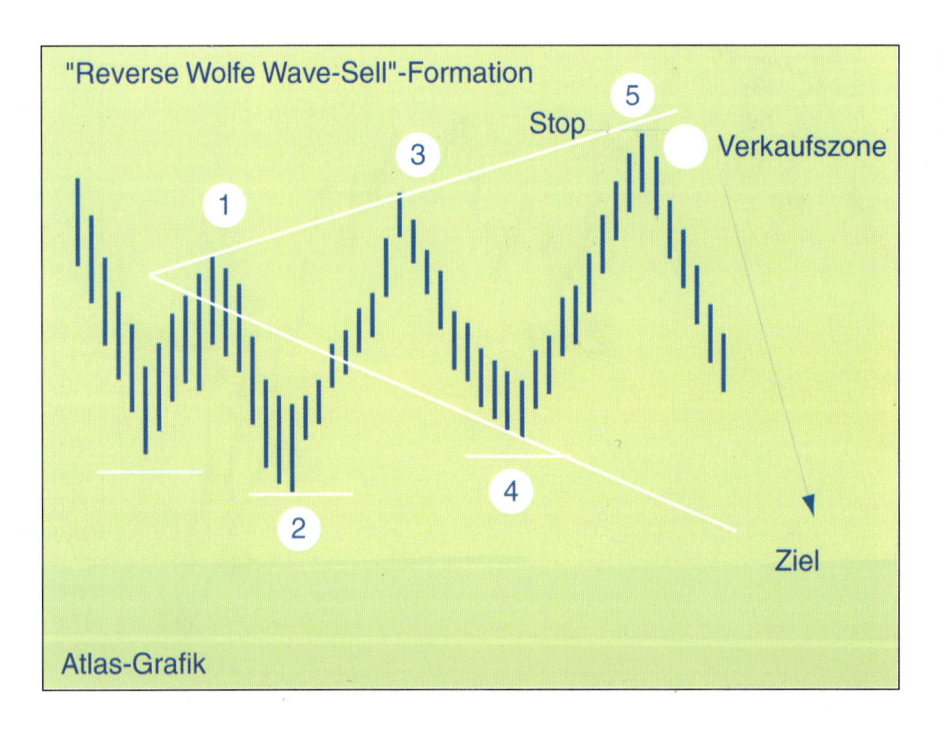

Abbildung 83
„Reverse Wolfe Wave-Sell"-Formation

[Teil II]   Jenseits der traditionellen Chart-Analyse

Mängel der „Wolfe Waves"

Die Kauf- und Verkaufsorders sollten normalerweise bei Erreichen der Trendlinie (Punkt 5) platziert werden. Manchmal laufen die Kurse aber auch über den jeweiligen Punkt 5 hinaus (siehe mittleres Beispiel in Abbildung 84), so dass eine Position, die man bei Erreichen der Trendlinie eingegangen ist, schnell in die Verlustzone abrutschen kann, falls die Kurse an dieser Stelle nicht stoppen. In anderen Fällen können die Kurse einen neuen Extremkurs ausbilden (siehe Punkt 6 in Abbildung 84), bevor sie endlich in die Richtung der Position abdrehen. Ist man bis dahin aus seiner Position ausgestoppt worden, bringt kaum jemand den Mut auf, noch einmal eine Position in die ursprüngliche Richtung einzugehen. Es bleibt außerdem offen, was man als Investor macht, wenn die Kurse schon vor dem Erreichen der „Punkt 5"-Zone abdrehen (siehe rechtes Beispiel in Abbildung 84). Handelt man diese Fälle nicht, kann man große Gewinn-Trades verpassen. Zu guter Letzt stellt sich die Frage, was man macht, wenn die Zielzone nicht erreicht wird. Hier können dann nämlich folgende Fehlverhalten auftreten. Einerseits wartet man trotz einer einsetzenden Gegenbewegung gierig auf das Erreichen der Zielzone. Andererseits fehlt einem die Geduld, um so lange zu warten, bis die

Abbildung 84
Bund Future-Chart mit „Wolve Wave"-Formationen

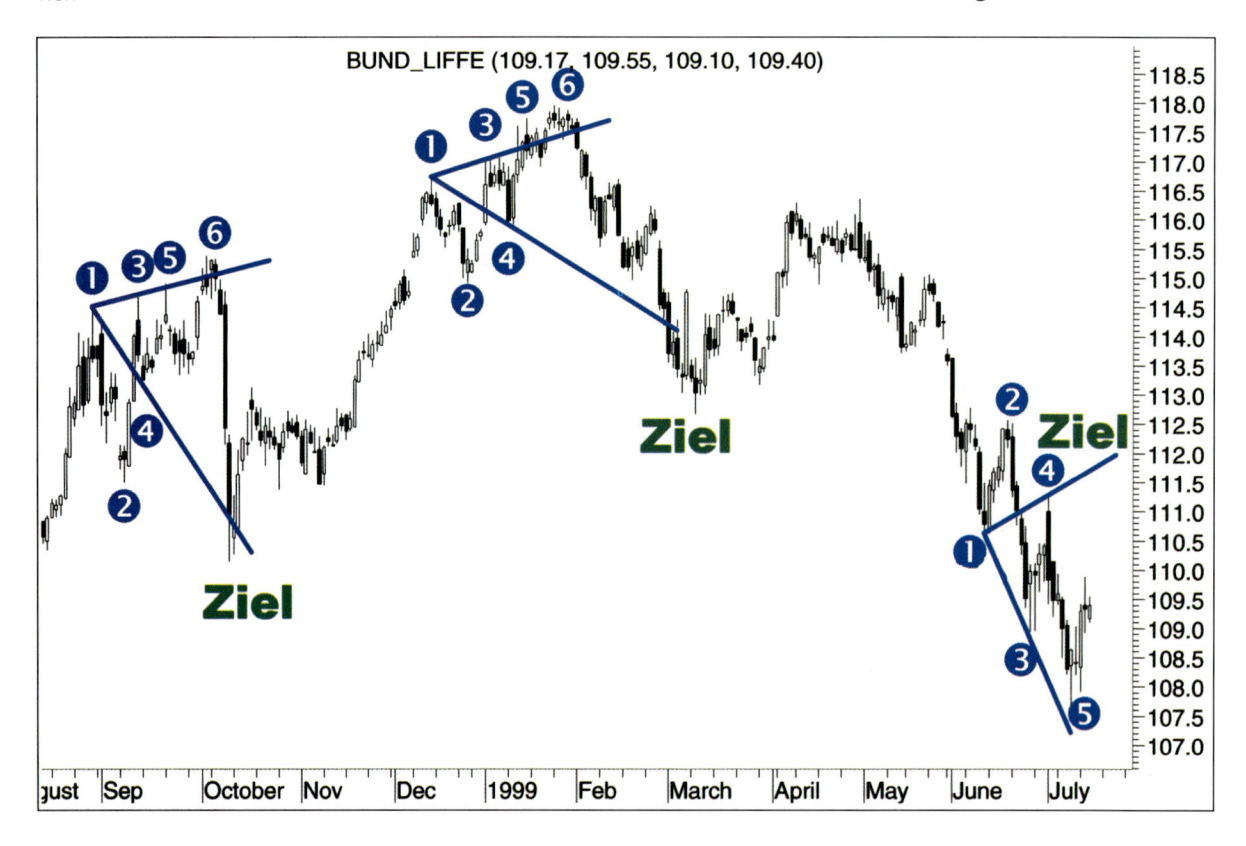

Zielzone wirklich erreicht wird. Vor lauter Angst, dass einem die bisherigen Gewinne verloren gehen könnten, schließt man bereits bei der kleinsten Gegenbewegung die Position, um dann enttäuscht mit ansehen zu müssen, wie die Kurse doch noch an die Zielmarke laufen.

Wie man es auch anpackt, der Erfolg dieses Ansatzes ist von intuitiven Fähigkeiten der handelnden Personen abhängig. Was bei dem einen Händler/Investor wunderbar gelingt, kann bei einem anderen zu erheblichen Fehlern führen. Darüber sollte man sich im Klaren sein, wenn man die „Wolfe Waves" einsetzt. Trotz dieser Defizite stellen die „Wolfe Waves" einen Ansatz dar, der ein erhebliches Gewinnpotenzial aufweist. Wer ein „gewisses Händchen" für diese Variante der Ein- und Ausstiege besitzt, könnte zum erfolgreichen „Wellenreiter" werden. Eine persönliche Einweisung von Bill Wolfe inklusive einem zehntägigen Informations-Fax kostet übrigens US$ 3.000.

[Teil II] Jenseits der traditionellen Chart-Analyse

5 Auf der Suche nach neuen Chart-Formationen

In den USA hat die Suche nach Chart-Formationen („Pattern Recognition") eine lange Tradition. Noch heute wird dieser Aufgabe dort innerhalb der Technischen Analyse ein sehr hoher Stellenwert eingeräumt. Während sich in Europa noch immer viele Chartisten auf die Relikte aus der grauen Vorzeit der Chart-Analyse konzentrieren, setzen die Amerikaner bereits Chart-Programme ein, die relativ eigenständig neue Chart-Formationen erkennen und auswerten können.

Chart-Formationen lassen sich prinzipiell in zwei verschiedene Varianten unterteilen. Zum einen gibt es Formationen, die dem Investor einen gewissen Interpretationsspielraum (sog. „Discretionary Tools") einräumen, der nur dann erfolgreich ausgefüllt werden kann, wenn man über die entsprechenden Portionen Intuition und Erfahrung verfügt. Hierzu zählen vorwiegend die grafischen Verfahren, wie zum Beispiel die Trendlinien-Formationen (auch die „Wolfe Waves"). Auf der anderen Seite befinden sich Formationen („Pattern"), die einem strengen Regelwerk unterliegen und bei ihrer Anwendung kaum Fragen offenlassen, so dass oftmals sogar automatische Handelssysteme erstellt werden können. Bevor wir an dieser Stelle auf weitere Details eingehen, möchte ich Ihnen erst einmal einen kurzen Einblick in die Entstehungsgeschichte der Formationsanalyse geben. Lässt man die Candlestick- (über 300 Jahre alt) und Point&Figure-Formationen mal beiseite, dann wurde die Formationsanalyse vorwiegend durch Charles Dow (Dow-Theorie) und Richard Schabacker geprägt.

Die Richard Schabacker-Story
Obwohl er nur wenigen Analysten bekannt ist, gilt Richard Schabacker als einer der Urväter der Formationsanalyse. In den frühen 30er-Jahren dieses Jahrhunderts veröffentlichte er als einer der jüngsten Redakteure des *Forbes Magazins* unzählige Artikel über den Nutzen von Chart-Formationen, den Einsatz von Trendlinien, die Wichtigkeit von Unterstützungs- und Widerstandszonen sowie die grundlegenden Strategien beim Auftreten von Gaps

[5] Auf der Suche nach neuen Chart-Formationen

(Preislücken zwischen dem gestrigen Schlusskurs und dem heutigen Eröffnungskurs). Neben den uns hinlänglich bekannten Kopf-Schulter-, Dreiecks-, Flaggen- und Wimpel-Formationen (siehe Abbildung 85) klassifizierte er auch 18 Gap-Formationen.

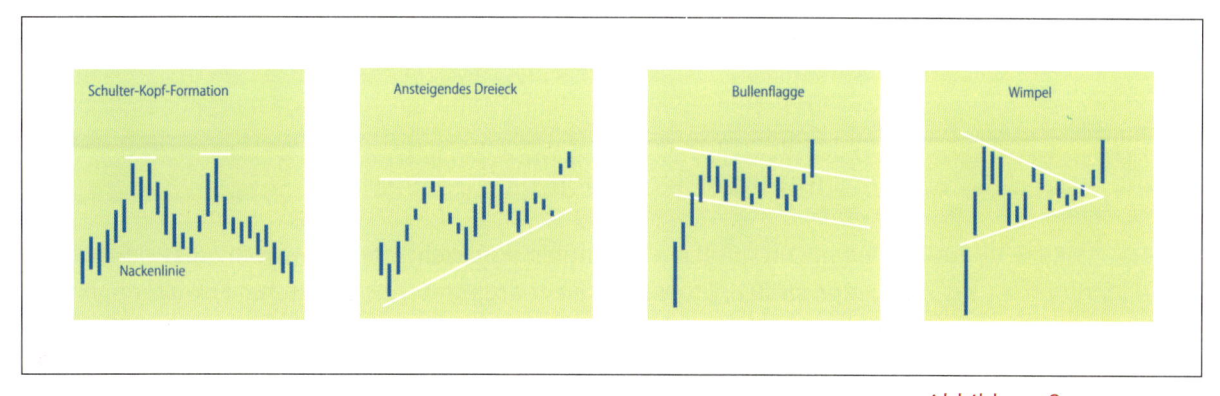

Abbildung 85
Herkömmliche Chart-Formationen aus den Anfangsjahren der Chart-Analyse

- Ausgangspunkt von Schabackers Überlegungen war die Feststellung, dass die Vielzahl der kursbildenden Faktoren für eine Prognose zukünftiger Aktienkursentwicklungen durch die Fundamentalanalyse niemals erschöpfend erfasst werden kann.

- Da der Börsenkurs die aktuellste Information eines Wertes darstellt, ging er davon aus, dass sich hierin alle kursrelevanten Fakten, also auch alle Antizipationen und psychologischen Faktoren, niedergeschlagen haben. Hier liegt auch der Grund, warum sich Schabacker bei seinen Vorhersagen ausschließlich auf die Verlaufsmuster der Kurse stützte, aus deren Gestalt er die weitere Entwicklung der Kurse, Trendverläufe und deren Umkehrpunkte prognostizierte.

- Neben den historischen Kursentwicklungen verwendete Schabacker schon damals Indexverläufe, Börsenumsätze und statistische Kennziffern. Als Hilfsmittel zur Darstellung dieser Daten setzte er Charts ein.

- Er machte eine Reihe von Strukturen (Formationen) aus, die wiederholt auftraten und sich als wertvolle Prognoseinstrumente erwiesen. Sämtliche Beobachtungen wurden von ihm sorgfältig klassifiziert, entsprechende Erfahrungsgrundsätze abgeleitet und etwaige Gesetzmäßigkeiten des Kursverhaltens beschrieben.

Richard Schabacker, der nicht nur ein hervorragender Analyst, sondern auch ein erfolgreicher Trader war, verstarb leider schon im Alter von 36 Jahren. Seine Erkenntnisse wurden später aber von seinem Neffen R. D. Edwards aufgegriffen und in dem berühmten Buch „Technical Analysis of Stock Trends" (von Edwards & Magee, 1948), der großen Öffentlichkeit nähergebracht.

Seit dieser Zeit sind uns Schabackers Ansätze und Studien zwar bestens bekannt, kaum jemand weiß aber, dass diese charttechnischen „Dinosaurier der Formationsanalyse" von ihm stammen. Aufgrund ihres hohen Bekanntheitsgrades erfahren sie eine überproportionale Wertschätzung, die mit ihrem heutigen Nutzen nicht immer zu vereinbaren ist.

Ein neuen Ansätzen gegenüber aufgeschlossener Mensch muss sich hier die Frage stellen, ob es seit den 30er Jahren keine weiteren Entdeckungen auf diesem Gebiet gab. Nimmt man die meisten Veröffentlichungen, die einem hierzulande in Büchern oder auf Seminaren zu diesem Thema präsentiert werden, als Maßstab, müsste man annehmen, dass die Chartisten in den letzten 65 Jahren geschlafen haben. Dass dem aber nicht so ist, sollen Ihnen die nachfolgenden Beispiele aufzeigen.

■ Lindas „Turtle Soup"-Formation

Um den Hintergrund dieser Formationen besser nachvollziehen zu können, müssen wir etwas über die legendären „Turtle Traders" schreiben. 1984 stellte Richard Dennis, einer der erfolgreichsten Trader Amerikas, eine Gruppe von 23 Händlern zusammen. Auslöser dieser Aktion war eine Wette, die er mit seinem Geschäftspartner William Eckhardt eingegangen war. Es ging um die Frage, ob man Menschen mit Hilfe klar definierter Handelsregeln zu erfolgreichen Tradern machen könne oder nicht.

Mehr über die legendären „Turtle Trader":
www.turtletrader.com

In einem zweiwöchigen Seminar brachte er den Teilnehmern vielversprechende Handelstechniken bei, die er sich selbst erarbeitet hatte. Nach dem Besuch einer Schildkrötenfarm in Singapur gab Dennis seiner Gruppe den Namen „Turtles". In den darauffolgenden Jahren machten die „Turtle Trader" aufgrund ihrer enormen Gewinne Furore an der Wall Street, so dass Dennis die Wette recht eindrucksvoll gewann. Mittlerweile haben sich viele der damaligen „Turtles" selbständig gemacht und gehören noch immer zu den erfolgreichsten Vermögensverwaltern der USA.

[5] Auf der Suche nach neuen Chart-Formationen

„False Breakouts"

Eine ihrer Handelsstrategien basierte auf einer 20-Tage-Ausbruchsformation, bei der man einen Wert kauft, sobald die Kurse ein neues 20-Tageshoch, erreicht haben, und verkauft, sobald ein neues 20-Tagestief erreicht wird. Wenn man einen größeren Korb von Werten nach dieser Vorgehensweise handelt, seine Verluste begrenzt und die Gewinne in starken Trendphasen möglichst lange laufen lässt, dann kann man mit dieser Methode selbst heute noch beträchtliche Gewinne einfahren. Im Gegensatz zu früher, als Trendausbrüche sehr häufig auch entsprechende Trendmärkte mit sich brachten, ist heutzutage die Anzahl der so gennanten „False Breakouts" (Falsche Ausbrüche) und damit auch die Anzahl der Fehlsignale dieses Ansatzes erheblich angestiegen. Dies hat zur Folge, dass diese Breakouts nicht mehr so effektiv sind wie noch in den 80er Jahren.

„Turtle Soup"- Formation

Nicht etwa, um die Kompetenz der glorreichen „Turtle Traders" in Frage zu stellen, sondern um der Tatsache Rechnung zu tragen, dass die Turtle-Methode zunehmend gefährlicher geworden ist, stellte Linda Bradford Raschke in ihrem Buch „Street Smarts" den „Turtle Soup"-Ansatz vor. Mit seiner Hilfe lassen sich die „False Breakouts" besser identifizieren und profitabel handeln. Das Regelwerk für Verkaufssignale (Kaufsignale umgekehrt), welches sie in der Abbildung 86 finden, lautet wie folgt:

1. Der heutige Tag „B" ergibt ein neues 20-Tageshoch (je höher, desto besser).

2. Das vorherige 20-Tageshoch „A" muss mindestens vier Tage (siehe Distanz C) vorher aufgetreten sein.

3. Nachdem das alte Hoch „A" übertroffen wurde, sollte man eine Verkaufsorder „D" fünf bis zehn Ticks/Punkte (je nach Markt) unterhalb des Höchstkurses von A legen, wobei die Order nur für den heutigen Tag „B" gilt.

4. Sobald die Position bei einer Abwärtskorrektur der Kurse im Verlauf des Tages gefüllt wird, platziert man eine Stop-Loss-Order „E" einen Tick/Punkt über dem bisherigen Tageshöchstkurs von B.

Abbildung 86
Die „Turtle Soup"-Formation von Linda Bradford Raschke

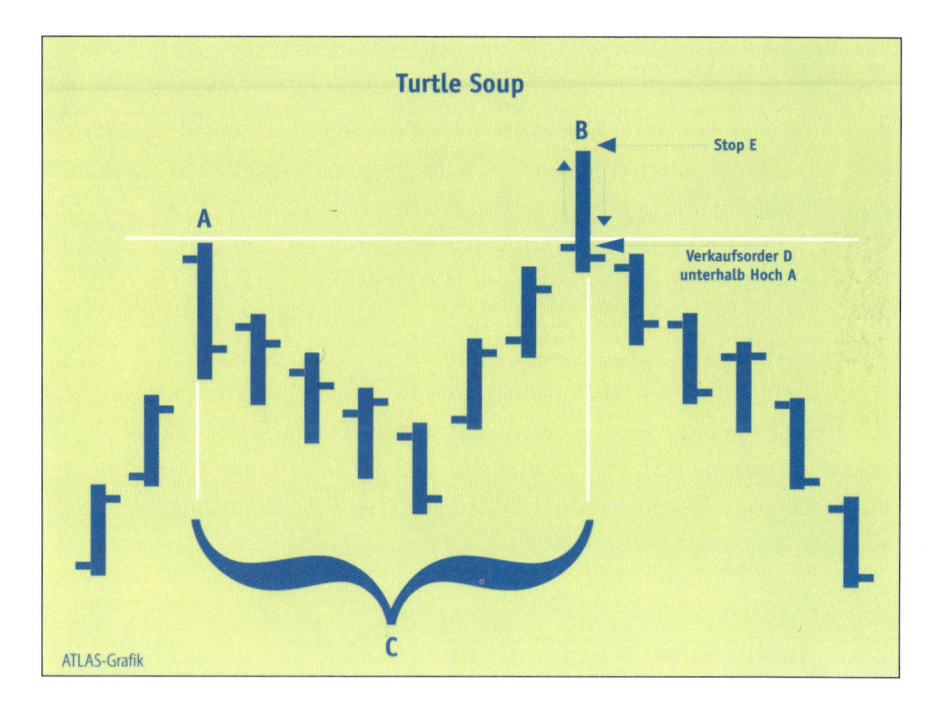

5. Um Gewinne zu sichern, sollte man den Stop rasch nachziehen. Obwohl die Position für einige Tage Potenzial aufweist, kann die Bewegung auch schon nach wenigen Stunden beendet sein. Das Nachziehen des Stops ist daher enorm wichtig.

„Turtle Soup plus One"-Ansatz

Da die Kurse nach dem Überschreiten der vorherigen Höchstkurse bzw. nach dem Unterschreiten der vorherigen Tiefstkurse manchmal auch ein oder zwei Tage länger auf diesem Niveau verharren, hat Linda Bradford Raschke den Ansatz erweitert. Das Regelwerk, das sich bei dem „Turtle Soup plus One"-Ansatz für Kaufsignale (Verkaufssignale umgekehrt) ergibt, können Sie in Abbildung 87 nachvollziehen:

1. Der heutige Tag „B" ergibt ein neues 20-Tagestief (je tiefer, desto besser).

2. Das vorherige 20-Tagestief „A" muss mindestens drei Tage (siehe Distanz C) vorher aufgetreten sein. Der heutige Schlusskurs („Close B") sollte am oder unter dem vorherigen Tiefstkurs von „A" liegen.

[5] Auf der Suche nach neuen Chart-Formationen

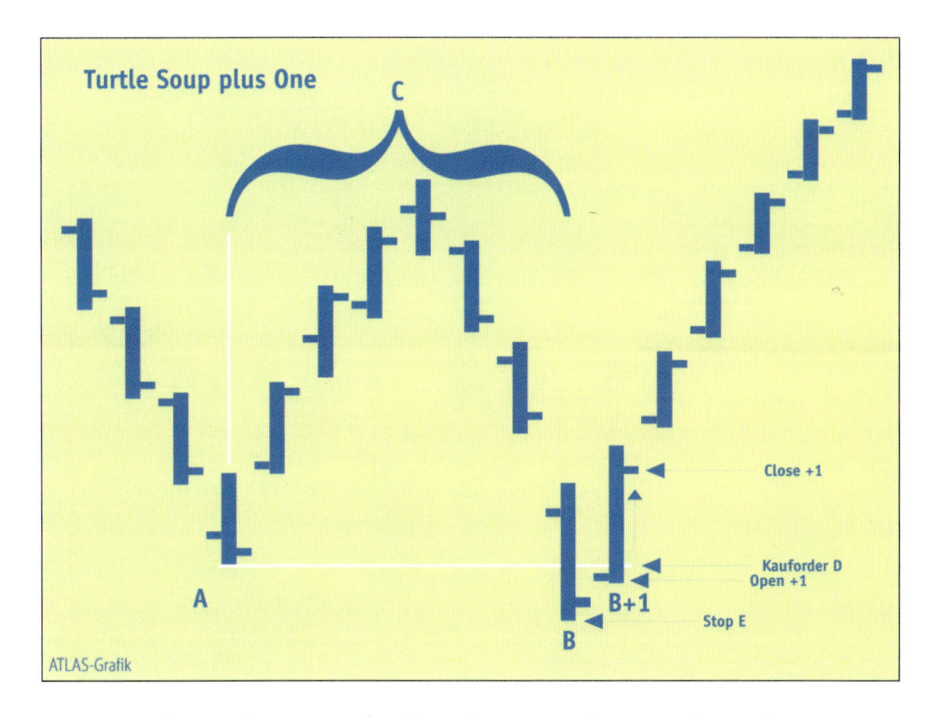

Abbildung 87
Das Regelwerk des „Turtle Soup plus One"-Ansatzes

3. Für den nächsten Tag „B+1" wird eine Kauf-Stop-Order „D" am Niveau des alten Tiefstkurses „A" platziert. Wenn man nicht gefüllt wird, ist die Order zu löschen.

4. Sollten die Kurse hingegen im Verlauf des nächsten Tages „B+1" das Preisniveau des Tiefstkurses von „A" überschreiten und die Kauforder „D" dadurch „gefüllt" werden, platziert man eine Stop-Loss-Order „E" einen Tick/Punkt unter dem Vortagestiefstkurs „B". Gewinne sollten innerhalb der nächsten zwei bis sechs Tage realisiert und in jedem Fall mit einem Trailing-Stop versehen werden.

Abbildung 88 zeigt einen Tages-Chart des DAX-Futures mit diversen Beispielen. Es sollte jedem Anwender deutlich werden, dass man bei dieser Strategie mit dem Feuer spielt, weil man häufig gegen den Trend handelt (siehe Kaufsignale im Abwärtstrend von August bis Oktober 1998). Hätte man in dieser kritischen Phase an dem Regelwerk und an den Trailing Stops festgehalten, so wären alle Trades profitabel gewesen.

Obwohl diese Ansätze vorwiegend auf der Basis von Tages-Charts entwickelt wurden, lassen sie sich auch auf andere Zeitebenen übertragen und profitabel anwenden. Für Langfristinvestoren sind hier Wochen- und Monats-Charts zu empfehlen, für kurzfristige Trader beispielsweise ein

[Teil II]   Jenseits der traditionellen Chart-Analyse

Abbildung 88
Der „Turtle Soup"- und der „Turtle Soup plus One"-Ansatz beim DAX-Future

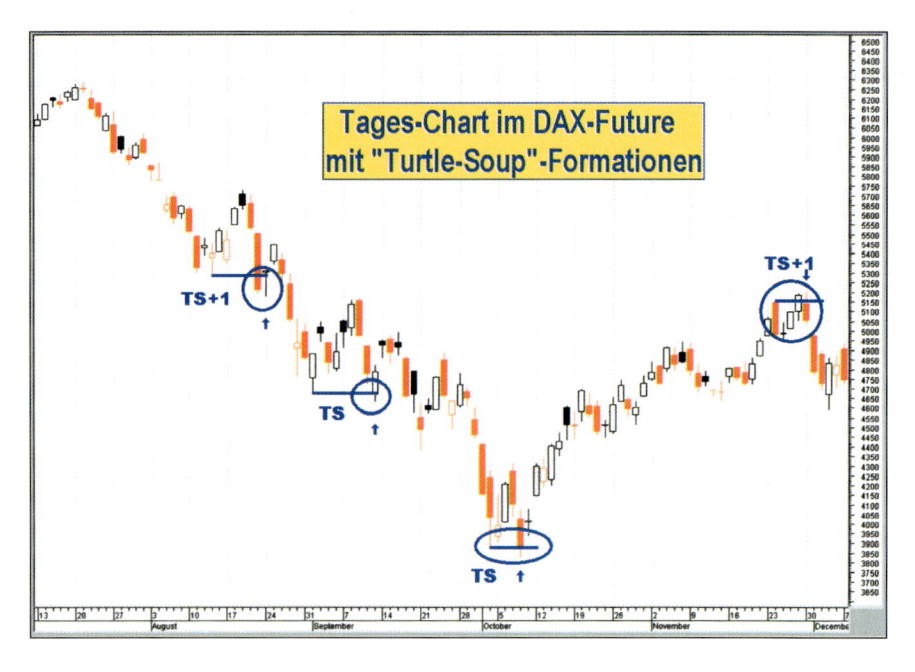

5min-Chart. Abbildung 89 zeigt Ihnen einige Beispiele in einem Intraday-Chart des Bund-Futures von Anfang Juni 1999 (September-Kontrakt).

Abbildung 89
Turtle Soup"- und "Turtle Soup plus One"-Ansatz im Intraday-Chart

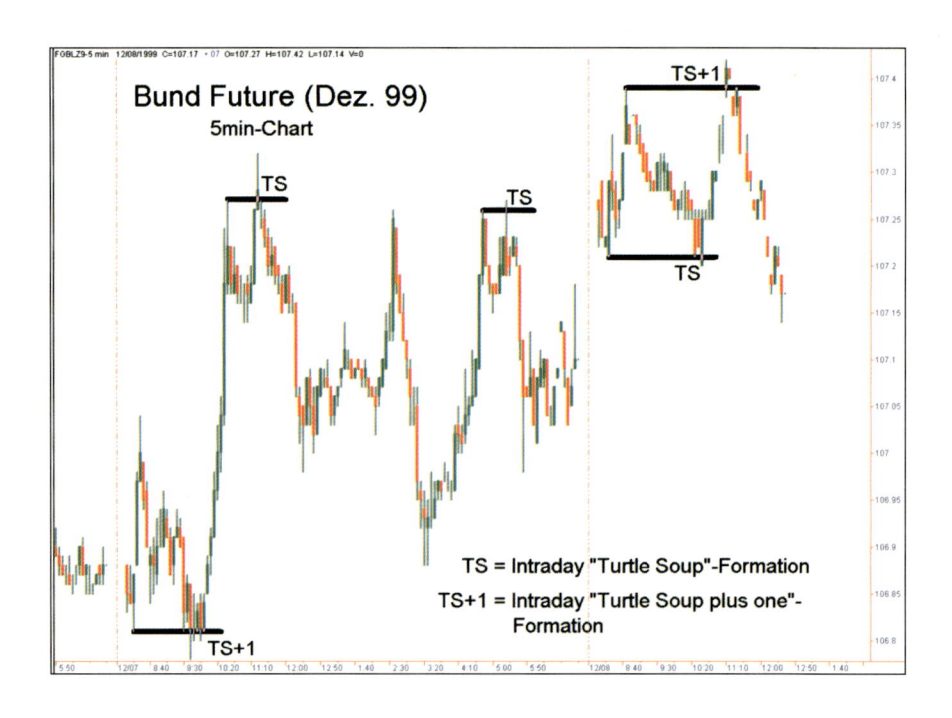

„Turtle Soup Expansion"-Formation

Jeff Cooper hat in seinem Buch „Hit and Run Trading II" eine Erweiterung des „Turtle Soup"-Regelwerkes vorgestellt, die insbesondere auf das Handeln von Aktien abgestimmt ist, jedoch auch in anderen Märkten eingesetzt werden kann. Der entscheidende Unterschied liegt bei der Einbindung der Handelsspanne (Range) vom Tag „B" oder auch vom Tag „B+1". Die Größe der Range kann dabei ein entscheidendes Indiz dafür sein, dass ein „Turtle Soup"- oder auch ein „Turtle Soup plus One"-Signal eine höhere Trefferquote aufweist. Die Erweiterung gilt für beide Strategien. Das Regelwerk für Verkaufssignale (Kaufsignale umgekehrt) sieht wie folgt aus:

1. Der heutige Tag „B" ergibt ein neues 20-Tageshoch (je höher, desto besser) der Aktie.

2. Das vorherige 20-Tageshoch „A" muss mindestens vier Tage vorher aufgetreten sein.

3. Nach dem Überschreiten des alten Hochs „A" sollte der Tag „B" oder „B+1" eine größere Handelsspanne (High-Low-Range) aufweisen als die letzten vier Tage davor.

4. Wenn dem so ist, dann platziert man am darauffolgenden Tag (Turtle Soup = B+1 oder Turtle Soup plus One = B+2) eine Verkaufsorder „D" einen Tick/Punkt (je nach Markt) unter dem Tiefstkurs von B oder B1.

5. Sobald die Position gefüllt wird, legt man außerdem eine Stop-Loss-Order "E" einen Punkt über dem bisherigen Tageshöchstkurs in den Markt.

6. Um Gewinne zu sichern, sollte man den Stop rasch nachziehen. Die Position sollte einige Tage Potenzial aufweisen.

An dieser Stelle sei noch einmal erwähnt, dass diese Ansätze keine Garantie für zukünftige Gewinne geben können und im Rahmen dieses Kapitels nur als Beispiel für die Vielfalt der Formationsanalyse gelten sollen. Divergenzen bei Indikatoren können unterstützend herangezogen werden.

Pattern

„Pattern" sind Verlaufsmuster (Formationen) der Kurse und Indikatoren, die mit einer bestimmten Regelmäßigkeit auftauchen und daher für systematische Handelsansätze („Systematic Tools") genutzt werden können. Da sie dem Anwender ein eindeutiges Regelwerk vorgeben, tragen sie dazu bei, dass man sich von den Fehlern subjektiver Interpretationen lösen und von den Verhaltensirrationalitäten des eigenen „Egos" unabhängig(er) machen kann. Und das führt letzten Endes zu einer Verbesserung des Handelsergebnisses. Der Begriff „Pattern Recognition" steht für die Erkennung von Chart- und Indikator-Formationen. Während das Trading nach „Pattern" in den USA einen großen Stellenwert hat und dort mittlerweile auch unzählige Ansätze präsentiert wurden, steht man ihm hierzulande eher kritisch gegenüber. Obwohl sich beispielsweise die „Candlestick-Formationen" (Candle Pattern) bereits großer Beliebtheit erfreuen, ist ein wirklicher Durchbruch der „Pattern Recognition" bislang noch nicht erfolgt.

Island Reversal

Bei der „Island Reversal"-Formation handelt es sich um eine Trendwendeformation. Das Besondere an einem „Island Reversal" ist die Tatsache, dass sie von zwei „Gaps" (=Kurslücken) begleitet wird, wie in Abbildung 90 aufgezeigt wird. Bei einem Verkaufssignal eröffnet der Handelstag A (häufig auch in der Endphase eines Aufwärtstrends) mit einem „Gap" nach oben (Eröffnungskurs des A-Tages ist höher als der Vortagesschluss- bzw. -höchstkurs). Der im Verlauf des A-Tages gehandelte Tiefstkurs reicht nicht an den Höchstkurs des Vortages heran. Am darauffolgenden Tag B eröffnet der Markt wiederum mit einem „Gap", diesmal aber nach unten (Eröffnungskurs von B liegt unter dem Tiefstkurs von A). Der Höchstkurs des B-Tages kommt im Verlauf des Handelstages nicht an das Niveau des Tiefstkurses von A heran, so dass eine Kurslücke entsteht. In diesem Fall schwebt der Tag A also förmlich in der Luft, was als Zeichen der Schwäche interpretiert wird und daher zu einem Verkaufssignal zum Schlusskurs des B-Tages führt (umgekehrt zu einem Kaufsignal).

[5] Auf der Suche nach neuen Chart-Formationen

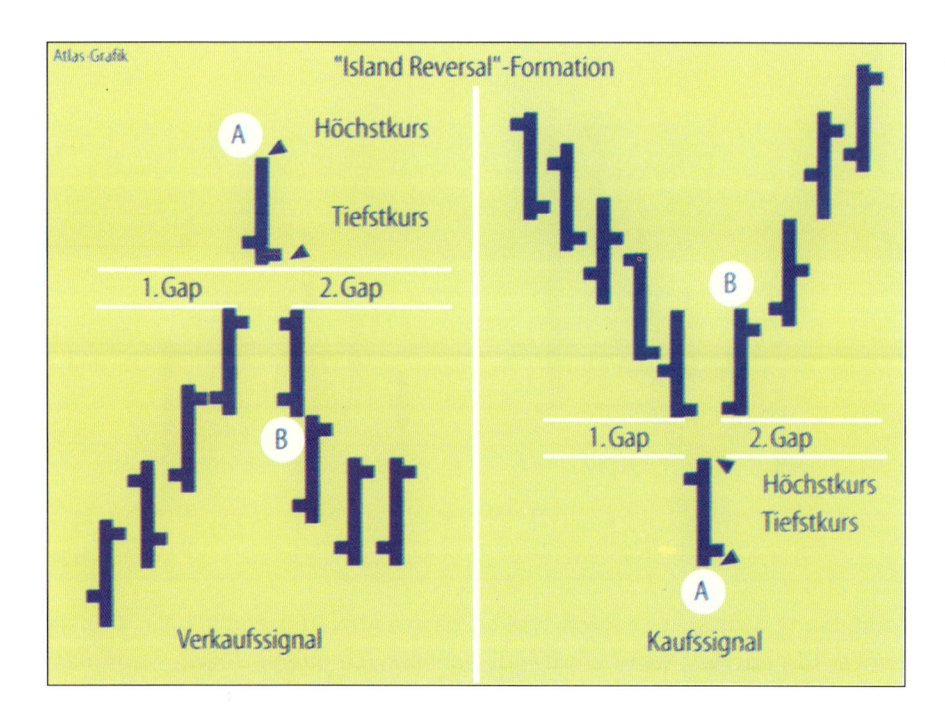

Abbildung 90
"Island Reversal"-Formation

Three-Day Reversals

Der „Three-Day Reversal"-Ansatz gibt dem Börsianer mehrere Regeln vor, anhand derer er eine Umkehrformation erkennen kann. Gehen wir einmal von einem Aufwärtstrend aus. Bei einem „Three-Day Reversal" erfolgt ein Verkaufssignal bzw. ein Trendwechsel nach unten, wenn nach einem Top (Handelstag 3) am heutigen Handelstag 4 das tiefste Kursniveau der letzten (ersten) drei Handelstage wie folgt unterschritten wird:

A. …im Verlauf des Handels (= Verkauf einen Punkt darunter).

B. …per Schlusskurs (= Verkauf zum Schlusskurs).

C. …mit einem Opening-Gap (= Verkauf zum Eröffnungskurs).

Obwohl in unseren Beispielen immer der erste der drei letzten Handelstage den Tiefstkurs aufweist, muss dies nicht immer so sein. Die Handelstage 2 oder 3 können innerhalb der Zeitperiode von drei Tagen auch den tiefsten Kurs haben. Wichtig ist nur, was bei einem Unterschreiten dieses Niveaus geschieht. Man verkauft seine Position (= Glattstellung) oder geht sogar „short".

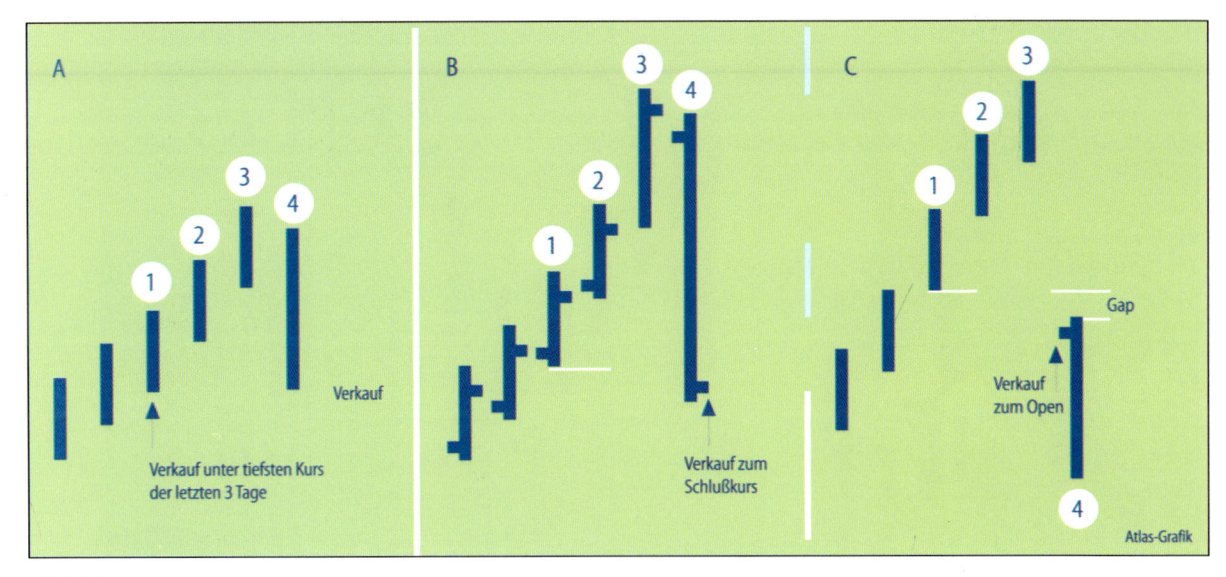

[Teil II] Jenseits der traditionellen Chart-Analyse

Abbildung 91
Verkaufssignale nach den drei „Three-Day Reversal"-Ansätzen

Abbildung 92
Kaufsignale nach den drei „Three-Day Reversal"-Ansätzen

Abbildung 92 macht deutlich, was bei einem Abwärtstrend gilt. Ein Kaufsignal wird generiert (bzw. ein Trendwechsel nach oben erfolgt), wenn nach einem neuen Tiefstkurs am Handelstag 3 das Niveau der letzten drei Tageshöchstkurse am heutigen Tag 4 wie folgt überwunden wird:

D. …im Verlauf des Handels (= Kauf einen Punkt darüber).

E. …per Schlusskurs (= Kauf zum Schlusskurs).

F. …mit einem Opening-Gap (= Kauf zum Eröffnungskurs).

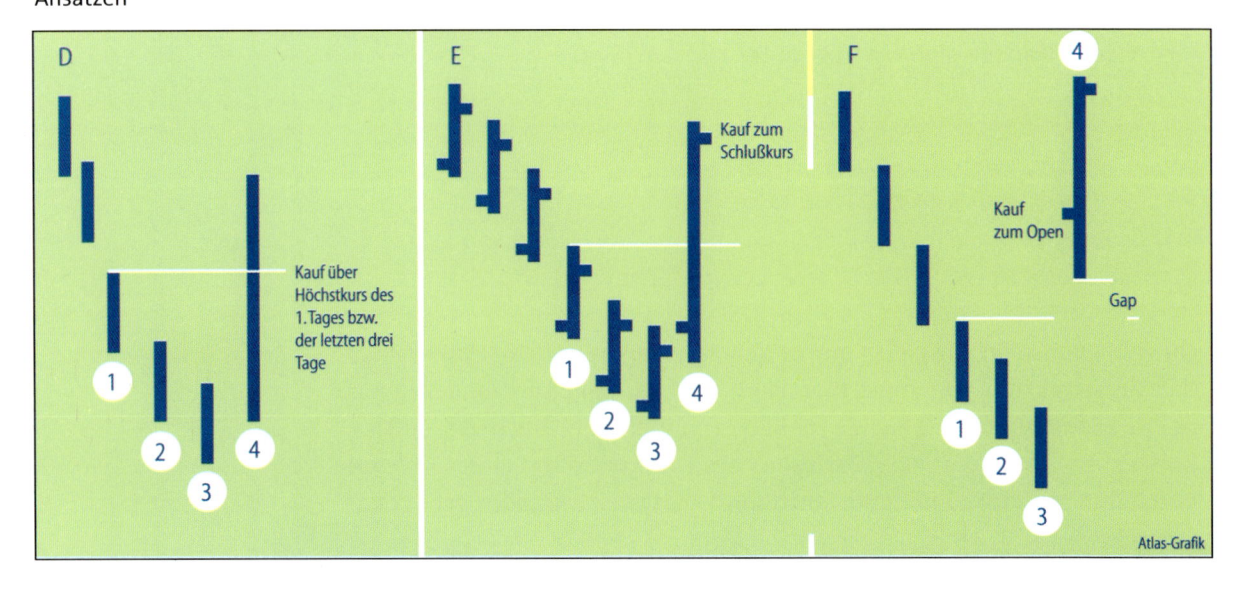

[5] Auf der Suche nach neuen Chart-Formationen

Die Anzahl der Tage, die für die Signalgenerierung verwendet werden, lässt sich natürlich beliebig verändern oder ausweiten. Mittel- bis langfristig orientierte Investoren verwenden zum Beispiel 20-Tages- oder gar 55-Tages-Reversals.

Micro-M Tops und Micro-W Bottoms

Die „Micro-M Top" und „Micro-W Bottom"-Ansätze sind im September 1997 von Thomas A. Bierovic, einem der renommiertesten Technischen Analysten der USA, im Magazin „Futures" vorgestellt worden. Bierovic verknüpft dabei ein Kursmuster mit der Divergenz-Formation eines Oszillators. Abbildung 93 zeigt Ihnen sowohl ein Verkaufssignal als auch ein Kaufsignal.

- Beim Verkaufssignal wird am Handelstag A ein neuer Höchstkurs erzielt.

- Der B Tag muss dann ein so genanntes „Down Close" (= Schlusskurs unter dem Eröffnungskurs = schwarze Kerze bei den Candlestick-Charts), der C-Tag ein „Up-Close" aufweisen.

- Wenn der Indikator darunter in dieser Phase eine „Negative Divergenz" („Bearish Divergence" = Kurse erreichen ein neues Top, das von dem Indikator nicht bestätigt wird, da dessen zweites Top niedriger ausfällt) ausbildet, dann gilt der Tiefstkurs des B-Tages als Verkaufslevel (bzw. ein Tick darunter). Das gleiche Prinzip gilt natürlich auch für ein Kaufsignal, nur umgekehrt.

Abbildung 93
„Micro-M Tops" und „Micro-W Bottoms" von Thomas A. Bierovic

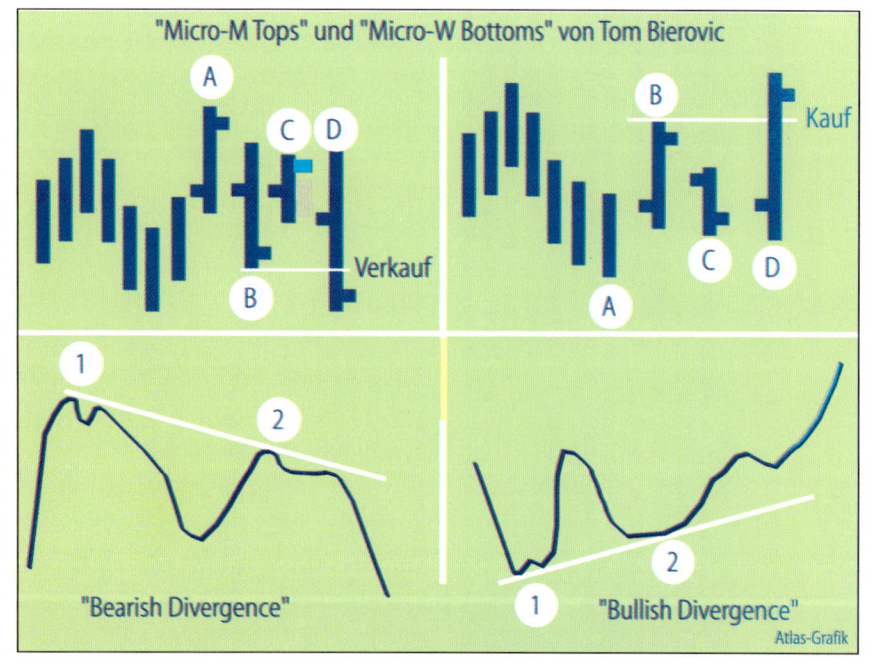

„NR4"-Formation
(Narrowest Range of the last 4 days)

Die „NR4"-Formation wurde 1990 von Toby Crabel in seinem Buch „Day Trading with short term price patterns and opening range breakout" vorgestellt. Sie basiert auf der Annahme, dass Tage mit geringer Handelsspanne von Tagen mit größerer abgelöst werden. Um diese Auffassung in ein Regelwerk zu fassen, das einen hohen Aussagewert hat, überprüfte Crabel verschiedene Relationen der High-/Low-Preisspannen. Dabei stieß er auf folgendes Phänomen:

> Immer dann, wenn die Handelsspanne eines Tages im Verhältnis zu den davor aufgetretenen den geringsten Wert aufwies, erfolgte oftmals am Tag darauf eine markante Kursbewegung („breakout day").

Abbildung 94 zeigt das Grundprinzip dieser Formation auf. Der Handelstag 4 hat die geringste Handelsspanne der letzten vier Tage. Da man am fünften Tag mit einer größeren Kursbewegung rechnen kann, legt man einen Tick/Punkt oberhalb der Höchstkurse des vierten Tages eine Kauforder und/oder einen Tick/Punkt unterhalb des Tiefstkurses eine Verkaufsorder in den Markt. Sobald man „gefüllt" wird, legt man eine so genannte „Stop&Reverse"-Order (alte Position glattstellen und neue in die Gegenrichtung eingehen) an das jeweils andere Ende des Kursniveaus des vierten Tages. Da es sich bei der NR4-Formation um einen volatilitätsbezogenen Ansatz handelt, können die Kurse am fünften Tag erst einen Ausbruch in die eine Richtung versuchen, bevor es mit Vehemenz in die andere geht. Sobald die Position in die Profit-Zone läuft, sollte man die Gewinne mit einem Trailing (nachlaufender) Stop sichern. Erzielt die Position binnen zwei Tagen keinen Profit und wurde sie bis dahin auch nicht ausgestoppt, sollte man sie schließen.

Obwohl die einzelnen Bars in den Abbildungen 94 und 95 zwecks Veranschaulichung gleichmäßig kleiner werden, ist dies nicht zwingend. Die jeweiligen Kursniveaus können völlig unterschiedlich sein. Die größte Kursspanne muss auch nicht am ersten Tag auftreten. Wichtig ist nur, dass der vierte Tag die geringste Preisspanne innerhalb der letzten vier Tage aufweist. Mittlerweile arbeitet man in der Branche auch mit 7er- oder 11er-Konstellationen bzw. mit Kombinationen verschiedener „NR"-Formationen.

Abbildung 94
„Narrowest Range of 4-days"-Formation

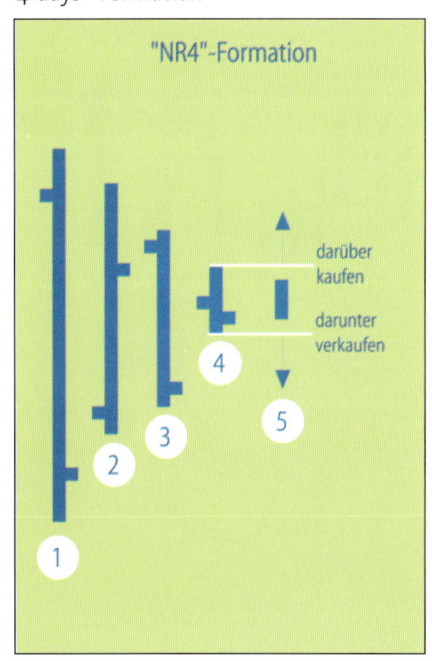

[5] Auf der Suche nach neuen Chart-Formationen

Abbildung 95 soll eine Erweiterung der „NR4"-Formation veranschaulichen. Um die hohe Anzahl von verlustbringenden „False Breakouts" (falsche Ausbrüche) zu verringern, hat Crabel damit experimentiert, die Kurse am fünften Tag erst einmal einen bestimmten (in automatisierten Handelssystemen optimierbaren) Wert über den Höchstkurs des vierten Tages, unter dessen Tiefstkurs oder einen bestimmten Betrag weg vom Eröffnungskurs laufen zu lassen, bevor er eine Position eingegangen ist. Dadurch konnte er die Signalqualitäten deutlich verbessern.

| Fazit |

Der enorme Aufwand der „Pattern"-Analyse lohnt sich. Ein wichtiger Vorteil stellt in jedem Fall die Möglichkeit dar, bestimmte Chart-Muster in Regeln zu fassen, deren Wirksamkeit man noch vor dem Trading an der Börse überprüfen kann. Wenn ein Anleger mit der Einschätzung der Märkte und Werte sowie mit der Interpretation von Indikatoren Schwierigkeiten hat, sollte er sich mit „pattern"-orientierten Handelsansätzen beschäftigen.

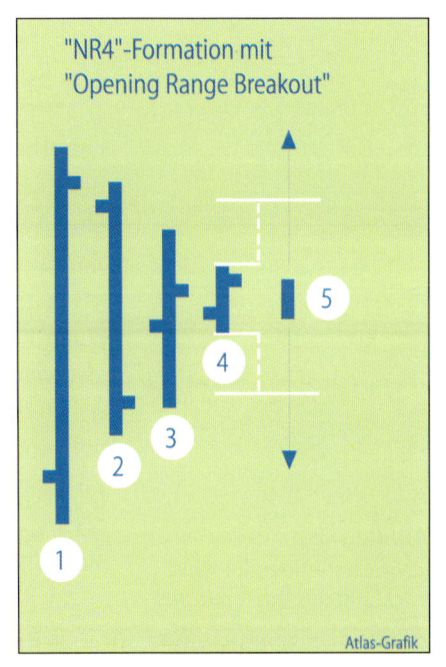

Abbildung 95
„NR4"-Formation mit einer „Opening Range Breakout"-Erweiterung

Eröffnungskurs-Formationen

Betrachtet man die verschiedenen Ansätze der Technischen Analyse, so wird man schnell feststellen, dass als Datengrundlage für die Berechnung von Indikatoren und für die Signalgebung bei Handelssystemen meist die Schlusskurse verwendet werden. In der einschlägigen Literatur finden sich nur selten Hinweise auf die markttechnische Relevanz der Eröffnungskurse (Open-Kurse). Scheinbar wird Ihnen von der Masse der Analysten nur wenig Bedeutung zugemessen. Und dies, obwohl japanische Reisbauern die Wichtigkeit der Open-Kurse bereits vor rund 300 Jahren erkannten und ihre Erkenntnisse in Form der Candlesticks manifestierten.

[Teil II] Jenseits der traditionellen Chart-Analyse

Symmetrie der Märkte

Um Ihnen die Signifikanz der Open-Kurse einmal aufzuzeigen, wurde mit dem neuen MK_Open-Close-Indikator von MK_Informationssysteme München eine Darstellungsform verwendet, bei der eine isolierte Betrachtung der Kursentwicklung ab dem jeweiligen Open-Kurs möglich ist. Abbildung 96 zeigt, welche Entwicklung die Kurse des Bund-Future vom jeweiligen Open-Kurs (siehe schwarze Punkte) aus im Tagesverlauf nehmen. Erstaunlicherweise entfernen sich die Kurse vom Eröffnungskurs aus nach oben und unten oftmals in gleichen Relationen (siehe Beträge im Chart), so dass man von einem symmetrischen Kursverhalten sprechen kann.

Leider sind die Werte nicht anhaltend stabil und identisch. Daher empfiehlt sich eine ständige Kontrolle und Korrektur der Zielmarken. In Abhängigkeit

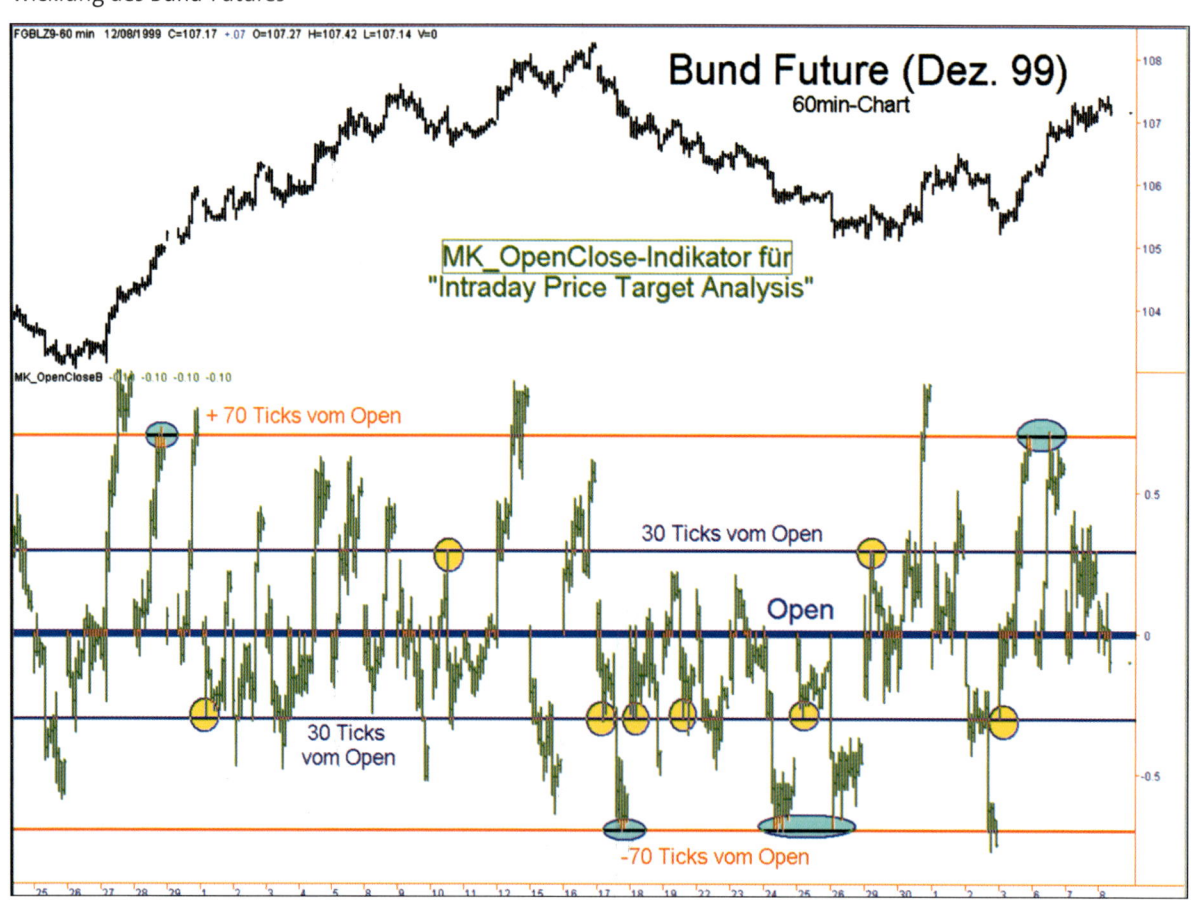

Abbildung 96
„Symmetrie" der Kursentwicklung des Bund-Futures

[5] Auf der Suche nach neuen Chart-Formationen

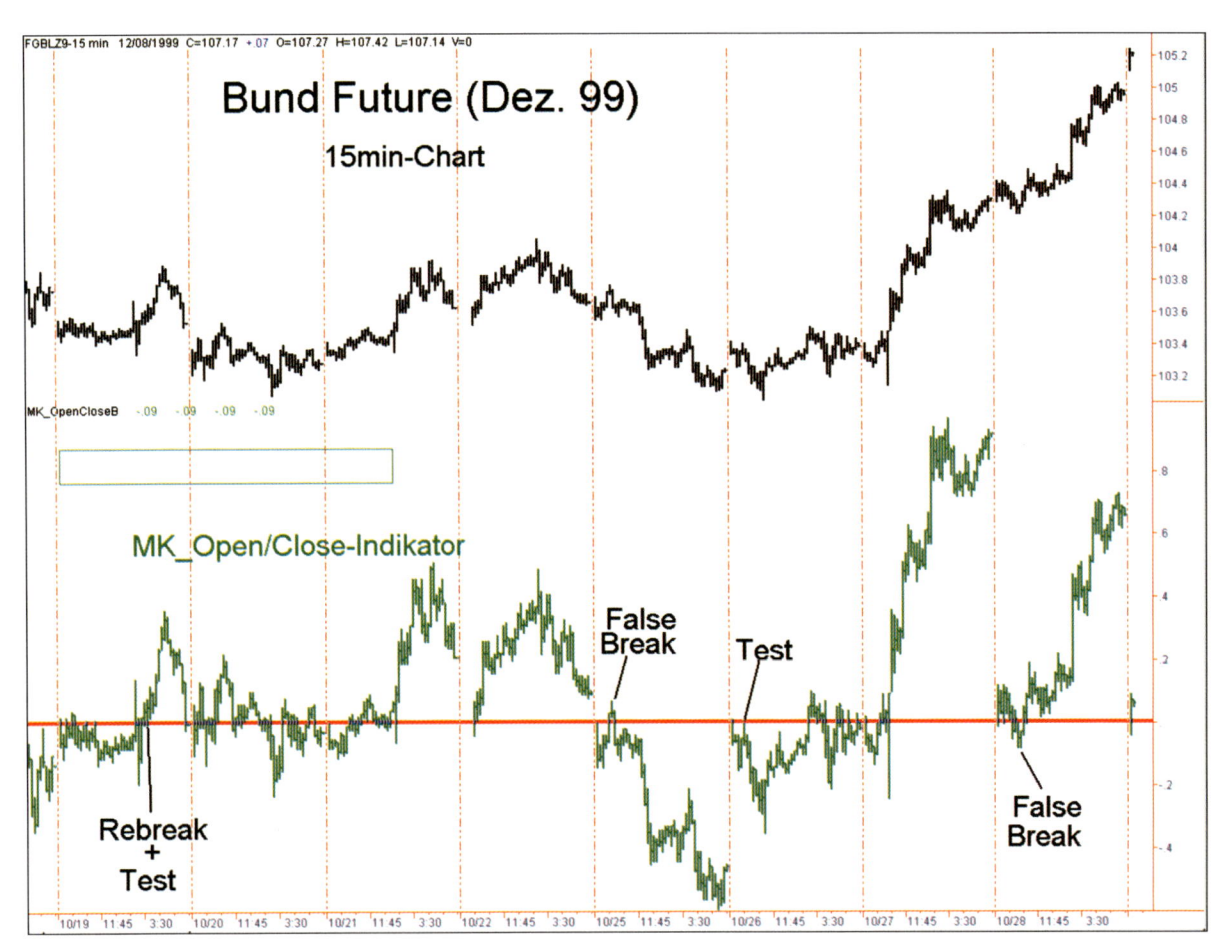

Abbildung 97
Formationen der Kurse nach dem „Opening"

von der Volatilität der Märkte können sie sich nämlich rasch verändern. In manchen Fällen bietet sich auch eine prozentuale Bewertung der Kursbewegungen an.

Die Darstellungsform des MK_Open/Close-Indikators verdeutlicht darüber hinaus aber auch, dass die Kurse eine einmal eingeleitete Bewegung im Verlauf des Tages häufig beibehalten (siehe Abbildungen 96 + 97). Meist testen die Kurse nach einem morgendlichen Breakout noch einmal das Niveau der Eröffnungskurse, bevor sie ihren Trend fortsetzen. Da sich mit dieser Vorgehensweise Parallelen bei den Verlaufsmustern der Intraday-Kurse und auch mögliche Tagestrends besser erkennen lassen, können die Regelmäßigkeiten im Kursverlauf für den Aufbau von Handelsstrategien genutzt werden. In Abbildung 97 finden sich drei Formationen, die erst durch den MK_OpenClose-Indikator deutlich und nachfolgend noch erläutert werden.

[Teil II] Jenseits der traditionellen Chart-Analyse

Abbildung 98
Kauf- und Verkaufsformation „Test" (… des Open-Levels)

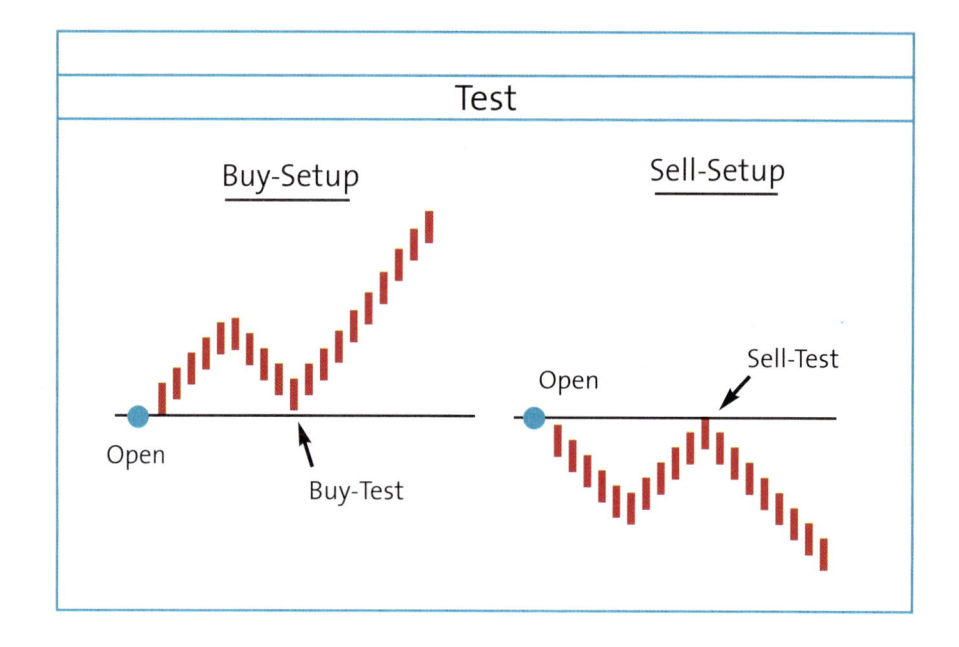

Die „Test"-Formation kann mit einer „Pullback Buy/Sell-Formation" der Point & Figure-Technik verglichen werden. Nachdem sich die Kurse mehr oder weniger weit vom Open-Kurs entfernt haben, testen die Märkte häufig noch einmal den „Opening-Preis" (siehe horizontale Linie), bevor sie ihren Tagestrend fortsetzen. Hier bieten sich Möglichkeiten der Positionierung.

Abbildung 99
Kauf- und Verkaufsformation „False Break"

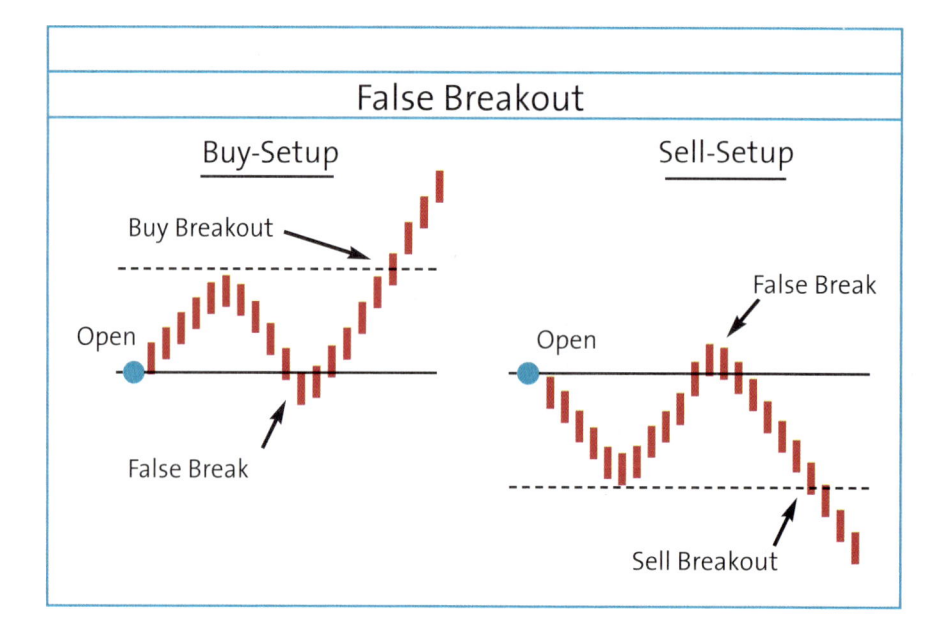

Bei der „False Break"-Formation wird das Niveau des Open-Kurses nach einem anfänglichen Trend erst einmal leicht verletzt (meist von „Locals" verursacht, die Stop-Entry-Orders „triggern" wollen), bevor sich die Kurse weiter in die entsprechende Richtung bewegen. Eine Position sollte man in diesem Fall erst nach dem Überwinden/Unterschreiten des ersten Tops/Lows des Tages eingehen (siehe gepunktete Linien). Erfolgt dies nämlich nicht, kann sich ein trendloser Markt ergeben, bei dem sich die Kurse im Verlauf des Tages nur in der Nähe des Open-Kurses aufhalten, nicht aber in eine Richtung ausbrechen.

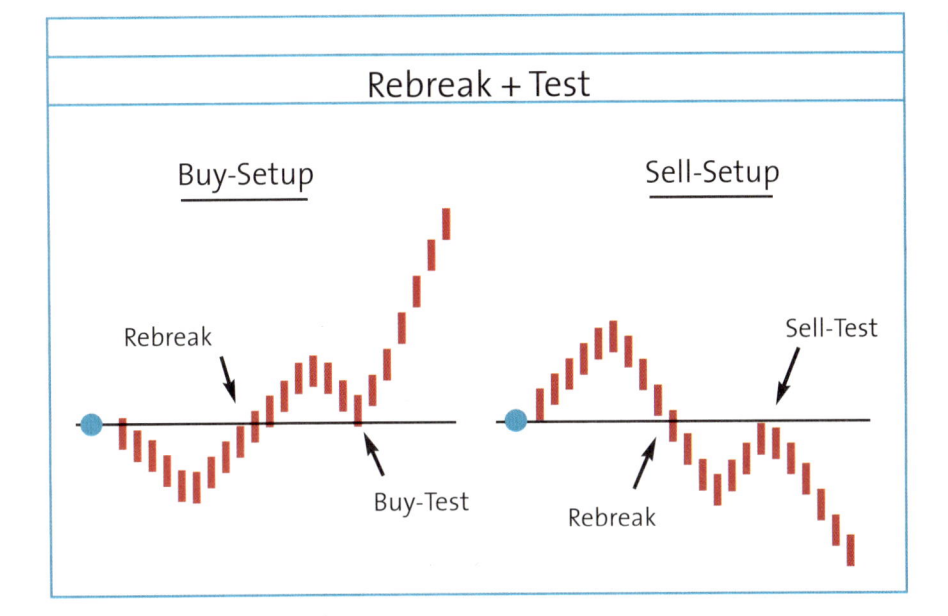

Abbildung 100
„Rebreak + Test"-Formation

Bei der „Rebreak + Test"-Formation handelt es sich um einen signifikanten Trendwechsel innerhalb der „Opening Range"-Phase, bei dem die erste Bewegung der Kurse in eine Richtung korrigiert wird, die Kurse nach einem „Rebreak" (Durchbruch) des Opening-Preises noch einmal auf dessen Niveau zurückfallen (testen), bevor sie sich erneut auf die Reise machen und die neue Trendrichtung bestätigen. Der Test (Pullback Buy/Sell) kann für eine Positionierung genutzt werden.

Weitere Handelsstrategien

Im Zusammenhang mit den Open-Kursen werden als Handelsstrategien häufig die Open-Range-Breakout- und die so gennanten „Open Price" (Plus/Minus x-Ticks)-Verfahren genannt. Bei einem Open Range Breakout-System wird beispielsweise die Schwankungsbreite der Kurse während eines bestimmten Zeitraumes nach Eröffnung (z. B. die ersten 60 Minuten) gemessen. Bewegen sich die Kurse anschließend über dem Höchst- oder unter dem Tiefstkurs dieser „Open-Range"-Phase, wird ein entsprechendes Signal generiert.

In der Abbildung 101 (DAX-Future) ist dieses Verfahren in Form der kleinen horizontalen Striche zu Beginn eines Handelstages skizziert, wobei die eingezeichneten Pfeile die Ausbruchsrichtung anzeigen. Je geringer dabei die „Open Range" ausfällt, desto erfolgreicher ist diese Methode. Während herkömmliche Ansätze davon ausgehen, dass man die Position zum Schlusskurs wieder liquidiert, greifen modernere Verfahren auf die

Abbildung 101
„Opening-Range-Breakout" mit Hilfe der „MK_Open/Close"-Darstellung

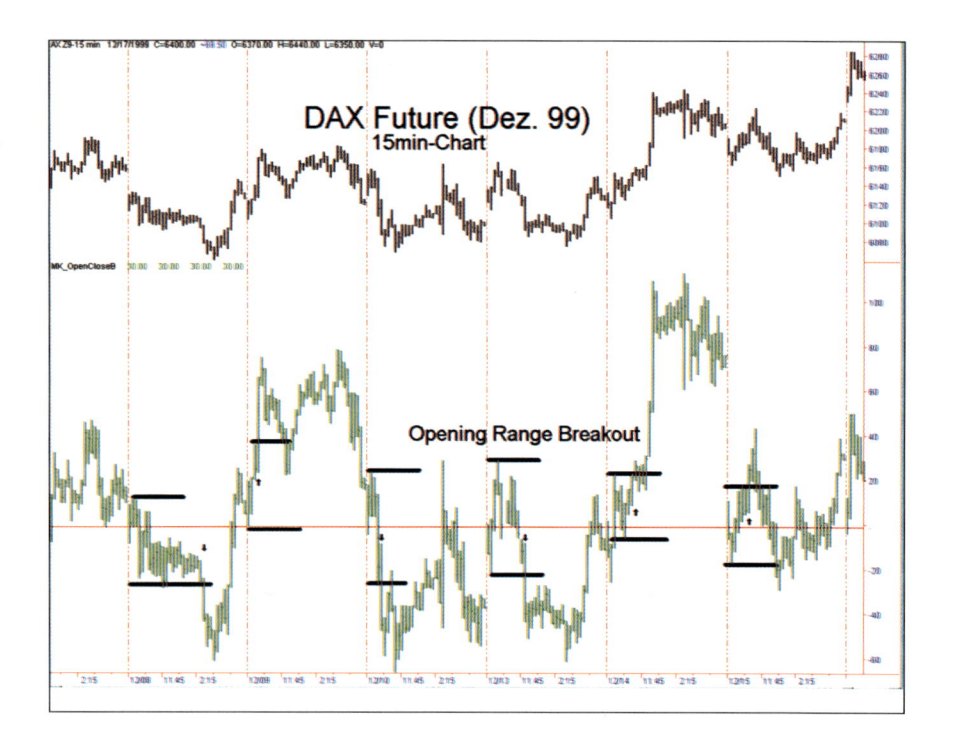

Erkenntnisse aus den symmetrischen Bewegungen der Märkte zurück. Demnach kann man eine Glattstellung der Position auch schon an den regelmäßig auftretenden Zielpunkten (symmetrische Extremwerte beim MK_ OpenClose-Indikator) vornehmen, anstatt auf den Schlusskurs zu warten, der vielleicht schon wieder von den Extremwerten zurückgelaufen ist. Beim DAX-Future wurden diese Zielmarken mit horizontalen Linien verbunden.

Bei einem „Open Price"-System handelt es sich um ein Verfahren, bei dem ein Signal erst dann generiert wird, wenn die Kurse ein bestimmtes Niveau über oder unter dem Open-Kurs durchbrechen. Zieht man die Abbildung 101 des DAX-Futures dafür beispielhaft heran, so könnte man ein Open-Price-Handelsansatz mit der folgenden Grundlage schaffen:

Open +/- x-Punkte = Long / Short (auch bei einem Intraday-Trendwechsel).

Zu diesem Thema hat Toby Crabel interessante Studien veröffentlicht. Ging man demnach zwischen 1983 und 1989 beim S&P-Future eine Long-Position 16 Ticks über dem Open-Kurs und eine Short-Position 16 Ticks unter dem Open-Kurs ein, so konnte man bei einer Schließung der Position zum jeweiligen Schlusskurs einen Gewinn von ca. 100.000 $ je S&P-Kontrakt erzielen. Kombiniert man diesen Handelsansatz mit einem volatilitätsorientierten 2NR-Pattern (= zwei Handelstage, deren Schwankungsbreite kleiner ist als die durchschnittliche Handelsrange der letzten 20 Tage) beim Crude Oil-Kontrakt, dann ergab sich zwischen 1983 und 1989 Folgendes:

> Etablierte man am Tag nach dem 2NR-Pattern eine Long-Position 20 Ticks über dem Eröffnungskurs und eine Short-Position 10 Ticks unter dem Eröffnungskurs, so konnte man eine Trefferquote von 73 bis 76% erzielen.

Regelwerk Da man die verschiedenen Ansätze mit Hilfe des MK_OpenClose-Indikators analysieren könnte, ließe sich auch ein entsprechendes Handelssystem erstellen. Die nachfolgenden Skizzen sollen diesbezüglich einige Beispiele für Einstiegssignale geben, die auf den Verhältnissen zwischen Open- und Schlusskursen basieren. Sie wurden bereits im August 1996 von William Brower im Stocks & Commodities-Magazin vorgestellt.

[Teil II] Jenseits der traditionellen Chart-Analyse

Abbildung 102
Kaufsignale auf Basis eines Open-/Schlusskurs-Verhältnisses

Pattern 1
If today´s Open - 30 ticks > yesterday´s close,
then buy at market

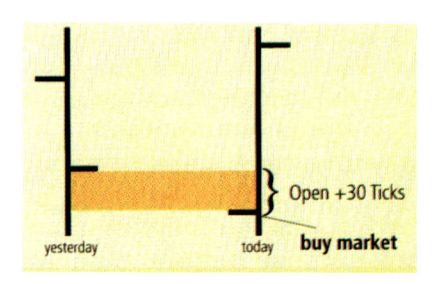

Pattern 2
If today´s Open + 30 ticks < yesterday´s close,
then buy at market

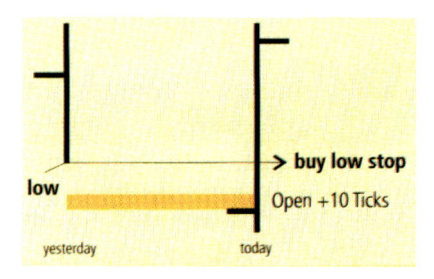

Pattern 3
If today´s Open + 10 ticks < yesterday´s low,
then buy at yesterday´s low stop

[5] Auf der Suche nach neuen Chart-Formationen

Abbildung 103
Verkaufssignale auf Basis eines Open-/Schlusskurs-Verhältnisses

Pattern 6
If today's Open - 20 ticks > yesterday's high,
then sell at yesterday's close stop

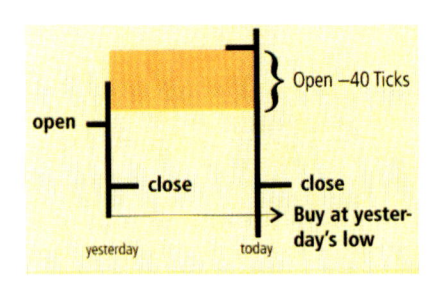

Pattern 7
If today's Open - 40 ticks > yesterday's close,
then buy at yesterday's low limit

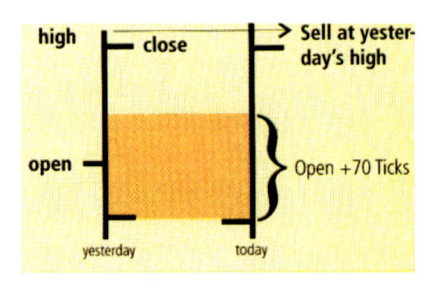

Pattern 8
If today's Open + 70 ticks < yesterday's close,
then sell at yesterday's high limit

[Teil II] Jenseits der traditionellen Chart-Analyse

Diese Beispiele zeigen die Systematik auf, mit der man Handelsstrategien umsetzen kann, die auf Basis der Verhältnisse zwischen dem Open-Kurs +/- X-Ticks und diversen Vortageskursen agieren. Wem dies zu komplex erscheint, dem bietet sich nachfolgend noch die „Opening Gap Reversal"-Formation als einfache Alternative an.

Opening Gap Reversal-Formationen

Bei dieser Formation eröffnen die Kurse mit einem Gap (Kurslücke) zu den Vortageskursen. Wenn die Kurse im Verlauf des Tages das Gap „schließen" und noch weiter zurücklaufen, dann wird eine Trendwende eingeleitet, die für eine Positionierung genutzt werden kann. Die ursprüngliche Regel lautet wie folgt:

Abbildung 104
Signale auf Basis von Gaps

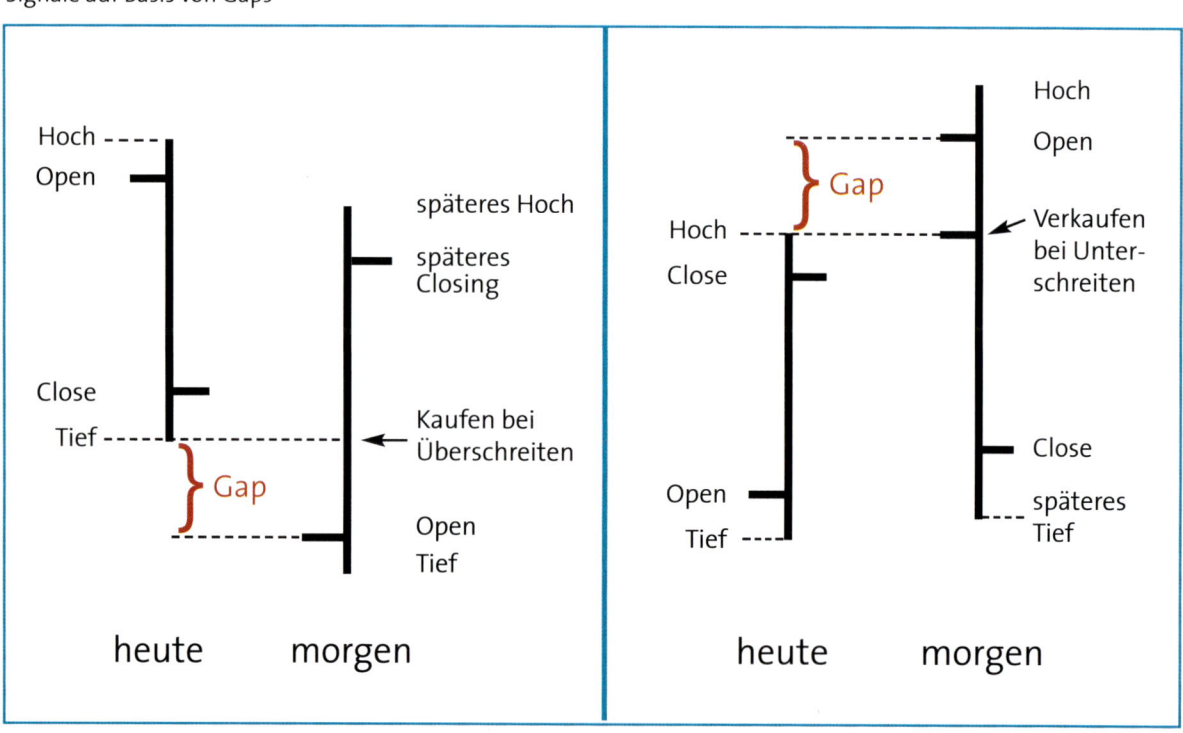

Bei einem ganz gewöhnlichen Intraday-Chart sieht dies wie aus wie in Abbildung 105 dargestellt.

[5] Auf der Suche nach neuen Chart-Formationen

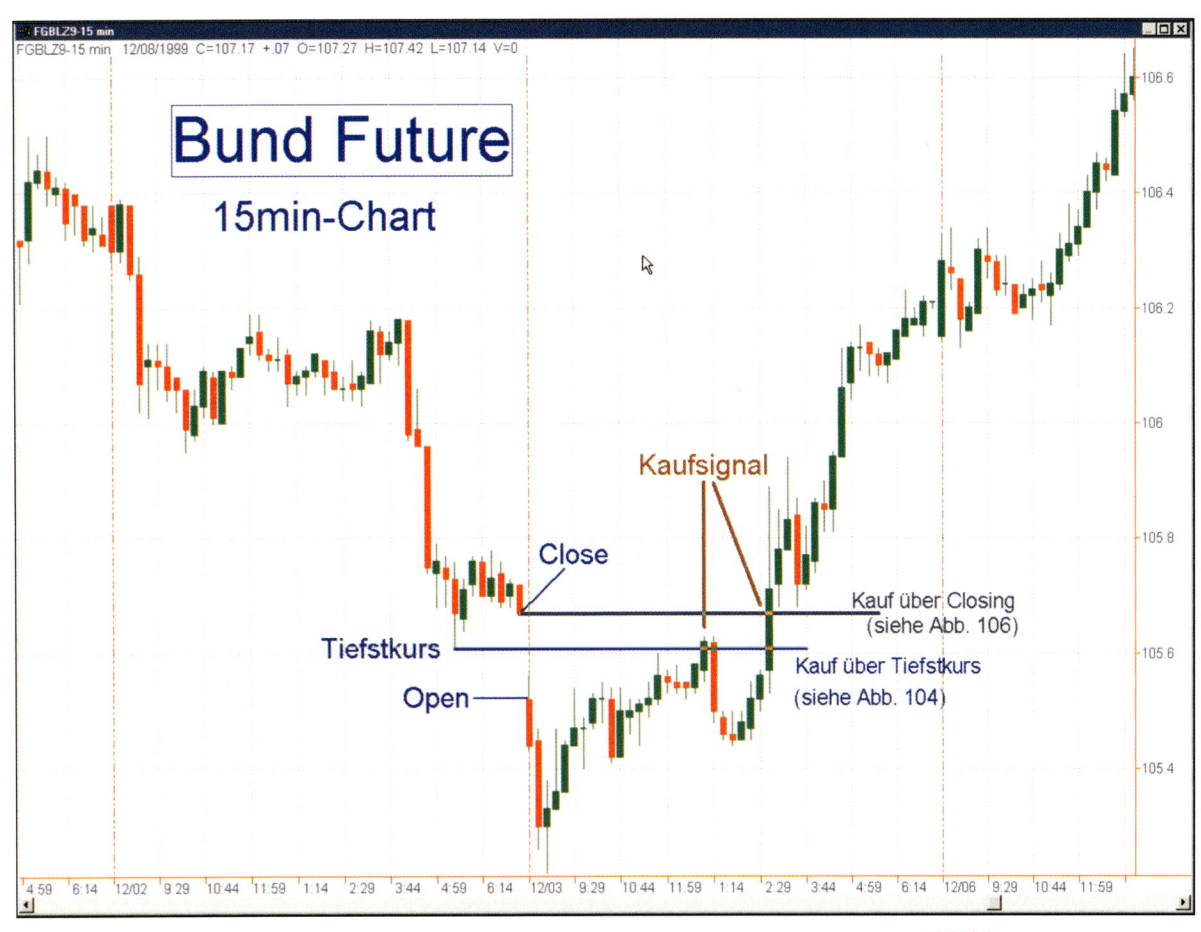

Abbildung 105
Kaufsignal im 15min-Chart des U.S. Treasury Bonds

Da diese Regel mittlerweile aber bei vielen Marktteilnehmern bekannt ist, werden die entsprechenden Marken von den „Locals" häufig kurz „getriggered", d. h. bei einem „Down gap" werden die gestrigen Tiefstpunkte kurz überwunden, bevor es weiter bergab geht, bei einem „Up gap" werden dagegen die gestrigen Höchstkurse kurz unterboten, bevor sich der Aufwärtstrend fortsetzt. Diese Form des „gap fillings" verursacht bei der ursprünglichen Regel entsprechende Fehlsignale. Daher bietet sich folgende Lösung an:

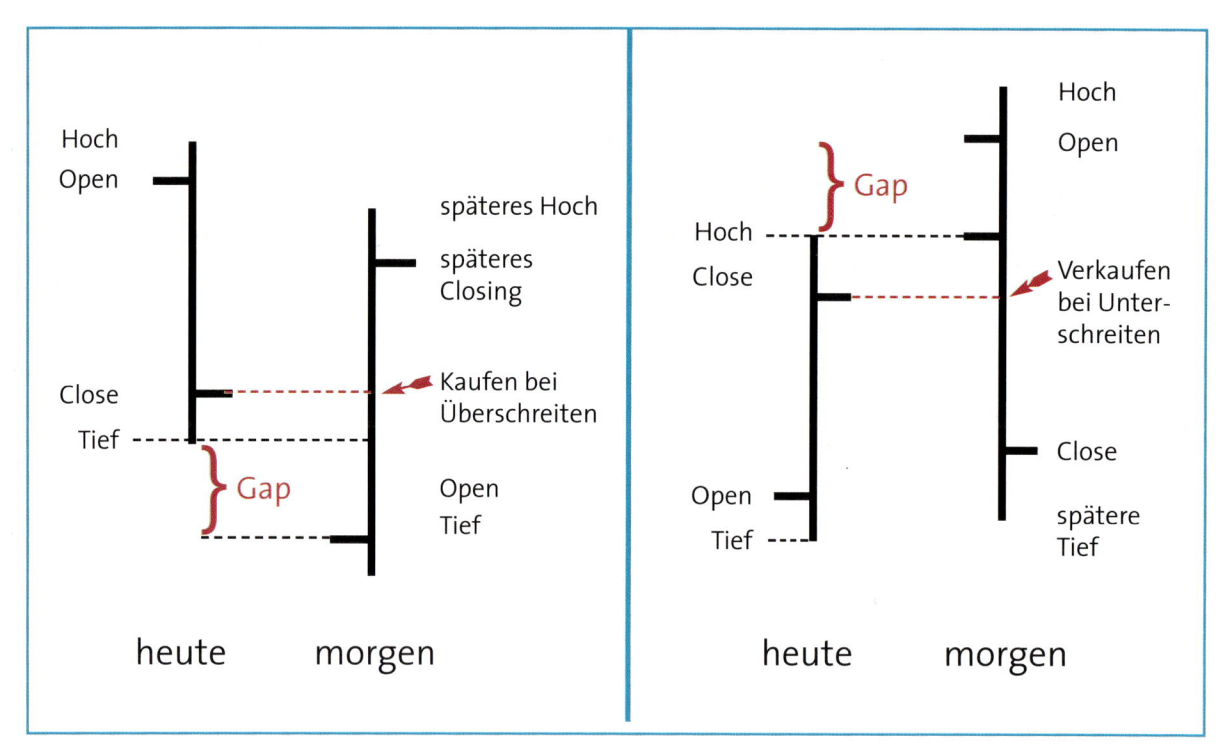

[Teil II] Jenseits der traditionellen Chart-Analyse

Abbildung 106
Verkaufssignale auf Basis eines Open-/Schlusskurs-Verhältnisses

Bei diesem Ansatz werden nicht die Höchst- oder Tiefstkurse verwendet, sondern auch die Schlusskurse des Vortages, wodurch ein gewisses Signalpolster geschaffen wird. Solche Regelwerke lassen sich natürlich beliebig erweitern.

> **Fazit**
> Bisher wurde in verschiedenen Studien und Statistiken festgestellt, dass der Open-Kurs eines Tages, bzw. eines Bars (z. B. 60Min-Bar) häufig sehr nahe an einem Extremkurs liegt, von dem aus eine Trendwende einsetzen kann. Insofern macht es sicherlich Sinn, die Open-Kurse selber genauer unter die Lupe zu nehmen. Mit Hilfe des MK_Open/Close-Indikators (siehe Anlage Internet-Adressen, Rubrik Indikatoren) lassen sich die Intraday-Kurse so darstellen, dass man die Relevanz des Opening-Preises besser erkennen und analysieren kann. Obwohl die Eröffnungskurse bisher kaum beachtet wurden, bieten sie Ihnen dennoch ein beträchtliches Analysepotenzial. Schauen Sie daher nicht nur nach dem, was die Masse anwendet, sondern was innovativ ist. Neben der reinen Kursbetrachtung gehört auch dazu, dass man beispielsweise Indikatoren und technische Studien auf Basis der Open-Kurse erstellt und testet.

> Im Grunde ist Aufgeschlossenheit gegenüber neuen Methoden das Charakteristikum, das für meinen Erfolg verantwortlich ist.
>
> **Gil Blake (Market Wizards)**

Teil Drei

Die technischen Indikatoren

6. Unterscheidung der Indikatoren
7. Trendfolger
8. Momentum-Oszillatoren
9. Trendbestimmungs-Indikatoren
10. Volatilitäts-Indikatoren
11. Indikator-Generationen im Vergleich

Vergleicht man das Trading an den hochmodernen, global vernetzten Finanzmärkten mit einem Formel-1-Rennen, dann würden sich viele der herkömmlichen Instrumente der Technischen Analyse schnell als chancenlose Opel Mantas entpuppen. Geht man mit lahmen Familienkutschen (altbackenen Methoden) an den Start, die nur noch für eine Ausflugsfahrt ins Grüne sinnvoll sind, wird man als Trader oder Investor von den „Silberpfeilen" oder Ferraris der Branche regelrecht überfahren. Die nächsten sechs Kapitel sollen Ihnen die Folgen und die Möglichkeiten eines solchen Rennens aufzeigen.

6 Unterscheidung von Indikatoren

Trotz der Vielfalt und des technologischen Fortschritts, mit dem die Technische Analyse heutzutage aufwarten kann, halten sich viele Anwender noch immer nur an relativ veraltete und wegen ihres „Einfachst-Regelwerks" oftmals auch als abenteuerlich zu bezeichnende Instrumente. In den letzten Jahren haben sie sich mit den bei uns populären Uralt-Indikatoren MACD, Momentum, RSI und Stochastik sowie deren Standardinterpretationen oftmals die Finger verbrannt (bzw. sind überfahren worden), was dem Ruf der Technischen Analyse geschadet hat. Um der daraus erwachsenen Skepsis, die auch gegenüber neuen Ansätzen vorherrscht, entgegenzutreten, werden nachfolgend die verschiedenen Indikatoren der jeweiligen Generation aufgeführt und miteinander verglichen.

Basis der Indikatoren

Bevor wir auf Details eingehen können, müssen einige grundsätzliche Dinge geklärt werden. Die meisten Indikatoren basieren auf mathematisch-statistischen Methoden, bei denen sämtliche Daten in Form einer intensiven Zeitreihenanalyse allen nur möglichen Denkansätzen unterworfen werden. Oftmals handelt es sich um Relationen, die zwischen verschiedenen Kursdaten aufgestellt werden. Als Berechnungsgrundlage dienen...

- Historische Kursdaten
- Umsatzvolumen, Open Interest und Orderbuch-Daten (z. B. Bid/Ask)
- Intermarket-, Fundamental- und Psycho-Daten
- Statistisch-mathematische Auswertungen (Differenzen, Ratios, usw.)
- Statistiken (z. B. über die Anzahl steigender und fallender Kurse).

Unter dem Oberbegriff „Indikatoren" tummeln sich eine ganze Reihe von Instrumenten, deren Vielfalt mittlerweile selbst von Profis kaum noch überblickt werden kann. Eine grundlegende Unterteilung kann in absolute und relative Indikatoren vorgenommen werden:

[Teil III] Die technischen Indikatoren

gegenüberliegende Seite:
Abbildung 107
Floreks Techno Tempel

Formen: absolute Indikatoren = Wert 1 +/- Wert 2

relative Indikatoren = $\dfrac{\text{Wert 1}}{\text{Wert 2}}$

Obwohl sich die meisten Quellen auf die gleichen Indikatoren beziehen, verwenden sie oftmals missverständliche Definitionen. Indikatoren, die sich aus einer absoluten Basis ergeben, werden als Trendfolge-Indikatoren bezeichnet. Indikatoren, die dagegen auf einer relativen Basis berechnet werden und deshalb um eine bestimmte Mittellinie oder innerhalb einer Bandbreite oszillieren, werden als Oszillatoren eingruppiert. Trendfolge-Indikatoren sollen Trends aufzeigen, Oszillatoren Überkauft-/Überverkauft-Situationen verdeutlichen. Man sollte Indikatoren bei der Anwendung jedoch nicht nach deren Berechnungsart einstufen, sondern nach deren Stärken und Schwächen in den jeweiligen Einsatzgebieten. Wenn man es beispielsweise schafft, die Verlaufsmuster der Oszillatoren weniger oszillieren zu lassen, dann treffen einige Momentum-Oszillatoren wesentlich bessere Trendaussagen als herkömmliche Trendfolge-Indikatoren.

Der Techno-Tempel
Der „Techno-Tempel" stellt einen Versuch dar, die Vielzahl der Indikatoren in vier verschiedene Gruppen einzustufen. Um dabei nicht den Überblick zu verlieren, wurde die herkömmliche Einteilung der Indikatoren größtenteils beibehalten.

Trendfolge-Indikatoren
Diese sind darauf ausgerichtet, die vorherrschende Trendrichtung anzuzeigen. Ein bestimmter Trend (aufwärts, abwärts oder seitwärts) hat so lange Gültigkeit, bis ein Trendfolge-Indikator eine Änderung anzeigt. Da sie meist irgendeine Glättungskomponente beinhalten, die kleinere Kursausschläge herausfiltert, müssen die Kurse schon größere Bewegungen absolvieren, bevor sich ein „Trendfolger" dreht. Dadurch laufen sie den Kursen hinterher.

Momentum-Oszillatoren
Der Begriff „Oszillation" kommt ursprünglich aus dem Bereich der Elektrotechnik und steht für Schwingung bzw. regelmäßiges Hin- und Herschwingen. Ein Momentum stellt die Schwungkraft des Marktes dar. Aufgrund ihrer Berechnungsart werden fast alle Momentum-Oszillatoren innerhalb einer bestimmten Bandbreite formalisiert. Sie schwingen entweder um eine

[6] Unterscheidung von Indikatoren

Floreks Techno-Tempel

Trendfolge-Indikatoren
- GDs
- MACD
- Trix
- VIDYA
- CCI
- Point of Balance
- KAMA
- RMI
- Polarized Fractal Efficiency

Momentum-Oszillatoren
- Momentum
- RSI
- Stochastik
- TD REI
- Chaikin Oscillator
- CMO
- Projection Oscillator
- Double Smoothed Stochastik

Trendbestimmung
- DMI
- ADX
- RAV
- RWI
- AROON

Sonstige
- Envelopes and Bands
- Volume & Open Interest
- Market Sentiment

Volatilitäts-Indikatoren
- Standard Deviation
- 6/100er-Volatility
- VHF
- Chaikin's Volatility
- Dynamic Momentum Index (DMI)

Kursdaten, Volumen, und Open Interest, Bid&Ask-Werte

Statistiken, Differenzen, Ratios, Sentiments, Fundamentals, Volatilitäten

Quantifizierung börsenpsychologischer Verhaltensparameter und Kursmuster

183

Nullachse oder innerhalb eines Prozentbandes. Sobald Oszillatoren sich in ihren Extrembereichen aufhalten, deutet dies auf eine Überhitzung der bisherigen Marktgeschehnisse hin. Da sie aus den Extremzonen wieder zurükklaufen, sobald die Schwungkraft des Marktes nachlässt, die Kurse i. d. R. aber den Trend noch etwas beibehalten, laufen sie der tatsächlichen Kursentwicklung vorweg.

Trendbestimmungs-Indikatoren

Die Hauptfrage, die sich alle Analysten und Händler stellen, ist, ob ein Trend vorliegt oder eine Seitwärtsphase (Range Trading). Von der Beantwortung dieser Frage hängt der Erfolg der unterschiedlichen Analyseinstrumente und Handelsstrategien ab. Trendbestimmungsindikatoren sollen keine Kauf- oder Verkaufssignale liefern, sondern lediglich als Filter für die Auswahl der anderen Instrumente dienen. Liegt ein Trend vor, dann bieten sich Trendfolge-Indikatoren, trendkonforme Signale der Oszillatoren und „Breakout"-Verfahren an. Bei einem Range Trading kann man dagegen auf die so gennanten „Contrarian"-Ansätze zurückgreifen. Hierzu zählen die „Überkauft/Überverkauft"-Interpretationen, Divergenzen oder „False Breakouts".

Volatilitäts-Indikatoren

Die Volatilität ist eine Kennzahl für die Schwankungsintensität eines Marktes. Da sich die Märkte zwischen ruhigen und volatilen Phasen ständig hin- und herbewegen, macht es Sinn, dies zu quantifizieren. Volatilitäts-Indikatoren messen den Stand der aktuellen Schwankungsintensität, um daraus die Entwicklung der zukünftigen Elastizität eines Marktes bestimmen zu können. Die Erkenntnis daraus kann zum Beispiel für Breakout-Systeme verwendet werden.

Sonstige

Unter dieser Rubrik wurden vier Indikator-Gruppen aufgelistet, die im Rahmen dieses Buches nicht weiter erläutert werden. Gleichwohl haben sie ihre Anhänger und sind in vielen Standardwerken der Technischen Analyse zu finden. Zu ihnen zählen:

- Volumen- und Open Interest-Indikatoren
- Envelopes/Bands und Channel-Indikatoren
- Sentiment-Indikatoren
- Exit-Indikatoren

[14] Unterscheidung von Indikatoren

Um Ihnen die Unterschiede der jeweiligen Indikator-Generationen zu verdeutlichen, wurden in diesem Buch die Begriffe „Oldies", „Newcomer" und „Next Generation" gewählt.

Oldies
Hierzu zählen die herkömmlichen, bei uns so populären, aber dennoch völlig veralteten Indikatoren der ersten „Techniker-Generation" (50er-70er Jahre). Ohne ihren Wert für die Technische Analyse mindern zu wollen, bleibt festzuhalten, dass diese „Dinosaurier" zu einer Zeit entwickelt wurden, als die Computertechnologie noch in ihren Anfängen steckte.

Newcomer
Bei dem Begriff „Newcomer" handelt es sich ebenfalls um relativ alte Studien, die vorwiegend aus den 80er-Jahren (teilweise auch 90ern) stammen. Sie weisen aber aufgrund des Einsatzes modernerer Software bereits bessere Detaillösungen auf als die „Oldies".

Next Generation
Unter diese Rubrik fallen nicht etwa Indikatoren, die gerade in den Forschungslabors innovativer HighTech-Firmen für das neue Jahrtausend entwickelt wurden. Wenn es überhaupt ein Unternehmen gibt, das den Instrumenten der Technischen Analyse so viel Aufmerksamkeit zukommen lässt, dann werden ihre Lösungen wegen der Kostenamortisation vorerst im Verborgenen bleiben. Die hier vorgestellten „Indikatoren der nächsten Generation" wurden von „Tüftlern der Branche" mit der heute verfügbaren Software erstellt. Sie zeichnen sich durch versiertere Detaillösungen und verbesserte Signalausprägungen bzw. Signalqualitäten aus. Da die meisten von ihnen erst in den 90er-Jahren veröffentlicht wurden, haben sie häufig noch nicht den Einzug in das Repertoire der Profi-Anwender gefunden, so dass man durchaus von „Next Generation" sprechen kann. Trotz aller Überlegenheit stellen sie aber nicht das Nonplusultra dessen dar, was möglich wäre. Im Webseiten-Anhang Nr. 5 finden Sie einige Quellen für solche Indikatoren.

Bevor wir auf die einzelnen Indikatoren eingehen, sollte noch festgehalten werden, dass es sich bei einer so gennanten „Trigger-Linie" um die Signallinie eines Indikators (i. d. R. ein Gleitender Durchschnitt des Indikators) handelt und „Parameter" in der Regel die Periodenlänge bzw. sonstige Einstellungskomponenten einer Formel sind. Da die Wahl der Periodenlänge und der anderen Parameter einen starken Einfluss auf die Verlaufsmuster eines

Indikators haben, ist es angebracht, diese zu variieren, um diejenigen Einstellungen herauszufinden, die die besten Ergebnisse liefern.

Lassen Sie sich von den Standardeinstellungen und -regeln der Indikatoren in Ihrer Anwendungsfantasie nicht beschränken. Man kann nämlich einen Stochastik-Indikator, der als Momentum-Oszillator offiziell die überkauften und überverkauften Perioden anzeigen soll, auch zum Trendfolge-Indikator umfunktionieren. Um Ihnen die unterschiedlichen Verlaufsmuster der Indikatoren aufzuzeigen, finden Sie in den nachfolgenden Abbildungen jeweils das Ergebnis mehrerer Parametereinstellungen vor. Teil 4 dieses Buches zeigt Ihnen darüber hinaus auf, wie Sie vorgehen sollten, um mit der Vielfalt der Indikatoren systematisch experimentieren zu können.

7 Trendfolger

Die „Oldies"
(Gleitende Durchschnitte, MACD, TRIX)

Gleitende Durchschnitte

Die Gleitenden Durchschnitte (GD), auch Moving Averages (MA) genannt, sind die am häufigsten verwendeten Trendfolge-Indikatoren und dienen zur Glättung der Kursverläufe. Gleitende Durchschnitte sind eine Methode zur Berechnung des durchschnittlichen Wertes von Kursen oder eines Indikators über eine spezifizierte Anzahl von Zeitperioden. „Gleitend" bedeutet, dass mit jedem neuen Kurs der älteste Kurs des Betrachtungszeitraumes aus der Berechnung herausfällt. Je größer die gewählte Periode ist, desto flacher verläuft ein Gleitender Durchschnitt und desto größer ist seine glättende Wirkung (desto mehr Schwankungen werden eliminiert).

Einfache Gleitende Durchschnitte

Bei einem „Einfachen GD" wird der arithmetische Mittelwert des Kurses im Beobachtungszeitraum errechnet. Die Kurse (meist Schlusskurse einer Zeitperiode) werden dabei addiert und durch ihre Anzahl (Periode) dividiert. Jedem Kurs wird somit das gleiche Gewicht eingeräumt.

Formel: $$MOV_t = \frac{1}{n} \sum_{i=t}^{t-n+1} X_i$$

n..........Periode

Gewichtete Gleitende Durchschnitte

In einem „Gewichteten GD" wird den aktuellen bzw. jüngeren Kursen ein höheres Gewicht zugestanden als den weiter zurückliegenden. Jeder einzelne Kurs im Betrachtungszeitraum (Periode) wird mit einem Gewichtungsfaktor multipliziert, wobei der aktuelle Kurs den größten erhält und der letzte den kleinsten. Das Ergebnis wird durch die Anzahl der Perioden dividiert.

Formel:
$$MOV\_W_t = \frac{W_1 X_t + W_2 X_{t-1} + \ldots + W_n X_{t-n+1}}{W_1 + W_2 + \ldots + W_n}$$

n..........Periode   W.................Gewichtungsfaktor

Exponentiell Gewichtete Gleitende Durchschnitte

Der „Exponentiell Gewichtete GD" räumt den aktuellen Kursen zwar auch ein höheres Gewicht ein, die Berechnung bezieht sich jedoch nicht auf eine festgelegte Periode, sondern berücksichtigt sämtliche Kurse der vorhandenen Datenreihe. Dies wird erreicht, indem vom heutigen Kurs der Exponentielle GD von gestern subtrahiert, und diese Differenz anschließend mit einem exponentiellen Wertungsfaktor multipliziert wird. Eine Addition dieses Produktes zum Exponentiellen GD von gestern ergibt seinen heutigen Wert.

Formel:
$$SF = \frac{2}{n+1} \quad MOV\_E_t = MOV\_E_{t-1} + (SF \cdot (X_t - MOV\_E_{t-1}))$$

n..........Periode

Interpretationen:
- Die einfachste Regel lautet wohl, dass ein Kaufsignal generiert wird, sobald die Kurse die Linie des GDs von unten nach oben überwinden, analog ein Verkaufssignal, wenn die Kurse den GD von oben nach unten schneiden. Diese Philosophie findet man besonders bei langen GDs, wie der berühmten 200-Tageslinie.

[7] Trendfolger

- Wenn die Kurse oftmals an die Linien der GDs heranlaufen, ohne sie signifikant zu durchbrechen, spricht man von Widerstands- und Unterstützungs-Niveaus (siehe „W" und "U" in Abbildung 108) bzw. von Tests der GDs (auch „Pullbacks" genannt).

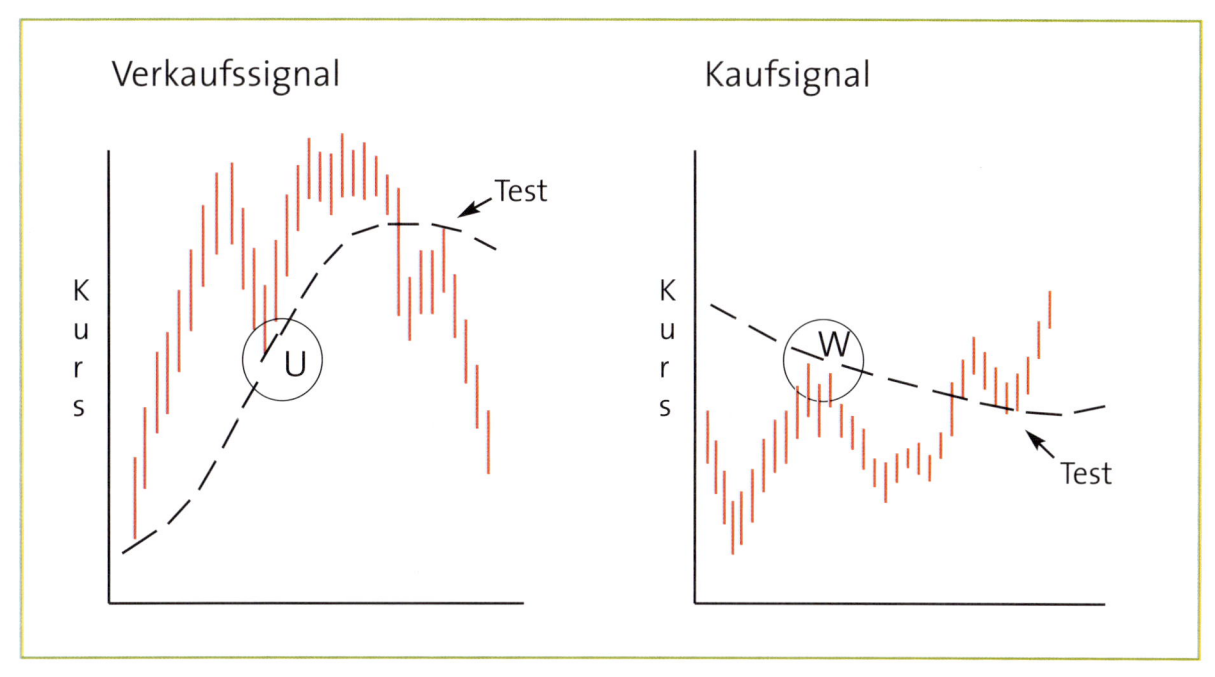

Abbildung 108
Kauf und Verkaufssignale (siehe Pfeile), Unterstützungs- und Widerstandslinien (siehe U und W) sowie Tests der Gleitenden Durchschnitte

- Die Glättungsfunktion der „Gleitenden Durchschnitte" filtert kurzfristige Kursschwankungen und gibt so den Blick für den vorherrschenden Trend frei. Ein aufwärtsgerichteter GD zeigt einen Aufwärtstrend an, ein fallender GD einen Abwärtstrend. Kauf- und Verkaufssignale werden demzufolge generiert, wenn ein GD seine Richtung wechselt.

- Oft werden mehrere GDs mit unterschiedlichen Perioden kombiniert und auf Überkreuzungen (Crossover) zwischen diesen geachtet. Ein Kaufsignal wird generiert, sobald ein kurzfristiger GD (kleinere Periode) den längerfristigen GD von unten nach oben schneidet. Analog liefert ein Schnitt des kürzeren GD mit dem längerfristigen GD von oben nach unten ein Verkaufssignal. Auf der nachfolgenden Seite werden Ihnen die verschiedenen Ansätze kurz vorgestellt.

[Teil III] Die technischen Indikatoren

Zwei Gleitende Durchschnitte

In den 60er- Jahren galt die Kombination von zwei GDs unter den professionellen Anwendern in den USA als „state-of-the-art" der Technischen Analyse. Richard D. Donchian stellte bereits 1961 seinen 5/20er-Ansatz vor, der noch heute als Grundlage vieler Handelssysteme herangezogen wird. In der Regel bilden die Zahlen der Fibonacci-Zahlenreihe (z. B. 3, 5, 8, 13, 21, 38, 55, 89...) die Basis für die Auswahl der Perioden. So findet man im Aktienbereich oftmals die 21/55er- oder 38/200er-Kombination. In den Rentenmärkten liebäugeln Analysten dagegen mit der 10/20er-Einstellung.

Drei Gleitende Durchschnitte

In diesem Handelsansatz werden drei GDs eingesetzt, wodurch eine größere Anzahl von Handelsvarianten entsteht, wie zum Beispiel Gewinnmitnahme- und Reentry (Wiedereinstiegs)-Strategien. Eine der bekanntesten Kombinationen stammt von dem Amerikaner R. C. Allen (4-9-18er). Sie besagt:

- Kauf und Verkauf bei einem Schnitt des 9er durch den 18er-GD.
- Gewinnmitnahme, wenn der schnelle 4er-GD den 9er schneidet.
- Reentry-Signal in die Richtung des längerfristigen Trends, wenn der 4er-GD den 9er in Trendrichtung schneidet, ohne das beide den 18er-GD berührt haben.

Abbildung 109:
Glättungseffekte der Periodenlänge (siehe obigen Teil des Charts) sowie ein Zweier- und Dreier-Ansatz mit GDs.

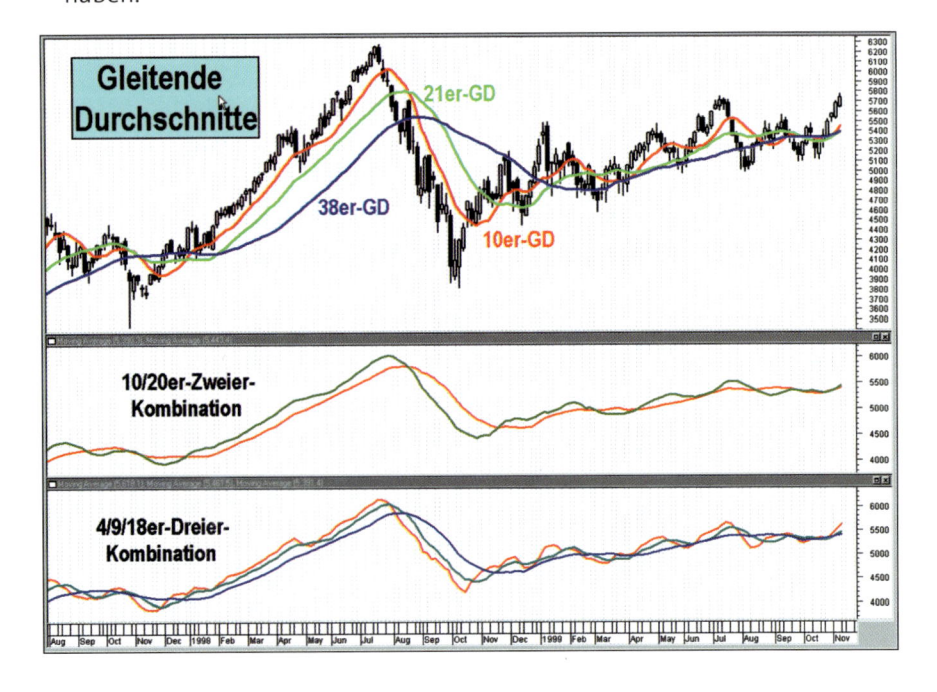

Doppelter Zweier

Eine weitere Spielart stellt der „Doppelte Zweier" dar. Signale der kurzfristigen Zweier-Kombination werden nur in die Richtung gehandelt, die von einer längerfristigen Zweier-Kombination vorgegeben wurden. Wenn beispielsweise der Schnitt einer 5/20er-Kombination ein Kaufsignal generiert, dann hat dieses nur Gültigkeit, wenn die 21/89er-Kombination dies bestätigt (der 21-Tages-Durchschnitt muss über dem 89er liegen und beide sollten ansteigend verlaufen).

Stärken der GDs:
- Ihre Geradlinigkeit trägt dazu bei, dass Anwender nicht durch zu viele Signale aus der Ruhe gebracht werden.

- Sie haben ein hervorragendes Aufwand-Nutzen-Ratio, da sie trotz ihrer Einfachheit relativ gute Trendindikationen geben. Ihre Stärken stechen vor allem dann hervor, wenn man sie mit anderen Indikatoren kombiniert. Wenn man beispielsweise drei GDs gleichzeitig einsetzt, dann kann man anhand der Veränderungen des Abstandes zwischen diesen Aussagen über die vorherrschende Trendstärke treffen.

Schwächen:
- Da sie als geglättete Trendfolge-Indikatoren eher verspätete Auskünfte über die Märkte geben, liefern sie gerade in Seitwärtsmärkten (insbesondere in volatilen), in denen sich die Trendrichtungen schnell ändern (z. B. DAX 1999), zu viele Fehlsignale. Was in Trendphasen verdient wird, geht in volatilen Seitwärtsmärkten verloren.

Tipps:
- Setzen Sie die GDs als Signalfilter ein. Bei fallenden GDs zeigen die Verkaufssignale der Oszillatoren (z. B. Stochastik) gute Ergebnisse und umgekehrt auch die Kaufsignale.

- Wenn Sie in einem Aufwärtstrend ein Verkaufssignal vom 5/20er bekommen haben, der Markt dann aber weiter steigt, verhilft Ihnen die 3/12er-Kombination zu einem schnellen „Reentry" (=Wiedereinstieg in Richtung des Trends).

- Einige Chart-Programme bieten nach rechts versetzte GDs („Displaced MA´s") an. Mit diesem Effekt können Sie häufig bessere Unterstützungs- und Widerstands-Level erhalten als mit herkömmlichen GDs.

- Obwohl mehrfach nachgewiesen wurde, dass es keine Kombination gibt, die an den Börsen langfristig und kontinuierlich Geld verdient, gibt es noch immer Leute, die sich mit der Geheimnistuerei ihrer „magischen" Kombination wichtig machen wollen. Glauben Sie denen kein Wort! GDs sollte man nur in Verbindung mit anderen Indikatoren oder „Price Pattern" einsetzen.

MACD – Moving Average Convergence Divergence

Der MACD-Indikator wurde 1979 von Gerald Appel vorgestellt und gehört wohl zu den beliebtesten Instrumenten der Technischen Analyse. Die Basis für seine Berechnung bilden zwei EMAs („Exponentiell Gewichtete Moving Averages", hier ein 12er und ein 26er), die voneinander subtrahiert werden. Das Ergebnis wird als Linie dargestellt und zusätzlich mit einer 9er EMA-Signallinie versehen, so dass ein Zwei-Linien-Modell entsteht.

Formel: $\quad MACD = XMA_1 (12\ Tage) - XMA_2 (26\ Tage)$

XMA = exponentiell geglätteter gleitender Durchschnitt

Interpretationen:
- Wenn der MACD ansteigt, liegt ein Aufwärtstrend vor, wenn er fällt, ein Abwärtstrend.

- Sobald der MACD seine Signallinie von unten nach oben kreuzt, ist ein Kaufsignal gegeben. Analog gilt ein Verkaufssignal, wenn der MACD die Signallinie von oben nach unten kreuzt.

- Obwohl behauptet wird, dass die besten Signale des MACD immer dann auftreten, wenn er möglichst weit von seiner Mittellinie entfernt ist, stimmt dies nicht. Ein weiter Abstand signalisiert eine hohe Trendintensität. Wenn man in solchen Phasen gegen den Trend handelt, kann man

[7] Trendfolger

sich schnell „die Finger verbrennen". Meist bildet der MACD erst so genannte Mehrfach-Divergenzen (siehe Kapitel 12) aus, bevor ein Trendwechsel einsetzt.

Stärken:
- Dafür, dass der MACD zu den trägen Trendfolge-Indikatoren zählt, zeigt er Trendwechsel relativ schnell an.

- Der MACD weist keine allzu großen Ausschläge auf, so dass nervöse Anwender seltener Zweifel am Aussagestatus des aktuellen MACDs haben.

Schwächen:
- In lang anhaltenden Trendphasen dreht der MACD zu oft gegen die Richtung des Haupttrends, so dass zu viele Fehlsignale generiert werden. In diesen Fällen spricht man von Mehrfach- Divergenzen.

- Volatiles Range Trading hat eine vernichtende Wirkung auf die Performance des MACD, da die Signale wegen des leichten Verzögerungseffekts zu spät generiert werden.

Tipps:
- Setzen Sie Trendlinien (siehe Kapitel 13) ein, um die Aussagekraft des MACD´s zu optimieren. Achten Sie auf Signale, die ihren Ausgangspunkt in der Nähe der Mittellinie haben. Je näher Divergenzen an der Mittellinie liegen, desto markanter sind die Signale.

- Manche Analysten verwenden die Verlaufsmuster eines MACDs in einem Wochen-Chart als Filter, um nur die Signale eines MACDs im Tages-Chart zu handeln, die in Richtung des Wochen-Chart-MACDs laufen. Hier sollten Sie wissen, dass dadurch wertvolle Signale eliminiert werden.

- Sie können die Resultate eines MA-Crossover-Systems deutlich verbessern, wenn Sie auf einen Ausbruch über das Hoch (= Kauf) oder unter den Tiefstkurs (= Verkauf) des Tages warten, an dem die Überkreuzung passierte.

[Teil III] Die technischen Indikatoren

Abbildung 110
Der MACD-Indikator mit seiner traditionellen 12/26er-Einstellung (Mitte) und zwei Alternativen

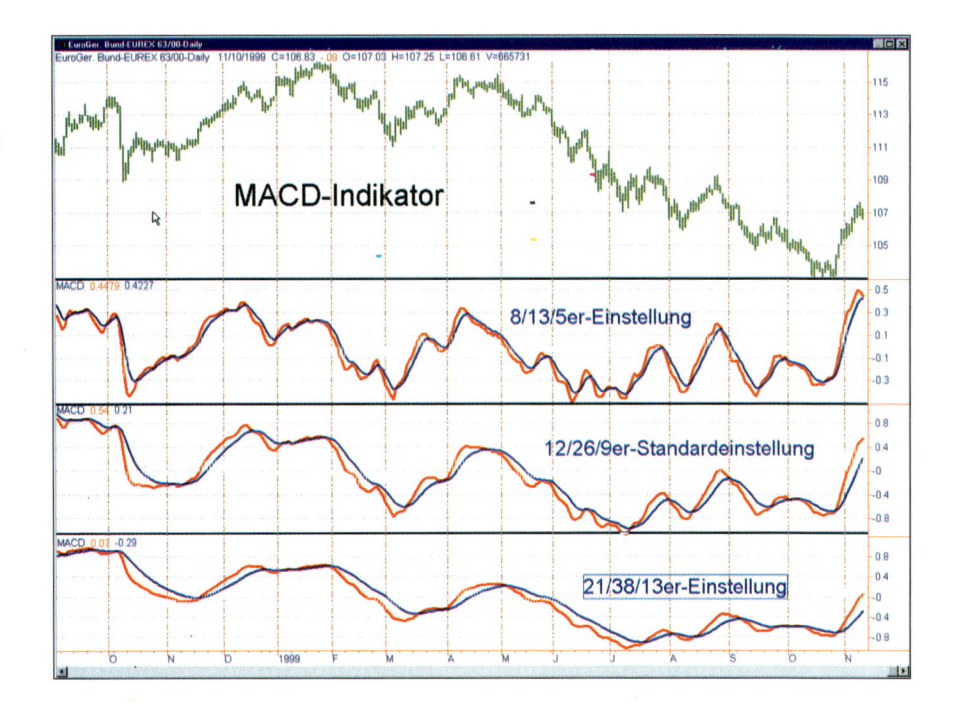

TRIX

Der TRIX-Indikator wurde von Jack Hutson (ehemaliger Herausgeber des US-Fachmagazins „Technical Analysis of Stocks & Commodities") präsentiert. Es handelt sich dabei um einen 1-Tages „Rate Of Change"-Indikator (d. h. Tag 2 dividiert durch Tag 1, Tag 3 durch 2 usw.) eines dreifach exponentiell geglätteten gleitenden Durchschnittes der Schlusskurse eines Wertes. Das Ergebnis ist ein um seine Null-Linie schwankender Oszillator, der aufgrund seiner Stabilität als Trendindikator verwendet wird.

Formel:
$$TRIX = \frac{XMA_t - XMA_{t-1}}{XMA_{t-1}} \cdot 100$$

XMA = exponentiell geglätteter gleitender Durchschnitt

Interpretationen:
- Es entsteht ein Kaufsignal, wenn der TRIX-Indikator seine Null-Linie von unten nach oben schneidet. Ein Verkaufssignal wird generiert, wenn er die Null-Linie nach unten durchbricht.

- Ein Trendwechsel wird angezeigt, wenn ein 30er-TRIX aus einem Extrembereich heraus dreht.

Stärken:
- Die starke Glättungskomponente führt dazu, dass der TRIX unbedeutende Kursbewegungen herausfiltert und eine äußerst glatte Verlaufskurve aufweist. Seine hohe Stabilität verhilft nervösen Zeitgenossen zu mehr Ruhe beim Traden.

- Er eignet sich besonders gut für die Darstellung mittelfristiger Kurs-Swings.

Schwächen:
- Die Glättungskomponente führt auch dazu, dass seine Signalgenerierung äußerst träge ist. In volatilen Seitwärtsphasen ist er oftmals völlig überfordert.

- Die Einstellung der Zeitspanne ist ein kritischer Punkt. Je länger der gewählte Zeitraum, desto später erfolgt die Signalgenerierung. Im Regelfall werden Parameter-Einstellungen von unter 20 verwendet.

- Das Regelwerk hinterlässt zu große Interpretationsspielräume.

Tipps:
- Sie können einen 9er-EMA als Signallinie über den TRIX legen, um Signale frühzeitiger und systematischer generieren zu lassen (Kauf- und Verkaufsregeln wie beim MACD).

- Zeichnen Sie Trendlinien ein, die als Signal-Trigger dienen (siehe Kapitel 13). Ein Trendlinienbruch signalisiert das Ende eines Trends.

- Verwenden Sie zwei Einstellungen und lassen Sie die Signale des kurzfristigen TRIX vom langfristigen bestätigen.

- Setzen Sie ihn gar nicht erst ein, es gibt wesentlich bessere Trendfolger.

[Teil III] Die technischen Indikatoren

Abbildung 111
Der TRIX-Indikator mit einer 5er-, 14er- und 26er-Einstellung

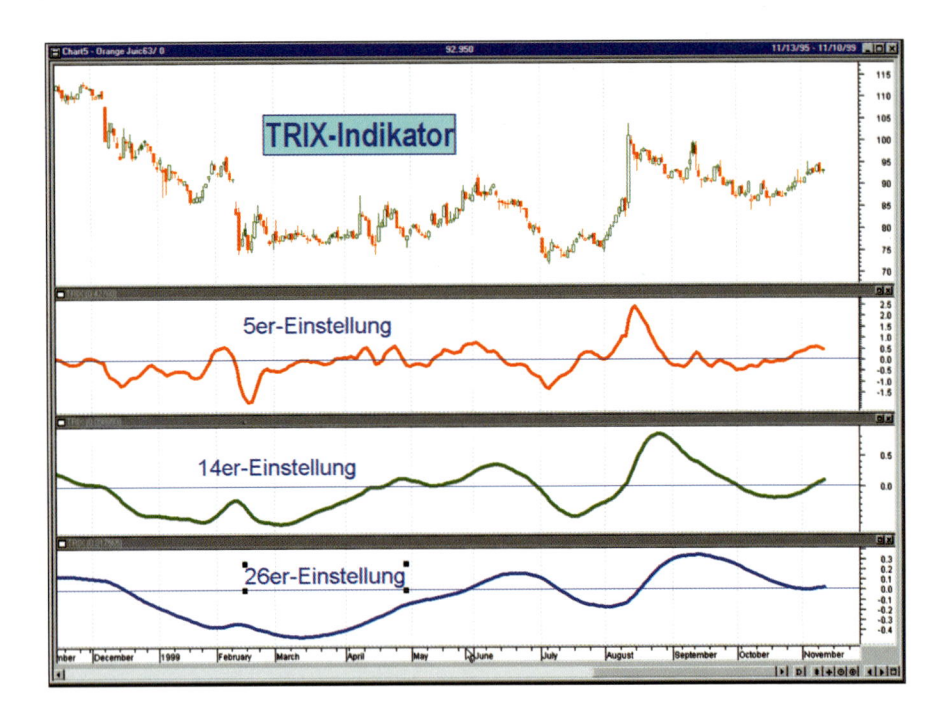

Die „Newcomer"
(VIDYA, CCI, Point of Balance)

Variable Index Dynamic Average (VIDYA)

Der „VIDYA" wurde von Tushar Chande entwickelt und tauchte erstmalig im US-Magazin „Technical Analysis of Stocks and Commodities" (Heft 3/92) auf. Er ist ein sich automatisch auf die Volatilität des Marktes adjustierender Exponentieller GD (= EMA). Grundlage der Formel bildet eine normierte Volatilität („K"), die Chande anhand eines Vergleiches zwischen einer kurzfristigen Standardabweichung der Schlusskurse und einer langfristigen festlegt. Die Konstante „S" bestimmt die Länge des EMA. Je höher die Volatilität eines Marktes, desto kleiner ist der Anteil der Vortageskurse. Dadurch wird die Periodenlänge des VIDYA verringert, wodurch der Indikator schneller auf Kursveränderungen reagiert. Sobald die Volatilität nachlässt, verringert sich der Anteil des aktuellen Schluskurses und erhöht sich die Periodenlänge, was den VIDYA träger reagieren lässt.

[7] Trendfolger

Formel: $\text{VIDYA} = K \cdot S \cdot \text{Close} + (1 - K \cdot S) \cdot \text{VIDYA}_{t-1}$

S = geglättete Konstante, z. B. 2 / (9 + 1) = .20
K = relative Volatilität = @stdev(Close, n-Tage) / @stdev(Close, m-days)
m-days = Längere Zeitperiode (m > n)

Interpretationen:
- Aufwärtstrends werden dadurch identifiziert, dass die Schlusskurse über dem VIDYA liegen und er steigt, umgekehrt bei Abwärtstrends.

- Man kann alle Strategien herkömmlicher gleitender Durchschnitte anwenden.

Stärken:
- Der volatilitätsbezogene Faktor, der sich in der Formel befindet, ermöglicht dem VIDYA-Indikator eine bessere Annäherung an das Kursgeschehen.

- Der VIDYA hält in Trendphasen einen größeren Abstand von den Kursen, so dass mögliche Trendwechsel durch eine Kreuzung mit den Kursen nicht zu früh erfolgen. Trotz dieses Abstandes werden Trendwenden rechtzeitig angezeigt.

Schwächen:
- Volatilitätsmessungen hinken dem Markt hinterher, so dass die Anpassung des VIDYA an die tatsächliche Marktvolatilität relativ spät erfolgt. Dadurch können unangemessene Bewegungsmuster auftreten.

- In Seitwärtsmärkten pendelt der VIDYA mit den Kursen zusammen unentschlossen hin und her, was zu Fehleinschätzungen führt (z. B. „ … der VIDYA hat nach oben gedreht, jetzt beginnt ein Trend.").

Tipps:
- Der VIDYA sollte nicht isoliert oder in einer klassischen Variante der Gleitenden Durchschnitte (z. B. zwei VIDYAs mit Crossover-Konzept) eingesetzt werden, sondern in Kombination mit Oszillatoren oder Price-Pattern.

[Teil III] Die technischen Indikatoren

- Da sich der VIDYA nach stärkeren Trendbewegungen relativ schnell auf das Niveau der aktuellen Kurse begibt, kann er auch für Exit-Strategien (z. B. wie ein Parabolic-Konzept) eingesetzt werden.

Abbildung 112
Der VIDYA-Indikator mit verschiedenen Parametern

Commodity Channel Index (CCI)

Der von Donald Lambert entwickelte und 1980 im „Futures Magazine" (Heft 10/80) vorgestellte „CCI" ist ein trendfolgend ausgerichteter Indikator. Ursprünglich vorgesehen, um zyklische und periodische Eigenschaften der Terminmärkte zu ermitteln, drückt er vereinfacht gesagt aus, wie weit sich die aktuellen Kurse von ihren Gleitenden Durchschnitten entfernt haben. Die Formel berechnet einen Gleitenden Durchschnitt der täglichen Durchschnittskurse (H+L+C/3) und deren mittleren Abweichung (MABn), die sich aus der Summe der Differenzen zwischen dem Durchschnittskurs jeder Periode und seinem GD ergibt. Das Ergebnis wird dann mit der Konstante 0.015 multipliziert und durch die Differenz zwischen dem GD und dem heutigen Durchschnittspreis dividiert. Dies bewirkt, dass der CCI bei stärkeren Kursbewegungen weiter expandiert als herkömmliche Indikatoren, so dass sich mit ihm auch die Trendintensität quantifizieren lässt. Der CCI oszilliert um eine Null-Linie, wobei seine Extrembereiche oberhalb 100 und unterhalb -100 liegen.

[7] Trendfolger

Formel: $$CCI = \frac{(Kurs\ (H+L+C\ /\ 3) - GD\ von\ Kurs)}{(0.015 \cdot MABn)}$$

Interpretationen:
- Nach Lambert deuten Werte zwischen +100 und -100 auf trendlose Märkte hin, die keine Handelsindikationen liefern. Je steiler die Verlaufskurve, desto stärker der Trend.

- Kauf- und Verkaufssignale ergeben sich erst durch das Kreuzen der Linie 100 bzw. -100.

- Der CCI liefert außerdem Divergenz-Formationen, die eine baldige Trendwende erwarten lassen

- Bei einer längeren Parametereinstellung (z. B. >20) kann ein Schneiden der Null-Linie als Trendumkehr gewertet werden. Je kürzer der gewählte Periodenzeitraum (z. B. < 10), desto stärker oszilliert der CCI. In diesen Fällen eignet er sich auch als „Overbought/Oversold"-Indikator, der gute trendkonforme bzw. so genannte „Reentry"- Signale liefert.

- Eine Glattstellung der Position kann erfolgen, wenn die Extremzone -100 von unten nach oben (Close Long) und wenn +100 von oben nach unten (Close Short) durchbrochen wird.

Stärken:
- Neben der Trendrichtung wird auch die Trendstärke/-intensität angezeigt.

- Kurzfristige Signale des CCI in Richtung des längerfristigen Trends sind besonders gut.

Schwächen:
- Die Verlaufskurve des CCI ist selbst bei längerer Parameter-Einstellung relativ unruhig, was nervöse Zeitgenossen verunsichern kann.

Tipps:
- Versuchen Sie die Ein- und Ausstiegssignale mit Hilfe der Zonenanalyse (siehe Kapitel 12) zu optimieren. Das Gleiche gilt für die Formations- und Trendlinienanalyse.

[Teil III]   Die technischen Indikatoren

- Lambert meint zwar, dass der 5-Tages CCI in der Theorie einer der effizientesten Indikatoren ist, empfiehlt Ihnen aber eine Spanne bis zu 20 Tagen zu testen.

- Wenn Sie Intraday-Charts verwenden, dann sollten Sie größere Parameter-Einstellungen (z. B. >35) auswählen, da mehr Kursdaten (Bars) auftreten, die kaum Aussagekraft haben.

- Achten Sie beim CCI auf Haken-Formationen (siehe Kapitel 12), die er an seiner Mittellinie ausbildet. Sie generieren oftmals bessere Signale als klassische Crossover-Interpretationen.

Abbildung 113
Der CCI-Indikator mit einer 5er-, 20er- und 38er-Einstellung.

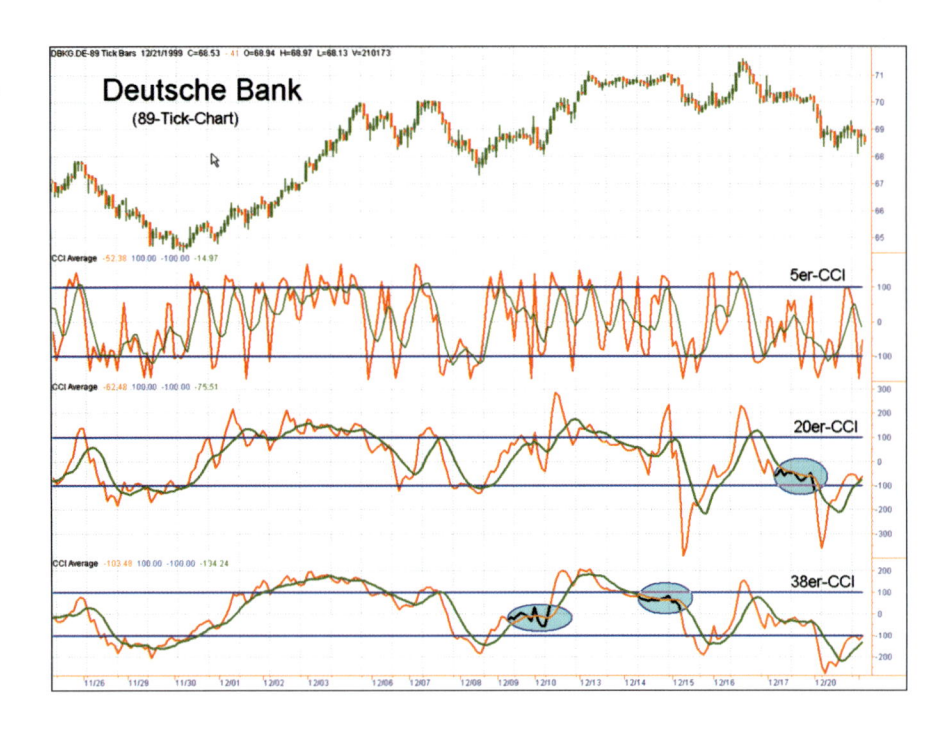

Point of Balance-Indikator

Der „Point of Balance"-Indikator (PoB) wurde 1998 von Walter T. Downs im US-Magazin „Technical Analysis of Stocks and Commodities" (Heft 8/98) vorgestellt. Der PoB soll dazu beitragen, subjektive Einschätzungen psychologischer Marktkomponenten in ein objektives Analyseinstrument umzuwandeln. Zu diesem Zweck wurde eine Bewertungsmatrix geschaffen, die

[7] Trendfolger

die kursdeterminierenden Emotionen eines Händlers (z. B. Angst und Gier) quantifiziert und sowohl das Umschwenken des Sentiments als auch die Extrempunkte grafisch darstellt. Downs untersucht dabei das Verhältnis zwischen dem höchsten und dem tiefsten Höchstkurs einer Periode, um die Angst der „Bullen" zu bestimmen. Die Angst der „Bären" ermittelt er durch die Relation der höchsten und tiefsten Kurstiefs einer Periode. Der Mittelwert dieser Kennzahlen ergibt der „Point of Balance".

Formel: siehe Anhang

Interpretationen:
- Ein Überschreiten der Null-Linie wird als ein positives, ein Unterschreiten als ein negatives Zeichen gewertet.

- Je höher der PoB-Indikator steigt, desto stärker ist das „Bullish Sentiment", umgekehrt das „Bearish Sentiment".

- Downs verwendet den PoB auch in Verbindung mit zwei weiteren Instrumenten, die er als „Bull Fear Level" und „Bear Fear Level" bezeichnet und die wie Gleitende Durchschnitte agieren. Mehr dazu finden Sie in den oben erwähnten Artikel.

Stärken:
- Der PoB zeigt nicht nur einen Wechsel des Marktsentiments (= möglicher Trendwechsel) auf, sondern auch Extrempunkte einer Kursentwicklung.

- Da der PoB das relative Verhältnis der Hoch und Tiefpunkte darstellt, bleibt die Skala des PoBs von langfristigen Veränderungen der Kursniveaus (z. B. Dow Jones Index 3.000 bzw. 11.000) unbeeinflusst.

- Aufgrund der volatilen Verlaufsmuster des PoB bieten sich diverse Signalstrukturen an.

Schwächen:
- Auch der PoB kann nicht verhindern, dass in Seitwärtsphasen des Marktes Signalirritationen durch häufiges Kreuzen der Null-Linie entstehen, was bei fast allen Trendfolge-Indikatoren vorkommt.

[Teil III] Die technischen Indikatoren

- Die volatilen Verlaufsmuster des PoB lassen eine Signalanalyse wesentlich komplexer erscheinen.

Tipps:
- Ideale Kauf- und Verkaufsgelegenheiten bieten sich Ihnen nicht nur beim Über-/Unterschreiten der Null-Linie, sondern auch auf anderen Levels. Mit Hilfe der Zonenanalyse (Kapitel 12) werden Sie die Signalmuster des PoB besser analysieren können.

- Mit Hilfe einer Trendlinienanalyse (Kapitel 13) können Sie auch größere Trendwenden des Marktes ermitteln.

Abbildung 114
Der „Point of Balance"-Indikator mit einer 5er-, 13er- und 21er-Einstellung

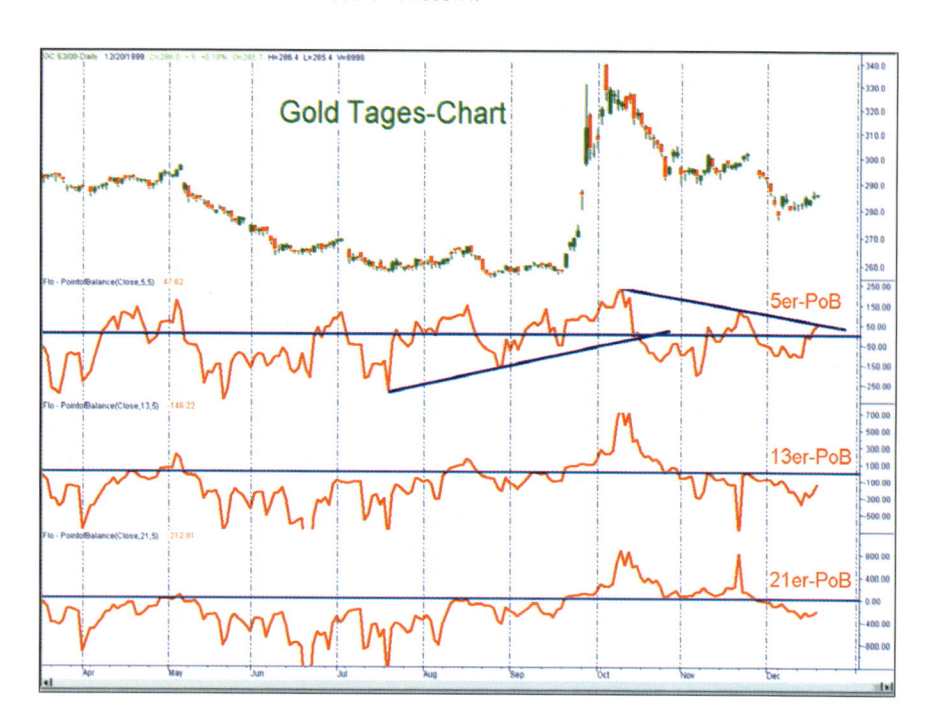

Die „Next Generation"
(KAMA, RMI, Polarized Fractal Efficiency)

Kaufmanns Adaptive Moving Average (KAMA)

Der hier vorgestellte „Adaptive Moving Average" stammt aus der Feder von Perry J. Kaufmann und befindet sich in seinem Buch „Trading Systems and Methods, 3rd Edition" (1998). Aus der Überlegung heraus, die oftmals statisch konzipierten Indikatoren so zu verändern, dass sie sich den veränderten Rahmenbedingungen der Märkte automatisch anpassen können, fügte Kaufmann dem Konzept des Gleitenden Durchschnitts einen so genannten „Adaptiven" Ansatz hinzu, der sich mehr auf Trendeffizienz als auf Volatilitäten stützt. Als Resultat daraus entstand der KAMA.

Formel: $KAMA = KAMA_{t-1} + SC \cdot (Preis - KAMA_{t-1})$

(SC nimmt zu viel Platz ein, daher finden Sie Details im Anhang)

Interpretationen:
- Eine Trendphase wird durch einen fallenden bzw. steigenden KAMA sowie darunter bzw. darüber liegende Kurse signalisiert.

- Eine Seitwärtsphase der Kurse wird durch einen fast horizontal verlaufenden KAMA angedeutet.

- Ein Bruch der Kurse unter den KAMA kann als Verkaufssignal, umgekehrt als Kaufsignal gewertet werden.

Stärken:
- In Seitwärtsmärkten pendelt der KAMA nicht mit den Kursen unentschlossen hin und her, sondern verläuft relativ flach (fast horizontal). Dies trägt zu einer besseren Erkennung/Unterscheidung der einzelnen Trendphasen bei.

[Teil III] Die technischen Indikatoren

- Der KAMA hält in leicht ansteigenden oder fallenden Trendmärkten einen besseren Abstand zu den Kursen als herkömmliche gleitende Durchschnitte. Oftmals laufen die Kurse sogar genau auf das Niveau des KAMA, bevor sie weiter in Richtung des Trends laufen. Insofern kann der KAMA auch als Widerstands- und Unterstützungs-Indikator verwendet werden.

Schwächen:
- Beim Übergang von Seitwärts- in Trendmärkte benötigt der KAMA manchmal zu viel Zeit, um entsprechende Trendindikationen anzuzeigen.

- Für Handelsstrategien mit zwei KAMAs ist dieses Instrument eher ungeeignet, da die Glättungskomponente verzögerte „Crossover"-Signale verursacht, die mitunter hohe Verluste einbringen können.

Tipps:
- Solange der KAMA flach bzw. horizontal verläuft, können Sie „Contrarian"-Techniken (=gegen den Trend handelnd) und Oszillatoren einsetzen, ansonsten trendkonforme Methoden.

Abbildung 115
Kaufmanns Adaptive Moving Average (KAMA).

- Da die Kurse nach einem Breakout oftmals genau auf das Niveau des KAMA zurücklaufen, bieten sich Ihnen „Pull Back-Buy"- und „Pull Back-Sell"-Strategien an.

- Wer weitere Innovationen auf dem Gebiet der Gleitenden Durchschnitte betrachten möchte, der sollte sich „Juriks AMA" anschauen (http :// www.jurikres.com).

Relative Momentum Index (RMI)

Der „Relative Momentum Index" wurde von Roger Altman entwickelt und 1993 in der Februar-Ausgabe des US-Magazins „Technical Analysis of Stock and Commodities" der Öffentlichkeit zugänglich gemacht. Unzufrieden mit den einheitlichen Bewegungsmustern des RSI-Indikators, fügte er ihm eine Momentum-Komponente hinzu. Anstelle des Summierens von gefallenen und gestiegenen Tagen auf Schlusskursbasis, wie es beim RSI geschieht, zählt der RMI Kurssteigerungen und Kursrückgänge relativ zu einem Schlusskurs von vor x-Tagen zusammen. Der RMI oszilliert zwischen 0 und 100.

Formel:
$$RMI = 100 \cdot \frac{RM}{1+RM}$$

$$RM = \frac{\text{Durchschnittliches Up-Momentum der letzten n-Tage}}{\text{Durchschnittliches Down-Momentum der letzten n-Tage}}$$

Interpretationen:
- Da der herkömmliche RMI dem RSI nachempfunden ist, wird er auch ähnlich eingesetzt und interpretiert. In seiner Standardkonfiguration (20/2er) unterscheidet er sich kaum (siehe oberen Indikator in der Abbildung 116) von dem RSI. Dreht man die Parameter jedoch um (siehe 3/8er- oder 5/13er-Einstellung der beiden unteren Indikatoren), erhält man einen alternativen RMI, der wesentlich effektiver und aussagekräftiger ist.

- Solange der alternative RMI oberhalb von 70 bis 80 läuft, liegt ein Aufwärtstrend vor, unterhalb 30 bis 20 ein Abwärtstrend. Von einer überkauften oder überverkauften Situation kann in diesen Fällen keine Rede sein, da die Trends mit Eintritt des RMIs in seine Extremzonen erst richtig einsetzen.

- Die Zone dazwischen ist als trendloses Niemandsland zu betrachten. Ein Bruch der Mittellinie ist eine Indikation für einen möglichen Trendwechsel, nicht aber als Signal zu werten.

Stärken:
- Obwohl der RMI zu den „Überkauft/Überverkauft" anzeigenden Oszillatoren gehört, zeigt er seine Stärken gerade bei der Bestimmung von Trends. Solange der alternative RMI in seinen Extremzonen verharrt, werden entsprechende Trendphasen hervorragend angezeigt. Mögliche Trendwechsel erfolgen relativ schnell.

- Der alternative RMI zeigt gleichmäßige Verlaufskurven auf, was zur Beruhigung besonders nervöser Börsianer und Analysten beitragen kann.

Schwächen:
- Die RMI-Kurve der Standardeinstellung verläuft zu volatil und gibt zu wenig Informationen.

- Der alternative RMI läuft in Seitwärtsmärkten zu leicht in die Extremzonen ein, so dass Trends angezeigt werden, die keine sind.

Tipps:
- Setzen Sie den alternativen RMI als Trendfilter ein, indem Sie Kaufsignale von Momentum-Oszillatoren nur dann verwenden, wenn ein RMI oberhalb 70/80 verläuft, Verkaufssignale dagegen, wenn der RMI unter 30/20 liegt.

- Um die Gewinne Ihrer Position zu sichern, können Sie den RMI auch als „Trailing Stop" einsetzen, d. h. Sie bleiben so lange in die jeweilige Richtung des Marktes investiert, wie der RMI in seinen Extrembereichen verweilt. Je kürzer Sie den alternativen RMI einstellen (z. B. 3/8er in der Abbildung mittig), desto schneller beendet er die jeweilige Trendindikation und desto eher können Sie Ihre Position glattstellen.

- Für volatile Crash-Phasen sollten Sie lieber die 5/13er-Einstellung verwenden, ansonsten erhalten Sie Ausstiegssignale zu frühzeitig (siehe Abbildung 116).

[7] Trendfolger

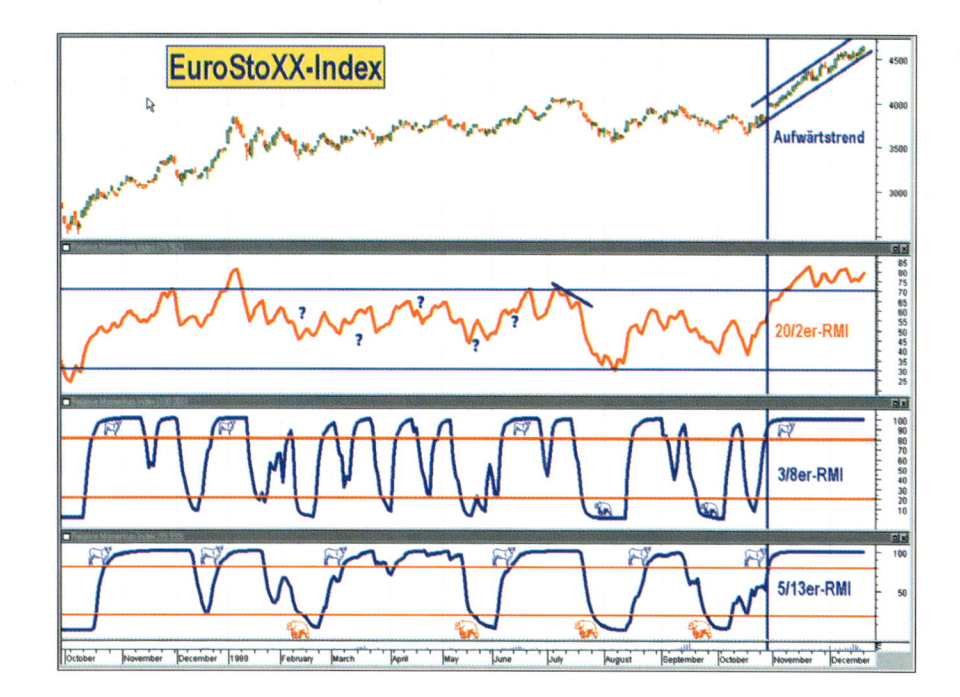

Abbildung 116
Die Effekte der Parameter-änderung beim RMI-Indikator

Polarized Fractal Efficiency (PFE)

Der „Polarized Fractal Efficiency"-Indikator wurde von Hans Hannula 1994 im Januar-Heft des US-Magazins „Technical Analysis of Stocks and Commodities" vorgestellt. Als erfahrener Trader mit Ingenieursausbildung entwickelte er mit dem PFE einen Ansatz, bei dem die Gesetze der „Fraktalen Geometrie" und die Erkenntnisse der Chaos-Theorie einfliessen konnten. Der PFE stellt die Frage, ob eine Marktbewegung geradlinig verläuft, was sehr „effizient" ist, oder in Wellen.

Formel:
$$PFE = \sum_{i=2}^{[+/-]} \frac{\sqrt{(Close - Close_1)^2 + n^2}}{\sqrt{(Close - Close_{i-1})^2 + 1}}$$

(+ bei steigenden, – bei fallenden Kursen)

Interpretationen:
- Der PFE oszilliert in der Regel zwischen +100 und -100, wobei ein Wert über +40 bis +60 für eine positive Trendeffizienz, ein Wert unter -40 bis -60 für eine negative Trendeffizienz spricht (je nach Markt u. Parametereinstellung).

- Solange der PFE in seinen Extremzonen bleibt, braucht man an der Fortführung des Trends nicht zu zweifeln. Man kann den Trend sogar vollinvestiert mitnehmen, was dem „let the profit run"-Gedanken mehr entspricht als es bei herkömmlichen Instrumenten der Fall ist.

- Die Zone dazwischen ist als trendloses Niemandsland zu betrachten. Der Bruch der Mittellinie spielt keine Rolle, obwohl man diese Interpretation häufiger vorfindet.

Stärken:
- Trendphasen werden durch den Aufenthalt des PFE in seinen Extremzonen vorbildlich angezeigt.

- Die Verlaufsmuster eines Trendwechsels und die jeweilige Trendindikation zeigen sich sehr geglättet, aber dennoch schnell genug, was zur Beruhigung besonders nervöser Börsianer und Analysten beitragen kann.

Schwächen:
- In Seitwärtsphasen der Märkte taucht der PFE zu schnell in die Extrembereiche ein, was zu Fehlinterpretationen und Fehlsignalen führen kann.

- Bei Kurswerten, die mehr als vier Stellen aufweisen, treten Darstellungsfehler auf, da sich in der Formel des PFE Potenzierungsfaktoren befinden.

Tipps:
- Setzen Sie den PFE als Trendfilter ein, indem Sie Kaufsignale von Momentum-Oszillatoren nur dann verwenden, wenn er oberhalb +40/60 verläuft, Verkaufssignale dagegen, wenn er unter -40/60 liegt.

- Sie können den PFE als „Trailing Stop" verwenden. Halten Sie Ihre Gewinnposition so lange, wie der PFE im entsprechenden Extrembereich verharrt.

- Je langfristiger Ihre Anlagestrategie ausgerichtet ist, desto größer sollten die Parameter des PFE (= Glättungsgrad) sein.

- Achten Sie auf die kleinen Haken. Kurz nachdem sie auftauchen, setzt eine Gegenbewegung bzw. ein Trendwechsel ein.

[8] Momentum-Oszillatoren

Abbildung 117
Der PFE-Indikator mit drei verschiedenen Parameter-Einstellungen

8 Momentum-Oszillatoren

Die „Oldies" (Momentum, RSI, Stochastik)

Momentum

Das Momentum ist einer der am häufigsten verwendeten technischen Indikatoren. Das Momentum misst die Schwungkraft eines Marktes bzw. die Stärke einer Kursbewegung. Dem Indikator liegt die Erkenntnis zugrunde, dass sich Kursbewegungen eines Marktes vor einer möglichen Trendumkehr bzw. Korrektur erst abschwächen, bevor sie drehen. Vom heutigen Schlusskurs wird einfach der Schlusskurs von vor n-Tagen subtrahiert. Das Resultat der Formel ist eine um einen Mittelwert oszillierende Darstellung, in der ein positiver Oszillatorenwert anzeigt, dass die Kurse höher und bei einem negativen Wert niedriger sind als vor n-Tagen. Oftmals findet man das Momentum auch als Rate of Change (ROC). Hierbei dividiert man die beiden Kurse und multipliziert den Quotienten mit dem Faktor 100.

Formel:
$$Mom = (Kurs - Kurs\ n\text{-Tage}) \cdot 100$$

$$ROC = \frac{Kurs}{Kurs\ n\text{-Tage}} \cdot 100$$

Interpretationen:
- Ein steigendes Momentum unterhalb der Mittellinie wird durch eine Verringerung der Abstände der beiden Schlusskurse verursacht und steht für ein Nachlassen der Abwärtsbewegung.

- Bei einem steigenden Momentum oberhalb der Mittellinie liegt der aktuelle Schlusskurs über dem von vor n-Tagen. Je stärker das Momentum steigt, desto dynamischer ist der Aufwärtstrend. Je höher es gestiegen ist, desto „überkaufter" soll ein Markt sein. Da das Momentum die Trendstärke misst, kann dies ein Zeichen für eine noch lange anhaltende Trendphase sein.

- Ein fallendes Momentum oberhalb der Mittellinie warnt vor einer möglichen Korrektur der Kurse. Bei einem fallenden Momentum unterhalb der Mittellinie bewegt sich der aktuelle Schlusskurs unter dem von vor n-Tagen. Je stärker das Momentum fällt, desto negativer ist der Abwärtstrend.

Stärken:
- Das Momentum spiegelt die Dynamik einer Kursbewegung recht anschaulich wider. Der Bruch der Mittellinie erfolgt in (volatilen) Seitwärtsmärkten oftmals genau am Top oder am Tief einer Kursbewegung. In starken Trendphasen können dagegen Fehlsignale auftreten, wenn man gegen den Trend agiert.

Schwächen:
- Es schlägt zu viele Haken, so dass Zweifel aufkommen können, ob die bisherige Bewegung noch Gültigkeit hat (siehe Abbildung 118). Außerdem basiert der Indikator lediglich auf zwei Kursen. Fällt ein markanter letzter Wert aus der Kalkulation heraus, kann sich das Momentum erheblich verändern, obwohl sich in den aktuellen Kursen nichts getan hat. Wichtige Kursmuster aus dem Zeitraum zwischen den beiden Schlusskurse bleiben unberücksichtigt.

Tipps:
- Laden Sie sich mehrere Momentum-Indikatoren mit verschiedenen Parametern in den Chart, um diejenige Parametereinstellung herauszufinden, die Ihrem Handels- bzw. Analysestil entsprechen.

- Mit hohen Parametern (z. B. 38-Tage oder 21er- im Wochen-Chart) können Sie das Momentum zum Trendfolger umfunktionieren.

- Mit einem 7er- bis 15er-Momentum können Sie handelsfähige Divergenzen entdecken. Je kleiner der Parameterwert, desto volatiler werden die Ausschläge des Momentums (auf trendkonforme Signale achten).

- Handeln Sie nach Extremwerten des Momentums nicht gleich gegen den Trend, da die Kurse oftmals noch weiter laufen können (siehe Phase März bis April 1999).

[Teil III] Die technischen Indikatoren

Abbildung 118
Der Momentum-Indikator mit einer 5er-, 13er- und 21er-Einstellung

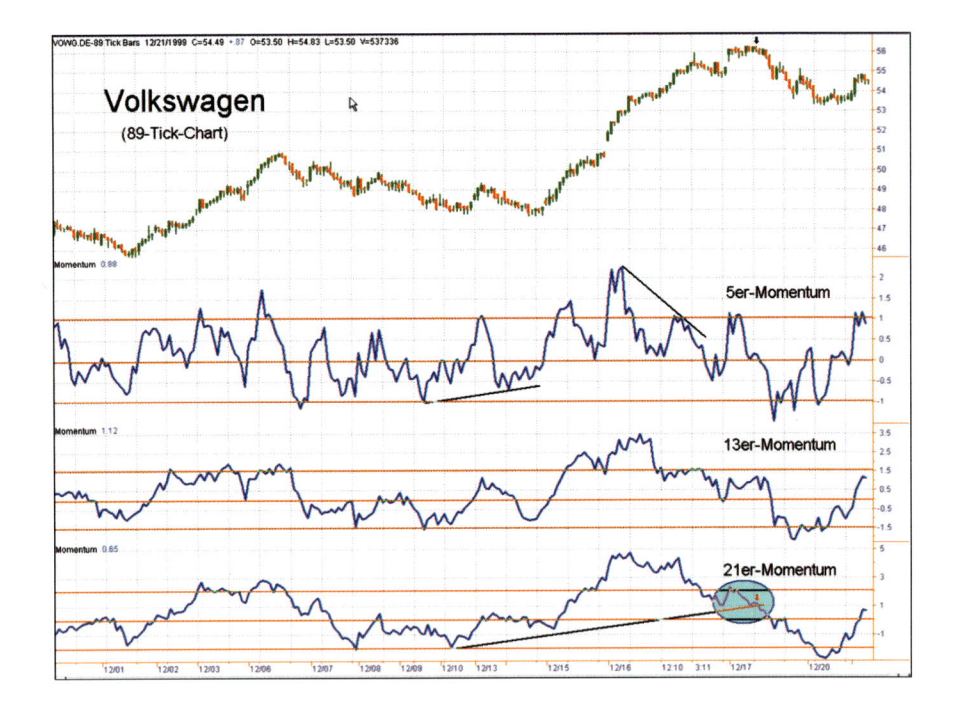

RSI (Relative Stärke Index)

Der von Welles Wilder bereits 1978 vorgestellte RSI ist eine besondere Form der Momentum-Oszillatoren. Er vergleicht nicht etwa die relative Stärke zu einem anderen Wert, sondern zeigt die innere Stärke einer Kursbewegung an. Der RSI berechnet ein Verhältnis von Aufwärts- und Abwärtsschlusskursen über eine bestimmte Zeitperiode (i. d. R. 9 oder 14 Tage bzw. Zeiteinheiten). Das Resultat der Formel drückt sich auf einer Skala von 0 bis 100 aus.

Formel:

$$RSI = 100 - \frac{100}{1 + RS}$$

RS = Durchschnitt der Aufwärtsschlusskurse der letzten n-Tage dividiert durch den Durchschnitt der Abwärtsschlusskurse der letzten n-Tage.

Interpretationen:
- Bei einem RSI von über 70 gilt der analysierte Basistitel als überkauft, bei unter 30 als überverkauft, weshalb mit einer Gegenreaktion gerechnet werden kann, sobald der RSI diese Zonen wieder in die jeweils andere Richtung verlässt.

[8] Momentum-Oszillatoren

- Die Tops und Tiefpunkte des RSI in den Extremzonen kristallisieren sich frühzeitiger heraus als die des Basistitels. Oftmals produzieren die Verlaufsmuster des RSIs Divergenz- und Chart-Formationen, die für weiterführende Strategien verwendet werden können.

Stärken:
- Bei der Suche nach Divergenzen (= Indikation für eine bestehende Trendwende) kann der RSI behilflich sein.

Schwächen:
- Der RSI gehört mit seiner Standardeinstellung 14 zu den aussageärmsten Indikatoren, die die Technische Analyse heutzutage zu bieten hat. Er irrt viel zu lange im Mittelfeld seiner Skala umher, wobei er ständig kleine Haken schlägt, die in dieser Ausprägung völlig nutzlos sind.

- Hält man sich beim „Traden" oder Analysieren an seine Standardregeln, wird man schnell sein blaues Wunder erleben. Dem Anwender bleibt viel zu viel Spielraum für individuelle Einschätzungen und Interpretationen. Wohin das führen kann, konnten Sie bereits im ersten Kapitel nachlesen. Im 11. Kapitel werden Ihnen eindrucksvolle Vergleiche aufgezeigt.

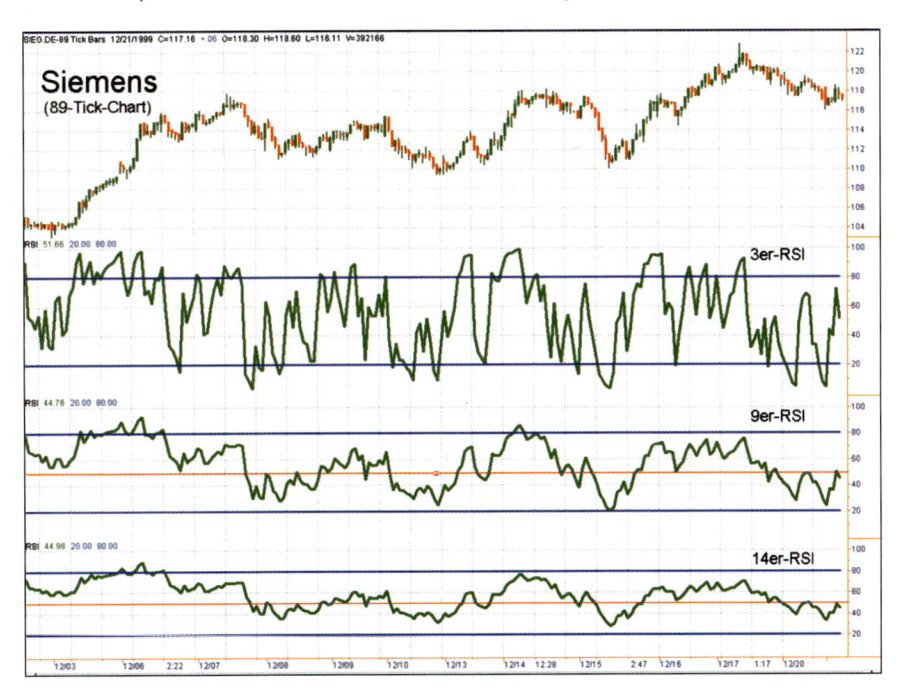

Abbildung 119
Der RSI-Indikator mit drei verschiedenen Parametern (3/9/14)

[Teil III] Die technischen Indikatoren

Tipps:
- Setzen Sie den RSI gar nicht erst ein! Mittlerweile gibt es wesentlich bessere Instrumente.

- Wenn´s denn unbedingt sein muss, dann sollten Sie sich auf Divergenz- und typische Chart-Formationen konzentrieren, die der RSI mitunter annehmbar ausbildet.

- Einen 3er-RSI können Sie sowohl für Exit- als auch für Entry-Strategien verwenden (z. B. Profite einer Long-Position mitnehmen, wenn ein 3er-RSI aus der oberen Extremzone um mehr als 30 Punkte zurückgeht, oder ein Reentry mit einem 3er-RSI in Richtung des Trends, wenn die Mittellinie bei 50 geschnitten wird).

- RSIs mit höheren Parametereinstellungen (z. B. 21 oder 34) können Sie als Trendindikation einsetzen.

Stochastik

Der Begriff „Stochastik" ist ein Modewort der Statistik und bedeutet: „Gesetzen des Zufalls unterworfen". Ausgangspunkt für den von George Lane verbreiteten Stochastik-Indikator ist die Beobachtung, dass sich in einer Phase steigender Kurse die Schlusskurse am oberen Rand der Trading-Range befinden und umgekehrt. Der Stochastik-Oszillator ist darauf ausgerichtet, die Differenz zwischen dem heutigen Schlusskurs und dem Periodentief mit der Handelsspanne (High/Low) des Betrachtungszeitraumes zu vergleichen. Dadurch kann man die Lage des aktuellen Schlusskurses innerhalb der Schwankungsbreite quantifizieren. Das Resultat der Formel wird auf einer Skala von 0 bis 100 als Zweilinien-Modell dargestellt (die „%K-Linie" und deren Gleitender Durchschnitt „%D-Linie"). Bei der „Slow Stochastik" handelt es sich um eine geglättete Variante:

Formel: $$\text{Fast Stochastik } \%K = \frac{\text{aktuelle Kurs} - \text{Low n-Tage}}{\text{High n} - \text{Low n}}$$

Triggerlinie %D = i. d. R. ein 3er-, 5er- oder 8er-GD von %K

$$\text{Slow Stochastik} = \frac{(\%D \cdot 2) + \%K}{3}$$

Interpretation:

- Ein Wert von 100% zeigt, dass der aktuelle Schlusskurs dem höchsten Kurs der Periode entspricht. (0% = niedrigster Kurs). Stochastik-Werte oberhalb von 80% definieren bei der Standardinterpretation einen überkauften Zustand, unterhalb 20% einen überverkauften Status der Kurse.

- Signale werden entweder generiert, wenn der Stochastik-Oszillator seine Triggerlinie %D kreuzt oder die Extremzonen (20/80er-Level) wieder in die jeweils andere Richtung verlassen wird.

Stärken:

- In Märkten, die wellenähnliche Strukturen aufweisen, erwischt man mit dem Stochastik-Oszillator fast jeden Hoch- und Tiefpunkt. In Trendmärkten gibt er recht gute Signale in Richtung des Trends.

- Obwohl er noch immer als Kontratrend-Indikator interpretiert wird, offeriert der Stochastik-Oszillator auch wertvolle Trendindikationen. Oftmals entfaltet ein Trend erst seine ganze Schwungkraft, wenn die Stochastik bereits in die Extremzonen eingelaufen ist. Hier sollte man nicht auf Signale gegen den Trend achten, sondern so lange in der richtigen Position bleiben, wie die Stochastik dort verharrt.

Schwächen:

- Die herkömmliche Interpretationsweise. Wer nur die Perioden-Parameter optimiert und bei einem Unterschreiten von 80 verkauft sowie bei einem Überwinden von 20 kauft, der ist selbst schuld.

Tipps:

- Der Stochastik-Oszillator erzielt häufig optimale Ergebnisse bei Parameterwerten zwischen 3-8 sowie 11-16. Sie sollten sich beim Testen nicht nur auf die Perioden versteifen, sondern auch die Levels der Extremzonen in die Optimierung einbinden. Einige Handelssysteme erzielen nämlich

[Teil III] Die technischen Indikatoren

Abbildung 120
Der Stochastik-Indikator mit drei verschiedenen Parametern (5/8/14).

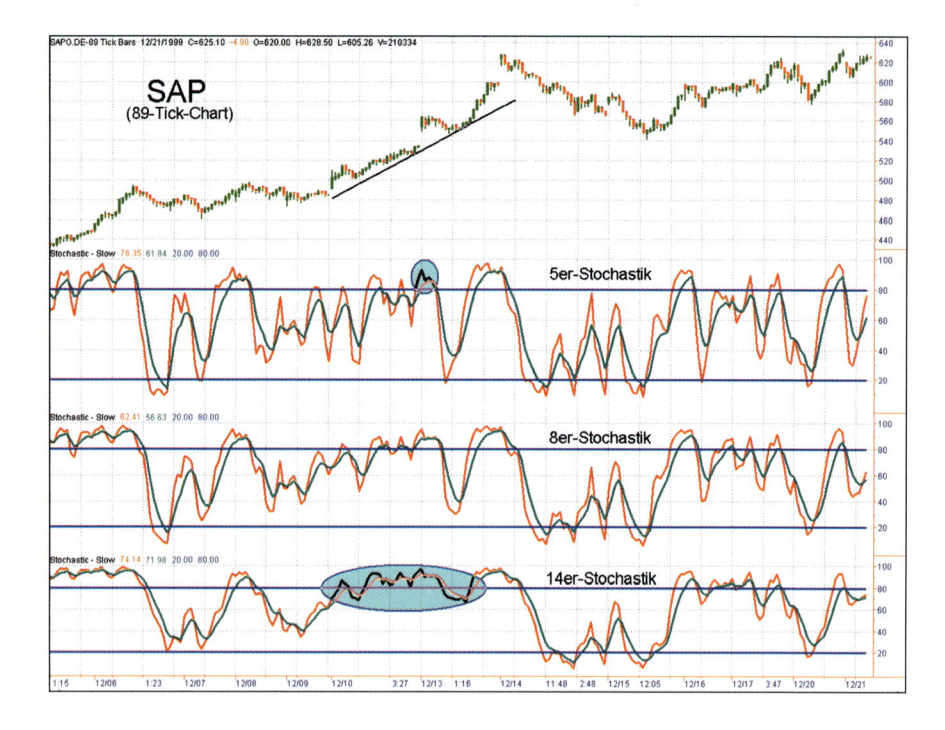

wesentlich bessere Ergebnisse, wenn Niveaus über 60 für Kaufsignale und unter 40 für Verkaufssignale gelten.

- Der Stochastik-Oszillator bildet auch Divergenz-Formationen aus, die Sie für „Contrarian"-Strategien einsetzen können. Neben der Suche nach Formationen (z. B. Haken-Formation im Extrembereich) beachten einige Analysten auch die Art und Weise, wie sich die beiden Linien des Stochastik-Oszillators kreuzen, ob links- oder rechtsseitig vom Top bzw. Tief der %K-Linie.

- Je längere Zeitperioden verwendet werden, desto mehr „degeneriert" die Stochastik zu einem Trendfolge-Indikator. Wenn Sie mit dem Stochastik-Indikator trendkonform handeln, können Sie seine Stärken besser nutzen als bei der herkömmlichen Interpretation.

Die „Newcomer"
(TD-REI, Chaikin Oscillator, Chande Momentum Index)

TD-Range Expansion Index (REI-Oszillator)

Tom De Mark stellte der TD REI 1994 in seinen Buch „The New Science of Technical Analysis" (Wiley) vor. Der TD REI basiert auf der Berechnung eines 2-Tages-Momentums der Höchst- und der Tiefstkurse. Diese Differenzen werden miteinander addiert, über eine Periode von fünf Tagen aufsummiert und durch die absoluten Werte der gleichen Periode geteilt. Das Resultat dieser Berechnung oszilliert auf einer Skala zwischen +100 und -100.

Formel:
$$TD\ REI = \frac{100 \cdot Sum\ 5(High - High_{t-2}) + (Low - Low_{t-2}))}{Sum\ 5(High - High_{t-2}) + (Low - Low_{t-2})}$$

Interpretationen:
- Werte des TD REI über 40 signalisieren eine überkaufte Situation, unter 40 eine überverkaufte.

- Wenn der TD REI im Mittelfeld horizontal verläuft (siehe Einkreisungen), deutet sich auf einen starken Trend hin.

- Man kauft einen Wert, wenn der TD REI über die Mittellinie bzw. über +40 steigt. Verkäufe sollten dagegen getätigt werden, wenn er unter die Mittellinie bzw. unter -40 fällt.

Stärken:
- Der TD REI gehört zu der Generation von Indikatoren, deren Verlaufskurven wesentlich besser ausgeprägt sind als bei den Uralt-Modellen. Dadurch werden eindeutigere Aussagen und Markteinschätzungen möglich.

- In starken Trendphasen verharrt der TD REI auch schon mal in der neutralen Zone, damit man nicht zu früh Signale gegen den Trend erhält. Dies ist ein ideale Schutz für übereifrige „Contrarians".

[Teil III] Die technischen Indikatoren

Schwächen:
- Der TD REI gehört zu den „unsmoothed" (ungeglätteten) Momentum-Oszillatoren. Dies führt einerseits zwar dazu, dass seine Verlaufsmuster ausgeprägter sind, hat andererseits aber auch den Nachteil, dass er vereinzelt kleine Haken schlägt, die ein gewisses Abschätzen und Interpretieren bedürfen.

- In starken Trendphasen gibt er wegen den horizontalen Verlaufsmustern keine Wiedereinstiegssignale in Richtung des Trends.

Tipps:
- Die geringere Glättungskomponente verhilft der TD REI zu ausgeprägteren Top- und Bodenbildungen, die Sie als Basis für erfolgreiche Exit- und Reentry-Strategien einsetzen können.

- Tom De Mark hat dem TD REI noch ein Konzept hinzugefügt, das er als „Duration"-Ansatz bezeichnet und das Sie in Kapitel 13 unter der Rubrik „Verweildauer und Reifezeit" nachlesen können.

Abbildung 121
Der „TD REI"-Indikator mit den horizontalen Verlaufsmustern.

Chaikin Oscillator

Der nach seinem Entwickler Marc Chaikin benannte „Chaikin Oscillator" stellt eine Weiterentwicklung der „Accumulation/Distribution Line" (= Volumenindikator, der mit dem Verhältnis Schlusskurs / Mittelkurs den Liquiditätsstrom abbildet) dar. Für die Berechnung wird ein Exponentiell Geglätteter Gleitender 3-Tages Durchschnitt der „A/D-Line" von einem ebenso geglätteten 10-Tages Durchschnitt subtrahiert. Das Ergebnis ist eine um die Mittellinie oszillierende Darstellung, wobei ein positiver Wert aussagt, dass der 3-Tages GD über dem 10-Tages GD liegt und umgekehrt.

Formel: Chaikin Oscillator = 3er-XMA (A/D) − 10er-XMA (A/D)

A/D = Accumulation/Distribution Line

Interpretationen:
- Der Chaikin Oscillator soll den Trendwechsel in der A/D-Line anzeigen, also den „Dreh" in der Liquidität, die in einen Wert hineinfließt oder von dort abgezogen wird. Sobald der Indikator seine Mittellinie über- oder unterschreitet, wird ein entsprechendes Signal generiert.

- Chaikin empfahl die Anwendung seines Oszillators ausschließlich in Trendrichtung, d.h. in einem Aufwärtstrend sollten nur Kaufsignale, in einem Abwärtstrend nur Verkaufssignale Beachtung finden. Zur Trendbestimmung nutzt Chaikin einen 90-Tages GD des jeweiligen Basistitels.

- Extremwerte des Chaikin Oscillator´s deuten auf mögliche Trendwenden, zumindest aber Gegenbewegungen hin.

Stärken:
- Obwohl sich das Regelwerk fast nur auf das Geschehen an der Mittellinie des „Chaikin Oscillators" konzentriert, erzielt die einfache Crossover-Methodik der Mittellinie erstaunlich gute Ergebnisse.

- Die von Chaikin´s Oszillator ausgebildeten Extrem- und Wendepunkte treffen häufig mit den Extremkursen des Basiswertes zusammen, so dass entsprechende Aktionen (z. B. Gewinnmitnahmen oder „Contrarian"-Strategien) eingeleitet werden können.

[Teil III] Die technischen Indikatoren

Abbildung 122
Der „Chaikin Oscillator"
mit drei verschiedenen
Parametereinstellungen.

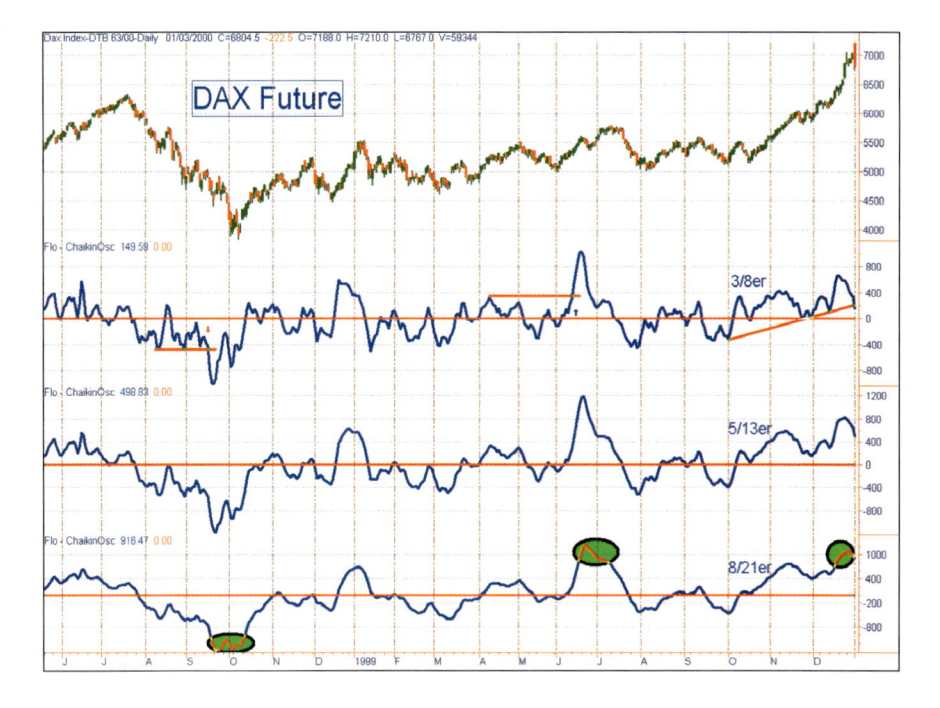

Schwächen:

- In Seitwärtsmärkten tendiert der Chaikin Oscillator dazu, die Mittellinie unentschlossen mehrmals hin und her zu überqueren, was zu einer Reihe von Verlust-Trades führen kann.

- Als reinrassiges Umkehrsystem, bei dem man ständig investiert ist, fehlen dem Chaikin Oscillator explizite Regeln für „Exits" und Gewinnrealisierungen. Wartet man auf das nächste Crossover der Mittellinie, können größere Gewinne wieder abgegeben worden und sogar erhebliche Verluste entstanden sein.

Tipps:

- Chaikin selbst betonte stets, dass sein Indikator nur in Verbindung mit anderen Indikatoren anzuwenden ist. Er empfiehlt Ihnen einen 21-Tages Envelope und einen Momentum- bzw. „Overbought/Oversold-Oszillator".

- Zur Verbesserung der Signalgenerierung können Sie die vielfältigen Möglichkeiten der Indikatoren-Analyse heranziehen, wie sie in den Kapiteln 12 und 13 vorgestellt werden, insbesondere die Zonen- und Trendlinienanalyse sowie der Einsatz von GDs.

- Die häufige Signalgenerierung in Seitwärtsmärkten können Sie dadurch verringern, indem Sie die Kaufzone von der Mittellinie weg etwas nach oben und den Verkaufslevel von der Mittellinie etwas nach unten verlegen.

Chande Momentum Oscillator (CMO)

Der CMO wurde von Tushar Chande entwickelt und in dem Buch „The New Technical Trader" (Wiley, 1994) von Chande/Kroll präsentiert. Der CMO ähnelt dem herkömmlichen Momentum und auch dem RSI. Während der RSI mit einem Up-Momentum und einer Glättungskomponente arbeitet, werden beim CMO sowohl auf- als auch abwärtsgerichtete Momentum-Daten berücksichtigt. Da auf eine Glättung verzichtet wird, kommt das kurzfristige Momentum besser zur Geltung. Die Formel kreiert einen Oszillator, dessen Range zwischen +100 und -100 schwankt.

Formel: $$CMO = 100 \cdot \frac{Su - Sd}{Su + Sd}$$

Su = Summe der Preise an aufwärtsgerichteten Tagen
Sd = Summe der Preise an abwärtsgerichteten Tagen

Interpretationen:
- ... als Oszillator: Bei einem CMO-Wert über +50 ist ein Markt überkauft, unter -50 dagegen überverkauft. Ein Wert von +50 drückt aus, dass das Up-Momentum dreimal so hoch ist wie das Down-Momentum und umgekehrt.

- ... zur Trendbestimmung: Je höher / tiefer der CMO ist, desto stärker ist der jeweilige Trend. Schwankt der CMO um seine Null-Linie herum, liegt ein Seitwärtsmarkt vor.

- Die Mittellinie stellt die Grenze zwischen dem aufwärts- und abwärtsgerichteten Momentum dar. Liegt der CMO darüber, kann man steigende Kurse erwarten, ansonsten eher fallende.

Stärken:
- Der CMO weist im Vergleich mit herkömmlichen Oszillatoren eine wesentlich bessere Signalausprägung auf. Die Extremzonen werden beispiels-

[Teil III] Die technischen Indikatoren

weise häufiger und deutlicher angesteuert. Obwohl er ziemlich schnell auf Kursveränderungen reagiert, sind seine Verlaufsmuster dabei relativ stabil.

- Da man anhand des CMO-Wertes auch die Trendstärke abwägen kann, bietet er sich nicht nur als Signalgeber an, sondern auch als trendbestimmendes Instrument.

Schwächen:
- Die Schnelligkeit fordert ihren Tribut, indem sie den CMO häufig kleine Haken schlagen lässt, bevor er in Richtung des Trends weiterläuft.

- In starken Trendphasen schafft es der CMO nicht immer bis auf die andere Seite der Skala, so dass Signale in Richtung des Trends ausbleiben.

Tipps:
- Den CMO können Sie auch für Divergenzanalysen und Indikator-Formationen (siehe Kapitel 12) einsetzen.

- Chande empfiehlt Ihnen als Signalgeber ein Zwei-Linien-Konzept. Ein 20er-CMO sollte mit einem 9er-GD des CMOs verknüpft werden. Bricht der CMO seinen GD nach oben, erfolgt ein Kauf, umgekehrt ein Verkauf.

Abbildung 123
Der CMO-Indikator mit einer 5er-, 10er- und 20er-Einstellung

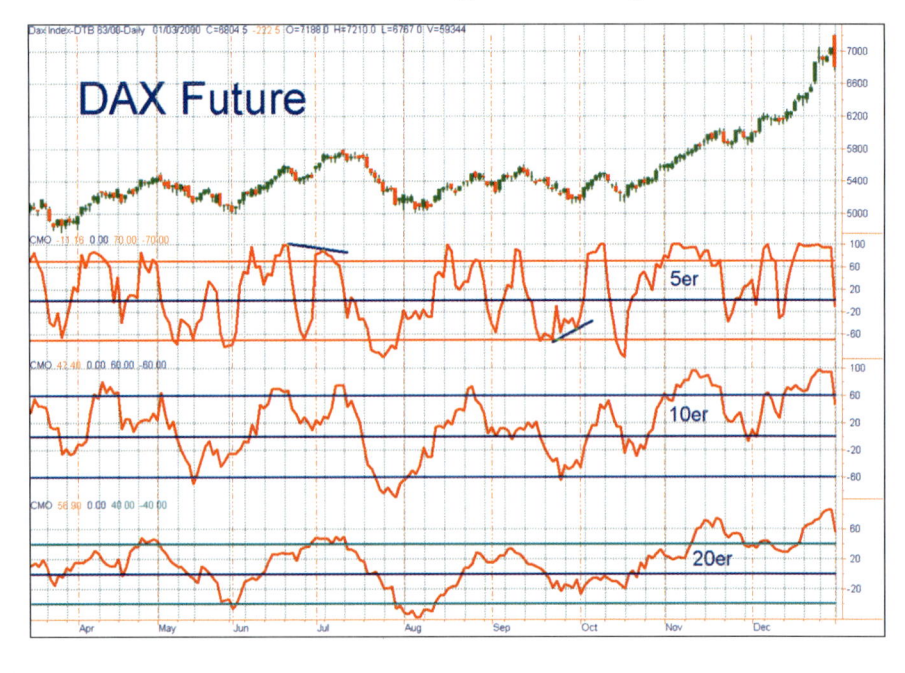

- Sie können ihn auch für Exit-Strategien verwenden. Sie steigen aus seiner Position aus (Gewinne realisieren), wenn der CMO die jeweilige Extremzone verlässt. Da er dies als Momentum-Oszillator relativ frühzeitig andeutet, sollte man in Trendphasen jedoch Reentry-Strategien bereithalten.

Die „Next Generation": (Projection Oscillator, Double Stochastik)

Projection Oszillator

Der „Projection Oscillator" ist eigentlich ein Abfallprodukt der von Dr. Mel Widner entwickelten „Projection Bands". Im Prinzip gleicht er dem Stochastik-Indikator. Während dieser jedoch die absoluten Hoch- und Tiefpunkte einer Periode in seine Formel einfließen lässt, werden diese Daten beim Projection Oscillator durch die Extremwerte der Regressionslinie der Kurse ersetzt. Diese Adjustierung erhöht die Reaktionsgeschwindigkeit des Projection Oscillators bezüglich kurzfristiger Marktereignisse:

Formel: siehe Anhang

Interpretationen:
- Der Projection Oscillator zeigt auf, in welchem Verhältnis der aktuelle Kurs zu den Projection Bands liegt. Ein Wert von 50 signalisiert, dass der Kurs in der Mitte der Projection Bands liegt. Werte von 0 und 100 sagen aus, dass der aktuelle Kurs das untere/obere Band der Projection Bands berührt.

- Bei Werten des Projection Oscillators über 80 gilt ein Markt als überkauft, unter 20 dagegen als überverkauft. Kauf- und Verkaufssignale werden generiert, wenn der Projection Oscillator die Extremzonen wieder verlässt.

Stärken:
- Der Projection Oscillator weist im Vergleich mit herkömmlichen Oszillatoren eine bessere Signalausprägung auf, was sich im schnellen Über-

[Teil III] Die technischen Indikatoren

Abbildung 124
Der „Projection Oscillator"
mit einer 8/3er-, 14/4er-
und 21/5er-Einstellung

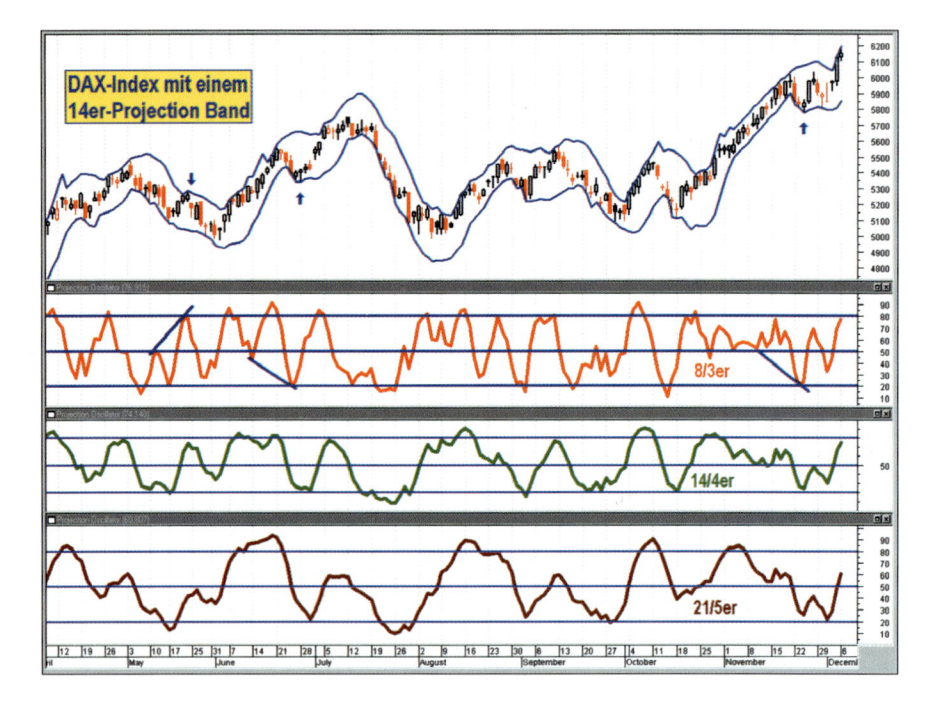

brücken der Mittellinie und in der Häufigkeit des Erreichens seiner Extremzonen ausdrückt.

- Erstaunlicherweise läuft der Projection Oscillator auch bei kleineren Gegenbewegungen starker Trendphasen relativ oft bis an das jeweils andere Ende der Skala, so dass sich viele trendkonforme Einstiegssignale ergeben.

Schwächen:
- Die hohe Reaktionsgeschwindigkeit des Projection Oscillators fordert auch hier ihren Tribut, indem sie viele Haken (kleine Gegenbewegungen) erscheinen lässt.

Tipps:
- Der Projection Oscillator bietet Ihnen insbesondere für die so genannten „Versteckten Divergenzen" Analysemöglichkeiten (siehe Abbildung 124 und erläuternd Kapitel 12).

- Der Projection Oscillator sollte von Ihnen nur in Verbindung mit trendbestimmenden Indikatoren eingesetzt werden. Zeigen diese eine Seitwärtsphase an, können Sie das Verlassen der Extremzonen als Kauf (Break über 20) oder als Verkauf (Break unter 80) werten. Werden jedoch Trendmärkte angezeigt, sollten Sie nur trendkonforme Signale handeln.

- Der Projection Oscillator kann von Ihnen für Exit-Strategien eingesetzt werden. Sie realisieren Ihren Gewinn, wenn er die jeweilige Extremzone wieder verlässt und dann noch seine Mittellinie kreuzt.

Double Smoothed-Stochastic (DSS)

Der Einbau einer Glättungskomponente gehörte in den 90er-Jahren zu den populärsten Verbesserungsmethoden bei Indikatoren. Der DSS-Indikator wurde unter anderen 1991 von William Blau im Januar-Heft des US-Magazins „Technical Analysis of Stocks and Commodities" vorgestellt. Später folgte noch ein Exemplar von Walter Bressert. Beim DSS werden die Komponenten der ursprünglichen Stochastik-Formel jeweils durch zwei Exponentiell Geglättete GDs „gesmoothed"

Blaus Formel:
$$DSS = 100 \cdot \frac{(XMA\ n\text{-day}\ (XMA\ m\text{-day}\ (Closing - Low)))}{(XMA\ n\text{-day}\ (XMA\ m\text{-day}\ (High - Low)))}$$

Interpretationen:
- Ein Wert von 100% zeigt, dass der aktuelle Schlusskurs dem höchsten Kurs der Periode entspricht. (0% = niedrigster Kurs). Stochastik-Werte oberhalb von 70% oder 80% definieren bei der Standardinterpretation einen überkauften Zustand, unterhalb 30% oder 20% einen überverkauften Status der Kurse.

- Signale werden generiert, wenn der „Double Smoothed-Stochastic" seine Mittellinie kreuzt oder die Extremzonen wieder in die jeweils andere Richtung verlassen wird.

Stärken:
- Der DSS hat von allen Oszillatoren die beste Signalausprägung vorzuweisen. Trotz seiner Schnelligkeit bei der Reaktion auf Kursveränderungen zeigt er sehr gleichmäßige Verlaufsmuster.

[Teil III] Die technischen Indikatoren

Abbildung 125
Der Double Stochastik-Indikator mit drei verschiedenen Parametern

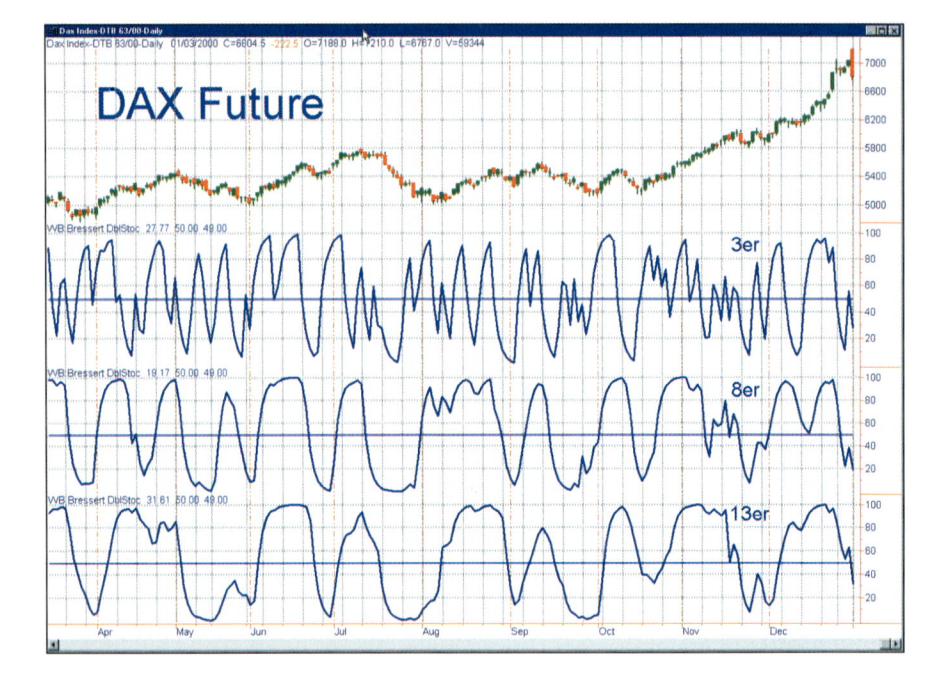

- Die Extremzonen der jeweils anderen Seite der Skala werden selbst in starken Trendphasen ziemlich oft angesteuert, so dass sich eine Fülle von trendkonformen Signalen ergibt.

Schwächen:
- In flach verlaufenden Seitwärtsmärkten, bei schnellen Trendwenden und am Ende eines Trends (wenn man trendkonform gehandelt hat) treten auch hier noch Fehlsignale auf. Es wird auf absehbare Zeit wohl keinen Indikator geben, der bei einer isolierten Betrachtung fehlerfrei sein wird.

- Abgesehen davon gehört der DSS aber zu den besten Oszillatoren, die zur Zeit auf dem Markt zu haben sind. Insbesondere dann, wenn man die Deutlichkeit der Verlaufsmuster, den Grad der notwendigen Interpretation (möglichst gering) und die Möglichkeit trendkonformer Signale in den Mittelpunkt der Bewertung setzt.

Tipps:
- Mit Hilfe der Zonenanalyse (siehe Kapitel 12) lassen sich Ein- und Ausstiegsstrategien des DSS-Indikators noch erheblich verbessern.

- Schaltet man trendbestimmende Indikatoren als Trendfilter vorweg, können die Fehlsignale erheblich begrenzt werden. In Seitwärtsphasen kann man dann das Kreuzen der Mittellinie oder den Ausbruch aus den Extremzonen als Signalgeber einsetzen, in starken Trendphasen trendkonfome Signale a la „Buy Break über 20, Sell Break unter 80".

- Der DSS kann natürlich auch für Exit-Strategien eingesetzt werden. Man realisiert seine Gewinne, wenn er die jeweilige Extremzone wieder verlässt oder die Mittellinie kreuzt.

- Eine weitere Möglichkeit der Verbesserung bietet der Einsatz von Gleitenden Durchschnitten als Triggerlinie des DSS-Oszillators.

[Teil III] Die technischen Indikatoren

9 Trendbestimmungs-Indikatoren

■ Die „Oldies" (DMI, ADX)

„Directional Movement Index-Konzept" (DMI)

Abbildung 126
Prinzip der direktionalen Bewegung

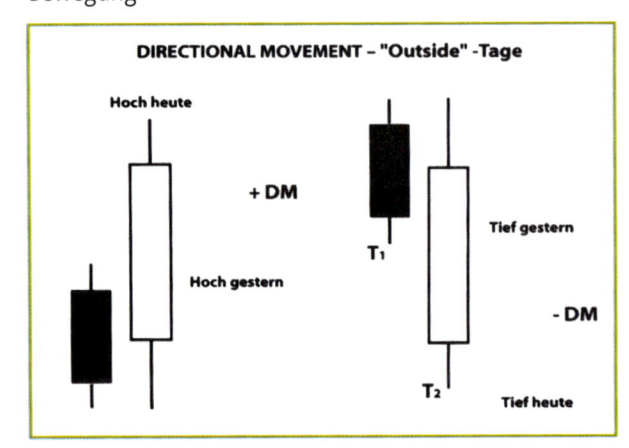

Abbildung 127
Prinzip des "inside days"

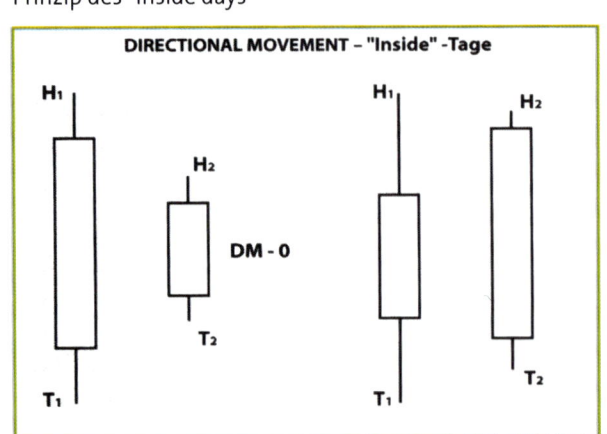

Das DMI-Konzept lässt sich auch als „Konzept der Bestimmung von trendgerichteter Bewegung" interpretieren, da es mit Hilfe verschiedener Indizes die Trendintensität berechnet. Bereits 1978 von Welles Wilder vorgestellt, beruht es auf der Annahme, dass der heutige Höchstkurs in einem Aufwärtstrend über dem gestrigen und der heutige Tiefstkurs in einem Abwärtstrend unter dem gestrigen liegt. Als Grundlage aller Berechnungen dient die „direktionale Bewegung", wie sie in der nachfolgenden Abbildung aufgeführt ist.

Die Differenz zwischen den beiden Höchstkursen wird als „positive directional movement" (+DM) bezeichnet, die Differenz zwischen den beiden Tiefstkursen als „negative directional movement" (-DM) (siehe rechten Teil der Abbildung 126).

Tage, an denen weder der gestrige Höchstkurs über- oder der gestrige Tiefstkurs unterschritten wurde, werden als so gennante „inside days" bezeichnet. Sie fließen nicht in die Berechnung mit ein, da sie keine Relevanz für eine direktionale Bewegung haben (siehe Abbildung 127).

Directional Indicator (+DI, -DI)

Danach ermittelt man die beiden „Directional Indicators" +DI und -DI. Um sie zu berechnen, dividiert man die Summe aller +DMs (analog -DM) einer bestimmten Periode (Standardeinstellung = 14 Tage) durch die Summe aller Werte der „True Range" dieser Periode. Die „True Range" ermittelt sich aus der jeweils höchsten Differenz von

    A) heutiger Höchstkurs – heutiger Tiefstkurs

    B) heutiger Höchstkurs – gestriger Schlusskurs

    C) heutiger Tiefstkurs – gestriger Schlusskurs

Das Ergebnis kann positiv oder negativ ausfallen. Die Formeln lauten:

$$+DI_{14} = sum(+DM_{14}) / sum(TR_{14}) \quad \text{oder}$$

$$-DI_{14} = sum(-DM_{14}) / sum(TR_{14})$$

Zur besseren Unterscheidung wird +DI grün, –DI rot dargestellt. Die Standardeinstellung liegt bei 14 Tagen.

Directional Movement Index (DMI)

Beim „Directional Movement Index" (DMI) subtrahiert man +DI von -DI und dividiert dies durch die Summe (+DI + -DI). Danach multipliziert man das Ergebnis mit dem Faktor 100. Der Faktor 100 normalisiert den DMI-Wert so, dass er zwischen 0 und 100 oszilliert. Der DMI-Indikator stellt eine Prozentzahl dar, die die Intensität des vorherrschenden Trends quantifiziert. Aufgrund seiner hohen Volatilität wird der DMI selten dargestellt, sondern nochmals geglättet, wodurch dann letzten Endes der „Average Directional Movement Index" (ADX-Indikator) entsteht.

Formel: $\quad DMI = \dfrac{DI_{diff}}{DI_{sum}} \cdot 100$

Interpretationen +DI/-DI:

- Wenn +DI (grün) über -DI (rot) liegt, dann herrscht ein positives Umfeld. Liegt +DI dagegen unter -DI, dann liegt eher ein negativer Trend vor.

- Je größer die Differenz zw. +DI und -DI ausfällt, desto direktionaler oder trendgerichteter ist ein Markt.

- Ein Crossover der beiden Indikatoren steht für einen Trendwechsel.

Stärken:

- Für einen Indikator, der konzeptionell bereits in den 70er-Jahren entwickelt wurde, hat er den großen Vorteil, dass man mit seiner Hilfe eine Indikation für die Trendrichtung des Marktes hat.

- Die einen Trendwechsel signalisierenden Crossovers der beiden Indikatoren erfolgen erstaunlich schnell.

Schwächen:

- In Seitwärtsmärkten generieren die beiden Indikatoren zu viele Fehlsignale (siehe Einkreisungen).

- Die vielen Haken (volatile Verlaufsmuster) der beiden Indikatoren können Anwender zum einen etwas verunsichern, lassen zum anderen aber auch zu viel Interpretationsspielraum.

- Volatilität kann erst entstehen, wenn sich etwas in den Kursen bewegt. Insofern hinken diese beiden Indikatoren immer dem Marktgeschehen hinterher.

Tipps:

- Die beiden +DI- und -DI-Indikatoren können aufgrund ihrer volatilen Verlaufsmuster auch für Reentry-Signale genutzt werden. Sobald eine Trendphase vorliegt, der jeweils oben liegende Indikator eine kleine Korrektur abgeschlossen hat und dann wieder nach oben steigt, kann sich ein erneuter Einstieg in Richtung des Trends lohnen.

- Da die Tops der beiden Indikatoren (siehe horizontale Linie) meist mit einem kurzfristigen Ende der bisherigen Kursbewegungen einhergehen, kann man sie auch für Exit-Strategien einsetzen. Sobald einer der beiden Indikatoren über diese Linie läuft und nach unten dreht, kann man an Gewinnmitnahmen der entsprechenden Position denken oder als „Contrarian"-Trader sogar Gegenpositionen aufbauen.

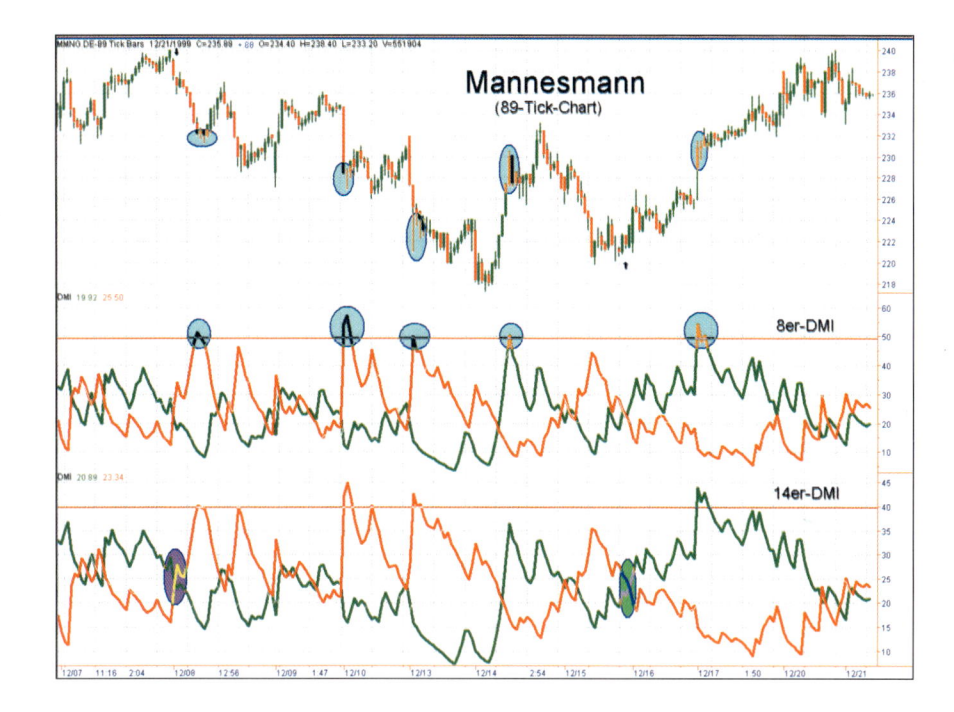

Abbildung 128
Das DMI-Konzept und seine Trendindikationen

ADX-Indikator und seine Handelsstrategien

Bei dem ADX handelt es sich um einen Gleitenden Durchschnitt des DMI-Indikators. Er bestimmt zwar die Trendintensität eines Wertes, nicht aber die Trendrichtung. Der ADX unterscheidet nicht zwischen einem fallenden oder einem steigenden Markt. Durch seinen Anstieg deutet er lediglich auf einen bevorstehenden Trend hin. Die verwendeten Standard-Zeitintervalle im Tagesbereich liegen zwischen 14 und 20, im Wochenchart zwischen 8 und 14.

Formel =   ADX = 14er-GD (DMI)

ADXR = 14er-GD (ADX)

Interpretationen:

- Ein ansteigender ADX (siehe rote Linien in den Abbildungen) steht für eine sich verstärkende Trendintensität (aber nicht für einen Aufwärtstrend), während ein fallender ADX (siehe blaue Linien) eine nachlassende Trendintensität anzeigt (aber kein Verkaufssignal darstellt). Häufig verharren die Kurse dann in Seitwärtsbewegungen.

- Je höher der ADX, desto größer ist die direktionale Bewegung. Mit Eintritt in die Extremzone (ab 45/50) besteht die Chance, dass sich der bisherige Trend mit einer hohen Wahrscheinlichkeit kurzfristig noch viel rasanter fortbewegt (siehe Beispiele mit den roten Linien), was entsprechende Handelsentscheidungen unterstützen dürfte.

- Andererseits weist ein Abdrehen des ADX-Indikators aus dieser Extremzone aber auch darauf hin, dass der bisherige Trend ein jähes Ende gefunden hat und es zu einer Trendwende kommen könnte bzw. zumindest zu einer Seitwärtskorrektur der bisherigen Bewegung (siehe grüne Vierecke und Stoppschilder beim ADX in Abbildung 129).

- Der ADX ist besonders dann sehr hilfreich, wenn die Kurse nach einer längeren Seitwärtsperiode, in der sich der ADX aufgrund der fehlenden direktionalen Bewegung bis unter Niveaus von 20, besser noch von 15 (siehe grüne Einkreisungen in Abbildung 129) abgebaut hat, wieder anfangen zu steigen oder zu fallen. In dieser Situation reagiert der ADX nämlich relativ frühzeitig und mit höherer Verlässlichkeit (siehe kleine Bomben = baldiger Trendbeginn möglich).

Stärken:

- Da er nur als Trendfilter dient, gibt er den Technischen Analysten und Systementwicklern wertvolle Hinweise für die Einschätzung bzw. Anwendung anderer Indikatoren.

- Seine Stärken kommen insbesondere bei einem systematischen Ansatz (z. B. „Below15") zur Geltung.

Schwächen:

- Die Standardisierung des Regelwerks, wie zum Beispiel: „Wenn der ADX über 25/30 steigt, dann beginnt eine starke Trendphase". Betrachtet man die Abbildung 129 und 131, so wird man feststellen, dass sich die Kurse oftmals schon erheblich in eine Richtung bewegt haben, bevor der ADX über 25 oder höher steigt. Da die Berechnung des ADX mit mehreren Glättungskomponenten versehen wurde (ein 14-tägiger ADX benötigt oftmals über 30 Tage Daten), ist er von sich aus langsam. Wartet man gemäß dem Lehrbuch noch auf einen Break über 25/30, bleibt vom Trend nicht mehr viel über.

- Wenn ein Markt spitz zulaufende Tops oder Bottoms (sog. Spikes oder V-Formationen) ausgebildet hat, bei denen es zu schnellen Gegenbewegungen gekommen ist, dann treten Fehlaussagen auf. Solche Kursentwicklungen führen dazu, dass sich die +DMs und -DMs gegenseitig aufheben können, wenn sich von jeder Bewegungsrichtung gleich viele Tage in der ADX-Formel befinden. Bei einem solchen Szenario fällt der ADX natürlich schnell ab. Obwohl ein starker Gegentrend eingesetzt hat, signalisiert der ADX nach gängiger Interpretationsart einen nicht mehr vorhandenen Trend. Mit jedem neuen Tag fallen dann die alten Werte, die den ursprünglichen Trend vertreten haben, aus der Berechnung. Sogleich gewinnen die Werte an Bedeutung, die die Gegenbewegung gemessen haben. Obwohl dieser Gegentrend bei den V-Formationen schon längst gelaufen sein könnte, beginnt der ADX plötzlich stark anzusteigen, was dem Standard-Anwender suggeriert, dass eine weitere Gegentrendbewegung zu erwarten ist.

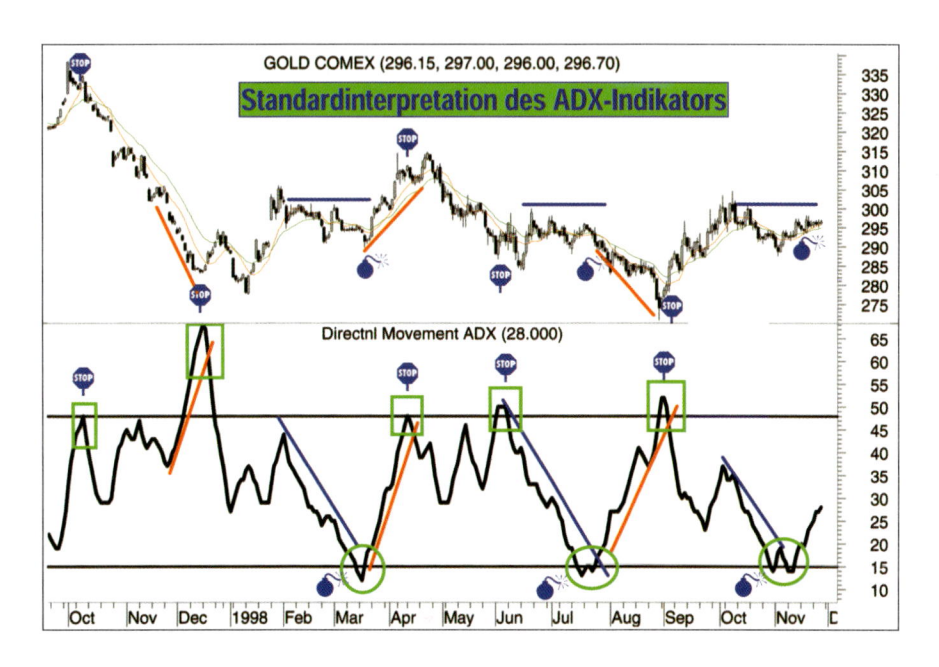

Abbildung 129
Die Standardinterpretation für den ADX-Indikator

[Teil III] Die technischen Indikatoren

Tipps:

Identifikation von „False Breakouts"

Betrachtet man diese herkömmlichen Vorgehensweisen des ADX-Indikators etwas genauer, dann eröffnen sich auch Einsatzgebiete, in denen der ADX bisher keine Rolle spielte. So lässt sich mit Hilfe des ADX-Indikators auch feststellen, ob und wann die so genannten „False Breakouts" auftreten können. Abbildung 130 zeigt, dass die „False Breakouts" häufig in Phasen vorkommen, in denen der ADX fällt. Bei den „False Breakouts" handelt es sich um Ereignisse, bei denen die Kurse mehr oder weniger wichtige Kursniveaus unter- oder überschreiten, wodurch nach alter Trendfolger-Philosophie angenommen werden muss, dass sich die Kurse nun weiter in diese Richtung bewegen werden.

Während Trendfolge- oder auch Breakout-Händler hier entsprechende Positionen aufbauen, setzen sich Händler, die eine Verlustposition haben, solche Levels oftmals als letzte Ausstiegsmarke für ihre Verlustposition. Mittlerweile haben sich aber andere Händler darauf spezialisiert, diese Kursausbrüche zu provozieren, um über das „Abfischen" von Stop-Loss- und voreiligen Trendfolge-Orders an günstige Positionen zu kommen. Wird beispielsweise eine Unterstützungslinie nach unten durchbrochen, dann kaufen die „False Breakout"-Strategen den Stop-Loss-Leuten und denjenigen Trendfolgern, die zu schnell Short-Positionen aufgebaut haben, ein paar Punkte/Ticks unter

Abbildung 130
Die „False Breakout"-Indikation des ADX-Indikators

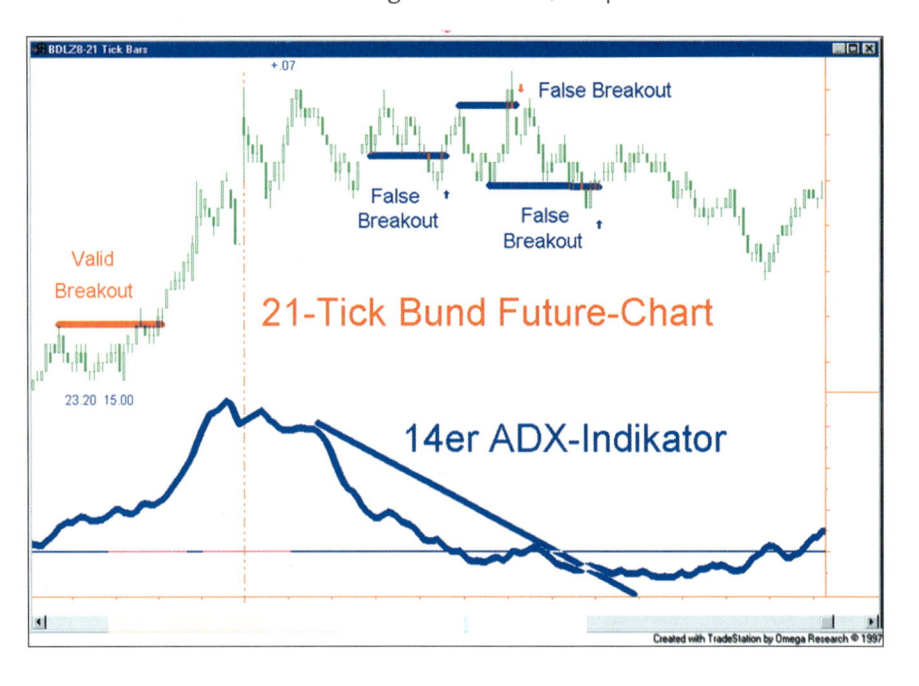

[9] Trendbestimmungs-Indikatoren

Filterfunktion des ADX-Indikators

Möchte man die Stärken des ADX jedoch wirklich sinnvoll nutzen, dann sollte man ihn in Kombination mit anderen Indikatoren einsetzen. In Abbildung 131 wurden rote Linien verwendet, um einen steigenden ADX, und blaue, um einen fallenden ADX anzudeuten (siehe oberen Indikator). Darunter wurden ein Trendfolgeindikator der neueren Generation („RMI-Relative Momentum Index") sowie der allseits bekannte Stochastik-Oszillator eingesetzt. Die grünen Rechtecke sollen verdeutlichen, in welchen Phasen die beiden Indikatoren-Typen Fehlsignale produzieren.

Der RMI-Trendfolgeindikator (RMI >70 = Aufwärtstrend, RMI< 30 = Abwärtstrend) liegt vorwiegend dann falsch, wenn der ADX fällt. Steigt der ADX hingegen an, sind die Trendvorgaben des RMI recht ordentlich. Beim Stochastik-Indikator sollte man in solchen Phasen hingegen auf Signale verzichten, die gegen den Trend gerichtet sind. Trendkonforme Signale sind als so genannte „Reentry"-Signale jedoch zu empfehlen. Betrachtet man den Zeitraum zwischen April und Juni 1998 (= fallender ADX), so wird man sehen, dass der Stochastik-Oszillator dort gute Resultate erzielte. Der ADX kann als Filter für den Einsatz von anderen Indikatoren dienen.

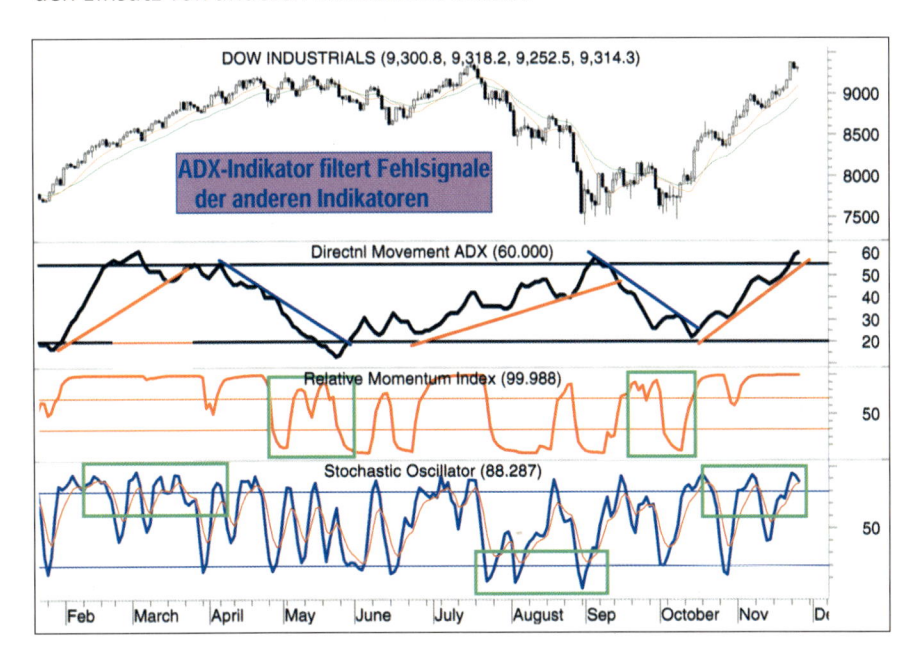

Abbildung 131
Die ADX-Hilfe zur Einschätzung anderer Indikatoren

235

- Bei steigenden ADX funktionieren Trendfolger, bei fallenden Oszillatoren.
- Der Steigungswinkel kann wichtiger als der absolute ADX-Wert sein

Der ADX als Grundlage für Handelsstrategien

Die Mehrheit aller profitablen Handelssysteme sind so genannte „Trendfolger". Gemäß dem Motto „Let the profit run" bleiben sie möglichst lange in Trendphasen investiert, um so die gesamte Kursbewegung eines Trends mitzunehmen.

Da die meisten Märkte nur sehr selten Trends aufweisen, die stark genug sind, um nennenswerte Profite zu erzeugen, müssen diese Systeme bestimmte Trendfilter haben, die dazu beitragen, dass man in den starken Trendphasen voll investiert ist und in trendlosen Phasen nicht wieder die ganzen Gewinne aufgrund zu vieler Fehlsignale abgeben muss.

Hier bietet sich natürlich der ADX-Indikator an, der sowohl als eigenständiger Signalgeber als auch in Kombination mit anderen Indikatoren oder Chart-Formationen verwendet werden kann. Die verschiedenen Handelsansätze, die man mit Hilfe des ADX-Indikators erstellen kann, lassen sich wie folgt unterteilen.

- reine ADX-Strategien
- ADX in Verbindung mit Kursformationen
- Kombination mit anderen Indikatoren
- ADX und historische Volatilitäten

Reine ADX-Strategien

Die wohl einfachste Vorgehensweise bezieht sich noch immer auf die Verlaufsmuster der ADX-Kurve. Sobald der ADX ansteigt und möglichst oberhalb eines bestimmten Levels liegt (in der Regel 20 bis 30), sollte man entsprechend positioniert sein, weil eine Trendphase eingesetzt hat.

Mittlerweile gibt es aber auch Ansätze, die nicht nur die Tatsache betrachten, ob der ADX gestiegen ist oder nicht, sondern in welchem Ausmaß dies erfolgte. So misst man beispielsweise die Differenz zwischen dem aktuellen ADX-Wert und einem ADX-Wert vor n-Tagen oder dem tiefsten ADX-Wert der letzten n-Tage. Übersteigt die Differenz (= Steigungswinkel des ADX-Indikators) eine bestimmte Größe (= je größer, desto stärker der Trend), wird ein Einstiegssignal generiert.

„Below 15"-Ansatz

Zu den bekanntesten Strategien, die nur auf den Verlaufsmustern des ADX-Indikators beruhen, zählt der „Below 15"-Ansatz. Wenn beispielsweise ein 14er-ADX bei einem bestimmten Markt unter 15 fällt, dann wird signalisiert, dass dieser Markt schon (zu) lange trendlos verlaufen ist und man daher mit einem baldigen Trendbeginn rechnen kann, weil sich quasi Aktionsfrust aufgestaut hat. Betrachtet man die Einkreisungen beim ADX (= unter 15) in Abbildung 132, so stellt man fest, dass sich im Anschluss an diese Konstellation meist markantere Trends ergeben haben. Anstatt darauf zu warten, bis der ADX-Indikator über ein bestimmtes Niveau (z. B. 30) gestiegen ist, wie es die konventionellen Standardregeln vorschreiben, geht man in diesen Fällen bereits eine Position ein, sobald der ADX unter 15 ist und gleichzeitig ein Breakout aus der vorherigen Seitwärtsformation erfolgt, Trendlinien und gleitende Durchschnitte gebrochen werden oder andere Indikatoren Signale liefern bzw. bestätigen (vgl. Pfeile im Chart und beim Relativ-Momentum-Index in Abbildung 132).

Die obere Einkreisung im Chart macht deutlich, dass die Märkte manchmal erst in eine Richtung ausbrechen, um dann wieder zu drehen. Fehlsignale sind also auch bei Ansätzen möglich, die eine hohe Trefferquote aufweisen. Da die meisten Chart-Programme heutzutage Explorer-Funktionen haben, können Sie sich relativ systematisch alle Werte aus Ihrer Datenbank herausfiltern lassen, deren ADX-Wert unter 15 liegt, um dann entsprechende Ein-

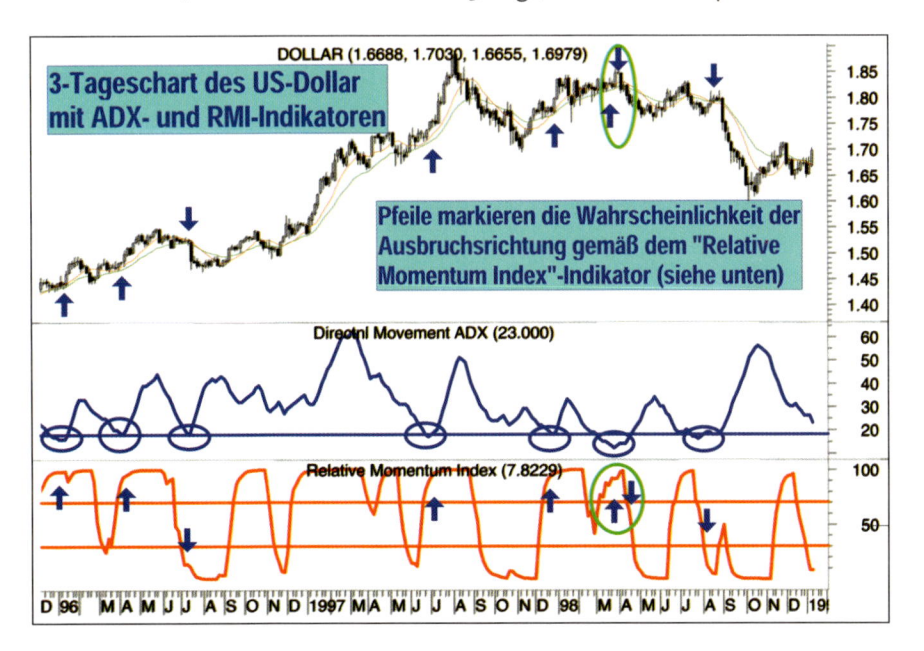

Abbildung 132
Weekly-US-Dollar mit dem „Below 15"-Ansatz

[Teil III] Die technischen Indikatoren

 stiegsregeln festzulegen. Dadurch können Sie in Werte investieren, die ein bestimmtes Trend- und damit auch Gewinnpotenzial (sowohl aufwärts als auch abwärts) aufweisen.

ADX in Verbindung mit Kursformationen

Der Erfolg bestimmter Kursformationen hängt oftmals davon ab, ob ein Trend vorhanden ist oder nicht bzw. in welchem Stadium sich ein Trend befindet. Da man dies mit Hilfe des ADX-Indikators gut ermitteln kann, lassen sich Formationen in Verbindung mit dem ADX besser einschätzen und profitabler ausnutzen. In ihrem Buch „Street Smarts" stellten die amerikanische Top-Traderin Linda Bradford-Raschke und Laurence A. Connors den „ADX-Gapper"-Ansatz vor.

„ADX-Gapper"

Bei dem „ADX-Gapper" geht man „Long", wenn
- … ein 12er-ADX größer ist als 30.
- … ein 28er- „+DI" (positiv directional index/indicator) über dem 28er- „–DI" (negativ directional index/indicator) liegt.
- … der entsprechende Markt mit einem Gap (Kurslücke) nach unten eröffnet (heutiger Eröffnungskurs muss unter dem gestrigen Tiefstkurs liegen).
- … und die Kurse sich im Verlauf des heutigen Tages wieder über das Niveau der gestrigen Tiefstkurse bewegen (Kauforder etwas oberhalb dieser Vortagestiefstkurse platzieren).

Abbildung 133
„ADX-Gapper" von Linda Bradford-Raschke und Laurence A. Connors

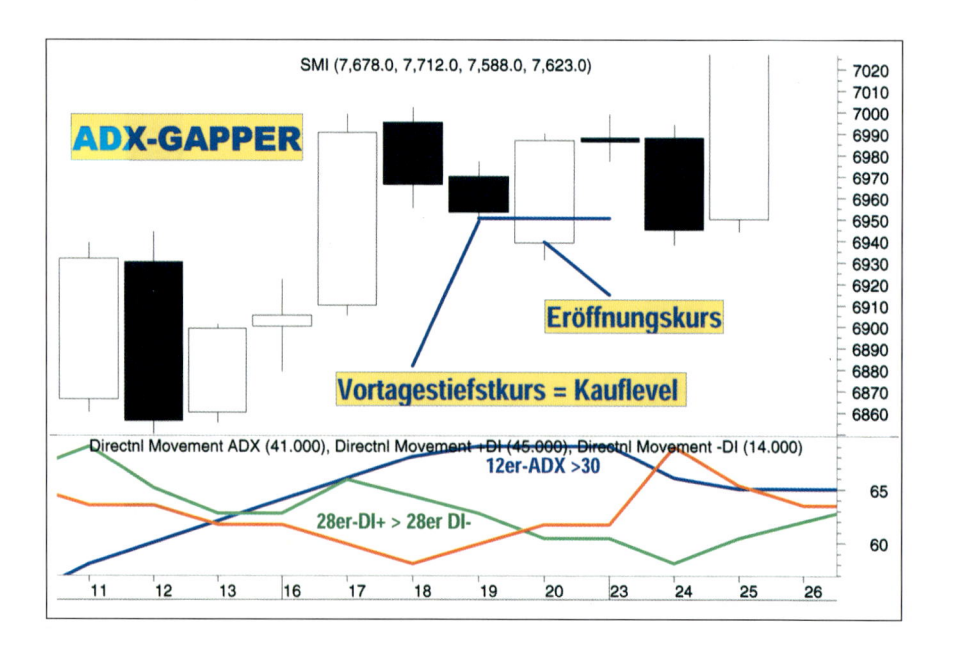

1-2-3-4´s

Der „1-2-3-4´s"-Ansatz wurde von Jeff Cooper in dem Buch „Hit and Run" vorgestellt. Man versucht dabei einen Markt zu identifizieren, dessen 14er-ADX über 30 liegt (je höher, desto besser). Um Kaufsignale zu generieren, muss der 14er- „+DI" größer sein als der 14er- „-DI". In dieser Situation müssen Sie warten, bis eine 1-2-3er-Korrektur einsetzt, d. h. drei Tage, an denen die Tiefstkurse jeweils tiefer sind als der Tiefstkurs des letzten Top-Tages.
Idealerweise sollten die Tiefstkurse der 1-2-3er-Korrektur jeweils tiefer liegen. Am vierten oder fünften Tag (siehe Zahlen im Chart) kauft man oberhalb des Höchstkurses des dritten Korrekturtages (siehe blaue Linien) und legt eine „Stop-Loss-Order" leicht unterhalb des Tiefstkurses des dritten Kor-

In deutscher Übersetzung:
Jeff Cooper,
Hit and Run Strategien,
München 1999

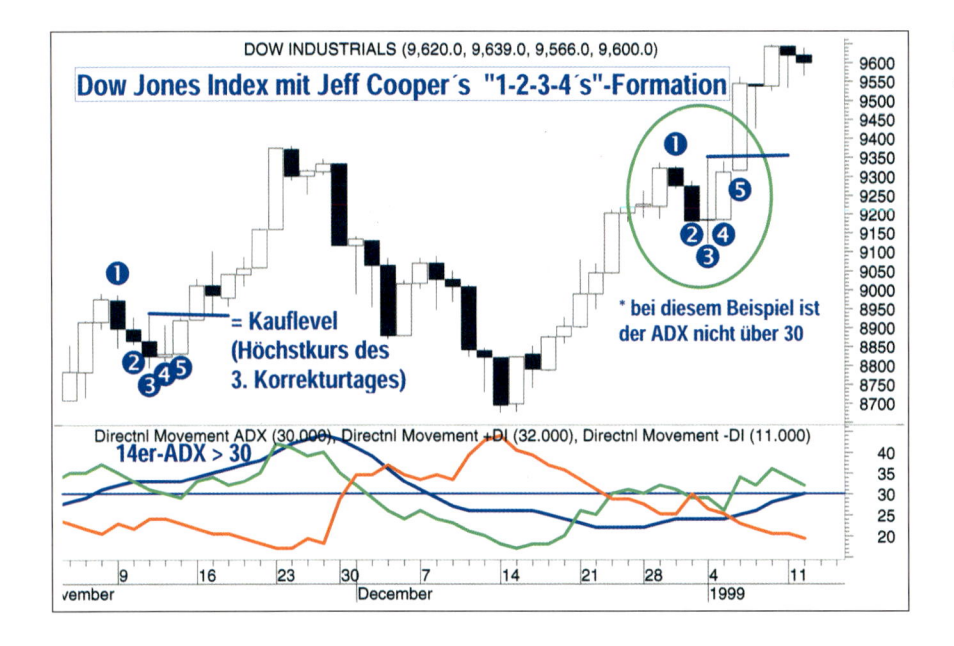

Abbildung 134
„1-2-3-4´s" von Jeff Cooper

rekturtages. Manchmal funktioniert diese Formation auch, wenn der ADX nicht über 30 ist (siehe rechtes Beispiel mit Einkreisung). Drehen Sie das Regelwerk für Verkaufssignale einfach um.

Kombination mit anderen Indikatoren

Die prinzipielle Vorgehensweise zu diesem Thema wurde Ihnen bereits in der Abbildung 5 im letzten Artikel präsentiert. Jeff Cooper hat in seinem Buch „Hit and Run" mit dem Stochastik-Indikator einen etwas einfacheren Ansatz gewählt:

[Teil III] Die technischen Indikatoren

Jeff Coopers ADX/Stochastik

Hierbei muss ein 14er-ADX über 35 laufen und ein 8er-Stochastik-Indikator unterhalb 40 nach oben (= Kaufsignal) oder oberhalb 60 nach unten drehen (= Verkaufssignal). Da ein 8er-Stochastik relativ langsam ist, kann dieser Ansatz auch zu Fehlsignalen führen. Man sollte bei dieser Variante eher modernere Indikatoren verwenden.

Abbildung 135
Kombination des ADX- und des Stochastik-Indikators von Jeff Cooper

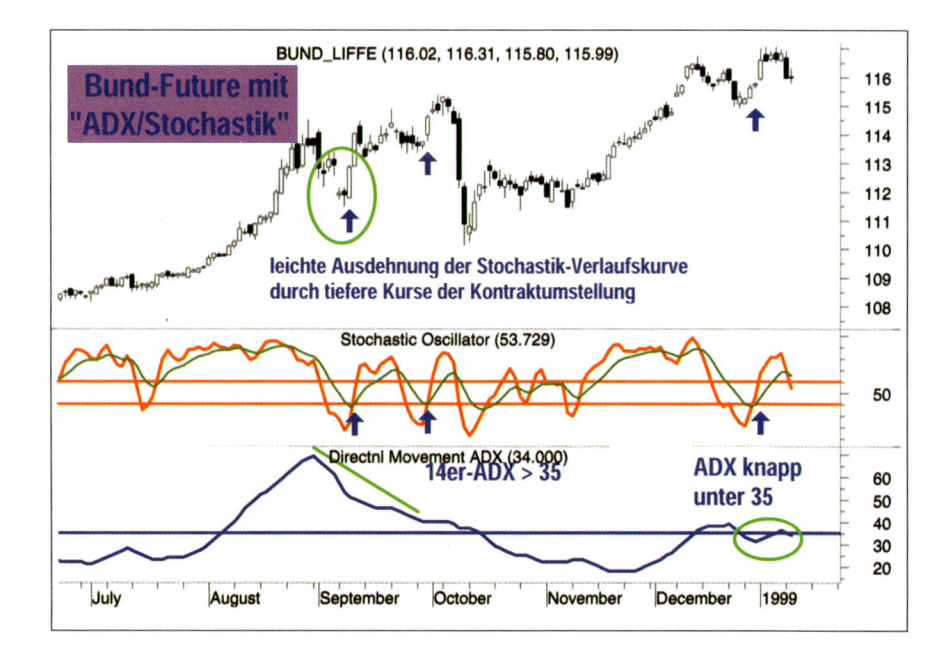

Holy Grail

Der „Holy Grail"-Ansatz von Connors/Bradford-Raschke ist ebenfalls recht einfach gehalten, dennoch vielversprechend. Grundlage bildet wiederum ein 14er-ADX, der über 30 stehen muss und steigen sollte. Wenn der entsprechende Markt in dieser Phase eine Korrektur bis zur Linie des 20-Tages Exponential Moving Average oder auch leicht darüber vornimmt, dann verkauft man eine Einheit unter dem Tiefstkurs des jeweiligen Vortages (siehe blaue Linien innerhalb der Einkreisungen).

Sollte der Markt zwei oder drei Tage in der Nähe des gleitenden Durchschnittes verharren, dann muss man das Verkaufslimit zum jeweils nächsten Vortagesbar nachziehen. Legen Sie Stop-Loss-Orders (siehe Stoppschilder) leicht oberhalb der Höchstkurse dieser Periode. Sollte man „ausgestoppt" werden und die Kriterien noch immer bestehen, dann legen Sie erneut eine Order unterhalb des Tiefstkurses des Vortages.

[9] Trendbestimmungs-Indikatoren

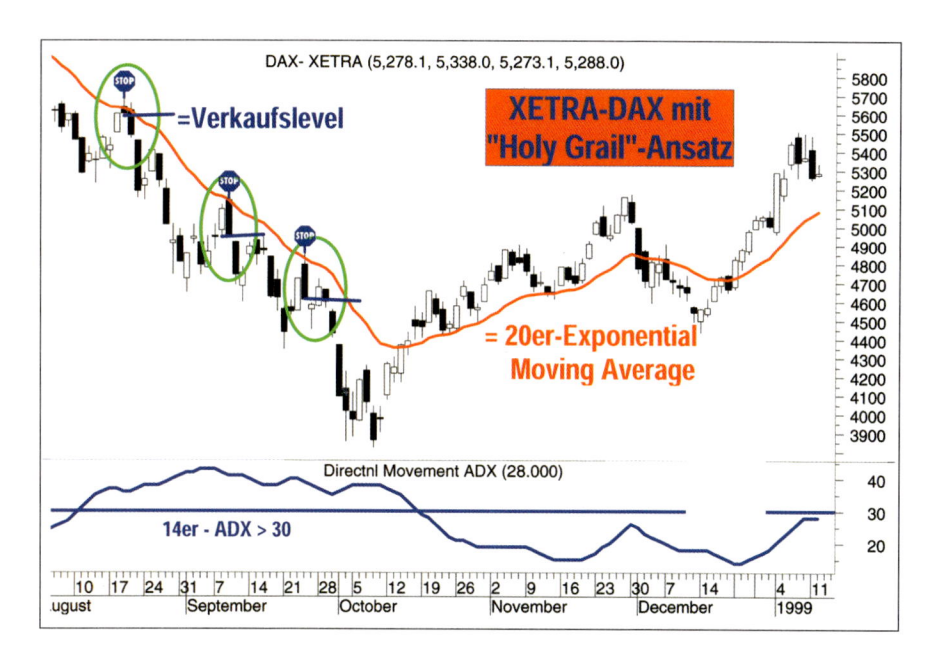

Abbildung 136
„Holy Grail" von Connors/Bradford-Raschke

ADX und historische Volatilitäten – Gipson

Dieser Ansatz verwendet im Prinzip auch einen weiteren Indikator, um zusammen mit dem ADX Signale zu generieren. Die „Gipson"-Strategie wurde von Derek Gipson im Buch „Advanced Trading Strategies" vorgestellt. Hier sollte ein 14er-ADX über 25 und der „14er DI+" über dem „-DI" liegen, wenn man einen Kauf tätigen will. Darüber hinaus muss in diesen Fällen aber

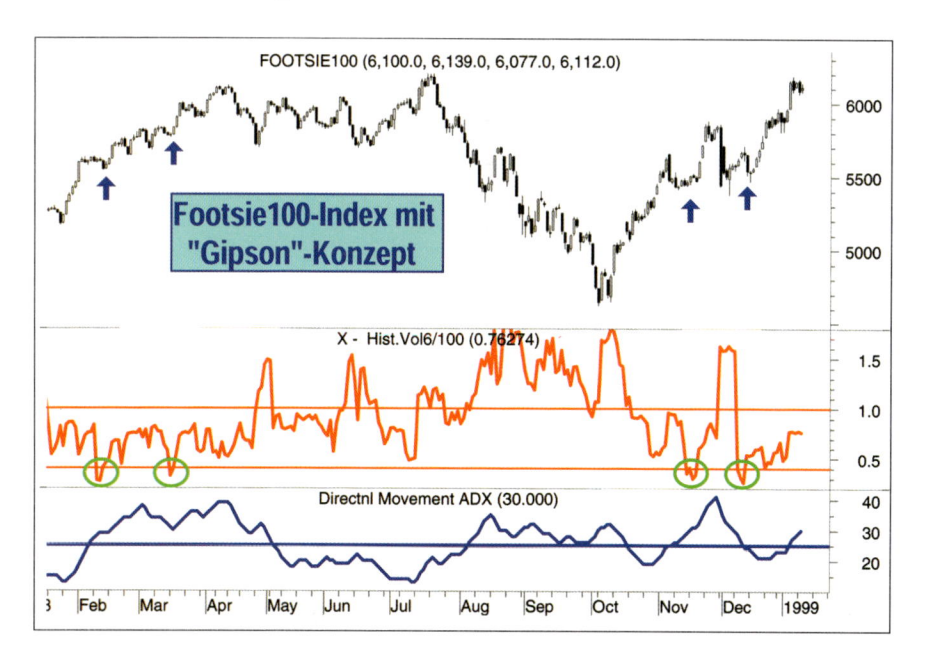

Abbildung 137
Der „Gipson"-Ansatz von Derek Gipson

241

auch die 6/100er-Historische Volatilität unter 0.4 fallen (= die 6tägige Volatilität beträgt nur 40% der 100tägigen), was eine baldige Ausbruchsbewegung erwarten lässt (siehe grüne Einkreisungen). Man geht „Long", wenn der Höchstkurs des Signaltages überschritten wurde (siehe Pfeile). Drehen Sie das Regelwerk für Shortsignale um.

Day Trader 15-min ADX-Breakout

Für die Daytrader unter Ihnen gibt es noch folgende Variante von Laurence A. Connors, die in seinem Buch „Advanced Trading Strategies" vorgestellt wurde:

- 14er-ADX > 30

- +DI (14er) > -DI

- Nach Eröffnung sollte man den ersten 15min-Bar/Candle abwarten, um im zweiten Bar einen Break über den Höchstkurs des ersten 15min-Bars zu kaufen und um nachmittags die Gewinne einzustreichen.

- „Stop-Loss"-Marke liegt anfangs am Tiefstkurs des ersten Bars, wird aber nachgezogen

Fazit

Die verschiedenen Ansätze zeigen auf, wie vielfältig der ADX eingesetzt werden kann. Trotz der namhaften Autoren bleibt zu bemerken, dass die vorgestellten Ansätze recht einfach sind. Mit Hilfe der Interaktionsanalyse (siehe Kapitel 12) können Sie den ADX noch mit anderen Ansätze der Technischen Analyse verknüpfen.

Die „Newcomer": (RAVI, Random Walk Index)

RAVI-Indikator

Der RAVI-Indikator wurde von Tushar Chande entwickelt und in seinem Buch „Beyond Technical Analysis" (Wiley 1997) als Weiterentwicklung des ADX vorgestellt. Er verwendet zwei Gleitende Durchschnitte, wobei der kürzere ca. 10% des langfristigen GDs ausmachen soll (im Buch wurde ein 65er und ein 6,5er = 7er GD vorgeschlagen). Der RAVI definiert sich über den absoluten Wert der prozentualen Differenz zwischen den beiden gleitenden Durchschnitten.

Formel:
$$RAVI = \text{Absolute Value} \cdot 100 \cdot \frac{\text{7er-GD} - \text{65er-GD}}{\text{65er-GD}}$$

Interpretationen:

- Bei der 7-/65er-Konstellation gilt ein Markt als Trendmarkt, wenn der RAVI-Wert über 3% liegt. Ein Range-Markt weist dagegen einen RAVI-Wert von unter 3% auf. Diese Einschätzung kann man mit Hilfe der Zonenanalyse noch optimieren.

- Erreicht der RAVI ein Top und dreht dann wieder nach unten, sollte ein Trendmarkt beendet sein, zumindest aber eine Pause einlegen. Je höher der RAVI, desto stärker ist der Trend.

- Sollte der RAVI unter 1% bzw. $\frac{1}{2}$% fallen, dann hat der Markt bereits eine längere Phase der Trendlosigkeit hinter sich. In diesen Fällen ist mit dem baldigen Beginn eines neuen Trends bzw. mit einem Breakout der Kurse aus ihrer Range zu rechnen.

Stärken:

- Da er stärker auf dem Markt-Momentum basiert, zeigt er zum Teil schnellere Reaktionen als der ADX-Indikator.

[Teil III] Die technischen Indikatoren

- Es fällt auf, dass die Verlaufsmuster des RAVI wesentlich ausgeprägter sind als beim ADX. Er bildet nicht nur deutlichere Tops aus (siehe Stoppschilder in Abbildung 138), sondern läuft auch häufiger ganz zurück zu seinem Boden. Dadurch werden mehr Signalmöglichkeiten generiert.

Schwächen:
- Plötzliche Trendwechsel verkraftet der RAVI scheinbar nicht (siehe mittleren Teil des Charts). Anstatt eine neue Trenddynamik anzuzeigen, fällt er in diesen Fällen (wie auch der ADX) eher ab, da die neuen Kurse die vorherigen neutralisieren.

- Schlägt bei längeren Trendphasen zu viele Haken, die manchen Anwender an der Fortführung des Trends zweifeln lassen könnten.

Tipps:
- Der RAVI lässt sich wie auch der ADX als Trendfilter einsetzen. Ist er oberhalb eines bestimmten Wertes, sollte man nur trendkonforme Signale von Oszillatoren verwenden, unterhalb kann man auch „Contrarian"-Ansätze durchführen.

- Der RAVI eignet sich außerdem für Exit-Strategien. Sollte er ein Top ausbil-

Abbildung 138
Der RAVI-Indikator im Vergleich mit dem ADX

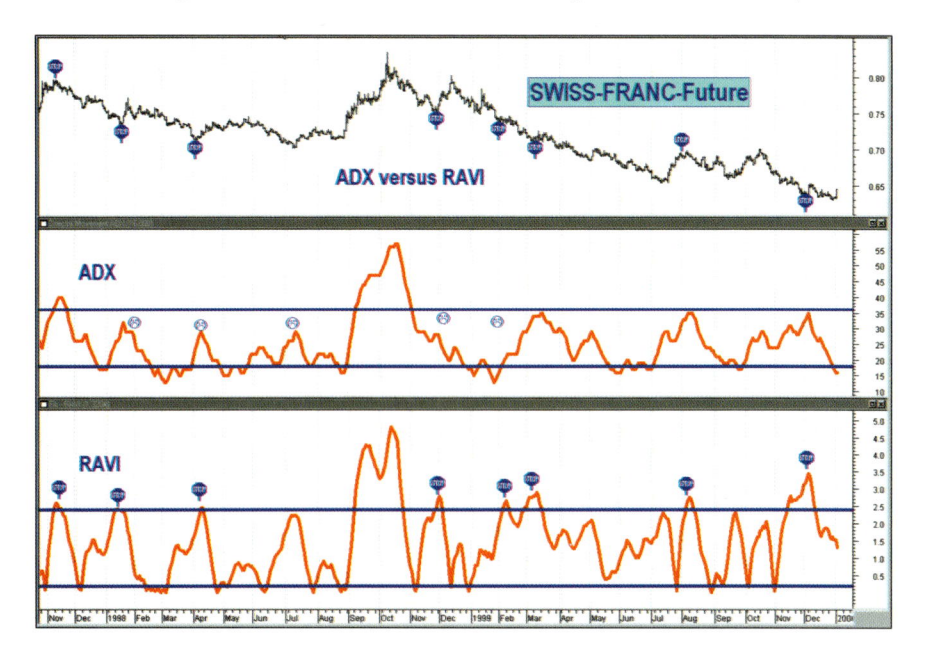

den und wieder unter ein Level zurückfallen, dann kann man seine Position glattstellen.

- Die beim ADX vorgestellten Handelsstrategien sind ebenso möglich. Achten Sie insbesondere auf die Breakout-Methoden („Below 15" würde hier „Below 0.5%" heissen).

Random Walk Index (RWI)

Der RWI-Indikator wurde 1992 von Michael Poulos in der September-Ausgabe des US-Magazins „Technical Analysis of Stocks and Commodities" der Öffentlichkeit präsentiert. Der RWI basiert auf der Annahme, dass ein bestimmter Teil der Kursbewegungen rein zufällig auftreten. Die erwartete durchschnittliche Abweichung der Zufälligkeit ist dabei vergleichbar mit der Multiplikation der durchschnittlichen Preis-Range mit der Wurzel aus der Anzahl von Zeiteinheiten (Range 10 Punkte • Wurzel aus 25 Tagen = 50 Punkte zu erwartende durchschnittliche Abweichung des Marktes). Der RWI bindet diesen Ansatz mit ein, indem er die Preis-Range der Kurse durch den erwarteten „Random Walk" dividiert. Der RWI besteht aus zwei Indikatoren, dem RWI_Up (grün) und dem RWI_Down (rot):

Formel: **siehe Anhang**
(von Pierre Orphelin korrigierte Easy Language Formel)

Interpretationen:
- Je höher der RWI steigt, desto weiter weichen die Kurse zwar von dem ab, was statistisch betrachtet zu erwarten wäre, desto stärker ist aber auch die Trendkomponente des Marktes. Da die Kurse immer wieder zu einem relativen Mittelwert zurücklaufen, signalisiert ein hoher RWI-Wert ein mögliches Ende der bisherigen Bewegung.

- Wenn RWI_Up über RWI_Down verläuft, dann liegt ein eher aufwärtsgerichteter Markt vor, ansonsten ein abwärtsgerichteter. Ein Crossover der beiden Linien signalisiert eine Trendwende.

- Der RWI-Level, ab dem ein Trend angenommen werden kann, liegt je nach Markt zwischen 1.0 und 1.5. Sollten beiden RWI´s darunter liegen, kann von einem Range-Markt ausgegangen werden.

[Teil III] Die technischen Indikatoren

Stärken:
- Der RWI zeichnet sich durch seine hohe Reaktionsgeschwindigkeit aus. Er vereinigt Trendstärke und Trendrichtung zu einem Konzept

- Bei genauer Analyse können die volatilen Verlaufsmuster des RWIs zusätzliche Informationen geben, wie z. B. Reentry und Exit-Signale.

Schwächen:
- Die Volatilität dieses Indikators dürfte den meisten Anwendern Schwierigkeiten bereiten. Er schlägt zu viele Haken und signalisiert in Übergangs- und Seitwärtsphasen zu viele Crossovers.

Tipps:
- Poulos hat für den RWI ein Handelskonzept entwickelt, das einen 64-Tages RWI mit einem 7-Tages RWI verknüpft. Sollte der langfristige RWI einen Abwärtstrend anzeigen (RWI_Up < RWI_Down) und über 1.0 liegen, dann sollten alle „Spikes" (Tops) des kurzfristigen RWI_UP´s über 1.0 (unabhängig von der Position des kurzfristigen RWI_Down) zum Aufbau einer Short-Position genutzt werden und umgekehrt.

Abbildung 139
Der Random Walk Index mit einer 7er- und einer 64er-Einstellung

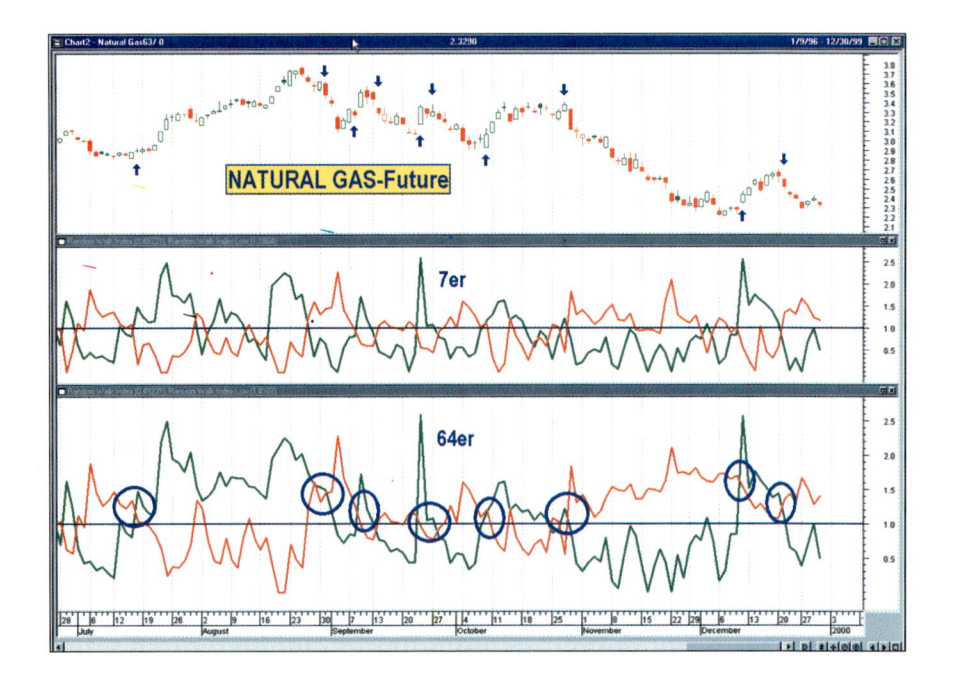

- Mit Hilfe der Zonenanalyse lassen sich beim RWI Trendfilter und Breakout-Strategien optimieren.

- Die Analyse der Tiefpunkte beider Indikatoren (unter 0.3 bis 0.5) können für Exit-Strategien bzw. Gewinnmitnahmen genutzt werden. Achten Sie diesbezüglich auch auf Levels, die die beiden RWI-Indikatoren nach einem Top wieder unterschreiten.

Die „Next Generation" (AROON)

AROON-Indikator

Der AROON-Indikator wurde von Tushar Chande entwickelt und in seinem ersten Buch „The New Technical Trader" (Wiley, 1994) vorgestellt. Der AROON zeigt Wechsel der Trendphasen und Trendrichtungen an. Dabei misst er die Anzahl der Tage, die seit einem letzten Hoch oder Tief im Markt vergangen sind. Diese Werte werden von einem AROON_Up und einem AROON_Down gemessen, wobei sich beide in einer Skala zwischen 0 und 100 bewegen. Sollte ein Markt beispielsweise bei einem 14er-AROON ein neues 14-Tages-Hoch ausbilden, dann würde der AROON_Up 100 anzeigen und umgekehrt:

Formel: siehe Anhang

Interpretationen:
- Ein Abwärtstrend wird angezeigt, wenn der AROON_Down (rot) über dem AROON_Up (grün), ein Aufwärtstrend, wenn der AROON_Up über dem AROON_Down liegt. Ein Crossover der beiden Indikatoren signalisiert einen möglichen Trendwechsel.

- Je höher der AROON, desto kontinuierlicher bewegt sich ein Trend. Es wird nicht die preisliche Trendstärke gemessen, sondern die Anzahl der Tage, die der Trend nun schon anhält. Je gleichmässiger einer der beiden Indikatoren im oberen Bereich verläuft, desto eindeutiger ist der jeweilige Trend.

[Teil III] Die technischen Indikatoren

Abbildung 140
Der „AROON"- und der „MESA SINE WAVE"-Indikator

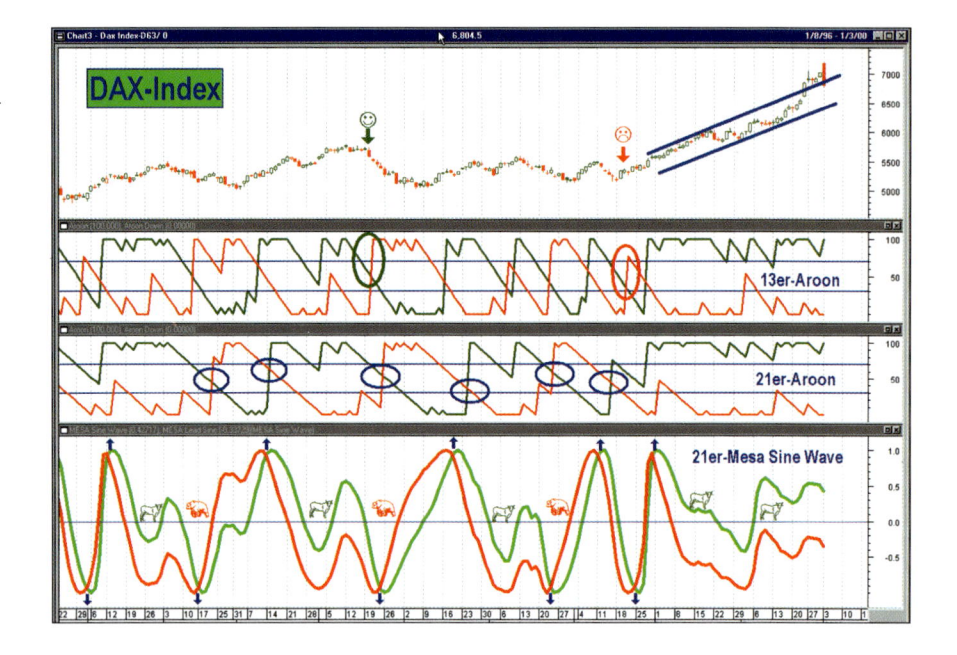

- Trendlose Phasen werden dann angezeigt, wenn sich keiner der beiden Indikatoren im oberen Bereich aufhält (siehe Einkreisungen beim 13er Aroon in Abbildung 140).

Stärken:

- Aufgrund der Geradlinigkeit und der relativ geringen Volatilität der Verlaufsmuster des AROON bietet er dem Anwender eine wertvolle Hilfe bei der Festlegung von Trends.

- Der Standort oder das Verhalten des jeweils unteren Indikators spielt für die Gültigkeit eines Trends zwar keine Rolle, kann aber für etwaige Exit-Strategien wichtige Zusatzinformationen geben.

Schwächen:

- Der AROON berücksichtigt lediglich die zeitliche Komponente eines Trends, nicht aber die Preisentwicklung. Dies kann zu Irritationen führen, wenn er geringe (aber stetige) als auch sehr starke Kursbewegungen immer wieder gleich behandelt.

[9] Trendbestimmungs-Indikatoren

Tipps:
- Achten Sie beim AROON auf den oberen Bereich. Ein wirklicher Trend sollte erst angenommen werden, wenn einer der beiden Indikatoren über 90 steigt. Der optimale Level eines Marktes lässt sich mit Tests herausfinden. Kombinieren Sie den AROON mit preislichen Minimumbewegungen, um Fehlsignale herauszufiltern.

- Der AROON kann sowohl bei computerisierten als auch bei individuellen Trading-Konzepten als Trend- und Strategiefilter (Contrarian oder Trendfollower) vorweggeschaltet werden.

- Achten Sie innerhalb von Trendphasen darauf, was der jeweils untere AROON macht. An dessen Verhalten lassen sich Exit- und Reentry-Strategien anwenden

- Im unteren Teil der Abbildung 140 finden Sie noch den „MESA SINE WAVE"-Indikator, der in der MetaStock-Charting-Software angeboten wird. Da es kaum Unterlagen und Informationen über ihn gibt, ist er hier offiziell nicht aufgeführt worden. Vielleicht entdecken Sie an ihm aber dennoch eine Fähigkeit, die Sie schon immer gesucht haben.

[Teil III] Die technischen Indikatoren

10 Volatilitäts-Indikatoren

■ Die „Oldies" (Standard Deviation, 6/100er-Volatility-Ratio)

Massenpsychologische Phänomene

Ausgangspunkt jeder dynamischen Betrachtung des Börsengeschehens sind die individual- und massenpsychologischen Prozesse der Marktteilnehmer. Dynamische Verhaltensmuster lassen sich überall festmachen, beispielsweise an der Art und Weise, wie sich Menschen im Theater an stehenden Ovationen oder Ballgäste an der Polonaise beteiligen. Erst fangen die „Mutigen" („Innovators") an, dann folgen die Nachahmer („Early Adopters") und zu guter Letzt entschliesst sich die große Masse („Followers") mitzumischen. An der Börse investieren erst die „Contrarians", dann die „Breakouter" oder „Trend-Trader" und zum Schluss noch die „Trittbrettfahrer", die auf den „fahrenden (Börsen-) Zug" aufspringen wollen. Diese Reihenfolge gilt übrigens auch für computerisierte Trading-Modelle.

Der massenpsychologische Zauber beginnt an dem Punkt, wo sich immer mehr Börsenakteure einer bestimmten Auffassung anschließen und ihre Handelsaktivitäten entsprechend konzentrieren. Das emotionale Engagement steigt parallel zur Dynamik der Kursentwicklung, wobei die Elemente der gegenseitigen Ansteckung zum Tragen kommen. Nach und nach drückt sich die einseitig ausgerichtete Erwartungshaltung in dynamischen Trendphasen aus. Ergreift die Börsenstimmung von der großen Masse der Anleger Besitz, kann es zu erheblichen Kursausschlägen kommen. Die Auswirkungen sind vergleichbar mit dem Lawineneffekt, wobei die Börsenlawine auch nach oben losgehen kann. Mit zunehmender Dauer einer Kursbewegung kommen den Investoren jedoch immer mehr Zweifel, da die Plausibilität bisheriger Argumente abnimmt. Es bilden sich regressive Erwartungen, die zu einem Ende der vorherigen Bewegung und Trendrichtungsdynamik führen.

Mittlerweile laufen dynamische Marktphasen immer hektischer und schneller ab, trendlose dagegen immer langwieriger. Schon heute sind über 80% aller dynamischen Kursbewegungen binnen drei Tagen abgeschlossen. Neben den psychologischen Gründen sind für diese Entwicklung auch der zunehmende Einsatz derivativer Instrumente, die globale Vernetzung der Informationssysteme und die benchmarkorientierte Performancemessung vieler Portfoliomanager und Händler verantwortlich. Um ein überdurchschnittliches Ergebnis zu erzielen, müssen die internationalen Investoren ständig auf der Suche nach lukrativen Anlagemöglichkeiten sein und bei einer Chance sofort zugreifen, was die Cash Flows immer schneller um den Globus fliessen lässt. Man kann in diesem Zusammenhang auch von einer „Geschwindigkeitsfalle" bei der Entscheidungsfindung (Kauf- und Verkauf) sprechen.

Erstaunlicherweise zeigen diese massenpsychologisch determinierten Prozesse auf allen Zeitebenen Regelmäßigkeiten auf, die mit Hilfe der Volatilitäts-Indikatoren dargestellt werden können. Die Beschleunigungs- und Verlangsamungsprozesse verlaufen sowohl auf Tickbasis als auch im stündlichen, täglichen oder wöchentlichen Chart in ähnlichen Strukturen. Da jedes Detail eines Charts Formen aufzeigt wie ein Chart der zeitlich höheren Ebene (z. B. 5 Minuten- und Tages-Chart), kann man an den Finanzmärkten auch von einer fraktalen Geometrie der Bewegungsmuster sprechen. Dies bedeutet, dass beispielsweise die dynamischen Prozesse im Intraday-Handel für die Prognose im Tages- oder Wochenbereich genutzt werden können. Um das Wechselspiel der Marktvolatilitäten in den Griff zu bekommen, reicht es heutzutage nicht mehr aus, subjektive Einschätzungen a la „Pi mal Daumen" vorzunehmen. Die neue Generation Technischer Analysten setzt dazu längst verschiedene Volatilitätsfilter ein.

Vorläufer-Modelle

Der Grundgedanke, die Änderungsgeschwindigkeit einer Marktbewegung zu ermitteln, wurde bereits mit den „Rate-of-change"-Konzepten aufgegriffen, die zum Teil schon zu Beginn des 20. Jahrhunderts auftauchten. Die einfachste Methode, um die Dynamik bzw. die Volatilität eines Marktes zu bestimmen, besteht darin, die prozentuale Kursänderung innerhalb einer bestimmten Periode zu messen. Der Momentum-Indikator basiert beispielsweise auf diesem Verfahren. Das Wort „Momentum" stammt übrigens aus der Physik und bedeutet „Impuls". Dieser errechnet sich aus „Masse • Geschwindigkeit". Ersetzt man die Masse durch Kurse, dann ist es mit dieser einfachen Formel möglich, eine latente Stärke oder Schwäche in der Kursentwicklung zu beobachten, noch bevor der endgültige Gipfel oder Tiefpunkt erreicht ist.

Obwohl die genannten Verfahren von großem Nutzen sind, haben sie den Nachteil, die Volatilität der Kursverläufe nur ungenau wiedergeben zu können. Die Kennzahl der Schwankungsbreite der Märkte ist jedoch eine maßgebliche Analysedeterminante, wenn es darum geht, eine Trendrichtungsdynamik zu identifizieren. Hinsichtlich der Volatilitätsmessung ist man in der Zwischenzeit zu der Erkenntnis gelangt, dass die Standardabweichung gemäss „Gauß´scher"-Normalverteilungskurve ein besseres Instrument ist, um dynamische Merkmalsausprägungen herauszufiltern. Die Standardabweichung ist eine statistische Kennzahl der Volatilität. Ihr Vorteil liegt in der hohen Sensitivität bei großen Kursabweichungen.

Abbildung 141
Die Standardabweichung gemäss „Gauß'scher"-Normalverteilungskurve

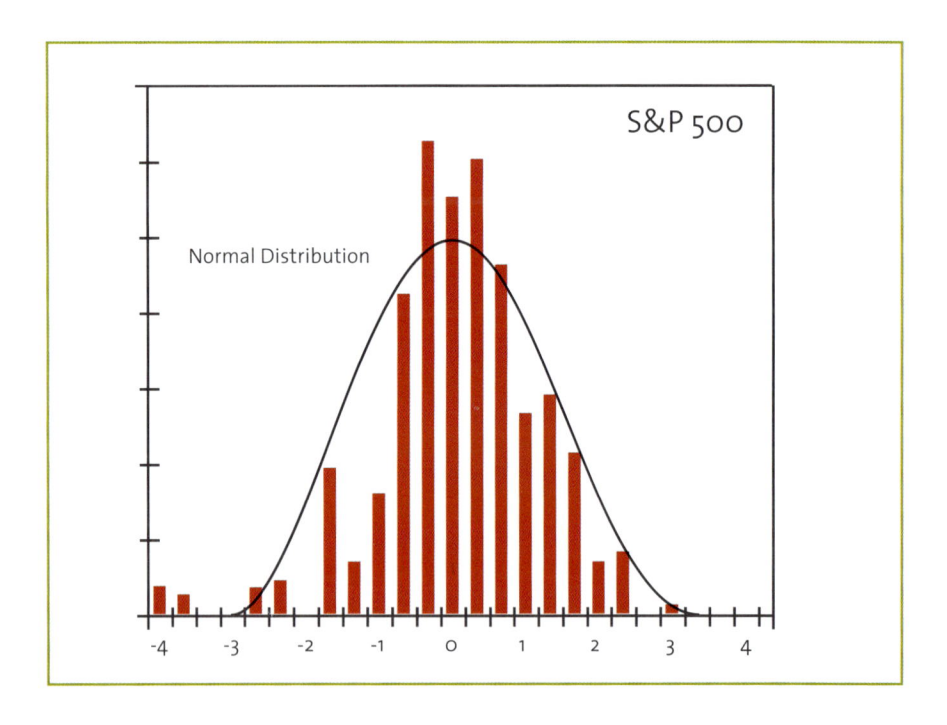

„Standard Deviation"-Indikator

Obwohl die Standardabweichung meist als Komponente eines Indikators (z. B. Bollinger Bands) verwendet wird, kann sie auch als eigenständiger Indikator fungieren. Der „Standard Deviation"-Indikator macht sich die Erkenntnis der Normalverteilung zunutze, dass sich bei statistischen Ergebnissen stets eine Konzentration um einen Mittelwert ergeben. Da dies bei der Kursentwicklung auch der Fall ist, stellt der Indikator ein recht einfaches Instrument dar, um die durchschnittlichen Schwankungen der Kurse zu deren arithmetisches Mittel aufzuzeigen. Mit einer einfachen Standardabweichung lassen sich 70%, mit einer zweifachen 95% aller Kursentwicklung erfassen. Der „Standard Deviation"-Indikator reagiert auf kurzfristige Kurs- und Volatilitätsveränderungen:

Formel: $$\text{Standard Deviation} = \frac{1}{n-1} \cdot (\text{Kurs} - \text{GD})$$

Interpretationen:
- Ein steigender Verlauf steht für eine volatilere, meist trendgerichtete Bewegung der Kurse. Ein Abfallen signalisiert dagegen ein Nachlassen der Volatilität, was sich oftmals in Form eines Range Trading äussert.

- Ein niedriger Stand des „Standard Deviation"-Indikators signalisiert einerseits eine geringe Volatilität der Kurse in dem analysierten Zeitraum, weist anderseits aber auch darauf hin, dass mit einem baldigen Breakout der Kurse zu rechnen ist (siehe kleine Bomben in Abbildung 142).

- Steigt sein Wert über die obere Linie im Chart, dann ist der Bogen so weit überspannt, dass die Kurse mindestens seitwärts laufen oder sogar eine Gegenbewegung einleiten müssen (siehe Stoppschilder), um die großen Abweichungen zu ihrem Mittelwert abzubauen (Gummiband-Effekt).

Stärken:
- Je nach Parametereinstellung kann der „Standard Deviation"-Indikator sowohl das Ende von langfristigen Trends als auch das Ende kurzfristiger Breakout-Bewegungen anzeigen (siehe Stoppschilder). Dadurch werden qualifiziertere Exit-Strategien und Gewinnmitnahmen ermöglicht.

[Teil III] Die technischen Indikatoren

- Da der „Standard Deviation"-Indikator im unteren Bereich den möglichen Beginn oder die Fortführung eines Trends anzeigt, kann man Orders für Breakout-Strategien schon im Vorfeld platzieren.

Schwächen:

- Die Kurve des „Standard Deviation"-Indikatos bildet im unteren Bereich manchmal zu viele Wellen, die einen verleiten, ständig neue Breakout-Positionen einzugehen.

- Bei kurzfristigen Parametereinstellungen (z. B. 5er-GD mit 2.0er-Standardabweichung) schlägt der Indikator zu viele Haken, was unnötige Interpretationsspielräume aufkommen lässt.

- Der „Standard Deviation"-Indikator gibt Ihnen keine Kauf- oder Verkaufssignale. Er sagt Ihnen nur, ob eine Kursbewegungen einsetzen kann oder ob sie an ihrem Ende steht. Der Indikator kann für Breakout-Strategien a la „ADX Below 15" eingesetzt werden.

- Er eignet sich auch für Reentry-Strategien, wenn der Trend weiterläuft. Wenn beispielsweise ein zwischenzeitliches Top ausgebildet wurde und der Indikator in dieser Topbildungsphase wieder in den unteren Bereich

Abbildung 142
Die Standardabweichung als Indikator

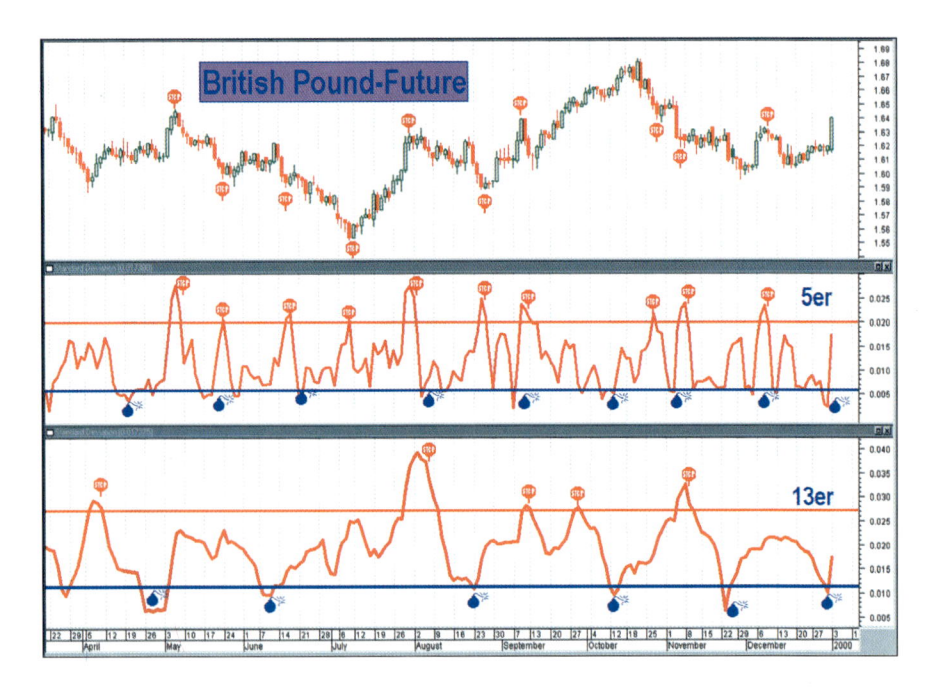

254

angekommen ist, kann man eine Kauforder über dem höchsten Kurs dieser Periode legen.

- Bei kürzer eingestellten „Standard Deviation"-Indikatoren sollten Sie auf Divergenzen achten, die sie ausbilden. Obwohl diese selten auftreten, können sie wertvolle Trendwende-Signale generieren. Divergenzen werden im 12. Kapitel dieses Buches beschrieben.

6/100er-Historische Volatilität

Das „6/100er-Historische Volatilitäts"-Ratio habe ich aus einem Indikatoren-Paket von Greg Morris. Bei diesem Konzept, das auch durch den von Toby Crabel vorgestellten Breakout-Ansatz bekannt geworden ist, wird die Volatilität einer 6-tägigen Periode ins Verhältnis zu der einer 100-tägigen gesetzt. Historische Volatilität wird dabei als Standardabweichung einer logarithmierten Kursveränderung definiert.

Formel:
$$6/100 \text{ HV} = \frac{\text{StdDev}(\text{Log}(\text{Price}[0] / \text{Price}[1], 6)}{\text{StdDev}(\text{Log}(\text{Price}[0] / \text{Price}[1], 100)}$$

Interpretationen:
- Ein niedriger Stand des „6/100er-Historische Volatilität"-Indikators zeigt auf, dass die Volatilität der letzten sechs Tage im Verhältnis zu der der letzten 100 Tage relativ gering war. Da sich die Volatilität zyklisch verhält, kann man in diesen Fällen von einem baldigen Anstieg der kurzfristigen Volatilität ausgehen, was sich meist in Form von Breakouts der Kurse äußert (siehe kleine Bomben in Abbildung 143).

- Ein hoher Wert des Indikators deutet darauf hin, dass sich die Kurse kurzfristig zu weit von ihrem Mittelwert entfernt haben, so dass entweder die Kurse eine Pause einlegen müssen, bis der fiktive Mittelwert die Abweichung aufgeholt hat, oder die Kurse zurücklaufen müssen, damit das Gleichgewicht gewahrt bleibt (Gummiband-Effekt).

- Ein Anstieg des Indikators deutet auf eine volatilere, meist trendgerichtete Bewegung der Kurse hin. Ein Abfallen signalisiert dagegen ein Nachlassen der kurzfristigen Volatilität, was sich oftmals in Form eines Range Trading äußert.

- Ein Wert von 0.5 bzw. 50% besagt, dass die 6-tägige Volatilität nur halb so groß ist wie die 100-tägige. Bei einem Wert von 2.0 ist sie dagegen doppelt so hoch.

Stärken:
- Der „6/100er-Historische Volatilität"-Indikator hat einen hohen Autokorrelationswert, d.h. eine einmal eingeschlagene Richtung behält er mit hoher Wahrscheinlichkeit bei. Dies verleiht seiner Aussagekraft etwas mehr Stabilität als es bei anderen Indikatoren der Fall ist.
- Er eignet sich vorzüglich für Breakout-Strategien, die zum Beispiel auf den „Narrowest Range"-Ansätzen (NR4) basieren.

Schwächen:
- Die Kurve des Indikators bildet im Bereich zwischen 0.6 und 0.8 zu viele Hin- und Her-Bewegungen aus, was unnötige Interpretationsspielräume und Fehlsignale aufkommen lässt.

Tipps:
- Kombinieren Sie den „6/100er-Historische Volatilität"-Indikator mit den NR4-Pattern (= narrowest trading range in 4 days) von Toby Crabel (dieser Ansatz findet sich im Buch „Street Smarts" von Raschke/Connors). Dazu müssen Sie Folgendes beachten:
  1. Der Indikator sollte unter 0.5 bzw. 50% liegen.
  2. Der heutige Tage sollte entweder ein so genannter „Inside Day" (das heutige High ist kleiner als das gestrige, das heutige Tief dagegen höher als das gestrige) sein oder die geringste Handelsspanne (High - Low) der letzen vier Tage aufweisen.
  3. Für den morgigen Tag platziert man einen Kauf-Stop für eine Long-Position einen Tick über dem heutigen Höchstkurs und einen Verkaufs-Stop für eine Short-Position einen Tick unterhalb des heutigen Tiefstkurses.
  4. Wenn der Kauf-Stop gefüllt wird, setzt man einen Stop für die Glattstellung einen Tick unter dem heutigen Tiefstkurs, analog bei einer Short-Position. Erfolgt ein „False Breakout" in die eine Richtung, bleibt so die Chance auf einen Einstieg in die andere Richtung erhalten. Dies gilt aber nur für den morgigen Tag. Sobald eine Position in die Gewinnzone gelaufen ist, sollten Sie die Gewinne mit einem „Trailing Stop" sichern.

[10] Volatilitäts-Indikatoren

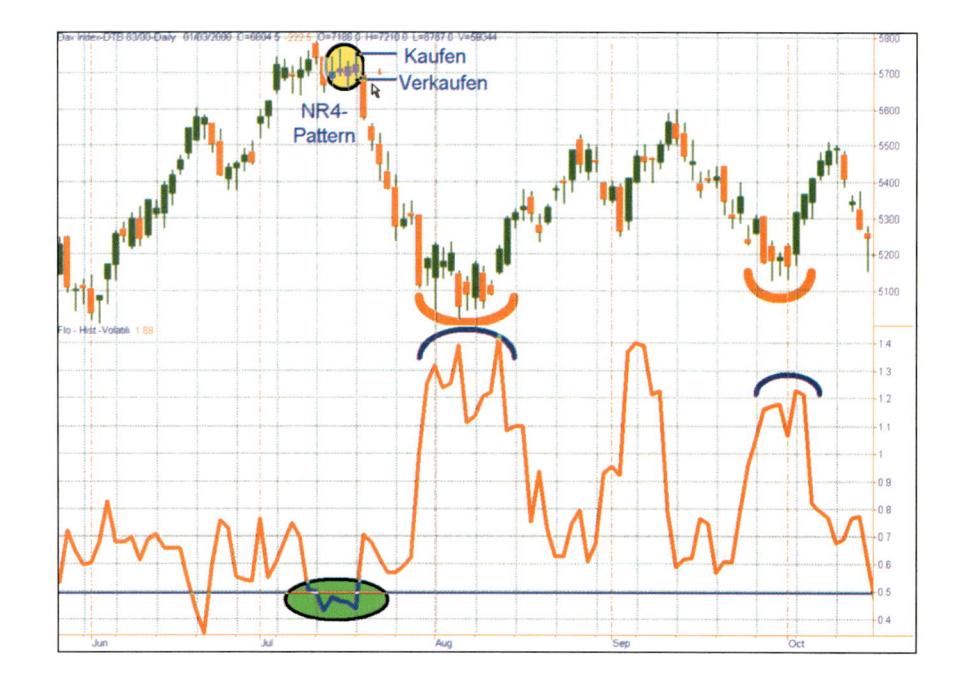

Abbildung 143
Das „6/100er-Historische Volatilitäts"-Ratio

Die „Newcomer"
(VHF-Indikator,
Chaikin's Volatility-Indikator)

Vertical-Horizontal-Filter (VHF)

Der von Adam White entwickelte „Vertical Horizontal Filter" (VHF) liefert Ihnen keine konkreten Kauf- und Verkaufssignale. Er determiniert, ob sich die Preise in einer Trend- oder Nicht-Trendphase befinden. Dazu vergleicht er die Summe einer einperiodigen Rate-of-Change mit der „High-/Low-Range" einer bestimmten Periode. White empfahl eine 28er-Parametereinstellung. Die Formel für einen 28-tägigen VHF lautet:

Formel: $$\frac{HC_{28} - LC_{28}}{\sum_{n=1}^{28} \left| (C_n - C_{n+1}) \right|}$$

Interpretationen:

- Je höher der VHF steigt, desto stärker ist der Grad der „Trendiness" ausgeprägt. Topbildungen oberhalb 0,4 bzw. 40 signalisieren das Ende des bisherigen Trends. Es kann mit einer Trendwende, zumindest aber mit einer Pause des bisherigen Trends gerechnet werden.

- Die Richtung, in die der VHF läuft, bestimmt die Trendart. Steigt der VHF, dann liegt eine Trendphase vor. Ein fallender VHF weist dagegen auf den Anfang einer Seitwärtsphase hin.

- Bodenbildungen des VHF-Indikators unterhalb 0.2 bzw. 20 deuten auf mögliche Ausbruchsbewegungen aus einer Range hin, die oftmals den Beginn einer Trendphase einleiten.

Stärken:

- Der „Vertical Horizontal Filter" kann sowohl das Ende von langfristigen Trends als auch das Ende kurzfristiger Breakout-Bewegungen anzeigen (siehe Stoppschilder). Dadurch werden qualifiziertere Exit-Strategien und Gewinnmitnahmen ermöglicht.

- In Verbindung mit Breakout-Strategien (z. B. High-/Low-Levels oder Bollinger Bands) geben Bodenbildungen des „VHF"-Indikators wertvolle Hinweise für Einstiegsstrategien in die Richtung eines Trends.

Schwächen:

- In langfristigen Trendphasen sind die Verlaufsmuster des „VHF"-Indikators nicht stabil genug. Im unteren Bereich treten zu viele Ausbruchsbewegungen auf, die einen dazu verleiten, ständig neue Breakout-Positionen einzugehen.

- Der VHF-Indikator schlägt selbst bei einer relativ langfristigen Parametereinstellungen von 28 zu viele Haken, was gerade im Bereich um 0,3 bzw. 30 unnötige Interpretationsspielräume aufkommen und einmal angezeigte Entwicklungen schnell wieder hinfällig werden lässt.

Tipps:

- Der „VHF"-Indikator eröffnet Ihnen die gleiche Breakout-Strategie, wie sie

[10] Volatilitäts-Indikatoren

beim „ADX Below 15" beschrieben wurde. Achten Sie auch auf die so genannten „False Breakouts". Wenn die Kurse einen Ausbruch in die eine Richtung nur andeuten, dann aber in die andere laufen, birgt ein entsprechender „Stop and Reverse Trade" erhebliches Gewinnpotenzial.

- Der VHF eignet sich für Reentry-Strategien, wenn der Trend weiterläuft. Wenn beispielsweise ein zwischenzeitliches Top ausgebildet wurde und der Indikator in dieser Topbildungsphase wieder in den unteren Bereich angekommen ist, kann man eine Kauforder über dem höchsten Kurs dieser Periode legen.

- Bei kürzer eingestellten „VHF"-Indikatoren kann man auch auf Divergenzen achten. Obwohl diese selten auftreten, können sie sehr wertvolle Signale generieren.

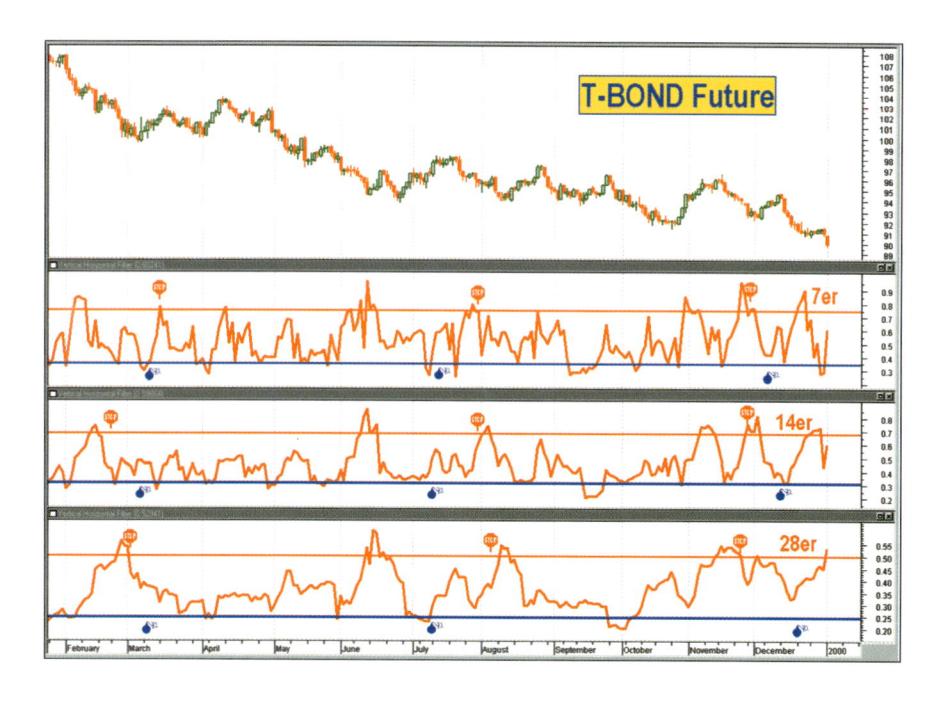

Abbildung 144
Der VHF-Indikator mit einer 7er-, 14er- und 28er-Einstellung.

Chaikin´s Volatility-Indikator

In dem von Marc Chaikin entwickelten „Chaikin´s Volatility"-Indikator wird die Volatilität als eine sich ausweitende Handelsspanne zwischen dem Höchst- und dem Tiefstkurs eines Tages definiert. Von dieser „High-/Low"-Spanne wird zunächst ein Gleitender Durchschnitt berechnet (i.d.R. 10er-

GD) und dann eine zehntägige Rate-of-Change als weitere Glättungskomponente. Das Ergebnis ist ein Oszillator, der um eine Null-Linie herum pendelt:

Formel: Chaikin´s Volatility = ROC 10 (MA 10 (High-Low))

Interpretationen:
- Ein positiver Wert des „Chaikin´s Volatility"-Indikators signalisiert einen Anstieg der Volatilität, ein negativer Wert analog eine rückläufige Volatilität.

- Nach Chaikin zeigt ein sehr steiler Anstieg seines Indikators, dass bald mit einer Bodenbildungsphase zu rechnen ist. Ein Rückgang des Indikators, der sich über einen längeren Zeitraum erstreckt, deutet auf eine bevorstehende Topbildung hin.

- Bodenbildungen des Indikators im negativen Bereich deuten auf mögliche Ausbruchsbewegungen aus einer Range hin, die oftmals den Beginn einer Trendphase einleiten.

Stärken:
- In volatilen Marktphasen bietet „Chaikin´s Volatility"-Indikator wertvolle Hilfestellungen, um den Status des Marktes einzustufen.

- Der Indikator kann als Filter für Handelssysteme eingesetzt werden. Im Rahmen eines Interaktionsansatzes können so Fehlsignale herkömmlicher Indikatoren zum Teil herausgefiltert werden.

Schwächen:
- Der Volatility-Indikator von Marc Chaikins bildet zu viele Haken aus, was unnötige Interpretationsspielräume aufkommen lässt und subjektive Einschätzungen erfordert.

- In lang anhaltenden Trendphasen oder relativ flach verlaufenden Seitwärtsmärkten fehlt ihm die Signaldeutlichkeit.

[10] Volatilitäts-Indikatoren

Tipps:
- Setzen Sie beim „Chaikin´s Volatility"-Indikator die Zonenanalyse (siehe Kapitel 12) ein, um seine Verlaufsmuster besser einstufen zu können.

- In der Phase, in der der Indikator eine negative Volatilitätsentwicklung anzeigt, können die so genannten „False Breakouts" häufiger auftreten, was die „Contrarian-Trader" für ihre Strategien nutzen können (z. B. Turtle Soup oder One-Day-Reversal).

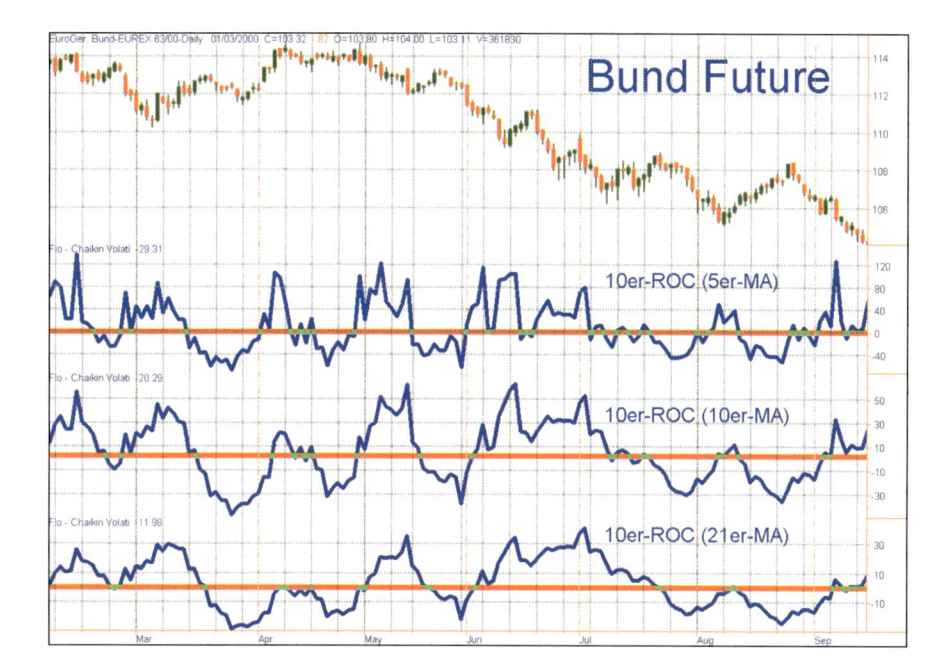

Abbildung 145
„Chaikin´s Volatility"-Indikator mit verschiedenen Einstellungen.

Die „Next Generation": (Dynamic Momentum Index)

Dynamic Momentum Index (DMI)

Der „Dynamic Momentum Index" (DMI) wurde von Tushar Chande entwickelt und in seinem Buch „The New Technical Trader" (Wiley, 1994) vorgestellt. Er stellt einen um den Faktor Volatilität erweiterten RSI-Indikator von Wilder dar, wobei die Volatilität durch das Verhältnis einer 5-tägigen Standardabweichung zu dem 10-tägigen Durchschnitt einer 5-tägigen Standardabweichung bestimmt wird. In ruhigen Marktphasen verwendet der DMI dadurch größere Periodenlängen und in volatilen Märkten kleinere.

Formel: $\quad DMI = @Int\frac{14}{5}$

$$V = \frac{@stdev(close,5)}{@avg(@stdev(close,5),10)}$$

Int = „…the function @Int ensures the use of integer values for the number of days in the DMI calulation."

Interpretationen:
- Der DMI oszilliert zwischen 0 und 100 und kann wie ein RSI interpretiert werden. Ein Bruch der Mittellinie bei 50 stellt einen Sentimentwechsel des Marktes dar. Oberhalb ist der Markt positiv, unterhalb negativ.

- Sobald der DMI oberhalb von 70 verläuft, hat ein Markt eine volatile Trendbewegung nach oben hinter sich, was auf eine überkaufte Situation und eine mögliche Trendwende hinweist. Umgekehrt gilt dies bei einem Unterschreiten von 30. Um den Zeitraum festzulegen, in dem man diese Interpretation als Handelsansatz anwenden kann, empfiehlt Chande den Einsatz eines Trendfilters. Dieser sollte eine „Range Trading"-Phase anzeigen.

Stärken:
- Der DMI verknüpft einen „Überkauft/Überverkauft"-Oszillator mit einer Volatilitätskomponente, was ihn präziser und eindeutiger in die Extremzonen laufen lässt.

- In volatilen Phasen liefert die Verringerung der berechneten Tage beim DMI eine Schnelligkeit, die nicht nur für Exit-Strategien genutzt werden kann, sondern auch für kurzfristige Reentry-Signale.

Schwächen:
- Der DMI-Indikator schlägt zu viele Haken, was ihn anfällig für Fehlsignale und Fehlinterpretationen macht.

[10] Volatilitäts-Indikatoren

Tipps:

- Die rasanten Bewegungen des „DMI"-Indikators in Richtung seiner Extremzonen erfolgen oftmals noch vor den eigentlichen Ausbruchsbewegungen der Kurse. Insofern können Sie ihn mit „Breakout-Pattern" kombinieren, um das kurzfristig orientierte Kurspotenzial dynamischer Marktentwicklungen einzufangen (80% aller markanten Kursentwicklungen sind nach 3-5 Tagen abgeschlossen.).

- Mit Hilfe der Zonenanalyse können die markanten Verlaufsmuster des DMI besser klassifiziert werden. Dadurch eröffnen sich konkrete Handelsstrategien.

- Setzen Sie Trendlinien ein, um dem DMI-Indikator zusätzliche Signalmuster zu entlocken, die Sie für Ihre Handelsstrategien nutzen können. Breakouts aus einer Range oder Brüche von Trendlinien generieren sowohl Ein- als auch Ausstiegssignale.

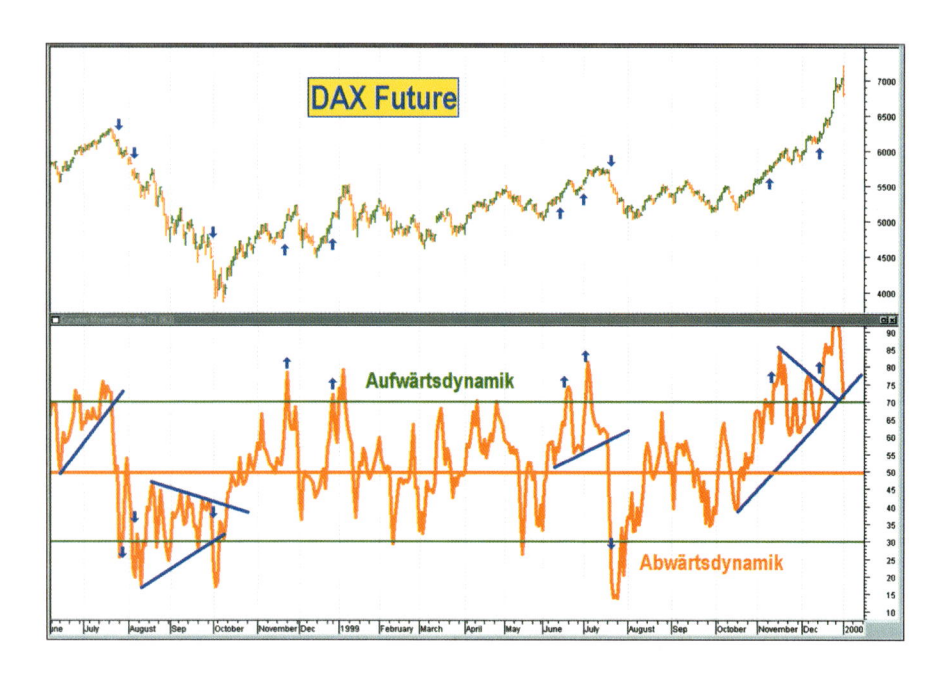

Abbildung 146
Der Dynamic Momentum Index mit Trendlinien-Applikationen.

[Teil III] Die technischen Indikatoren

11 Indikator-Generationen im Vergleich

„Man weiss nie, wofür es einmal gut sein kann."
Volksmund

In der Vergangenheit wurden mehrere Studien erstellt, die belegen, dass man mit den Oldies unter den Indikatoren und insbesondere mit deren Standardinterpretationen langfristig kaum Gewinne erzielen kann. Wer dennoch annimmt, er könne Geld verdienen, indem er beispielsweise immer dann kauft, sobald der Stochastik-Indikator über 20 steigt oder verkauft, sobald er von oben das Niveau von 80 nach unten durchbricht, der sollte Fehlsignale nicht der Technischen Analyse zuschreiben. Verantwortlich dafür sind mangelnde Kenntnisse über neue Methoden.

Eine Anpassung an den heutigen Stand der Technik erfolgt trotz dieser Untersuchungsergebnisse nur sehr langsam, da sich viele „Chartisten" schwerlich von ihren gewohnten Instrumenten trennen können. Anstatt neue Indikatoren zumindest einmal anzuschauen, werden sie zum Teil von vornherein mit dem Argument abgelehnt, die Mathematik, die hinter all diesen Ansätzen stecke, sei in etwa die gleiche. Dem kann aber entgegnet werden, dass die Prinzipien, die hinter dem Otto-Motor stecken, auch heute noch genau die selben sind. Fahren wir deshalb alle mit Oldtimern durch die Gegend? Sicherlich nicht! Warum konzentrieren sich dann die meisten Veröffentlichungen und Anwendungen noch immer auf wenige Oldtimer-Indikatoren? Die Evolution der Computertechnologie hat in den letzten 20 Jahren schließlich mehr Fortschritte erzielt als die der Autoindustrie in den letzten 100 Jahren.

Die neuen Indikatoren unterscheiden sich von den älteren zwar nur in bestimmten Details (z. B. weniger Fehlsignale, etwas schnellere Signalgenerierung oder markantere Ausprägungen). Gemäß des japanischen KAIZEN-Denkansatzes können aber auch kleine Verbesserungsschritte zum Erfolg führen. Die nachfolgenden Beispiele sollen Ihnen die Unterschiede zwischen den so populären Oldies und den in modernen Chart-Programmen längst als Standard angebotenen Innovationen aufzeigen. Anhand der direkten Vergleichsmöglichkeit werden Sie in die Lage versetzt, sich die Vorzüge der neuen Instrumente der Technischen Analyse genau anzuschauen.

[11] Indikator-Generationen im Vergleich

Verglichen werden:

- 4 Trendfolge-Indikatoren
- 4 Momentum-Oszillatoren
- 2 Trendbestimmungs-Konzepte
- 2 Volatilitäts-Indikatoren

Trendfolge-Indikatoren

Gleitender Durchschnitt versus Kaufmann´s Adaptive Moving Averages

Rütteln wir zu Beginn gleich an der wichtigsten Bastion der Oldies unter den Indikatoren. In Abbildung 147 wird ein herkömmlicher 13er-GD mit einem 13er-KAMA verglichen. Der KAMA hat den Vorteil, dass er gegenüber herkömmlichen GD´s zum Ende eines Trends (in Top- und Bodenbildungsphasen) ausreichend Abstand zu den Kursen hält, so dass er als „Gewinnsiche-

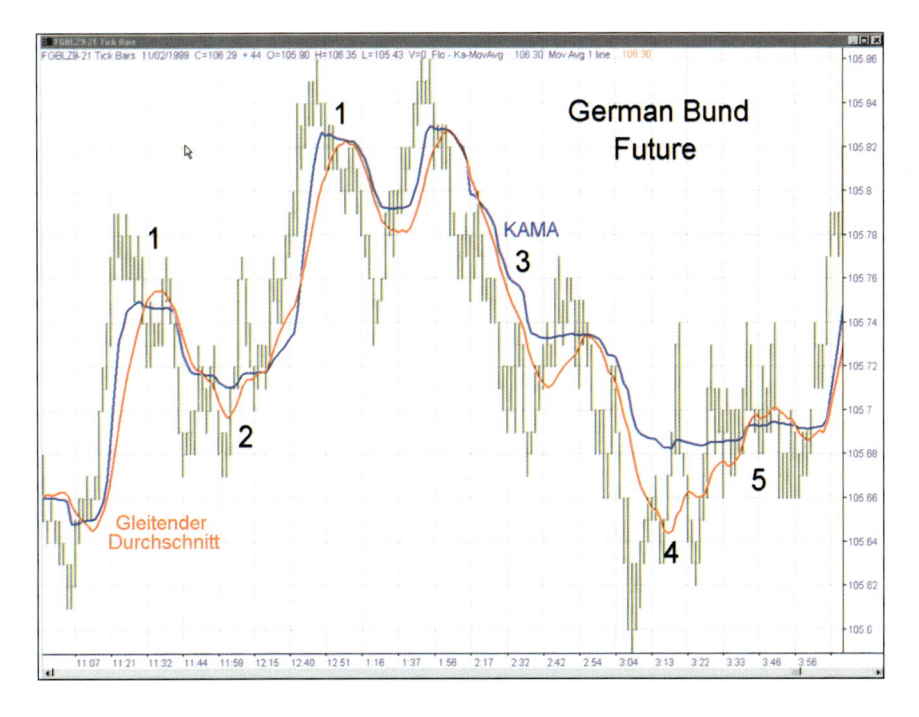

Abbildung 147
Vergleich zwischen einem einfachen GD und Kaufmanns AMA.

[Teil III] Die technischen Indikatoren

rungs-Stop" agieren kann (siehe Punkt 1 im Chart). Zeichnen sich Seitwärtsphasen ab (siehe Punkte 2, 4 und 5), dann verläuft er horizontaler als die einfachen GDs. Dies kann dazu beitragen, dass man als Investor nicht ständig in Versuchung gerät, einen neuen Trend anzunehmen. In längeren Trendphasen hält der KAMA einen größeren Abstand zu den Kursen (siehe Punkt 3), so dass die Kurse ihn nicht so oft durchbrechen, was verfrühte Positionsglattstellungen mit sich brächte. Obwohl in dieser Abbildung nicht deutlich wird, wie oft die Kurse genau an den KAMA heranlaufen, kann man ihn zur Festlegung von Untertützungs- und Widerstandszonen verwenden.

MACD- versus RMI-Indikator

Die nächste Abbildung vergleicht den MACD- mit den RMI-Indikator. Beim MACD löst ein Crossover der Linien, beim RMI ein Break durch die Mittellinie Signale aus. Während die vertikalen Linien jeweils das erste Signal der beiden Indikatoren verdeutlichen, halten die „Smilies" die jeweilige Signalqualität fest. Im Beispiel 1 hat der MACD ein besseres Signal geliefert als der RMI. Im zweiten Fall gab der RMI ein besseres Signal. Es fällt insgesamt auf, dass der RMI- dem MACD-Indikator manchmal hinterherhinkt, dafür aber weniger Fehlsignale gegen die Trendrichtung aufweist (siehe Beispiel 6 und 7). Obwohl der Vergleich von Signalqualitäten 5 zu 2 für den RMI ausfällt, wird noch immer der „MACD-Oldie" verwendet.

Abbildung 148
Die „Smilies" im Chart zeigen Signalqualitäten auf. Ergebnis: 5 zu 2 für den RMI.

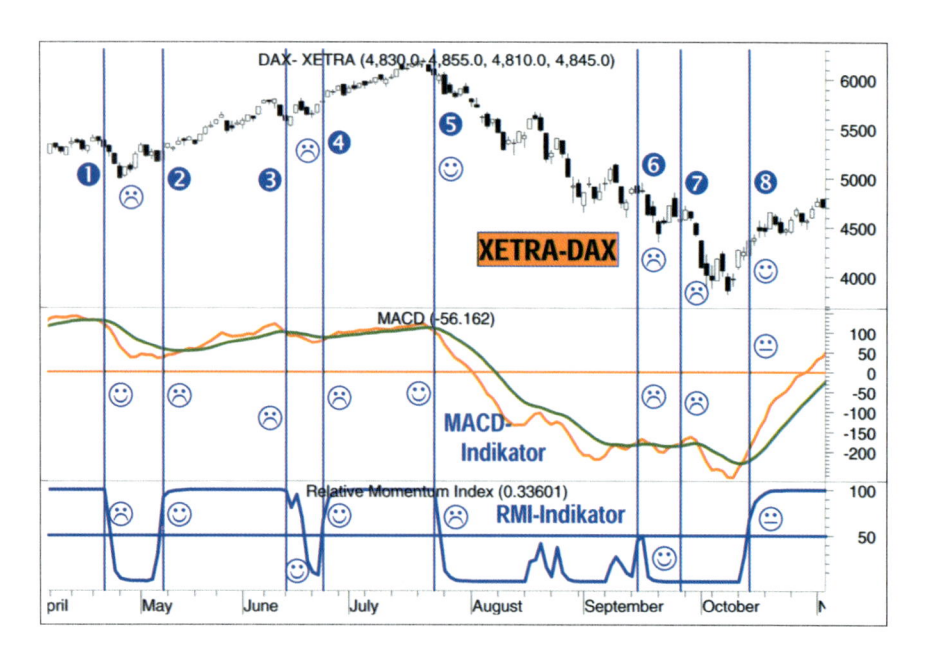

[11] Indikator-Generationen im Vergleich

Momentum-Oszillatoren

Stochastik-Oszillator versus „Projection Oscillator"

Abbildung 149 zeigt einen Vergleich des alten Stochastik-Indikators mit dem moderneren „Projection Oscillator". Obwohl beide fast identische Verlaufsmuster haben, zeichnet sich der „Projection Oscillator" durch bessere Signalausprägungen (siehe Einkreisungen) und wichtige Zusatzinformationen aus. Die roten Linien markieren beispielsweise so gennante „Versteckte Divergenzen". Sie treten oftmals dann auf, wenn eine finale Bewegung in die bisherige Trendrichtung ansteht und anschließend eine größere Korrektur zu erwarten ist. Mit Hilfe dieser kleinen Verbesserungen kann Ihnen der „Projection Oscillator" wertvolle Handelsinformationen geben.

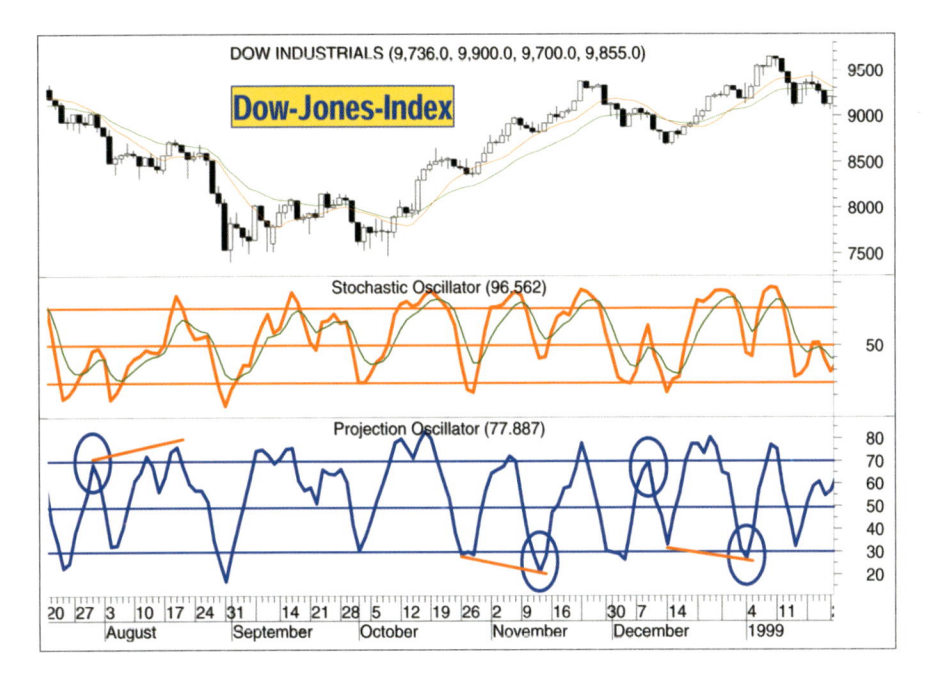

Abbildung 149
Der „Projection Oscillator" weist bessere Signalausprägungen auf (siehe Einkreisungen) und gibt nützliche Zusatzinformationen (z. B. versteckte Divergenzen).

Momentum versus Double Stochastic

Die nachfolgende Abbildung macht die Odyssee herkömmlicher Oszillatoren deutlich. Sie können das Momentum (roter Indikator) gegen einen RSI oder eine „Slow Stochastic" beliebig austauschen. Deren Signalausprägungen (Verlaufsmuster) erreichen nicht die Qualität des „Double Stochastic"-Oszillators (blauer Indikator) von W. Bressert. Während er in der Aufwärtstrendphase des DAX Futures gleich drei Kaufsignale generieren konnte, hat das Momentum in dem gleichen Zeitraum nur ein Signal abgeliefert (siehe Mängel anhand der grünen Markierung). Selbst in der Seitwärtsphase war der moderne Indikator seinem Oldie-Kollegen in Sachen Deutlichkeit überlegen (siehe hellblaue Markierung). Wenn man das Momentum insbesondere an den Einkreisungen betrachtet, dann wird deutlich, warum die Technische Analyse in der Vergangenheit häufig als „Kaffeesatzleserei" verunglimpft wurde. Aus diesen Verlaufsmustern des Momentums lässt sich wirklich nichts erkennen. Da bleibt einem nur die freie Interpretation

Abbildung 150
Der „Double Stochastic"-Oszillator im Vergleich mit dem Momentum

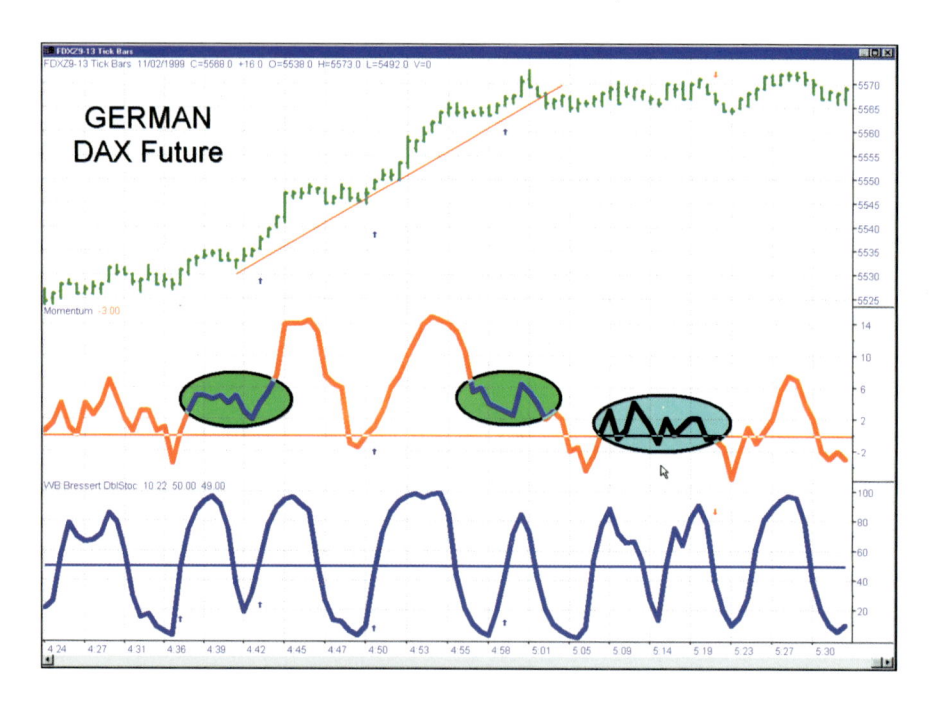

Trendbestimmungs-Indikatoren

DMI-Konzept versus Aroon-Indikator

In der nächsten Abbildung finden Sie das DMI-Konzept, welches nicht nur Bestandteil des ADX-Indikators ist, sondern auch in vielen Handelsansätzen als Trendfilter herangezogen wird. Er steht im Vergleich mit dem noch relativ unbekannten AROON-Indikator von Tushar Chande. Die Pfeile sollen verdeutlichen, wann und in welche Richtung die beiden Indikatoren jeweils Trendwechsel anzeigen (grüne Linie oberhalb der roten = positiver Trend, unterhalb = negativer Trend). Während beim DMI ein einfaches Crossover der beiden Linien ausreicht, um einen Trendwechsel zu signalisieren, sollte beim AROON die jeweilige Linie nach einem Crossover darüber hinaus noch an den oberen Rand stoßen. Die Beispiele 1 und 2 manifestieren eine typische Schwäche des DMI-Konzeptes (= Signalhäufungen in Seitwärtsmärkten), die beim AROON-Indikator kaum auftreten. Die Einkreisungen im Fall 3 sollen darauf hinweisen, dass das DMI-Konzept im Vergleich zum AROON-Indikator in starken Trendphasen aufgrund des weiten Abstandes der beiden Linien voneinander dem Investor außerdem weniger zusätzliche Informationen geben kann. Gerade für Reentry- oder Exit-Strategien wäre dies aber wünschenswert.

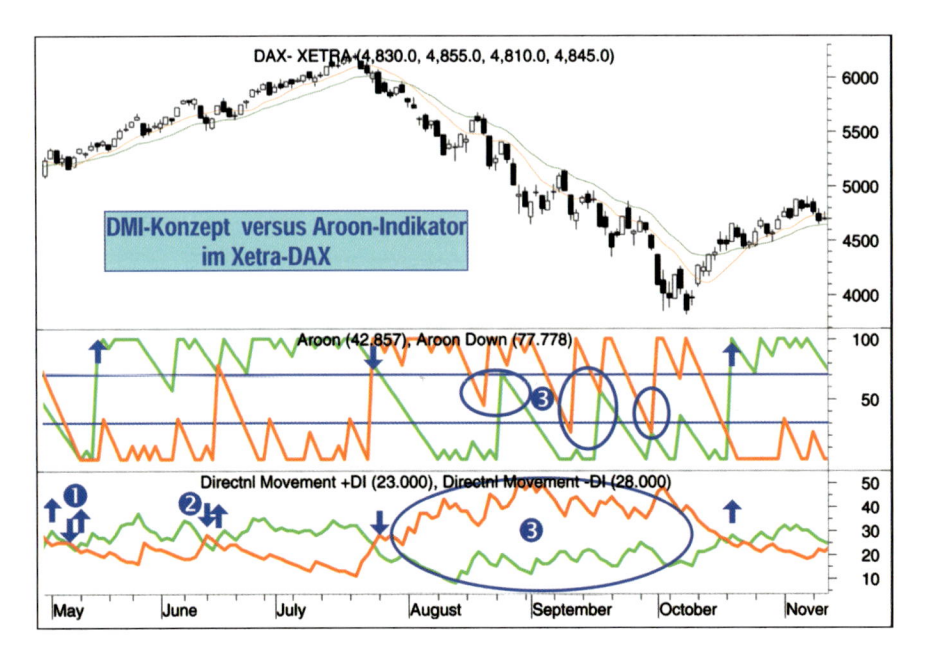

Abbildung 151
Trendermittlung mit dem DMI-Konzept (ADX) oder dem Aroon-Indikator

[Teil III] Die technischen Indikatoren

Volatilitäts-Indikatoren

Standard Deviation-Indikator versus VHF-Indikator

Ein uraltes Problem herkömmlicher Trading-Modelle und Analyseansätze liegt in deren Unfähigkeit, dynamische von nicht-dynamischen Trendphasen zu unterscheiden, wodurch sich die Fehlerquote bei Kauf- und Verkaufssignalen erhöht und Gewinnmitnahmen der „Pi mal Daumen"-Methode überlassen werden. Die vorgestellten Volatilitäts-Indikatoren bieten dem Investor die Möglichkeit, seinen Investitionszeitpunkt zu optimieren. Insbesondere für Ausstiegsstrategien (z. B. Gewinnmitnahmen) spielen sie eine wichtige Rolle. Doch auch hier hat der Zahn der Zeit an den Oldies genagt. Der VHF-Indikator läuft viel häufiger in die Zone der kleinen Bomben, wodurch mehr Ausbruchssignale angezeigt werden. Die Stoppschilder verdeutlichen, dass die Topbildung der beiden Indikatoren mit einem Ende der jeweiligen Trendbewegung einhergehen (siehe Stoppschilder bei den Kursen). Der VHF zeigt hier nicht nur mehr Tops an, sondern generiert diese auch frühzeitiger, so dass optimale Gewinnmitnahmen möglich werden.

Abbildung 152
„Standard Deviation"-Indikator versus VHF-Indikator.

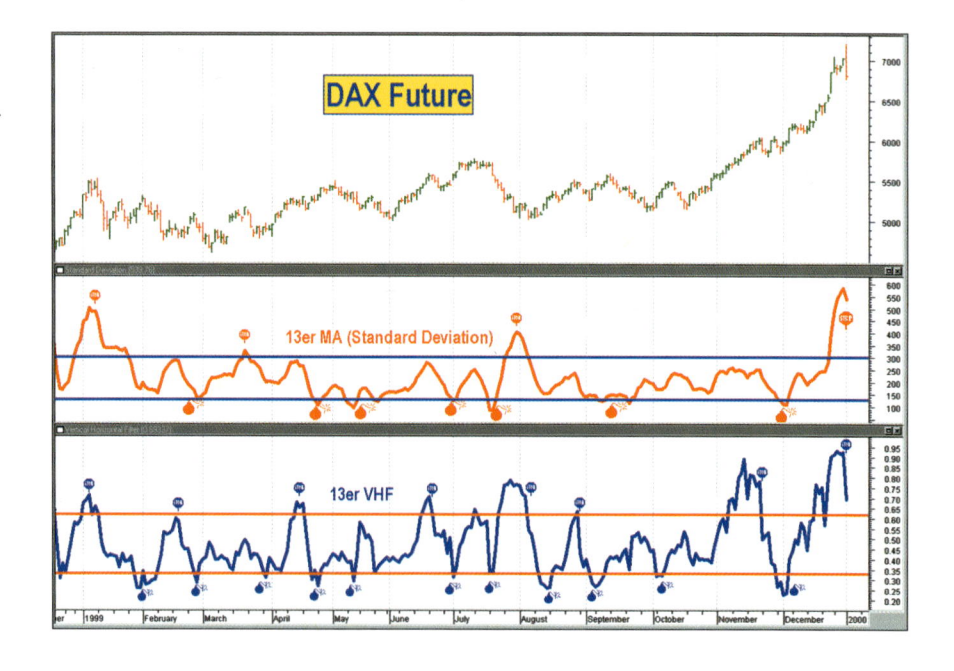

> **Erfolgreich durch Querdenken.** Neue Ideen entwickeln, kreativ sein – das gelingt vor allem Menschen, die über ihren Tellerrand schauen und Probleme unkonventionell angehen. Querdenken eben.
>
> **Sabine Horst**

Teil Vier

Tricks und Hilfsmittel

12. Der richtige Einsatz von Indikatoren
13. Wie lassen sich Indikatoren verbessern?
14. Techniken, mit denen die Profis Kursziele ermitteln

„Thinking out of the box", lautet die englische Bezeichnung für „Querdenken". Was in anderen Branchen (Kommunikation) und Fachbereichen (Medizin, Bionik) längst an der Tagesordnung ist, fällt den Anwendern der Technischen Analyse noch relativ schwer. Der vierte Teil dieses Buches soll Ihnen Wege aufzeigen, mit deren Hilfe Sie die starren Vorgehensweisen der Technischen Analyse ablegen und gleichzeiig über den Tellerrand standardisierter Ansätze schauen können.

Neben den Fragen, wie man bei der Anwendung von Indikatoren überhaupt vorgeht und wann man welche Instrumente am besten einsetzt (Kapitel 12), sollen Sie auch Ideen erhalten, wie man Indikatoren verbessern kann (Kapitel 13) und mit welchen Instrumenten die Profis ihre genauen Kursziele ermitteln (Kapitel 14).

12 Der richtige Einsatz von Indikatoren

Einzelanalyse

Betrachtet man die Lehrbücher der Technischen Analyse, so findet man dort nur einige Standardregeln für die Anwendung von Indikatoren, Formeln und einige Ideen zur Signalgenerierung. Mögliche Fehlerquellen oder gar die Art und Weise, wie man bei der Analyse der einzelnen Indikatoren vorgehen muss, um deren Stärken und Schwächen eigenständig ermitteln zu können, werden kaum erwähnt.

Dies führt dazu, dass sich die meisten Einsteiger und Anwender der Technischen Analyse nur an den veralteten Vorgaben orientieren können. Da sie oftmals nicht genau wissen, wie man Indikatoren gezielt analysieren und sinnvoll einsetzen kann, starten sie zum Teil eigene Geh- und Interpretationsversuche, die manchmal jeglicher Grundlage entbehren. Dadurch entstehen natürlich gravierende Anwendungsfehler, deren Resultat man am Grad der Ablehnung gegenüber den Indikatoren ablesen kann.

Wie finden Sie die besten Indikator-Einstellungen ?

Festlegen von Marktphasen

Um sich aus den Instrumenten der Technischen Analyse einen bestimmte Nutzen erarbeiten zu können, müssen Sie vorab erst einmal diejenigen Marktphasen entdecken, die Ihrer Mentalität und Anlagephilosophie entsprechen und, was noch viel wichtiger ist, die Sie mit Ihrem Nervenkostüm auch handeln können. Es besteht nämlich ein gravierender Unterschied zwischen dem, was Sie analysiert und erkannt haben, und dem, was Sie beim Handeln auch wirklich gewinnbringend umsetzen können. In der Branche ist längst bekannt, dass beispielsweise erfolgreiche Fondsmanager, die bei

[Teil IV] Tricks und Hilfsmittel

einer mittel- bis langfristigen Anlagestrategie Gewinne einfahren, im Hedging-Wirrwarr des Intraday-Trading regelmäßig Geld abgeben. Andererseits verlieren viele Top-Day Trader einen Teil ihres Geldes bei langfristig orientierten Anlage-Eskapaden.

Ob Profi oder Otto-Normal-Investor, die meisten machen sich nicht bewusst, dass jeder Zeithorizont des Handelns und jede Marktphase vom Börsianer ganz unterschiedliche psychologische Fähigkeiten erfordert. Um sich ein Bild davon zu machen, welche Indikatoren Sie wann einsetzen können, sollten Sie vorab die einzelnen Marktphasen betrachten, die nachfolgend aufgelistet und in der Abbildung skizziert wurden.

1. Aufwärts-Trendphasen
2. Abwärts-Trendphasen
3. Flache Seitwärtsmärkte
4. Volatile Seitwärtsmärkte
5. Spike Tops und V-Bodenformationen
6. Ausbruchssituationen mit und ohne „Pull-Back"-Formationen
7. Sonstige Chartformationen, wie z. B. Dreiecke, Rounding Tops/Bottoms, usw.

Legen Sie zuerst für sich fest, welche dieser Marktsituationen Sie handeln wollen. Oftmals hilft Ihnen dabei ihre Intuition oder auch Ihre gesammelten Erfahrungen. So entwickelt man für bestimmte Kursentwicklungen beson-

Abbildung 153
Welche dieser Marktphasen kommt Ihrem Nervenkostüm entgegen?

[12] Der richtige Einsatz von Indikatoren

dere Sympathien oder ist von ihnen sogar fasziniert. Die Auswahl kann zwar durch temporäre Stimmungen beeinflusst werden, korrigiert sich im Lauf der Zeit aber von selbst. Die Konzentration auf einzelne Marktphasen hilft bei der Entwicklung individueller Handelsstrategien.

Suche nach Indikatoren

Nachdem Sie sich für eine bestimmte Marktphase entschieden haben, sollten Sie unterschiedliche Indikatoren in den Chart laden, um dann zu eruieren, ob diese bestimmte Signalausprägungen ausbilden, die symptomatisch für Ihre Marktphase sind. Die nächste Abbildung macht deutlich, dass es verschiedene Indikatorengruppen gibt, deren Verlaufsmuster recht unterschiedlich sein können.

Die Trendfolge-Indikatoren (MACD, gleitende Durchschnitte, RMI oder Aroon) sind eher für diejenigen gedacht, die erst einsteigen wollen, wenn der Markt sich bereits gedreht hat, dafür aber auch etwas länger investiert bleiben. Für die Akteure, die mehr Action haben wollen oder es reizvoll finden, Extrempunkte im Markt zu handeln, sind die Oszillatoren geschaffen worden. Um bestimmte Breakout- bzw. Volatilitätsstrategien zu fahren, können Sie natürlich auch Volatilitäts-Indikatoren (Historische Volatilität, VHF, Chaikin´s Volatility) verwenden. Da es mittlerweile weit über 2000 Indikatoren gibt, haben Sie genügend Auswahl.

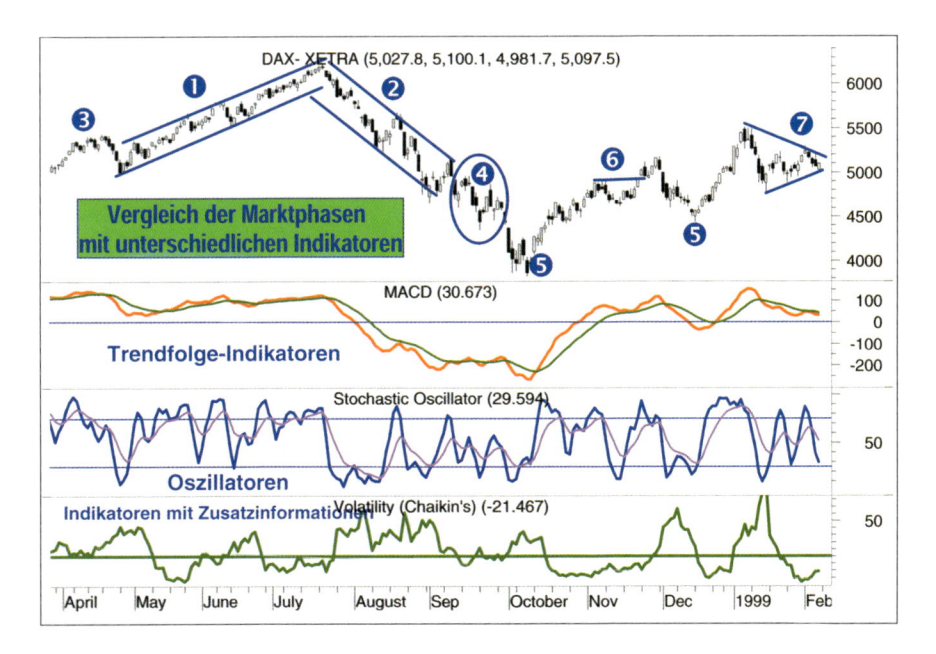

Abbildung 154
Wählen Sie sich die „richtigen" Indikatoren aus

[Teil IV] Tricks und Hilfsmittel

Bei diesem zweiten Schritt geht es darum, festzustellen, welche Indikatoren Ihnen liegen und welche Indikatoren in den von Ihnen bevorzugten Marktphasen nützliche Informationen liefern. Nur wenn Sie Indikatoren finden, mit deren Verlaufsmustern Sie sich auch „anfreunden" können, werden Sie diese auch richtig und konsequent einsetzen können.

Festlegen von Parametern

Nachdem Sie sich einige Indikatoren ausgewählt haben, die Ihrer Anlagephilosophie und Ihrem Verständnis von Verlaufsmustern entgegenkommen, sollten Sie sich jeden Indikator gleich dreimal mit jeweils unterschiedlichen Parametereinstellungen in den Chart legen. Mit Hilfe dieser Vorgehensweise können Sie einen Vergleich vornehmen, bei dem die Unterschiede der Parameter und deren Auswirkungen recht deutlich werden. Die nachfolgende Abbildung veranschaulicht dies anhand des Momentum-Oszillators.

Abbildung 155
Vergleichen Sie die Verlaufsmuster der verschiedenen Parameter-Einstellungen

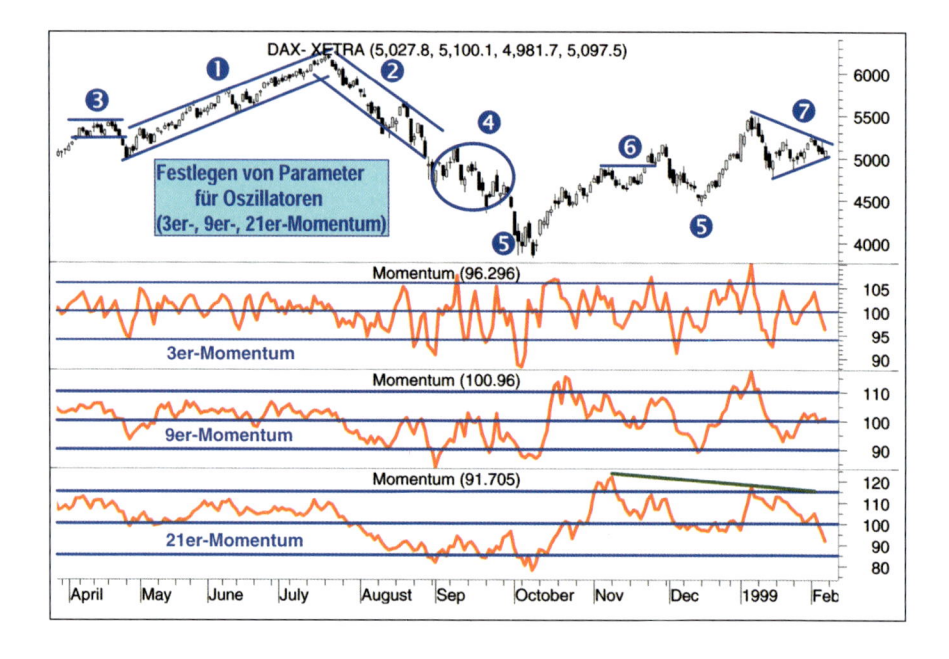

Wenn Sie beispielsweise die Marktphase 4 mit den jeweiligen Mustern des Momentums vergleichen, werden Sie feststellen, dass man diese Phase lediglich mit der 3er-Einstellungen hätte handeln können. Bei den 9er- und 21er-Einstellungen waren die Signalausprägungen nicht eindeutig genug. Wer dem Hin und Her des 3er-Momentums und der Marktphase 4 nichts abgewinnen kann, der hat wahrscheinlich schon im Juli verkauft, als das 21er-Momentum ein Verkaufssignal generierte. Wenn Sie durch diesen ersten Vergleich herausgefunden haben, welche Einstellungen Ihnen besser liegen, dann sollten Sie noch alle Einstellungen testen und vergleichen, die sich in der Nähe dieser Zahlen befinden.

Orientieren Sie sich bei der Festlegung der Kauf- und Verkaufssignale vorerst an den typischen Regeln der Lehrbücher. Erst wenn hier ein gewisses Regelwerk steht, sollten Sie weiterführende Regeln erforschen (z. B. Veränderung der Kauf- und Verkaufslevel). Wenn Sie die erste Gruppe von Indikatoren überprüft haben, dann nehmen Sie sich die nächste vor, und so weiter.

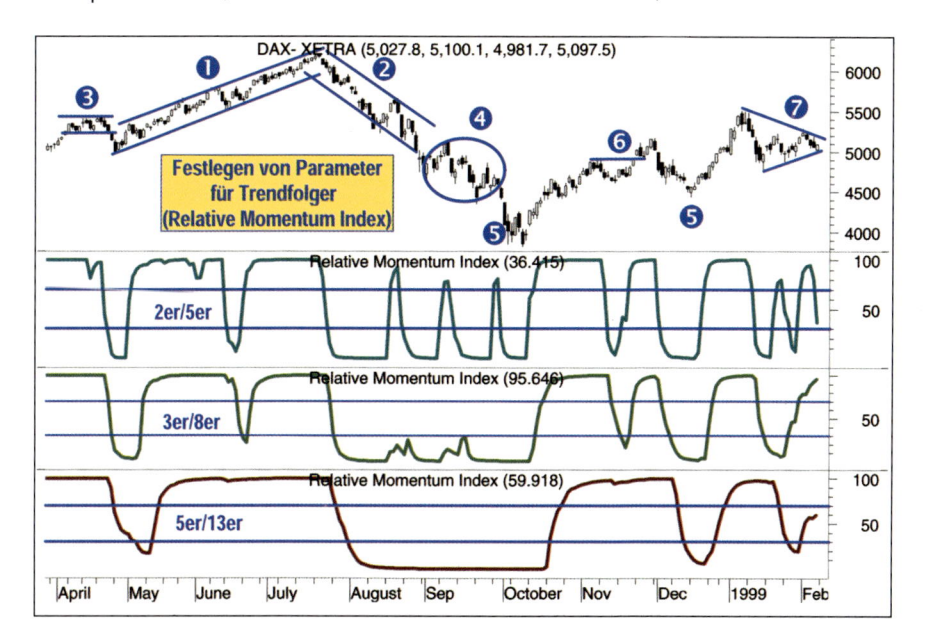

Abbildung 156
Test der Parametereinstellungen am Beispiel des RMI-Indikators

Abbildung 156 zeigt Ihnen Beispiele mit dem RMI-Trendfolge-Indikator. Auch hier wird deutlich, dass der Investor, der nicht auf jede Marktbewegung reagieren möchte, lieber die 5er/13er-als die 2/5er-Einstellung nutzen sollte.

Die Indikatoren, die Sie in Abbildung 157 finden, bieten Ihnen gewisse Zusatzinformationen. Immer dann, wenn zum Beispiel „Chaikin´s Volatility"-Indikator unter die horizontale Linie fällt, besteht die Chance auf eine Breakout-Bewegung.

Wenn Sie sich aus den einzelnen Indikatorengruppen einige „Lieblinge" herausgesucht haben, können Sie deren Verlaufsmuster und Signale auch miteinander kombinieren.

[Teil IV] Tricks und Hilfsmittel

Abbildung 157
Die unzähligen Indikatoren bieten Ihnen viele Zusatzinformationen

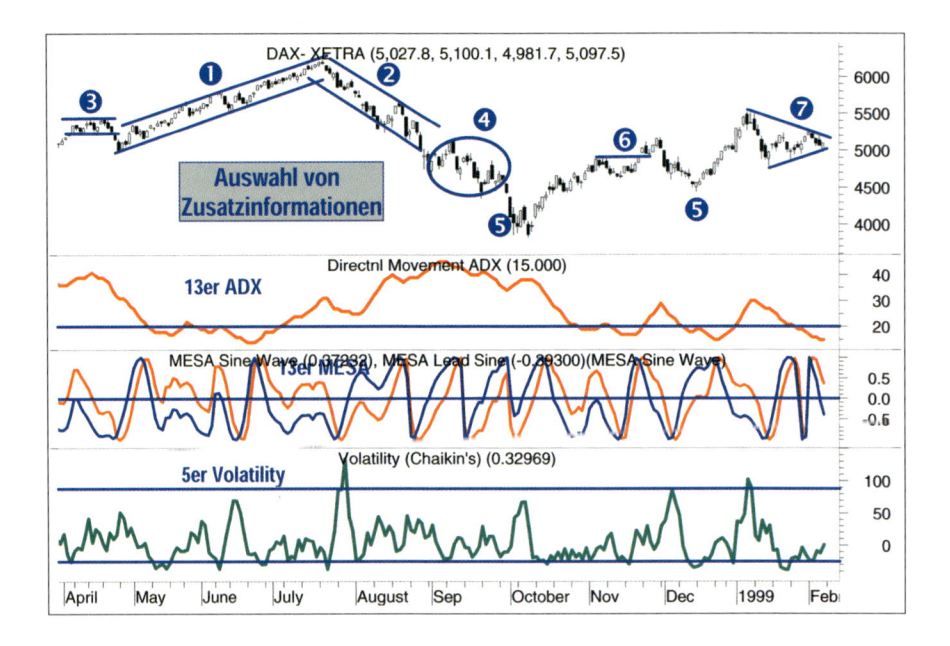

Abbildung 158 zeigt Ihnen eine Kombination mit vier Indikatoren. Sie sollten nicht mehr als fünf Indikatoren verwenden, da sonst der Überblick verloren geht und ein eventuelles Zögern im Handeln unterstützt wird. Wenn Sie sich nämlich zu viele Indikatoren ansehen, werden Sie beim Eingehen einer neuen Position oder beim Auflösen einer Verlustposition so lange zögern, bis auch der letzte Indikator dies bestätigt hat. Dadurch begrenzen Sie Ihre

Abbildung 158
Verknüpfung verschiedener Indikatoren gemäß „Floreks Interaktionsanalyse"

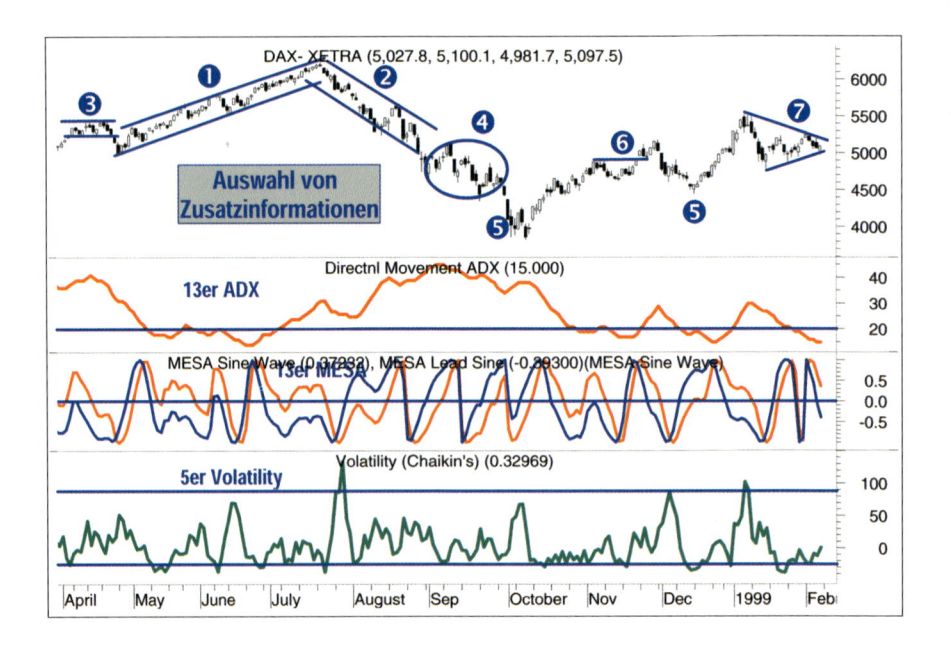

278

Gewinnmöglichkeiten und erhöhen das Verlustrisiko, was der goldenen Börsenregel „Let the profit run, cut your losses short" entgegen läuft. In unserer schnelllebigen Finanzwelt kann ein solches Fehlverhalten Ihr persönlicher „Knock-out" als Investor bedeuten.

Wann verwendet man welche Indikatoren bzw. Instrumente ?

1. Was für ein Trend liegt vor?
- Chart - und Trendanalyse
- Gleitende Durchschnitte
- Trendfolge-Indikatoren (z. B. MACD, RMI, PFE)
- Lineare Regression
- Trendbestimmungs-Indikatoren (z. B. ADX)

2. Wann beginnt ein Trend ?
- Ausbruchsformationen
- Trendbestimmungs-Indikatoren (z. B. ADX Below 15)
- Volatilitäts-Indikatoren (am Boden)
- New Highs-/ New Lows-Ansatz
- Elliott-Wellenzählung

3. Wie stark ist der Trend?
- Momentum-Indikatoren
- Volatilitäts-Indikatoren (Dynamic Momentum Index)
- Bollinger Bands
- Volumen-Modelle (OBV)

4. Ist ein Markt überhitzt?
- Oszillatoren (RSI, Stochastik
- Divergenzen
- Tops der Volatilitäts-Indikatoren

5. Hatten wir einen Trendwechsel?
- Trendlinienbrüche
- Sentiment-Wechsel
- Divergenzen / Turtle Soup-Formationen
- Abflachen der Regressionsgeraden

- W.D. Gann Quartals- u. 4-Wochen-Regel
- Die Monats-Schluss-Methode nach Uwe Lang

6. Wo sind Unterstützungen und Widerstände ?
- Trendlinien / Trendkanäle
- Gleitende Durchschnitte
- Fibonacci-Retracement
- Alte Hoch- und Tiefpunkte im Chart
- Zielzonen-Konzepte (siehe Kapitel 14)

Formationsanalyse

Um Lösungen für bestehende Fehlerquellen bestimmter Anwendungen zu finden, ist es in den modernen Forschungsabteilungen industrieller Unternehmen durchaus erwünscht, manchmal auch in fremden Teilbereichen zu „stöbern". Während man dort häufig mit dem Begriff des interdisziplinären, bzw. bereichsübergreifenden „(Quer)-Denkens" konfrontiert wird, wollen wir uns in diesem Kapitel etwas bescheidener geben und lediglich von der Verknüpfung verschiedener Ansätze sprechen. Um hier jedoch ansprechende Lösungen zu finden, bedarf es einer unkonventionellen, von den Regeln abweichenden Vorgehensweise.

Seit einigen Jahren setzt sich in der Technischen Analyse zunehmend die Bereitschaft durch, verschiedene Methoden und Instrumente miteinander zu vermischen, um so bestimmte Vorzüge zu kombinieren und einzelne Schwächen heraus zu filtern. Eine der grundlegenden Ansätze ist dabei die Analyse von Indikator-Formationen. Die meisten dieser Formationen, wie zum Beispiel Kopf-Schulter, Dreiecke, Doppeltops usw., kennen Sie sicherlich aus der Chart-Analyse. Was bei der Kursanalyse von Bedeutung sein kann, sollte man auch einmal bei den Indikatoren einsetzen.

Indikator-Formationen

Da sich die Indikatoren in der Regel auf Basis der Kurse berechnen, kann vermutet werden, dass sie auch ähnliche Verlaufsmuster ausbilden. Die Gleichartigkeit der Bewegungsmuster zwischen den Kursen und einem Indikator ist natürlich sehr unterschiedlich. Bestimmte Indikatoren eignen sich für diesen Zweck überhaupt nicht, andere sind wiederum prädestiniert. Zieht man einen Indikator heran, der Kursentwicklungen vorwegnimmt (z. B. Momentum-Oszillator), so liefern dessen Formationen auch schnellere Signale als herkömmliche Chart-Formationen der Kurse.

Im Gold-Chart finden sich bei einem 9-Tages-RSI (Relative Stärke Index) zwei Kopf-Schulter-Formationen. Die obere Formation hat bereits kurz nach dem Top der Kurse ein Verkaufssignal gegeben. Im zweiten Fall erfolgte ein Kaufsignal, dessen mittelfristiges Ergebnis dann aber hinter den Erwartungen zurückblieb. Beide Kopf-Schulter-Formationen des RSI-Indikators haben dennoch bessere Signale generiert als irgendwelche Chart-Formationen der Kurse. Formationen bei Oszillatoren sind jedoch nicht besonders ausgeprägt und zahlreich. Treten sie dennoch auf, geben sie vielversprechende Signale. Bei der Anwendung dieser Formationen auf Indikatoren gelten die gleichen Grundsätze wie bei der Analyse von Kursformationen, d.h. jeder Formation kommt entsprechend ihrer Größe und Tiefe eine bestimmte Bedeutung zu.

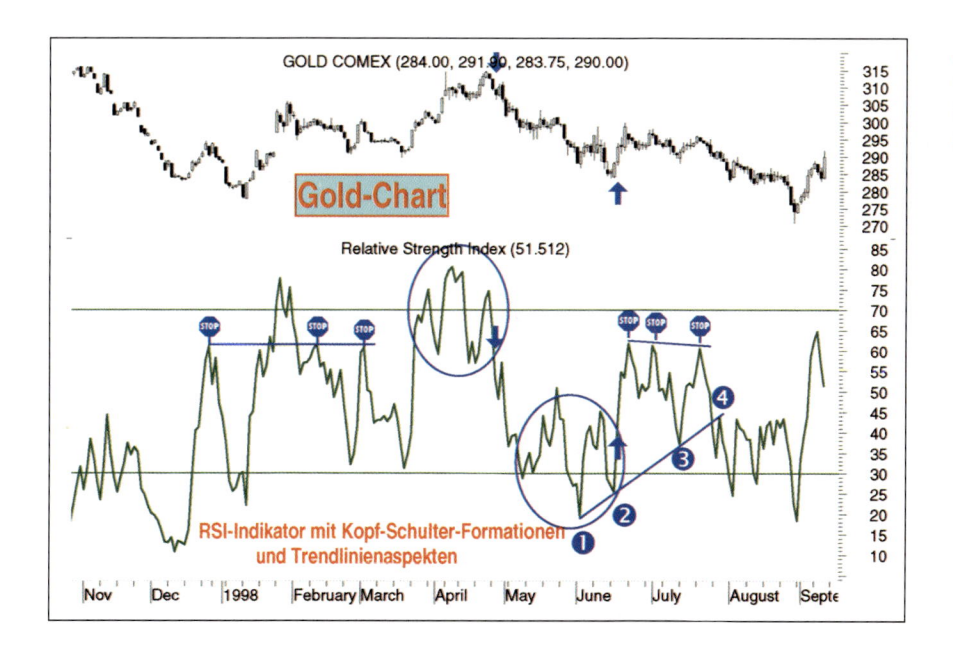

Abbildung 159
Chart-Formationen beim RSI-Indikator im Gold-Chart

[Teil IV] Tricks und Hilfsmittel

Widerstands- und Unterstützungs-Levels

Neben den Formationen lassen sich bei Indikatoren aber auch ganz gewöhnliche Widerstands- und Unterstützungsniveaus ausmachen. Eine genauere Betrachtung dieser Levels bei Indikatoren kann ihre Einschätzung verbessern. Im Gold-Chart lief der RSI gleich mehrfach an die Widerstandszone bei 63 (siehe Stoppschilder). Es scheint, als ob die Kurse sich so bewegen würden, dass der RSI von bestimmten Levels förmlich angezogen würde. Betrachtet man im Gold-Chart die Punkte 1 bis 4, so ist es doch erstaunlich, dass der RSI immer wieder auf dem Niveau der Trendlinie gedreht hat. Das „Abprallen" des RSI oder auch anderer Indikatoren von solchen Linien eröffnet natürlich entsprechende Signale. Als der RSI zum Schluss die Linie nach unten durchbrochen hat, lief er bei seiner ersten Korrekturbewegung noch einmal genau bis auf diese vorherige Unterstützungslinie (nun Widerstandslinie) zurück. Je häufiger solche Levels vom Indikator getestet werden, desto markanter werden sie. Ob nun Zufall oder Bestimmtheit, bisher blieben solche Aspekte eher unbeachtet.

Indikator-Zonen

Mit Hilfe der unterschiedlichen Indikator-Zonen lassen sich bestimmte Verlaufsmuster der Indikatoren besser erkennen und auch einschätzen. Da der Erfolg eines jeden Handelsansatzes von den Signalen abhängig ist, macht es

Abbildung 160
Übersicht von unkonventionellen Formationen bei Indikatoren

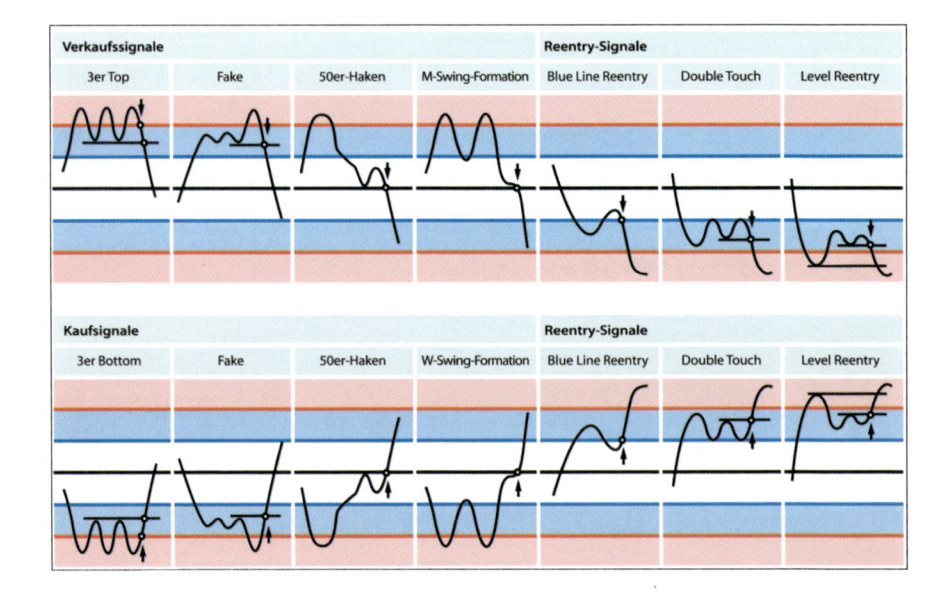

Sinn, nicht nur Standardsignale zu testen, sondern vor allem auch die Qualität einzelner Verlaufsmuster, die sozusagen zwischen den Zeilen zu lesen sind, bzw. zwischen den Zonen entstehen. Die nachfolgende Illustration soll Ihnen beispielhaft aufzeigen, welche Muster analysiert und ausgewertet werden können. Nachfolgend erhalten Sie eine Erläuterung zu den Verkaufssignalen. Für die Kaufsignale gilt das Gleiche, nur umgekehrt.

Bei der „3er-Top-Formation" lief der Indikator gleich dreimal in die Extremzone 1 ein, was gewöhnlich nur in starken Trendphasen geschieht. Nach dem Motto „Alle guten Dinge sind drei" erfolgt ein Verkaufssignal, wenn der Indikator zum dritten Mal die Extremzone verlässt oder aber die Niveaus der vorherigen Tiefpunkte unterschreitet. Die Tiefpunkte dürfen sowohl in der 2. Zone als auch in der 3. Zone, sollten jedoch nicht unterhalb der Mittellinie liegen.

Beim „Fake" lief der Indikator anfangs nur in die „Überkauft-Zone 2" ein. Nach einigem Zögern schießt er dann aber doch noch mal in die Extremzone. Wenn danach ein Break unter die vorherigen Tiefpunkte des Indikators erfolgt (siehe Linie und Pfeil), steht eine Trendwende mit entsprechendem Potenzial bevor.

Den „50er-Haken" findet man oft beim MACD oder beim CCI. Ein solcher Haken, der sich in der Nähe der 50er-Mittellinie (oder 0er-Mittellinie) eines Indikators ausbildet, deutet auf eine Divergenz-Entwicklung hin, die wiederum für eine Trendwende spricht.

Das Gleiche gilt für die „M-Swing"-Formation. Die kleine Verzögerung kurz vor dem Unterschreiten der Mittellinie findet man meistens bei einer so genannten „Breakout und Revers"-Formation der Kurse.

Die drei „Reentry"-Signale sollen aufzeigen, dass es auch Möglichkeiten gibt, noch auf den fahrenden Trendzug aufzuspringen, ohne unbedingt der Allerletzte zu sein. Hier spielen sowohl die 2. Zone (siehe blaue Linie) als auch vorherige Niveaus eine Rolle. Diese Formationen treten meistens in den Mitte oder kurz vor dem letzten Teilabschnitt eines Trends auf.

Bei einem „Blue Line Reentry" geht man in den Markt „Short", wenn ein Indikator nach einer kurzen Erholungskurve erneut nach unten abbricht und den vorherigen Tiefpunkt unterschreitet.

Bei der „Double Touch"-Formation haben die Kurse meist eine längere Verschnaufpause eingelegt, so dass der Indikator in der leicht überverkauften Zone zwei oder mehrere Tiefpunkte ausgebildet hat. Ein Verkaufssignal tritt auf, sobald der letzte Tiefpunkt unterschritten wird.

Beim „Level Reentry" hat ein Indikator ein Tief im Extrembereich ausgebildet, ist dann zurückgelaufen, um höhere Tiefs zu formen. Sobald diese Levels unterschritten werden, rollt eine neue Verkaufswelle auf die Märkte zu.

Um Fehlsignale der Indikatoren zu verringern, wartet man beispielsweise ab, bis die Indikatoren eine Chart-Formation abgeschlossen haben oder ein Bruch der Indikatoren-Trendlinie erfolgt ist. Dadurch erhält man zum Teil zwar verzögerte Signale der Indikatoren, die aber aufgrund ihres Momentum-Vorlaufes häufig genau am Top oder am Tief einer Kursentwicklung liegen.

Die Suche nach Formationen

Die nachfolgende Abbildung zeigt den Bund-Future mit dem CCI-Average-Indikator, bei dem Sie drei der vorher vorgestellten Formationen (siehe gelbe Einkreisungen) sehen können. Die Suche nach bestimmten Indikator-Formationen war bisher recht mühsam. Die einfachste und gleichzeitig auch vielversprechendste Vorgehensweise beruhte auf einem Vergleich markanter Verlaufsmuster der Kurse (Trendwenden oder Ausbruchsformationen) mit den dazugehörigen Indikatoren. Ergeben sich hier bestimmte Muster, die identifizierbar und auch eindeutig sind, kann man im nächsten Schritt diese Muster in der Vergangenheit suchen und nach ihrer Aussagekraft/Performance evaluieren.

Diese „Handarbeit" verleiht einem zwar ein enormes Gefühl für die Verlaufsmuster der Indikatoren, fordert jedoch ihren Tribut bei der Freizeit. Es gibt bisher nur wenige Programme, die hier eine Hilfestellung bieten. Eines der ersten Programme, das auf dem Markt erschien und mit dessen Hilfe sich Kursformationen eigenständig erkennen lassen, war NAVA-Pattern. Anhand einiger Kurs-Pattern zeigt das Programm auf, wohin die Kurse in den nächsten Tagen laufen können, wenn sie sich überwiegend so verhalten würden, wie sie es in der Vergangenheit getan haben. Mit NAVA-Pattern lassen sich leider nur Verlaufsmuster der Kurse überprüfen, nicht aber Indikator-Formationen. Weitere Informationen über „Pattern"-Programme, die dies können, finden Sie im Anhang.

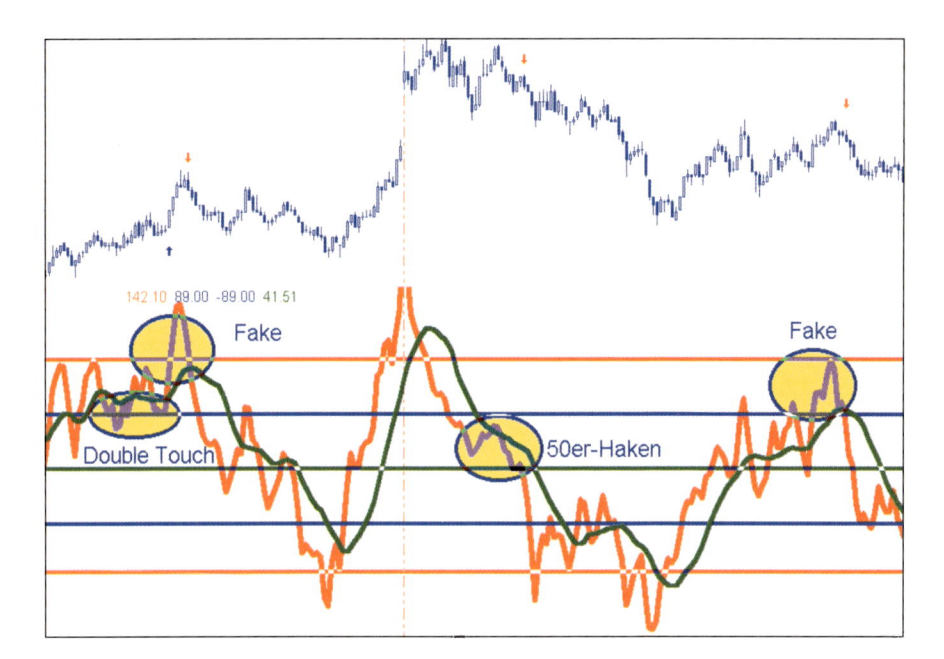

Abbildung 161
Bund Future-Chart mit dem CCI-Average-Indikator

Divergenzanalyse

Trotz der Tatsache, dass Charles Dow bereits im letzten Jahrhundert die Grundzüge der Divergenzanalyse formulierte und die moderneren Varianten dieser Analyseform in den USA seit den 70er Jahren bekannt sind, konnte sie sich in Deutschland erst in den letzten Jahren etablieren.

Die meisten Indikatoren und Oszillatoren sind so ausgerichtet, dass sie die Trendbewegungen der Kurse antizipieren oder zumindest bestätigen. In der Regel sollen die Indikatoren in etwa gleichzeitig mit den Kursen auch entsprechende Hochs und Tiefs markieren. Solange sich Kurse und Indikatoren in die gleiche Richtung bewegen, ist die Welt der einfachen Technischen Analyse in Ordnung. Treten zwischen den Bewegungen der Kurse und den Verlaufsmustern der Indikatoren jedoch Diskrepanzen auf, sprechen Techniker von Divergenzen. Man unterscheidet prinzipiell zwei Arten:

Negative Divergenzen

Eine negative Divergenz liegt vor, wenn die Kurse innerhalb eines Aufwärtstrends neue Hochpunkte markieren, die entsprechenden Indikatoren (z. B. MACD, RSI oder Stochastik) dagegen keinen neuen Hochpunkt ausbilden, sondern unterhalb ihrer letzten Hochpunkte wieder nach unten abdrehen.

[Teil IV] Tricks und Hilfsmittel

Da die Indikatoren die letzte Bewegung der Kurse demnach schwächer bewertet haben, deutet dieses Ereignis auf eine mögliche Trendwende hin. Insofern ist eine „Negative Divergenz" als Verkaufssignal zu werten.

Positive Divergenzen

Im Gegensatz dazu bilden sich „positive Divergenzen", wenn die Kurse innerhalb einer Abwärtsbewegung neue Tiefstkurse erreichen, die von den Indikatoren aber nicht nachvollzogen werden, da diese noch vor Erreichen ihrer vorherigen Tiefstände wieder nach oben abdrehen. Eine solche Konstellation lässt auf eine baldigen Erholung der Kurse hoffen, da die Indikatoren eine Verringerung der Fallgeschwindigkeit bzw. Dynamik der Kurse anzeigen. Demnach ist eine „Positive Divergenz" als Kaufsignal anzusehen.

Abbildung 162
Grundprinzip der negativen und positiven Divergenzen

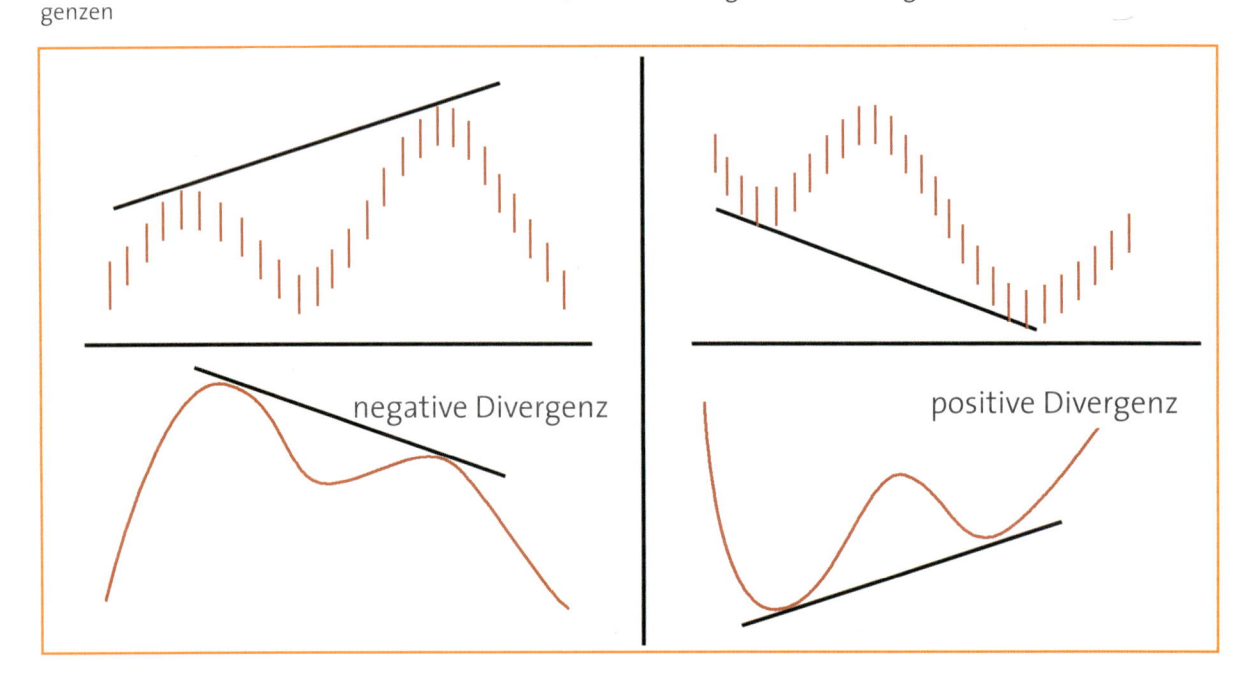

negative Divergenz | positive Divergenz

Besonderheiten

Bei der Ermittlung von Divergenzen spielen folgende Aspekte eine entscheidende Rolle:

- ihre Anzahl,
- die Zeitspanne, in der sie sich aufbauen,
- bei manchen Indikatoren auch deren Abstand zur Mittellinie.

[12] Der richtige Einsatz von Indikatoren

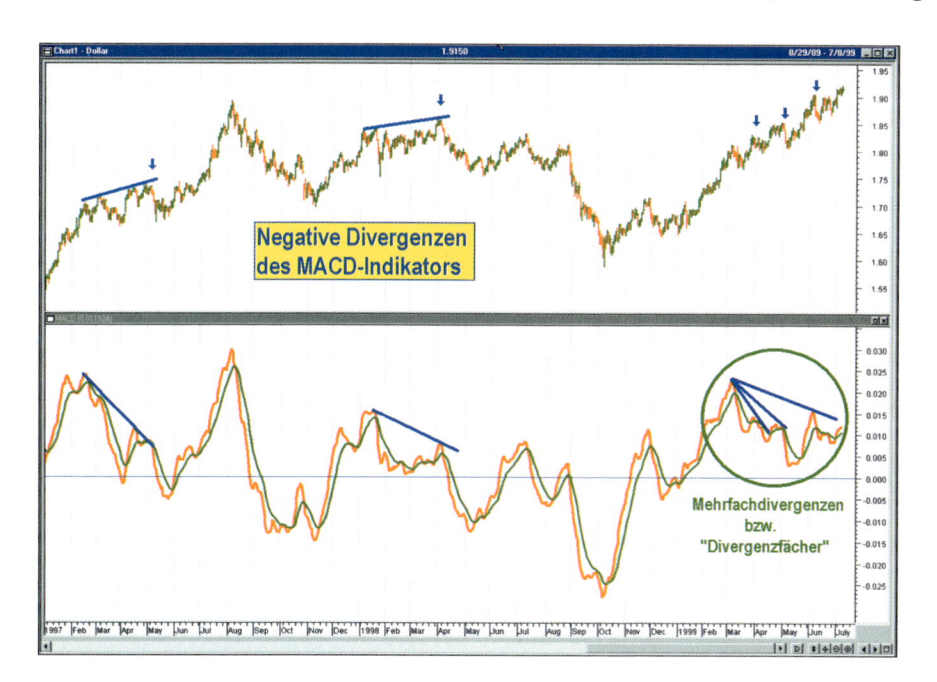

Abbildung 163
Negative Divergenzen im US-Dollar-Chart

Für die Anzahl von Divergenzen gilt, dass ihre Bedeutung steigt, je mehr von ihnen nacheinander auftreten. Die einfachen Divergenzen treten dabei sehr oft in trendlosen Märkten auf. In einer stärkeren Trendphase können dagegen gleich mehrere Divergenzen kurz nacheinander erscheinen, ohne dass die Kurse wirklich eine Trendwende einleiten (siehe rechten Kreis in Abb.163). Für Investoren, die gleich bei der ersten Divergenz gegen den Trend gehan-

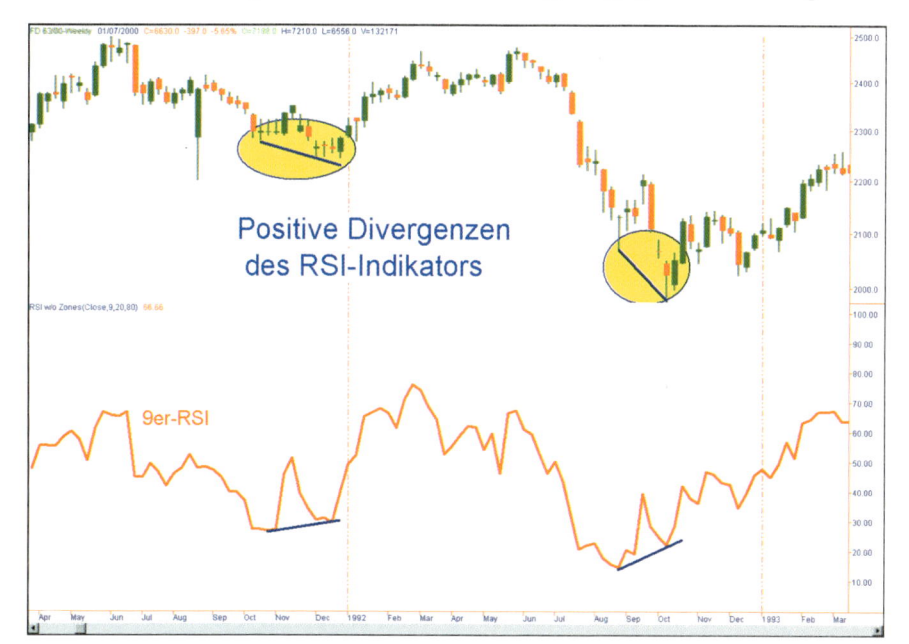

Abbildung 164
Positive Divergenzen im DAX-Chart

287

[Teil IV] Tricks und Hilfsmittel

delt haben, kann dies natürlich gefährlich werden. Schließlich gibt es neben den einfachen Divergenzen auch doppelte, dreifache und sogar Mehrfach-Divergenzen (z. B. 7-fache). Da man in solchen Fällen sehr lange gegen den Trend ausharren müsste, um seine ursprüngliche Position in die Gewinnzone zu führen, sollten lieber konsequent Stop Loss-Marken festgelegt sein. Klar ist, dass nur die letzte Divergenz von Nutzen ist, insofern müsste man alle handeln, um irgendwann das richtige Signal zu erwischen. Frei nach dem Motto: „Alle gute Dinge sind drei", bricht aber fast jeder Investor nach dem dritten Fehlsignal ab.

Abbildung 165
Die Anzahl von Divergenzen

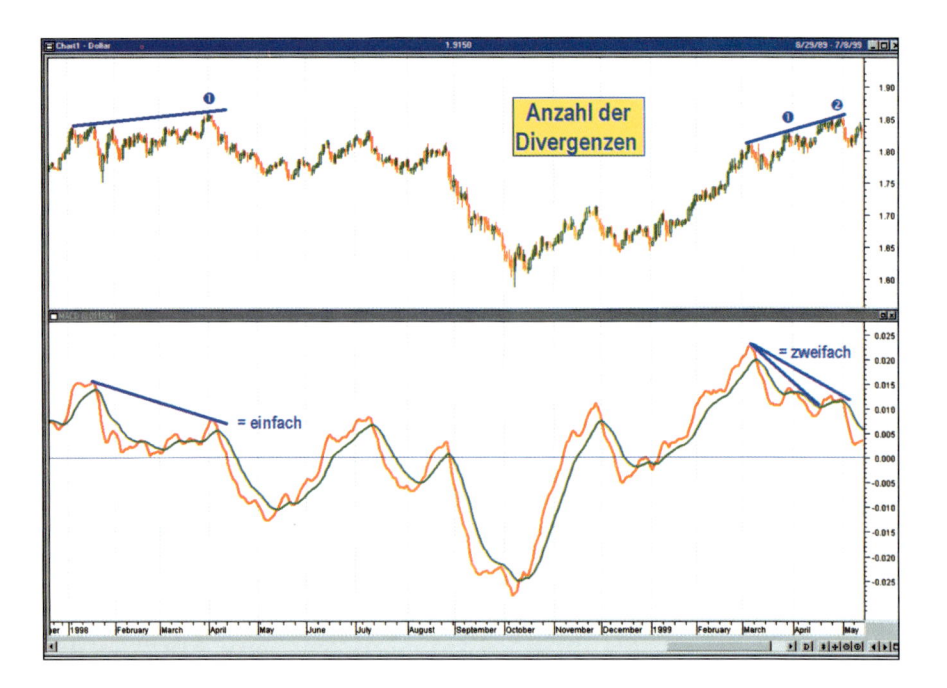

Meiner Ansicht nach spielt die Anzahl der Signale eher eine untergeordnete Rolle. Es gibt nämlich kein Schema, welche Anzahl optimal ist. Viele große Trendwenden der letzten Jahre wurden im Voraus von einer einfachen Divergenz eingeleitet. Ebenso viele benötigten aber auch mehrfache Divergenzen. Um die Anzahl der Fehlsignale zu verringern, durchforsten einige Techniker unterschiedliche technische Studien. Je mehr Indikatoren eine Divergenz aufweisen, desto besser. Dieser Ansatz ist jedoch zweifelhaft, da eine Vielzahl von Divergenzen in verschiedenen Indikatoren nichts über deren Qualität aussagt. Wenn sich die eingesetzten Indikatoren ähneln, generieren sie alle im Gleichschritt Fehlsignale.

Andere betrachten dagegen zwei verschiedene Zeiteinheiten. Um beispielsweise die Aussagekraft des MACD-Indikators zu verbessern, verwenden einige MACD-Jünger zwei verschiedene Zeitebenen (Daily und Weekly). Divergenz-Signale des „Daily MACD" haben nur Gültigkeit, wenn Sie vom „Weekly MACD" bestätigt werden. Dies gilt übrigens auch für herkömmliche Kauf- und Verkaufsignale. Leider werden dadurch zu viele gute Signale des „Daily MACD" herausgefiltert. Insofern ist davon abzuraten, insbesondere dann, wenn man die Ergebnisse der einfachen Trendlinien-Methodik als „Benchmark" ansetzt. Damit fahren Sie besser.

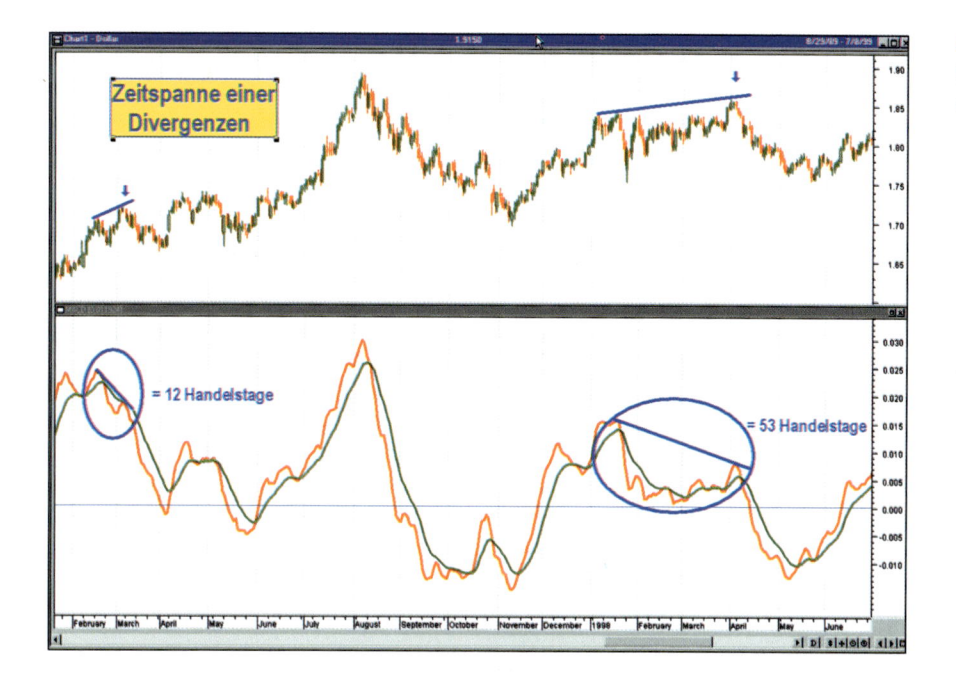

Abbildung 166
Unterschiedliche Zeitspanne der Divergenzen

Die Zeitspanne, in der sich Divergenzen ausbilden, zeigt ebenfalls keine signifikanten Regelmäßigkeiten auf. Ob Divergenzen enger zusammen oder weiter auseinander liegen, hat kaum einen Einfluss auf die Qualität der Signale. Generell gilt, dass es sinnvoller ist, Divergenzen, die kurzfristigen Handels- und Analyseansätzen dienen sollen, mit Hilfe entsprechend ausgerichteter Indikatoren (z. B. 5er RSI) zu ermitteln. Sollen sie dagegen in mittel- bis langfristige Betrachtungen eingebunden werden, müssen auch die Instrumente (z. B. 14er RSI) entsprechend eingestellt sein. Viel wichtiger erscheint mir dagegen das Niveau, auf dem die letzte Divergenz stattgefunden hat. Bei Momentum-Oszillatoren funktionieren die Divergenz-Signale oftmals am besten, wenn sich ihre Hoch- (=negative Divergenz) bzw. Tiefpunkte (positive Divergenz) in den Extrembereichen der Indikatoren ausbilden. Beim MACD und anderen Trendfolge-Indikatoren entwickeln

[Teil IV] Tricks und Hilfsmittel

sich die besten Signale dagegen, wenn sie in der Nähe der Mittellinie bzw. Nulllinie auftauchen. Für negative Divergenzen gilt in diesem Fall, je näher die letzte Divergenz des Indikators an der Mittellinie war, desto stärker könnten die Kurse fallen. Umgekehrt gilt dies für positive Divergenzen. Je näher sie unterhalb der Mittellinie des MACD-Indikators entstanden sind, desto größer ist das Aufwärtspotenzial der Kurse. Die nachfolgende Abbildung soll dies verdeutlichen.

Abbildung 167
Das Niveau, auf dem sich Divergenzen ausbilden, ist wichtig

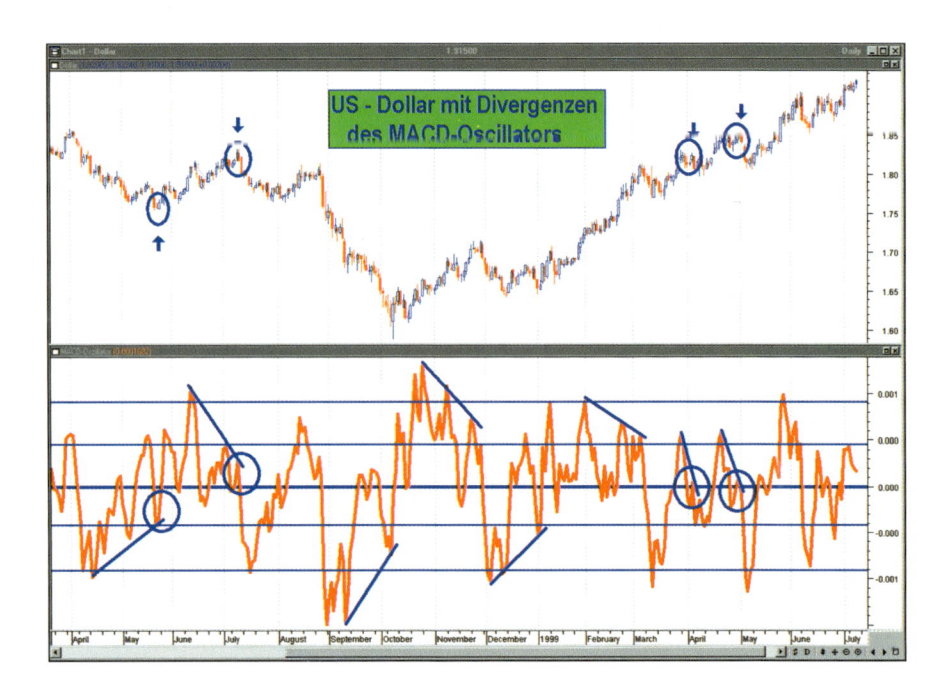

Welche Indikatoren eignen sich?

Obwohl man Divergenz-Formationen bei fast allen Indikatoren finden kann, eignen sich vor allem die verschiedenen Momentum-Oszillatoren dazu:
- Momentum, RSI, Stochastik,
- Intraday Momentum, Forecast-Oscillator,
- CMO, Projection und Double Stochastik,

aber auch die Oszillatoren, die den Trendfolgern zuzuschreiben sind:
- der MACD-Oszillator,
- CCI,
- 5/34/5er- Indikator.

Dies liegt in ihrer relativen Betrachtungsweise begründet, da sie in der Regel lediglich die prozentuale Veränderung der aktuellen Kurse zu einer Vorperiode ermitteln. Dadurch messen sie meist nur die Stärke und Dynamik der Kursbewegungen. Eine Abschwächung wird als Divergenz angezeigt. Während beim RSI und beim Momentum recht häufig Divergenzen auftreten, sind sie beim Stochastik-Indikator seltener zu finden, da dieser eine Glättungskomponente besitzt, die Divergenzen nicht so eindeutig ausbilden lässt. MACD-Divergenzen und die des 5/34/5er-Indikators sind besonders nützlich, wenn es darum geht, zusätzlich noch die Wiederaufnahme eines Trends zu ermitteln. Bei diesen beiden Indikatoren bilden sich die Divergenzen häufig nach einer trendlosen Korrekturphase aus, so dass sich somit der Beginn einer stärkeren Trendphase vorhersagen lässt.

Kritik an der herkömmlichen Divergenzanalyse

Da die Divergenzanalyse unserem Ego die Möglichkeit bietet, an möglichen Extrempunkten des Marktes Trendwenden vorherzusagen und Positionen aufzubauen, ist sie bei den Anwendern sehr beliebt. Wer möchte schließlich nicht auch einmal die Trendwende an ihrem Extrempunkt vorhergesagt oder gar gehandelt haben. Dies ist vielen Menschen oftmals wichtiger als das eigentliche Geldverdienen. Die Gefahren der Divergenzanalyse lauern in ihrer relativ subjektiven Handhabung. Es ist zwar einfach, Divergenzen im Nachhinein zu erkennen, aber schwierig, sie während ihres Entstehens zu deuten und umzusetzen.

In der aktuellen Betrachtung wirken sie meist wichtiger, als sie es in der retrospektiven waren. Insofern ist von einer oberflächlichen Handhabung eher abzuraten. Hier gilt: Man sollte erst abwarten, bis sich eine Divergenz voll ausgebildet hat und von der ersten Kursbewegungen bestätigt wird, bevor man investiert. Eine Antizipation lohnt sich meist nicht. Es stellt sich auch die Frage, ob man jede erste Divergenz und bei Fehlsignalen auch jede weitere handeln sollte. Für den Geldbeutel eines Börsianers können Mehrfach-Divergenzen durchaus existenzbedrohende Ausmaße annehmen. Lässt man irgendein Signal aus, kann man sich sicher sein, dass man damit erfolgreich gewesen wäre.

Versteckte Divergenzen („Hidden Divergences")

In den 80er Jahren stellte George Lane eine besondere Variante von Divergenzen vor, die er „Bull Setup"- und „Bear Setup"-Formation nannte. Da diese Formationen in einem Chart nur sehr schwer auszumachen sind, werden sie heutzutage oft auch als „versteckte Divergenzen" bezeichnet. Während klassische Divergenzen Hinweise darauf geben, dass die aktuelle Trendbewegung auslaufen könnte und eine mögliche Trendwende bevorsteht, sind die „versteckten Divergenzen" Formationen, die den vorherrschenden Trend bestätigen und meist noch günstige Einstiegsniveaus für eine entsprechende Long- oder Short-Position signalisieren. Sie treten meist während kleinerer Korrekturbewegungen gegen den vorherrschenden Trend auf.

Bear Setup / Bullish Hidden Divergence

Bear Setups bzw. Bullish Hidden Divergences treten auf, wenn sich die Kurse in der Korrekturphase einer Aufwärtsbewegung befinden. Während die Kurse eine Serie von höheren Tiefpunkten oder manchmal auch Doppeltiefs ansteuern, bilden die Indikatoren hingegen eine Serie fallender Tiefpunkte. Bear Setups signalisieren, dass sich der Markt in einem gesunden Aufwärtstrend befindet. Laut George Lane deutet diese Formation aber auch darauf hin, dass eine letzte Bewegung hin zu einem wichtigem Top ansteht, von dem aus eine größere Korrektur oder gar Trendwende nach unten einsetzen könnte. Demnach gibt das Kaufsignal eines Indikators, das nach einem Bear Setup auftaucht, noch einmal den Startschuss für eine letzte Rallye. Demjenigen Investor, der sich nach einer bestimmten Trendbewegung nicht sicher

Abbildung 168
Bear Setup / Bullish Hidden Divergence

[12] Der richtige Einsatz von Indikatoren

ist, ob er auf diesem Niveau noch einmal kaufen sollte, kann diese Formation wertvolle Hilfen geben.

Bull Setup/Bearish Hidden Divergence

Der umgekehrte Zusammenhang gilt für Bull Setups bzw. Bearish Hidden Divergences. Sie treten in Abwärtstrends auf, wenn die Kurse eine Serie fallender Erholungshochpunkte bzw. Doppeltops ausbilden. Gleichzeitig divergieren die Indikatoren und bilden eine Formation mit jeweils höheren Höchstwerten. Bull Setups signalisieren, dass sich der Markt in einem Abwärtstrend befindet. Jedes Verkaufssignal der Indikatoren bietet in dieser Situation ein gutes Einstiegs- bzw. Reentry-Niveau für Short-Positionen oder Puts.

Laut George Lane deutet diese Formation aber auch darauf hin, dass mit der folgenden letzten Angstbewegung nach unten ein wichtiger Tiefpunkt unmittelbar bevorstünde, von dem aus eine größere Korrektur oder gar eine Trendwende nach oben einsetzen müsste. Das Verkaufssignal des Momentums, welches nach dem Bull Setup auftauchte, gab noch einmal den Startschuss für einen erneuten Kursverfall mit Erreichen neuer Tiefpunkte, bevor eine Trendwende bzw. eine größere Korrektur nach oben einsetzte. Unsicheren „Bären" kann diese Formation Einstiegssignale für Put-Engagements liefern.

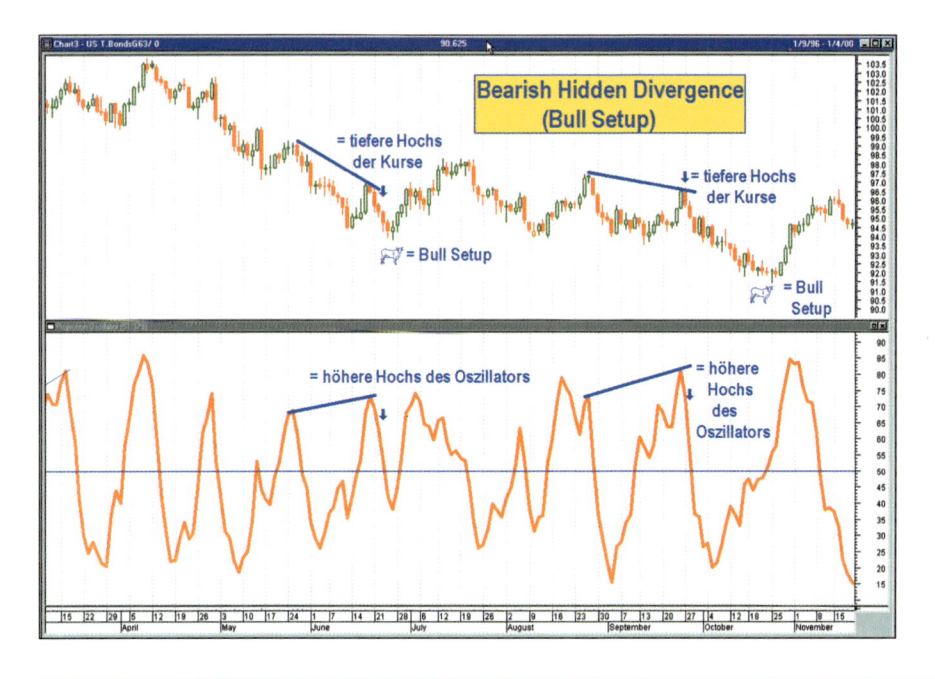

Abbildung 169
Bull Setup/Bearish Hidden Divergence

Unterschiede

Der Unterschied zwischen den Setup-Formationen und den versteckten Divergenzen liegt lediglich auf der Formulierungsebene. George Lane, der den Grundstock für seine Setup-Betrachtungen bereits in den 80er Jahren veröffentlichte, möchte mit einer solchen Formation darauf hinweisen, dass nach einem Setup eine letzte, sehr massive Bewegung bis zu einem Top oder Low zu erwarten ist. Lane ist davon überzeugt, dass sich aus dieser Erkenntnis erfolgreiche Trades ableiten lassen. So könne man nach einem Bear Setup eine Long-Position etablieren, die den letzten Bull Move bis zum Top noch mitnimmt, bevor man dort mit einer Short-Position an der anschließenden Trendwende nach unten partizipieren kann. Die versteckten Divergenzen deuten darauf hin, dass die Abweichungen zwischen den Kursen und Indikatoren charakteristische Merkmale für einen intakten Trend sind. Somit gehören sowohl die „versteckten Divergenzen" als auch die Setup-Formationen zu der Familie der trendbestätigenden Formationen.

Komplexe Divergenzen

Zu den komplexeren Divergenz-Formationen gehören die Intermarket- und Intertime-Divergenzen. Die Intertime-Divergenz beruht auf der Annahme, dass Kursentwicklungen normalerweise die Interaktion verschiedener Zeitzyklen widerspiegeln. Da die grundlegende Parametereinstellung für Indikatoren lediglich die Kursentwicklung der letzten fünf bis 15 Zeiteinheiten bewerten (z. B. 9-Tages-RSI) geben sie nur eine begrenzte Anzahl von Zyklen wieder. Der Intertime-Ansatz vergleicht Indikatoren, die aus mindestens zwei verschiedenen Zeitspannen konstruiert werden. Idealerweise sollten die Parametereinstellungen mindestens fünf Zeiteinheiten auseinander liegen. Nimmt man beispielsweise einen 9er- und 2ler-RSI, so entstehen Divergenzen, da die lange Einstellung einen völlig anderen Zeithorizont bewertet als die kurze. Wie der Chart jedoch verdeutlicht, sind die Hauptrichtungen der Indikatoren in etwa gleich. Besser wäre die Anwendung einer Parametereinstellung des RSI auf verschiedenen Zeiteinheiten (z. B. Daily, Weekly, Monthly).

Divergenzen, die auf den unterschiedlichen Zeitfenstern von Oszillatoren basieren, entstehen, wenn der längere Indikator seinen Hoch- bzw. Tiefpunkt später erreicht als der RSI mit kurzer Parametereinstellung. Das Extremniveau des längeren RSI-Indikators muss dabei beständiger als der des kurz-

[12] Der richtige Einsatz von Indikatoren

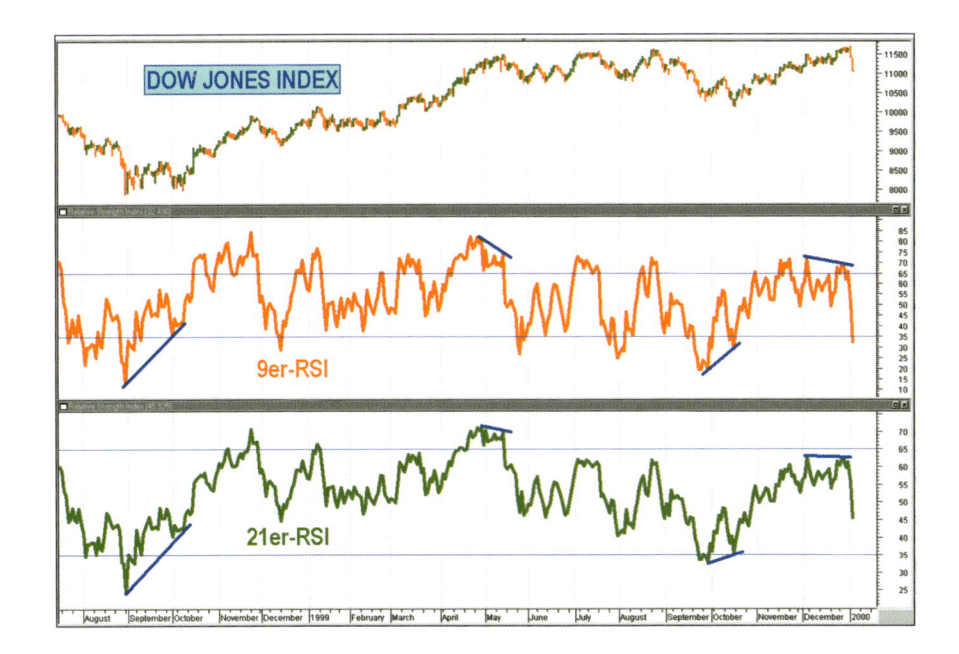

Abbildung 170
RSI mit zwei verschiedenen Parametereinstellungen

fristigen Indikators sein. Ein Kauf- oder Verkaufssignal wird generiert (siehe Pfeile in Abb. 170), wenn sich der längere RSI noch im Extrembereich befindet und der 9er-RSI sich bereits in die entgegengesetzte Richtung (zumindest bis in die Nähe seiner Mittellinie) bewegt hat. Eine solche Konstellation deutet auf einen möglichen Trendwechsel hin. Wichtig bleibt auch hier, dass die komplexen Divergenzen durch entsprechende Kursbewegungen bestätigt werden. Auf Tages- und Wochenbasis ist eine solche Betrachtung eher für die mittelfristigen Anleger geeignet.

Die Intermarket-Divergenzen beruhen auf dem Vergleich miteinander korrelierender Werte, wie z. B. verschiedener Aktienindizes oder Renten-Futures eines Landes (S&P, N.Y Composite und der Major Market Index, oder T-Bond, T-Notes und T-Bills, oder Cruide Oil, Heating Oil etc.). Divergenzen entstehen, wenn einer dieser Werte einen neuen Höchst- oder Tiefstkurs ausbildet, der von den anderen Märkten nicht bestätigt wird. Transaktionen sollten dann jedoch nur im liquidesten Markt erfolgen. Ersatzweise können auch verwandte Märkte herangezogen werden, da Divergenzen sowohl bei der Marktsegmentierung als auch bei technischen Studien ihre Gültigkeit besitzen. Wenn beispielsweise ein einem Future zugrundeliegender Markt neue Tops erreicht, die vom Future nicht bestätigt werden, kann man davon ausgehen, dass das Hedging (Absichern) in den Terminmärkten zunimmt und der Markt vor einer Korrektur steht und umgekehrt.

[Teil IV] Tricks und Hilfsmittel

Abbildung 171
Intermarket-Divergenzen

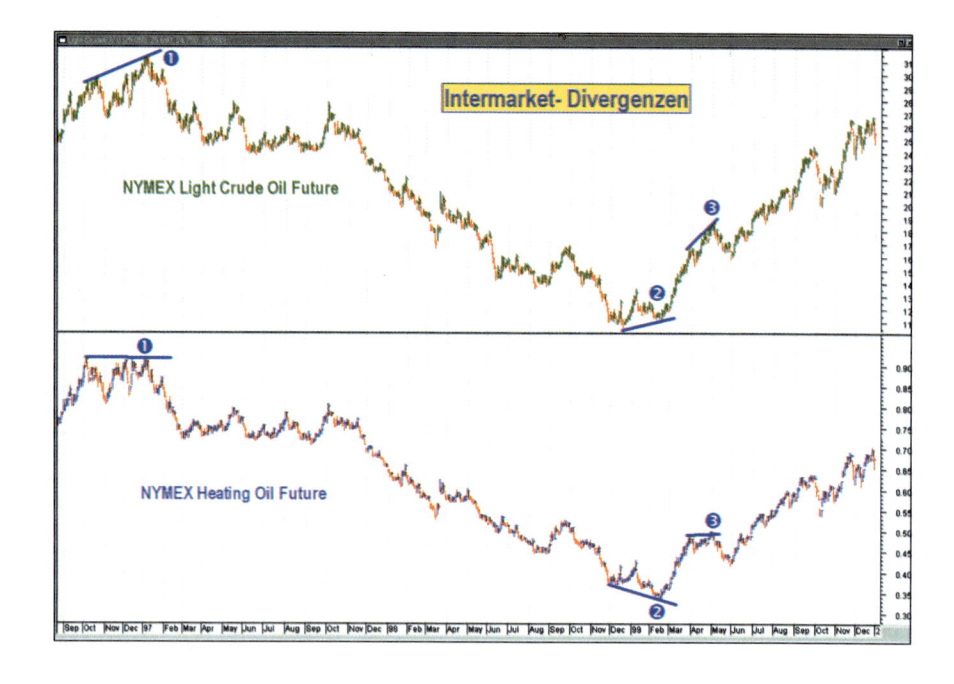

Divergenz-Falle

Im Regelfall bilden Divergenzen je nach Trendrichtung gleichmäßig niedrigere Hoch- bzw. höhere Tiefpunkte aus, so dass sich sogar Trendlinien in eine Divergenz-Formation einzeichnen lassen Manchmal führt eine überraschende Kursrallye (bei negativen Divergenzen) dazu, dass sich der Indikator über die Trendlinie der Divergenz-Formation hinaus bewegt und sogar neue Hochpunkte ansteuert.

Normalerweise würde eine solche Entwicklung den Anwender dazu bewegen, die negative Divergenz abzuschreiben und seine pessimistische Einstellung zu überdenken. Doch diese letzte Kursrallye erweist sich häufig als sog. „Divergenz-Falle" (siehe hierzu Martin Prings Buch: „Börsen-Techniken"), denn der Kurs kann nachfolgend tatsächlich in dem erwarteten Maß fallen. Das gleiche Phänomen tritt auch während einer Bodenbildungsphase bei positiven Divergenzen auf. Abbildung 172 zeigt den Bund-Future mit dem RSI-Indikator, der neben geglückten Divergenzen auch zwei Divergenz-Fallen aufweist (vgl. Kreise).

[12]   Der richtige Einsatz von Indikatoren

Abbildung 172
Divergenzen und Divergenz-Fallen

Divergenz-Trading

Divergenz-Formationen liefern normalerweise riskante Signale, da sie versuchen, an einem Top zu verkaufen und an einem Tiefpunkt zu kaufen. Die wichtigste Sache, die beim Handeln von Divergenzen beachtet werden sollte, ist demnach, darauf zu warten, bis sich eine Divergenz-Formation wirklich ausgebildet hat, die dann auch noch von Kursen in die entsprechende Trendrichtung bestätigt wird. In stärkeren Trendphasen (diese lassen sich z. B. mit dem ADX-Indikator ermitteln) können durchaus mehrere Divergenzen nacheinander auftreten.

Klar dürfte sein, dass nur die letzte Divergenz einer Serie von Nutzen ist. Je länger die Ausbildung einer Divergenz benötigt, desto stärker kann das Signal sein. Viele Charts sind angereichert mit Überbleibseln möglicher Divergenzen. Daher sind in diesen Extrembereichen der Kursentwicklung konsequente Verlust-Stops knapp über den jüngsten Hochpunkten bzw. unter den letzten Tiefstkursen absolut zwingend. Schließlich handelt man bis zu der Bestätigung einer Divergenz gegen den vorherrschenden Trend.

Fazit

Es gibt Börsianer, die an der Börse erfolgreicher agieren als andere, so wie manche Leute besser tanzen, schneller rechnen oder weiter springen können. Diesen so genannten. „Smart Money"-Investoren wird häufig zugeschrieben, antizyklisch zu handeln. Zu ihnen gehören meist auch die Fonds-Manager (z. B. George Soros). Da sie gewaltige Vermögen verwalten, die an den internationalen Finanzmärkten nicht ganz einfach zu steuern sind bzw. nicht unbemerkt umgeschichtet werden können, versuchen sie in der Regel nur an schwachen Tagen zu kaufen und an festen zu geben. An solchen Tagen, wo Werte aus schwachen Händen in starke Hände wechseln und umgekehrt, finden oftmals Trendwenden statt.

Der Grundgedanke der Divergenzanalyse liegt darin begründet, über ein Instrument zu verfügen, mit dessen Hilfe man Trendwenden und damit auch die Aktivitäten des „Smart Moneys" lokalisieren kann. Die aufgeführten Divergenz-Techniken sollen Ihnen die Möglichkeit geben, für Augenblicke ein antizyklischer „Smart-Money"-Investor zu sein bzw. es zukünftig zu werden. Die Setup-Formationen (versteckte Divergenzen) geben dem Investor eine Möglichkeit zur Trendbestimmung. Außerdem liefern sie hervorragende Einstiegs- bzw. „Reentry"-Signale, falls man mal den abgefahrenen Börsenzug verpasst haben sollte.

Das Verhalten von Indikatoren vermag uns nicht nur Aufschluss darüber zu geben, ob ein Markt relativ überkauft oder überverkauft ist. Sie machen beispielsweise Ermüdungs- oder Überhitzungserscheinungen schon dann sichtbar, wenn Trends vermeintlich noch nichts an Kraft eingebüßt haben. Darüber hinaus können uns die unterschiedlichen Formationen, die Indikatoren ausbilden, auch Hinweise liefern, was sich unter der Oberfläche des Börsengeschehens abspielt.

Die Diskrepanzen/Divergenzen zwischen dem, was sich vordergründig in den Kursen zeigt, und dem, was sich bei den „Smart Money Investoren" hinter den Kulissen vollzieht, auszumachen, bedeutet fast immer, ein beträchtliches Gewinnpotenzial auszuschöpfen. Da Divergenzen sehr subjektiv gehandhabt werden können, bergen Sie allerdings auch erhebliche Verlustrisiken (Motto: „There is no free lunch").

Die Zonenanalyse

Die meisten Instrumente der Technischen Analyse bieten aufgrund ihrer diversen Verlaufsmuster eine Vielzahl von Informationen. Diese Quelle vielfältiger Hinweise wird in der herkömmlichen Betrachtung der Anwendungsregeln in Lehrbüchern leider überhaupt nicht ausgeschöpft. Oftmals werden lediglich zwei Zonen (überkauft und überverkauft) eingerichtet oder irgendein simples Crossover-Konzept verwendet, mit deren Hilfe man dann erfolgreich agieren soll.

Crossover-Minimalprinzip

Viele Indikatoren sind gemäß einer weitverbreiteten „Keep it simple stupid"-Philosophie auf ein Mindestmaß an Regelwerk reduziert worden. Anstatt die Verlaufsmuster auf verschiedenen Niveaus genauer unter die Lupe zu nehmen und auszuwerten, lässt man den Anwender glauben, dass lediglich ein simples „Crossover" des Indikators durch eine seiner Durchschnitts-, bzw. Trigger-Linien oder der Break über/unter dessen Mittellinie ausreicht, um gewinnbringende Signale serviert zu bekommen. Wenn es wirklich so einfach wäre, die Märkte in den Griff zu bekommen, dann würde jede Putzfrau mit den deutschen Indikator-Lieblingen MACD, RSI und Stochastik hantieren, anstatt den Putzlappen zu schwingen. Wie Sie alle wissen, ist dem nicht so. Daher sollte man annehmen, dass auch etwas an der Vereinfachung von

Abbildung 173
Einfaches Crossover-Regelwerk bei gleitenden Durchschnitten

Regeln falsch sein kann. Fast alle Technischen Analysten, die vom KISS-Virus befallen sind, werden hier zwar widersprechen, dennoch zeugen diverse Beispiele von einer vorhandenen Fehlerquelle.

Abbildung 173 zeigt den Gold-Chart auf Tagesbasis, der mit einem System zweier gleitender Durchschnitte versehen ist. Die Einkreisungen zeigen auf, dass solche Systeme gerade in volatilen Seitwärtsmärkten erhebliche Verluste aufweisen, die sogar die Gewinne aufbrauchen, die in den vorherigen Trendphasen gewonnen wurden. In Amerika gibt es Studien, die besagen, dass keine Parameter-Kombination von gleitenden Durchschnitten in irgendeinem Markt langfristig erfolgreich war. Dennoch sitzen in den Investmenthäusern ganze Teams von Analysten vor ihren Excel-Spreadsheets, um für die einzelnen Märkte die optimale Kombination von Einstellungen der gleitenden Durchschnitte herauszufinden, mit deren Hilfe man dann ein gelddruckendes Handelssystem erstellen kann. Viele Anlageempfehlungen und auch Fonds-Geschäfte basieren leider noch immer auf solchen Ansätzen. Die gleiche Vorgehensweise findet man auch bei anderen Indikatoren.

Abbildung 174 zeigt zum Beispiel den MACD-Indikator in einem 3-Tages-Chart des Bund-Futures. Die Pfeile kennzeichnen die entsprechenden Signale, die im rechten Teil des Charts mit Hilfe der vertikalen Linien noch verdeutlicht werden. Betrachtet man den MACD, so wird man feststellen, dass er auf ganz unterschiedlichen Niveaus Kauf- und Verkaufssignale generiert. Fall 1

Abbildung 174
Einfaches Crossover-Regelwerk bei Indikatoren (MACD)

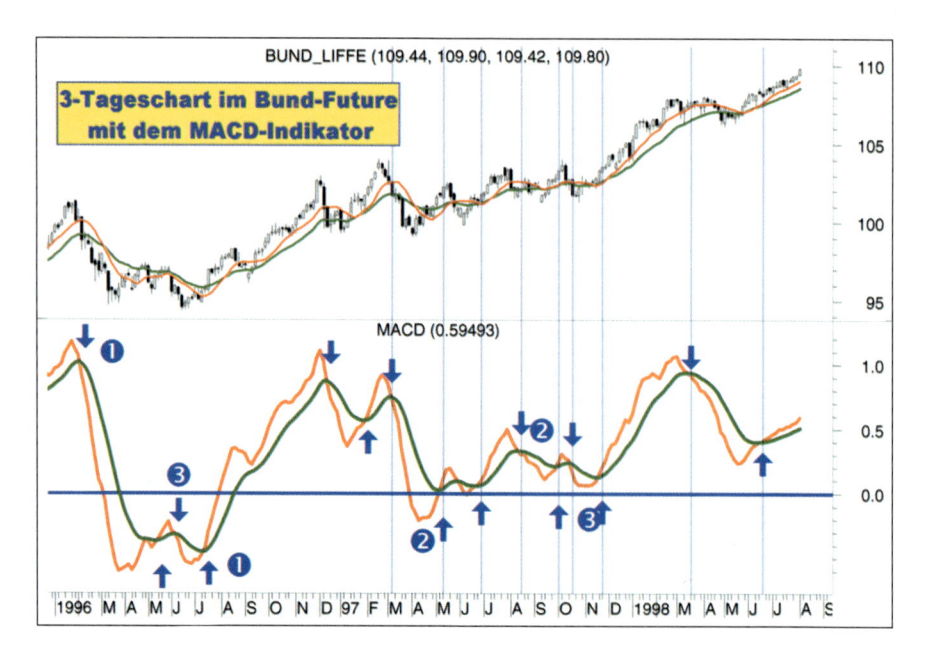

[12] Der richtige Einsatz von Indikatoren

markiert eine Extremzone, Fall 2 eine Zone in der Nähe der 0-Linie, und Fall 3 steht für Signale, die jeweils trendkonform sind (z. B. Kaufsignale oberhalb der 0-Linie, Verkaufssignal unterhalb der 0-Linie). Die Frage, die wir uns hier stellen wollen, lautet also, ob das Niveau eines Signals dessen Erfolgsquote beeinflusst.

Starres 2-Zonen-Konzept

Betrachten wir zunächst einmal den herkömmlichen Ansatz der 2-Zonenanalyse, wie er bei den meisten Indikatoren verwendet wird. Hierzu haben wir Ihnen im XETRA-DAX-Chart (Abbildung 175) einmal die Lieblinge der Szene (Stochastik- und RSI-Indikator) aufgeführt. Diese beiden Exemplare verwenden recht starre Niveaus. Laut Lehrbuch gilt bei der Stochastik eine 80/20er- und beim RSI eine 70/30er-Einteilung (= überkauft/überverkauft). Während es beim RSI ausreicht, dass er nach Erreichen einer Zone wieder zurück ins „Mittelfeld" läuft, um ein Signal zu generieren, zieht man beim Stochastik-Indikator noch die Crossover-Systematik heran. Beim RSI-Indikator hätte diese Regel jedoch im März 1998 einige Fehlsignale generiert (siehe linke Einkreisung des unteren Indikators). Die anderen Einkreisungen sollen die Frage aufwerfen, welchen Wert Signale im neutralen Bereich haben, bzw., ob die vier Kaufsignale im oberen Stochastik-Indikator eine unterschiedliche Wertigkeit besitzen, da sie in unterschiedlichen Zonen eintrafen.

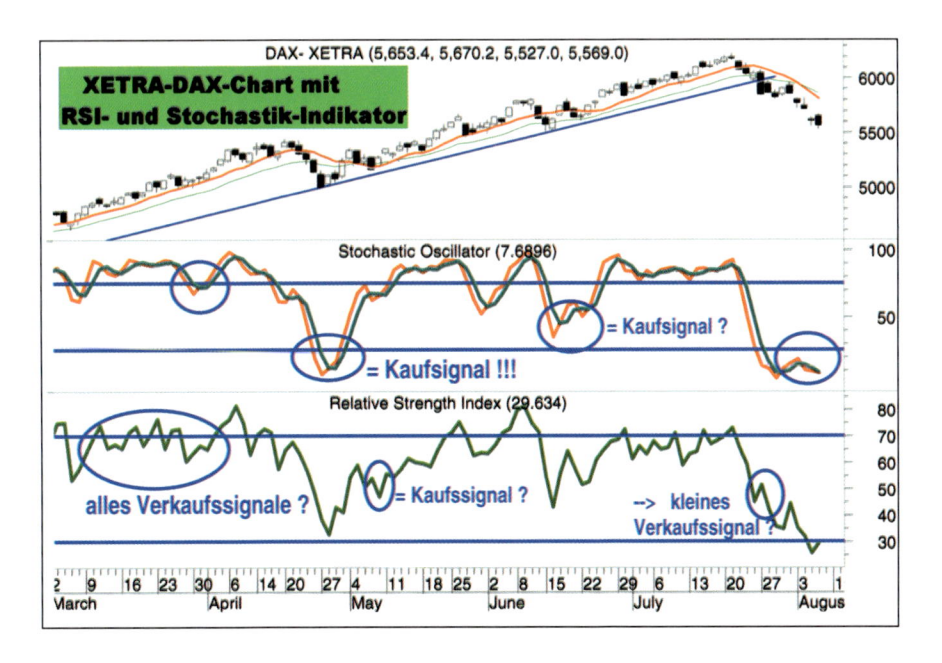

Abbildung 175
Sind alle Kaufsignale gleich zu bewerten?

Solche Gedankengänge sind nicht für jeden nachvollziehbar. Als ich vor einigen Jahren bei einem dieser tagelangen Excel-Testläufe vorgeschlagen hatte, anstatt der Indikator-Parameter auch einmal die Niveaus der Zonen zu optimieren oder sie sogar durch dynamische Konzepte (z. B. Bollinger Bands) zu ersetzen, hat man dieses Querdenkertum verständnislos abgelehnt. Es fällt eben schwer, herkömmliche Wege zu verlassen und sich in anderen Denkmuster zu bewegen. Tatsache ist, dass man mit den vereinfachten Ansätzen, die überall vorgestellt werden, nicht immer ans Ziel gelangt, da eine Vielzahl von Informationen, die die Indikatoren abgeben, unbeachtet bleiben.

Die (Mehr-) Zonenanalyse

Bei der Zonenanalyse handelt es sich um eine detaillierte Unterteilung der gesamten Schwankungsbreite eines Indikators mit Hilfe von horizontalen Linien. Abbildung 176 zeigt den Dow-Jones-Index mit einem solchen Ansatz beim Chande Momentum Oscillator (CMO). Gleichzeitig haben wir Ihnen im oberen Teil des Charts eine „Turtle Soup"-Verkaufsformation aufgeführt. Das Regelwerk dazu können Sie im fünften Kapitel des Buches finden.

Wie Sie im unteren Teil der Abbildung 176 sehen können, variiert die Schwankungsbreite des CMO-Indikators erheblich. Um die einzelnen Bewegungsmuster genauer quantifizieren zu können, wurde die gesamte Schwankungsbreite des Indikators in sechs Zonen eingeteilt (siehe rechts). Der Ausschlag des CMO in die Zonen 1 und 6 (=Extremzone) wurden mit einem Fragezeichen markiert. Zieht man von diesen Ereignissen ausgehend eine gedankliche Linie nach oben zu den Kursen, so wird man feststellen, dass dieser Vorfall lediglich ein einziges Mal einen absoluten Hoch- oder Tiefpunkt, bzw. Wendepunkt angedeutet hat, der Dow Jones in der Regel anschließend fast immer noch einmal in diese Richtung weiter gelaufen ist, um einen neuen Hoch-, bzw. Tiefpunkt zu erreichen, bevor dann wirklich eine größere Korrektur kam.

Daraus folgt, dass man das ursprüngliche CMO-Signal (=Eintauchen und Herauslaufen aus der Extremzone) noch nicht für eine Gegenposition nutzen sollte, sondern eher für eine kurzfristige, trendkonforme Position, die man nach einer ersten Korrektur eingegangen ist. Die Beispiele A zeigen hingegen Verkaufssignale, die in der Zone 4 (bereits negatives Terrain) entstanden und kurzfristige Profite einbrachten. „B" markiert trendkonforme Kaufsignale, die in der Zone 3 (bereits positive Zone) generiert wurden. Mit Hilfe dieser Tech-

[12] Der richtige Einsatz von Indikatoren

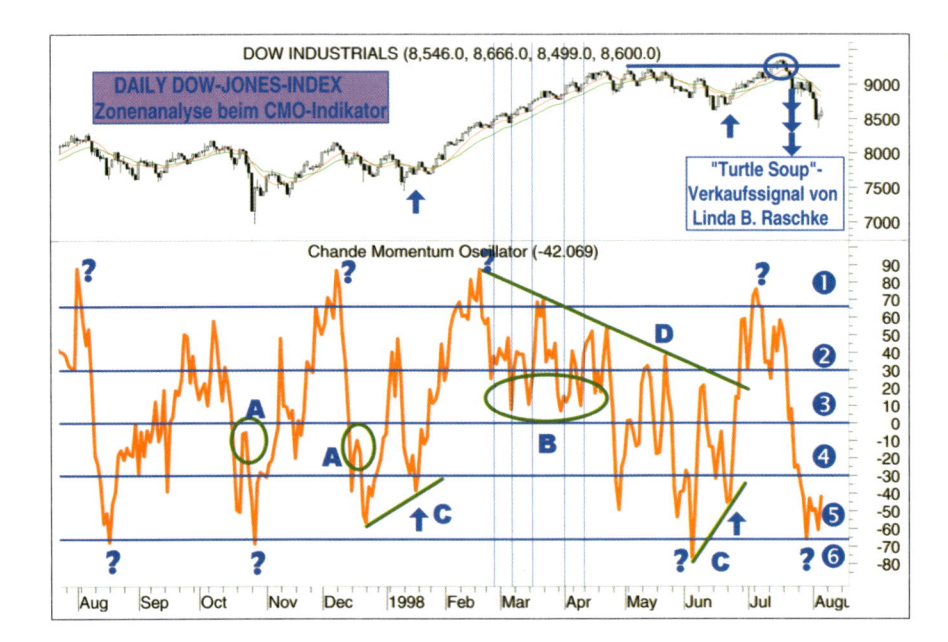

Abbildung 176
Die Zonenanalyse am Beispiel des CMO- Oszillator

nik kann man also alle Signale erfassen und nach ihren Trefferquoten quantifizieren. Die Fallbeispiele C sollen der Frage nachgehen, ob man mit Hilfe der Zonenanalyse Indikator-Formationen besser ermitteln kann als bisher. Sie zeigen positive Divergenzen auf, die man für Kaufsignale nutzen kann. Die Trendlinie „D" zeigt auf, wie präzise die Indikatoren Trendformationen ausbilden können, wenn es die Bewegung der Märkte so zulässt.

Das 5-Zonen-Konzept

Abbildung 177 zeigt den US-Dollar mit einem Zinsumfeld-Indikator, der aus einem Momentum des Zins-Spreads zwischen den USA und Deutschland entstanden ist. Die Verlaufswege dieses Indikators sind sehr unterschiedlich, so dass eine Einteilung in Zonen vorgenommen wurde. Ein Ausbruch des Zinsumfeld-Indikators in die obere Zone 1 signalisiert einen Kauf (siehe die nach oben gerichteten Pfeile), ein Break unter die untere Linie generiert hingegen ein Verkaufssignal (siehe Abwärtspfeile). Die dazwischen liegenden Linien können für Verlustsicherungs- oder Gewinnmitnahme-Stops (siehe Stoppschilder) verwendet werden. Während der letzen Jahre gab dieser Ansatz recht gute Signale.

Lediglich weltpolitische Ereignisse wie die Asienkrise 1997 (Flucht in den Dollar) und die Vorbereitungen auf den Euro ließen die wichtigste Kennzahl für Währungsprognosen (Zinsunterschied zwischen zwei Ländern) auch ein-

[Teil IV] Tricks und Hilfsmittel

Abbildung 177
Dollar-Prognosen mit Hilfe der 5-Zonenanalyse beim Zinsumfeld-Indikator

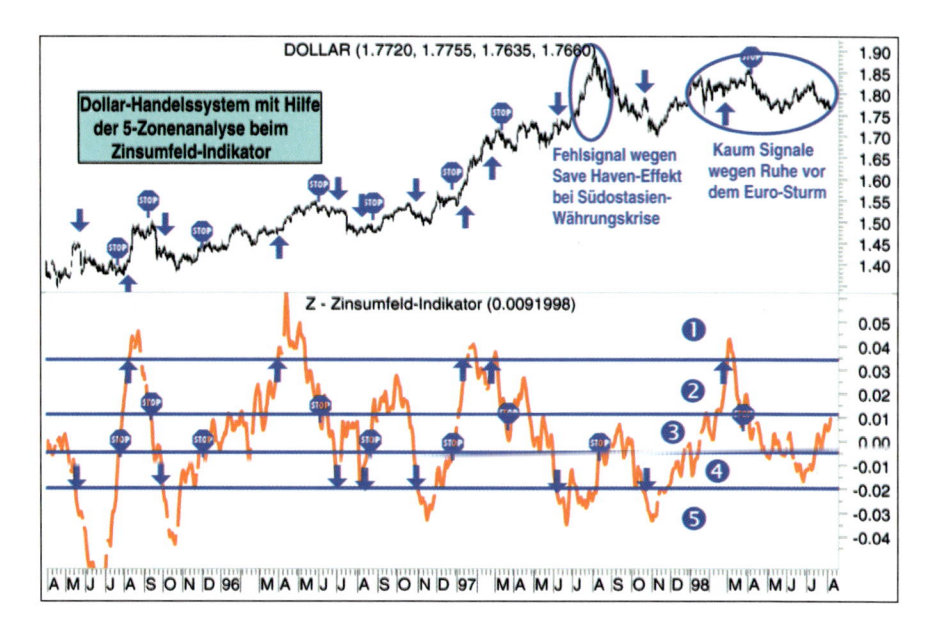

mal Fehlaussagen machen. Um die Einstiegsniveaus in eine Dollar-Position zu verbessern, kann man eine vorsichtige Optimierung des Linien-Niveaus vornehmen, was sich mit einfachen Testverfahren in den meisten Programmen arrangieren lässt, so dass man letzten Endes ein fundamental-technisches Handelssystem für den US-Dollar erhält.

> **Fazit**
> Die Zonenanalyse eröffnet ein völlig neues Spektrum der Einschätzung von Indikatoren. Obwohl hier nur ansatzweise die Möglichkeiten aufgezeigt werden konnten, die eine solche Vorgehensweise bietet, ist der Vorteil deutlich geworden. Sie werden nicht nur in die Lage versetzt, die Signale generell besser einzustufen, sondern können nun auch bestimmte Signalmuster herausfiltern, die Ihrem Verhaltensschema (Anlegertyp) besser entsprechen als die üblichen Kauf-/Verkaufsregeln. Was mir in den letzten Jahren noch sehr positiv an dieser Methode aufgefallen ist, ist die Tatsache, dass Sie aufgrund der detaillierten Einstufung eines jeden Signaltyps (je nach Zone) die Spreu vom Weizen trennen können, so dass potenzielle Fehlsignale ausgefiltert werden.

Mittlerweile gibt es auch verschiedene Konzepte, mit dem die Einteilung der Zonen „dynamisch" bzw. „adaptiv" (anpassend) gestaltet werden. Die Linien der Zonen verlaufen dabei nicht mehr geradlinig, sondern schwingen mit den Indikatoren mit, vergleichbar mit Channel-Indikatoren. Die Firma Rina Systems offeriert ein Instrument, das sich „Dynamic Zones" nennt (http://www.rinasystems.com)

Floreks Interaktionsanalyse

Das Zusammenspiel von Indikatoren

Mit der Interaktionsanalyse möchte ich Ihnen aufzeigen, wie man das Zusammenspiel einzelner, wenn möglich, völlig unterschiedlicher Indikatoren analysieren und für seine individuellen Zwecke nutzen kann. Während die meisten Anwender der Technischen Analyse lediglich einen einzelnen Indikator in den Chart aufnehmen, versucht die Interaktionsanalyse mehrere verschiedene Indikatoren auf einmal einzusetzen, um zu sehen, ob sich bestimmte Zusammenhänge und Regelmäßigkeiten ergeben.

Das Grundkonzept

Ideen und Erfindungen entstehen häufig dadurch, dass man eine neuartige Verknüpfung verschiedener, bereits bestehender Wirkungsmechanismen findet. So beruht der Ursprung des Kinofilms (Motion Pictures) beispielsweise auf der Verknüpfung folgender Prinzipien:

- Prinzip der Bildprojektion (es gab bereits eine Art Dia-Projector)
- Prinzip der Fahrradkette
- Prinzip des Malteserkreuzes
- Prinzip des Kurbelantriebes.

Die Perforation am Rand einer Filmrolle stellt die Fahrradkette dar. Der Film läuft über eine Transporterscheibe, die von einer Kurbel angetrieben wird und auf der sich gleichmäßig verteilte Einkerbungen (Malteserkreuz) befinden. Das einzelne Bild der Filmrolle wird direkt vor die Linse des Projektors gelegt und verharrt dort so lange, bis eine der Einkerbungen auf der sich drehenden Transporterscheibe erneut in die Perforation des Films greift, um ihn weiter zu transportieren. Aufgrund der Einkerbungen erfolgt der Weitertransport der Filmrolle ruckweise, was den Effekt hat, dass man die einzelnen Bilder als ablaufenden Film wahrnimmt. Dass wir heutzutage also überhaupt ins Kino gehen können, verdanken wir dem Zusammenspiel dieser vier Komponenten. Dieses Beispiel soll die Frage aufwerfen, ob ein solches Prinzip nicht auch in der Technischen Analyse Innovationen hervorbringen kann.

[Teil IV] Tricks und Hilfsmittel

Prinzipielle Vorgehensweise

Zunächst einmal sucht man sich im Kursverlauf eines Charts markante Punkte heraus, die zum Beispiel eine Trendwende oder eine stärkere Ausbruchsbewegung eingeleitet haben (siehe Pfeile in Abbildung 178). Dann legt man sich einen einzelnen Indikator in den Chart, um festzuhalten, welche Bewegungsmuster der Indikator an diesen markanten Kurswerten ausgebildet hat (siehe Einkreisungen beim MACD) und ob bestimmte Regelmäßigkeiten aufgetreten sind, die sich auch bei ähnlichen Kursmustern in der Vergangenheit finden lassen. Danach werden Kauf- und Verkaufssignale definiert, wobei festgehalten wird, welche Signale besonders gut und welche besonders schlecht abgeschnitten haben.

Mit dieser Vorabinformation lädt man nun einen zweiten Indikator in den Chart, wobei darauf zu achten ist, dass sich die Indikatoren voneinander unterscheiden müssen. Es bringt beispielsweise nichts, wenn Sie einen 9er-RSI und einen 13er-Stochastik-Indikator gleichzeitig verwenden, da beide ähnliche Verlaufsmuster aufweisen.

Vielmehr sollten Sie versuchen, zum Beispiel einen Trendfolge-Indikator (MACD) mit einem Oszillator (Stochastik), einem trendbestimmenden Indi-

Abbildung 178
Einzelanalyse von Chart- und Indikator-Mustern

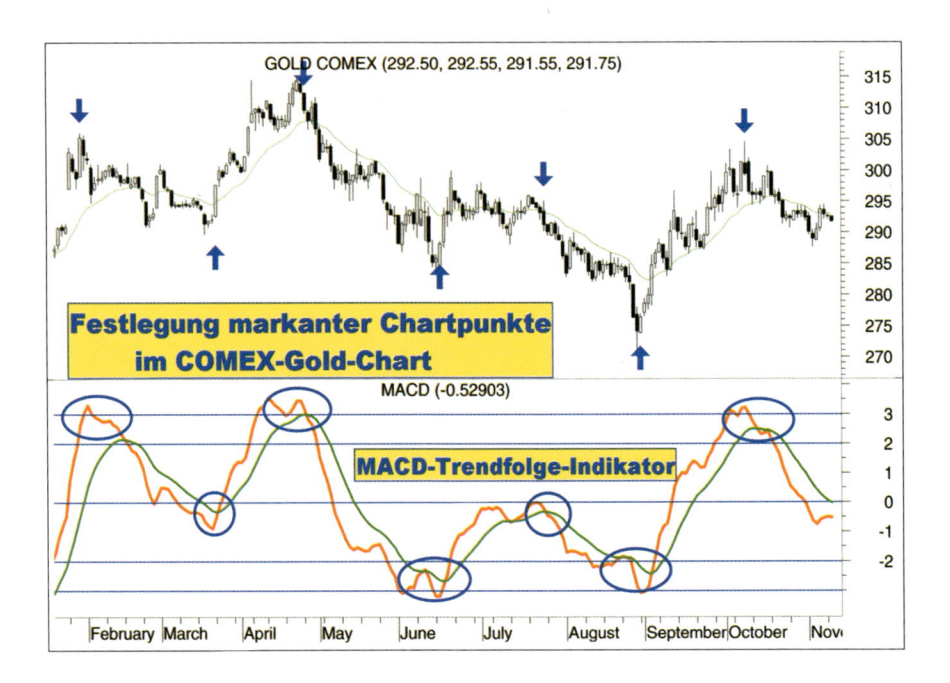

[12]   Der richtige Einsatz von Indikatoren

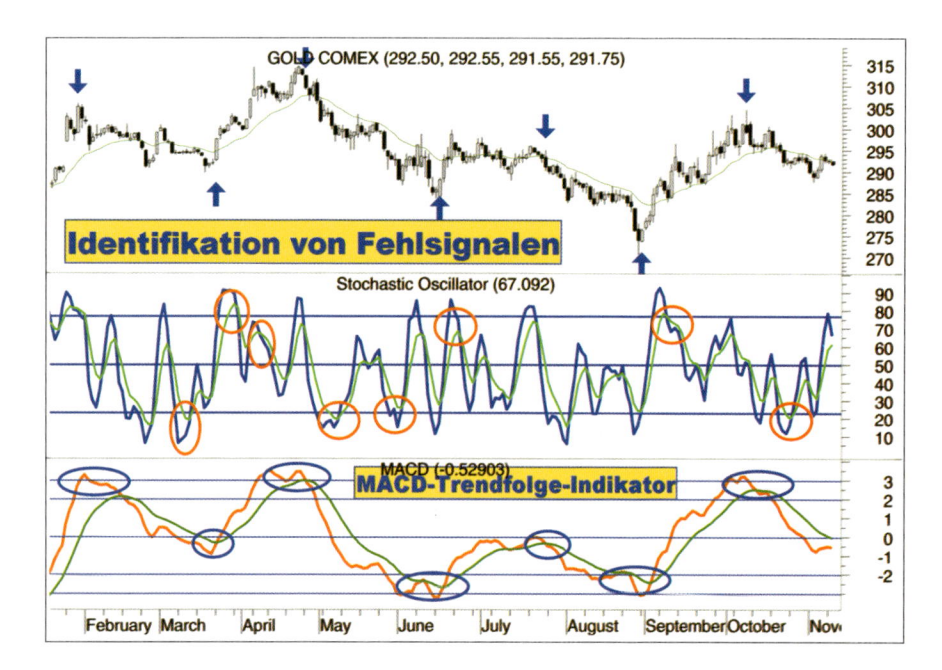

Abbildung 179
Vergleich von Signalmustern der beiden Indikatoren

kator (ADX) und einem Volatilitäts-Indikator (Hist. Volatility) zu kombinieren. Je unterschiedlicher, desto besser.

An dem zweiten Indikator nimmt man ebenso eine Einzelanalyse vor. Danach vergleicht man noch die besonders guten und die besonders schlechten Signale der beiden Indikatoren miteinander und überprüft sie auf Regelmäßigkeiten. Beim Stochastik-Indikator in Abbildung 179 fällt zum Beispiel auf, dass er scheinbar immer dann Fehlsignale produziert, wenn er gegen die Richtung des MACD läuft (siehe rote Einkreisungen). Insofern lassen sich hier bereits die ersten Fehlsignale herausfiltern. Bis zu diesem Stadium unterscheidet sich die Interaktionsanalyse kaum von Ansätzen, die bisher bekannt waren. Die meisten Ansätze beschränkten sich in der Regel aber auf zwei Indikatoren oder auf die Verknüpfung eines Indikators mit bestimmten Kursformationen.

Kombination mehrerer Indikatoren

Unüblich war es bisher, mehr als zwei Indikatoren in einen Chart zu laden, um dann das Zusammenspiel dieses Linien- und wahrscheinlich auch Farbenwirrwarrs zu erforschen. Dennoch macht es Sinn, da Sie mit dem Vergleich der verschiedenen Bewegungsmuster der einzelnen Indikatoren eine große Anzahl von Fehlsignalen herausfiltern können. Zu guter Letzt bleiben dann nur noch Signale über, deren Trefferquoten (siehe Pfeile in

[Teil IV] Tricks und Hilfsmittel

Abbildung 180) in der Vergangenheit höher lagen als bei herkömmlichen Systemen.

Bevor Sie sich nun aber ganz euphorisch bis tief in die Nacht hinein vor den Computer setzen, um die „Holy Grail"-Kombination herauszufinden, sei noch erwähnt, dass es kaum eine Signalkombination gibt, die Ihnen eine hundertprozentige Trefferquote verspricht. Dennoch sind die ersten Gehversuche recht vielversprechend. In den USA spricht man in diesem Zusammenhang auch von den so genannten „High-Probability-Trades" (= Signale mit hoher Trefferquote).

Abbildung 180
Wirrwarr oder High-Probability-Trades

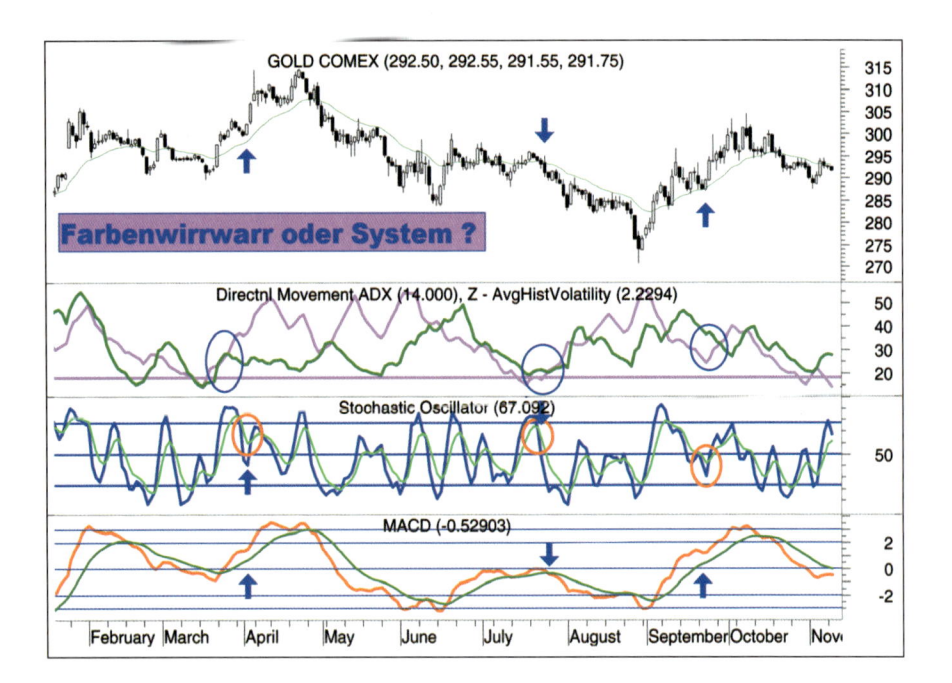

Der Vorteil liegt in jedem Fall darin, das man solche Systeme als Investor besser „ertragen" kann, als solche, die uns wegen ihrer häufigen Fehltritte verunsichern. Schließlich sind wir schon als Kinder auf hohe Trefferquoten getrimmt worden, wodurch sich ein Beurteilungssystem ergeben hat, dass uns bei Enttäuschungen der Trefferquote (unabhängig von der Performance) verunsichert, was wiederum zu irrationalen Verhaltensmustern führen kann. Abbildung 181 macht deutlich, dass man mit Hilfe der Interaktionsanalyse recht komplexe Ein- und Ausstiegsstrategien ermitteln kann.

[12] Der richtige Einsatz von Indikatoren

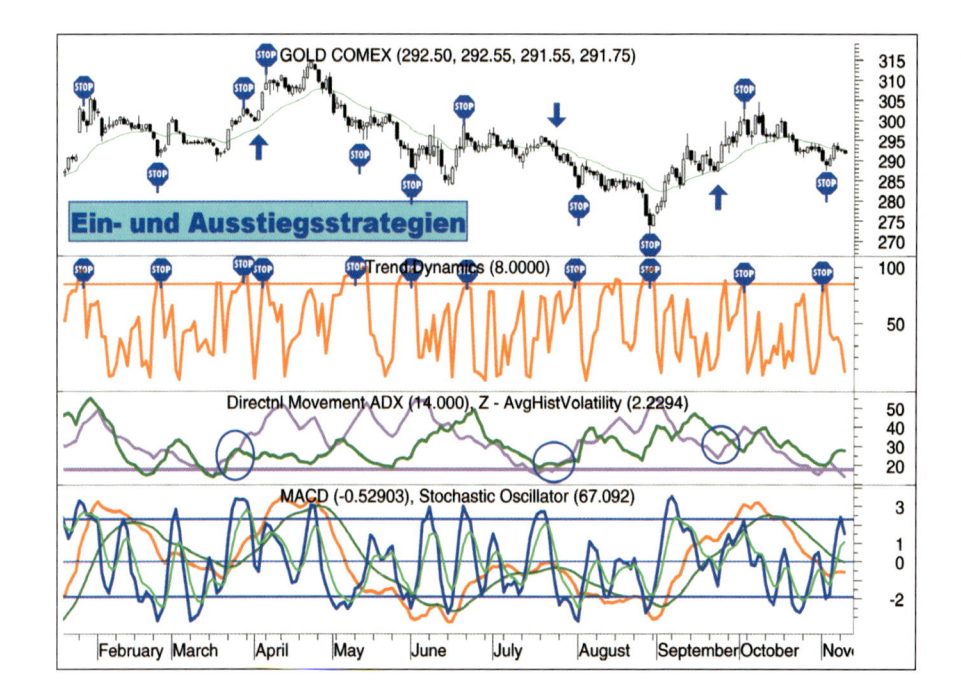

Abbildung 181
Das Einsatzgebiet reicht von Einstiegs- bis zu Ausstiegsstrategien

Kombination von Kursformationen und Indikatoren

Die traditionellste Vorgehensweise bezieht sich auf das Zusammenspiel bestimmter Verlaufsmuster (Price Pattern) der Märkte mit einzelnen Indikatoren. So lassen sich beispielsweise Dreiecksformationen mit einem 21er- "Exponential Moving Average" verbinden oder Doppeltop-/Doppelbodenformationen mit Divergenzen von Oszillatoren. Da Sie diese Ansätze überall nachlesen können, werden wir an dieser Stelle nicht weiter darauf eingehen.

Software

Die amerikanische Software-Industrie bietet mittlerweile nicht nur Instrumente an, mit deren Hilfe man „Chart-Pattern" (z. B. „Nava Pattern") automatisch entdecken kann, sondern auch Programme (z. B. „Visual Pattern Designer"), mit denen sich die Verlaufsmuster von Indikatoren ermitteln und abspeichern lassen. Die „Visual System Designer"-Software (www.digital-ltd.com) soll die Erkenntnisse aus der Interaktionsanalyse sogar automatisch in ein Handelsprogramm auf „Easy Language"-Basis umsetzen, wodurch das Problem der Programmierung von Handelsregeln entfallen würde. Beide Programme sind leider nur als so genannte „add-on´s" für die Omega TradeStation zu haben. MetaStock-Nutzer müssen sich noch gedulden.

[Teil IV] Tricks und Hilfsmittel

Abbildung 182 zeigt Ihnen das Prinzip dieses Programms. Sie markieren sich bestimmte Chart-Bereiche (siehe vertikale Linien), deren Preismuster und Indikator-Konstellationen als einzelnes Handelssystem oder als Komponente eines großen Handelssystems abgespeichert, überprüft und optimiert werden kann. So können Sie sich schnell ein System erarbeiten, das nur auf den so genannten „High-Probability-Trades" basiert. Sollte das Programm halten können, was es verspricht, dann stünde uns eine neue Dimension der Technischen Analyse bevor.

Abbildung 182
Prinzip des Visual System Designers

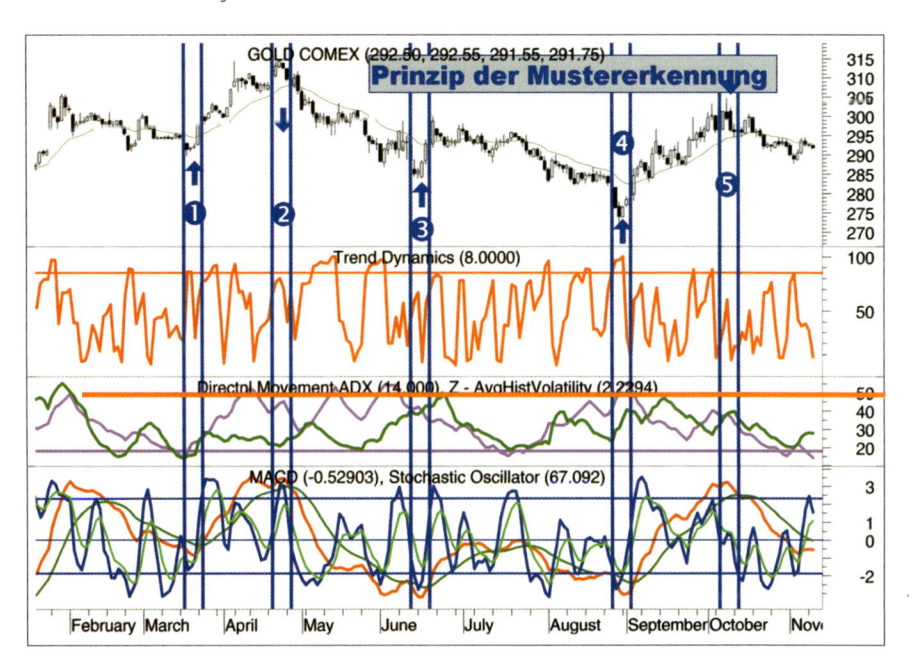

Die Interaktionsanalyse ist nicht zu vergleichen mit dem „Binary-Wave"-Ansatz, bei dem lediglich die Formeln mehrerer Indikatoren miteinander verbunden werden, so dass ein einziger Indikator entsteht. Sie reicht viel weiter, da sie die Signalkombinationen ermittelt, die eine hohe Trefferquote aufweisen.

Indikator-Korrelationen

Spätestens seit der Veröffentlichung des Buches „Technische Intermarket-Analyse" von John J. Murphy ist den meisten Anlegern und Analysten deutlich aufgezeigt worden, dass es in den Finanzmärkten zahlreiche Zusammenhänge zwischen verschiedenen Werten gibt. Meist kann man aufgrund der Entwicklung eines Wertes die Kursentwicklung eines anderen vorhersa-

[12] Der richtige Einsatz von Indikatoren

gen. Daher lohnt es sich, die Stärke der Beziehungen verschiedener Werte zueinander zu untersuchen. Gleichzeitig muss aber darauf hingewiesen werden, dass diese Zusammenhänge nicht stabil sind und sich im Verlauf der Zeit ändern.

Definition

Der Begriff Korrelation beschreibt die Wechselbeziehungen zweier oder mehrerer Variablen zueinander. Während in der Wissenschaft mit Hilfe der Korrelationsanalyse meist das gegenseitige Einwirken aller Bestandteile eines Organismus aufeinander oder mehrerer Organismen miteinander untersucht wird, lassen sich in der Technischen Analyse hauptsächlich folgende Einsatzgebiete finden:

- Korrelation zweier Kursreihen
- Korrelation einer Kursreihe zu einem Indikator
- Korrelation zweier Indikatoren
- Korrelation einer bestimmten Chart-Formation zu einer Kursreihe

Der Grad der Korrelation schwankt zwischen +1 und -1, wobei Werte über +0.8 eine hohe Korrelation, Werte unter -0.8 eine negative Korrelation, und Werte um 0 überhaupt keine Korrelation andeuten. Je nach Kursentwicklung der miteinander verglichenen Werte bewegt sich die Korrelation wie

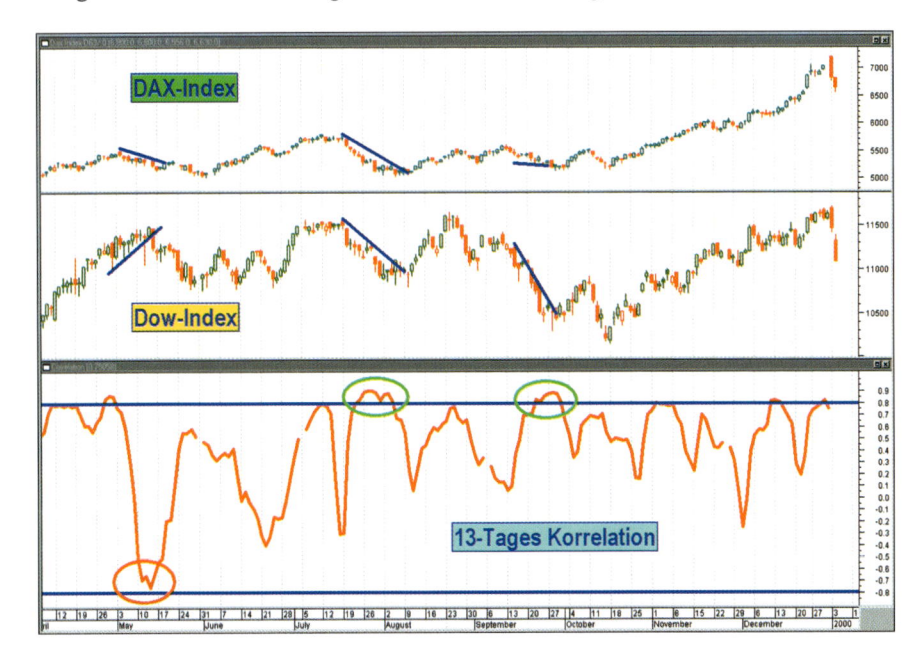

Abbildung 183
Korrelationsanalyse beim DAX- und DOW

[Teil IV]   Tricks und Hilfsmittel

ein „Indikator" auf und ab. Die Verlaufsmuster der Korrelation lassen sich für Handelsstrategien nutzen.

Korrelation zweier Kursreihen

Eine der wohl bekanntesten Beispiele für diese Betrachtung der Korrelation zweier Kursreihen bietet das Verhältnis zwischen Dollar und Gold. Die beiden Werte weisen eine negative Korrelation auf, d.h. ein Anstieg im Dollar sagt meistens einen Verfall des Goldpreises vorher und umgekehrt.

Abbildung 184
Korrelationsanalyse bei Dollar und Gold

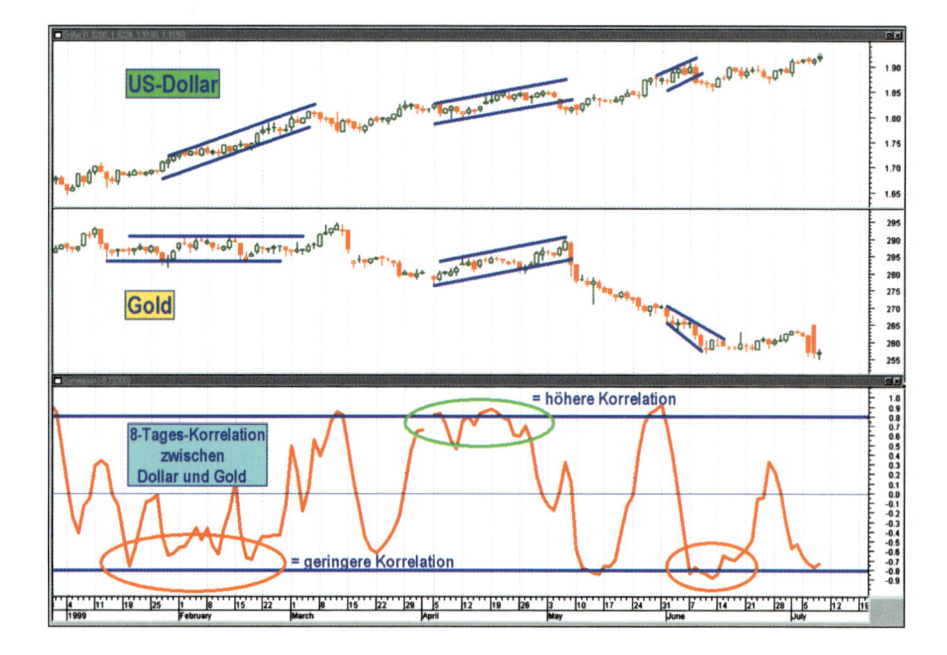

Korrelation einer Kursreihe zu einem Indikator

Die mannigfaltigen Möglichkeiten der modernen PCs haben eine Vielfalt von Indikatoren hervorgebracht. Die meisten Indikatoren weisen aber einige Mängel auf. So kommen beispielsweise die Signale der Trendfolge-Indikatoren (gleitende Durchschnitte, MACD, CCI oder der Polarized Fractal Efficiency) zu spät, die Signale vieler Oszillatoren (Momentum, Stochastik, CMO oder Projection) hingegen zu früh. Was lässt sich also mit der Korrelationsanalyse bewirken?

Im oberen Teil der Abbildung 185 ist der „Polarized Fractal Efficiency"-Trendfolge-Indikator (PFE) über den Dollar gelegt worden. Der PFE zeigt nicht nur

[12] Der richtige Einsatz von Indikatoren

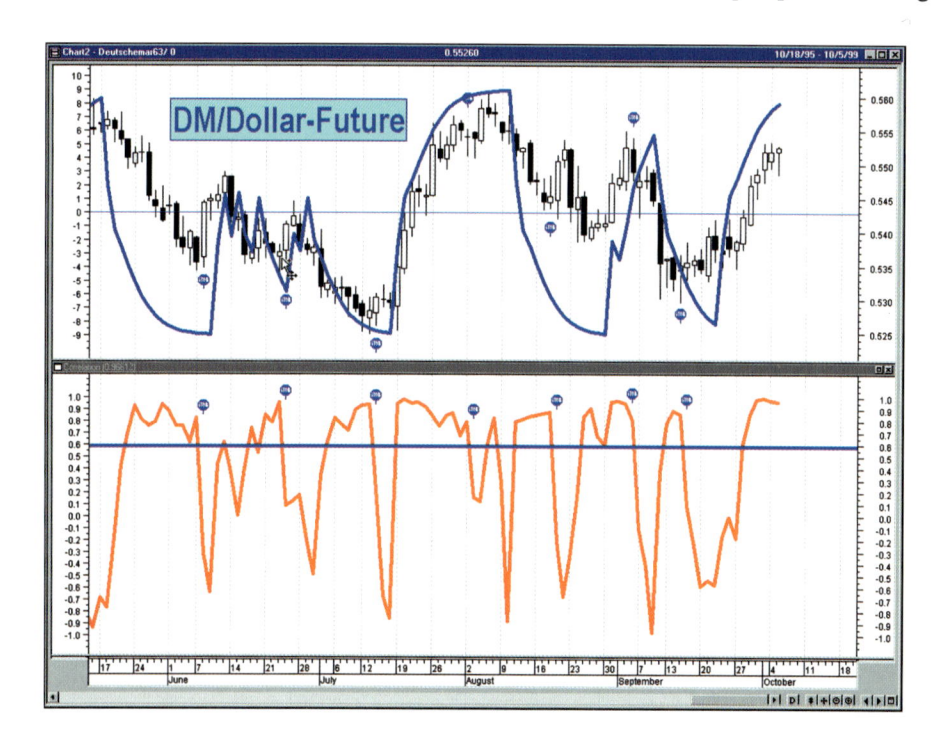

Abbildung 185
Korrelation der Kurse zum "Polarized Fractal Efficiency"- Trendfolge-Indikator

die Trendrichtung der Kurse, sondern auch die Trendstärke. Diese Kombination kann die typische Schwäche eines Trendfolgeansatzes aber nicht verhindern. Bevor der Indikator im Extrembereich dreht, haben sich die Kurse bereits seit einigen Tagen in die Gegenrichtung bewegt, wodurch dem Anleger ein schöner Teil des Profits genommen wird. Im unteren Teil des Charts befindet sich eine 5-Tages-Korrelation. Sobald sich der Indikator fünf Tage hintereinander in die gleiche Richtung wie die Kurse bewegt, wird eine positive Korrelation von +1 erreicht.

Die Stoppschilder zeigen auf, wenn die Korrelation wieder unter +0.8 fällt, was meist einen Tag nach dem Erreichen eines Tops oder eines Tiefpunktes der Kurse geschieht. Da sich viele Trendfolge-Indikatoren erst zum Ende einer Bewegung im Einklang mit den Kursen befinden, kann man in diesen Fällen mit Hilfe der Korrelation ein fast optimales Ausstiegssignal generieren (siehe Nähe der Stoppschilder zu den Extrempunkten). Umgekehrt bietet eine negative Korrelation der Kurse zum Indikator (siehe Einkreisung) die Chance, genau das Gegenteil dessen zu machen, was der Indikator anzeigt. Vergleiche hierzu die Situationen im Chart, bei denen der Korrelationswert unter -0.8 gefallen ist.

Korrelation zweier Indikatoren

Da es illusorisch ist, die Vielfalt der Marktbewegungen mit einem einzigen Indikator in den Griff zu bekommen, wollen wir Ihnen in diesem Beispiel die Kombination zweier Indikatoren und die Effekte der Korrelation dieser Instrumente auf den CAC 40-/Footsie 100 - Spread darlegen. Im oberen Teil der Abbildung 186 ist dieser Spread als Linienchart dargestellt. Steigt sein Wert, so kann man im französischen Markt mehr verdienen als im englischen und umgekehrt. Darunter befinden sich der behäbige MACD- Trendfolge-Indikator und der „Chande Momentum Oscillator" (CMO).

Die 5-Tages-Korrelation der beiden Indikatoren zueinander ist im unteren Teil des Charts aufgeführt. Die Stoppschilder markieren in diesem Beispiel diejenigen Situationen, bei denen die Korrelation der beiden Indikatoren einen Korrelationswert von +1.0 erreichten, was bedeutet, dass die beiden unterschiedlichen Indikatoren mindestens fünf Tage im Einklang gelaufen sein müssen. Versetzt man die Stoppschilder in den obigen Chart des Spreads, so wird deutlich, dass die Kurse scheinbar Extrempunkte ausbilden, wenn sich der MACD-Indikator und der CMO mindestens für fünf Tage identisch bewegt haben. Mit der herkömmlichen Betrachtung beider Indikato-

Abbildung 186
Korrelation zwischen dem MACD- und CMO- Indikator beim CAC 40-/ Footsie 100 - Spread

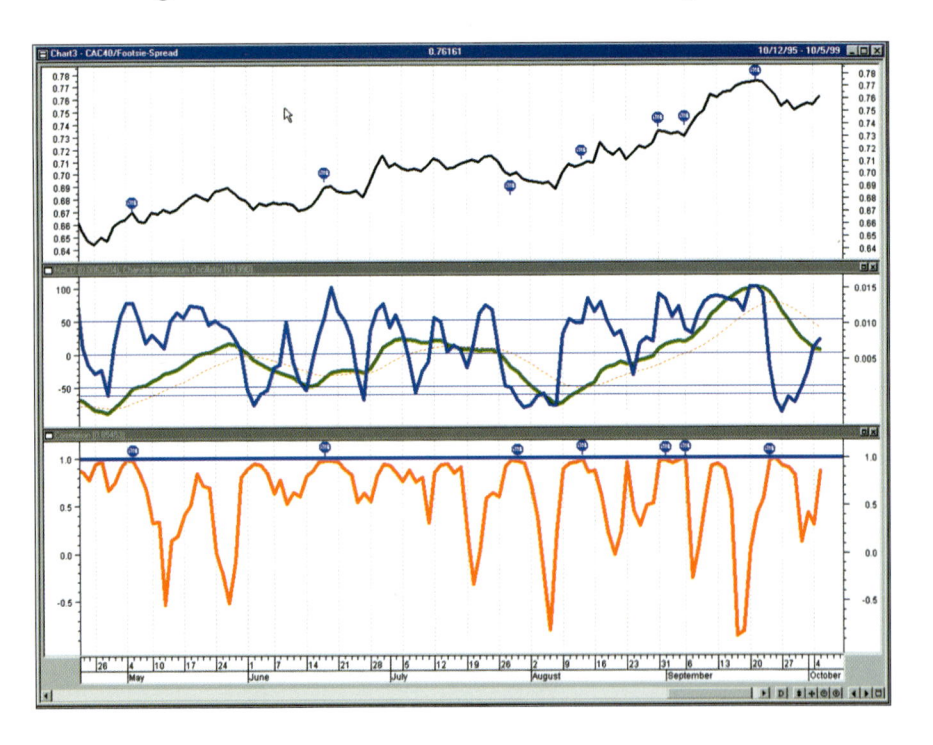

ren hätte man die zwischenzeitlichen Tops und Tiefpunkte nicht annähernd so gut identifizieren können, da ihre Standardsignale wesentlich später eintreffen. Die Pfeile im Chart stehen für die jeweiligen Marktphasen, in denen der Korrelationswert der beiden Indikatoren unter die -0.8-Marke fällt. Hier muss man dann das Gegenteil dessen tun, was der MACD einem noch vorgaukelt.

Korrelation einer Kursreihe zu bestimmten Chart-Formationen

Zeitreihen lassen sich natürlich auch nach bestimmten Chart-Formationen durchforsten. Hierzu zählen beispielsweise Candlestick- und Point & Figure-Formationen. Darüber hinaus lassen sich aber auch langwierige Umkehrformationen ermitteln, wie zum Beispiel die Kopf-Schulter-Formation oder die Untertasse. Rick Martinelli hat zu diesem Thema einen einleitenden Artikel in der 1998er-Januar-Ausgabe des Stocks & Commodities-Magazins geschrieben.

Fazit
Es gibt nur sehr wenige Fachbücher und Artikel, die Details über den Einsatz der Korrelationsanalyse im Rahmen der Technischen Analyse behandeln. Da aber die Masse der Veröffentlichungen zu einem Thema bekanntlich nicht ausschlaggebend für ihren Erfolg ist, können Sie sich beruhigt mit Korrelationen auseinandersetzen. Sie eignen sich insbesondere für die Festlegung von Exit-Strategien.

Die Spread-Analyse zur Selektion von Einzelwerten

Sie standen sicherlich schon einmal vor der Frage, welchen Index-, Zins-, Währungs-, Aktienoptionsschein oder sonstigen Wert Sie kaufen sollten, wenn Sie gleich mehrere zur Auswahl hatten, aber nicht wussten, welcher Wert mehr Gewinn einbringen könnte. Eine Möglichkeit, diese Frage besser zu beantworten als mit der üblichen „Pi mal Daumen"-Regel, bieten die Spread & Ratio-Analysen. In diesem Kapitel werden Sie erfahren, welche Einsatzmöglichkeiten es gibt und inwiefern man sie zur Ableitung einer Handelsstrategie einsetzen kann. Hierbei wird insbesondere ein Schwerpunkt auf die Selektion von Märkten (Länder, bzw. Indizes), Branchen und Einzelwerten gelegt.

Definition

Während die Spread-Analyse lediglich die preisliche Differenz zwischen zwei Werten aufzeigt, können Sie mit Hilfe der Ratio-Analyse die prozentualen Unterschiede darstellen und auf eine gemeinsame Basis bringen. In der ursprünglichen Betrachtung gehören Spreads zu den so genannten Arbitrage-Geschäften, bei denen man eine bestehende oder noch zu erwartende Veränderung des Preisunterschiedes zwischen zwei Märkten, bzw. zwei Werten zu nutzen versucht, indem man gegenläufige Positionen aufbaut, d. h.

> Kauf eines billig erscheinenden Wertes,

> Verkauf eines überbewerteten Wertes.

Wenn Sie einen reinen Preis-Spread handeln wollen, dann sind Terminmärkte zu bevorzugen, da sie in der Regel geringere Geld-/Brief-Spannen haben, über eine bessere Liquidität verfügen, die Produkte standardisiert sind und man Leerverkäufe leichter vornehmen kann. Es genügt jedoch nicht, einfach zwei Future-Kontrakte im Verhältnis eins zu eins zu handeln. Um beispielsweise den Preisunterschied (Spread) zwischen zwei unterschiedlichen Futures handeln zu können, muss die Spread-Position vor Rendite- und Währungsschwankungen abgesichert und eine Anpassung der Kontraktgrößen der Terminkontrakte erfolgt sein. Da man an der Liffe in London zwischenzeitlich über 30 verschiedene Spreads handeln konnte, haben sich auch bestimmte Standards entwickelt. So bezieht sich eine Order immer auf den erstgenannten Wert eines Spreads, d.h.

> Buy Bund/Bobl-Spread = Buy Bund , Sell Bobl,

> Sell Bund/Bobl-Spread = Sell Bund , Buy Bobl.

Vorteile

Spreads haben attraktive Margin Requirements, meist werden weniger als die Hälfte der Margins (Sicherheitshinterlegung) von Outright-Positionen verlangt. Spreads (insbesondere Commodity-Spreads) sind nicht so riskant wie Outright-Geschäfte, da ihr „Day-to-Day"-Risiko niedriger ist. Wenn man jedoch Pech hat, dann können auch beide Positionen gegen einen laufen und erhebliche Verluste verursachen. Um Ihnen einen Eindruck von der Vielfalt der Spread-Möglichkeiten zu geben, finden Sie nachfolgend eine kleine Auflistung der Formen.

Inter-Market-Spread

Gegenläufige Positionen in zwei unterschiedlichen, aber verwandten Futures, wobei die Verfallmonate identisch sein müssen. Außerdem erfordert ein Intermarket-Spread Werte, die durch die gleichen geld- oder finanzpolitischen Faktoren beeinflusst werden, wie zum Beispiel:
- Bund / Bobl-Spread
- NOB-Spread = T-Note/T-Bond-Spread , TED-Spread = T-Bill/Euro$
- Corn /Wheat-Spread, Live Cattle/Cattle Feeder- Spread

Intra-Market-Spread

- Handel des Preisunterschieds zwischen zwei Liefermonaten desselben Futures
- Ein Bull-Spread wird eröffnet, indem der vordere (billige) Liefermonat gekauft und der hintere (teure) Kontraktmonat verkauft wird und umgekehrt.

Inter-Exchange-Spread

- Ausnutzen von Preisunterschieden eines Futures oder eines Wertes an zwei verschiedenen Börsenplätzen (DaimlerChrysler in Frankfurt vs. New York)

Cross-Currency-Spread

- Hierbei handelt es sich lediglich um einfache Cross-Rate-Betrachtungen im Devisenhandel

Cross-Currency-Zinsdifferenz-Spread

- Bei dieser Position setzt man auf den Ausgleich von Preisungleichgewichten der Zinspapiere zweier Länder, z. B. Euromark/Short Sterling-Spread

Renditekurven-Spreads

- Bei diesem Spread handelt man Preisunterschiede der Zinsstrukturkurve, also die unterschiedliche Entwicklung der kurzfristigen zu mittel- oder langfristigen Zinsen, z. B. Euromark / Bund- Spread

[Teil IV] Tricks und Hilfsmittel

Spread & Ratio-Analyse

Die Spread & Ratio-Analyse bedient sich der Erkenntnis, dass sich einzelne Märkte oder Werte nicht isoliert entwickeln, sondern in irgendeiner Weise miteinander verknüpft sind. Als praktische Konsequenz entfaltet sich ein Analysekonzept, das versucht, den Wechselwirkungen dieser Verknüpfungen Rechnung zu tragen. Meist erfolgt nur ein relativer Vergleich zweier Kursverläufe (Intermarket-Analyse) oder zweier Indikatoren (z. B. Momentum-, RSI- oder MACD-Indikator).

Bei der Ratio-Analyse handelt es sich um eine Relative-Stärke-Analyse anhand von Ratios, die sich aus der Division zweier Werte ergeben. Oftmals multipliziert man das Ergebnis noch mit einem Basierungsfaktor, wodurch zum einen eine gemeinsame Basis zu einem bestimmten Zeitpunkt geschaffen, zum anderen aber auch ein objektiver Vergleich verschiedener Ratios zueinander in Form einer Rangliste ermöglicht wird. Ratio-Analysen können wertvolle Instrumente bei der Selektion von Märkten, Branchen und Einzelwerten sein, in die man investieren möchte. Abbildung 187 zeigt den Xetra-Dax und den Dow Jones Index und deren gemeinsamen Spread. Mit Hilfe dieser Darstellung wird deutlich, dass die Trendrichtung des Spreads die relative Performance der beiden Werte zueinander zeigt. Bei steigendem Spread erzielt der DAX bessere Ergebnisse und umgekehrt.

Abbildung 187
Spread-Ratio-Analyse zur Länderselektion

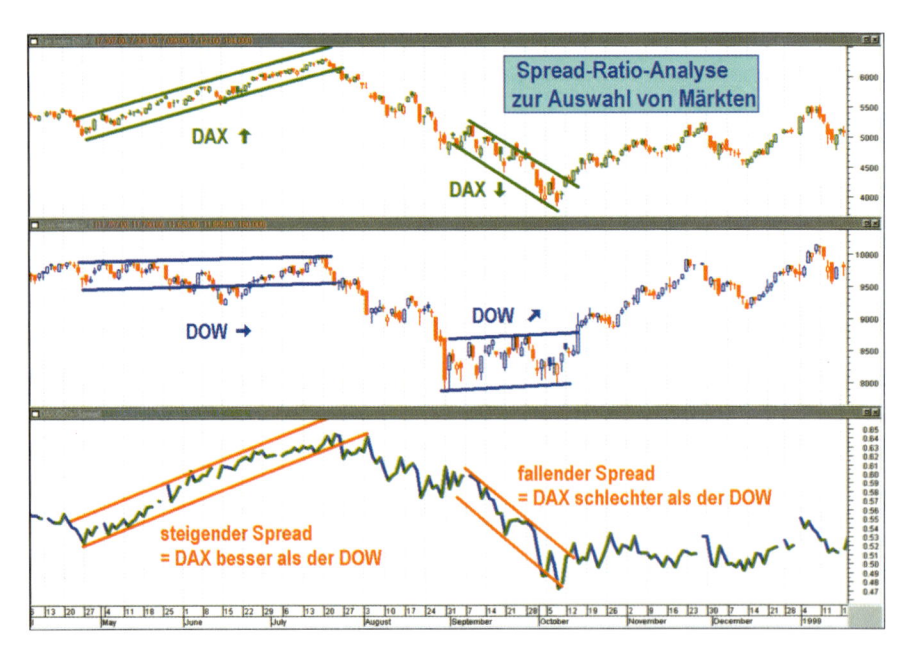

318

[12] Der richtige Einsatz von Indikatoren

Abbildung 188 zeigt einen Branchenvergleich zwischen dem Dow Jones Utility Index und dem Dow Jones Transportation Index. Im mittleren Teil des Charts befindet sich das Ratio der beiden Branchenindizes, das mit Hilfe der „Compression"-Funktion (fünf Zeiteinheiten sind zu einer Einheit verschmolzen worden) als Candlestick-Chart dargestellt werden kann. Somit entspricht die Darstellung einem Wochenchart, was mittel- bis langfristige Anlagestrategien eröffnet. Gleichzeitig können dadurch aber auch technische Indikatoren eingesetzt werden, die sich beispielsweise auf Höchst- und Tiefstkurse beziehen.

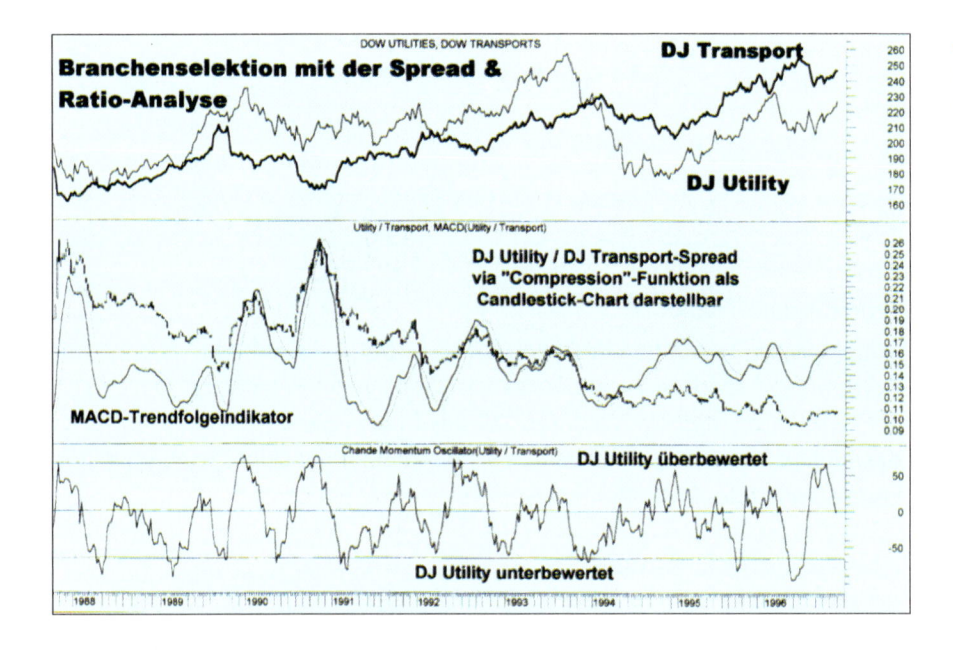

Abbildung 188
Branchenselektion mit Hilfe der Spread & Ratio-Analyse

In diesem Chart ist nicht nur ein MACD über das Ratio gelegt worden, sondern auch der Chande Momentum Oszillator (siehe unteren Teil des Charts), der prinzipiell die überkauften und überverkauften Bereiche des Ratios anzeigt, was lediglich eine Über- oder Unterbewertung des erstgenannten Indizes (DJ Utility) ausweist. Mit dieser Vorgehensweise lassen sich automatisierte Handelssysteme erstellen und Spread-Strategien optimieren

Selektion von Einzelwerten

Bei der nächsten Abbildung handelt es sich um die Darstellung einer Einzelwerte-Selektion am Beispiel des FORD/General Motors-Spreads. Bei einem steigenden Spread „performed" die FORD-Aktie besser als die GM-Aktie.

[Teil IV] Tricks und Hilfsmittel

Abbildung 189
Einzelwerte-Selektion am Beispiel des Ford/Gen. Motors-Spreads

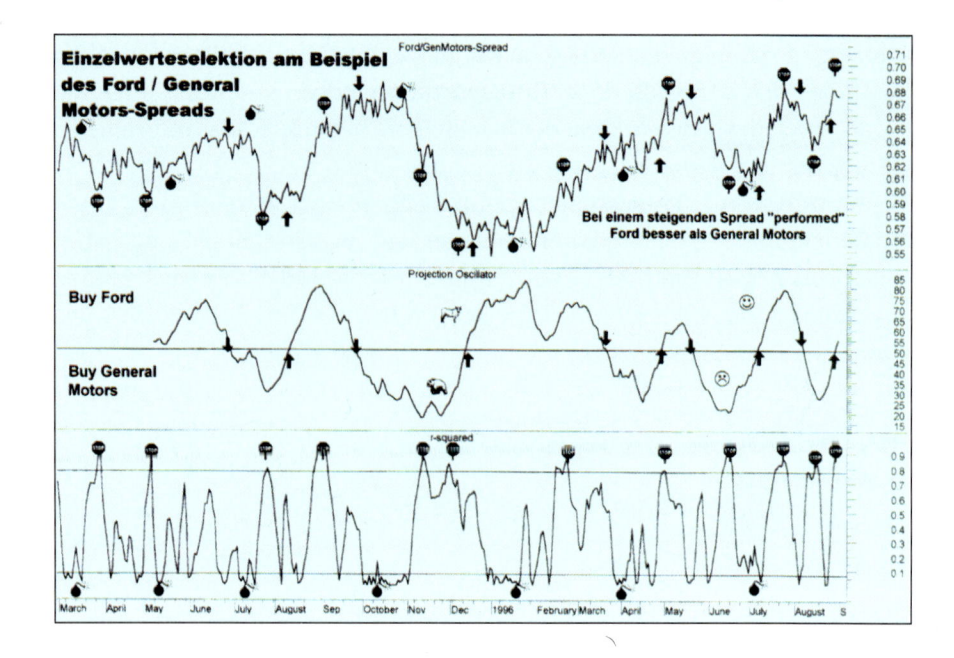

Sollten Sie beispielsweise einmal bullish für die Auto-Aktien in Deutschland sein, gleichzeitig aber nicht sicher, welche Auto-Aktie Sie denn nun kaufen sollten, dann könnten Sie die Spread & Ratio-Analyse einsetzen. Der Projection Oscillator zeigt im mittleren Teil des Charts die mittelfristigen Trends des Spreads recht gut an. Solange er oberhalb der 50 liegt, sollte man FORD bevorzugen, ansonsten General Motors

Der „r-squared"-Indikator ist ein trendbestimmendes bzw. volatilitätsmessendes Instrument. Während die Bomben (siehe unten) signalisieren, dass mit einem Ausbruch aus einer Trading Range zu rechnen ist, geben die Stoppschilder (oberhalb 0,8) an, dass ein vorläufiges Ende der vorherigen Bewegung bevorsteht.

Abbildung 190 zeigt den Einsatz der Spread & Ratio-Analyse mit Intermarket-Ansatz. Hierbei handelt es sich um einen fundamentalen Zinsumfeld-Indikator, der aus einem Rendite-Spread gestrickt und dem Momentum-Indikator nachempfunden wurde. Wie die Pfeile eindrucksvoll bestätigen, gibt das Spread-Verhalten der deutschen Zinslandschaft gute Kauf- und Verkaufsignale für den Deutschen Aktienindex.

[12] Der richtige Einsatz von Indikatoren

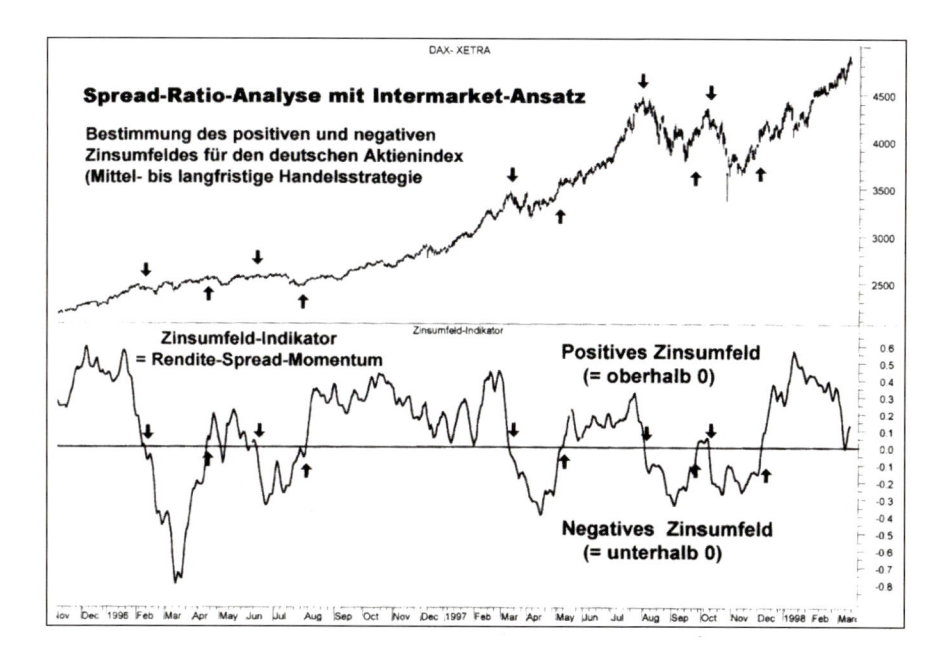

Abbildung 190
Spread & Ratio-Analyse mit Intermarket-Ansatz

Probleme der Spread & Ratio-Analyse

Betrachten wir Spread & Ratio- Analysen, so lässt sich feststellen, dass zum Beispiel Trendfolgesysteme, die man über Spreads gelegt hat, dort höhere Trefferquoten erzielen als in herkömmlichen Märkten. Dies liegt daran, dass sich Preis-Spreads mehr nach rationalen, strategisch-langfristigen oder saisonalen Aspekten richten. Diese Erkenntnis ließe sich unter professionellen Bedingungen zwar nutzen, kann aber nur bedingt realisiert werden, da die Datenanbieter kaum Spread-Daten anbieten. In der Regel lassen sich Spreads nur in Form eines Indikators darstellen, ohne die Möglichkeit zu haben, technische Studien oder Handelssysteme auf sie zu legen.

Wie Abbildung 191 verdeutlicht, kann man lediglich zwei Werte laden und deren Spread als Linien-Chart (siehe untere Hälfte im Chart) darstellen. So fällt es natürlich schwer, irgendwelche Analysen oder gar Handelssignale zu generieren. Für TradeStation gibt es mit der OmniCom-Software eine Möglichkeit, wie man Spreads via Excel als Datenfeed einliest. Metastock-Nutzern bietet sich über den Downloader (File, New, Composite, Spread-Name, Wert1, Wert2) zumindest die Möglichkeit einen Spread als Datenfeed zu laden. Dadurch können zumindest einige technische Studien und Handelssysteme eingesetzt werden. Leider basiert ein Spread aus dem Downloader auf dem Vergleich der jeweiligen Tagesschlusskurse, so dass ebenfalls nur ein Linienchart möglich wird.

[Teil IV] Tricks und Hilfsmittel

Abbildung 191
Darstellung eines Bund/
T-Bond- Spreads auf der
TradeStation 4.0

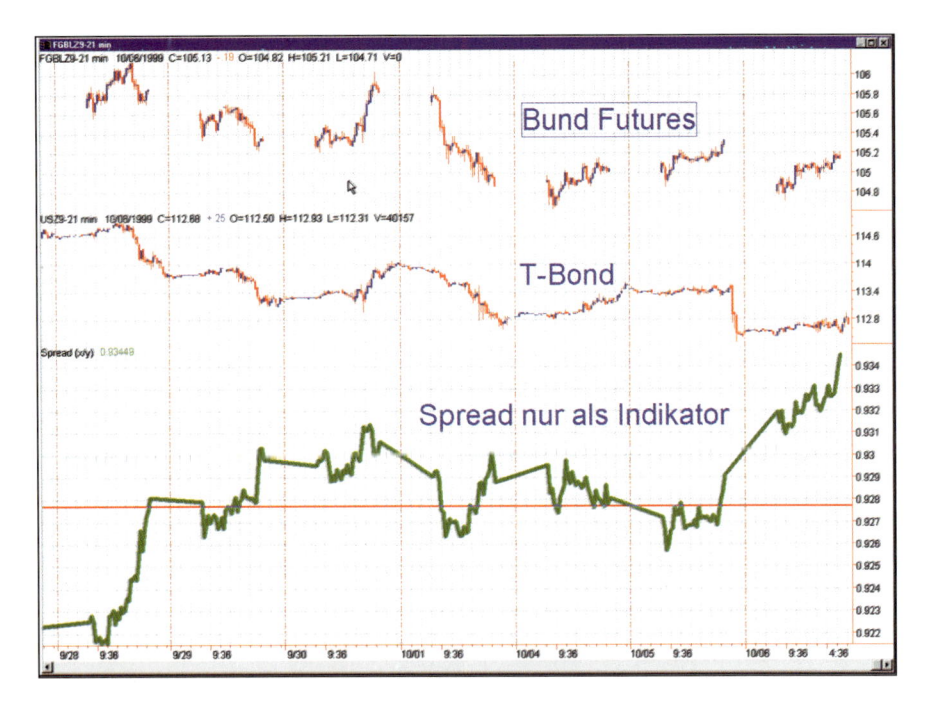

Mit einem kleinen Trick kann man aber auch einen Candlestick-Chart etablieren. Dazu muss man über die Menüfolge (Format, X-Axis, Compression, Other) die Anzahl der einbezogenen Tage je Bar/Candle verändern (z. B. drei oder fünf Tage je Zeiteinheit).

All diese Beispiele zeigen auf, dass die Datenanbieter auf dem Gebiet der Spreads noch einiges nachzuholen haben. Bisher werden nur die Kurse der offiziell gehandelten Spreads als Realtime-Datenfeed (Tick- und Minutenbasis) angeboten. Für eine professionelle Vorgehensweise reicht dies nicht aus, so dass viele Spread-Analysten und Händler oft gezwungen sind, Kompromisse einzugehen. Sobald die Datenanbieter mehr Spread-Daten anbieten, eröffnen sich ungeahnte, interdisziplinäre Analysemöglichkeiten. Bis dahin können wir die Spread & Ratio-Analyse zumindest schon einmal zur Selektion von Ländern, Indizes, Branchen und Einzelwerten heranziehen.

13 Wie lassen sich Indikatoren verbessern

■ Die Trendlinienanalyse

Trendlinien sind wahrscheinlich die einfachsten Werkzeuge der Technischen Analyse. Nichts ist leichter, als mit einem Lineal eine Verbindungslinie zwischen verschiedenen Hoch- und Tiefpunkten zu ziehen. Trotz ihrer einfachen Struktur, haben die bisherigen Ausführungen deutlich aufgezeigt, wie effektiv diese Methode sein kann. Warum sollten wir dann nicht einmal den Versuch starten, Synergieeffekte zu schaffen, indem wir herkömmliche Trendanalysen der Verlaufsmuster von Indikatoren erstellen. Schließlich bewegen sich Indikatoren genau wie Kurse in Trends und bilden Formationen aus. Daher sollten die gleichen Techniken, die bereits für die Trendanalyse von Kursbewegungen eingesetzt wurden, auch zur Einschätzung der Verlaufsmuster der Indikatoren verwendet werden.

Aufgrund ihrer Berechnungsart weisen die unterschiedlichen Indikatorengruppen Mängel auf. Während viele Momentum-Oszillatoren dazu tendieren Kauf- und Verkaufssignalen zu generieren, bevor die Kurse ihre Tiefst- oder Höchstpunkte erreichen, sind die meisten Trendfolge-Indikatoren so träge, dass sie einen Trendwechsel erst anzeigen, nachdem er bereits erfolgt ist (siehe Abbildung 192).

Mit Hilfe der Trendlinienanalyse lassen sich diese Mängel zum Teil beheben. Der Grundgedanke dieses Ansatzes beruht auf der Annahme, dass sich bestimmte Verhaltens- und Bewegungsmuster der Kurse auch in den Indikatoren wiederfinden, da sich die meisten Indikatoren aus den Kursen ableiten. Da einige technische Indikatoren mögliche Marktbewegungen antizipieren, geht man davon aus, dass ein Trendlinienbruch beim Indikator häufig zu dem Zeitpunkt stattfindet, wenn sich die Kurse noch an ihren Extrempunkten aufhalten.

"Wenn die Menschen nicht manchmal unsinnige Dinge täten, würde nichts Kluges getan werden"
Ludwig Wittgenstein

[Teil IV] Tricks und Hilfsmittel

Abbildung 192
Fehler der verschiedenen Indikatorengruppen

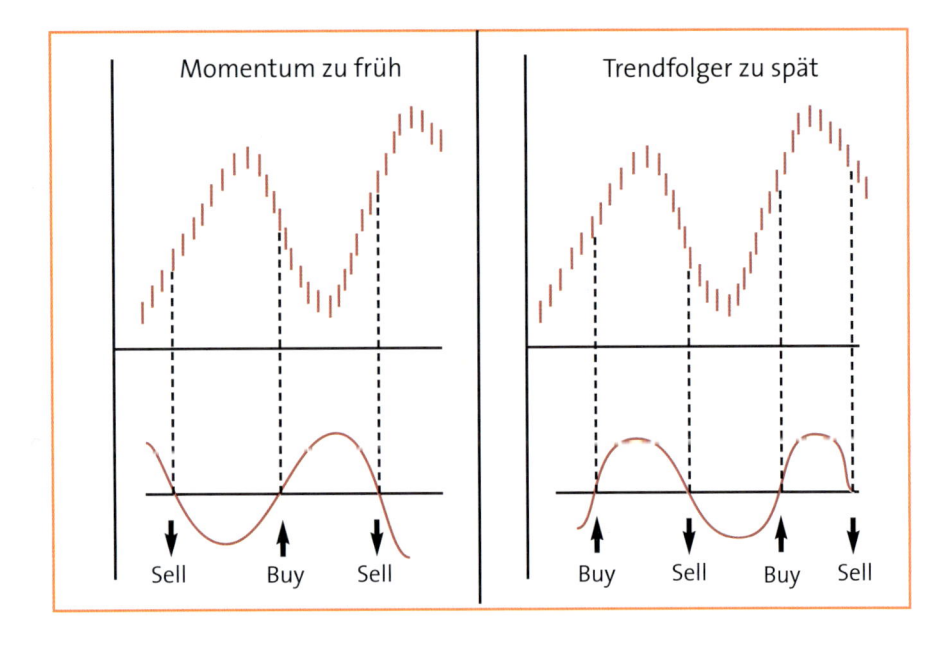

In Abbildung 193 ist ein solcher Ansatz beim MACD-Trendfolge-Indikator eingesetzt worden. Ein Bruch durch die jeweilige Trendlinie des Indikators generiert entsprechende Signale. Es wird deutlich, (siehe Pfeile) dass sich durch das Anlegen von Trendlinien die Aussagekraft des MACD-Indikators erheblich steigern lässt.

Abbildung 193
Trendlinienanalyse des MACD-Indikators im Dollar-Chart

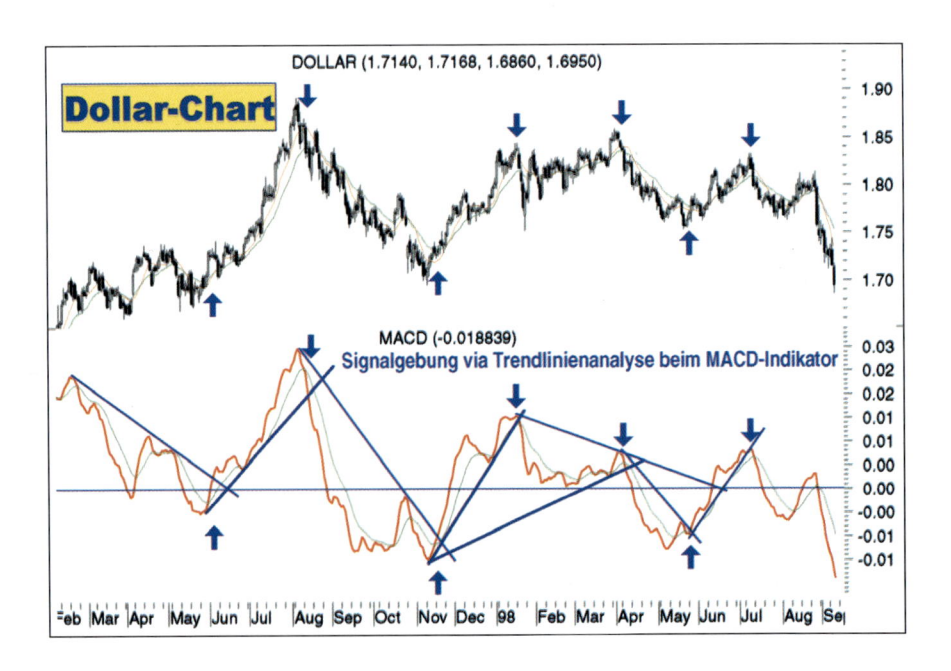

[13] Wie lassen sich Indikatoren verbessern

Da die behäbigen MACD-Signale häufig erst nach einem ersten Ausbruch der Kurse aus einer Top- oder Bodenbildungsphase erfolgen, sollte man eventuelle Kursrückläufe (Pullback-Pattern) abwarten, bevor man sich positioniert. Das gilt auch für das Trendlinien-Konzept, denn in einigen Fällen treten Fehlsignale der Trendlinienbrüche auf, die zu Verlusten führen können, wenn man sich zu früh positioniert. Um das Risiko zu begrenzen, sollte man auch bei dieser Methode mit konsequenten Stop-Loss-Orders arbeiten.

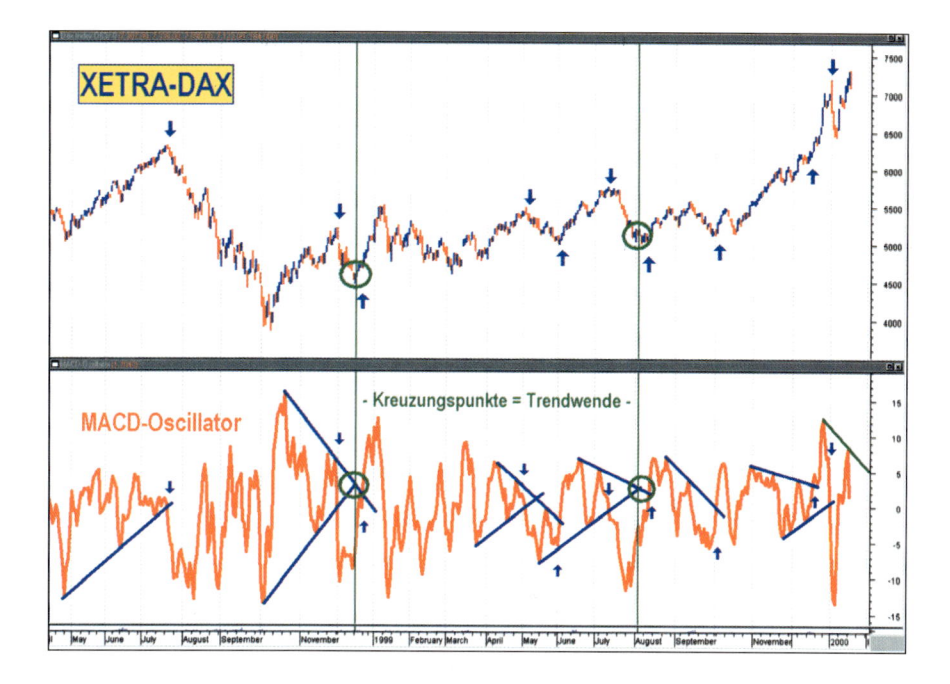

Abbildung 194
Trendlinien beim MACD-Oszillator im XETRA-DAX-Chart

1. Die Vorzüge der Trendlinien werden auch bei bei den Trendlinienbrüchen des MACD-Oszillators (misst Abstand zwischen den beiden MACD-Linien) im XETRA-DAX-Chart deutlich.

2. Die Kauf- und Verkaufssignale, erfolgen meist in unmittelbarer Nähe der Tops und Tiefs beim Dax. Die beiden Kreismarkierungen sollen ein Phänomen aufzeigen, auf das ich vor einigen Jahren gestoßen bin.

3. Sobald der MACD-Oszillator aus einer Dreiecksformation ausgebrochen ist und die Kurse in die gleiche Richtung gelaufen sind, erreichen die Kurse ihren Extremwert häufig zu dem Zeitpunkt, an dem sich die beidenTrendlinien des Indikators kreuzen.

[Teil IV] Tricks und Hilfsmittel

Da sich die Indikatoren bis weit in die Extremzonen bewegen, ist es sehr einfach, eine steile Trendlinie zu konstruieren, die zwei oder drei Punkte miteinander verbindet. Trendlinien, die einen sehr steilen Winkel besitzen, sind jedoch nicht so aussagekräftig. Etwaige Durchbrüche sollten vorsichtig interpretiert werden, da sie häufig Fehlsignale verursachen. Hier empfiehlt es sich, weitere Bewegungen des Indikators abzuwarten, um dann flachere Trendlinien ziehen zu können.

Abbildung 195
DOW JONES-Chart mit TRIX- und MACD-Indikator

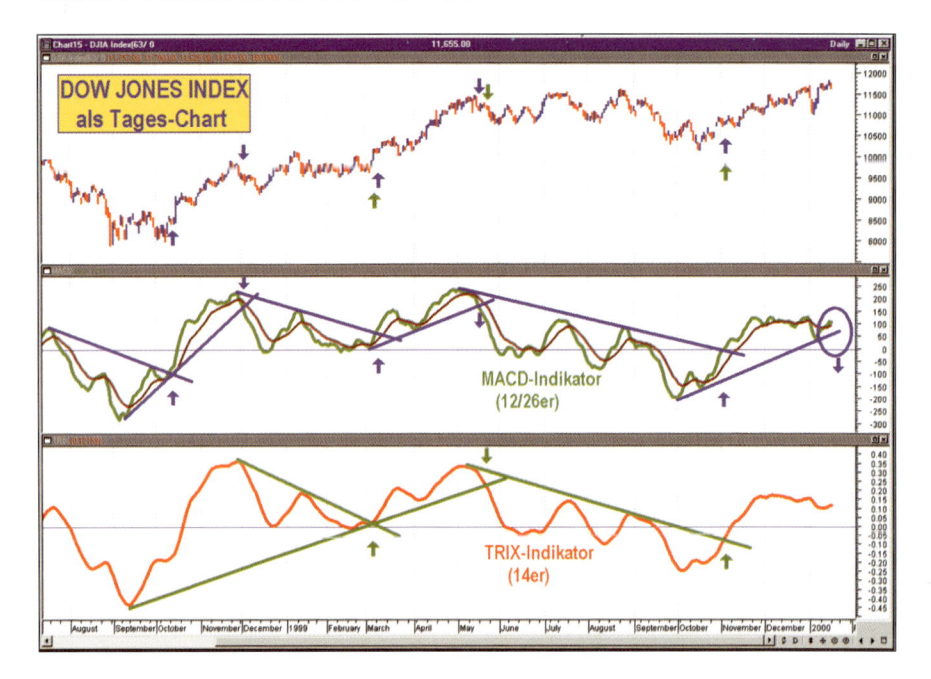

Weitere Beispiele finden sich im Dow-Jones-Chart der Abbildung 195. Hier wurde das einfache Trendlinienverfahren auf die beiden Trendfolge-Indikatoren MACD und TRIX angewandt. Die Pfeile im Chart deuten die Qualität der Signale an.

[13] Wie lassen sich Indikatoren verbessern

Indikatoren mit gleitenden Durchschnitten

Es gibt verschiedene Ansätze, die die Nachteile bestehender Indikatoren dadurch ausgleichen, dass sie starre Anwendungsstrukturen durch dynamische Aspekte ersetzen. Neben den Dynamic Zones und der Trendlinienanalyse zählen hierzu auch Gleitende Durchschnitte sowie alle Bänder-Konzepte, die man nicht über die Kurse laufen lässt, sondern auf Indikatoren und Oszillatoren legt.

Gleitende Durchschnitte

Abbildung 196 zeigt einen Tages-Chart des Goldes, den Stochastik-Indikator mit seiner Trigger-Linie (= ein gleitender Durchschnitt des Indikators) sowie das Momentum mit mehreren gleitenden Durchschnitten (im unteren Teil der Abbildung). Während bei der Stochastik ein einfaches „Crossover" des Indikators über oder unter seine Trigger-Linie ausreicht, um ein entsprechendes Signal zu generieren, besitzen die einzelnen Durchschnitte beim Momentum verschiedene Funktionen. Ein Break des Indikators durch den Durchschnitt, der am nächsten zum Indikator liegt (= kurzfristiger Durchschnitt) bewirkt eine Glattstellung der Position (siehe Stoppschilder). Ein Trendwechsel mit einer entsprechenden Positionierung findet statt, wenn der Indikator den langfristigen Durchschnitt schneidet. Das Zusammenspiel aller gleitenden Durchschnitte mit den verschiedenen Crossovers

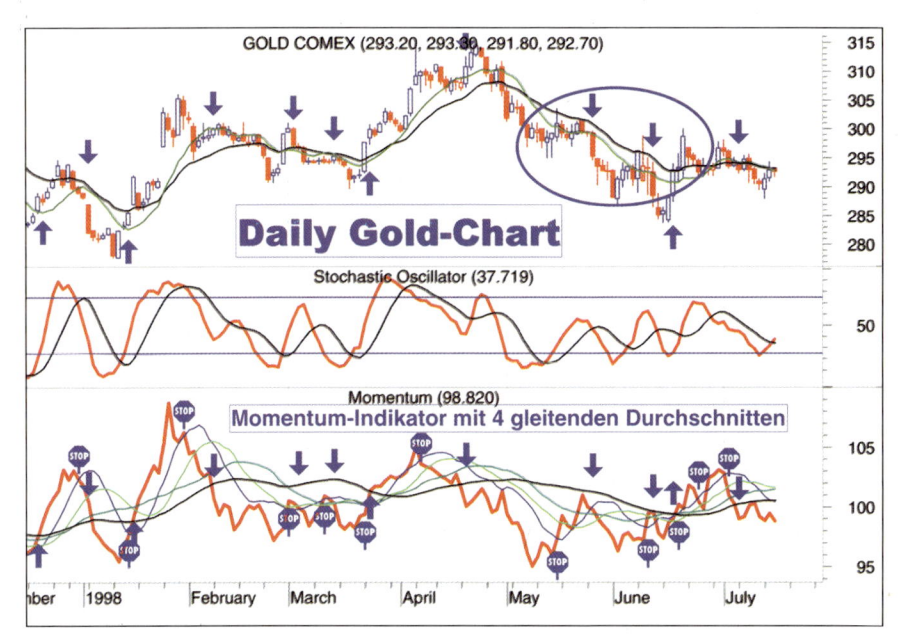

Abbildung 196
Momentum-Indikator mit gleitenden Durchschnitten

[Teil IV] Tricks und Hilfsmittel

kann für eine detailliertere Signalgebung genutzt werden, um beispielsweise schnellere „Reentries" oder „Exits" zu erhalten. In trendstarken Phasen (siehe Einkreisung im Chart) lassen sich so trendkonforme Signale ermitteln.

Bei dem Einsatz von gleitenden Durchschnitten für andere Indikatoren ist zu beachten, dass man Indikatoren einsetzt, die noch vor der eigentlichen Wende des Marktes drehen. Hierzu gehören natürlich alle Oszillatoren, die auf die eine oder andere Art und Weise die Schwungkraft des Marktes messen. Lässt diese vor der Top- oder Bodenbildung nach, beginnen die Oszillatoren zu drehen. Schneidet der Oszillator seinen gleitenden Durchschnitt, wird meist recht nahe am Top oder am Tiefstkurs (siehe Pfeile in Abbildung 196) ein Signal generiert.

■ Indikatoren mit Bändern

Eine weitere Möglichkeit, um die Signalgebung von Indikatoren an deren Schwankungsbreite dynamisch anzupassen, bieten die Channel- oder Bänder-Konzepte. Abbildung 197 zeigt den „Forecast-Oscillator" mit einem 13-

Abbildung 197
Forecast Oscillator mit Bollinger Bands

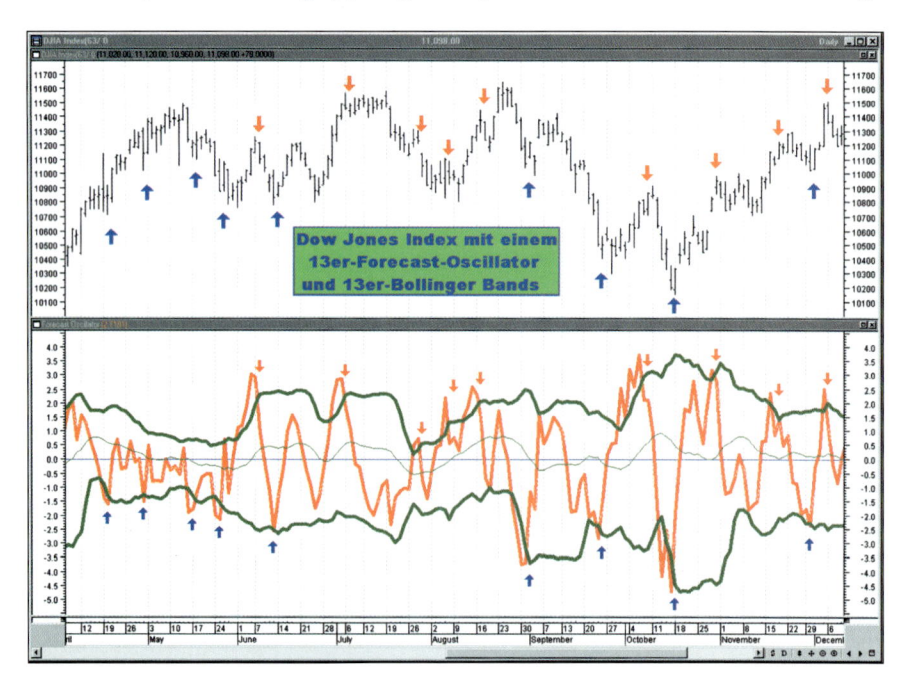

[13] Wie lassen sich Indikatoren verbessern

Tages-Channel im Chart des Dow Jones Index. Sobald der Forecast-Oszillator über oder unter seinen 13er-Channel ausbricht, erfolgt ein Signal, wenn er das erste Mal wieder in Richtung des Channels zurückläuft.

Es macht nämlich keinen Sinn, die jeweilige Position so lange zu halten, bis ein Gegensignal einsetzt, da sonst aus einem guten Signal ein schlechtes werden kann. Gerade in Seitwärtsmärkten ist das Gewinnmaximum nach drei bis fünf Tagen erreicht. Lediglich trendkonforme Signale in trendstarken Phasen sind länger zu halten. Die Bänder-Konzepte funktionieren übrigens auch in kurzfristigen Intraday-Charts, wie die nächste Abbildung verdeutlicht. Dort befindet sich ein 13-Tick-Chart des T-Bonds und ein 9er-RSI-Indikator, der mit einem Bollinger Band versehen wurde. Die Signalgebung (siehe Pfeile im Chart) erfolgt wie beim Forecast-Oszillator.

Es macht keinen Sinn, die jeweilige Position so lange zu halten, bis ein Gegensignal einsetzt, da sonst aus einem guten Signal ein schlechtes werden kann. Gerade in Seitwärtsmärkten ist das Gewinnmaximum nach drei bis fünf Tagen erreicht. Lediglich trendkonforme Signale in trendstarken Phasen sind länger zu halten.

Die Spezifika der Bollinger Bands werden in der Abbildung 199 deutlich. Je nach Volatilität des Equity Put/Call Ratios beim DAX-Index ziehen sich die

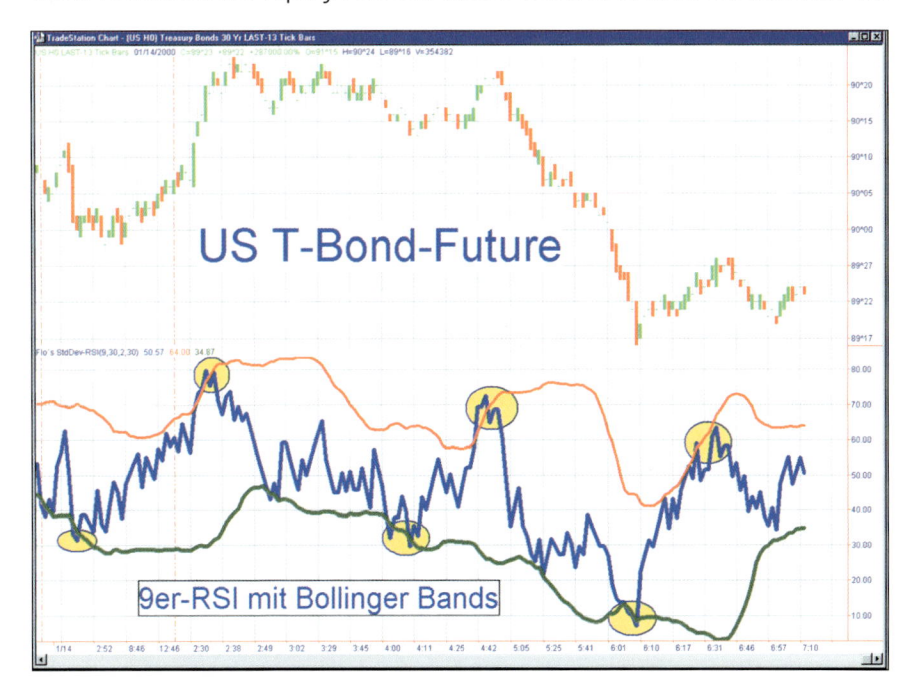

Abbildung 198
9er RSI / 2er StdDev eines 30er MA in einem 13-Tickchart des T-Bonds

[Teil IV] Tricks und Hilfsmittel

Bänder zusammen oder dehnen sich aus. Interessanterweise lassen sich „herkömmliche" Indikatoren auch über die so genannten Stimmungsindikatoren legen, wodurch eine präzisere Einschätzung erfolgen kann. Drücken die Bären das Put/Call Ratio zum Beispiel über die Bollinger Bänder, dann erhält man ein Kaufsignal und umgekehrt, was durch die vertikalen Linien in der Abbildung verdeutlicht wird.

Abbildung 199
Bollinger Bänder auf dem Put/Call-Ratio beim OEX

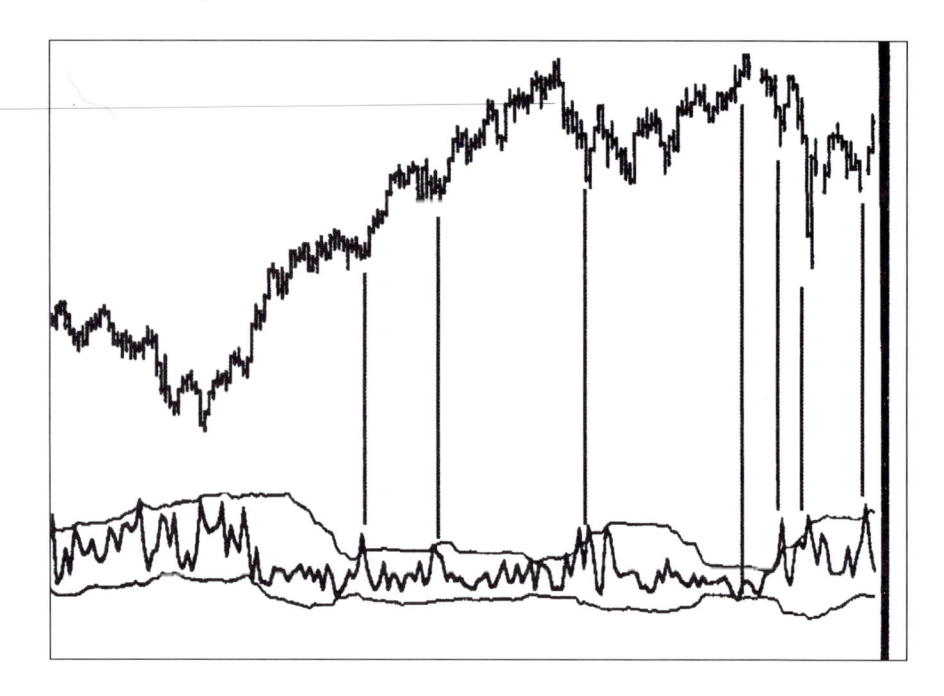

Fazit

Die bisher aufgeführten Ansätze sind recht einfache Methoden, um mögliche Fehlsignale der Indikatoren zu verringern. Bei den gleitenden Durchschnitten stört ein wenig, dass man einen Indikator (= gleitender Durchschnitt) von einem Indikator (z. B. Momentum) verwendet, um Signale zu generieren. Amerikanische Handelshäuser haben mit diesem Ansatz jedoch vielversprechende Ergebnisse erzielt.

Die Bänder-Konzepte passen die Signalgebung hingegen an die dynamischen Entwicklungen des Marktes an, wodurch sich konkrete Signale ergeben. Der besondere Vorteil der Trendlinienanalyse von Indikatoren liegt darin begründet, dass so „voreilige" oder „verspätete" Signale einiger Indikatoren verbessert werden können.

Verweildauer und Reifezeit

Der „Duration"-Ansatz wurde von dem amerikanischen „Techniker" Tom DeMark entwickelt. Der Begriff „Duration" steht in diesem Fall für die Verweil- oder Aufenthaltsdauer eines Indikators in einer der beiden Extremzonen. Frei übersetzt könnte man hier auch von einer Reifezeit sprechen, die ein Indikator in diesen Zonen benötigt, um anschließend bestimmte Signale zu generieren, die sich aufgrund ihrer hohen Trefferquote durch ein geringes Risiko auszeichnen (sog. „low-risk-trades"). In Trendphasen kommt es immer mal wieder zu kleinen Korrekturen, die dem Investor oftmals noch die Chance eines „verspäteten" Einstiegs in die Trendrichtung bieten. Der „Duration"-Ansatz versucht, sich diese Chance zunutze zu machen.

Das Prinzip des Duration-Ansatzes wird in der nächsten Abbildung deutlich. Um herauszufinden, ob eine stärkere Trendphase vorliegt, zählt man lediglich die Anzahl der Tage, bzw. Zeiteinheiten, die ein Oszillator (DeMark verwendet hier den „TD REI"-Oszillator) in einer der beiden Extremzonen verbracht hat. In unserem Beispiel werden ab dem 6. Tag, bzw. ab der 6. Zeiteinheit (Bar/Candle) Duration-Punkte auf den „TD Rei"-Oszillator gezeichnet. Je mehr Punkte, desto länger die Aufenthaltsdauer und desto stärker die Trendbewegung. Erreicht die Aufenthaltsdauer eines Indikators in einer der Extremzonen mindestens sechs Tage, so DeMark,

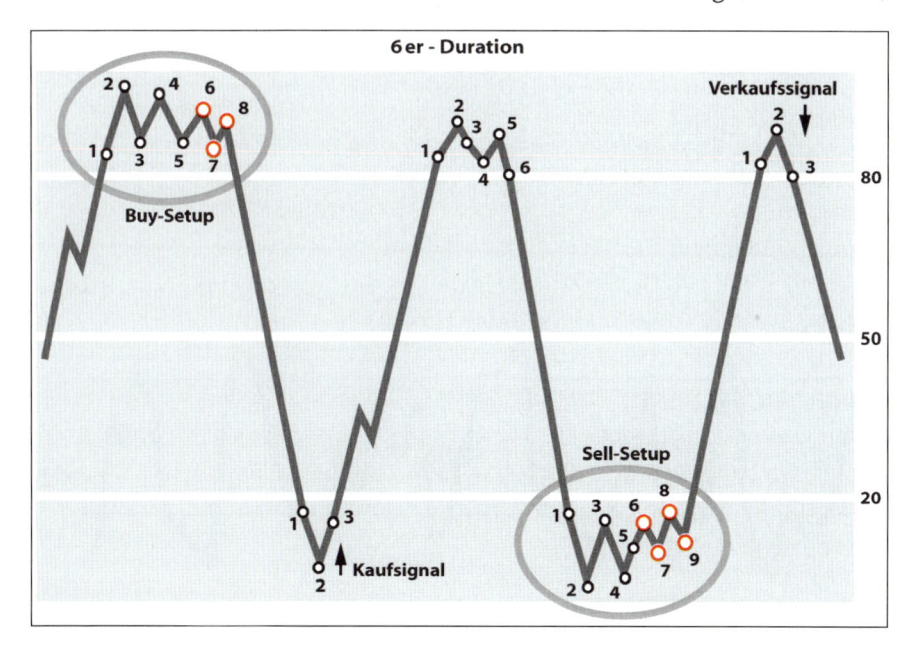

Abbildung 200
Das Duration-Konzept von Tom DeMark

[Teil IV] Tricks und Hilfsmittel

ergibt sich ein Buy- oder Sell-Setup innerhalb einer Trendbewegung (siehe Einkreisungen in der Grafik).

Sobald der Indikator dann aus der Duration-Zone in die Gegenrichtung läuft, kann man annehmen, dass die kleine Korrekturbewegung, von der vorher schon die Rede war, eingesetzt hat. Wenn der Indikator bei dieser Gegenbewegung nur kurz in die andere Zone einläuft und schnell wieder abdreht, ohne dabei eine längere „Duration" (=mind. 6 Zeiteinheiten) aufzuweisen, kann man mit der Fortsetzung der Trendbewegung rechnen. Diese Situation eröffnet dann auch eines der Signale mit hoher Trefferquote (siehe Pfeile im Chart).

Da die kleinen Korrekturen häufig erst kurz vor dem Ende eines Trends vorkommen, generiert der Duration-Ansatz relativ kurzfristige Signale, worüber man sich im Klaren sein sollte. Der Erfolg hängt in diesen Fällen oftmals vom schnellen und richtigen Ausstieg aus einer Position ab. Sollte sich der Indikator bei der angenommenen kleinen Korrektur zu lange in der anderen Extremzone aufhalten und sogar Duration-Punkte bilden, dann gilt das Abdrehen in die vorherige Duration-Zone natürlich nicht mehr als Signal, da das Erscheinen der neuen Duration-Punkte einen „zu starken" Gegentrend signalisiert hat. In lang anhaltenden Trendphasen ist es dagegen möglich, dass man mehrere Signale nacheinander erhält. Wie man in Abbildung 201 sieht, funktioniert dieser Ansatz auch auf Intraday-Basis. Hier bedarf es

Abbildung 201
Duration-Ansatz auf Intraday-Basis im DAX-Future

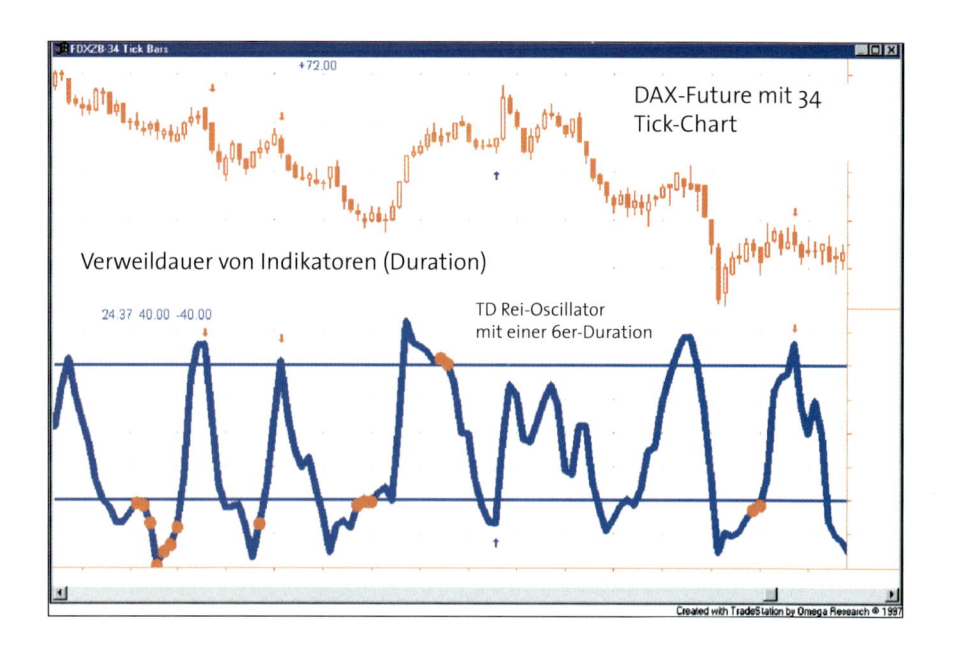

[13] Wie lassen sich Indikatoren verbessern

jedoch einer Anpassung der Zeiteinheiten für die Duration-Punkte. Je nach Markt und Indikator kann das Auftauchen eines gültigen Duration-Punktes dabei variieren und zwischen 6 und 21 Zeiteinheiten liegen.

Obwohl DeMark in der Regel seinen TD-Rei-Oszillator verwendet, lässt sich dieser Ansatz auch mit anderen Oszillatoren (z. B. Stochastik, Momentum) umsetzen. Wenn man die Programmierschritte für das automatische Einzeichnen der Duration-Punkte nicht beherrscht oder sie sich in dem vorliegenden Chart-Programm nicht umsetzen lassen, muss man bei den üblichen Indikatoren zwar auf sie verzichten, kann sich mit Hilfe eines einfachen Abzählens der Indikatoren aber auch ein Bild über die Duration-Situation machen.

In dieser Abbildung wurden die Phasen eingekreist, in denen sich Durations beim „Polarized Fractal Efficiency"-Indikator ergeben haben. Die Signalgenerierung erfolgte nach einem Duration-Setup und dem Rücklauf des Indikators über/unter seine Mittellinie, was jeweils mit Pfeilen verdeutlicht wurde. Die Situationen 1 und 2 sollen Ihnen aufzeigen, dass ein Indikator auch direkt von einer Duration-Phase in eine andere laufen kann, ohne dabei Signale zu generieren. Zieht man eine kurzfristige Betrachtungsweise zur Beurteilung dieses Ansatzes heran, dann lässt sich feststellen, dass alle aufgezeigten Signale nach zwei bis fünf Tagen den (kurzfristig) maximalen Profit erzielt haben. Lässt man die Positionen nach jedem Sig-

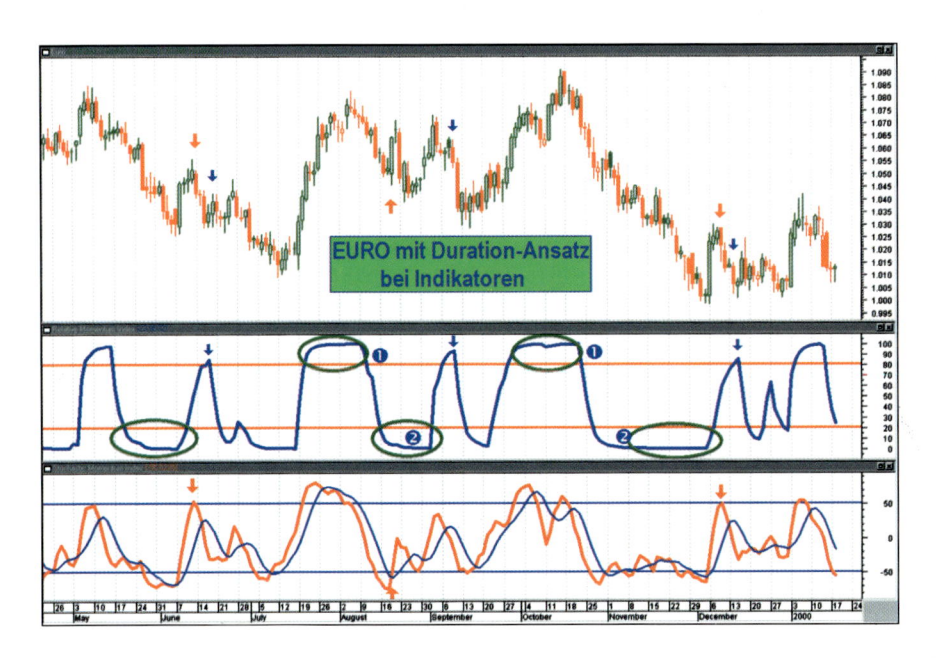

Abbildung 202
Duration-Ansatz mit anderen Indikatoren

[Teil IV]   Tricks und Hilfsmittel

nal dagegen so lange „laufen", bis sie von einem mittelfristig orientierten Save Profit-System glattgestellt werden, erhält man ein Handelssystem mit mehreren Einstiegsmöglichkeiten.

Mega-Mix-Party

Unter dem „Mega-Mix-Party"-Konzept verbirgt sich die Erkenntnis, dass sich bestimmte Schwächen von Indikatoren abmildern und Stärken hervorheben lassen, wenn man ganze Indikatoren oder einzelne Komponenten miteinander verknüpft. Daraus ergeben sich dann zwar völlig neue Konstruktionen, deren Wirkungsgrade aber häufig erheblich höher sind als die der herkömmlichen Indikatoren. Die nachfolgende Abbildung soll die Vorgehensweise einmal verdeutlichen.

Man verbindet beispielsweise einen „zu langsamen" Trendfolge-Indikator (z. B. MACD, CCI, GD) mit einem „zu schnellen" Oszillator (z. B. Momentum, RSI), woraus ein neuer Mix-Indikator entsteht, der den Markt besser analysieren kann als seine jeweiligen Komponenten es können. Für die Neueinsteiger sei an dieser Stelle noch erläutert, dass die Trendfolge-Indikatoren „zu langsam" sind, weil sie die Kursentwicklungen in der Regel in Form

Abbildung 203
Prinzip der Verknüpfung verschiedener Indikatoren

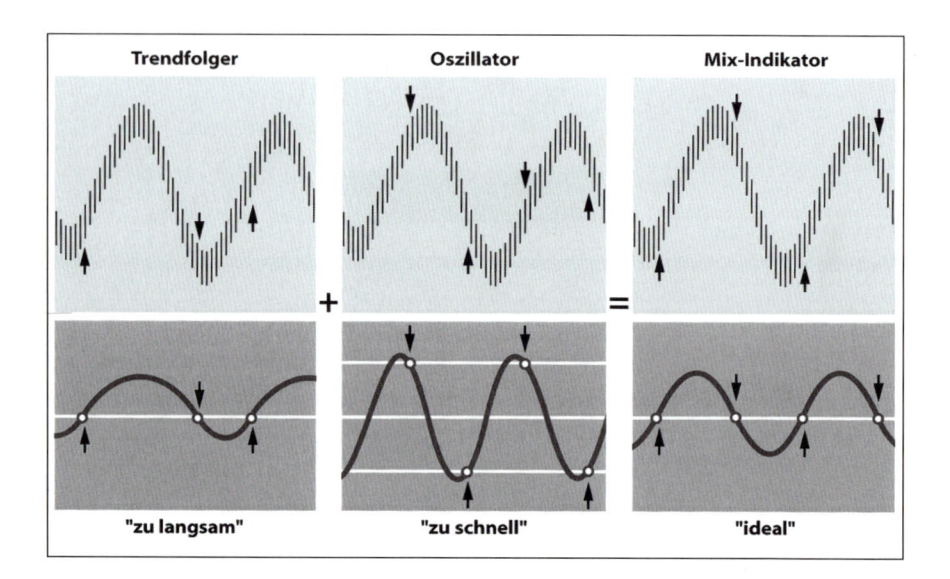

[13] Wie lassen sich Indikatoren verbessern

einer Glättung darstellen, somit die Kurse also erst einmal einige Zeiteinheiten in die andere Richtung laufen müssen, bevor sich der entsprechende Trendfolge-Indikator dreht.

Die Oszillatoren messen dagegen in der Regel irgendeine Form von Schwungkraft, also die Steig- und Fallgeschwindigkeit der Kurse. Sobald beispielsweise die Geschwindigkeit eines Kursabsturzes nachlässt, kann ein solcher Oszillator bereits nach oben drehen und dem Laien ein Kaufsignal suggerieren, obwohl die Kurse noch immer leicht fallen.

Es bleibt zu beachten, dass die Levels der Indikatoren möglichst gleich sein sollten. Eine zu große Abweichung (z. B. 0.4 und 80.6) beider Indikatoren voneinander würde bei einer Addition dazu führen, dass der Indikator mit der größeren Skala übergewichtet wäre, was Verfälschungen zur Folge hätte.

In Abbildung 204 wurde der TRIX-Trendfolge-Indikator (siehe mittleren Indikator) mit dem „Price Oscillator" (siehe unteren Indikator) verknüpft, wodurch der obere „X-Price-Ossi/Trix Mix"-Indikator entstanden ist. Während der Price Oszillator häufiger Fehlsignale produzierte (siehe Einkreisungen), weil er zu früh in die Gegenrichtung gelaufen ist, der Trendfolge-Indikator dagegen oftmals erst viel zu spät in einen Trend eingestiegen ist, konnte der neue Indikator in der Regel zwei bis drei Tage nach dem Oszillator und drei bis fünf Tage vor dem Trendfolge-Indikator ein Signal generie-

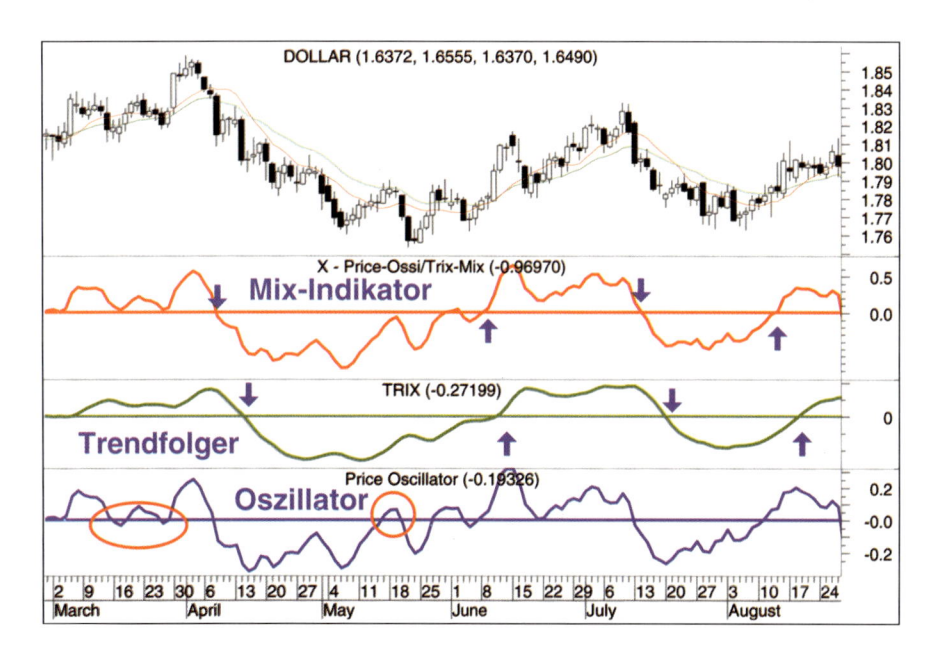

Abbildung 204
Ergebnis aus dem Trendfolger-/Oszillatoren-Mix

ren (vgl. Pfeile im Chart). Natürlich verursachen auch solche Indikatoren Fehlsignale. Doch eröffnet Ihnen diese Vorgehensweise die eine oder andere Möglichkeit, Fehlerquellen herkömmlicher Indikatoren abzubauen. Versuchen Sie einfach mal Ihr Glück.

Formelsubstitution

Die Formelsubstitution stellt ein weiteres Element der Mega-Mix-Party dar. Hierbei werden einzelne Bestandteile der Formel eines Indikators durch andere Indikatoren komplett oder nur mit bestimmten Teilen der Formel eines anderen Indikators ersetzt. Als bestes Beispiel kann in diesem Fall der Stochastik-RSI-Indikator erwähnt werden. Während die normale Formel des Stochastik-Indikators wie folgt lautet,

$$\text{Stochastik} = \frac{\text{Close} - \text{Low}(8)}{\text{High}(8) - \text{Low}(8)}$$

ergibt sich bei der Formelsubstitution folgender Ansatz:

$$\text{Stochastik-RSI} = \frac{\text{RSI}(\text{Close},9) - \text{Lowest}(\text{RSI}(\text{Close},9),8)}{\text{Highest}(\text{RSI}(\text{Close},9),8) - \text{Lowest}(\text{RSI}(\text{Close},9),8)}$$

Die Kurskomponenten Close, High und Low werden durch die höchsten und tiefsten sowie dem Schlusswert eines 9-Tages RSI-Indikators ersetzt. Somit entsteht ein Stochastik-Indikator, der sich aus den Werten des RSI-Indikators ergibt. Diese Spielart ist in den USA mittlerweile recht beliebt. Trotz etwaiger Kritik sollten Sie sich lieber selbst ein Bild davon machen und einmal Ihre eigenen Indikatoren „basteln".

14 Techniken, mit denen die Profis Kursziele ermitteln

Die Beantwortung der Fragen, wie sich etwas entwickelt oder wohin sich zum Beispiel die Börsenkurse bewegen könnten, hat auf die Menschen schon von jeher eine besondere Faszination ausgeübt. Oftmals ist es ihnen wichtiger, Kursziele richtig vorherzusagen, als mit entsprechenden Positionen Geld zu verdienen. Schließlich ist der Wunsch unseres Egos besonders groß, von anderen anerkennende Worte zur richtig getätigten Kursprognose zu erhalten. Dies ist wie beim Gewinn einer Wette. Was in der Tierwelt häufiger zu beobachten ist (Vorhersageintuition), kommt bei uns Menschen nur sehr selten vor. Mittlerweile werden manche „Hellseher" der Branche von ihren Jüngern daher regelrecht als Gurus vergöttert. Was die wenigsten wissen, ist die Tatsache, dass diese Propheten oftmals relativ einfache Instrumente verwenden, um Kursziele zu ermitteln.

In diesem Teil des Buches sollen Ihnen einige Methoden aufgezeigt werden, mit denen Sie selber zum Teil sehr präzise Aussagen über Zielmarken tätigen können. Im ersten Teil werden wir uns auf Kursmuster konzentrieren, von denen man glaubt, dass sie zur Kursprognose herangezogen werden können. Hierzu zählen nicht nur die verschiedenen Formationen der gewöhnlichen Chart-Analyse (z. B. Kopf-Schulter), sondern auch Phänomene, die sich in Form von symmetrischen (identischen) Kursbewegungen äußern.

> „Wenn die Eichhörnchen schon im September ihren Bau zumachen, dann kommt ein schneereicher Winter."
> Bayrischer Förster vor dem Rekord-Winter 1998/99

Instrumente zur Kursprognose

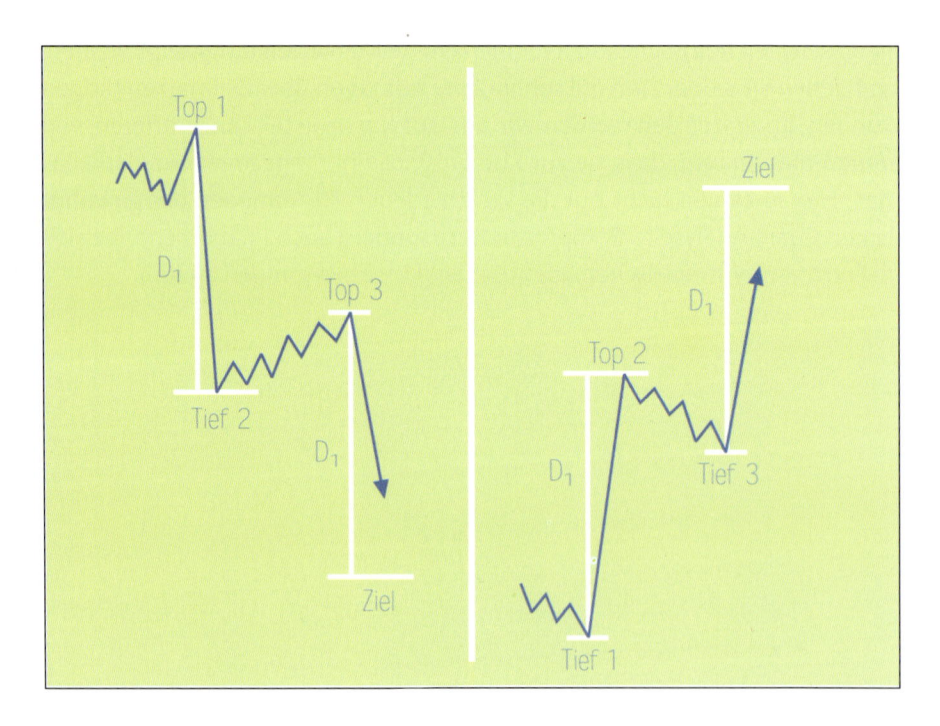

Kursmuster (Identische Kurswellen, Range Targets, Channel Ranges)

Dieser Ansatz beruht auf der Annahme, dass sich die Märkte und die jeweiligen Produkte in ungefähr gleich großen Kursmustern bewegen. Abbildung 205 zeigt Ihnen die Vorgehensweise auf. Ausgehend von einem Top 1 messen Sie die Differenz (D1) zu einem ersten Zwischentief 2. Die Länge dieser ersten Abwärtswelle D1 bildet die Basis für weitere Kursprognosen. Sollten sich die Kurse nach einem Zwischentop 3 wieder nach unten bewegen, dann setzen Sie die Differenz D1 am Top 3 an, um dadurch die Zielmarke für den Punkt 4 zu ermitteln. Das Gleiche gilt für einen Aufwärtstrend (siehe rechten Teil der Abbildung).

Die Zuverlässigkeit der identischen Kursbewegungen kann sich deutlich erhöhen, je mehr Differenzen an einem bestimmten Kursziel zusammentreffen. Dies geschieht, wenn man in einer Trendphase verschiedene Differenzen aufspürt und diese an den jeweiligen Tops bzw. bei Aufwärtstrends an den

Abbildung 205
Das Prinzip der identischen Kurswellen

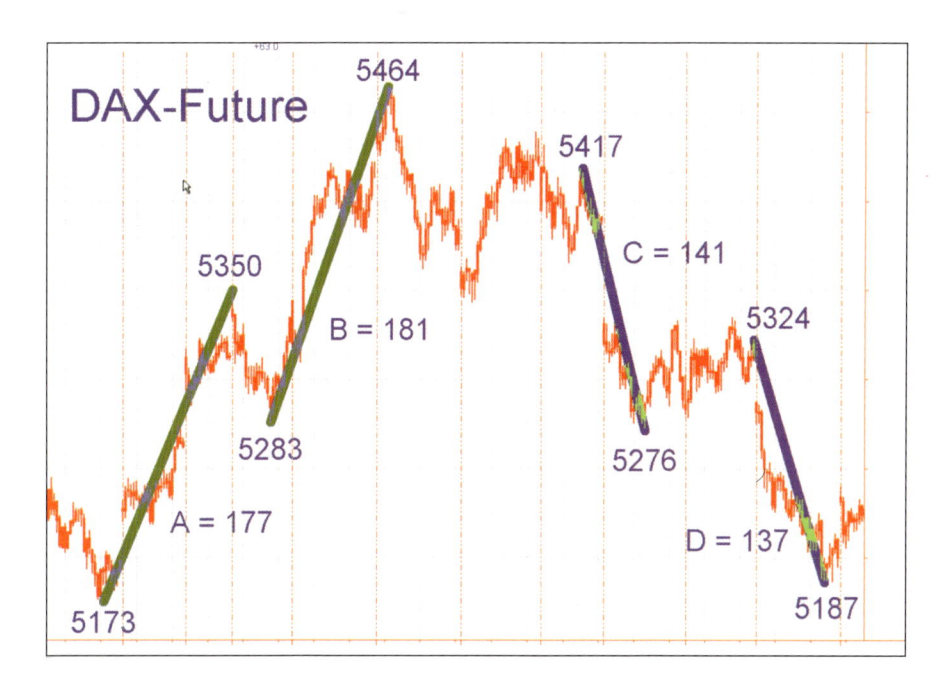

[14] Techniken, mit denen die Profis Kursziele ermitteln

Abbildung 206
Identische Kurswellen im DAX-Future-Chart

jeweiligen Korrekturtiefs ansetzt, so dass sie sich überlagern. Man spricht in diesen Fällen auch von einer „Fraktalen Dimension" der Kursbewegungen.

In einigen Fällen macht es auch Sinn, anstatt der einfachen Distanz die doppelte (• 2,0) oder gar dreifache (• 3,0) anzuwenden bzw. die einfache Distanz mit Fibonacci-Relationen (1.2360, 1.3815, 1.6185, 1.7640 usw.) zu multiplizieren. Obwohl dieser Variante der Kurszielbestimmung meiner Meinung nach zu unpräzise ist (siehe Abbildung 206 mit jeweils 4 Punkten Differenz im DAX-Future) und man in Tages-Charts sehr lange nach identische Kurswellen suchen muss, bevor man sie findet, begeistern sich immer mehr Börsianer dafür.

Moderne Verfahren ermitteln die Kursziele auch auf prozentualer Basis. Ralf Acampora, einer der erfolgreichsten Analysten Amerikas, hat für seine grandiosen Langfristprognosen zum Dow Jones Index beispielsweise einfach Kursmuster aus der Vergangenheit hervorgeholt, deren fundamentales Umfeld mit dem der 90er Jahre halbwegs vergleichbar war, und hat deren prozentuale Kursbewegungen als Maßstab für seine Prognosen verwendet. Der Erfolg gab ihm Recht. Als der DOW bei 3500 stand, formulierte er 8.000, später 11.000 als mögliche Zielmarken. Schließlich gab es auch früher schon Verdoppelungen bzw. Verdreifachungen des Dow Jones Index. Falls Sie einen Langfrist-Chart vom Dow Jones auf Ihrem PC haben, sollten Sie diese Vorgehensweise mal testen.

[Teil IV] Tricks und Hilfsmittel

Range Targets

Die „Range Targets" stellen einen weiteren Ansatz dar, der sich auf identische Kursmuster stützt. Anstatt sich an Trendbewegungen zu orientieren, misst man bei dieser Variante der Kurszielbestimmung die Schwankungsbreite (Range) eines Seitwärtsmarktes oder einer Korrekturformation (Top- und Bodenbildungsphasen). Die nachfolgende Abbildung macht Ihnen die Vorgehensweise deutlich:

Abbildung 207
Das Prinzip der „Range Targets"

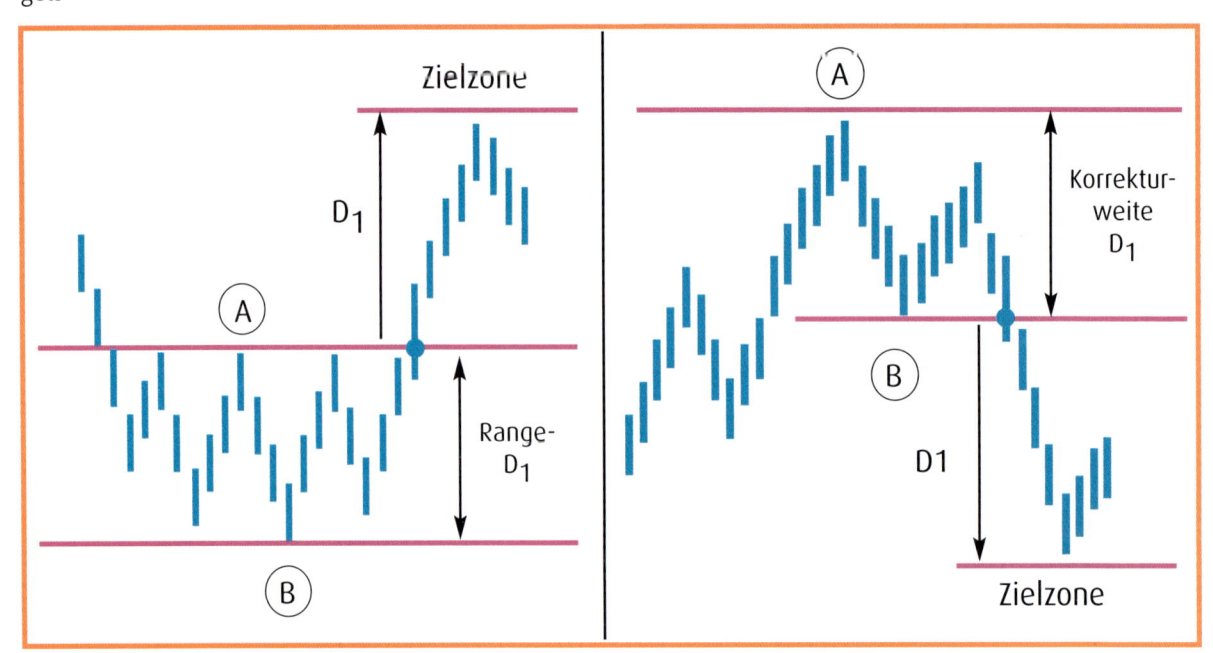

Man sucht in einem Chart Seitwärtsphasen und Korrekturmuster heraus, misst den Abstand (D1) zwischen Punkt A und B, legt zur Verdeutlichung horizontale Linien an diese Preis-Levels und addiert die Differenz (D1) bei einem Breakout nach oben zu Punkt A. Bei einem Breakout nach unten subtrahiert man sie dagegen von Punkt B. Die sich daraus ergebenden Beträge stellen die Zielzonen dar.

Abbildung 208 zeigt diesen Ansatz in einem Intraday-Chart des S&P500-Futures. Dort haben die farbig unterschiedenen „Ranges" Kursziele hervorgebracht, die von den Kursen sehr genau angesteuert wurden. Im Fall 1 lag das Top bei 1.376,2 Punkten, das Tief bei 1.369,1. Die Differenz betrug also 7,1 Punkte. Nach dem Breakout unter 1.369,10 wurden 7,1 Punkte vom Tief B sub-

[14] Techniken, mit denen die Profis Kursziele ermitteln

trahiert, so dass sich ein Kursziel von 1.362,0 ergab. Der S&P500-Future lief dann fast punktgenau bis auf 1.362,10. In den anderen Beispiel wurden die ermittelten Kursziele ähnlich exakt angesteuert, wobei im zweiten Fall eine dreifache Differenz eingesetzt wurde.

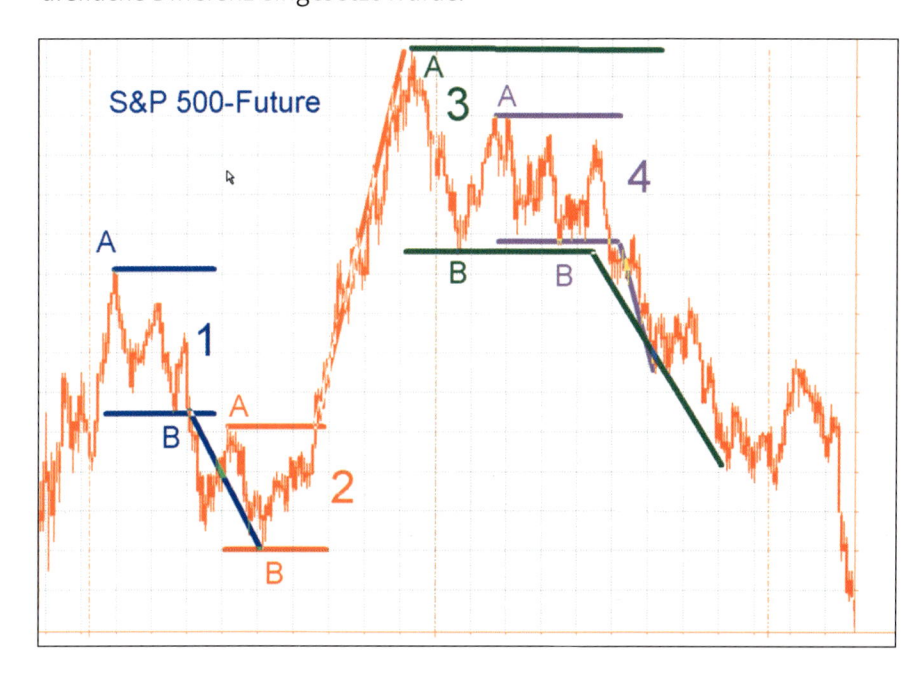

Abbildung 208
Range Targets im Intraday-Chart des S&P 500-Futures

	Fall 1 (blau)	Fall 2 (rot)	Fall 3 (grün)	Fall 4 (violett)
A	= 1.376,2	= 1.368,4	= 1.387,4	= 1.384,0
B	= 1.369,1	= 1.362,1	= 1.376,9	= 1.377,5
Diff.	= 7,1	= 6,3 • 3	= 10,5	= 6,5
Ziel	= 1.362,0	= 1.387,3	= 1.366,4	= 1.371,0
Traded	= 1.362,1	= 1.387,4	= 1.366,1	= 1.371,0

Damit Sie nicht den Eindruck erhalten, dass diese Methode nur im Intraday-Bereich eingesetzt werden kann, finden Sie in Abbildung 209 auch ein Beispiel im Wochenchart des Bund-Futures. Das Top A lag bei 116.72, das erste Tief B bei 111.62, was eine Differenz von 510 Ticks ausmachte. Als im Juni 99 der Durchbruch nach unten erfolgte, musste man lediglich 510 Ticks vom Tief bei 111.62 subtrahieren, um eine mögliche Zielzone bei 106.52 zu berechnen (111.62 − 510 Ticks = 106.52). Im August 99 erreichte der Bund-Future dann auch ein Tief von 106.48, was durchaus als Punktlandung zu werten ist. Versuchen Sie es selbst einmal.

[Teil IV] Tricks und Hilfsmittel

Abbildung 209
„Range Targets" im Wochenchart des Bund-Futures

Channel-Ranges

Die meisten Trendmärkte bilden so genannte Trendkanäle aus, deren Weite (Handelsspanne) bei einem Ausbruch der Kurse aus dem Kanal wiederum zur Bestimmung eines Kurszieles verwendet werden kann. Abbildung 210 soll Ihnen das Prinzip der „Channel-Ranges" kurz skizzieren.

Abbildung 210
Mit der Weite (Handelsspanne) eines Trendkanals Kursziele bestimmen

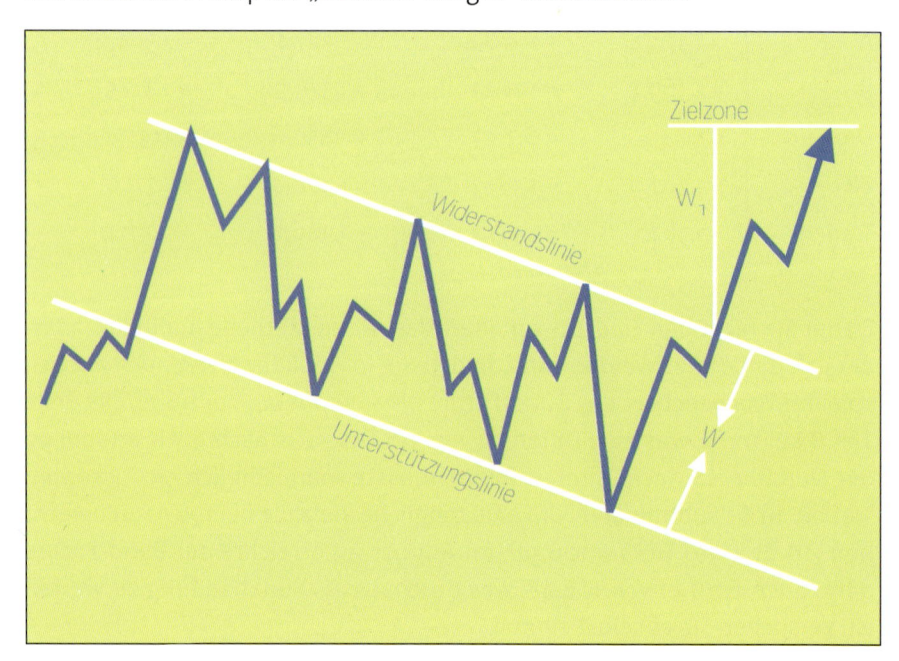

Nachdem ein Trendkanal eingezeichnet wurde, misst man seine Weite (W). Dieser Betrag (W1) wird bei einem Ausbruch der Kurse aus einem Abwärtstrendkanal nach oben hinzuaddiert, bei einem Ausbruch aus einem Aufwärtstrendkanal nach unten subtrahiert.

Fibonacci-Techniken

Leonardo da Pisa (genannt Fibonacci = Sohn des Bonacci), war ein bedeutender Mathematiker des Mittelalters (um 1170 geboren). Zu seinen größten Errungenschaften zählte die Einführung arabischer Zahlen mit der bis heute gebräuchlichen Dezimalzählweise, das das bis dahin im Abendland übliche alte römische Nummernsystems ersetzte. Er belebte die Mathematik unter anderem mit der Fibonacci-Zahlenreihe, der Entdeckung des „goldenen Schnittes" und den „Fibonacci-Ratios". Eines seiner bedeutendsten Werke war das „Buch der Kalkulationen" (Liber Abaci). Viele seiner Ansätze basierten auf der Annahme, dass sich natürliche Zyklen in konstanten Proportionen fortentwickeln. Die Proportionen sind mit Hilfe der Fibonacci-Zahlenreihe und – Ratios darstellbar.

Fibonacci-Zahlenreihe

Experten streiten sich noch heute darum, ob der ursprüngliche Untersuchungsgegenstand der Fibonacci-Zahlenreihe nun die Vermehrung von Karnickeln oder die Proportionen der Pyramide von Gizeh gewesen sein soll. Fest steht heute aber, dass Fibonacci eine Zahlenfolge entdeckte, die als ein wiederkehrendes Muster in allen nur denkbaren Bereichen, wie Kunst, Wissenschaft, Medizin und in menschlichen Verhaltensweisen zu finden sind. Ralph Nelson Elliott, der Begründer der Elliott-Wellentheorie, rückte Fibonaccis Zahlenfolge sogar in den Mittelpunkt der Menschheitsgeschichte, die seiner Meinung nach als eine Wiederholung gleichartiger Abläufe zu verstehen sei, deren Ausdehnungen sich zwar unterschieden, jedoch immer den gleichen Grundprinzipien folgten. Somit bestünde ein Zusammenhang zwischen der natürlich vorgegebenen Regelmäßigkeit der menschlichen Psyche und der Vorhersagbarkeit von Kursverläufen.

Die Fibonacci-Zahlenreihe entsteht, indem man jeweils die beiden letzten Nummern einer Zahlenreihe – ausgehend von 1 – addiert (1+1 = 2; 1+2 = 3; 2+3 = 5, 3+5 = 8 , usw.). Sie reicht von 1,1,2,3,5,8,13,21,34,55,89,144... bis unendlich.

[Teil IV] Tricks und Hilfsmittel

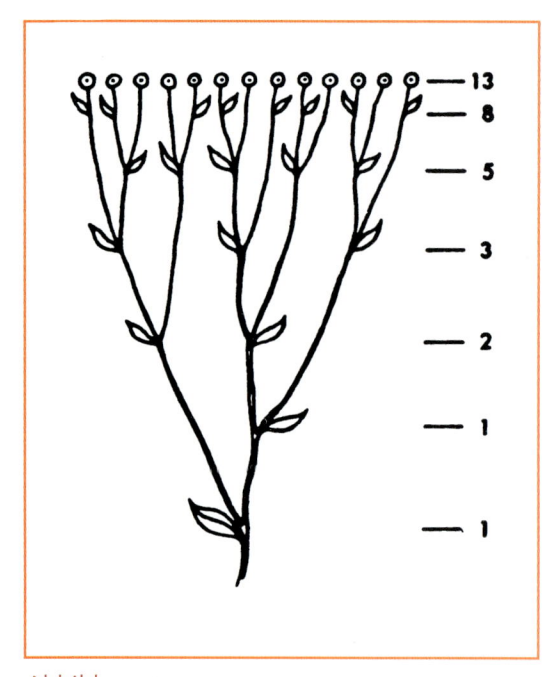

Abbildung 211
Fibonacci-Zahlen in der Natur

Formel: Z(n) = Z(n-1) + Z(n-2)

Die Proportionen, in denen sich der Zahlenabstand vergrößert, sind in allen Lebensbereichen zu beobachten. In der Natur (siehe Wachstumproportionen von Pflanzen in Abbildung 211) verfügt beispielsweise eine Sonnenblume in der Regel über 89 Blätter, von denen sich 55 in die eine, 34 in die andere Richtung drehen. In der Musik besteht eine Oktave aus 13 Tasten auf dem Flügel, fünf schwarzen und acht weißen. Ob Wissenschaft, Architektur oder menschliches Verhalten (man denke an die Beteiligungsrate bei „Standing Ovations"), überall sind sie zu finden. Obwohl sich in der Fibonacci-Zahlenreihe und in den nachfolgenden Fibonacci-Ratios natürliche Phänomene widerspiegeln, werden sie in der wissenschaftlichen Literatur nicht unter der Rubrik „Naturgesetze" geführt.

Fibonacci-Ratios

Der proportionale Abstand der einzelnen Werte der Zahlenreihe zueinander nähert sich asymptotisch einem konstanten Verhältnis (engl. Ratio). Dieses „Ratio" verfügt über eine unendliche Anzahl von Ziffern nach dem Komma, wodurch es sich letztendlich nicht genau darstellen lässt. Dividiert man beispielsweise jede Nummer der Zahlenreihe durch ihre vorhergehende, wie z. B.

$$8/5 = 1{,}60$$
$$13/8 = 1{.}625$$
$$21/13 = 1{.}6153846$$
$$233/144 = 1{,}61806$$

so oszilliert das Ergebnis um die irrationale Zahl 1,61803398875..., mal höher, mal niedriger. Die Annäherung der einzelnen Ratios an die Zahl wird um so genauer, je höher die beiden Zahlen gegen unendlich streben. Diese Ausführungen lassen sich noch weiter fassen. Berechnet man beispielsweise die Ratios von niedrigen zu höheren Zahlen, oder die Ratios von bestimmten Zahlen der Zeitreihe zu der jeweils übernächsten, so erhält man immer wieder Ratios, die sich durch bestimmte Regelmäßigkeiten auszeichnen.

[14] Techniken, mit denen die Profis Kursziele ermitteln

Ratios:
13 / 55	= 0.23636
34 / 89	= 0,38202
89/144	= 0,61806
144/89	= 1.61797
89 / 34	= 2.61764
55 / 13	= 4.23076

Diese Regelmäßigkeiten können natürlich auch Grundlage für die Prognose von Kurszielen sein.

Die logarithmische Spirale

Die Erkenntnisse über die Fibonacci-Zahlenreihe und Ihren Ratios führen uns zum „Goldenen Schnitt". Der goldene Schnitt zeigt die relative Regelmäßigkeit der Fibonacci-Zahlen zueinander auf. Hierzu zählt insbesondere die 61,85 / 38,15- Proportion, die zusammengezählt 100 ergibt und überall wiederzufinden ist. So entsprechen die Maße einer durchschnittlich geformten Hand, eines Auges, eines Gesichtes, oder von Innereien und von vielen Pflanzen (Bäume, Blätter) oftmals dieser Proportion (61.85% lang, 38.15% breit). Über den goldenen Schnitt lässt sich auch die „logarithmische Spirale" (Abbildung 212) konstruieren, die viele Wissenschaftler als fundamentales Ordnungsprinzip des Lebens auf der Erde und im ganzen Universum ansehen. Die logarithmische Spirale findet man nicht nur in Muschel- oder Schneckenformen

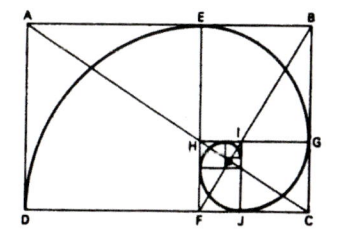

Abbildung 212
Die „logarithmische Spirale"

Abbildung 213
... in der Muschelform

[Teil IV] Tricks und Hilfsmittel

(Abbildung 213) wieder, sondern auch in der Form von Wirbelstürmen und Galaxien, selbst in den Ausmaßen eines menschlichen Ohres und in vielen anderen Steigungsproportionen. Auch das menschliche Verhalten, welches letzten Endes die Kursverläufe prägt, unterliegt bestimmten Konstanten. Somit stellen die bisher aufgeführten Ansätze ein Bindeglied zwischen natürlichen Gesetzmäßigkeiten und möglichen Kursprognosen dar.

Fibonacci-Extensions

Reguläre Fibonacci-Extensions basieren auf einer anderen Methodik, deren Grundprinzip in der Abbildung 214 aufgezeigt wird. Hierbei misst man die

Abbildung 214
Vorgehensweise der Fibonacci-Extensions

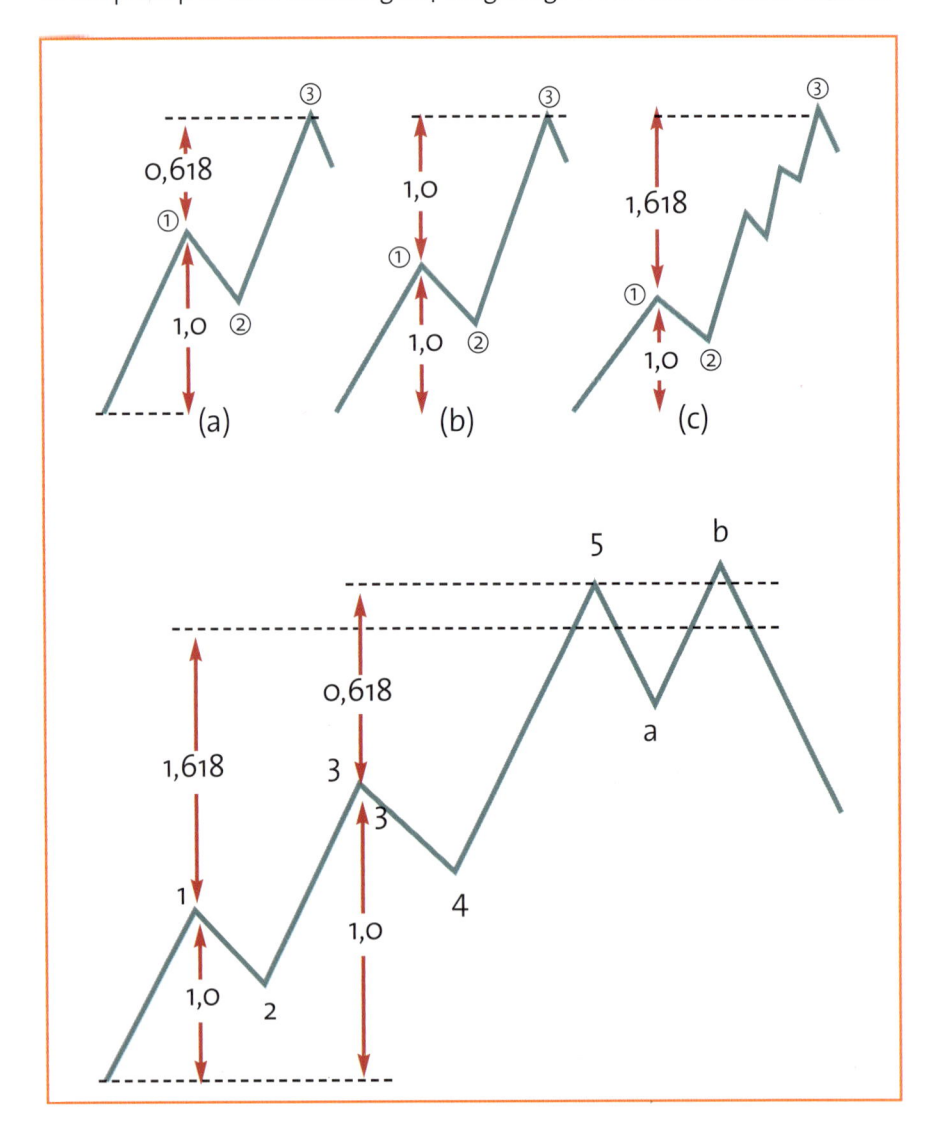

Länge eines Aufwärtstrends, setzt ihn gleich 1.0 oder 100% und multipliziert ihn mit den bereits genannten Fibonacci-Ratios. Das Ergebnis wird zum Hochpunkt (und umgekehrt bei Abwärtstrends) addiert, so dass man Zielzonen für neue Hochpunkte erhält. In Abbildung 215 können Sie die Technik der Fibonacci-Extensions beim DAX betrachten.

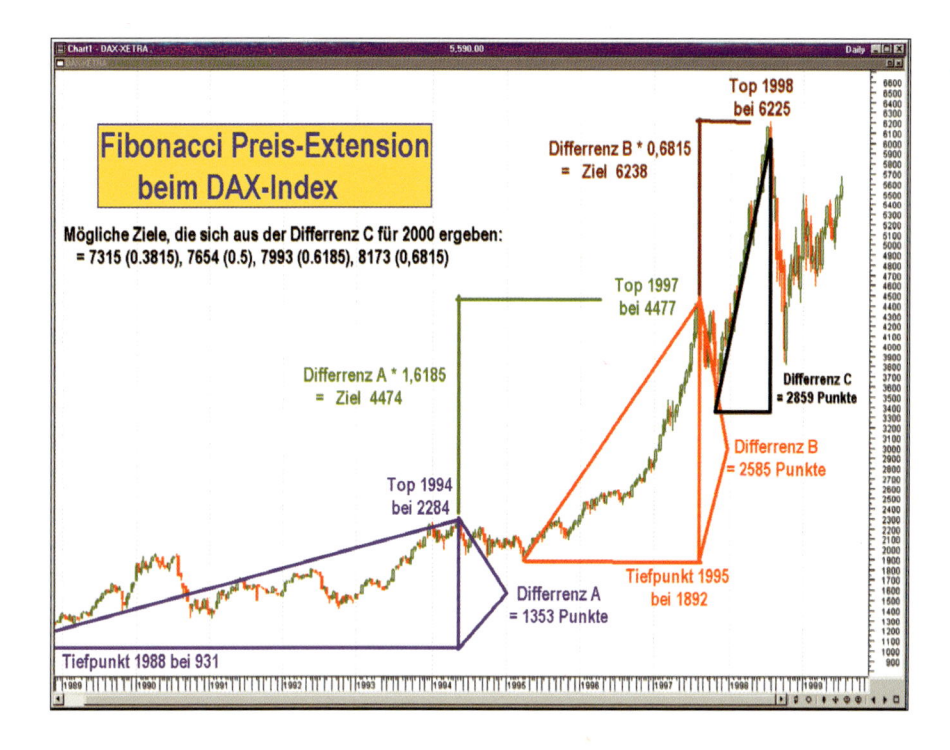

Abbildung 215
Fibonacci Preis-Extension beim DAX

Fibonacci Retracement-Extensions

Die Fibonacci Retracement-Extension stellen eine weitere Möglichkeit dar, wie man Kursziele ermitteln kann. Hierbei werden Korrekturbewegungen eines Trends als Berechnungsbasis für dessen Zielzone herangezogen (siehe Abbildung 216). Bei einer Abwärtskorrektur wird die Disstanz zwischen dem letzten Hoch und dem Korrekturtief ermittelt mit Fibonacci Ratios 1.236, 1.3815, 1.6185, 2.0, 2.3815, 2.6185 usw. multipliziert zum Tiefpunkt hinzuaddiert, so dass man Zielzonen für neue Höchstkurse erhält (umgekehrt bei Aufwärtstrends).

In der rechten Hälfte des Dollar-Charts (Abbildung 217) können Sie ein Beispiel für die regulären Fibonacci Extensions erkennen. Die horizontalen Linien geben eine kleine Auswahl der Kurszielpräzision wieder, die mit dieser

[Teil IV] Tricks und Hilfsmittel

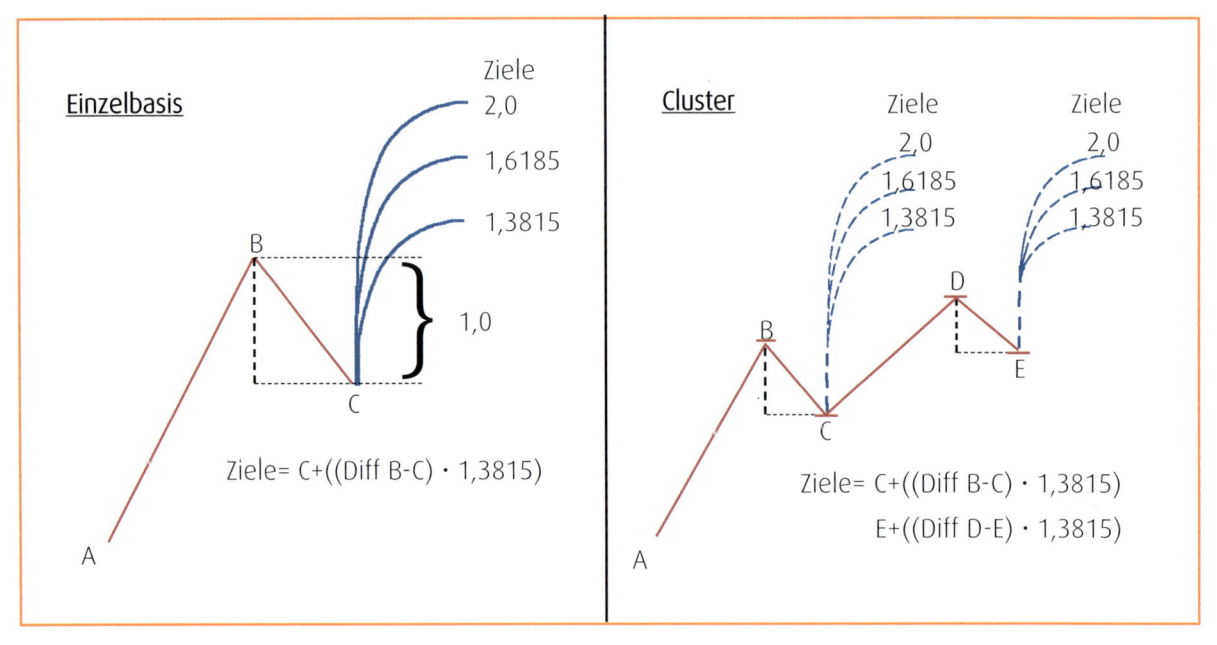

Abbildung 216
Vorgehensweise der Fibonacci Retracement-Extensions

Abbildung 217
Fibonacci Retracement-Extension beim US-Dollar

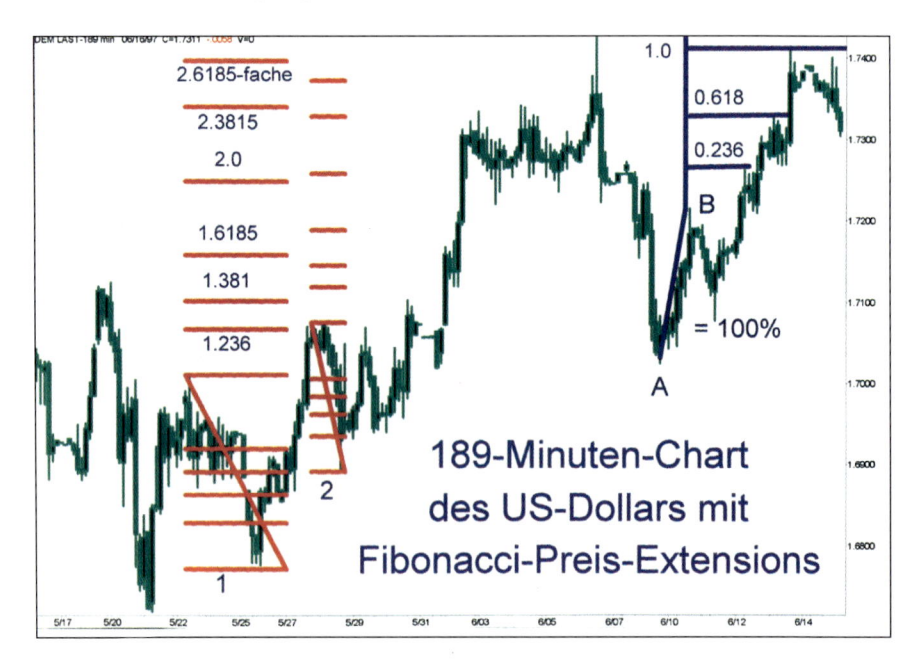

Technik möglich ist. Schließlich wurden fast alle Hochpunkte des weiterführenden Aufwärtstrends angezeigt.

In der linken Hälfte der Abbildung 217 finden Sie zwei Beispiele zu den Fibonacci Retracement Extensions. Auch hier konnten viele Hochpunkte in der Aufwärtsbewegung ermittelt werden. Wenn man die Fibonaci Retracement Extensions von zwei oder sogar mehreren Korrekturbewegungen berechnet (siehe horizontale Linien, dann können sich gemeinsame Kursziele ergeben. Man spricht in diesem Fall auch von einem „Kursziel-Cluster". Um die Berechnung der „Cluster" zu systematisieren, können sie sich ein Excel-Spreadsheet aufbauen, wie Sie es in Abbildung 218 vorfinden. Dort werden sämtliche Aufwärts- und Abwärtsbewegungen des Bund-Futures festgehalten, wobei auch eine zeitliche Eingruppierung vorgenommen wurde.

	FIBO - RETRACEMENT - LEVELS - BUND-FUTURE Juni-Kontrakt									
DOWNMOVES	mit	FIBO -		RESIST -	LEVELS					
	OLD	LONGTERM	LONGTERM	MIDTERM	MIDTERM	MIDTERM	SHORTterm	Intraday	Intraday	Intraday
Datum	Jan. 94	25. Jan. 96	3. Dez. 96	18. Feb.	18. Feb.	14. Mai	21. MAI	28. Mai	30. Mai	2. Juni	4. Juni
HIGH	101.48	101.36	102.99	104.04	103.20	102.59	101.95	101.02	100.95	100.92	101.56
2.6185	123.85	112.69	108.99	112.12	109.92	106.23	104.56	102.12	101.69	101.32	102.09
2.3815	120.57	111.03	108.12	110.93	108.93	105.70	104.17	101.96	101.59	101.27	102.02
1.6185	110.03	105.69	105.28	107.13	105.77	103.98	102.95	101.44	101.23	101.07	101.76
1.3815	106.75	104.03	104.41	105.94	104.78	103.45	102.56	101.28	101.13	101.02	101.69
76.40%	98.22	99.71	102.11	102.86	102.22	102.06	101.57	100.86	100.84	100.86	101.48
61.85%	96.21	98.69	101.57	102.14	101.62	101.34	100.76	100.77	100.82	101.43
50.00%	94.57	97.86	101.14	101.55	101.13	101.47	101.15	100.68	100.72	100.80	101.40
38.15%	92.93	97.03	100.70	100.95	100.63	101.20	100.95	100.60	100.67	100.77	101.36
23.60%	90.92	96.01	100.16	100.23	100.03	100.87	100.72	100.50	100.60	100.73	101.31
LOW	87.66	94.36	99.28	99.05	99.05	100.34	100.34	100.34	100.49	100.67	101.23
Datum	Okt. 94	11. März 96	13. Dez.	3. April	3. April	29. Mai	29. Mai	29. Mai	2. Juni	2. Juni	3. Juni
UPMOVES	mit	FIBO -		SUPPORT -	LEVELS					
	OLD	LONGTERM	LONGTERM	LONGTERM	MIDTERM	MIDTERM	SHORTterm	Intraday	Intraday	Intraday
Datum	Jan. 94	25. Jan. 96	25. Jan. 96	18. Feb. 97	18. Feb. 97	14. Mai	20. Mai	4. Juni	4. Juni	4. Juni
HIGH	101.48	101.36	101.36	104.04	103.20	102.59	102.59	101.95	101.56	101.56	101.56
23.60%	96.37	98.13	99.30	101.76	101.11	101.75	102.04	101.81	101.27	101.35	101.45
38.15%	93.22	96.13	98.04	100.35	99.83	101.24	101.71	101.73	101.09	101.22	101.38
50.00%	90.66	94.51	97.01	99.20	98.78	100.82	101.44	101.66	100.95	101.12	101.33
61.85%	88.10	92.89	95.97	98.05	97.73	100.40	101.16	101.59	100.81	101.01	101.27
76.40%	84.95	90.89	94.71	96.64	96.45	99.89	100.83	101.51	100.63	100.88	101.20
1.3815	71.54	82.43	89.33	90.67	90.99	97.70	99.40	101.15	99.87	100.33	100.91
1.6185	66.46	79.19	87.26	88.37	88.89	96.86	98.85	101.01	99.59	100.12	100.80
2.3815	49.94	68.73	80.62	80.99	82.15	94.16	97.09	100.57	98.65	99.44	100.44
2.6185	44.82	65.49	78.55	78.69	80.05	93.32	96.54	100.43	98.37	99.23	100.33
LOW	79.84	87.66	92.65	94.36	94.36	99.05	100.28	101.37	100.34	100.67	101.09
Datum	Feb. 90	Okt. 94 -88.05	Juli 95	14. Juni	14. Juni	3. April	25. April	20. Mai	29. Mai	2. Juni	3. Juni

Abbildung 218
Tabelle zur Berechnung der Fibonacci Extension-Levels

Floreks Fibonacci-Pull-Extensions

Abbildung 219 zeigt eine Fibonacci-Technik, die nicht zu den offiziellen Ansätzen gehört, sondern aus meinem eigenen Erfahrungsfundus stammt. Beispiel 1 zeigt ein Fibonacci Retracement, das auf der Bewegung vom Tief bei 3738 bis zum ersten Hoch bei 3763 basiert. Die anschließende Korrektur lief nur knapp unter den 38.15%-Level dieses Retracements. Danach startete eine neue Aufwärtsbewegung.

Die meisten Chartprogramme ermöglichen es heutzutage, ein eingezeichnetes Retracement zu verschieben oder gar mehrere einzuzeichnen. Nach

[Teil IV] Tricks und Hilfsmittel

Abbildung 219
Pull-Extension im 5min-Chart des DAX-Futures

meinen Erfahrungen kann man die Zielzone für die neue Aufwärtsbewegung dadurch recht präzise ermitteln, indem man die ursprüngliche Retracement-Formation so weit nach oben zieht (siehe kleine Pfeile), bis die 61.8%-Retracementlinie, die vorher bei 3744 lag, auf das Niveau des Korrekturtiefs bei 3750 heranreicht.

Als Folge dieses „Ziehens" des ersten Fibonacci Retracements erhält man die Zielzone für die neue Aufwärtsbewegung. Beispiel 2 zeigt eindrucksvoll auf, wie genau man mit diesem Ansatz Kursziele bestimmen kann. Die Kurse erreichten das so ermittelte Kursziel von 3777 in Form einer Punktlandung. Dieses Phänomen ist auf allen Zeitebenen zu entdecken und gilt natürlich auch für Abwärtstrends.

Fibonacci Time Extension (Ratio)

Neben der Bestimmung von Kurszielen bieten die Fibonacci-Relationen auch die Möglichkeit, Wendepunkte auf der Zeitachse im Voraus zu berechnen. Die Anwendung der verschiedenen „Time Projection"-Methoden basiert auf der Annahme, dass die Extremwerte eines Charts Ausgangspunkte für bestimmte Bewegungsmuster in der Zukunft sind. Da diese Verlaufsmuster dynamische Zyklen entwickeln, die sich an den Grundsätzen des goldenen Schnittes orientieren, sind sie mit Hilfe der Fibonacci-Techniken vorherzusagen. Man geht davon aus, dass Wende-

[14] Techniken, mit denen die Profis Kursziele ermitteln

punkte im Kursverlauf häufig zum Zeitpunkt der Fibonacci-Zyklen stattfinden.

Bei dem „Fibonacci Time Extensions"-Ansatz misst man die Anzahl der Zeiteinheiten einer bestimmten Trendbewegung, setzt diese gleich 100% und multipliziert sie mit den Fibonacci-Ratios (z. B. 0.3815, 0.6185, 1,3815 usw.). Die Ergebnisse der Multiplikation zählt man dann ab der letzten Zeiteinheit des abgezählten Trends in die Zukunft, so dass man das Datum (Intraday die Uhrzeit) für das Eintreffen eines markanten Tops oder Tiefs der Kurse erhält. Trotz der eindrucksvollen Beispiele in Abbildung 220 bleibt festzuhalten, dass man mit dieser Methode zwar im Voraus markante zyklische Wendepunkte bestimmen, nicht aber die Frage beantworten kann, ob zu diesem Termin ein Hoch- oder Tiefpunkt im Chart erscheint. Dies kann man nur der dann aktuellen Entwicklung entnehmen. In Abbildung 221 finden Sie den 31. Januar 2000 als möglichen Wendepunkt.

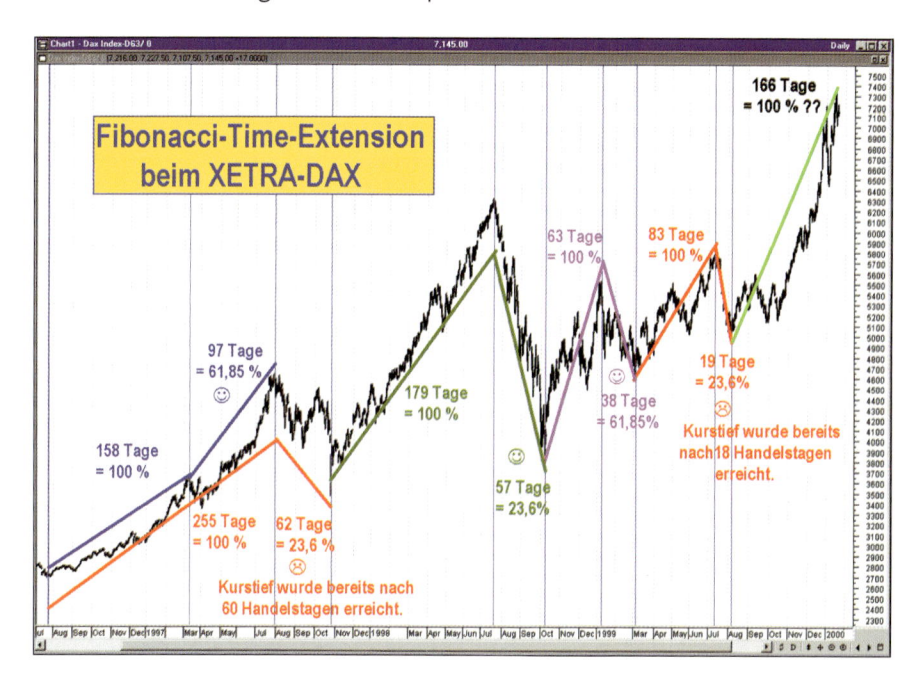

Abbildung 220
Fibonacci Time Extension beim XETRA-DAX

[Teil IV] Tricks und Hilfsmittel

Abbildung 221
Wenn der 31. 1. 2000 ein zyklischer Wendepunkt war (ob Hoch oder Tief), dann sollten Sie den 77. Handelstag danach ermitteln

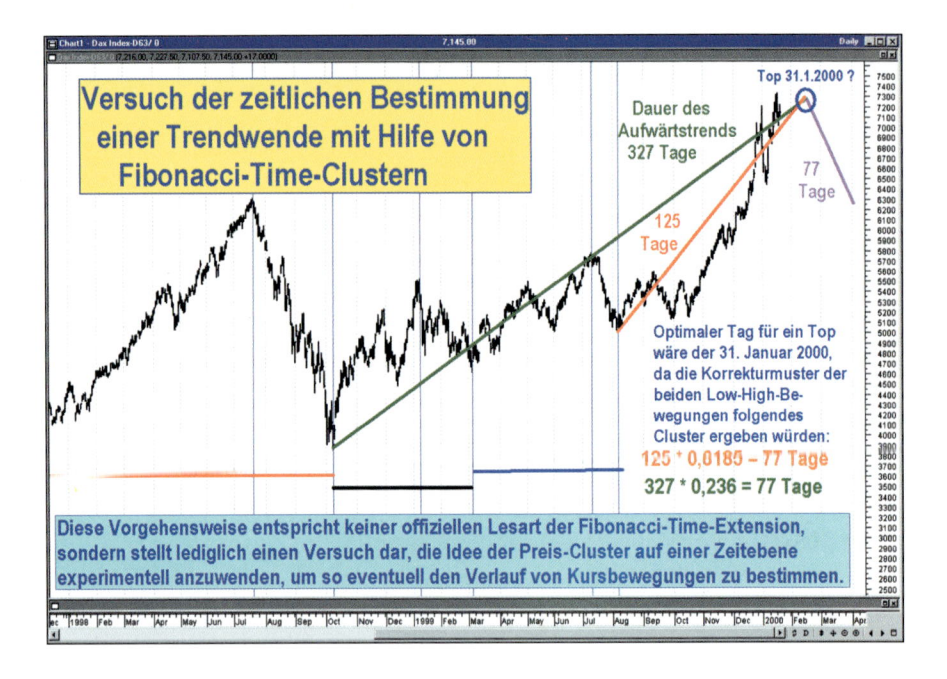

Trendlinien-Differenzmethode

Das Grundprinzip der Trendlinien-Differenz-Methode wurde bereits im Kapitel 4 erläutert. Auf dieser Seite folgt ein Beispiel der Telekom-Aktie, das ihre Prognosequalität auch im Intraday-Bereich andeuten soll:

Abbildung 222
Die Trendlinien-Differenz-Methode am Beispiel einer Intraday-Darstellung

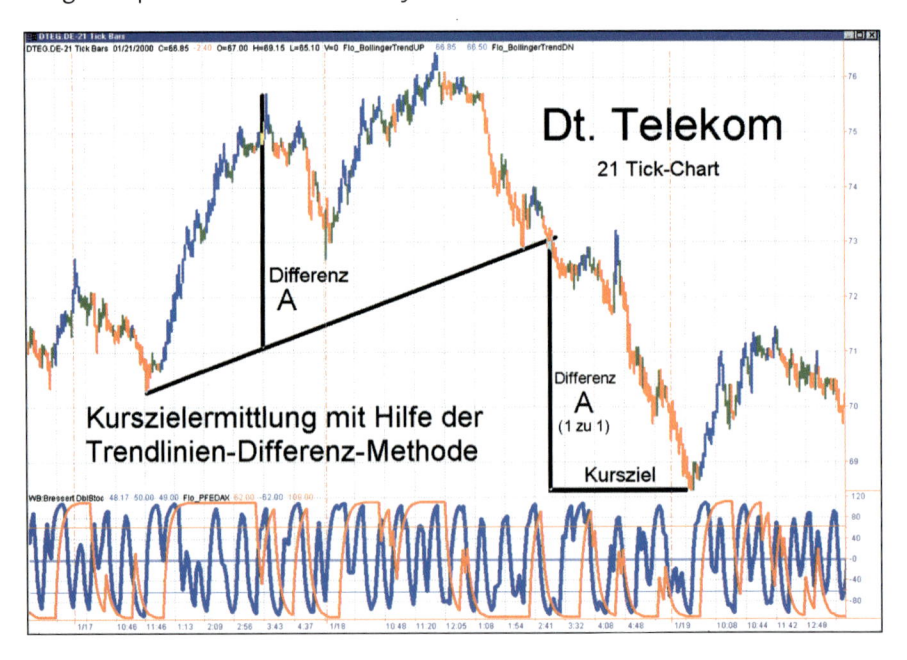

352

Point & Figure Kurszielbestimmungen

Nach einem Kauf oder Verkauf stellt sich dem Investor immer die Frage, welches Kursziel sein Wert denn nun erreichen kann. Um ein etwaiges Kursziel auszuloten, bedient man sich bei den Point & Figure-Charts mehrerer Methoden. Dabei unterscheidet man zwischen Abzählverfahren und Trendlinienbetrachtungen. Zu den so genannten Abzählverfahren gehören das „Horizontale Abzählen" (horizontal count) und das „Vertikale Abzählen" (vertical count). Bei den Trendlinienverfahren kann man insbesondere die Trendkanäle betrachten, deren Differenz entsprechende Kursziele generieren. Darüber hinaus bietet aber auch die Trendlinien-Differenz-Methode einen Ansatz zur Kurszielbestimmung bei den Point&Figure-Charts.

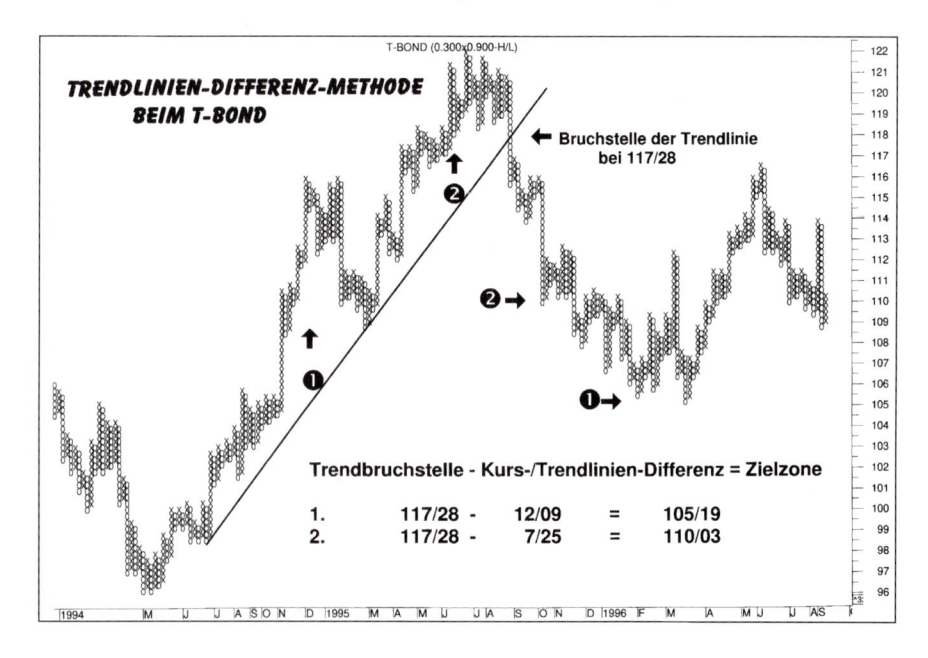

Abbildung 223
Kurszielbestimmung des T-Bond-Futures per Trendlinien Differenz-Methode

Horizontales Abzählen

Ausgangspunkt des horizontalen Abzählens ist der Grundgedanke, dass eine Kursbewegung nach einer Konsolidierungsphase um so kräftiger und nachhaltiger ausfallen wird, je länger die vorangegangene Konsolidierungsformation andauerte. Daher gilt der Formationsbreite ein besonderes Interesse. Sie bildet die Basis für die Berechnung eines Kurszieles. Da die verschiedenen Formationen im Point & Figure-Chart von der Kästchengröße und der Reversal-Regel abhängig sind, müssen diese beiden Parameter ebenfalls eingebunden werden. Daher lautet die Formel wie folgt:

[Teil IV] Tricks und Hilfsmittel

Kursziel =   Höchst-/Tiefstkurs d. Formation +/− (Breite in Kästchen • Kästchengröße • Reversal)

Handelt es sich um eine Top-Formation, wird vom Höchstkurs das Ergebnis des Klammerproduktes abgezogen und umgekehrt. Das Problem des horizontalen Abzählens besteht darin, dass die Bestimmung der Konsolidierungsphasen nicht immer eindeutig vorzunehmen ist. Hier spielt dann zum Teil auch das Fingerspitzengefühl des Chartisten eine Rolle, was eine Subjektivierung des ermittelten Kurszieles mit sich bringen kann.

In Abbildung 224 soll der VDAX aufzeigen, dass diese Methode selbst bei recht selten analysierten Finanzinstrumenten Erfolge aufzeigt. Obwohl sich kaum ein Händler oder Point & Figure-Chartist den VDAX genauer anschaut, funktioniert die Methodik auch hier. Im ersten Beispiel auf der linken Seite findet sich gleich ein besonders breites Exemplar einer Top-Formation. Der horizontale Strich (ebenso Beispiel 3 und 5) soll die Breite der ausgewählten Formation verdeutlichen. Zu ihr gehören sowohl die erste Kursbewegung wie auch die Ausbruchsbewegung.

In dem ersten Beispiel hat die Formation ein Top bei 24.40 Punkten und eine Breite von 26 Spalten ausgebildet. Als Kästchengröße (Box) wurde 0.10 gewählt. Die Reversal-Regel beträgt in dieser Darstellung 3. Das Produkt,

Abbildung 224
Kurszielbestimmung des V-DAX per Horizontalmethode

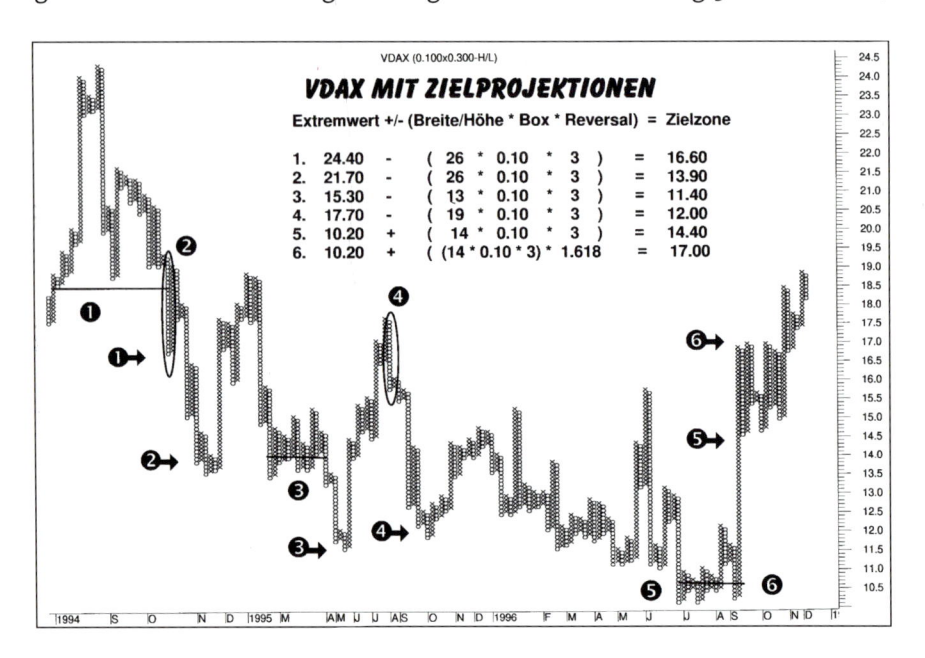

welches vom Höchstkurs abgezogen wird, ergibt 7.8 Punkte. Dadurch kann nach dem Ausbruch aus dieser Formation bei 18.60 ein Kursziel von 16.60 ermittelt werden (24,40 – 7,80 = 16,60), was im Chart mit Hilfe der 1 mit Pfeil gekennzeichnet wurde.

Die gleiche Vorgehensweise hat auch im dritten Beispiel zu einer Punktlandung der Kurse geführt. Lediglich beim fünften Beispiel schoss der VDAX über sein Ziel hinaus. Was ist dann zu tun? Eingefleischte Fibonacci-Anhänger verwenden in solchen Fällen eine Fibonacci-Extension-Regel, deren Grundphilosophie folgendermaßen lautet: Die Kurse bewegen sich in ähnlichen Verlaufsmustern, so dass ihre Bewegungsmuster prozentual quantifizierbar sind. Schießen die Kurse also über ihr Ziel hinaus, ist die Chance groß, dass sie dies in Form einer 1.381-, 1.618-, 2.381- oder 2.618-fachen Erweiterung der Ursprungsbewegung tun. Im Beispiel 6 wurde daher die Distanz vom Kurstief bei 10.20 bis zum ursprünglichen Kursziel bei 14.40 (=4.20) mit 1.618 multipliziert, so dass ein neues Kursziel bei 17.00 ermittelt werden konnte, was dann auch wieder recht punktgenau vom VDAX angesteuert wurde.

Vertikales Abzählen

Beim vertikalen Abzählen liegt die Annahme zugrunde, dass das Ausmaß der gesamten Kursbewegung nach einer Konsolidierungsphase um so stärker ausfällt, desto kräftiger die erste Kursbewegung nach einem Kauf- oder Verkaufssignal war. Die Ermittlung des Kurspotenzials ist der horizontalen Berechnungsmethode sehr ähnlich. Anstelle der Anzahl der Säulen einer Formationen muss man die „Anzahl der Kästchen" ermitteln, die die signalgebende Säule enthält. Die Formel lautet:

Kursziel =   Höchst-/Tiefstkurs d. Formation +/– (Anzahl d. Kästchen • Kästchengröße • Reversal)

Dieser Betrag wird dann wiederum mit der Kästchengröße und der Reversal-Regel multipliziert. Das Kursziel ergibt sich bei steigenden Kursen durch die Addition des ermittelten Wertes zur tiefsten Notierung der vorherigen Konsolidierungsformation und umgekehrt. Der so ermittelte Kurs stellt das Ziel der Kursbewegung nach dem Ausbruch aus der vorherigen Konsolidierungsformation dar. Im VDAX-Chart finden sich dazu die Beispiele 2 und 4. Auch hier verdeutlichen die Zahlen mit Pfeil die Treffgenauigkeit dieses Verfahrens.

Ganns Cardinal Squares

William D. Gann (1878 - 1955) gilt noch heute als einer der besten Analysten aller Zeiten. Während seiner über 50-jährigen Karriere ermittelte er mathematische und geometrische Zusammenhänge an den Finanzmärkten, die er in ein womöglich einzigartiges Analysesystem einfließen ließ. Obwohl Gann einige seiner zum Teil sehr komplexen Handelsansätze in Artikeln und Büchern veröffentlichte, werden aus heutiger Sicht mehr Fragen aufgeworfen als beantwortet, da er nicht alle Details seiner sagenumwobenen Methoden der Nachwelt überlieferte. Außerdem verstand er es brillant, seine Beschreibungen durch esoterische und astrologische Aussagen zu verschlüsseln. Gann-Forscher sind sich einig, dass Gann seine wahren Erkenntnisse über das Kursgeschehen verbergen wollte. Dadurch entstand ein regelrechter „Gann-Mythos".

Ganns Philosophie

Als Mathematiker war Gann davon überzeugt, dass die Märkte mathematischen Gesetzen höchster Ordnung und bestimmten Naturgesetzen folgen. Um als Investor erfolgreich zu agieren, sei es nach seiner Ansicht absolut notwendig, dem Gesetz der Kausalität (Zusammenspiel von Ursache und Wirkung) zu folgen. Gann beschäftigte in seiner Firma mehrere Astrologen und Mathematiker, die die Astrologie streng wissenschaftlich und eher kritisch erforschten. Offensichtlich fanden sie strenge mathematische und geometrische Zusammenhänge zwischen den Planetenbewegungen und den Kursverläufen an den Märkten heraus.

Ganns Ansatz

Nach Gann bilden Preis und Zeit eine voneinander abhängige zyklische Einheit, so dass auch von einer „Preisdimension" und einer „Zeitdimension" gesprochen werden kann, die gemeinsam einen „Preisraum" definieren. Diese Preisräume unterliegen mit ihren Aktions- und Aktivitätssphären individuellen Schwingungsgesetzen, deren Frequenzen die Basis sämtlicher Kursentwicklungen darstellen. Während traditionelle Analyseansätze vorwiegend den Kursverlauf betrachten, konzentrierte sich Gann auf die „Preisraum"-Intervalle. Ausgangspunkt seiner Konstruktionen waren signifikante Wendepunkte im Chart. Gann unterstellte, dass ein solcher Extrempunkt preislich und zeitlich definierbar ist und das Preis-/Zeit-Verhältnis konstant bleibt. Demnach sollten nicht nur Chartmarken prognostizierbar sein, sondern auch der Zeitpunkt ihres Eintreffens.

Gann suchte sich beispielsweise für einzelne Werte markante Kursmarken und wandelte diese in Zeiteinheiten um (z. B. 105 DM = 105 Tage). Die jeweilige Zeiteinheit projizierte er dann in die Zukunft. Beim Erreichen dieser Zeiteinheit sind Preis und Zeit „squared", wodurch eine Trendwende möglich wird. Wesentliche Hilfsmittel bildeten 360-Grad-Winkel, Dreiecke und Quadraturen. Mit Quadraturen bzw. „Squares" schaffte Gann einen fließenden Übergang zur Astrologie, die allerdings von der zweifelhaften „Tageshoroskop-Astrologie" weit entfernt war. Von der Idee getragen, dass die Erkennung konstanter planetarischer Bewegungsmuster der Schlüssel zum Börsenerfolg sein könnten, entwickelte Gann diverse „Kurs-Tracking"-Verfahren, die u.a. auch auf den von ihm ermittelten „Square"-Zahlenreihen (z. B. 30,45,60,90,120,150,180,360 oder 1/2, 1/3, 1/4, 1/5, 1/8, 3/8, 5/8) basierten.

Cardinal Squares

Mit Hilfe Cardinal Squares kann man markante Chart- und Kursmarken festlegen. In den USA hat dieses Verfahren bereits viele Anhänger, insbesondere im Devisenhandel. Bei uns sind die „Cardinal Squares" hingegen noch relativ unbekannt. Die „Cardinal Squares" sind die geometrisch dargestellten Verwirklichungen der Idee, dass zukünftige Widerstands- und Unterstützungs-Levels in bestimmten Zeit- und Preisintervallen auftreten. Die Intervalle des „Cardinal Squares" wurden dem 360´-Grad-Winkel des Sonnensystems nachempfunden. In der Mitte eines solchen „Squares" trägt man i.d.R. den absoluten Tiefstand eines Wertes ein. Danach wird diesem Wert spiralförmig und im Uhrzeigersinn eine feste Konstante hinzuaddiert, wobei man links vom Mittelpunkt beginnt. Im Zentrum des Squares (siehe Abbildung 225) befindet sich der absolute Tiefstand des US-Dollar (1.3445). Als Steigungskonstante wurden 3 Pips (1 Pip = vierte Stelle hinter dem Komma) gewählt. Im linken Kästchen steht daher 1.3448, darüber 1.3451, dann rechts daneben 1.3454 usw. Nachdem die Steigungskonstante spiralförmig aufaddiert wurde, werden anschließend alle Zahlen markiert, die sich auf einer vertikalen und einer horizontalen Linie zum Mittelpunkt befinden.

Es entsteht ein Kreuz. Gemäß Gann können alle Zahlen, die sich in diesem Kreuz befinden, markante Unterstützungs- oder Widerstands-Levels darstellen. Die Werte, die sich in der Nähe des Mittelpunktes befinden, sind zu vernachlässigen. Je weiter entfernt die markierten Kästchen des Kreuzes vom

[Teil IV] Tricks und Hilfsmittel

Abbildung 225
Cardinal Square des US-Dollars mit historischem Tief bei 1.3445 DM

Cardinal Square des US-Dollars													
1,3991	1,3994	1,3997	1,4	1,4003	1,4006	1,4009	**1,4012**	1,4015	1,4018	1,4021	1,4024	1,4027	1,403
1,3988	1,3841	1,3844	1,3847	1,385	1,3853	1,3856	**1,3859**	1,3862	1,3865	1,3868	1,3871	1,3874	1,3877
1,3985	1,3838	1,3715	1,3718	1,3721	1,3724	1,3727	**1,373**	1,3733	1,3736	1,3739	1,3742	1,3745	1,388
1,3982	1,3835	1,3712	1,3613	1,3616	1,3619	1,3622	**1,3625**	1,3628	1,3631	1,3634	1,3637	1,3748	1,3883
1,3979	1,3832	1,3709	1,361	1,3535	1,3538	1,3541	**1,3544**	1,3547	1,355	1,3553	1,364	1,3751	1,3886
1,3976	1,3829	1,3706	1,3607	1,3532	1,3481	1,3484	**1,3487**	1,349	1,3493	1,3556	1,3643	1,3754	1,3889
1,3973	1,3826	1,3703	1,3604	1,3529	1,3478	1,3451	**1,3454**	1,3457	1,3496	1,3559	1,3646	1,3757	1,3892
1,397	**1,3823**	**1,37**	**1,3601**	**1,3526**	**1,3475**	**1,3448**	**1,3445**	**1,346**	**1,3499**	**1,3562**	**1,3649**	**1,376**	**1,3895**
1,3967	1,382	1,3697	1,3598	1,3523	1,3472	1,3469	**1,3466**	1,3463	1,3502	1,3565	1,3652	1,3763	1,3898
1,3964	1,3817	1,3694	1,3595	1,352	1,3517	1,3514	**1,3511**	1,3508	1,3505	1,3568	1,3655	1,3766	1,3901
1,3961	1,3814	1,3691	1,3592	1,3589	1,3586	1,3583	**1,358**	1,3577	1,3574	1,3571	1,3658	1,3769	1,3904
1,3958	1,3811	1,3688	1,3685	1,3682	1,3679	1,3676	**1,3670**	1,367	1,3667	1,3664	1,3661	1,3772	1,3907
1,3955	1,3808	1,3805	1,3802	1,3799	1,3796	1,3793	**1,379**	1,3787	1,3784	1,3781	1,3778	1,3775	1,391
1,3952	1,3949	1,3946	1,3943	1,394	1,3937	1,3934	**1,3931**	1,3928	1,3925	1,3922	1,3919	1,3916	1,3913

Mittelpunkt auftreten, desto größer werden die Abstände zwischen den markierten Zahlen und somit die Bandbreite der relevanten Chart-Punkte.

Anwendung und Fine-Tuning

Die markierten Zahlen aus dem „Cardinal Square" können wertvolle Hinweise geben, wenn es darum geht, wichtige Widerstands- und Unterstützungs-Levels zu erhalten, bei denen man eine Position eingeht oder auflöst. Abbildung 226 verdeutlicht das enorme Potenzial, das in der Methode der „Cardinal Squares" steckt. Im unteren Teil des Charts befinden sich die jeweiligen Tiefstkurse, die als Grundlage für die Berechnung der Cardinal Squares verwendet wurden. Im oberen Teil sind links die im Voraus ermittelten Gann-Chart-Marken aus dem „Cardinal Square" aufgeführt. Rechts daneben befinden sich die später tatsächlich gehandelten Dollar-Extrempunkte.

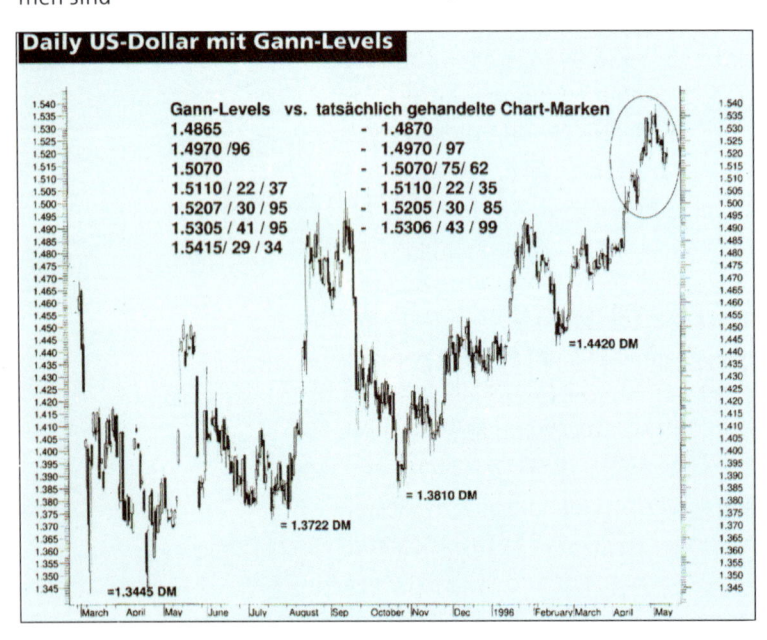

Abbildung 226
Chartmarken, die aus dem „Cardinal Square" entnommen sind

Es wird deutlich, dass die Abweichungen nur minimal waren, wodurch die Beliebtheit der „Cardinal Squares" bei den amerikanischen Devisenhändlern verständlich wird.

Glücklicherweise ist diese Methode in allen Märkten einsetzbar. Obwohl sie beispielsweise in Deutschland kaum bekannt ist, treffen die Vorhersagen für den XETRA-DAX häufig zu. Das Geheimnis des Erfolges liegt natürlich darin begründet, welche Steigungskonstanten man zum Aufaddieren verwendet. Mit Hilfe eines Spreadsheets in einem Tabellenkalkulationsprogramm kann man verschiedene Varianten schnell berechnen, um deren Ergebnisse später im Chart und bei der tatsächlichen Kursbewegung nachzuprüfen. Ein optimales Ergebnis kann dann erzielt werden, wenn…

1. … man mehrere Steigungskonstanten je Tiefstkurs durchtestet. Erscheint ein bestimmtes Kursniveau in den Kreuzen des „Cardinal Squares" häufiger, so ist es besonders markant.

2. … man nicht nur den absoluten Tiefstand verwendet, sondern auch die Tiefstkurse der letzten Tage, Wochen und Monate. Auch hier gilt:
   - Erscheint ein bestimmtes Kursniveau häufiger, so ist es besonders markant. Die Philosophie, die hinter dieser Vorgehensweise steckt, beruht auf der Tatsache, dass Kursbewegungen fraktale Strukturen (preislich und zeitlich) ausbilden. Die verschiedenen Tiefstkurse müssten demnach eine strukturelle Einheit bilden, so dass die von ihnen ausgehenden Berechnungen gleiche Zielmarken ergeben sollten.

3. … man den absoluten Höchstkurs oder die höchsten Kurse der letzten Zeiteinheiten in den Mittelpunkt eines „Cardinal Squares" setzt. Die Steigungskonstanten werden dann spiralförmig subtrahiert, wodurch neue Unterstützungszonen ermittelt werden können, falls einzelne Werte ständig neue historische Tiefstkurse erzielen.

Fazit

Die unkonventionellen Methoden, mit denen William D. Gann die Märkte erfolgreich in den Griff bekam, bieten jedem Anleger die Möglichkeit, das Verhältnis von Preis und Zeit profitabel umzusetzen. Die „Cardinal Squares" stellen ein wertvolles Instrument dar, wenn es darum geht, wichtige Chart-Marken festzustellen. Dieses Verfahren deutet nur ansatzweise an, über welche Mittel Gann verfügt haben muss.

[Teil IV] Tricks und Hilfsmittel

Instrumente zur Bestimmung von Handelsspannen

Pivot Punkte

Die Pivot-Punkte, die ursprünglich von den Floor Tradern in den USA genutzt wurden, erfreuen sich mittlerweile auch in Deutschland immer größerer Beliebtheit. Insbesondere bei den DAX-Future und Bund Future-Händlern stoßen sie auf sehr große Resonanz. Aber auch auf anderen Märkten finden sie zunehmend Akzeptanz. Die Popularität der Pivot-Punkte führt dazu, dass sie als eine sich selbst erfüllende Prophezeiung fungieren. Sie funktionieren also um so besser, je mehr Anleger sich danach richten und entsprechend handeln. Was ist ein solcher Pivot-Punkt, wie wird er berechnet und wie kann man von seiner Anwendung profitieren?

Pivot-Punkte sind nicht nur eine Methode, mit deren Hilfe man bestimmte Chart-Levels ermitteln kann, sie helfen dem Anleger auch bei der konsequenten Mitnahme von Gewinnen – an denen bekanntlich noch niemand gestorben ist – und bei der disziplinierten Liquidierung von Verlustpositionen. Darüber hinaus liefern sie aber auch Einstiegssignale.

Hilfestellung

Wer kennt nicht die Situation, bei der man eine Position eingegangen ist, die auch noch in die richtige Richtung läuft. Schnell verleiten einen die ersten Gewinne zu Tagträumen über einen möglichen Urlaub in der Südsee. Doch plötzlich muss man sich über das jähe Ende der vorherigen Bewegung wundern, welches an einem Punkt einsetzte, der weder charttechnische Bedeutung hatte noch durch neofundamentale Wirtschaftsdaten beeinflusst wurde. So zerplatzt dann die Südsee-Traumblase und die sicher geglaubten Gewinne verlaufen im Sande, weil die einmal geweckte Gier keine Gewinnmitnahmen zulässt. Wie hätte man auch wissen sollen, dass bei diesem Chart-Niveau ein markanter Punkt war, um die Gewinne einzustreichen?

Ein weiteres Beispiel, bei dem die Pivot-Zahlen hilfreich sind, findet sich bei der Stärke potenzieller Verlierer-Typen. Es handelt sich um die berühmten Stop-Loss-Marken, die ein Verlierer-Typ nicht kennt. Bei der Masse der Anleger – die bekanntlich immer falsch liegt – herrscht noch immer das Prinzip der Hoffnung, wenn eine Position in die Verlustzone läuft. Häufig muss sogar das Ammenmärchen herhalten, man könne eine Verlustposition durch Nachkäufe bzw. -verkäufe verbilligen und dadurch in den Profit führen. Wissenschaftliche Studien haben dieser Verhaltensweise längst eine hohe Wahrscheinlichkeit des Misserfolges attestiert. Die Pivot-Zahlen bieten hier Lösungen an, indem Sie als Stop-Loss-Marken verwendet werden können.

Berechnung

Die herkömmliche Berechnung der Pivot-Punkte liefert fünf verschiedene Chart-Levels. In diesem Buch werde ich Ihnen zwei weitere Formeln nennen, die die Idee der Pivot-Punkte weiterführen. Für die Berechnung des Pivot-Punktes benötigen Sie den jeweiligen Höchst-, Tiefst- und Schlusskurs des Vortages. Die Formel lautet:

$$\text{Pivot} = \frac{\text{High} + \text{Low} + \text{Close}}{3}$$

Der Pivot-Punkt ist quasi ein Mittelwert dieser drei Kurse, der das psychologische Marktverhalten des Vortages quantifiziert. Nach der Philosophie der Pivot-Punkte bildet das Verhalten der Kurse am Vortag die Basis für die Kursentwicklungen des Folgetages. Die Pivot-Zahl stellt also eine Art Gleichgewichtspreis bzw. ein Markt-Sentiment dar. Handelt der Markt über dem Pivot-Punkt, so ist dies positiv zu werten, handelt er darunter, negativ. Long- oder Short-Positionen müssen entsprechend etabliert werden. Auf Basis des Pivot-Punktes werden jeweils zwei Widerstands- und Unterstützungs-Niveaus ermittelt, deren Formeln wie folgt lauten:

Widerstand 1 = 2 · Pivot – Tiefstkurs

Widerstand 2 = Pivot + Höchstkurs – Tiefstkurs

Unterstützung 1 = 2 · Pivot – Höchstkurs

Unterstützung 2 = Pivot + Tiefstkurs – Höchstkurs

Floreks Pivot-Erweiterung

Je größer die Schwankungsbreite des Vortages war, desto weiter liegen die einzelnen Punkte auseinander und umgekehrt. Da die jeweiligen Punkte nach einem schwankungsarmen Tag recht dicht beieinander liegen, werden sie schnell über- oder unterschritten, was die Aussagekraft beeinträchtigt. Um diesem Nachteil ein wenig auszugleichen, stelle ich Ihnen nachfolgend einen dritten Widerstands- und Unterstützungspunkt vor, der von mir entwickelt wurde.

$$\text{Widerstand 3} = (2 \cdot \text{Pivot} - \text{Low}) - (\text{Low} - \text{High})$$

$$\text{Unterstützung 3} = (2 \cdot \text{Pivot} - \text{High}) - (\text{High} - \text{Low})$$

Kurstabelle

Die Tabelle in Abbildung 227 verdeutlicht Ihnen, wie einfach Sie mit Hilfe der jeweiligen Vortageskurse präzise Informationen über tagesrelevante Kurs-Levels zu den verschiedenen Future-Kontrakten erhalten. Abbildung 228 lässt anhand eines 5min-Charts des Bund-Futures die Relevanz der Pivot-Zahlen im Tages-Trading erkennen. Da nicht jeder Anleger auch ein Tages-Trader ist, macht es Sinn, die verschiedenen Pivot-Levels auf Wochenbasis zu ermitteln. Dazu verwenden Sie die Höchst-, Tiefst- und Schlusskurse der Vorwoche, um damit relevante Chart-Levels für die Folgewoche zu erhalten.

Abbildung 227
Tabelle der Pivot-Chartmarken

Vortageskurse zur Pivot-Berechnung vom 10. März 1997							
Vortag	Liffe-Bund	Bobl	T-Bond	Long Gilt	OAT	BTP	Bono
Open	101,68	104,42	110/09	111/21	129,68	127,52	112,85
High	101,81	104,48	110/13	112/00	129,92	127,52	112,85
Low	101,59	104,28	109/31	111/20	129,68	126,89	112,47
Close	101,66	104,39	110/04	111/26	129,86	127,24	112,80
Pivot-Marken für den 11. März 1997							
Pivot Res. 3	102,00	104,69	110/25	112/12	130,20	128,17	113,32
Pivot Res. 2	101,91	104,58	110/19	112/06	130,06	127,85	113,09
Pivot Res. 1	101,78	104,49	110/11	112/00	129,96	127,54	112,94
Pivot	101,69	104,38	110/05	111/26	129,82	127,22	112,71
Pivot Sup. 1	101,56	104,29	109/29	111/20	129,72	126,91	112,56
Pivot Sup. 2	101,47	104,18	109/23	111/14	129,58	126,59	112,33
Pivot Sup. 3	101,34	104,09	109/15	111/08	129,48	126,28	112,18

Anwendung

In der klassischen Chartanalyse stellen die Widerstände Bereiche dar, in denen ein Aufwärtstrend, Unterstützungen hingegen Bereiche, in denen ein Abwärtstrend auslaufen kann. Ein nach oben durchbrochener Widerstand generiert ein Kaufsignal, der vormalige Widerstand wird zur Unterstützung, der nächste Widerstand zur vorläufigen Zielzone. Die Widerstands-Levels

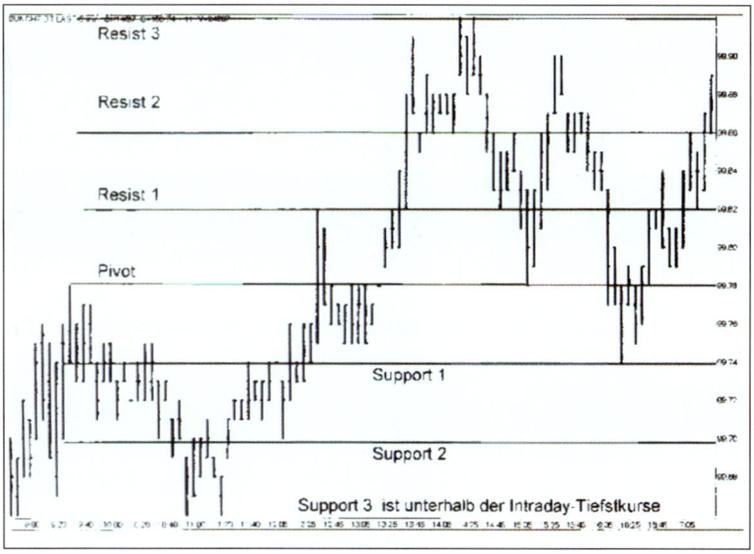

[14] Techniken, mit denen die Profis Kursziele ermitteln

der Pivot-Zahlen können demnach als Zielzonen für Long-Positionen oder als Stop-Loss-Marken für Short-Positionen verwendet werden. Je mehr Widerstände nach oben durchbrochen werden, desto positiver ist dies für die zukünftige Kursentwicklung.

Werden dagegen die Unterstützungs-Levels unterschritten, so wird ein Verkaufssignal aktiviert. Der nächste Unterstützungs-Level dient dann als Zielzone für Short-Positionen bzw. als Stop-Loss-Marke für Long-Positionen. Je mehr Unterstützungs-Levels nach unten durchbrochen werden, desto negativer ist dies für die zukünftige Kursentwicklung zu werten. Weiterführende Ansätze finden sich in der Erkenntnis, dass der Open Price in der Technischen Analyse eine immer wichtigere Bedeutung erlangt, so dass er in die bisherige Formel integriert werden kann. Dies gilt auch für Schlusskurse der „Electronic Trading Sessions". In den Märkten, in denen bereits ein „Rund-um-die-Uhr-"Handel besteht, werden die Handelszeiten zum Teil kontinental unterteilt und die Pivot-Zahlen entsprechend ermittelt.

Abbildung 228
Pivot-Marken im 5min-Chart des Bund Futures

| Fazit |

Die Pivot-Zahlen stellen ein interessantes Phänomen dar. Sie funktionieren an ruhigen Tagen besser als in volatilen Marktphasen. Der Schlüssel zum Erfolg bildet aber sicherlich die Tatsache, dass sich auch eine große Anzahl von Anlegern danach richten und handeln muss. Dies scheint gegeben zu sein. Daher sollten Sie sich bei Ihren nächsten Positionen die Pivot-Zahlen ein wenig näher betrachten. Es lohnt sich.

TD Range Projection

Für kurzfristig orientierte Investoren und Day Trader spielen mögliche Unterstützungs- und Widerstandsmarken, die in einem Tages-Chart auftreten, eine entscheidende Rolle. Zu den bekanntesten Instrumenten dieses Teilgebietes der Technischen Analyse zählen die Pivot-Zahlen. Da sie schon seit Jahren in der entsprechenden Literatur vorgestellt werden, haben sie einen hohen Bekanntheits- und Anwendungsgrad. In den USA fanden mittlerweile aber auch andere Prognoseinstrumente Eingang in das Repertoire der Day Trader.

Der „TD (Daily) Range Projection"-Ansatz wurde von Tom DeMark entwickelt und beruht auf der Annahme, dass die morgige Handelsspanne von dem Verhältnis des heutigen Eröffnungs- und Schlusskurses abhängig ist. Dieses Verhältnis kann drei Formen annehmen:

1. Opening > Closing
2. Opening < Closing
3. Opening = Closing

1. Tritt der erste Fall ein, dann gilt für die Ermittlung der morgigen Handelsspanne folgende Formel:

$$X = \frac{H\ddot{o}chstkurs_{heute} + Tiefstkurs_{heute} + Schlusskurs_{heute} + Tiefstkurs_{heute}}{2}$$

Prognose für morgigen Höchstkurs = $X - Tiefstkurs_{heute}$
Prognose für morgigen Tiefstkurs = $X - H\ddot{o}chstkurs_{heute}$

2. Sollte der heutige Schlusskurs über dem Eröffnungskurs liegen, dann gilt für die Berechnung der morgigen Handelsspanne folgende Formel:

$$X = \frac{H\ddot{o}chstkurs_{heute} + Tiefstkurs_{heute} + Schlusskurs_{heute} + H\ddot{o}chstkurs_{heute}}{2}$$

Prognose für morgigen Höchstkurs = $X - Tiefstkurs_{heute}$
Prognose für morgigen Tiefstkurs = $X - H\ddot{o}chstkurs_{heute}$

[14] Techniken, mit denen die Profis Kursziele ermitteln

3. Wenn die beiden Kurse übereinstimmen, dann lautet die Formel wie folgt:

$$X = \frac{Höchstkurs_{heute} + Tiefstkurs_{heute} + Schlusskurs_{heute} + Schlusskurs_{heute}}{2}$$

Prognose für morgigen Höchstkurs = $X - Tiefstkurs_{heute}$
Prognose für morgigen Tiefstkurs = $X - Höchstkurs_{heute}$

Solange der morgige Eröffnungskurs innerhalb der vorhergesagten „High/Low Range" liegt, stellt der prognostizierte Höchstkurs ein Widerstandsniveau dar, bei dessen Erreichen man eine spekulative „Short-Position" eingehen kann. Der mit Hilfe der „TD Range Projection" ermittelte Tiefstkurs des morgigen Tages bietet dagegen ein Unterstützungsniveau an, auf dem man eine „Long-Position" aufbauen kann.

Eröffnen die Kurse außerhalb der prognostizierten „TD High/Low Range", deutet dies auf ein Wechsel des Marktgleichgewichts hin. In diesen Fällen kann davon ausgegangen werden, dass die Kurse weiter in Richtung des „Opening Breakouts" (= Eröffnungskurs liegt außerhalb der „TD High/Low Range") laufen werden und die vorhergesagten Levels ignoriert werden sollten. Fehler treten bei diesem Ansatz vermehrt in starken Trendphasen auf oder wenn der heutige Tag eine sehr niedrige/sehr hohe Range aufweist, wodurch die Berechnungsbasis verzehrt wird.

	Fall 1 O > C	Fall 2 O < C	Fall 3 O = C
Open	6100	6000	6000
High	6150	6150	6150
Low	5950	5950	5950
Close	6000	6100	6000
X	12.025	12.175	12.050
Prognose für Hoch$_{morgen}$	6075	6225	6100
Prognose für Tief$_{morgen}$	5875	6025	5900

Symmetrically Projected Support & Resistances (SPS & SPR)

Eric S. Hadik stellte diese Variante der „Range Projection" 1998 (5/98) im US-Fachmagazin „Futures" vor. Die Kalkulation der morgigen Handelsspanne basiert auch hier auf dem heutigen Tag und erfolgt in vier Schritten:

1. Range = $\text{Höchstkurs}_{heute} - \text{Tiefstkurs}_{heute}$

2. $Y = \dfrac{\text{Range}}{2}$

3. SPR = $\text{Schlusskurs}_{heute} + Y$

4. SPS = $\text{Schlusskurs}_{heute} - Y$

Da diese Formel lediglich in Märkten funktioniert, die einen kontinuierlichen Trend oder eine relativ konstante Trading Range (Handelsspanne) aufweisen, nicht aber in volatilen Märkten oder bei großen „Opening-Gaps" (=hoher Abstand zwischen gestrigem Schlusskurs und heutigem Eröffnungskurs), integrierte Hadik Glättungsfaktoren sowie Filter.

Abbildung 229
Skizzierung der SPS & SPR-Kalkulation

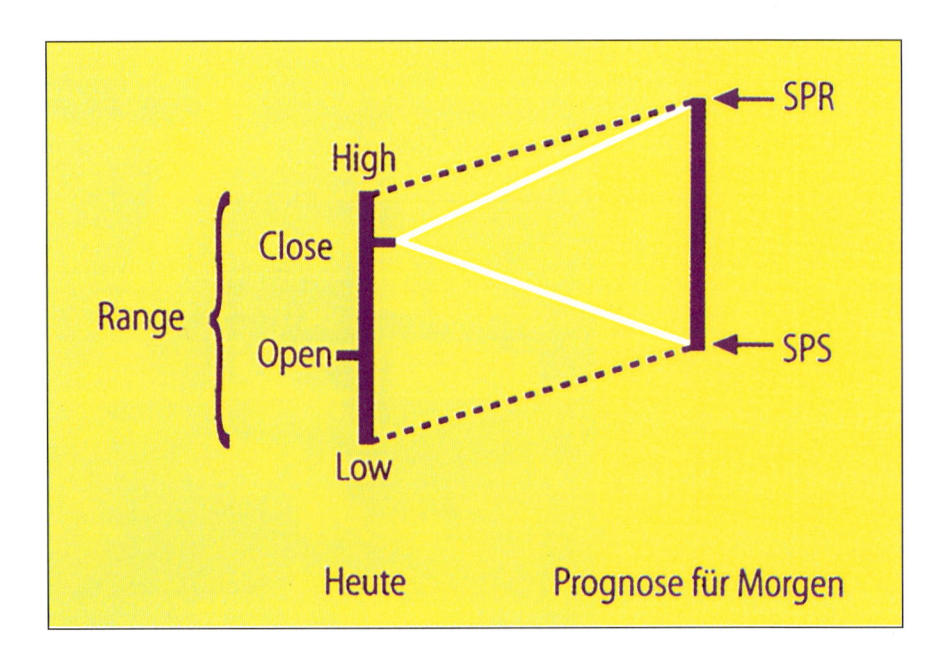

Adjusted Symmetrically Projected Support & Resistances (ASPS & ASPR)

Um Märkte zu erfassen, die eine extrem hohe oder eine sehr geringe Range hatten, verwendet Hadik eine Average Range der letzten 14 Tage. Die Kalkulation der morgigen Handelsspanne geschieht folgendermaßen:

1. Total Range = Summe (Höchstkurs 14 – Tiefstkurs 14)

2. 14-Perioden Average Range = $\dfrac{\text{Total Range}}{14}$

3. $Y = \dfrac{\text{14-Perioden Average Range}}{2}$

4. ASPR = $\text{Schlusskurs}_{\text{heute}} + Y$

5. ASPS = $\text{Schlusskurs}_{\text{heute}} - Y$

Sollten die ASPSs und ASPRs trotz eines großen „GAP Openings" noch ihre Gültigkeit haben (= wenn das Opening trotz des Gaps innerhalb der vorher-

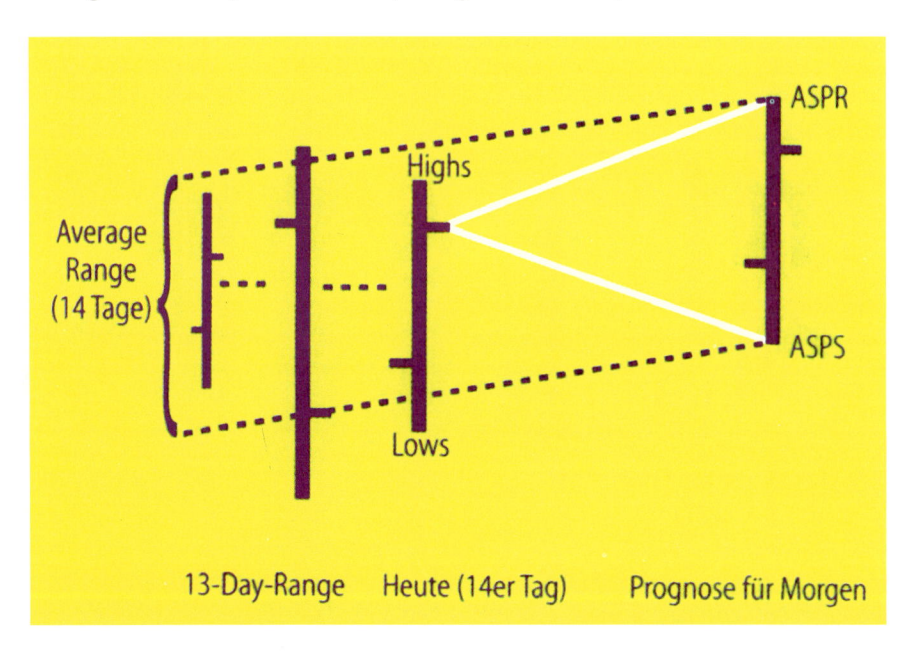

Abbildung 230
Skizzierung der ASPS & ASPR-Kalkulation

gesagten Range liegt), dann können sie im Verlauf des Tages noch immer relevant sein. Falls die Kurse durch das Gap Opening jedoch außerhalb dieser Kursmarken liegen, empfiehlt Hadik eine Anpassung des vierten Schrittes in der Gestalt, dass man die ASPS´s und ASPR´s am Eröffnungskurs anlegt, womit die Basis der Range an die neue Situation angepasst wird.

2nd Close Symmetrically Projected Support & Resistances (2CSPS & 2CSPR)

Ein zusätzlicher Filter für diesen Ansatz stellt der „2-Close Reversal Indicator" dar. Hierbei misst man die maximale Differenz des höchsten Hochs und des tiefsten Tiefs der letzten zwei Tage, teilt diese durch zwei, addiert die eine Hälfte zum Schlusskurs des ersten Tages hinzu und subtrahiert die andere Hälfte von dem gleichen Schlusskurs.

1. Range = Highest(High,2) - Lowest(Low,2)

2. $Y = \dfrac{\text{Range}}{2}$

3. 2CSPR = $\text{Schlusskurs}_{\text{heute}} + Y$

4. 2CSPS = $\text{Schlusskurs}_{\text{heute}} - Y$

Abbildung 231
Skizzierung der 2CSPS & 2CSPR-Kalkulation

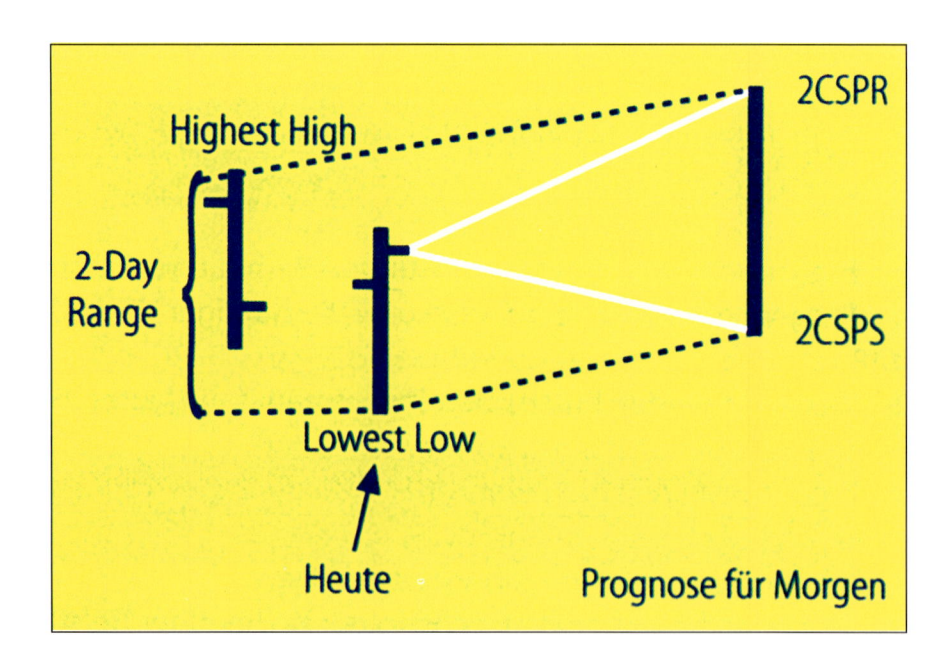

Regelwerk

In Trendphasen des Tages-Charts bilden Hadik´s Unterstützungsniveaus (bei einem Aufwärtstrend) Kauf-, umgekehrt Verkaufsmöglichkeiten. In Range-Phasen haben dagegen nur diejenigen Levels Gültigkeit, die von den Kursen zuerst (möglichst vormittags) angesteuert werden. Die berechneten Widerstände sind in diesem Fall nur gültig, wenn sie im Verlauf des Vormittags und vor einem Erreichen des ermittelten Unterstützungsniveaus getestet werden. Sollte sich ein starkes Intraday Upmove-Momentum entwickeln, dann ist von einem Verkauf an Hadik´s Widerständen ebenfalls abzuraten.

Die Unterstützungsniveaus stellen nur dann eine Kaufgelegenheit dar, wenn sie im Verlauf des Vormittags und vor einem Erreichen der Widerstandszone getestet werden. Sollte sich ein starkes Intraday Downmove-Momentum entwickeln, dann ist von Käufen an diesem Level abzuraten. Für diese Handhabung gibt es zwei einfache Erläuterungen. Hadik´s Levels haben nur Gültigkeit für einen (den morgigen) Tag. Erstens, sollten diese Niveaus erst kurz vor Börsenschluss getestet werden, dann besteht kaum Potenzial für eine profitable Gegenbewegung. Zweitens, je mehr Zeit sich das Markt-Momentum lässt, um die Levels zu testen, desto größer ist die Wahrscheinlichkeit, dass es zu einem Breakout kommt.

Day Trader Philosophie

Den meisten Day Tradern sind diese Gesetze des Markt-Momentums bewusst. Fragen Sie sich selbst, wer in der besseren Position ist. Ein Day Trader, der beispielsweise bereits den ganzen Tag Long ist und ein großes Gewinnpolster aufgebaut hat, oder ein Trader, der darauf hofft, dass die Kurse an dem Widerstand halten, weil er noch immer Short ist. Die meisten Trendwenden erfolgen in der Nähe des Eröffnungskurses, weil Daytrader hier noch größere Positionen eingehen. Zum Closing hin werden sie immer weniger riskieren. Daher enden viele Schlusskurse am Tageshoch oder Tagestief (ausgehend vom Open-Price).

Fazit

Im Gegensatz zu den Pivot-Zahlen, die trotz schwankender Marktentwicklung im Verlauf des Tages ihre Gültigkeit behalten, bieten Hadik´s Widerstände und Unterstützungen aus Sicherheitsgründen nur limitierte Anwendungsmöglichkeiten. Wer längerfristig orientiert ist, der kann die Berechnungen auch auf Wochen-, Monats- oder gar Jahresbasis durchführen. Obwohl Hadik´s Instrumente eine gelungene Abwechslung zu den Pivot-

Zahlen darstellen, sei hier erwähnt, dass diese Ansätze subjektiv gehandelt und umgesetzt werden müssen, so dass menschliche Fehler nicht ausgeschlossen werden können.

> Aller Fortschritt ist nichts weiter als Taumel, von einem Irrtum in den anderen.
>
> **Ibsen**

Teil Fünf

Aufbruch in das 21. Jahrhundert

15. Neue Börsenlandschaften voraus
16. Einblicke in die Zukunft der Technischen Analyse

Dieser Teil des Buches soll Ihnen aufzeigen, welche gravierenden Veränderungen der Börsenwelt zu Beginn des 21. Jahrhunderts bevorstehen. Mit der zunehmenden Internationalisierung, Liberalisierung und Computerisierung ist das Geschäft der Weltfinanzindustrie in den letzten Jahren förmlich explodiert. Der Umsatz im internationalen Devisen- und Wertpapierhandel hat sich seit 1985 mehr als verzehnfacht. Die Anzahl der Börsianer hat sich in diesem Zeitraum ebenfalls vervielfacht. In den USA besitzen mittlerweile mehr als 35% der Amerikaner Aktien, in Deutschland über 10%. Je mehr Menschen sich an den Finanzmärkten beteiligen, desto rasanter wird der Fortschritt in allen Bereichen der Börse sein. Die Weiterentwicklung der Technologie wird in Zukunft zu Handels- und Informationsplattformen führen, die völlig neue Möglichkeiten im Marktzutritt für Kunden erlauben, die Abwicklungskosten weiter verringern und damit die etablierten Börsen in die Bredouille bringen werden.

Dies wird schon bald für erhebliche Veränderungen in der Börsenwelt sorgen. Die Computertechnologie des 21. Jahrhunderts wird auch die Anwendungsmöglichkeiten der Technischen Analyse revolutionieren und die Börsianer in neue Dimension des Trading führen.

15 Neue Börsenlandschaften voraus

Politische und gesellschaftliche Bedenken

Mit der Größe der Märkte wachsen aber auch die Gefahren. Die weltweiten Geldverschiebungen der Finanzjongleure lassen teilweise sogar wirtschaftliche Zyklen entstehen. In einer guten Phase überhäufen sie die jeweiligen Märkte mit Geld und heizen den Wirtschaftsboom an, in einer schlechten entsagen sie ihnen völlig und verschärfen die Krise des Landes. Wenn die internationale Karawane des Geldes weiterzieht, kann die Stimmung schnell umschlagen. Das Geld, das erst in Massen einströmt, fließt dann ebenso schnell wieder heraus. Viele Länder geraten so zunehmend in die Abhängigkeit von ausländischen Kapitalgebern. Vor den Auswirkungen dieser Ereignisse sind auch private Anleger nicht gefeit.

„Unser Leben ist das, wozu unser Denken es macht."
Marc Aurel

Längst haben Politiker und Aufsichtsbehörden die Kontrolle über diese rasante Entwicklung verloren. Verzweifelt suchen sie nach Wegen, die flügge gewordenen Investoren wieder in den Griff zu bekommen. Die Stimmen nach Regulierung werden immer dann besonders laut, wenn die Weltbörsen ins Trudeln geraten. Das gemeinsame Feindbild ist in diesen Fällen schnell gefunden. Meist macht man das internationale Spekulantentum verantwortlich für fallende Wechselkurse, Aktiencrashs und zu guter Letzt auch für den Ruin ganzer Volkswirtschaften. Es gilt „Feuer frei", wobei aus allen Richtungen geschossen wird.

Als 1998 der Kurssturz an den Börsen in weiten Teilen der Welt eine Rezession auslöste und eine große Depression drohte, die das Elend der frühen dreißiger Jahre zurückgebracht hätte, machten Malaysias Ministerpräsident Mahathir und Stanley Fischer, zweithöchster Mann beim Internationalen Währungsfonds, den Finanzguru George Soros zum Sündenbock. Der Boom der neunziger Jahre schien damals abrupt zu Ende, was die Finanzwelt völlig unvorbereitet traf und entsprechende Reaktionen hervorrief, die von Politikern wie Wissenschaftlern schamlos kanalisiert und ausgenutzt wurden.

Spekulation, so Weltbankökonom Joseph Stiglitz, destabilisiere – im Widerspruch zu einer berühmten These von Nobelpreisträger Milton Friedman.

Doch am Pranger stehen mittlerweile nicht nur junge Wall-Street-Banker oder ausgekochte Hedgefonds-Manager, sondern mehr denn je die originäre Evolutionsidee des Kapitalismus. Gegen den grenzenlosen „Raubtierkapitalismus" zog Exkanzler Helmut Schmidt zu Felde, gegen das „Finanzmonopoly" Oskar Lafontaine, Frankreichs Staatspräsident Jacques Chirac geißelte die Spekulation als „das Aids unserer Volkswirtschaft". „Warum sollen die Regierungen von Entwicklungsländern auslöffeln, was ihnen 20 oder 30 Devisenhändler in London oder Frankfurt eingebrockt haben?", stellt Harvard-Ökonom Dani Rodrik den freien Kapitalverkehr in Frage. Ihm geht die Globalisierung schon viel zu weit. Selbst Wim Duisenberg will Riegel vor dem freien Kapitalverkehr (zumindest zeitweise) nicht mehr ausschließen – zwecks Beruhigung der Märkte, wie im Aktienhandel, wo in hektischen Zeiten der Handel für eine halbe Stunde gestoppt wird. Es werden neue internationale Übereinkünfte gewünscht, weil lokale Krisen sich in der globalisierten Wirtschaft schnell ausbreiten können. IWF-Chef Michel Camdessus verfasste 1998 einige Ansätze, mit denen seine Kontrolleure stärker durchgreifen könnten:

- Eine stärkere Überwachung der Wirtschaftspolitik von Mitgliedstaaten durch den IWF.
- Übereinstimmende Standards und Praktiken in der Regulierung und Überwachung des Bankensektors, der Börsen und anderer Finanzinstitutionen.
- Maßnahmen zur Erhöhung der Transparenz durch Standards für die Veröffentlichung von Wirtschaftsdaten.
- Kapitalverkehrs- und Devisenkontrollen.
- Feste Wechselkurse und kollektive Zinssenkungsrunden.

Als sich die Märkte 1998 relativ schnell wieder erholten, verschwanden viele dieser Ansätze (vorerst) in der Schublade. Es scheint, als ob ein populistischer Reaktionismus nur in Krisensituationen Konjunktur hat. Im Zuge der Reformierung des IWF hat das G20-Treffen wieder einige Themen angeschnitten. So zerstörerisch sich die Wucht der Weltfinanzmärkte auswirken kann, so wenig hilft es in solchen Phasen, mit Bremsklötzen wie Kapitalverkehrskontrollen oder gar der Einführung eines neuen BrettonWoods-Systems die Kapitalströme lenken zu wollen. Die gelegentlich geforderte stärkere internationale Kontrolle und eine höhere Transparenz der Finanzmärkte heißt, dass die Länder Abstriche bei ihrer Souveränität hinnehmen müssen – was sie letztlich nicht wollen. Ganz so einfach dürfen es sich die Politiker also nicht machen. Das latent dumpfe und manchmal auch laute Misstrauen gegen die Finanzanleger übersieht: Noch nie hat es eine „Horde" Spekulanten geschafft, eine gesunde Volkswirtschaft zu ruinieren, weil solche Länder der Spekulation keinen Anhaltspunkt bieten. Destabilisierend wirkt sie nur, wenn die Börsianer das Vertrauen in die Geld- und Wirtschaftspolitik eines Landes verlieren. Dringender als billige Spekulantenschelte ist deshalb, die Ursachen zu beheben, die Finanzanleger gelegentlich dazu zwingen, ihr Kapital kurzfristig abzuziehen.

Die Generierung eines Feindbildes ist jedoch ein probates Mittel, um von Missständen in der Wirtschaftspolitik und deren Folgen abzulenken. In den Stammesgesellschaften diente zum Beispiel der Krieg als Mittel, Identitätskrisen aufzufangen. Brachen innere Streitigkeiten aus, konnte der Feldzug gegen äußere Feinde wieder vereinen. Aus diesem jahrtausendealten Mechanismus erklärt sich auch der ungeheure Bedarf an Verschwörungen. Verschwörungsängste stiften Gemeinschaftsgeist, wenngleich einen „bösen". Jede Ideologie, Religion, Lobby oder Regulierungsbemühung benötigt einen Hauptfeind, und sei er noch so abstrakt („Ausländer", „Ungläubige", "die da oben" oder „Spekulanten"), um ihre Interessen durchzusetzen. Die Bandbreite der Möglichkeiten nach diesem Urmuster ist unbegrenzt, und der Erfolg ist im wahrsten Sinn des Wortes durchschlagend. Das «Prinzip Ablenkung durch Feinddelegation» funktioniert immer. Man nehme die Welt und zerlege sie in Hauptwidersprüche. Männer gegen Frauen. Unten gegen oben. Alt gegen jung. Norden gegen Süden. Reiche gegen Arme. Aus all diesen Spaltungen lassen sich vortreffliche Polarisierungsstrategien bauen. Der Übergang zu Verschwörungstheorien ist fließend. Auch Jutta Ditfurth oder Jörg Haider beherrschen dieses Prinzip. Der einen sind die kapitalistischen Prinzipien verantwortlich für die „Kälte unserer Gesellschaft", für den anderen sind korrupte Altpolitiker der verborgene Grund der österreichischen Gegenwartsübel. Hier liegt genau der Schlüssel zum Erfolg populistischer, aber auch totalitärer Strategien: In überkomplexen Strukturen ist ein „Komplexitätsreduzierer" stets eine Art Gott, der die Menschen wieder mit sich selbst und der Umwelt ins Gleichgewicht bringt. Er erlöst sie zwar nicht von einer schwierigen Situation, trägt aber dazu bei, dass sie sich etwas besser fühlen.

Je mehr Menschen von negativen Ereignissen betroffen sind, und je länger diese Betroffenheit anhält, desto leichter ist es, ein Feindbild aufzubauen. Bei der großen Anzahl der Marktteilnehmer, die durch den lang anhaltenden

Boom der letzten 20 Jahre (Gewöhnungseffekt?) in die Märkte „gesogen" wurden, wird man sehen, was den Spekulanten dieser Welt von Politikern und Lobbyisten alles vorgeworfen wird, sobald eine stärkere Korrektur die Börsen erfasst und viele Menschen ihrer Pensionskasse beraubt werden. Obwohl unser Ego die pauschale Verurteilung der „Spekulanten" begrüßen wird, da es im Fall eines Börsenverlustes keine eigenen Fehler zugeben muss, bringt diese Diffamierung weder die wahren Gründe für den Massenexodus der Börsianer zutage noch erhält man dadurch sein verlorenes Vermögen zurück. Eines ist aber sicher. Die wirklich Verantwortlichen werden sich mit dieser Methode mal wieder jeglicher Verantwortung entziehen können.

Wenn man sich beispielsweise die Entwicklungen in den USA ansieht, dann muss man sich nicht wundern, wenn die Börsen ab und zu tief Luft holen müssen. Dort haben gigantische Schuldenberge das amerikanische Wirtschaftswunder der letzten Jahre finanziert. Die Netto-Sparquote der Amerikaner ist inzwischen auf -1% gesunken. Das Leistungsbilanzdefizit hat mit bisher ca. 300 Mrd. US-Dollar erschreckende Ausmaße angenommen. Als 1997/98 die Währungskrise in Fernost eingeleitet wurde, hatten die asiatischen Staaten zusammen nur ein Leistungsbilanzdefizit von ca. 80 Mrd. US-Dollar. Nicht nur die Bevölkerung hat sich im Konsumrausch völlig verschuldet, sondern auch die Unternehmen. Die Übernahmeschlachten haben maßlos überteuerte Rekordsummen erreicht. Die Kurs-Gewinn-Verhältnisse (KGV) vieler Aktiengesellschaften sind ins Unermessliche gestiegen, insbesondere bei Werten, die den „magischen" Zusatz „..com" im Schriftzug haben. Abbildung 232 zeigt, wie stark die Dividenden-Rendite (fundamentale Kennzahl) der Dow-Jones-Werte in den letzten Jahren gefallen ist, ohne dass die Kurse korrigiert hätten. Eine stärkere Korrektur wird spätestens dann einsetzen, wenn die ersten Anzeichen einer Konjunkturabschwächung auftreten.

Die Tatsache, dass sich seit den Anfängen des Börsenhandels noch nie so viele Menschen am Börsengeschehen beteiligt haben, wie heute, macht die Situation besonders gefährlich. Wenn etwas passiert, dann wird eine noch nie dagewesene Masse an Börsianern Geld verloren haben. In dieser Situation wird es für Politiker und Regulierungsbehörden eine Leichtigkeit sein, die Enttäuschung der Menschen auszunutzen, um die Schuld wieder den „Spekulanten" zuzuschreiben und so Gründe zu haben, die Kontrolle über die Finanzmärkte mit Gesetzen und Verordnungen zurück zu gewinnen. 1998 haben sich die Märkte nach der Finanzkrise zu schnell erholt, um etwas erreichen zu können. Die meisten Opfer waren sowieso nur in der zweiten

[15] Neue Börsenlandschaft voraus

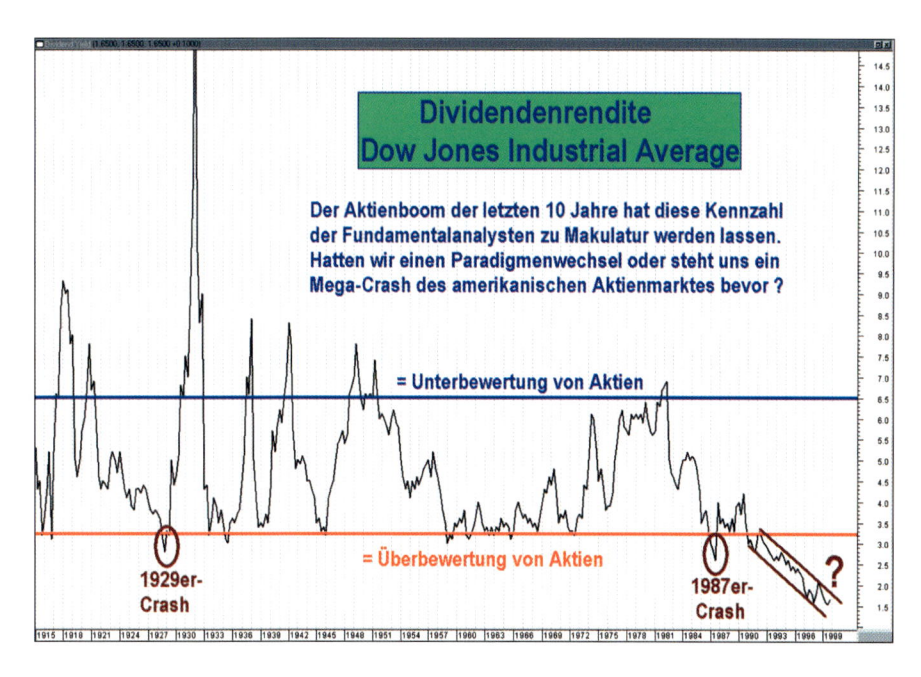

Abbildung 232
Die Dividenden-Rendite der DOW-Jones-Werte

und dritten Welt zu beklagen. Warten Sie aber mal ab, was alles passieren wird, wenn die westliche Welt von solchen Ereignissen längerfristig betroffen sein wird.

Zukünftiger Wirtschaftszyklus

Krisensymptome der Weltwirtschaft

Trotz größter Anstrengungen von IWF und den Einzelstaaten steckt die Weltwirtschaft im Prinzip seit den 70er-Jahren in einer strukturellen Krise. Massenarbeitslosigkeit in Europa und geringes Wirtschaftswachstum trotz stabiler Preise und niedriger Zinsen. Selbst die Wirtschaft Japans, der Musterknabe der 80er Jahre, kann seine Krise nicht überwinden. Lediglich die Wirtschaft der USA zeigt sich stabil. Hartnäckig hält sich das Gerücht, es gäbe Arbeitslosigkeit, weil die Unternehmen so produktiv geworden sind. Dem ist aber nicht so, ganz im Gegenteil: Neue Arbeitsplätze entstehen lediglich dort, wo sie ausreichend produktiv sind. Denn Geld wandert auch nur dorthin, wo es Gewinn abwirft – also in die Länder, Branchen und Unternehmen, die mehr oder bessere Waren zu einem günstigeren Preis anbieten. Das jedoch kann nur, wer produktiver ist als seine Konkurrenten. In der Vergangenheit waren immer jene Unternehmen und Länder wirtschaftlich erfolgreich, die die jeweils produktivere Technik nutzten. Eine höhere Produktivität sichert insofern Wohlstand und Lebensqualität.

Die etablierte Wirtschaftswissenschaft erklärt die Situation mit makroökonomischen Gießkannengrößen. Sie diskutiert niedrige Zinsen, Staatsausgaben, Wechselkurse, Geldmenge oder Löhne. Das ist zwar nicht falsch, meint die Kondratieff-Theorie (dahinter steht die Einsicht, dass die Wirtschaft langfristig wächst, weil eine Volkswirtschaft produktiver wird), letztlich aber zweitrangig, weil diese Faktoren nur Auswirkung der Produktivitätsentwicklung seien: Nicht niedrige Löhne und große Sparquoten brachten demnach Japan und die Tigerstaaten nach dem Ölschock von 1973 nach vorne, sondern weil sie die Informationstechnik führend herstellten, anwandten und damit am produktivsten wirtschafteten. Erst als sich das Wachstum dieser Basisinnovation abschwächte, sind die Volkswirtschaften dort in den 90er-Jahren eingebrochen.

Die oftmals zitierte Globalisierung der Märkte ist ebenfalls nicht für die Massenarbeitslosigkeit verantwortlich, meint Leo A. Nefiodow vom GMD-Forschungszentrum für Informationstechnik in St. Augustin/Bonn (Buch: „Der sechste Kondratieff"). Vielmehr zeigen sich in der ganzen entwickelten Welt Krisensymptome, die typisch sind für das Ende einer langfristigen Konjunkturbewegung. Während jeder von uns die kurzen und mittleren Schwankungen der Wirtschaft aus eigener Erfahrung kennt, ist kaum bekannt, dass es auch langfristige Zyklen gibt, die mit 50 bis 60 Jahren länger sind als die Zeiträume, in denen Politiker die nächsten Wahlen planen oder jeder einzelne seinen Werdegang.

Kondratieff-Theorie

Der russische Ökonom Nikolal Kondratieff (1892–1938) beschrieb 1926 zweieinhalb lange Konjunkturzyklen. Er untersuchte Zeitreihen von Preisen, Löhnen oder des Kohleverbrauchs. Stalin ließ ihn 1930 verhaften und später ermorden, da für ihn dieses Konzept konterrevolutionär erschien (die Sowjetunion hat Kondratieff 1987 rehabilitiert). Der österreichisch-amerikanische Ökonom Joseph Schumpeter hat die langen Konjunkturwellen in seiner Zyklenlehre nach Kondratieff benannt und ihn so bekannt gemacht. Doch die Generationen von jungen Doktoranden, die auszogen, lange Wellen in makroökonomischen Zahlenreihen von Preisen, Zinsen oder Wirtschaftszahlen nachzuweisen, mussten bald eingestehen, dass sie dort nicht durchgehend zu finden sind (weil sie dort weder strukturelle noch qualitative Veränderungen widerspiegeln). Wer heute also auf einem Lehrstuhl sitzt oder Politiker berät, hat in seiner Studienzeit gelernt (damals in den 60ern und 70ern, als man glaubte, Wirtschaft mit Geldmenge und Staatsausgaben global steuern zu können), die Kondratieffzyklen seien nur eine Art Ungeheuer von Loch Ness: Man rede darüber, aber sie seien nicht zu beweisen.

Basisinnovationen

Neuere Forschungsarbeiten definieren die langfristigen Kondratieff-Zyklen über das Wachstum der Basisinnovationen. Ein Blick in die Wirtschaftsgeschichte zeigt, dass sie auch früher langfristige Konjunkturzyklen getragen haben. Mit ihrem Produktivitätsschub tragen sie das Wachstum der Weltwirtschaft über mehrere Jahrzehnte. Nicht alleine etwa der Bau von Dampfmaschinen, sondern ihre Anwendungen in der Textilindustrie trugen den ersten Kondratieff-Zyklus. Als die Dampfkraft Spinnmaschinen antrieb, erreichten sie eine 200-fach größere Leistung als das Spinnrad. Dazu kam eine neue Infrastruktur, um Kohle und Stahl zu beschaffen und Waren mit Dampfschiffen zu transportieren. Als diese Welle in den 1830ern auslief, kam es in ganz Europa zu Massenelend und Hunger. Die hohen Transportkosten für Kohle, Erz und Industriewaren hatten dem weiteren Wirtschaftswachstum eine Realkostengrenze gesetzt. Erst als die neue Basisinnovation Eisenbahn gegen den Widerstand der etablierten Kräfte gebaut wurde, verbilligte sie Transportkosten und machte es möglich, Handel und Industrie auf größere Räume auszudehnen. Der zweite Kondratieff-Zyklus kam ins Laufen.

Weil Großbritannien nach 1890 an den Erfolgsmustern von Kohle und Stahl festhielt und sich nicht an die neuen Anforderungen des 3. Kondratieff- (Elektrotechnik, Chemie) und ab dem Zweiten Weltkrieg des 4. Kondratieff-Zyklus (Petrochemie, Auto) anpasste, wurde es von den USA und Deutschland überholt. Bis zum Ölschock 1973 wuchs die Wirtschaft mit allem, was mit billiger Erdölenergie zu tun hatte (das Auto samt Infrastruktur). Auch die Sowjetunion war dank ihrer riesigen Energiereserven in der Lage, Großmacht zu sein – und zerfiel aus Sicht der Theorie, als Macht von dem neuen Faktor Information abhängig wurde, den sie mit ihren starren Strukturen nicht erschließen konnte.

Seit den 60er Jahren hatten die Unterhaltungselektronik und der Computer alle gängigen Strukturen verändert, die Produktivität erhöht und damit die Wirtschaft getragen. Vor allem die USA und Japan nutzten die neue Basisinnovation des 5. Kondratieff-Zyklus. In Europa verhinderten dagegen starke Vorbehalte („Jobkiller Computer") ihre Diffusion. Arbeitslosigkeit haben wir Europäer demnach, weil wir nach der Ölkrise neue Nachfrage zu spät erschlossen haben und uns gegen neue Strukturen und Erfindungen wehrten, die die Produktivität anhoben. Der Computer brachte einen gigantischen Produktivitätsschub, der die Informationstechnik zur größten Industriebranche der Welt aufsteigen ließ.

Mittlerweile wächst die IT-Branche aber nicht mehr so schnell wie früher, so dass die Kondratieff-Theorie die derzeitige Weltwirtschaft als Abschwung des IT-Zyklus interpretiert. Immer, wenn der Punkt des stärksten Wachstums im Produktlebenszyklus einer Basisinnovation erreicht war, die Wachstumsraten abnahmen, begannen die langen Jahre der Stagnation. Die Krisen, die bisher nach jedem Kondratieffzyklus regelmäßig auftraten sind nicht zwangsläufig. Neuere Forschungsergebnisse erklären die langen Stagnationsjahre damit, dass die etablierten gesellschaftlichen Kräfte an den gewohnten Erfolgsmustern festhalten und sich gegen Innovationen und neue Strukturen wehren, die die Produktivität auf ein neues Niveau heben, wenn es gelingt, die neuen Quellen für höhere Produktivität rechtzeitig zu öffnen, muss es nicht zu langen Krisenjahren kommen. „Um das Absacken in eine langanhaltende Rezession zu vermeiden, müsste jetzt konsequent in die Basisinnovation des nächsten Langzyklus investiert werden", sagt Nefiodow.

Wachstumsmotoren des 6. Kondratieff-Zyklus

Wo sind die neuen Quellen für weiterhin steigende Produktivität? Als Hoffnungsträger gelten die Umwelttechnik, Biotechnologie, optische Technologie und Information. Die Umwelttechnik ist mit heute über 600 Milliarden US-Dollar ein aussichtsreicher Markt, der durch Produktivitätssteigerungen sowohl andere Branchen antreibt als auch selbst Beschäftigung schafft. Biotechnologie auf der Basis von DNA ist mit einem Marktvolumen von 25 bis 30 Milliarden US-Dollar noch zu schwach. Um auf 2.000 Milliarden Dollar zu kommen, können aber mehr als 30 Jahre vergehen. In absehbarer Zeit wird Biotechnik den Arbeitsmarkt daher nicht entlasten. Ein dritter Kandidat ist das Licht: Solarenergie ist die zukunftsträchtigste Energiequelle; optische

Technologie wird die Informationstechnologie revolutionieren, weil Photonen (die kleinsten Bestandteile des Lichts) sich viel schneller bewegen können als Elektronen.

Der wichtigste Träger des 6. Kondratieffs wird der Informationsmarkt sein, meint Leo A. Nefiodow. Information nimmt einen immer größeren Teil der Wertschöpfung ein, ist die Grundgröße des Wachstums. In einer globalisierten Wirtschaft kann jeder überall Kapital aufnehmen und über das Internet schnell an alle Informationen und jedes Wissen herankommen, sich auf einem freien Weltmarkt jede Maschine kaufen und seine Produkte weltweit vermarkten. Der entscheidende Standortfaktor wird die Fähigkeit der Menschen sein, vor Ort mit Information umzugehen. Während es im Industriezeitalter darum ging mit Rohstoffen und Energie effizient zu arbeiten und die Produktivität von Maschinen zu steigern, hängt Wirtschaftswachstum und Vollbeschäftigung erstmals vom effizienten Umgang mit Information ab.

Alles, was die moderne Marktforschung schon jetzt an Trägern des „6. Kondratieffs" identifizieren kann – Umwelttechnik, optische Technologie, Information usw. – habe einen gemeinsamen Nenner. Gesundheit – allerdings umfassend, auch psychosozial verstanden. Um dieses Potenzial zu erschließen, bedarf es psychosozialer Gesundheit. Denn die für den wirtschaftlichen Erfolg in der Informationsgesellschaft entscheidenden Standortfaktoren Motivation, Kreativität, Zusammenarbeit – sind geistig-psychische Eigenschaften. Obwohl hier die die größten Produktivitätsreserven schlummern, scheint der Faktor „Gesundheit" als Wachstumsmotor wenig wahrscheinlich. Schließlich taucht dieser Begriff in der Tagespolitik lediglich unter dem Kapitel „Kosten, Kürzen und Umverteilen" auf. Nach über 200 Jahren Industrialisierung bremsen jedoch gesundheitliche und ökologische Schäden die krisengebeutelten Gesellschaften, sich wirtschaftlich weiterzuentwickeln. Schwere Krankheiten wie Krebs, Aids und Herzinfarkt fressen Gesundheitsbudgets. Der vermeintliche Kostenfaktor Gesundheit wird künftig aber ein, wenn nicht sogar der entscheidende Produktionsfaktor sein.

Brisant ist an der Kondratieff-Theorie, dass eine lange Konjunkturwelle nicht allein ein ökonomischer, sondern ein gesamtgesellschaftlicher Vorgang ist. Sie verändert die Art, wie sich eine Gesellschaft organisiert – um die neue Basisinnovation optimal zu nutzen. Dazu gehören eine neue Infrastruktur neue Bildungsinhalte, neue Schwerpunkte in Forschung und Entwicklung, neue Führungs- und Organisationskonzepte in den Unternehmen. Jene

Volkswirtschaften, deren Gesellschaften sich auf die neuen Spielregeln und Erfolgsmuster am besten einstellten, die konnten mit ihrer technischen Spitzenposition in den neuen Wachstumsbranchen genug Arbeitsplätze schaffen, gute Sozialleistungen anbieten und große Armeen finanzieren – also Macht ausüben.

Merkmale des Informationszeitalters

Technologischer Fortschritt

„Wir fangen erst an, zu begreifen, was da passiert."
Charles Schwab über das Internet

Das Informationszeitalter hat gerade erst begonnen. Die Schubkräfte der Telekommunikation haben in den letzten zehn Jahren eine nie gekannte Vernetzung von Finanzmärkten und -zentren möglich gemacht. Sie hat auch die elektronischen Märkte entstehen lassen, bei denen nicht nur Informationen fließen, sondern auch Preisbildung und Handelsabschluss statt an einem Ort in einem elektronischen Netzwerk stattfinden. Der technologische Fortschritt macht heute nicht einmal vor den entlegensten Winkeln unserer Erde halt. Jeder, der am globalen Netz angeschlossen ist, hat Zugriff auf dieselben Informationen und kann dieselben Transaktionen durchführen. Wer beispielsweise einen Laptop besitzt und mit Hilfe einer GSM-Karte via Satellit Zugang zum Internet hat, kann von seiner Yacht im Hafen von Mallorca, von einem Berggipfel in den Alpen, vom Golfplatz oder von zu Hause aus traden. Warum soll man sein Arbeitsleben in den Hochhaustürmen der Großstädte wie Frankfurt, London oder New York fristen, wenn es zum Trading viel schönere Orte auf der Welt gibt.

Wenn die Vernetzung von Computer, Telefon und Fernseher weiter so rasant voranschreitet, dann wird unsere heutige Vorstellung einer Informationsgesellschaft in den nächsten Jahren gesprengt. Alle Bereiche unseres Lebens werden davon betroffen sein: Shopping am Fernseher, Bank- und Börsengeschäfte direkt vom heimischen PC aus erledigen, weltweite Vernetzung von Datenbanken mit direkten Zugriffsmöglichkeiten, Videokonferenzen – all dies ist bereits in rudimentären Strukturen möglich und wird in den nächsten Jahren mit der konsequenten Fortentwicklung zu der Gesellschaftsrevolution des 21. Jahrhunderts führen. Kombiniert mit virtuellen Cyberspace-Techniken sind hier der Phantasie keine Grenzen gesetzt.

[15] Neue Börsenlandschaft voraus

Abbildung 233
Wird so die virtuelle Zukunft des Trading aussehen?

Dynamik des Wettbewerbs

Mit dem Übergang zur Informationsgesellschaft müssen sich die Unternehmen der Finanzbranche nicht nur auf zunehmenden Wettbewerb, sondern auch auf ein rasant wechselndes Umfeld einstellen. Elektronische Märkte und der Verkauf von Produkten und Dienstleistungen über Online-Dienste und das Internet haben die Spielregeln im Bankensektor bereits nachhaltig verändert. Aus heutiger Sicht ist zu erwarten, dass die zunehmende Digitalisierung der Märkte und die multimediale Variante des „Electronic Commerce" die Bankenwelt revolutionieren werden.

„Entweder ist man ein Teil des Problems, oder Teil der Lösung"
US-Zitat

Banken

Der Bankkunde der Zukunft ist Online mit aller Welt verbunden, die Vielzahl der Finanzinstitute und -dienstleister ist nur einen Mausklick entfernt. Ständig lässt der Kunde elektronische Agenten durch das Kommunikationsnetz streifen, die nach den lukrativen Anlagechancen spüren. Ein kurzer Mausklick, und schon wird die Order an einer virtuellen Börse platziert. Aufgrund dieser Auswahlmöglichkeiten wird der Bankkunde immer anspruchsvoller, kostenbewusster und vor allem weniger treu. Jederzeit ist er bereit, neue

Angebote auszuprobieren. Ein kurzer Mausklick führt quasi direkt zur Konkurrenz. Aus diesen Gründen findet unter den Banken schon heute ein gnadenloser Ausleseprozess statt. Überleben werden nur Institute, die in klar definierten Geschäftsfeldern die von den immer wählerischeren Kunden gewünschten Leistungen zu wettbewerbsfähigen Kosten anbieten können. Die Vorboten der Revolution werden wir schon bald erleben. Projekte für reine Internet-Banken stehen kurz vor dem Abschluss. Neuartigen Institute, wie zum Beispiel Enba in Dublin, werden via Internet auf den Markt treten. Enba ist eine Bank, wie es sie bisher noch nicht gibt. Es ist die Vision eines Unternehmens, das Konzerngröße erreichen soll, ohne je groß zu werden, das die besten Zinskonditionen bieten will, obwohl es die niedrigsten Konto- und Depotgebühren nimmt. Selbst die Gewährung von Überziehungskrediten erfolgt bei Enba direkt. Hat der Kunde ein Aktiendepot, werden Wert und Kursrisiko sogar automatisch mit berücksichtigt. Während traditionelle Geldinstitute die Möglichkeiten des Cyberspace erst nach und nach nutzen und parallel dazu ihre bestehende Infrastruktur aufrecht erhalten müssen, fangen Internet-Banken frei von Erblasten auf der virtuellen Wiese an: ohne Filialen, ohne Backoffice, ohne Hochglanzbroschüren. Nicht einmal Formulare für die Kontoeröffnung werden verschickt. Sie kommen als E-mail ins Haus. Die virtuellen Internet-Banken der Zukunft werden überall präsent sein und doch nirgends wirklich in Erscheinung treten. Mit einem minimalen Personalbestand, mit optimierten Geschäftsprozessen und professionell ausgestatteten Call-Centern können sie die absolute Kostenführerschaft anstreben und diese Vorteile in Form verbesserter Konditionen, wie einer Verzinsung für täglich fälliges Geld von deutlich mehr als bei jedem Sparbuch, an ihre Kunden weitergeben.

Geht das Konzept auf, könnten Firmen wie Enba so etwas werden wie ein europäisches Pendant zu Amazon.com, dem Online-Buchhändler, der den Bertelsmann-Konzern arg in Zugzwang brachte. Schon jetzt ist das Projekt ein Musterbeispiel dafür, wie sich Gründerfirmen mit Technologie-Knowhow an etablierten Branchengrößen vorbeidrängeln können. Da sie als Spezialisten in fokussierten Segmenten des Marktes bessere Leistungen anbieten können, werden kleine „Zwei-Mann-Firmen" innerhalb von wenigen Jahren zu Marktführern heranwachsen und im Extremfall sogar gigantische Unternehmen in die Knie zwingen. Das Bankengeschäft eignet sich wie kaum ein anderes für solche digitalen Angriffsstrategien. Der weitaus größte Teil der Transaktionen läuft seit langem elektronisch ab. Bill Gates, der Chef von Microsoft, hat traditionelle Banken ohnehin schon zu den „Dinosauriern des Kommunikationszeitalters" erklärt und die Parole ausgegeben:

„Bankgeschäfte sind auch in Zukunft nötig, Banken sind es nicht." Gates traut man zu, dass er mit seinen Softwareangeboten immer stärker in den Finanzsektor eindringt und die Bankenszene revolutionieren könnte.

Börsen

Der Jahrtausendwechsel leitet auch für die Börsen dieser Welt eine neue Ära ein. Da sich der Zugang zum Handel an den Börsen grundlegend verändert hat, sind Investoren bei ihren Transaktionen nicht mehr länger an nationale Grenzen und Handelszeiten gebunden. Über ein immer dichter werdendes Netz an Dateninformationssystemen und Handelsplattformen können sich heutzutage sogar private Investoren via Internet problemlos am Tagesgeschehen beteiligen. Regionale Entwicklungen erlangen so binnen Sekunden weltweite Bedeutung. Mit der Ausbreitung des Internets und dem zunehmenden Erfolg von auf vollelektronischem Wege operierenden Handelsplattformen ist den Börsen eine starke Konkurrenz entstanden. Druck kommt vor allem auch von den großen Investmentbanken, die ihre hohen Transaktionskosten durch eine effizientere Struktur der Kapitalmärkte senken wollen. Ihrer Meinung nach sollte der internationale Wertpapierhandel schon bald zu äußerst geringen Kosten global, digital und rund um die Uhr stattfinden können. Wenn es sein muss, auch ohne die traditionellen Börsenplätze.

Mittlerweile haben sich führende Unternehmen der Branche an so genannten ECNs (= Electronic Communication Networks) beteiligt. ECNs sind elektronische Handelsplattformen, die Banken, Brokern und Privatpersonen den Zugang zu bestimmten Börsen und deren Produkte sichern. Sie fungieren als Router-Stationen, über die Börsen-Transaktionen „online" abgewickelt werden können. ECNs ermöglichen es, eine Order direkt vom Computer des Kunden an die Börse weiterzuleiten. So läuft zum Beispiel ein Auftrag vom Kunden-PC über das Internet zum Inhouse-System der Bank- bzw. des Brokers. Von dort geht es via ECN vollelektronisch weiter in das Order-System der jeweiligen Börse. Kommt die Order zur Ausführung, geht die Transaktionsbestätigung an den Server und von dort wieder via Internet zurück an den Kunden-PC. Das Einsatzgebiet der ECNs reicht von Wertpapieren über Futures & Options bis hin zu Kreditverträgen. Selbst der traditionsreiche Rohstoffhandel soll demnächst von ECN´s erobert werden. „i2i", eine Tochtergesellschaft von SAP und dem World Economic Forum will eine Handelsplattform bereitstellen.

In den USA gibt es heute bei allen US-Brokern bereits mehr als 8 Millionen

Online-Konten. Fidelity und Schwab haben mit drei Millionen Kunden in etwa die gleiche Zahl an Online-Konten unter Verwaltung. E*trade kann 1,1 Millionen und Ameritrade 500.000 Konten vorweisen. Über 80 Prozent der Aktien-Transaktionen an der NASDAQ werden über das Internet abgewickelt. Die meisten davon über „Achipelago", einem der gefragtesten ECNs in den USA. Da ECN's auch einen Börsenstatus beantragen und erteilt bekommen können, wird sich der Wettbewerbsdruck, der auf den Börsen lastet, in der Zukunft noch verstärken. Dadurch können nämlich sehr schnell völlig neue „virtuelle" Börsenplätze entstehen, die den etablierten Börsen einen Teil ihres angestammten Geschäftes streitig machen. Die Gründung solcher Börsen wird dank anhaltender Deregulierungen und innovativer Technik immer einfacher. Im Dezember 1999 hat beispielsweise die amerikanische Aufsichtsbehörde SEC eine neue Regelung genehmigt, wonach die New York Stock Exchange NYSE ihre Exklusivrechte auf den Handel von vor 1979 gelisteter Aktien aufgibt. Mit diesem Beschluss werden auch die vollelektronische NASDAQ sowie private elektronische Handelsplattformen Zugang zum Handel dieser Aktien haben.

Wenn sich zum Beispiel die vier größten Online-Broker der USA dazu entschließen würden, ihre jeweiligen Kundenorders auf einer eigenen Handelsplattform abzustimmen und lediglich die Reste an die NASDAQ weiterzugeben, dann würde die NASDAQ von heute auf morgen über 75% ihrer Handelsumsätze verlieren. Wer sollte dann noch die Büromieten, die hohen Gehaltskosten, die Putzkolonnen oder die Stromrechnungen bezahlen. Zum Handel braucht man keine teuren Börsenpaläste mehr, sondern nur noch virtuelle Handelsplätze im Internet. Sie werden den alteingesessenen Börsen in Zukunft immer mehr Marktanteile streitig machen, wenn diese nicht bald reagieren.

Aber das scheint bisher unwahrscheinlich. Dass die Dienstleistung „Börsenhandel" eines nicht mehr fernen Tages von privaten Plattformbetreibern übernommen werden könnte, dafür fehlte den Börsenvertreter jahrelang die Einsicht. In Europa gilt „Tradepoint" (ECN) als einer der Favoriten für den europaweiten Aktienhandel, da es bereits Börsenstatus besitzt. Tradepoint hat sowohl eine Freigabe der britische Aufsichtsbehörde als auch der amerikanischen Regulierungsbehörde. Wenn sich die ECNs in Europa durchsetzen, dann dürften die deutschen Regionalplätze schon bald weitgehend überflüssig werden. Selbst den Hauptbörsen in London, Frankfurt und Paris bliebe dann nur noch das unbedeutendere Geschäft mit kleinen Aktien.

[15] Neue Börsenlandschaft voraus

Während die Börsen jahrzehntelang kaum Veränderungen unterlagen, müssen sie sich nun möglichst schnell an die neuen Gegebenheiten anpassen, was einen enormen Aufwand zur Folge hat. Je länger sie dafür benötigen, desto schneller werden ihre Strategien im Zuge des technologischen Fortschritts überkommen sein. Nach meiner Einschätzung werden sie nur dann überleben, wenn sie ihre nationale -gar regionale- Identität aufgeben und als globaler Anbieter von Dienstleistungen im gesamten Börsenbereich auftreten. Je mehr Marktteilnehmer sie dabei auf ihre Handelsplattformen zusammenführen können, desto liquider, kostengünstiger und konkurrenzfähiger werden sie sein. Führende Vertreter der Finanzbranche und Aufsichtsbehörden aus aller Welt haben deutlich gemacht, dass in einer Welt der grenzenlosen Finanzmärkte nicht die Frage des künftigen Handelssystems im Vordergrund steht, sondern die Harmonisierung des internationalen Clearings. Je komplexer die elektronischen Systeme sind und je globaler man damit agieren könne, desto schwerer sei deren Überwachung. Angesichts dieser Bedenken werden insbesondere diejenigen Wertpapier-Clearing-Firmen expandieren, die global vorgehen. Um den Service-Gedanken einer Börse fortzuführen, sollten sie sich nicht nur auf die Bereitstellung von Handelsplattformen und handelbarer Produkte konzentrieren, sondern auch ein globales Clearing, umfangreiche Dateninformationen und Beratungsdienste anbieten. In diesem Kontext muss zum Beispiel auf das Bedürfnis der Anleger verwiesen werden, Wertpapiergeschäfte an einer Internet-Börse (auf einer Plattform) mit klar definiertem Regelwerk tätigen zu wollen. Würde eine solche Börse entstehen, dann sollten die Börsen versuchen, hier ihre Standards zu etablieren. Schließlich weiß man heute noch nicht, ob das Internet in den nächsten Jahren zum größten Marktplatz der Welt aufsteigen wird.

ENEXX

In der ersten Jahreshälfte 2000 kommt mit ENEXX in Europa eine professionelle Handelsplattform auf den Markt, mit dem sowohl private als auch institutionelle Anleger weltweit über 40 Märkte von (fast) jedem Ort der Welt aus via Internet handeln können. Die Enexx Trading Tools AG wurde erst 1999 in Zürich gegründet und hat sich zum Ziel gesetzt, gut informierten, erfahrenen Privatanlegern, Online-Trading-Anbietern, Brokerhäusern, Börsen, Banken und sonstigen institutionellen Investoren eine umfangreiche Handelsplattform zur Verfügung zu stellen. ENEXX bietet seinen Kunden nicht nur den Realtime-Zugriff auf Marktdaten für Wertpapiere, Devisen, Zinsen, Derivate, Commodities und Fonds, sondern führt auch die vier wichtigsten Bestandtei-

[Teil V] Aufbruch in das 21. Jahrhundert

Abbildung 234
Die neue Handelsplattform ENEXX mit allen wichtigen Informationen

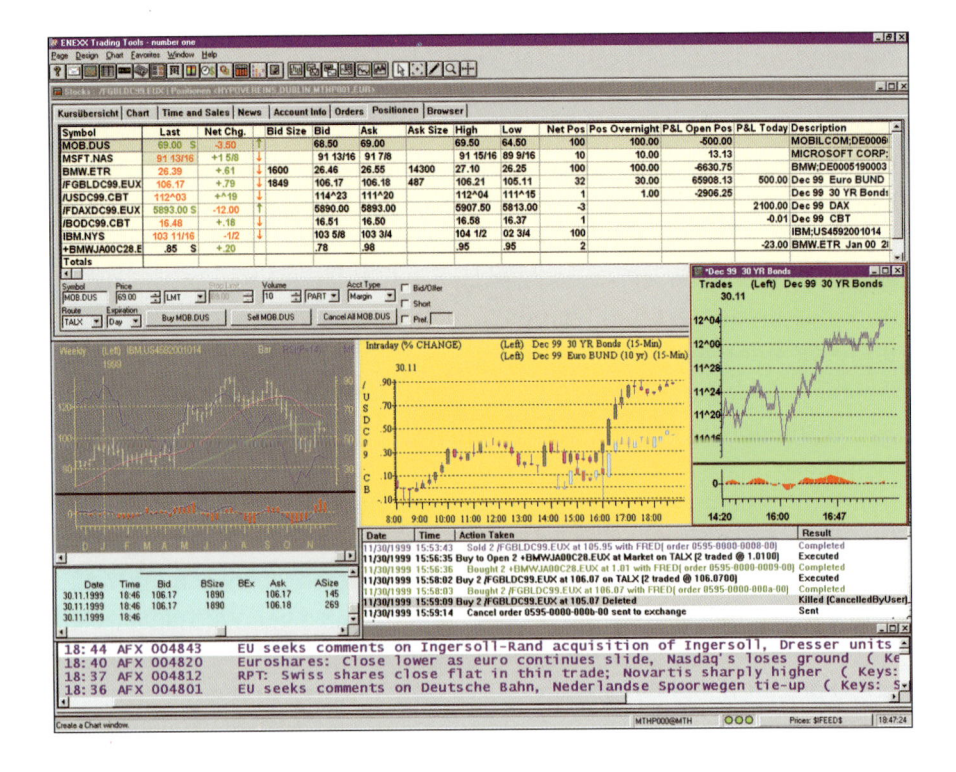

le für jeden professionellen Online-Trader in einem System zusammen. Realtime Quotes (mit „Times & Sales" bei Echtzeitdaten), ein Chart-Programm, Realtime News (Schlagzeilen und Hintergrundberichte) und ein elektronisches Orderrouting, das die Ausführung der Aufträge in sekundenschnelle möglich und am Bildschirm nachvollziehbar macht.

Discountbroker

Der Boom der Discountbroker ist ungebrochen. In den USA haben von Goldman Sachs bis zu American Express alle großen Institute in der einen oder anderen Form die Möglichkeit zum Online-Handel geschaffen. Im Dezember 1999 verkündete selbst Merrill Lynch, das größte Broker- und Investmenthaus der Wall Street, dass es unter die Discountbroker gehen wolle. Statt 200$, wollen sie ihren Kunden pro Handel nur noch 29,90$ berechnen. Dadurch gehen dem Haus und seinen auf Provisionsbasis arbeitenden Maklern Gebühreneinnahmen in Höhe von über einer Milliarde Dollar verloren. Doch das Unternehmen hofft, dass es die Verluste mit der Akquisition neuer Kunden wettmachen kann. Schließlich benötigen über 90% aller Kunden irgendwann auch wieder Beratung. In Deutschland gibt es mittlerweile über 1,5 Millionen Online-Kunden, von denen sich ca. 10% im Daytrading versuchen. Als bestes Unternehmen im Segment gilt bisher Consors, das mit seinen Expansionsplänen ins Ausland die Wachstumsdynamik des europäischen Marktes abschöpfen möchte. Ohne vernünftige Online-Handelsplattform und verbesserten Konditionen wird dieses Unterfangen jedoch schwieriger sein als erwartet. Denn schon in den kommenden Monaten werden europaweit tätige ECN´s in diesen Bereich vorstoßen. Zusammen mit Internet-Banken wie Enba können sie den etablierten Discountbrokern schnell Marktanteile streitig machen, zumal sie die Gebührenstruktur der deutschen Discountbroker deutlich unterbieten werden.

Fondsgesellschaften

Der zunehmende und weltweite Wettbewerbsdruck macht auch vor den Fondsgesellschaften nicht halt. Börsen wie die American Stock Exchange (AMEX) in New York oder die Toronto Stock Exchange (TSE) in Canada sind mit fondsähnlichen Finanzinstrumenten auf den Markt gekommen und stehen nun in direkter Konkurrenz zu den Kapitalanlagegesellschaften. Die AMEX, die mittlerweile mit der Computerhandelsbörse NASDAQ fusioniert ist, konnte mit Anteilen auf die beiden wichtigsten US-Indizes einen Coup landen. Anleger können Anteile des S&P-Index („Spiders" oder „Spinnen") sowie des Dow Jones Index („Diamonds" bzw. „Diamanten") kaufen. Technisch gesehen handelt es sich bei diesen Instrumenten um zwischen Aktien und Fonds anzusiedelnde Investmentvehikel („Unit Trusts"), die im Vergleich zu den „Unit Trusts" aber keine Endfälligkeit aufweisen. Anleger haben so die Möglichkeit, mit einer einzigen Transaktion indirekt in alle Aktien der im S&P oder im DOW enthaltenen Gesellschaften zu investieren, ohne das Einzelrisiko zu haben. Und dies zu Kosten, die deutlich unter denen der traditionellen Fonds liegen. Käufe und Verkäufe ist jederzeit möglich (auch ein Leerverkauf = Gewinne bei fallenden Kursen). Spiders und Diamonds werden an den Börsen wie Aktien gehandelt. Sie garantieren dem Anleger praktisch eine dem Index entsprechende Wertentwicklung. Da sie mittlerweile zu den meist gehandelten Produkten dieser Börsen zählen, konnte die AMEX zur drittgrößten Fondsgesellschaft der Welt aufsteigen. Wenn diese Vorgehensweise Schule macht, dann kommen auf die Fondsgesellschaften schwere Zeiten zu. Unruhe herrscht in der Fonds-Branche aber nicht nur wegen der Börsenkonkurrenz. Junge und erfolgreiche Fondsmanger kündigen bei den großen Gesellschaften, um sich mit eigenen Fonds selbständig zu machen. In London, dem bevorzugten Standort der Gründer, existieren bereits zahlreiche neue Firmen. Die meisten Start-ups positionieren sich mit pfiffigen Strategien erfolgreich im Schatten der Giganten. Viele der Top-Leute wollen unbehelligt von bürokratischen Zwängen ihre eigenen kreativen Vorstellungen umsetzen, auf eigene Rechnung handeln und ihren Anteil am Gewinn selber kassieren. Denn bei den großen Fonds kommt das Gehalt oftmals nicht mit den erwirtschafteten Renditen mit. Welcher Fondsmanager ist schon glücklich, wenn er Zig-Millionen für sein Unternehmen verdient hat und dafür am Ende des Jahres 150.000 bis 300.000 DM zuzüglich einer Erfolgsprämie von 30% bis 50% auf sein Grundgehalt als Bonus erhält. Unabhängige Fondsmanager sind mit bis zu 20 Prozent an den Gewinnen Ihrer Fonds beteiligt. Wer Erfolg hat und hohe Renditen erzielt, kann so in eigener Regie schnell Millionär werden. Ein weiterer Grund für den Aderlass ist damit zu begründen, dass viele der etablierten Fondsgesellschaften ihre besten „Goldfinger" systematisch vor der Öffentlichkeit verstecken, da sie nicht wollen, dass sich die Anleger zu sehr auf die Gurus fixieren und ihr Geld abziehen, wenn diese das Haus verlassen. Dadurch fühlen sich aber einige Talente vernachlässigt und in ihrem Drang nach branchenweiter Anerkennung benachteiligt.

Auswirkungen auf das Arbeitsumfeld der Börsianer

Mit dem Übergang zur Informationsgesellschaft steht auch die Arbeitswelt der Börsianer vor neuen Herausforderungen. Deregulierung, Digitalisierung und globale Vernetzung haben Rahmenbedingungen geschaffen, die zu einer kompletten Überarbeitung der Unternehmensstrategien zwingen. Wenn das Umfeld zudem durch eine höhere Dynamik des Wettbewerbs und den immensen Innovationsschubs der Technik geprägt ist, dann ändern sich auch die Anforderungen an die Beteiligten.

Unternehmen

Ein Unternehmen, das in der Finanzbranche Zukunft gestalten will, muss sich nicht nur fragen, welche organisatorischen Strukturen es benötigt, um ein solches Wettbewerbsumfeld bewältigen zu können, sondern auch, welche Unternehmenskultur nötig ist, um Flexibilität und ständige Innovationsfähigkeit zu ermöglichen. Der Abbau struktureller Hindernisse allein reicht nicht. Kreativität kann sich nur entfalten, wenn den Mitarbeitern entsprechende Entfaltungsmöglichkeiten vorliegen und sie nicht in enge Verhaltensmuster gepresst werden, die irgendeiner Hausphilosophie entsprechen. Zukunftsorientierte Unternehmen schaffen für ihre Mitarbeiter außerhalb der bestehenden Organisation Freiräume, mit denen sie erfolgsorientiert arbeiten können. Oftmals binden sie ihre Angestellten in wechselnde Teams ein, in denen sie mit wichtigen, zeitlich begrenzten Projekten betraut werden. Dadurch erhält jeder Mitarbeiter die Chance, sich bereitwillig und kompetent in immer wieder neue Arbeitsumfelder einzufügen, sein Wissen zu erweitern und mit den Kollegen bereitwillig zu kooperieren, was künftig immer wichtiger werden wird.

Reduzierung hierarchischer Strukturen

Um innovative Leistungsfähigkeit zu fördern, muss die Bedeutung der Hierarchie und der Abteilungsstrukturen reduziert werden. In vielen Banken geht es im internen Kompetenzengerangel leider immer noch zu stark darum, wie die einzelnen Abteilungen oder der einzelne Verantwortungsbereich dasteht. Je mehr Mitarbeiter er hat, desto wichtiger erscheint er. Ansprüche kleinerer Abteilungen werden abgedrängt. Loyalität gegenüber der Abteilung und ihrem Chef ist oftmals wichtiger als die gegenüber dem Unternehmen. Daraus resultiert häufig ein funktionales und defensives Denken („… das haben wir schon immer so gemacht"). Bleiben die Abgrenzungen der Abteilungen erhalten, wird die Fortentwicklung des Unternehmens behindert. Wenn beispielsweise der Leiter der EDV- oder Organisationsabteilung festlegen kann, welche Software ein Händler erhält, und nicht die Handelsabteilung (bzw. sogar der Händler selber), dann wird dieser Händler keine idealen Arbeitsbedingungen vorfinden. „Wo kämen wir denn hin, wenn jeder Händler seine eigene Software bestellen dürfte", lauten die Kommentare.

Als Folge daraus stehen in den Handelsräumen der Banken und Brokerhäuser zwar immer die neuesten Monitore herum, weil diese die EDV-Abteilung erfreuen, nicht aber die innovativste Software für Händler und Analysten. Oftmals verfügen Privatanleger über eine bessere Ausstattung als die Profis in den Börsensälen. Wenn darüber hinaus Bereichsleiter, die noch nie etwas mit der Entwicklung computerisierter (mechanischer) Handelssysteme zu tun hatten, darüber entscheiden, welche Trading-Modelle die Handelsabteilung einkaufen darf, dann muss man sich nicht wundern, wenn beispielsweise die Devisenabteilungen vieler Banken zwar mit teuren Olsen-Aparaturen ausgerüstet, nicht aber mit innovativen Handelssystemen versorgt werden. Derlei Entscheidungsbefugnisse dürfen nicht von der Hierarchieebene abhängig gemacht werden, sondern sollten Kompetenzträgern überlassen bleiben. Ansonsten werden nicht nur gute Händler und Analysten vergrault, Wissensmanagement und Know-how-Zuwachs unterbunden, sondern auch Innovationsprozesse verhindert. In fortschrittlichen Unternehmen dürfen die Händler ihre Arbeitsplätze selbst einrichten und werden dabei sogar noch von Software-Experten beraten. Vertraute Arbeitsinstrumente bilden eben die Grundlage für den Börsenerfolg.

Kooperationsbereitschaft

„Wissen ist Macht, und Macht gibt man nicht ab."
Sprichwort

Das alte Sprichwort (links) hat seine universelle Gültigkeit in der modernen Informationsgesellschaft längst verloren. Heute gilt: Derjenige, der sein Wissen am schnellsten in innovative Produkte umsetzt – nur der wird Erfolg haben. Künftig werden jene Regionen und Unternehmen prosperieren, die ein kooperatives Klima schaffen. Das größte Produktivitätspotenzial wird daher im zwischenmenschlichen Bereich liegen. Im Vordergrund werden nicht mehr die Informationsströme zwischen Mensch und Technik stehen, sondern die Informationsströme zwischen Menschen und innerhalb von Menschen.

Es wird darum gehen, einer übertriebenen Ich-Bezogenheit den Boden zu entziehen und ein echtes Interesse am gleichberechtigten Wohlergehen anderer herbeizuführen. Firmen können ihre Mitarbeiter mit Gehaltszulagen motivieren, mit Statussymbolen den Selbstwert steigern, ihre mentale Ebene auf Weiterbildungen stärken, über Corporate Identity die Gruppeninstinkte ansprechen. Nur das gegenseitige Wohlwollen, mit dem sich Mitarbeiter begegnen, den Kredit, den sie sich geben – der wird die Basis für eine vielversprechende Kooperationsbereitschaft sein.

Dort, wo der Informationsfluss gestört ist, wo Platzhirsche regieren, Meinungsverschiedenheiten zu Machtkämpfen ausarten, wo Mobbing das Klima bestimmt, stagniert die Produktivität. Wo jeder sein Herrschaftswissen für sich behält, unterbleiben Synergiegewinne. Keine noch so verbesserte Hardware wird diesen Verlust ausgleichen können. Natürlich verlieren technische Qualifikationen nicht an Bedeutung. Aber Intellektualismus und Fachkompetenz können sogar kontraproduktiv werden, wenn es nicht gelingt, die Ergebnisse der Arbeitsteilung zusammenzuführen.

Ein kooperatives Teamwork wird in der modernen Informationsgesellschaft immer mehr zum Innovationsmotor. Das beste Beispiel für die lösungsorientierte Bündelung von Wissen ist das ursprünglich von dem finnischen Programmierer Linus Torvalds entwickelte Betriebssystem LINUX, das durch das freiwillige Mitwirken ganzer Heerscharen von Programmierern optimiert wurde. Dank seiner Stabilität ist LINUX als Alternative zu Windows ins Rampenlicht gerückt. Dabei war das kostenlos über das Internet verfügbare LINUX den Anwendern lange suspekt, stand doch die Idee einer freien Systemsoftware im völligen Gegensatz zu deren herkömmlichen Wertesystem. „Wenn es etwas billig oder gar umsonst gibt, dann kann es nichts Wert sein", lautet die allgemeine Lebensphilosophie.

Diese Argumente hört man übrigens auch bei den Börsianern. Dort heißt es immer: „Wenn jemand ein Trading-Modell verkauft, dann kann es nicht gut sein. Ansonsten würde er es doch selber handeln und niemanden sagen". Dass es durchaus Akteure gibt, die nicht nur im stillen Kämmerlein Erfolg haben wollen, sondern auch den gegenseitigen Erfahrungsaustausch suchen und ein anerkennendes Schulterklopfen für ihre Ideen benötigen, wird ignoriert. Diejenigen, so meine bisherige Erfahrung, die die Inhalte ihrer Strategien und Systeme komplett verheimlichen, tun dies, weil sie nicht viel vorzuweisen haben. Lieber lassen sie sich als geniale Eigenbrötler feiern, als dem peinlichen Moment zu erleben, wenn ihre Ansätze als wertlos oder gar als geistiges Diebesgut entlarvt werden.

Wissensmanagement

Die gezielte Nutzung von Wissen wird in Zukunft für viele Unternehmen zu einer Überlebensfrage. Das so genannte „Knowledge-Management" (KM) zielt darauf, in einem Informationspool das gesamte Wissen einer Firma allen Mitarbeitern möglichst auf unkomplizierte Weise verfügbar zu machen. Firmenwissen bedeutet: Informationen über alle Unternehmensprojekte und -produkte sowie Erfahrungsberichte und Ergebnisse von Arbeitsgruppen müssen in einer Datenbank gespeichert werden.

Der Auslöser des Wissensmanagement ist nüchternes Unternehmerkalkül. Wo früher Maschinen, Gebäude und Rohstoffe über den Wert einer Firma entschieden, zählt im Internet-Zeitalter insbesondere eines: der Inhalt der Köpfe der Mitarbeiter. Doch während man seit Jahrzehnten über jede Maschine exakt Buch führt, existiert für Angestellte bislang nur eine dürftige Personalakte. Eine systematische Erfassung des Know-hows der Belegschaft blieb bisher aus. Dabei kann Wissens-Management seit Jahrzehnten festgefahrene Firmenstrukturen aufbrechen, die das Unternehmenswachs-

„Wenn die Menschheit wüsste, was die Menschen alles wissen bzw. wenn ein Unternehmen wüsste, was seine Mitarbeiter alles wissen, dann..."

E.F

tum begrenzen. Hier wird sich eine völlig neue Berufsgruppe etablieren: die Wissensmanager. Sie stellen wichtige Informationen und Artikel ins firmeneigene Datennetz (Intranet) und erleichtern mit neuen Programmen die Suche nach Daten und Ansprechpartnern.

Während die elektronische Erfassung des generellen, bereits dokumentierten Wissens in einem Unternehmen bei Vorhandensein der entsprechenden Infrastruktur eine reine Fleißarbeit ist, tauchen bei der Sammlung des personengebundenen Erfahrungswissens in der Praxis erhebliche Probleme auf. Wissensmanagement-Prozesse können nur funktionieren, wenn sich Mitarbeiter aktiv an ihnen beteiligen. Mit Experten allein funktioniert der Erfahrungsaustausch indes nicht: Wissensmanagement kann nur erfolgreich sein, wenn alle Mitarbeiter seinen Wert erkennen und selbst ihr Knowhow im Netz preisgeben. Und da beginnt die Crux für den Knowledge-Beauftragten einer Firma. Die zeitliche Belastung, fehlende persönliche Anreize oder sogar die Angst um den eigenen Arbeitsplatz, sind drei typische Beweggründe dafür, warum Mitarbeiter nicht von sich aus die vorhandenen technischen Möglichkeiten nutzen und ihre Kenntnisse bereitwillig zur Verfügung stellen. Wissensteilung muss künftig in die Vergütungssysteme aufgenommen werden, denn nur über Belohnung und Anerkennung können Firmenchefs bei ihren Mitarbeitern gezielt ein Bewusstsein für die Wissensabgabe schaffen.

Die Firma Think Tools entwickelte ein System, das Gehalt und interne Informationsbereitschaft koppelt. Via Intranet berichtet beispielsweise ein Analyst über die Vorgehensweise und Einsatzgebiete neu entwickelter Handelsstrategien. Seine Kollegen bewerten die Güte seiner Empfehlungen mit Punkten. Wer am Ende des Jahres die meisten Punkte hat, verdient am meisten. Simples Prinzip, großer Erfolg. Wichtig sei für eine zügige Akzeptanz vor allem die leichte Bedienbarkeit des Systems und ein offensichtlicher Nutzwert für die Beteiligten. Eine der erfolgreichsten Plattformen ist derzeit Lotus Notes. Zusammen mit ihrer Muttergesellschaft IBM gründete Lotus 1999 ein Institut für Knowledge Management. Hier soll unter anderem erforscht werden, wie Unternehmen Informations-Kultur umsetzen können. KM ist kein Produkt, sondern eine Unternehmensphilosophie, deren Durchsetzung von Software technisch unterstützt werden kann.

Arbeitsverhältnisse

Das so genannte normale Arbeitsverhältnis wird in Zukunft an Bedeutung verlieren. Man wird im Kleinen ein Unternehmer sein, der seine Arbeitskraft und sein Know-how vermarktet. Und nicht mehr jemand, der seinen Arbeitsvertrag unterschrieben hat und den dann nur noch ableistet. Auch die Entlohnung wird eine andere sein; eher nach Leistung und nicht so sehr nach Anwesenheit. Unternehmen, die in der Informationsgesellschaft erfolgreich agieren wollen, müssen sich nicht nur fragen, wie die Mitarbeiter qualifiziert, entwickelt und geführt werden, sondern auch, wie in ihren Köpfen zusehends unternehmerisches und eigenverantwortliches Denken etabliert werden kann. Junge, smarte Mitarbeiter/innen müssen unabhängig von Hierarchieebenen frühzeitig die Chance erhalten, eigene Projekte umzusetzen. Andernfalls sind sie nicht zu halten. Um die Leistungspotenziale der Mitarbeiter voll auszuschöpfen, müssen sie mehr als bisher am Erfolg des Unternehmens beteiligt werden. Viele Kapitalgesellschaften räumen zwar ihren Führungskräften Aktienoptionsrechte ein, mit denen sie am „Shareholder-Value" ihres Unternehmens partizipieren, berücksichtigen die breite Masse der Mitarbeiter jedoch nicht. Dabei kann jeder Angestellter zum Erfolg beitragen, indem er sein Wissen und Know-how sowie seine Kontakte für das Unternehmen einsetzt. Die Deutsche Börse AG hat beispielsweise festgestellt, dass ihre eigenen Mitarbeiter hervorragende Headhunter sind, die genau wissen, wer ins Unternehmen passt. Eine kleine „Kopfprämie" von 2500 Euro (Personalberater erhalten für eine erfolgreiche Anwerbung immerhin ein ganzes Jahresgehalt) führte bereits zu einem überwältigendem Erfolg. Um diese Prozesse weiter anzuregen, müssen die Mitarbeiter zuallererst wissen, was dabei für Sie herauskommen kann. Wenn man hier nur „kleckert" bzw. sogar widerwillig „Incentives" jeglicher Art herausgibt, dann wird das Engagement für die Firma schnell einfrieren.

Outsourcing

Bisher galt es zwar als unumstößliches Gesetz, dass nur Mitarbeiter innerhalb eines Unternehmens zur Innovation von Produkten und Dienstleistungen beitragen. In der Informationsgesellschaft der Zukunft gibt es diese Schranken aber nicht mehr. Es wird immer wichtiger werden, die fähigsten Fachleute für ein Unternehmen gewinnen zu können und Ihr Know-how lösungsorientiert einzusetzen, als sie mit herkömmlichen Verträgen langfristig an das Unternehmen zu binden. Willige Selbständige und Dienstleister werden als Freelancer (zu deutsch Freiberufler) von allem in den Schlüsselbereichen Information und Dienstleistung in flexibel einberufenen Projektteams Arbeit finden. Da Wissen binnen weniger Jahre veraltet, wird der freiberuflichen Info-Elite die Zukunft gehören. Wenn immer mehr Menschen projektgebunden oder auf Honorarbasis arbeiten, werden auch die Bande zwischen Arbeitgeber und Arbeitnehmer dünner.

Die vernetzte Welt sorgt jedoch für neue Beziehungen und kann auch die Rolle verändern, die ehemalige Mitarbeiter für ihren Ex-Arbeitgeber spielen. Anstatt wie früher zur Konkurrenz zu wechseln und dem Unternehmen damit verlorenzugehen, wird der nächste Karriereschritt in Zukunft für viele, die kündigen, die Gründung eines eigenen Unternehmens sein. Mercedes Benz hat einen eigenen Unternehmensbereich geschaffen, der ehemaligen Mitarbeitern Möglichkeiten aufzeigt, wie sie sich selbständig machen und ihre Produkte vermarkten können. Dadurch bleiben dem Haus nicht nur wichtige „Think Tanks" erhalten, sondern es entsteht sogar ein Netzwerk kleiner Ideenschmieden, die für das Unternehmen wertvoll bleiben. Im Wertpapierbereich böte sich diese Form der Arbeit vor allem für Researcher, Top-Trader, Fonds- und Vermögensverwalter sowie Systemhändler an. Die Beispiele verdeutlichen, dass im Informationszeitalter die einzig wahren Vermögenswerte eines Unternehmens im Wissen der Mitarbeiter oder der eingebundenen Freelancer (Know-how-Träger) zu finden sind. Diese Gruppe auch weiterhin zu den gewohnten Höchstleistungen zu motivieren wird zu den größten Herausforderungen des Managements gehören.

Arbeitszeiten

Die Schufterei nach traditionellem Muster macht Erfolg immer unwahrscheinlicher. In vielen Börsenabteilungen ist es Usus, dass man als Händler, Analyst oder Salesperson über die Arbeitszeit bzw. die Aufenthaltsdauer in den Händlerräumen bewertet wird. In Zeitungsinterviews rühmen sich einige Nachwuchskräfte, von sieben Uhr morgens bis 22 Uhr abends tätig zu sein. Diese wenig produktive Unsitte ist gerade im angelsächsischen Raum etabliert. Von einem Burn-out-Syndrom haben sie scheinbar noch nichts gehört. Vergleicht man einen Händler mit einem Top-Athleten, dann käme schnell die Frage auf, warum ein 100m-Sprinter 5000m laufen soll. Wenn Händler ständig vor Ort sein müssen, können sie keine optimale Leistung erbringen. Innovative Firmen, die ihre Händler kontrolliert einsetzen wollen, gewähren ihnen längere Erholungspausen und flexible Arbeitszeiten. Wenn ein Händler bis 11 Uhr einen großen Profit eingefahren hat, warum sollte er dann nicht auf den Golfplatz oder nach Hause gehen dürfen.

In den USA ist das „Nickerchen" am Arbeitsplatz ein neuer Trend. Dort stellen jetzt immer mehr Unternehmen ihren Angestellten Räume für die Schlafpause zur Verfügung: Wie die „New York Times" berichtet, unterhalten einzelne Unternehmen mittlerweile sogar Abteilungen, die die Aufgabe haben, auf das Wohlbefinden der Angestellten zu achten. Selbst die US-Armee ist vom Sinn der Mittagsschläfchen überzeugt: Mehrere Schlafspezialisten wurden bereits zu Elite-Trainingscamps gesandt, um Offizieren beizubringen, wie man Soldaten zum Mittagsschlaf abordert. Während Angestellte den Trend zum Nickerchen im Allgemeinen positiv betrachten, tauchen vielerorts noch Bedenken auf. Viele Amerikaner fürchten, durch das Büronickerchen als Faulpelz abgestempelt zu werden oder trotz Wecker nicht rechtzeitig aufwachen. Könnten Schlafpausen demnächst auch in den Handelsräumen der großen Banken eingeführt werden?

Angestellte

Um die Anforderungen erfüllen zu können, die die Informationsgesellschaft an die Mitarbeiter stellt, werden neben den fachlichen Qualifikationen vor allem soziale Kompetenzen benötigt. Neben den „weichen Faktoren" wie Einfühlungsvermögen, Rücksicht, Vertrauen, Offenheit und gegenseitige Akzeptanz gehören auch die Fähigkeiten einer Person dazu, Zusammenhänge zu erkennen, sich selbst zu motivieren, Problemlösungen kreativ anzugehen und sich in der Computerwelt zurecht zu finden dazu. Eine zielgerichtete Vorgehensweise, die lebenslange Bereitschaft zum Lernen und vor allem die Kooperationsfähigkeit einer Person werden überlebenswichtige Schlüsselqualifikationen sein.

Research-Abteilungen: Sie eignen sich am idealsten für die Auslagerung aus einem Unternehmen. Der Analyst der Zukunft arbeitet nicht mehr bei einer Bank, sondern für mehrere Finanzdienstleister und Privatkunden, so weit dies rechtlich möglich ist. Er wird „Information on special demand", also Informationen und Leistungen anbieten, die ganz speziell auf die wechselnden Wünsche seiner Kunden zugeschnitten sind. Als Spezialist und Berater wird er in der Gestaltung seiner Arbeit viel selbständiger und mobiler sein müssen als heute. Veröffentlichungen erfolgen über Fax-Dienste, Internet und Medienauftritte.

Sales: Wer in Zukunft noch als Sales-Person arbeiten möchte, der muss erfolgreiche Ideen für Handels- und Anlagestrategien entwickeln können und diese professionell verkaufen, denn das „Durchreichen" der Orderformulare wird komplett entfallen. Sobald die ECN´s jedem Finanzinstitut und jeder Privatperson eine Handelsplattform ins Haus gestellt haben, werden wohl auch die Salesabteilungen und die Salestrader überflüssig sein. Anstatt sich teure Sales-Leute zu halten, die den Kunden oftmals nur die Inhalte der Tageszeitungen oder der Research-Unterlagen wiedergeben, werden die Banken dazu übergehen, optimal auf den Kunden zugeschnittene Informationen via Internet direkt vom Research liefern zu lassen, aktuell und präzise, für wesentlich geringere Kosten. Auf speziellen Informationsseiten können die Kunden Nachrichten abfragen, Finanzdaten und Analysen einsehen.

Trading: Der Händler der Zukunft wird nicht mehr einzelne Orders eingeben, sondern über virtuelle Analyseprogramme komplexe Handelsstrategien steuern. Im Zuge der verstärkten Risikokontrolle wird die Performance der Händler intensiver untersucht werden und bestimmten Kennzahlen unterworfen sein, die bei computerisierten Trading-Modellen längst Standard sind. Die wenigen, intuitiven Top-Trader werden die Banken verlassen und bei virtuellen Handelsfirmen einsteigen bzw. eigene Firmen gründen. Hierfür sind administrative Zwänge, geringe Gewinnbeteiligungen und vor allem die „Management by objectives"-Philosophie bei der Festlegung der Bonusberechtigung verantwortlich. Bei diesem Ansatz erhalten Händler zu ihrem Grundgehalt nur dann einen Bonus, wenn sie ihre Zielvereinbarungen erreichen. Hat ein Händler beispielsweise in einem guten Jahr 10 Mio. für seine Bank verdient, dann erhält er, wenn seine Zielvorgabe 8 Mio. betrug, nicht nur einen Sonderbonus von vielleicht 150% bezogen auf sein Grundgehalt (z. B. Grundgehalt DM 200.000 + DM 300.000Bonus = 150%), sondern als Dank auch noch eine wesentlich höhere Zielvorgabe von vielleicht 13 Mio. für das nächste Jahr. Erreicht er diese Marke nicht, ist sogar sein normaler Bonus gefährdet. Kein Wunder also, dass viele Banken mittlerweile ihre Eigenhandelsabteilungen schließen müssen. Die Top-Trader laufen ihnen davon, schließlich zahlen ihnen professionelle Handelsfirmen unabhängig von Zielvorgaben 30% vom erzielten Gewinn aus, was in unserem Beispiel ca. 3 Millionen ausgemacht hätte. Wer erfolgreich handelt, kann so in eigener Regie schnell Millionär werden.

Technische Analysten als „Technologie-Scouts": In dieser schnelllebigen Zeit ist es unverzichtbar, dass man mit den berühmten ausgefahrenen Antennen durch die Welt läuft. Technologie wird in dem rapiden Wandel der Finanzmärkte mehr und mehr zum Erfolgsfaktor. Technische Analysten müssen sich als „Techno-Trend-Scouts" verstehen, die weltweit nach alternativen Anwendungen und Werkzeugen zur grafisch-/ statistischen Datenauswertung fahnden. Schließlich sollte man technologisch immer auf dem neuesten Stand sein oder sogar einen Schritt weiter als andere. Während zum Beispiel die amerikanische Regierung für ihre Unternehmen mit großem Erfolg Know-how ins Land holt, indem sie „Informationen aufbereitet" oder ausländischen Wissenschaftlern und Entwicklern „Greencards" erteilt, ist man bei uns von dieser Akquisitionsmöglichkeit noch weit entfernt. Know-how-Träger außerhalb Europas „anzuheuern" ist aufgrund der rigorosen Gesetzgebung fast unmöglich. Anstatt eigene Mitarbeiter auf die Suche nach neuen Entwicklungen zu schicken oder internationale Know-how-Büros zu unterhalten, was bei HighTech-Firmen schon längst der Fall ist, geben sich etablierte Banken auf diesem Gebiet sehr zurückhaltend. Im Rahmen eines effizienten Know-how-Managements verfügt kaum ein Haus über technologische Trend Scouts. Dies wird noch immer der Eigeninitiative der Angestellten überlassen. Dabei kann eine Firma durch intensive Recherchen in Zukunft über einen Pool von Anwendungslösungen verfügen, der für Synergieeffekte und Innovationen im Handels- bzw. Researchsektor genutzt werden kann.

[Teil V] Aufbruch in das 21. Jahrhundert

16 Einblicke in die Zukunft der Technischen Analyse

"Alles soll so einfach wie möglich gemacht werden. Aber nicht einfacher!"
Albert Einstein

Den Namen des Bioinformatikers Leroy Hood kennen heute nur sehr wenige. Bill Gates bezeichnet Ihn als den „Einstein des 21. Jahrhunderts". Gates investierte viele Millionen Dollar in die Leroy Hoods Laboratories in Seattle, damit er die Ergebnisse der Forschungsarbeiten als erstes nutzen darf. Und wer die Geschichte von Microsoft kennt, weiß: Gates gibt gern dort, wo gutes Geld zu holen ist – und zwar so schnell als möglich. Die Hood Labs sind das Mekka des „new computing", jenes Forschungszweiges, der den guten alten Computer, wie wir ihn heute kennen, überflüssig machen wird. Hood ist der Vater des DNS-Synthesizers, einer Maschine, die blitzschnell die „Programme des Lebens" aus einem Stück Gewebe oder einem Tropfen Speichel auszurechnen vermag. Ohne den DNS-Synthesizer wäre die gentechnische Forschung heute kaum vorstellbar. Was in Seattle entsteht, ist aber mehr als bloß ein revolutionäres Laborgerät. Hood lässt Gene rechnen. So wie ein konventioneller PC mit Strom-ein-Strom-aus-Impulsen (Nullen und Einsen) arbeitet, kalkuliert Hoods Bio-Computer mit dem genetischen Strichcode. Laut Gates ist das Gen das bei weitem ausgeklügelste Programm, das es gibt. Verglichen mit dem Gen, sind unsere heutigen Computer aus der Steinzeit. Statt Bit für Bit werden in Hoods Labor die Basen von Nukleinsäuren verarbeitet, durch deren Kombination letztendlich jede Lebensform geschaffen werden kann. Ein winzig kleiner Tropfen dieser Flüssigkeiten reicht aus, um damit eine unglaubliche Anzahl an Daten zu speichern. Die Flüssigkeitsmenge, die in einen Kaffeelöffel passt, würde im Fall eines Gen-Computers so viele Daten speichern wie eine herkömmliche PC-Festplatte der Größe eines Fußballfeldes.

Das ist aber noch nicht alles: Nicht nur extreme Miniaturisierung ist mit dem Gen-Rechner möglich. Im Gegensatz zu heutigen Systemen, die nach dem in den 30er-Jahren festgeschriebenen Neumannschen Prinzip arbeiten – Bit für Bit hintereinander –, rechnen die Gen-Computer schlagartig alles aus, was man Ihnen zum Rechnen vorsetzt. Die Gen-Computer sind echte Parallelcomputer. Science Fiction? Keineswegs. Sie werden schon bald Realität sein. In der Computerwelt des 21. Jahrhunderts sind die aktuellen

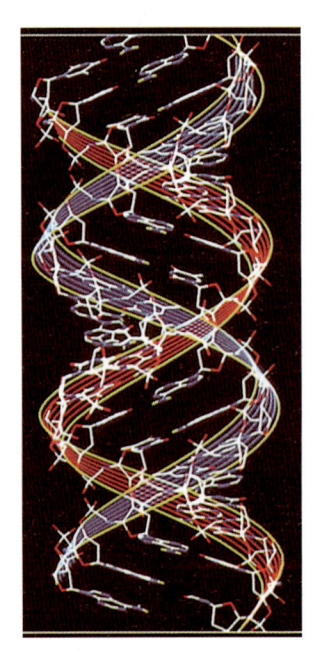

Abbildung 235
Superschnelle DNS-Rechner werden Ihrer Handelsstrategien mit dem genetischen Code optimieren

Regeln bereits Schnee von gestern. Was vor Jahren noch als Spinnerei abgetan wurde, rückt heute in die Nähe der technischen Realisierung. Der US-Forscher Ralph Merkle will gar einzelne Atome zu Computerschaltungen zusammenbasteln, was als „molekulares engineering" bezeichnet wird. Mittlerweile gibt es sogar ein Schema, wie man mit Ionen und Laserlicht einen Raster für die Arbeitsweise von Quantencomputern schaffen kann. Die wären dann milliardenfach schneller als konventionelle Rechner.

Moderne Komponenten von Chart- und Analyseprogrammen

Während Forscher im IT-Bereich bereits Gene rechnen lassen, Quantencomputer im subatomaren Bereich entwickeln und am Konzept des Gehirns als Festplatte basteln, muss sich die Technische Analyse in der überwiegenden Anzahl der Fälle mit dem Schrott des letzten Jahrtausends herumplagen. Die meisten Programme fungieren noch nicht einmal auf einer 32-Bit-Basis, sondern auf 16-Bit oder DOS-Ebenen, die Bill Gates schon lange ins Museum verfrachtet hat. Es ist schon erstaunlich. Obwohl in den Finanzmärkten täglich Multimilliarden-Dollar-Geschäfte abgewickelt werden, steht der Forschungsaufwand für Instrumente, mit denen man die Märkte in den Griff bekommen und die Gelder besser verwalten könnte, in keinem Verhältnis zu der Summe, die bewegt wird. Wenn man bedenkt, welchen enormen Forschungsaufwand Automobil-, Elektro- oder Kosmetikfirmen betreiben, um ein paar neue Produkte auf den Markt zu bringen oder um Profit zu machen, dann kann es nur als lächerlich bezeichnen werden, was an Entwicklungskosten in analytische Börsen-Software gesteckt wird. Manchmal wird aus Kostengründen sogar auf öffentlich erhältliche Programme verzichtet, die noch nicht einmal 500 US-Dollar kosten. Worauf Technische Analysten, Händler und Vermögensverwalter in den diversen Chart-Programmen selbst heutzutage noch verzichten müssen (obwohl die Dinge längst möglich wären), sei kurz anhand einiger Beispiele skizziert:

"Den Fortschritt verdanken wir Nörglern. Zufriedene Menschen wünschen keine Veränderung."
Hubert Georg Wells

Grafische Komponenten:

- Fehlende Zweidimensionalität der Chart-Programme, so dass wichtige grafische Analyseinstrumente fehlerhaft sind. Mit dreidimensionalen Chart-Oberflächen wird zwar schon geworben, kann aber noch keine Rede von sein.

- Peinliche Einschränkung der Datenpunkte auf zum Teil vierstellige Werte, damit eine mangelnde Produkt-Performance verschleiert werden kann. Private Top-Programme können bei stabilen Programmabläufen über eine Million Datenpunkte im Chart aufnehmen.
- In Tages-Charts lassen sich mit den herkömmlichen Programmen noch immer keine Intraday-Bewegungen überlappend darstellen (z. B. Stunden-Barcharts in einem Tages-Candle).
- Eine prozentuale Darstellung der Kurse oder eine auf die Anzahl der gehandelten Kontrakte/Aktien basierte Chart-Darstellung (echte Volumen-Bars/Candles) ist nicht möglich.
- Einfache Trendlinien haben oftmals noch immer keine „Annäherungsfunktion", bei der sie vom Programm exakt an die jeweiligen Extremkurse gelegt werden.
- Die Art und Weise, wie man Indikatoren platzieren und darstellen kann bzw. wie sie von den Programmen vorgefertigt hingesetzt und dargestellt werden, ist erschreckend.

Komponente Datenfeed/Server:
- Anbindungen zu allen Datenanbietern, nicht nur auf seriellen Schnittstellen, sondern auch auf allen anderen (z. B. TCP, IP, Pipes) Schnittstellen zu Datenbanken, um dort Informationen des Tages abzulegen.
- Einfache Import-/Export- sowie Konvertierungs-Funktionen (z. B. via Ascii/Copy&Paste/Excel usw.).
- Erhöhung der Datenqualität durch Abgleichung mehrerer Datenanbieter (auch Ausfallsicherheit, keine Datenlücken und Spikes).
- Möglichkeit zur beliebigen Konvertierung von Daten (z. B. „Continious Data").

Komponente Systementwicklung/Test
- Eigenständiges Testen von Indikator-Pattern (z. B. via Markierungsfunktion).
- Optimierungsmöglichkeiten für Systemportfolios, automatische Geldzuweisung für jedes System sowie automatische Auswahl von Money Management-Rules in diesem Portfolios. Möglichkeit der Depotverwaltung eines Systemportfolios.
- Mehre Systeme in einem Chart-Fenster laufen lassen.
- Objektorientierte Programmierplattformen, z. B. Delphi oder C++.
- Direct-Order-Routing. Automatische Orderweitergabe und Ausführungskontrolle, damit ein Soll/Ist-Abgleich erfolgen kann. Automatische Tagesabschlussberichte.

- Statistische Auswertungen von Handelsstrategien.
- Optimierungsmöglichkeiten auf der Zeitebene, nicht nur der Preisebene. Signalgewichtung von Tagessystemen im Intraday-Bereich (Multiple Closing-Entries).
- Step-by-Step-Debugging für systematische und effektive Fehlersuche.
- Umfangreiche grafische Aufbereitungsmöglichkeiten der Testergebnisse.
- Kombinationsmöglichkeiten mit genetischen Algorithmen und neuronalen Komponenten.
- Einfache Intraday-Signalgenerierung eines Realtime-Tagescharts, z. B. Breakout-Regeln.
- Adaption von Handelsregeln und Programmierungscodes anderer Programme.
- Fehlerfreie Integration von Stop-Strategien.

Datenqualität

- Die Datenqualität von Kursdaten auf Tagesbasis hat sich in den letzten Jahren zwar deutlich verbessert, lässt aber immer noch zu wünschen übrig. Es darf nicht sein, dass man beim Einsatz von vier unterschiedlichen Datenanbietern vier völlig verschiedene Testergebnisse erhält.
- Im Intraday-Bereich verläuft eine Art „Grand Canyon" mitten durch die Qualitätsstandards seriöser Analyse. Selbst eine Firma wie Reuters hat es beispielsweise bisher nicht geschafft, die an der Eurex wirklich gehandelten Kurse originalgetreu auf ihre Grafikinstrumente zu bringen. Es gibt in ihren Intraday-Charts kaum ein signifikantes Top oder Tief, das der Realität entspricht.
- Versucht man diese Daten bei der Eurex zu besorgen, dann erlebt man sein blaues Wunder. Die CD-Rom mit Tick-Daten enthält unendlich viele Fehldaten.
- Bei einigen Programmen fehlen „haufenweise" Tickdaten, sobald man die Maus bewegt oder gar Programmfunktionen aufruft.
- Die Vielfalt des Angebotes ist sehr begrenzt. Meist werden nur gehandelte Werte eingelesen, nicht aber Sentimentdaten, Spreads, Geldzu- und -abflüsse der Fonds sowie die Netto-Overnight-Positionen der unterschiedlichen Anlegergruppen. Manchmal fehlt sogar das gehandelte Volumen.

Diese Auflistung stellt nur einen kleiner Bereich der wünschenswerten Verbesserungen dar. Wenn die Softwareanbieter bei ihrer Produktentwicklung eine Benchmarkorientierung (= Vergleich der Lösungsdetails bei Konkurrenzprodukten) an den Tag legen würden, dann könnten viele dieser Fehlerquellen bereits gelöst sein und produktübergreifend zur Verfügung stehen.

So aber muss die Technische Analyse auf einem Niveau verharren, das nur semi-professionelle Ansätze zulässt. Für wirkliche Innovationen, die ich bisher jedoch nur bei privaten Entwicklern entdeckt habe, müsste wesentlich mehr Forschungsaufwand betrieben werden. Da reicht es nicht aus, branchenfremde Programmierer möglichst billige Anwendungen programmieren zu lassen. Wenn die Möglichkeiten, die heute bestehen, voll ausgeschöpft würden, dann könnte die Technische Analyse einen grandiosen Siegeszug starten und in die „Hall of Fame" des Börsengeschäfts eingehen. Solange viele Ansätze noch immer nicht umgesetzt werden können, verzögert sich der endgültige Durchbruch bzw. bleibt sogar völlig aus.

Datenanbieter und Nachrichtendienste

Die Daten- und Nachrichten-Anbieter konnten ihre Preise in den letzten Jahren trotz einiger kostenloser Internet-Angebote relativ stabil halten. Hierzu haben wohl auch die oligopolistischen Strukturen dieser Branche beigetragen. Mit dem zunehmenden Wettbewerb aus dem Internet, neuer Anbieter, die auf den Markt drängen sowie aufgrund umfangreicher Paketlösungen von Handelsplattformbetreibern werden sie schon bald einem erheblich Kostendruck ausgesetzt sein. Anbieter, wie zum Beispiel „bis", die in ihrem Segment jahrelang hohe Preise von ihren Kunden fordern konnten, werden Schwierigkeiten haben, diese künftig noch durchzusetzen.

Seit dem der norwegische Medienkonzern Schibsted mit dem „Kölner Morgen" eine Gratiszeitung in die deutsche Medienlandschaft platziert hat, sollte auch den Nachrichtendiensten klar sein, das für sie die „Goldenen Zeiten" in den Handelsräumen vorbei sein dürften. Vielleicht werden Reuters, Bloomberg, Bridge oder VWD in Zukunft ihre Nachrichten kostenlos anbieten müssen, nur um im Markt präsent zu sein und so andere Geschäftsfelder aufgreifen zu können. Viele Internet-Firmen und Softwareanbieter gehen diesen Weg schon länger, was vorher auch keiner vermutet hätte. Eines ist sicher, nach all den Kosteneinsparungen, die gerade im Börsen- und Abwicklungsbereich durchgeführt werden, wird der Rotstift auch gegen die letzte Bastion hoher Preise, den Daten- und Nachrichtenanbietern, vorgehen.

[16] Einblicke in die Zukunft der Technischen Analyse

„Virtual Reality Trading mit Metaphor Mixer"

Wie die Instrumente der Technischen Analyse in der Zukunft aussehen könnten, zeigt sich schon heute. Komplexe Handelsdaten wird man künftig multimedial und mehrdimensional aufbereiten und dann in virtuellen Datenräumen darstellen können. Ob nun verbesserte Varianten herkömmlicher Chart-Programme oder gar Biocomputer-generierte Analysetools die Arbeit des Technischen Analysten unterstützen werden. Sicher ist, dass sich die Instrumente der Technischen Analyse in eine neue Dimension begeben werden. Vielleicht wird sogar der Joystick, mit dem die Kids der 90er aufgewachsen sind, die Tradingtastatur ersetzen, sobald der Nachwuchs die Börse als Spielfeld entdeckt hat. Die nächsten Abbildungen sollen Ihnen einen kleinen Vorgeschmack geben.

Abbildung 236 zeigt Ihnen das Programm „Metaphor Mixer" von der amerikanischen Firma Maxus Systems. Neben der herkömmlichen Darstellung eines Charts ermöglicht es auch eine zweidimensionale Betrachtungsweise.

Die Abbildungen 237 und 238 zeigen weitere Anwendungsdetails. Neben einer übersichtlichen Matrix-Darstellung, deren Farbcodes (siehe Abbildung

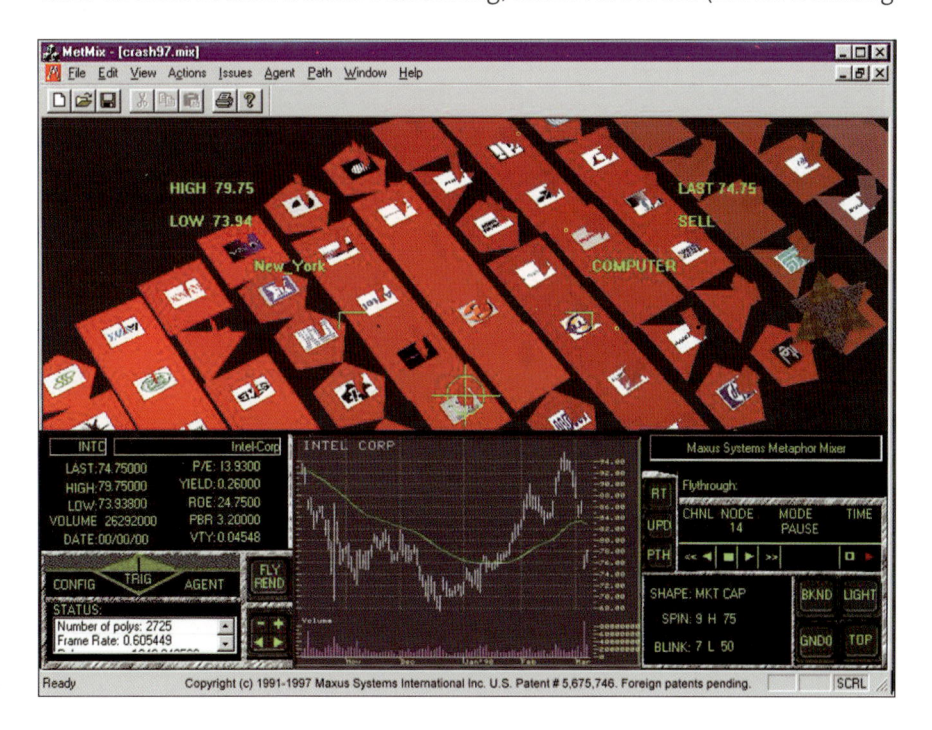

Abbildung 236
Moderne Chart-Software von Maxus Systems Interntional Inc.

[Teil V]   Aufbruch in das 21. Jahrhundert

Abbildung 237
Matrix-Darstellung von Metaphor Mixer

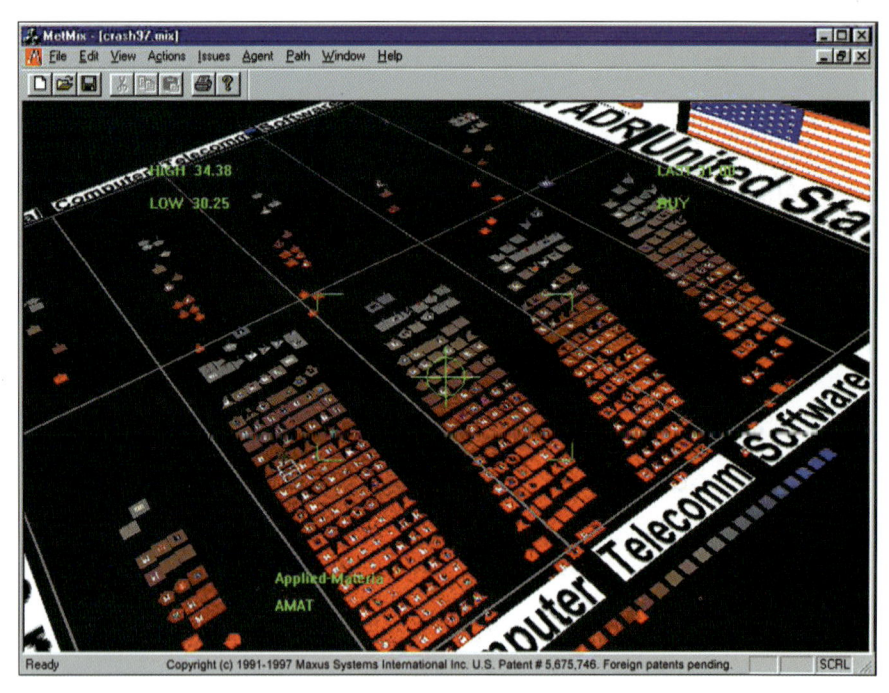

237) Kauf- und Verkaufskandidaten in den jeweiligen Marktsegmenten aufzeigen, bietet „Metaphor Mixer" auch ein (fast schon) virtuelles Umfeld mit Signalgenerierungen an (siehe Abbildung 238).

Abbildung 238
Virtuelle Signalgenerierung

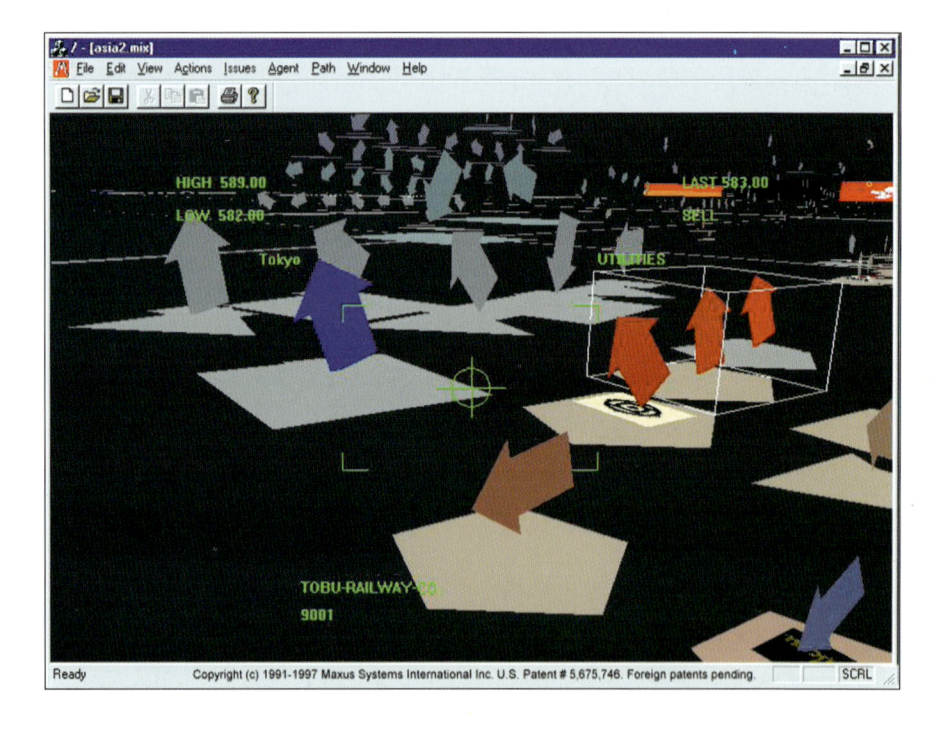

Handelssystem „per LINUX-Effekt"

Eine der wichtigsten Komponenten für die Weiterentwicklung der Technischen Analyse wird der konstruktive sowie offene Austausch von Ideen und Ansätzen sein. Die besten Systeme sind bisher immer dann entstanden, wenn sich mehrere Experten freizügig ausgetauscht haben. Man kann hier durchaus von dem „LINUX-Effekt" sprechen. Unternehmen wie Sun stellen neue Softwarecodes mittlerweile einfach ins Internet, und rund um die Welt suchen selbsternannte Tüftler nach Fehlern und Verbesserungen. Nach diesem Strickmuster sollten Technische Analysten auch bei der Entwicklung computerisierter (mechanischer) Handelsmodelle vorgehen. Zusammenarbeit sollte zur Selbstverständlichkeit werden, denn die Synergieeffekte, die bei einem freien Austausch auftreten, rechtfertigen dies. Wenn sich bei uns Systementwickler vorstellen, die uns ein vielversprechendes Trading-Modell verkaufen wollen, sind sie immer verblüfft, dass wir ihnen (wenn wir ihr System nehmen) als Gegenleistung nicht nur eine Gewinnbeteiligung, sondern auch einen Erfahrungsaustausch bei der gemeinsamen Weiterentwicklung des Systems anbieten. Diese Vorgehensweise hat sich für beide Seiten bezahlt gemacht.

„Nehmen und Geben sind wesentliche Bestandteile eines effektiven Informationsaustausches."
E.F.

Um bei meinem Arbeitgeber M.T.H.-Midas Trading House (Ireland) plc in diesem Bereich einen offenen Informationsaustausch zu fördern, habe ich einen „Center of Competence" eingerichtet, bei dem individuelle Ideen für Handelsstrategien dokumentiert, der jeweiligen Person gutgeschrieben und dann dem ganzen Entwicklungsteam zur Verfügung gestellt werden. Dies hat den Vorteil, dass die Leistung eines jeden Beteiligten entsprechend gewürdigt wird, so dass Ängste entfallen, keine Anerkennung für den eigenen Beitrag zu erhalten. Da Leistung in diesem Fall nicht nur finanziell gewürdigt wird, sondern auch emotional intellektuell, fühlt sich keiner benachteiligt, was wiederum die Grundlage für Offenheit darstellt. Obwohl es jedem tief im Innern seines Egos noch immer schwer fällt, sein Wissen offenzulegen („... denn was passiert, wenn ich all mein Wissen preisgegeben habe?", fragen sich die meisten. Die Antwort lautet: „Viele Glühbirnen leuchten den weiteren Weg"), entstand ein kleiner „Think Tank", der mit dem Motto: „Je erfolgreicher die Handelssysteme sind, desto mehr profitieren alle Teammitglieder davon".

Diese „Open Source"-Philosophie (Offenlegung von Ansätzen) könnte bei Technischen Analysten, Systementwicklern und interessierten Börsianern

[Teil V] Aufbruch in das 21. Jahrhundert

Abbildung 239
„Open Source"-Vorgehensweise, um den LINUX-Effekt der Technischen Analyse in Gang zu setzen

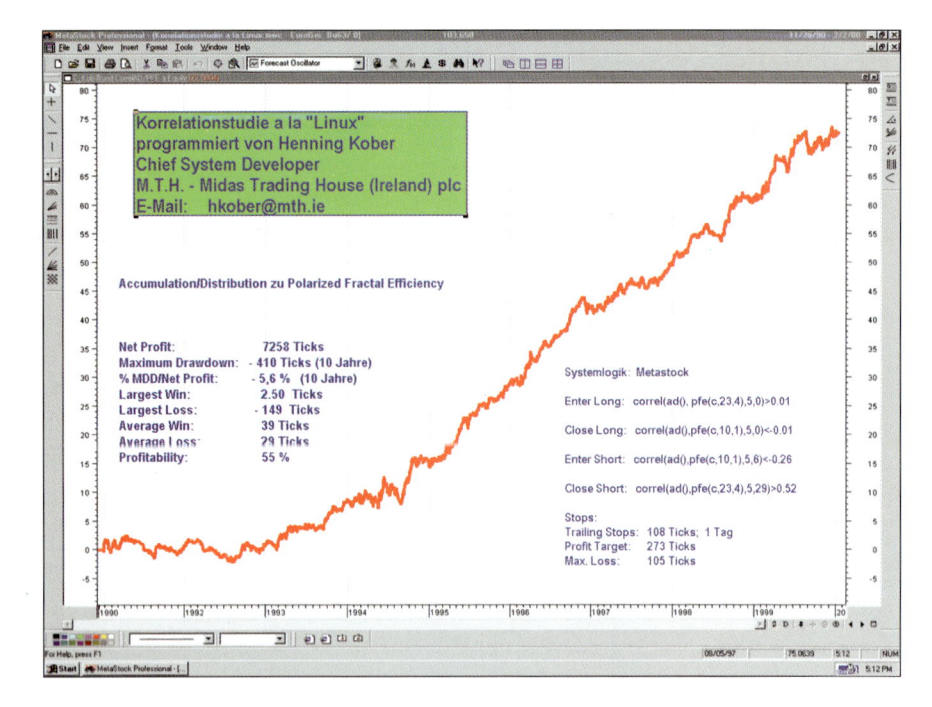

anfangs dadurch implementiert werden, dass man ihnen zum Beispiel ein Handelskonzept zur Weiterentwicklung „a la LINUX" via Arbeitskreise oder Internet zur Verfügung stellt. Um diesen Prozess einzuleiten, präsentiert Ihnen mein Mitarbeiter Henning Kober (Chief System Developer) eines seiner Ideen, die er mit Hilfe der Software MetaStock Professional 7.0 erstellt hat. Bei diesem Ansatz handelt es sich um eine Korrelationsstudie, die bereits ohne den Einsatz von ausgefeilten Stop- oder Money Management-Strategien vielversprechende Ergebnisse erzielt hat. Finden Sie Verbesserungsmöglichkeiten sowie Fehlerquellen und teilen Sie uns Ihre „konstruktiven" Vorschläge mit.

Schlusswort

Trotz dieser Erkenntnis von Rousseau ist Wissen, was die Zukunft bringt, eines der hartnäckigsten mentalen Bedürfnisse des Menschen. Weissager, Orakel, Seher, Gurus und Astrologen haben und hatten schon immer Hochkonjunktur. Auch deren Vertreter aus den Reihen der Technischen Analysten. Ob „Elliott Waver", Indikator-Interpretationskünstler, Börsenbrief- und Faxdienst-Schreiberlinge. Sie alle haben nur eines im Sinn. Wohin gehen die Märkte, und wann, wie, wo und wem gegenüber können sie ihre Meinung loswerden (... und damit Geld verdienen!). So verstanden birgt die Technische Analyse große Gefahren. Denn ihre Qualität basiert dann nicht mehr auf methodisch-wissenschaftlichen Vorgehensweisen, sondern auf der Interpretationsfähigkeit von Individuen, deren Einschätzungen und Trefferquoten höchst unterschiedlich ausfallen können. Mittlerweile macht eine Aussage die Runde, die nicht auf die Technische Analyse überschwappen sollte:

„Die Fähigkeit vorauszusehen, dass gewisse Dinge nicht voraussehbar sind, ist von entscheidender Bedeutung."
Jean Jacques Rousseau

„Frage fünf Elliott Waver nach ihrer Meinung, und du erhältst fünf verschiedene Kommentare"

Eine der mir und anderen Profi-Analysten am häufigsten gestellte Frage lautet: „Welche Parametereinstellung ist die beste für den Indikator XY". Nach dem Durchlesen dieses Buches sollte Ihnen klar sein, dass die Antwort nur „Keine!" lauten kann. Denn es kommt in den seltensten Fällen auf die genaue Parametereinstellung eines Indikators an, sondern auf das Regelwerk, welches Sie anwenden. Wenn Sie falsche Regeln ansetzen, dann können Sie den besten Indikator mit seinen besten Parametern einsetzen, und es kommt trotzdem nichts dabei heraus. Wie auch immer Sie vorgehen wollen, überprüfen Sie erst die Ergebnisse ihrer Studien, bevor Sie sie handeln. In diesem Zusammenhang sollte noch einmal erwähnt werden, dass die Analyse eines Marktes und die handelstechnische Umsetzung zwei völlig verschiedene Dinge sind. Vielen Menschen fällt es wesentlich leichter, sich eine Meinung zu bilden, als diese umzusetzen und durchzuhalten, wobei mit „durchhalten" nicht das Aussitzen von Verlusten gemeint ist.

Im Zuge des Booms an den Wertpapierbörsen werden sich immer mehr Menschen mit der Technischen Analyse beschäftigen und dort auch ihre vielfältigen Ideen einbringen. Zusammen mit modernster Computertechnik wird dies zu einer weiteren Evolution in diesem Bereich führen. Eines lässt sich mit Sicherheit schon heute sagen. Die genauen Kurse von morgen wird man auch mit den modernsten Computer-gestützten Instrumenten der Technischen Analyse nicht ermitteln können. Wohl aber Handelsstrategien, die sich in den Märkten profitabel bewegen werden. Lassen Sie sich nicht von Vorurteilen, Mängeln der Software oder Rückschlägen in der Aussagekraft Ihrer Instrumente abhalten, sondern gehen Sie folgendermaßen vor:

> *"Man muss das Unmögliche versuchen, um das Mögliche zu erreichen."*
> Hermann Hesse

> Wer Vieles bringt, wird manchem etwas bringen.
> **Johann Wolfgang von Goethe**

Teil Sechs

Informationen für Börsianer

17. Börsen und Behörden
18. Internet-Adressen der Börsen-Profis
19. Programmierbeispiele für MetaStock & TradeStation
20. Literaturverzeichnis

In diesem Teil des Buches werden Sie eine Fülle an Informationen vorfinden, die Ihnen helfen können, sich an den Finanzmärkten dieser Welt besser zu bewegen. Formel-Freaks erhalten eine kleine, dafür aber feine Selektion von Easy-Language- (TradeStation) und MetaStock-Codes. Zu guter Letzt erhalten Sie ein ausführliches Literaturverzeichnis und einige Buchempfehlungen.

17 Börsen und Behörden

US-Börsen

AMERICAN STOCK EXCHANGE INC (AMEX)
86 Trinity Place, US-New York, N.Y. 10006, USA;
Tel: (212) 306.1000, Fax: (212) 306.1152, Web: http://www.amex.com

CHICAGO BOARD OPTIONS EXCHANGE INC. (CBOE)
400 South LaSalle Street, US- Chicago, Illinois 60605, USA;
Tel: (312) 786-5600, Fax: (312) 786-7407, Web: http://www.cboe.com

CHICAGO BOARD OF TRADE (CBOT):
LaSalle at Jackson (141 W. Jackson Blvd.), Chicago, IL 60604.
Tel: (312) 341-7955, Fax: (312) 341-3027, Web: http://www.cbot.com

CHICAGO MERCANTILE EXCHANGE (CME):
30 S. Wacker Drive, Chicago, IL 60606,
Tel:(312) 930-1000; Fax: (312) 930-8219 (Marketing) Web: http://www.cme.com

CHICAGO STOCK EXCHANGE INC.
One Financial Place, 440 South LaSalle Street, US- Chicago, Illinois 60605, USA;
Tel: (312) 663-2644, Fax: (312) 663-2231, Web: http://www.chicagostockex.com

COFFEE, SUGAR & COCOA EXCHANGE, Inc. (CSCE):
4 World Trade Center, New York, NY 10048
Tel: (212) 742-6100; Fax: (212) 7484321, Web: http ://www. csce.com

KANSAS CITY BOARD OF TRADE (KCBT):
4800 Main St., Suite 303, Kansas City, MO 64112,
Tel: 1-(800)821-4444, Tel: (816)753-7500; Fax: (816)-531-0627; Web: http://www.kcbt.com

MID AMERICA COMMODITY EXCHANGE (MACE):
141 W. Jackson Blvd., Chicago, IL 60604
Tel: (312)341-3000; Tel: 1-(800)572-3276; Tel: (312) 435-7239; Fax: (312) 341-3392, Web: http://www.midam.com

[Teil VI] Informationen für Börsianer

MINNEAPOLIS GRAIN EXCHANGE (MGE):
400 South 4th St., 130 Grain Exchange Building, Minneapolis, MN 55415,
Tel: (612) 321-7101; Fax: (612) 339-1155; Web: http://www.mgex.com

NASDAQ AMEX STOCK MARKET
1735 K Street, Northwest, US- Washington, DC 20006-1500, USA;
Tel: (202) 728-8100/728-8000, Fax: (202) 728-8075, Web: http://www.nasdaq.com

NEW YORK COTTON EXCHANGE (CTN) -> (Cotton, Citrus, FINEX, NYFE-Division):
4 World Trade Center, Suite 5572, New York, NY 10048;
Tel: (212) 748-1248; Fax: (212)748-1241; Web: http ://www.nyce.com;

NEW YORK MERCANTILE EXCHANGE, NYMEX Division (NYM) and COMEX Division (CMX):
1 North End Ave., WFC, New York, NY 10282-1101,
Tel: (212) 299-2000; Fax: (212) 301-4700; Web: http ://www.nymex.com

NEW YORK STOCK EXCHANGE, INC. (NYSE)
11 Wall Street, US- New York, N.Y. 10005, USA
Tel: (212) 656-3000, Fax: (212) 656-5725, Web: http ://www.nyse.com

PACIFIC EXCHANGE (PCX)
301 Pine Street, US- San Francisco, CA 94104, USA;
Tel: (415) 393-4000, Fax: (415) 393-5964

PHILADELPHIA BOARD OF TRADE (PBOT):
1900 Market Street; Philadelphia, PA 19103-3584,
Tel: 1-(800)843-7459, Tel: (215)496-5200; Fax: (215) 496-5460;

PHILADELPHIA STOCK EXCHANGE (PHLX)
1900 Market St., Philadelphia, PA 19103,
Tel: 800-843-7459 oder 215-496-5000; Fax: 215-496-5653, Web: http://www.phlx.com

■ US-Behörden

Commodity Futures Trading Commission (CFTC):
3 Lafayette Centre, 1155 21st Street, NW, Washington DC 20581,
Tel: (202) 418-5080; Fax: (202) 418-5525; Web: http://www.cftc.gov

Center for Futures Education, Inc. (CFE):
401 Erie St., P.O. Box 309, Grove City, PA 16127
Tel: (724) 458-5860, Fax: (724) 458-5962, Web: http//www.thectr.com ; e-mail: info@thectr.com

National Futures Association (NFA):
200 W. Madison St., Ste. 1600, Chicago, IL 60606-3447
Tel: (312) 781-1300, 1-(800) 621-3570; Fax: (312) 781-1467; Web: http://www.nfa.futures.org

U.S. Department of Agriculture:
Bulletin Board Inquiries: Tel.: 1-(800)-999-6779,
Tel: (607)-255-5406. Web: http ://www. fas.usda.gov

U.S. Department of Commerce:
National Technical Information Service (NTIS) Technology Administration. Springfield, VA 22161,
Tel: (703) 487-4630, Fax: (703) 321-8547

■ CANADA

BOURSE DE MONTRÉAL (ME)
The Stock Exchange Tower, 800 Square Victoria - PO Box 61, CA-Montreal, Quebec H4Z 1A9, CANADA
Tel: (514) 871-2424, Fax: (514) 871-3553, Web: http://www.me.org

THE TORONTO FUTURES EXCHANGE (TFE):
Exchange Tower, 2 First Canadian Place, Toronto, Ont. MSX 1J2, CANADA
Tel: (416) 947-448, Fax: (416) 947-4272; Web: http ://www.tse.com;

THE TORONTO STOCK EXCHANGE
The Exchange Tower, 2 First Canadian Place, CA- Toronto, Ontario M5X 1J2, CANADA
Tel: (416) 947-4700, Fax: (416) 947-4795, Web: http://www.tse.com

[Teil VI] Informationen für Börsianer

VANCOUVER STOCK EXCHANGE
Stock Exchange Tower, 609 Granville Street - P.O. Box 10333, CA- Vancouver, B.C. V7Y 1H1, CANADA
Tel: (604) 689-3334, Fax: (604) 688-5041

WINNIPEG COMMODITY EXCHANGE (WPG):
500 Commodity Exchange Tower, 360 Main Street, Winnipeg, Manitoba, CANADA R3C 3Z4
Tel: (204) 925-5000 Fax: (204) 943-5448; Web :http://www.wce.mb.ca

SÜD- und LATEINAMERIKA

BOLSA DE BOGOTA SA
Carrera 8 N° 13-82 - Pisos 4-9, Apartado Aéreo 3584, CO - Santafé de Bogota, COLOMBIA
Tel: (57.1) 243 6501-11, Fax: (57.1) 281 3170; Web: http://www.bolsabogota.com.co/contenido.html

BOLSA DE COMERCIO DE ROSARIO
Cordoba Esquina Corrientes, AR-2000 Rosario, ARGENTINA
Tel: (54.41) 24-1072 / 1168, Fax: (54.41) 24-1019

BOLSA DE COMERCIO DE SANTIAGO (CHILE)   http://www.bolsantiago.com

BOLSA DE MEDELLIN S.A.
Carrera 50 N° 50-48 - Piso 1 y 2, AA 3535, CO- Medellin, COLOMBIA
Tel: (57.4) 260 3000 , Fax: (57.4) 251 1981 / 511 6127

BOLSA DE MERCADORIAS & FUTUROS (BM&F)
Praca Antonio Prado, 48, Sao Paulo, SP, Brazil 01010,
Tel: 0055-11-232-5454; Fax: 0055-11-232-7565

BOLSA DE VALORES DE MONTEVIDEO
Misiones 1400, UY- Montevideo, URUGUAY
Tel: (598.2) 965 051 / 4, Fax: (598.2) 961 900

BOLSA DE VALORES DE LIMA (PERU)   Web :http://www.bvl.com.pe

BOLSA DE VALORES DE MONTEVIDEO
Misiones 1400, UY- Montevideo, URUGUAY
Tel: (598.2) 965 051 / 4, Fax: (598.2) 961 900

BOLSA DE VALORES DE PANAMA, S.A.
Calle Elvira Mendez y Calle 52 Edificio Vallarino, Planta Baja - Apdo Postal 87-0878, Panama
REPUBLIC OF PANAMA,
Tel: (507) 269 1966, Fax: (507) 269 2457

BOLSA MEXICANA DE VALORES
Av. Paseo de la Reforma #255, Colonia Cuauhtemoc, MX-06500 Mexico DF, MEXICO,
Tel: (525) 726 6600, Fax: (525) 726 6805

BOLSA NACIONAL DE VALORES S.A.
Apartado 1736, P.O. Box 1736, CR-1000 San Jose, COSTA RICA
Tel: (506) 222.80.11 , Fax: (506) 255.01.31

CARACAS STOCK EXCHANGE
Web: http://www.caracasstock.com

DEUTSCHLAND

BUNDESAUFSICHRSAMT FÜR DEN WERTPAPIERHANDEL
Lurgiallee 12, D-60439 Frankfurt,
Tel: (49) 69-9595-2100, Fax: (49) 69-9595-2123

DEUTSCHE BÖRSE AG
Börsenplatz, 7-11, D-60313 Frankfurt am Main,
Tel: (49) 69-2101-0, Fax: (49) 69-2101-3981, Web: http://www.exchange.de   (:http://www.ip.exchange.de
für Erklärung der Indizes)

SEGMENTE:
Web: http://www.smax.de   für Small-Caps,
Web: http://www.neuermarkt.de   für Wachstumswerte im Neuen Markt
Web: http://www.Xetra.de   für die XETRA-Börse

BAYERISCHE BÖRSE IN MÜNCHEN
Web: http://www.Bayerischeboerse.de

BERLINER BÖRSE
Web: http://www.berlinerboerse.de (zusätzlich :http://www.freiverkehr.de für Werte im Freiverkehr)

[Teil VI] Informationen für Börsianer

BÖRSE STUTTGART
Web: http://www.boerse-stuttgart.de (zusätzlich :http://www.warrant.de für Optionsscheine)

RHEINISCH-WESTFÄLISCHE BÖRSE DÜSSELDORF
Web: http://www.rwb.de

DEUTSCHE BUNDESBANK
Web: http://www.bundesbank.de

WARENTERMINBÖRSE HANNOVER AG (WTB):
Rathenaustr. 2, D-30159 Hannover, GERMANY,
Tel: 0511-327661; FAX: 0511-3249 15: Web: http://www.wtb-hannover.de

EUROPA

AEX AMSTERDAM EXCHANGES
P.O. Box 19163, NL-1000 GD Amsterdam (Visiting address: Beursplein 5 NL-1012 JW Amsterdam)
Tel: (31) 20.550.44.44, Fax: (31) 20.550.49.60, Web: http://www.aex.nl (www.finance.ase.nl)

AEX-Options Exchange
Tel: (31) 20.550.43.00, Fax: (31) 20.625.18.08

ATHENS STOCK EXCHANGE
Sofokleous Street, 10, GR-10559 Athens;
Tel: (30) 1.32.11.301, Fax: (30) 1.32.13.938, Web: http://www.ase.gr

BOLSA DE DERIVADOS DO PORTO (BDP):
Av. Da Boavista, 3433, 4100 Porto, PORTUGAL,
Tel: 351-2-618-5858; Fax: 351-2-6185897; Web: http://www.bdp.pt; e-mail: bvp@telepac.pt

BOLSA DE MADRID
Plaza de la Lealtad, 1, E-28014 Madrid
Tel: (34) 91.589.26.00, Web: http://www.bolsamadrid.es

BOLSA DE VALENCIA
Calle Libreros, 2 y 4, ES-46002 Valencia, SPAIN
Tel: (34.96) 387 0100 , Fax: (34.96) 387 0133 / 14 / 62

[14] Unterscheidung von Indikatoren

BORSA ITALIANA SPA/ITALIAN EXCHANGE
6, Piazza Affari, I-20123 Milan
Tel: (39) 02.72.42.61, Fax: (39) 02.72.00.43.33, Web: http://www.borsaitalia.it

BXS BRUSSELS EXCHANGES
Palais de la Bourse, B-1000 Bruxelles
Tel: (32) 2.509.12.11, Fax: (32) 2.509.12.12, Web: http://www.bxs.be

COPENHAGEN STOCK EXCHANGE LTD.
Nikolaj Plads, 6, Postbox 1040, DK-1007 Copenhagen K
Tel: (45) 33.93.33.66, Fax: (45) 33.12.86.13, Web: http://www.xcse.dk

CYPRUS STOCK EXCHANGE
54, Grivas Dhigenis Avenue, Postbox 5427, CY-1309 Nicosia
Tel: (357) 2.45.30.53, Fax: (357) 2.668.790, E-mail: cyse@zenon.logos.cy.net

HELSINKI EXCHANGES
P.O. Box 361, SF-00131 Helsinki (Fabianinkatu, 14, SF-00100 Helsinki)
Tel: (358) 9.616 671, Fax: (358) 9.6166.7366 Web :http://www.hex.fi

ICELAND STOCK EXCHANGE
Engjateigur 3, IS-105 Reykjavik
Tel: (354) 5252.800, Fax: (354) 5252 888, Web: http://www.vi.is

INTERNATIONAL PETROLEUM EXCHANGE OF LONDON Ltd. (IPE):
International House, 1 St. Katharine´s Way, London, ENGLAND E1 9UN
Tel: 0044-171-481-0643; FAX: 0044-171-481-8485; Web: http://www.ipe.uk.com

IRISH STOCK EXCHANGE
Anglesea Street, 28, IRL-Dublin 2
Tel: (353) 1.617.42.00, Fax: (353) 1.671.90.29, Web: http://www.ise.ie

ISTANBUL STOCK EXCHANGE (I.M.K.B.)
Istinye , TR-80860 Istanbul
Tel: (90) 212.298.21.00, Fax: (90) 212.298.25.00, Web: http://www.ise.org

LISBON STOCK EXCHANGE
Edificio da Bolsa, Rua Soeiro Pereira Gomes, P-1600 Lisbon
Tel: (351) 1.790.00.00, Fax: (351) 1.795.20.22, Web: http://www.bvl.pt

[Teil VI] Informationen für Börsianer

LONDON STOCK EXCHANGE
Old Broad Street, GB-London EC2N 1HP,
Tel: (0044)-171-797-100-0, Web: http://www.londonstockex.co.uk (oder stockex.co.uk/aim)

LUXEMBOURG STOCK EXCHANGE
11, Avenue de la Porte-Neuve, B.P. 165, L-2011 Luxembourg
Tel: (352) 47.79.361, Fax: (352) 47.32.98, Web: http://www.bourse.lu

MARCHE A TERME INTERNATIONAL DE FRANCE (MATIF):
115 Rue Reaumur, 75083 Paris, FRANCE,
Tel: 0033-1-4028-8282; FAX: 0033-1-4028-8001; Web: http ://www.matif.fr

MARCHE DES OPTIONS NEGOCIABLES DE PARIS (MONEP)
39, Rue Cambon, 75039 Paris cedex 01,
Tel: 0033-1-49-27-18-00, Fax: 0033-1-49-27-18-23

MEFF RENTA VARIABLE (Meff-RV)
Torre Picasso, Planta 26, 28020 Madrid, Spain,
Tel: 0034-91-585-0800, FAX: 0034-91-571-9542, Web: www.meffrv.es

OSLO STOCK EXCHANGE
Postboks 460 Sentrum, N-0105 Oslo 1 (Tollbugt, 2, N-0152 Oslo)
Tel. (47) 22.34.17.00, Fax. (47) 22.41.65.90, Web :http://www.ose.no

PARISBOURSE SBF SA
Rue Cambon 39/41, F-75001 Paris
Tel: (33) 1.49.27.10.00, Fax:. (33) 1.49.27.14.33, Web: http://www.bourse-de-paris.fr

OM STOCKHOLM EXCHANGE
P.O. Box 1256, S-111 82 Stockholm (Källargränd, 2 (Old Town), S-Stockholm)
Tel: (46) 8.613.88.00, Fax: (46) 8.24.34.88, Web: http://www.omgroup.com

SWX SWISS EXCHANGE
Selnaustrasse, 30, P.O. Box, CH-8021 Zurich;
Tel: (0041)-1-229-2111, Fax: (0041)-1-229-2233, Web: http://www.swx.ch

THE LONDON INTERNATIONAL FINANCIAL FUTURES AND OPTIONS EXCHANGE (LIFFE):
Cannon Bridge, London EC4R 3XX, ENGLAND
Tel: 0044-171-623-0444; FAX: 0044-171-588-3624; Web: http://www.liffe.com

[14] Unterscheidung von Indikatoren

THE LONDON METAL EXCHANGE Ltd. (LME):
56 Leadenhall Street, London EC3A 2BJ, ENGLAND,
Tel: 0044-171-264-5555; FAX: 0044-171-680-0505;   Web: http://www.lme.co.uk

WIENER BÖRSE AG
Strauchgasse, 1-3, A-1010 Vienna, Tel: (0043)-1-531-650, Fax: (0043)-1-532-9740
Web: http://www.vienna-stock-exchange.at   (oder www.wbag.at)

OSTEUROPA

BAKU INTERBANK CURRENCY EXCHANGE
Inglab Str. 57, AZ - Baku, 370110, AZERBAIJAN REPUBLIC,
Tel: (99.412) 906 309   Fax: (99.412) 906 516

BELGRADE STOCK EXCHANGE
Omladinskih Brigada 1/ 3rd Floor, PO Box 214, YU-11070 Belgrade, FEDERAL REPUBLIC OF YUGOSLAVIA,
Tel: (381.11) 198 477 / 602 555 ext. 3316, Fax: (381.11) 138 242

BRATISLAVA STOCK EXCHANGE
Vysoka, 17, P.O. Box 151, SK-81499 Bratislava, SLOVAKIA,
Tel: (4217) 4923-6111, Fax: (4217) 4923-6103, Web: http://www.bsse.sk

BUCHAREST STOCK EXCHANGE
8, Doamnei St. , R-70421 Bucharest, ROMANIA,
Tel: (401) 315-8209, Fax: (401) 315 - 8149, Web: http://www.bse.ro

BUDAPEST STOCK EXCHANGE
Deak Ferenc Utca, 5, H-1052 Budapest, HUNGARY,
Tel: (36) 1.429.67.00, Fax: (36) 1.429.68.00, Web: http://www.bse.hu (oder www.formax.hu)

BULGARIAN STOCK EXCHANGE - Sofia
1, Makedonia squ., BG-1040 Sofia,
Tel: (359-2) 81 55 57, Fax: (359-2) 875.566, Web: http://www.online.bg/bse

KAZAKHSTAN STOCK EXCHANGE
67, Alteke bl, KZ - 480091, Almaty, THE REPUBLIC OF KAZAKHSTAN
Tel. (7.3272) 63 98 98, Fax: (7.3272) 63 89 80

[Teil VI] Informationen für Börsianer

LJUBLJANA STOCK EXCHANGE
Slovenska cesta, 56, SI-1000 Ljubljana, SLOVENIA,
Tel: (386) 61.171.02.12, Fax: (386) 61.171.02.13, Web: http://www.ljse.si (oder ebje.si)

MACEDONIAN STOCK EXCHANGE INC. Skopje
„Mito Hadsivasilev" 20, MK-91000 Skopje, MACEDONIA,
Tel: (389) 91 122 055, Fax: (389) 91 122 069, Web: http://www.mse.org

MOSCOW CENTRAL STOCK EXCHANGE
9 „B", Bolshaya Maryinskaia Str., SU - 129085 Moscow, RUSSIAN FEDERATION
Tel: (7.095) 215 0896, Fax : (7.095) 913 9633 (www.re.ru/html)

PRAGUE STOCK EXCHANGE
Rybná 14, P.O. Box 49, CZ-11005 Prague 1, CZECH REPUBLIC
Tel: (420) 2.21.83.11.11/12, Fax: (420) 2.21.83.30.40, Web: http://www.pse.cz

RIGA STOCK EXCHANGE
Doma laukums, 6, LV-1885 Riga, LATVIA,
Tel: (371) 7.21.24.31/22.81.11, Fax: (371) 7.22.94.11/782.05.04, Web: http://www.rfb.lv

SIBERIAN STOCK EXCHANGE
P.O. Box 514, SU - Novosibirsk 630132, RUSSIAN FEDERATION
Tel: (7.3832) 21 60 67 / 21 69 51 / 21 94 82 / 21 5209, Fax: (7.3832) 21-06-90

ST PETERSBURG STOCK EXCHANGE
274 Ligovsky pr., RU - St Petersburg 196084, RUSSIAN FEDERATION
Tel: (7.812) 298 8931, Fax: (7.812) 296 1080

TALLINN STOCK EXCHANGE
Pärnu Rd. 12, III floor, EE-10148 Tallinn, ESTONIA,
Tel: (372) 6 408.840, Fax: (372) 6 408.801, Web: http://www.tse.ee

THE NATIONAL STOCK EXCHANGE OF LITHUANIA
Ukmergés st. 41, LT-2600 Vilnius, LITHUANIA
Tel: (3702) 72.38.71, Fax: (3702) 72.48.94, Web: http://www.nse.lt

TIRANA STOCK EXCHANGE
Sheshi „Skenderbej", 1, Tirana,
Tel: (355) 42.35.568, Fax: (355) 42.23.558

[14] Unterscheidung von Indikatoren

UKRAINIAN STOCK EXCHANGE
10, Rylsky Provulok, UA-Kiev 252025,
Tel: (380) 44.229.41.58, Fax: (380) 44.228.51.40, E-mail: use@ukrse.kiev.ua

WARSAW STOCK EXCHANGE
Nowy Swiat 6/12, PL-00400 Warsaw,
Tel: (48) 22.628.32.32, Fax: (48) 22.628.74.84, Web: http://www.wse.com   (oder www.gpw.com.pl)

ZAGREB STOCK EXCHANGE
Ksaver, 200, HR-10000 Zagreb, CROATIA,
Tel: (385) 1.46.77.925, Fax: (385) 1.46.77.680, Web: http://www.zse.hr

ASIEN

AUSTRALIAN STOCK EXCHANGE
Exchange Center, 20 Bridge Street, Sydney NSW 2000,
Tel: (0002)-9227-0000, Fax: (0002)-9235-0056, Web: http://www.asx.com.au

BANGALORE STOCK EXCHANGE LTD
Stock Exchange Towers, No 51 First Cross, JC Road, IN - Bangalore 560 027, INDIA
Tel: (91.80) 299 5234 / 5, Fax: (91.80) 299 5342

CHITTAGONG STOCK EXCHANGE
CSE Building, 1080 Sk. Mujib Road, Agrabad, Chittagong, BANGLADESH
Tel: (880.31) 720 871-73 / 714 632-33, Fax: (880.31) 714 101

DHAKA STOCK EXCHANGE LTD
Stock Exchange Building, 9E & 9F, Motijheel Commercial Area, BD-1000 Dhaka, BANGLADESH
Tel: (880.2) 956 4601 / 955 1935, Fax: (880.2) 956 4727

HONG KONG FUTURES EXCHANGE (HKFE):
Suites 605-608, 5/F Asia Pacific Finance Tower, Citibank Plaza, 3 Garden Rd., Central, HONG KONG,
Tel:852-2531-5056; FAX: 852-2845-2043; Web: http://www.hkfe.com

NATIONAL STOCK EXCHANGE OF INDIA LIMITED
Mahindra Towers, 'A' Wing, 1st Floor - RBC, Worli, IN - Mumbai - 400 018, INDIA
Tel: (91.22) 493 2578, Fax: (91.22) 493 5631

[Teil VI] Informationen für Börsianer

NEW ZEALAND FUTURES AND OPTIONS EXCHANGE Ltd. (NZFOE):
12th Floor, Telstra Business Center, 191 Queen Street, Auckland, NEW ZEALAND, Tel: 64-9-309-8308;
FAX: 64-9-309-8817; Web: http ://www.nzfoe.co.nz

OSAKA SECURITIES EXCHANGE (OSE)
8-16, Kitahama, 1-chome, Chuo-ku, Osaka 541, Japan,
Tel: 0081-6-229-8643, Fax: 0081-6-231-2639

SINGAPORE COMMODITY EXCHANGE Ltd. (SICOM):
111 N. Bridge Rd., # 23-04/05, Peninsula Piaza, Singapore 179098
Tel: 0065-338-5600; FAX:0065-338-9116;   Web: http://www.sicom.com.sg

SINGAPORE INTERNATIONAL MONETARY EXCHANGE Ltd. (SIMEX):
1 Raffles Place, # 07-00 OUB Centre, Singapore 048616
Tel: 0065-535-7382; FAX: 0065-534-1415; Web: http://www.simex.com.sg

SURABAYA STOCK EXCHANGE
Plaza Bapindo - Menara I Lt. 20, Jl. Jend. Sudirman Kv. 54-55, Jakarta 12190, INDONESIA
Tel: (62.21) 526 6230 / 526 6210, Fax: (62.21) 526 6219

SYDNEY FUTURES EXCHANGE Ltd. (SFE):
30-32   Grosvenor St. , Sydney, NSW 2000, AUSTRALIA,
Tel: 0061-2-9256-0555; FAX: 0061-2-9256-0666; Web: http://www.sfe.com.au

THE DELHI STOCK EXCHANGE ASSOCIATION LTD
West Plaza,, Indira Gandhi Stadium, Indraprasiha Estate, IN - New Delhi 110 002, INDIA
Tel: (91.11) 337 9951-54 , Fax: (91.11) 337 9495

THE KARACHI STOCK EXCHANGE
Stock Exchange Building, Stock Exchange Road, PA-74000 Karachi, PAKISTAN
Tel: (92.21)242 5502-3-4-8 , Fax: (92.21) 241 0825

THE STOCK EXCHANGE MUMBAI
Phiroze Jeejeebhoy Towers, 25th Floor, Dalal Street, Fort, IN - Mumbai 400 001, INDIA
Tel: (91.22) 265 5581 / 5626 / 5860 , Fax: (91.22) 267 4040 / 265 5705

THE STOCK EXCHANGE OF HONG KONG:
Web: http://www.sehkcorn.hk

THE STOCK EXCHANGE OF SINGAPORE:
Web: http://www.ses.com.sg

THE TOKYO STOCK EXCHANGE:
Web: http://www.tse.or.jp

THE TOKYO COMMODITY EXCHANGE (TOCOM):
36-2, Nihonbashi Hakozaki-cho, Chuo-ku, Tokyo 103, JAPAN,
Tel: 0081-3-3661-9191; FAX: 0081-3-3661-6059; Web: http ://www.tocom.or.jp; e-mail: int-aff@tocom.or.jp

TOKYO INTERNATIONAL FINANCIAL FUTURES EXCHANGE (TIFFE):
1-3-1   Marunouchi, Chiyoda-ku, Tokyo 100, JAPAN, Tel: 0081-3-5223-2415; FAX: 0081-3-5223-2450
Web: http ://www.tiffe.or.jp

SONSTIGE

BEIRUT STOCK EXCHANGE
Sadat Street, Sadat Tower - 2nd Floor, P.O. Box 13 / 6690 LB - Beirut LIBAN
Tel: (961.1) 807 552 / 786 501-8, Fax: (961.1) 807 331 / 786 506

BOURSE DES VALEURS ABIDJAN
Avenue Joseph Anoma, Immeuble BVA, CI - Abidjan 01, IVORY COAST
Tel: (225) 215 783 / 215, Fax: (225) 221 657

CAYMAN ISLANDS STOCK EXCHANGE
Elizabethan Square - 4th Floor, P.O. Box 2408 GT (George Town), Grand Cayman, KY - Cayman Islands

BRITISH WEST INDIES,
Tel: (1.345) 945 6060, Fax: (1.345) 945 6061

GHANA STOCK EXCHANGE
5th Floor, Cedi House, Liberia Road P.O. Box 1849, GH- Accra, GHANA
Tel: (233.21) 669 908 / 914 / 935, Fax: (233.21) 669 913

JOHANNESBURG STOCK EXCHANGE
Web: http://www.jse.co.za

[Teil VI] Informationen für Börsianer

JORDAN SECURITIES COMMISSION
P.O. Box 8802, JO- Amman , JORDAN
Tel: (962.6) 560 7171 / 560 7179, Fax: (962.6) 568 6830

KUWAIT STOCK EXCHANGE
Mubarak Al-Kabeer st., P.O. Box 22235, KW- Safat Kuwait 13083, KUWAIT
Tel: (965) 242 3130-9, Fax: (965) 242 0779

LUSAKA STOCK EXCHANGE LTD.
1st Floor - Stock exchange Building, Cairo Road, PO Box 34523, ZM-Lusaka, ZAMBIA
Tel: (260.1) 228 391 / 228 537 / 228 594, Fax: (260.1) 225 969

MALTA STOCK EXCHANGE
27, Pietro Floriani Street, M-Floriana VLT 14
Tel: (356) 24.40.51/55, Fax: (356) 24.40.71, E-mail: borza@borzamalta.com

NAIROBI STOCK EXCHANGE LTD<
Kimathi Street, Nation Center, 1st Floor, P.O. Box 43633, KE- Nairobi, KENYA
Tel: (254.02) 230 692, Fax: (254.02) 224 200

NAMIBIAN STOCK EXCHANGE
P.O. Box 2401, NA - Windhoek, NAMIBIA
Tel: (264.61) 227 647, Fax: (264.61) 248 531

SOCIETE DE LA BOURSE DES VALEURS DE CASABLANCA S.A
Avenue de l'Armée Royale, MA- Casablanca, MOROCCO
Tel: (212.2) 45 26 26/01 , Fax: (212.2) 45 26 25

THE BERMUDA STOCK EXCHANGE LTD
3rd Floor, Washington Mall, Phase 1, 22 Church Street, BM - Hamilton HM 11, BERMUDA
Tel: (1.441) 292 7212, Fax: (1.441) 292 7619

THE NIGERIAN STOCK EXCHANGE
Stock Exchange House, 8th & 9th Floors, 2/4 Customs St., P.O. Box 2457, NG- Lagos, NIGERIA
Tel: (234.1) 266 0287 / 266 0305, Fax: (234.1) 266 8724

THE STOCK EXCHANGE OF MAURITIUS LTD
2nd Floor „Les Cascades" Bldg., 33 bis, Edith Cavell Street, MU- Port-Louis, MAURITIUS
Tel: (230) 212 9541/42/43 , Fax: (230) 208.8409

[14] Unterscheidung von Indikatoren

TRINIDAD & TOBAGO STOCK EXCHANGE LTD
1 Ajax Street, Port of Spain, TT- Trinidad, West Indies, TRINIDAD & TOBAGO
Tel: (1.868) 627-1704 / 1674, Fax: (1.868) 623-0089

EUROPEAN ASSOCIATION OF SECURITIES DEALERS AUTOMATED QUOTATION (EASDAQ)
EASDAQ ALL SHARE INDEX (EASI)
Warwick House, 65-66 Queen Street, London EC4R 1EB, England
Tel: (0044)-171-489-9990, Fax: (0044)-171-489-8880, Web :http://www.easdaq.com

INTERNATIONAL FEDERATION OF STOCK EXCHANGES
22, Boulevard de Courclles, 75017 Paris, FRANCE,
Tel: (0033)-1-4401-0545, Fax: (0033)-1-4754-9422 Web: http://www.fibv.com

THE FEDERATION OF EUROPEAN STOCK EXCHANGES
Rue du Combard 41, 1000 Brussels, BELGIUM, Web: http://www.fese.com

[Teil VI] Informationen für Börsianer

18 Internetadressen der Börsen-Profis

■ Charting-Software: Web: http://www. …

Bressertgroup.com	„Cycle Trader 5.0"-Software von Walter Bressert
Equis.com	MetaStock 6.5 und MetaStock Professional für Realtime-Charting
Equitytrader.com	John Bollinger „Equity Trader"-Software
Fibtrader.com	„Fibnodes"-Software von Joe DiNapoli
Fibonaccitrader.com	„Fibonacci Trader"-Software von Robert Krausz (auch Demo-Version)
OmegaResearch.com	Supercharts & TradeStation 2000i- Software
Market-maker.de	Market Maker-Chart-Software mit Datenpool und Seminaren
NIRV.com	OMNI-Trader Charting-Software von Nirvana Systems
NWP.de	„NWP-Börse"-Chart-Software mit Datenpool
Tai-Pan.de	„Tai-Pan"-Chart-Software von Lenz&Partner mit Datenpool
Tedtick.com	„P&L Pal"-Software via Drummond Geometry
Tradetowin.com	„V$A Professional"-Software, Signale basieren auf Wychoff´s Theorien
TradingTech.com	„Advanced Get"-Software zur Elliott Wave Analyse
Walterbressert.com	„Profit Trader 5.0"-Software von Walter Bressert
WinChart.de	WinChart-Software
World-money.de	„World Money 4.0"-Analyse-Software mit Datenpool

■ Pattern-Software: Web: http://www. …

bn-tec.com	Evolution Trader Software
Digital-ltd.com	Visual Pattern Designer Software zur Systementwicklung
KasanjianResearch.com	„Pattern Smasher"-Software zur „Pattern Recognition
Ment.com	1000 Candlestick Pattern und „Pattern Forecaster"-Software

[14] Unterscheidung von Indikatoren

Navadevelopement.com	Software für „Pattern Recognition"
Tararesearch.com	Software für „Seasonal Patterns" bei Aktien

■ Sonstige Börsen-Software: Web: http://www. ...

Biocompsystems.com	Anbieter diverser Analyse und Handelsprogramme
Boersensoftware.de	Software-Beratung von MK_Informationssysteme
Bsb-software.de/	Deutschland-Vertrieb für Chart-Software und Datenpools
Cyber-finance.com/orimos.htm	Sonaris Funktionsbibliothek, Anleihen-Rechner, Optionsscheinrechner
Fimi.com/	Prophet Trading Software für Commodity Trader
Flash.net/~vibri/	AstroTrader und Sunspot Calculator Software
Futures-trader.com	Diverse Software-Angebote und Bücher von Scott A. Krieger
Investlabs.com	Power Tools für TradeStation von nvestment Engineering Corp.
Kaseco.com/statware.html	Software-Lösungen von Cynthia Kase
Knoepfel.de	Dt. Software NeuroNet Investox zur Erstellung von Handelssystemen
LMT-expo.com	Analysesoftware für statistische Auswertungen von Realtime-Kursen
Logicalline.com	MXM Chart & Depot
MCS.net/~wintrade	Charting-Software für Market Profile
Mesasoftware.com	„MESA 98"-Software
Moneysoftware.com	Software für Money Management-Aufgaben
Mxcapital.com	Net Trader Software
Optionsanalytics.com	Software, die Bewertung von Optionen vornimmt
Optionstrategist.com	Software-Angebote und sonstige Informationen McMillan
Optionvue.com	McMillan´s OptionVue 5.0 und andere Software für Optionstrader
Profittaker.com	Software-Angebote für Intermarket- und sonstige Strategien
Prognosis.nl	ElWave 5.0 - Software zur Elliott-Wellenanalyse
Quantmetrics.com	Investors Reality Check für Handelsmodelle
Rinasystems.com	Money- und PortfolioManagement-Software zur Systemoptimierung
Sirtrade.com	„Saphir-X"- Software von Pierre Orphelin zur Systemoptimierung
Wallstreetsoftware.com	Diverse Software-Angebote, Chartinh, Handelssysteme, Indikatoren
Wardsystems.com	Neuro Shell Trader Software, Analyse mit neuronalen Netzen

[Teil VI] Informationen für Börsianer

Computerisierte Trading-Modelle und Handelsstrategien: Web: http://www. …

Viele Anbieter von Handelsmodellen treten sehr werbewirksam auf, können häufig aber nicht das halten, was sie versprechen. Insofern sollten Sie alle Angebote miteinander vergleichen und nur die für Ihr Risikoprofil angebrachten auswählen. Unter :http://www.Futurestruth.com finden Sie Bewertungen von US-Handelssystemen

ATS3200.com	Free Demo for 30 days Trading System
Ablesys.com	ASC-Trend Trading Software, lediglich interpretativ
Caniindustries.com	Nick Nickolaou´s „Wisdom Of The Ages"-Handelssystem
Clayburg.com	Mechanische Handelssysteme von Dr. John F. Clayburg
Coa-trading.com	S&P Daytrading-System von CONNETics Technology Group (CTG)
Dynamictraders.com	Systeme von Robert Miner´s Dynamic Trading Group
Elliottware.com	Handelsmodelle und Indikatoren für „Elliott Waver"
Finf.com	SPIU Rebounds Trading System für S&P
Foxware.de	Intraday Handelssystem für den DAX-Future
Futures-cbi.com	CBI´s Market Trading Systems von Creative Breakthrough, Inc.
Futuressystems.com	Handelssysteme von „Futuressystems.com"
Insideedgesystems.com	Handelsmodelle von Bill Brower (u.a. für Seasonal Trader)
Internationaltrading.com	Handelsmodelle von International Trading Systems
Joekrut.com	Handelssysteme und Indikatoren von Joe Krutsinger
Mesa-systems.com	Handelssysteme von Mesasoftware für TradeStation
Microstar-research.com	Handelsmodelle von MicroStar Research & Trading Inc.
Mindfire-systems.com	US-Handelssysteme (Catscan, GoldenSX, Millennium2000)
Murreymathtrading.com	Gann-Trading-Tools
Probablefuture.com	Trading-Methode nach einer Vorhersage-Technik des CIA
Rb-trading.com	Handelssysteme von Bruce Babcock
S-ptrading.com	Handelsmodell für den S&P500
Tmitchell.com	Software von Trading Concepts
Tradefactory.com	Trend Following Systeme der „Turtle Trader"
Trade-futures.com	Handelsmodelle von Jake Bernstein
Traders.com	Magazin Stock&Commodities, Links zu Handelssysteme
Trade-system.com	„Aberration" von Keith Fitschen
Traderssoftware.com	ETS Systems & Trading Advisory
Trendchannel.com	Handelssystem
Trendreflection.com	Multi-Market Handelssysteme
Trendrider.com	Dual Time Frames Trend Following Systems
Tradesignals.com	Diverse Handelsansätze für TradeStation
TurtleTrader.com	Trading Techniken der Turtles

[14] Unterscheidung von Indikatoren

Vega-system.com	Swiss Trading System
Joekrut.com	Diverse Handelssysteme von Joe Krutsinger (TradeStation)
E-Mail:rstuckey@wico.net	Handelssysteme von Randy Stuckey (z. B. Catscan, Golden SX)

■ Moderne Indikatoren und Studien:
Web: http://www. ...

Equis.com	(Free stuff / Custom Formulars)Formeln und Indikatoren der MetaStock-Software
Fimi.com	Indikatoren auf der Seite von Prophet Trading Software
Fimi.com/Kase/k3.htm#Peako	Indikatoren und Studien von Cynthia Kase
Futures-chi.com/creative	Indikatoren von Creative Breakthrough
Gate.net/~skt	Systementwicklungen und Indikatorenvon VISTA Research
Gmorris.com	Indikatoren-Pakete von Greg Morris
IPTC.com	Candle Pattern
Jackm.com	Marktreport, Poly Dimensional Analysis, e-mail (30Tage frei)
JanArps	Über 250 Indikatoren und Trading-Modelle von Jan Arps
Jurikres.com	Diverse Analyseprodukte von Jurik Research
Marketwarrior.com	„Astrotrader 2000"-Software (Indikatoren für TradeStation)
Meyersanalytics.com	Moderne Indikatoren von Dennis Meyers
Mgordonpub.com	Indikatoren von Connors/Raschke sowie anderen Top-Tradern
MKInfosys.de	Deutscher Solution Provider für TraderStation-Produkte
Murphymorris.com	Moderne Indikatoren von John Murphy
Realtraders.com/Brad1.htm	Kasanjian Research
Tedtick.com	„P&L Pal"-Software via Drummond Geometry
Tradingtech.com/elliott>elliott basis	Info zur Elliott Wave - Theorie
Walterbressert.com	New Profit Trader

■ Ausbildung, Seminare, Bücher, Messen und Tipps:
Web: http://www. ...

Ausbildungskomponenten und Seminarangebote

Daytradingcourse.com	US-Day Trading-Seminare (5-Tage) mit Einzelunterricht
Daytradinginfo.de	Deutschsprachige Seminare für Day Trader

[Teil VI] Informationen für Börsianer

Daytradingschool.com	Seminare des US Day Trading Institutes
Elder.com	Ausbildung, Bücher, Videos und sonstige Informationen
Fibtrader.com	Seminare bei Joe DiNapoli
Gannmanagement.com	Informationen über Gann´s Handelsstrategien
Grube-trainings.com	Deutschsprachiges NLP-Börsentraining von Klaus Grube
Joekrut.com	Seminare und Einzelunterrich bei Joe Krutsinger
IITM.com	International Institute of Trading Mastery von Dr. Van K. Tharp
Moneymentor.com	Seminare von Sunny Harris (Buch: „101 Trading")
MRCI.com/ibr	Seminare bei Linda Bradford Raschke
Optionetics.com	Umfangreiche Seminarangebote
Pring.com	Martin Pring /Videos und Lern-CD´s für Systembuilding
Profitunity.com	Profitunity Trading Group von Bill M. Williams
Ross-trading.de	Seminare nach der Methode von Joe Ross
Sceptretrading.com	Training für Stock Day Trader
Tedtick.com	„P&L School" über Drummond Geometry
Titantrading.com	Seminare und Handelsstrategien von Titan Trading Analytics Inc.
Trade-futures.com	Seminare von Jake Bernstein
Tradewire.de	Deutschsprachige Seminare für Daytrader
Tradingcoach.de	Daytrading-Einzelunterricht bei Robert Seebach
Tradingseminars.com	Day Trading-Seminare von Legend Trading Seminars

■ Bücher

Amazon.com	größter Fachbuchvertrieb der Welt
Bol.de	Online-Buch- und CD-Versand von Bertelsmann
Booxtra.de	Online-Buchversand der Verlage Springer/Holtzbrinck und Weltbild
Buecher.de	Online-Anbieter von 1.6 Mio Buchtiteln, CD´s Videos und Magazine
Buecherwurm.de	Deutscher Bücherversand auch für US-Bücher
Finanzverlag.com	FinanzBuch Verlag München
Futuresmag.com	US-Magazin "Futures" (siehe Learning Center)
Lesenlohntsich.de	Deutscher Online-Anbieter von Büchern
Libri.de	liefert über 1 Mio. Buchtitel kostenfrei, CD´s, Viedeos und Hörbücher
Mgordonpub.com	US-Bücher von M. Gordon Publishing Group
Traderslibrary.com	US-Buchversand für Börsenlektüre
Traderspress.com	US-Buchversand für Börsenlektüre

[14] Unterscheidung von Indikatoren

■ Messen

Daytradingexpo.com	US-Messe für Daytrader
Futuresmag.com	Messen und Vorträge des US-Magazins Futures
Omegaresearch.com	Omegaworld-Conferences in New York (Juni 2000)
Terminmarkt.de	Eberts Terminmarkt-Magazin (z. B. Terminmarkt ´99)

■ Tipps für Investoren und (Day) Trader

Aktiencheck.de	Research und Handelsstrategien für die Aktienmärkte
Bigcharts.com	Informationen zum amerikanischen Aktienmarkt
Boersenspiel .comhouse.com	Börsenspiel der Zeitschrifl »com«
Boersenspiel.de	Langfristiges, kostenloses Börsenspiel
BollingerBands.com	Webseite von John Bollinger, dem Erfinder der Bollinger Bands
Candlestick.de	Daytrading- und Candlestick-Seminare von Stefan Salomon (Berlin)
Daytrading.de	Informationen und Bücher zum Day Trading
Daytrading-info.de	Day Trading-Informationen und Seminarangebote
Daytradingstocks.com/articles	Artikel und Informationen zum Day Trading
Dynamictrader.com	Handelsinformationen und Fax-Service von Robert Miner
Fool.com	Tipps für Anleger von den „Motley Fools"
Investorworld.de	Informationen für deutsche Börsianer
Moneymentor.com	Informationen von Sunny Harris (Trade 101)
Rb-trading	Informationen und Bücher von Bruce Babcock
Ros-trading.de	Hinweise auf Ross-Trading
ScaleTrader.com	Informationen von „The Beacon Companies"
Site-by-site.com	Globale Handelsinformationen (auch deutschsprachig)
Smarttrading.com	Trading-Informationen und -Strategien von der Aspen Group
Stockwatch.de	Anlegertipps für Aktienmärkte, Depotverwaltung
Stock-World.de	Informationen zu Internet-Aktien
Techstocks.com	Top-Chatroom und Informationen rund um US-Technologiewerte
TFG.net	Informationen vom Trading Pit
TheStreet.com	Informationen zum US-Aktienmarkt
Tradeboard.de	Deutschsprachiger Chatroom mit Informationsseiten
Tradeclub.de	Informationen für Day Trader
Tradehard.com	US-Top Trader geben Tipps und Informationen
Trade-futures.com	Informationen und Tipps für Daytrader von Jake Bernstein
Tradesignals.com	Informationen über US_Märkte und Handelssignale
Tradewire.de	Day Trader´s Chat und Informationen
Turtletrader.com	Informationen zu den Handelsansätzen der „Turtle Trader"

[Teil VI] Informationen für Börsianer

WallStreetCity.com	Informationen zu den US-Märkten
WallStreet-Online.de	Deutsche Informationen zu den US-Aktienmärkten
Wealthytrader.com	Tipps für Day Trader
Windowonwallstreet.com	Informationen über US-Märkte

■ Vereinigungen und Clubs: Web: http://www. …

Commoditytraders.com	Commodity Traders Club
IFTA.org	Internationale Vereinigung von Technischen Analysten (IFTA)
MTA.com	US Market Technicians Association (mta-usa.org)
NIRV.com	Nirvana Club für OmniTrader-Anwender
Omegaresearch.com/stadclub	Omega´s System Trading & Developement Club
Tradersclub.com	Chuck Le Beau´s Club für Systemtrader
VTAD.de	Vereinigung Technischer Analysten Deutschland e.V.
Webtrading.com	Commodities Traders Club

■ Fachzeitschriften und Medien: Web: http://www. …

Adtrading.com	Online Derivate-Magazin „Applied Derivatives Trading"
Boerse-online.de	Zeitschrift Börse Online
Boersenmagazin.de	Deutschsprachiges Internet Börsenmagazin „Double Digit"
Boerse-now.de	Dt. Magazin für den Neuen Markt und Options-scheine
Boersenzeitung.de	Börsenzeitung
Bloomberg.com	Internationaler Finanz- und Analysedienst
BR-online.de/geld	Börsen- und Wirtschaftsticker des Bayerischen Rundfunks
Business-channel.de	Zeitschriften „Capital" und „Impulse" (auch impulse.de)
CNNfn.com	US-Nachrichtensender mit Finanzteil
CNBC.com	US-Business-Sender von CNBC
DM-online.de	Infos rund ums Geld; Tageskurse, Börseninfo´s
Doubledigit.de	Deutsches Online-Börsenmagazin
FAZ.de	Frankfurter Allgemeine Zeitung
Finanzen.focus.de	Börseninformationen und Vergleich von Investmentfonds von Focus
Finanzenonline.de	Internet-Service für Anleger („Finanzen" und „Euro am Sonntag")
Forbes.com/forbes/current	Internationales Wirtschaftsmagazin
FT.com	Financial Times (Londoner Finanzblatt)
Futuresmag.com	Top-US-Magazin „Futures"

Handelsblatt.de	Handelsblatt
Pathfinder.com	Time + Life Magazin (Info's u. Meinungen zu Wirtschaftstrends)
Terminmarkt.de	Ebert's Terminmarkt-Magazin
Traders.com	Top-US-Magazin „Technical Analysis of Stocks and Commodities"
Tradersworld.com	Gann & Fibonacci Magazin
USAtoday.com/money	Trendanalyse und Wirtschaftsinfos
WIWO.de	Magazin Wirtschaftswoche
WSJ.com	Wall Street Journal - Registrierung nötig

■ Weiterführende Link-Paradiese: Web: http://www. ...

BSB-software.de	Deutscher Software und Datenanbieter mit diversen Links
Cartwheels.co.nz/~trader/links.html	Links der „The Technical Trader"-Gruppe
Centrex.com	Diverse Links von Investor's Galleria
Com-online.de	Allgemeine Link-Seite
Dino-online.de/wirt.html	Deutsche Links zum Thema Wirtschaft
Doubledigit.de	Deutsche Links für Finanzmärkte
Finance.wat.ch	Links rund um den Handel mit Optionen und Futures
Finanznavigator.de	Mehr als 3000 systematisch geordnete Links zu Finanzdiensten
Finweb.com	Umfangreiche Sammlung finanzmarktrelevanter Links
GWDG.de/~ifbg/stock1.htm	Links in alle Welt
IBAS.de	Diverse Links von der IBAS AG
IITM.com	International Institute of Trading Mastery von Dr. Van K. Tharp
Informatik.uni-frankfurt.de/~stst/finanzen.html	Links zu Web-Finanzadressen, Börseninfos
Investlabs.com	Links zu diversen Software-Anbieter und Solution Providern
Investorhome.com	Viele Links für Investoren und Trader
Invetorlinks.com	Links zu internationalen Web-Finanzadressen
Knoepfel.de	Links zu deutschen Börsen-Webseiten
Ross-trading.de	Diverse Links
Traders.com	Link-Seiten d. US-Magazins „Stocks & Commodities"
WIFAK.uni-wuerzburg.de/wilan/wifak/bwl/bwl4/url_fin.htm	Umfangreiche Sammlung von Finanzseiten
WWFN.com/links.html	Link-Seiten von Invest$Link

[Teil VI] Informationen für Börsianer

■ Discount Broker und Trading-Plattformen: Web: http://www. ...

Bank24.de	Bank24, umfangreiches Informationspaket
Bankaustria.com	Online-Trading der Bank Austria
Besttrading.com	Handeln via Internet bei Bressert Electronic Systems
Comdirect.de	Comdirektbank, Informationen für Investoren
Consors.de	Consors Discount-Broker, Chatroom und Informationsseiten
Creditanstalt.co.at	Österreichische Creditanstalt
Daio.at	Direktanlagebank in Österreich
Diraba.de	Direkt Anlage Bank, Informationen für Investoren
ENEXX.com	Neue ENEXX-Börse mit integrierter Handelsplattform
Fimatex.de	Fimatex, umfangreiche Analyse-Informationen
MTH.ie	M.T.H.-Midas Trading House (Ireland) plc, Top-Haus der EUREX
NETfutures.com	Internet-Trading über Netfutures
Rateway.com	Online-Trading über Rateway
Tradedesk.com	Online-Trading bei Trade Center Inc. In den USA
Winbis.de	Winbis Trading-Bildschirm

■ Informationsdienste, Kursdaten und Charts: Web: http://www. ...

Aktiencharts.de	Hoppenstedt Börseninformationen
Ariva.de	Umfangreiche Informationen rund um den neuen Markt
Blizzard-trading.de	Diverse Informationen, Tagescharts, Optionsscheine
Boerse.de	Infos und Aktienkurse im Multimedia-Bereich
Boersenkurse.de	börsen-informations-servive b.i.s. (umfangreiche Einzelkursabfrage)
BSB-software.de	Datenanbieter für MetaStock
BullishReview.com	„Commitment of Traders"-Daten
CMI.com/cgi-bin/gflash.cgi	10min. Update d. über Globex gehandelten Futures
DBC.com	Data Broadcasting Information (Charts mit technischen Indikatoren)
Eco-net.de	Datenanbieter mit Börseninformationen
Energylive.com	Realtime-Daten im „Energy Market"
Fnet.de	Financial News Network, Kursdaten, Infos zum Neuen Markt
Financial.de	Ticker aus 17 Ländern und sonstige Informationen
Finanznavigator.de	Informationen über internationale Finanzdienste
Finanztreff.de	unbegrenzt kostenlose Realtime-Kurse via Internet

[14] Unterscheidung von Indikatoren

Foxinvestments.com	Charts, Kursdaten und Info´s zur Chartanalyse
FreeRealtime.com	US-Realtime-Angebot für US-Aktien
Futuresource.com	Futures Source Datenanbieter
Guh.de	Marktanalysen internationaler Wertpapiere von Gries&Heissel Bankiers
Hoppenstedt.de	Hoppenstedt-Verlag mit Informationspaket
Hornblower.de	Finanzinformationen und Job-Börse
Infowelt.net	Berichte und Strategien
Interquote.com	Realtime Quote-System
Investor.msn.com/home.asp	Informationspaket für Investoren von Money Central
IP.exchange.de/fip2/ frameset_dax30_e.htm	Kostenlose Realtime-Kurse der 30 DAX-Werte
IQC.com>chart>Financial analsysis	Indikatoren, FAQ, Candlestick pattem
Movingmarkets.de	Trendanalysen und Diagramme
MRCI.com/seastat.htm	Moore Research Institute (Infomationen zu Seasonals)
PCQuote.com	US-Datenanbieter (verzögerte Realtime-Datenkostenfrei)
Pinnacledata.com	Günstige Datenreihen für US-Futures
Quote.com	US-Realtime Datenanbieter
Reuters.com	Kurslieferant mit Finanzinfos u. News
Sharework.de	Vertreiber von Daten im MetaStock-Format
Stocktools.com	Historische Daten, verschiedene Links
Techstocks.com	High Tech-Infos von Silicon Investors
Techstocks.com	High Tech-Infos von Silicon Investors
Thestreet.com	Informationen über die US-Märkte
Timely.com	Charts und Indikatoren, Internationale Indizes
USDA.gov	Informationen über diverse US-Publikationen/Kennzahlen
VWD.de	VWD Wirtschaftsinformationen
Wallstreetcity.com	Informationen über die US-Märkte
Wallstreetguru.com	Auswahl von Aktien nach Vorgaben
WSVoice.com	Umfangreiche Sammlung von Research-Reports (z. B. Goldman Sachs)

[Teil VI] Informationen für Börsianer

Sonstiges: Web: http://www. ...

Arforecasts.com	Vorhersageinformationen von Analytics ResearchCorporation
Astrikos.com	Informationen von Astrikos Trading Service
Astrologieheute.ch	Astrodata und „Astrologie heute"-Magzin
Exchange.de/see_the_dax/ index_d.Shtml	Parkettkamera in Frankfurt
Infowelt.net/dr.schulzl	Informationen von Dr. Schultz
Metacrawler.com	Suchmaschine
Newstrader.de	Börsenorientierte und deutschsprachige Suchmaschine
Optionetics.com	Info's über Optionen
Options-iri.com	Info's über Optionen von Bernie Schaeffer
Robbins-trading.com	Vermögensverwalter, Börsenpiel
Traderscan.com	Daten zur Performance diverser US-CTA's
Visalert.com	Vomund Investment Service (Top Market Timer)
Yahoo.de	US-Suchmaschine

Optionsschein-Infos

Boerse-stuttgart.de/os/	Zugang auch über „warrant.de", Info's zu Optionsscheinen
Consors.de	Optionsschein-Chatroom „BrokerBoard"
DM-online.de	Info's über Warrants
Eurams.de/applix/dynhtml/ merrill/ax_merrill_frame.htm	Info's über Warrants von Merrill Lynch
Handelsblatt.de	Informationen über Warrants
Onvista.de	Feste Adresse bei Optionsschein-Experten (Stammdaten von über 8000 Optionsscheinen)
Optionsschein.de	Startseite der Citibank
Optionschein-Magazin.de	Das Nr. 1 - Magazin für Optionsschein-Informationen
Os-investor.de	Internet-Magazin für Optionsscheine bei Double-Digit
VWD.de	Optionsscheinführung mit gute Benutzerführung
Warrantonline.de	Informationen über und Links zu Kursquellen für Optionsscheine
Warrants.socgen.com/ de/continp/index.htm	Optionsschein-Seite der Societe Generale
Westlb.de/optionsscheine/ default.htm	Optionsschein-Seite der WestLB
WIWO.de	Info's über Warrants

19 Programmierbeispiele für MetaStock & TradeStation

Aroon

The Aroon up:
Metastock for Windows 6.5

100 • (14 – ((If (Ref (H,-1) = HHV(H,14) ,1 ,If (Ref (H,-2) = HHV (H,14) ,2 ,If (Ref (H,- 3) = HHV(H ,14) ,3, If (Ref (H ,-4) = HHV(H ,14) ,4 ,If (Ref (H ,-5) = HHV(H,14) ,5 ,If (Ref (H,-6) = HHV(H ,14) ,6 ,If (Ref (H,-7) = HHV(H,14) ,7 ,If (Ref (H,-8) = HHV(H,14) ,8 , If (Ref (H,-9) = HHV(H ,14) ,9 ,If (Ref (H,-10) = HHV(H,14) ,10 ,If (Ref (H,-11) = HHV(H,14) ,11 ,If (Ref (H,-12) = HHV(H,14), 12,If (Ref(H,-13) = HHV(H,14) ,13 ,If (Ref (H,-14) = HHV(H,14) ,14,0)))))))))))))))/14

The Aroon down:
Metastock for Windows 6.5

100 • (14 - ((If (Ref (L,-1) = LLV(L ,14) ,1 , If (Ref (L,-2) = LLV (L,14) ,2 , If (Ref (L,- 3) = LLV(L,14) ,3 ,If (Ref (L ,-4) = LLV (L ,14) ,4 ,If (Ref (L,-5) = LLV (L ,14) ,5 ,If (Ref (L,-6) = LLV(L,14) ,6 ,If (Ref (L ,-7) = LLV (L,14) ,7 ,If (Ref (L,-8) = LLV (L ,14) ,8 ,If (Ref(L,-9) = LLV(L,14) ,9 ,If (Ref (L,-10) = LLV (L,14) ,10 ,If (Ref (L,-11) = LLV(L,14) ,11 ,If (Ref(L,-12) = LLV(L,14) ,12,If (Ref (L,-13) = LLV (L ,14) ,13 ,If (Ref (L,-14) = LLV(L,14) ,14 ,0))))))))))))))) / 14

The Aroon up:
TradeStation 4.0 / 2000i

```
Input: Len(21), DivLen(21), Down(25), Up(75);
Vars  : Return (0),AroonUp(0) ;

AroonUp = 100 • ((Len - HighestBar (High, Len)) / DivLen) ;

Plot1(AroonUp,"ArronUP") ;
Plot2(Down, „Down");
Plot3(Up, „Up");
```

[Teil VI] Informationen für Börsianer

The Aroon down:
TradeStation 4.0 / 2000i

Input: Len(21), DivLen(21), Midline(50);
Vars : Return (0),AroonDown(0) ;

AroonDown = 100 • ((Len - LowestBar (Low, Len)) / DivLen) ;

Plot1(AroonDown,"ArronDown") ;
Plot2(Midline,"Midline");

Chande's Momentum Oscillator

CMO (Chande's Momentum Oscillator):
Metastock for Windows 6.5

CMO_1
    Sum(If(C ,> ,Ref(C, -1) , (C - Ref(C ,-1)) ,0) ,14)

CMO_2
    Sum(If(C ,< ,Ref(C ,-1) , (Ref(C ,-1) - C)) ,0) ,14)

CMO_Final
    100 • ((Fml(„CMO_1") – Fml(„CMO_2")) / (Fml(„CMO_1") + Fml(„CMO_2")))

Kombination der Formel lautet:

    100•((Sum(If(C,>,Ref(C,-1),(C-Ref(C,-1)),0),14))-(Sum(If(C,<,REF(C,-1),(REF(C,-1)-C),0),14)))
    /((Sum(If(C,>,Ref(C,-1),(C-Ref(C,-1)),0),14)+(Sum(If(C,<,REF(C,-1),(REF(C,-1)-C),0),14))))

CMO (Chande's Momentum Oscillator):
TradeStation 4.0 / 2000i

Function:
Input: LENGTH(Numeric);
CMO =100•((C-C[LENGTH])/ (Summation(AbsValue((C-C[1])),LENGTH)))

Indicator:
Input: LENGTH(9),topband(70),lowband(-70);
Plot1(CMO(LENGTH),"Plot1");
Plot2(0,"Plot2");
Plot3(topband,"Plot3");
Plot4(lowband,"Plot4");
IF CheckAlert Then Begin
  IF Plot1 Crosses Above Plot2 or Plot1 Crosses Below Plot2
  or Plot1 Crosses Above Plot3 or Plot1 Crosses Below Plot3
  or Plot1 Crosses Above Plot4 or Plot1 Crosses Below Plot4
  or Plot2 Crosses Above Plot3 or Plot2 Crosses Below Plot3
  or Plot2 Crosses Above Plot4 or Plot2 Crosses Below Plot4
  or Plot3 Crosses Above Plot4 or Plot3 Crosses Below Plot4
  Then Alert = TRUE;
End;

> Equis.com, (Free stuff / Custom Formulars)
> Formeln und Indikatoren der MetaStock-Software

[Teil VI] Informationen für Börsianer

KAMA

KAMA (Perry Kaufmann´s Adaptive Moving Average)
Metastock for Windows 6.5

```
Periods := Input („Time Periods",1,1000, 10);
        Direction := CLOSE - Ref(Close,-periods);
        Volatility := Sum(Abs(ROC(CLOSE,1,$)),periods);
        ER := Abs(Direction/Volatility);
        FastSC := 2/(2 + 1);
        SlowSC := 2/(30 + 1);
        SSC := ER • (FastSC - SlowSC) + SlowSC;
        Constant := Pwr(SSC,2);
        AMA :=       If(Cum(1) = periods +1, ref(Close,-1) +
constant • (CLOSE - ref(Close,-1)),Prev + constant * (CLOSE - PREV));
```

KAMA (Perry Kaufmann´s Adaptive Moving Average)
TradeStation 4.0 / 2000i

```
inputs:  period(21);
Vars:    efratio(0), smooth(0), fastend(0.666), slowend(0.0645), AMA(0), diff(0), signal(0), noise(0);

efratio = 1;
diff = @absvalue(close-close[1]);
if currentbar > period then begin
        signal = @absvalue(close-close[period]);
        noise = @Summation(diff, period);
        if noise <> 0 then efratio = signal / noise;
end;
if currentbar <= period then AMA = close;
smooth = @power(efratio*(fastend-slowend) + slowend,2);

AMA= AMA[1] + smooth • (close - AMA[1]);

Plot1(AMA,"AMA");
```

Point of Balance- Oszillator

Point of Balance- Oszillator:
TradeStation 4.0 / 2000i

FearPobcOsc (Function):

Inputs: Price(Numeric), Length(Numeric), Level(Numeric);
Vars: AvgAvgs(0), HiPrice(0), LoPrice(0), AvgVal(0);
Array: MPAvg[10](0);

AvgAvgs = 0;
MPAvg[1] = MidPoint(Price, Length);
MPAvg[2] = MidPoint(MPAvg[1], Length);
MPAvg[3] = MidPoint(MPAvg[2], Length);
MPAvg[4] = MidPoint(MPAvg[3], Length);
MPAvg[5] = MidPoint(MPAvg[4], Length);
MPAvg[6] = MidPoint(MPAvg[5], Length);
MPAvg[7] = MidPoint(MPAvg[6], Length);
MPAvg[8] = MidPoint(MPAvg[7], Length);
MPAvg[9] = MidPoint(MPAvg[8], Length);
MPAvg[10] = MidPoint(MPAvg[9], Length);

HiPrice = Highest(Price, Level);
LoPrice = Lowest(Price, Level);

For value1 = 1 to Level begin
        AvgAvgs = AvgAvgs + MPAvg[value1];
End;

AvgVal = AvgAvgs/Level;

IF HiPrice - LoPrice <> 0 Then
        FearPobcOsc = 100•((Price - AvgVal) / (HiPrice - LoPrice));

[Teil VI] Informationen für Börsianer

Point of Balance Oszillator (Indicator):

Inputs: Price(Close), Len(12), Level(10);
Vars: PosNeg(0);

IF CurrentBar > Len•Level then Begin
	PosNeg = FearPobcOsc(Price,Len,Level);
	If PosNeg = 0 Then
		Plot1(PosNeg,"FearOsc")
	else
		Plot2(PosNeg,"FearOsc");
End;

Polarized Fractal Efficiency

Polarized Fractal Efficiency
Metastock for Windows 6.5

Mov(If(C,>,Ref(C,-9),Sqr(Pwr(Roc(C,9,$),2) + Pwr(10,2)) /
	Sum(Sqr(Pwr(Roc(C,1,$),2)+1),9),-
	Sqr(Pwr(Roc(C,9,$),2) + Pwr(10,2)) /
	Sum(Sqr(Pwr(Roc(C,1,$),2)+1),9))•100,5,E)

Polarized Fractal Efficiency:
TradeStation 4.0 / 2000i

Inputs: back(9), len1(2), Multi(0.333),Buyzone(62), Sellzone(-62);
Vars: PFE(0), C2C(0), Counter(0), Frac(0), EMA(0);

```
PFE = 0;
C2C = 0;
Counter = 0;
Frac = 0;
EMA = 0;

PFE = SquareRoot(Power(Close - Close[back], len1) + 100);
For Counter = 1 to 9 Begin
C2C = C2C + SquareRoot(Power((Close[Counter - 1] - Close[counter]), len1) + 1);
End;
If (Close - Close[9]) > 0
then Frac = Round((PFE / C2C) • 100 , 0)
else
Frac = Round(-(PFE / C2C) • 100 , 0);
If CurrentBar = 1 then EMA = Frac
Else EMA = Round((Frac • Multi) + (EMA[1] • (1 - Multi)), 0);

plot1(EMA,"EMA");
plot2(Buyzone,"Buyzone");
plot3(Sellzone,"sellzone");
```

Relative Momentum Index

Relative Momentum Index (RMI):
TradeStation 4.0 / 2000I

```
Inputs: Price(C), Len(5), Y(10);

Vars:  Counter(0), DownAmt(0), UpAmt(0),UpSum(0),
       DownSum(0), UpAvg(0), DownAvg(0), MyRange(0), RMI(0);
```

```
If CurrentBar < Y Then Begin
MyRange = Len;
UpSum = 0;
DownSum = 0;
For Counter = 0 to MyRange - 1 begin
        UpAmt = Price[Counter] - Price[Counter+Y]; if UpAmt >= 0 Then
        DownAmt = 0
        Else Begin
                DownAmt = -UpAmt;
                UpAmt = 0;
        End;
        UpSum = UpSum + UpAmt;
        DownSum = DownSum + DownAmt;
End;
UpAvg = UpSum / MyRange;
DownAvg = DownSum / MyRange;
End
Else if CurrentBar > Y Then Begin
        UpAmt = Price[0] - Price[Y];
                if UpAmt >= 0 then Begin
                        DownAmt = 0;
                End
        Else Begin
                DownAmt = -UpAmt;
                UpAmt = 0;
        End;
        UpAvg = (UpAvg[1] • (MyRange - 1) + UpAmt)/ MyRange;
        DownAvg = (DownAvg[1] • (MyRange - 1) + DownAmt) / MyRange; End;
If UpAvg + DownAvg <> 0 Then
        RMI = 100 • UpAvg / (UpAvg + DownAvg)
Else
RMI = 0;
Plot1(RMI,"RMI")
```

Random Walk Index

Random Walk Index:
Metastock for Windows 6.5

Max((Ref(HIGH,-1) - LOW) / ((Ref(Sum (Atr (1) ,2),-1) / 2) •
Sqrt(2)) ,Max((Ref(HIGH,-2) -LOW) / ((Ref(Sum (Atr (1),3),-1) / 3) •
Sqrt(3)), Max((Ref(HIGH,-3) - LOW) / ((Ref(Sum (Atr(1) ,4) ,-1) / 4) •
Sqrt(4)) , Max((Ref(HIGH,-4) - LOW) / ((Ref(Sum(Atr(1),5),-1) / 5) •
Sqrt(5)), Max((Ref(HIGH,-5) - LOW) / ((Ref(Sum(Atr (1),6),-1) / 6) •
Sqrt(6)), Max((Ref(HIGH,-6) -LOW) / ((Ref(Sum(Atr(1),7),-1) / 7) •
Sqrt(7)), Max((Ref(HIGH,-7)-LOW) / ((Ref(Sum (Atr(1),8),-1) / 8) •
Sqrt(8)), (Ref(HIGH,-8)-LOW) / ((Ref(Sum (Atr (1),9),-1) / 9) •
Sqrt(9)))))))))

Random Walk Index:
TradeStation 4.0 / 2000i

RWI Up (Function):

Inputs: Len(NumericSimple); {Lookback period}
Vars: k(0), x(0), counter(0), AverageRange(0);

k = 0;
x = 0;

If CurrentBar <> 0 then Begin
  k = LowestBar(Low,Len);
    For counter = 0 to k – 1 Begin
      x = TrueRange2(H,L,C)[counter] + x;
    End;
If k <> 0 then
  AverageRange = x / k;
    If AverageRange • SquareRoot(k) <> 0 then
      RWI_Up = (High[0] - Lowest(Low,Len)) / (AverageRange • SquareRoot(k));
End;

[Teil VI]   Informationen für Börsianer

RWI Up (Indicator):

```
Input: Length(25);
Plot1(RWI_Up(Length),"Plot1");
Plot2(1," „);
```

RWI Down (Function):

```
Inputs: Len(NumericSimple); {Lookback period}
Vars: k(0), x(0), counter(0), AverageRange(0);

k = 0;
x = 0;

If CurrentBar <> 0 then Begin
  k = HighestBar(High,Len);
   For counter = 0 to k -1 Begin
     x = TrueRange2(H,L,C)[counter] + x;
   End;
If k <> 0 then
  AverageRange = x / k;
   If AverageRange • SquareRoot(k) <> 0 then
     RWI_Down = (Highest(High,Len) - Low[0]) / (AverageRange • SquareRoot(k));
End;
```

RWI Down (Indicator):

```
Input: Length(25);
Plot1(RWI_Down(Length),"Plot1");
```

[14] Unterscheidung von Indikatoren

Vidya

Vidya:
TradeStation 4.0 / 2000i

Inputs: Length(13), Smooth(13);
Vars: Up(0), Dn(0), UpSum(0), DnSum(0), AbsCMO(0), SC(0), VIDYA(0);

Up=IFF(Close>Close[1], Close-Close[1],0);
Dn=IFF(Close<Close[1], AbsValue(Close-Close[1]),0);
UpSum=Summation(Up,Length);
DnSum=Summation(Dn,Length);
If UpSum-DnSum >0 then
AbsCMO=AbsValue((UpSum-DnSum)/(UpSum+DnSum));
SC= 2/(Smooth+1);

If Currentbar=Length then VIDYA = Close;
If Currentbar>Length then
        VIDYA=(SC•AbsCMO•Close)+((1-(SC•AbsCMO))•VIDYA[1]);

Plot1(Vidya,"StochRSI");

Keltner Channel:

Keltner Channel:
Metastock for Windows 6.5

                Mov(C,9,E) ;
                Mov(C,9,E) + (ATR(9) • 2) ;
                Mov(C,9,E) - (ATR(9) • 2)

Keltner Channel:
TradeStation 4.0 / 2000i

I   nputs: Price(Close), MALen(9), Const(2);
        Vars: Line(0), AvgRange(0), Upper(0), Lower(0);

```
Line=Xaverage(Price,MALen);
AvgRange=Average(TrueRange,MALen);
Upper=Line+ (AvgRange * Const);
Lower=Line- (AvgRange * Const);

Plot1(line,"Line");
Plot2(Upper,"Upper");
Plot3(Lower,"Lower");
```

Projection Oscillator

Projection Oscillator:
TradeStation 4.0 / 2000i

```
Inputs: Length(13), Smooth(2), Lowband(20), Topband(80) ;
Vars: SL(0), SH(0), PL(0), PU(0), PO(0), SlowPO(0);
SL = LinearRegSlope(Low, Length);
SH = LinearRegSlope(High, Length);
For          Value1=1 to length begin
             Value2=Low[Value1-1] + (SL*(Value1-1));
             Value3=High[Value1-1] + (SH*(Value1-1));
             if Value1 = 1 then begin
                    PL=Value2;
                    PU=Value3;
             End;
        If Value2<PL then PL=Value2;
        If Value3>PU then PU=Value3;
End;
PO=100*(Close-PL) / (PU-PL);
SlowPO=(2/(Smooth+1)) * PO + (1-(2/(Smooth+1)))*SlowPO[1];
If Currentbar=1 then SlowPO=PO;

Plot1(PO,,,PO");
Plot2(SlowPO,,,SlowPO");
Plot3(Lowband,,,Lowband");
Plot4(Topband,,,Topband");
```

20 Literaturverzeichnis und Buchempfehlungen

■ Bücher

Angell, George, „Profitable Day Trading with Precision", Wilkes-Barre, PA 1997

Arms Jr., Richard W. „Volume Cycles in the Stock Market", 1994

Bernstein, J. „The compleat Day Trader", 1998

Bernstein, J. „Seasonal Traders Bible", 1995

Blau, William „Momentum, Direction, and Divergence", New York 1995

Bradford-Raschke, Linda/Connors, Laurance A. „Street Smarts", Malibu 1995

Bungard, W.,/Schultz-Gambard, J. „Überlegungen zum Verhalten von Börsenakteuren aus kontrolltheoretischer Sicht", in: „Börse und Psychologie – Plädoyer für eine neue Perspektive", Maas, P./Weibler, J. (Hrsg.), Köln 1990, S. 140-161

Buskamp, F.J., „Mentaler Börsenerfolg: Fingerspitzengefühl bei Anlage und Spekulation", München 1992

Chande, Tushar, „Beyond Technical Analysis", New York 1997

Chande, Tushar, „The New Technical Trader", New York 1994

Connors, Laurance A., „Advanced Trading Strategies", 1998

Crabel, Toby, „Day Trading with short term price patterns and opening range breakout", Greenville 1990

Cooper, Jeff, „Hit & Run Trading I", Malibu 1996 (dt.: Hit and Run Strategien, München 1999)

Cooper, Jeff, „Hit & Run Trading II", Malibu 1998

DeMark, Thomas R. „The New Science of Technical Analysis", New York 1994

Duffy, Joseph, „Turning Point Analysis in Price and Time", 1994

Edwards, R.D. /Magee, „Technical Analysis of Stock Trends", 1948

Eng, W.F., Technical Analysis of Stocks, Options &Futures", Chicago 1988

Etzkorn, Mark, „Trading with Oscillators", New York 1997

Fischer, Robert, „Fibonacci Applications and Strategies for Traders", New York 1993

[Teil VI] Informationen für Börsianer

Gebert, Thomas, „Der intelligente Investor", Rosenheim 1998

Hadday, Earl, „The Importance of the Opening Price", USA

Horx, Matthias, „Das Zukunfts-Manifest", Düsseldorf 1999

Jackson, J.T., „Detecting High Profit Day Trades in the Future Markets", Brightwaters 1994

Jünemann, B./Schellenberger, D., „Psychologie für Börsenprofis", Stuttgart 1997

Kase, Cynthia A., „Trading with the Odds", Chicago 1996

Kaufmann, Perry J., „Trading systems and methods, 3rd edition", New York 1998

Krämer, W./Trenkler, G., „Lexikon der popularen Irrtümer", Eichborn-Verlag, 1996

LeBeau, Ch./Lucas, D., „Börsenanalyse mit dein Computer", Darmstadt 1992

Maas, P./Weibler, J., „Börse und Psychologie - Plädoyer für eine neue Perspektive", Köln 1990

Müller, Th./ Nietzer, H., „Das Große Buch der Technischen Indikatoren", 3. Aufl., Rosenheim 1995

Murphy, John J., „Technische Intermarket-Analyse", Frankfurt 1992

Murphy, John J., „Technical Analysis of the Futures Markets", New York, 1986

Nison, Steve, „Beyond Candlesticks", New York 1994

Nefiodow, Leo A., „Der sechste Kondratieff", St. Augustin 1999

Pelz, Werner H., „Der Schlüssel zu den Börsen", Ebmatingen/Zürich 1993

Plummer, T., „The Psychology of Technical Analysis", London 1993

Pring, Martin, „Handbuch: Technische Kursanalyse", Darmstadt 1993

Pring, Martin, „Martin Prings Börsen-Techniken", Rosenheim 1994

Ruggiero Jr., Murrey A., „Cybernetic Trading Strategies", New York 1997

Schwager, Jack D., „Schwager on Futures - Technische Analyse", München 1998

Schmielewski, Frank, „Am Puls der Märkte", Frankfurt 1995

Tharp, Van K., „Trade your way to financial freedom", New York 1999

Tvede, Lars, „Psychologie der Börsenhandels", Wiesbaden 1991

Vorndran, P./Schmittwolf, B., „Einstieg in die Chartanalyse", Würzburg 1989

Wobbe, Klaus A., „Neue Entwicklungen beim Point&Figure-Charting", in: „Am Puls der Märkte", Frankfurt 1995

■ Zeitschriften

Altman, Roger, „Relative Momentum Index: Modifying RSI", in: Technical Analysis of Stocks & Commodities 2/93, S. 30-35

Baumann, Michael, „Mit dem Feind reden", in: Wirtschaftswoche Nr. 39 vom 17.9.98, S. 162-165

Bierovic, T.A., „Micro-M Top and Micro-M Bottoms", in: Futures-Magazine 9/97, S. 97-99

Blau, W., „Double Smoothed Stochastic", in: Technical Analysis of Stocks & Commodities 1/91

Cavaletti, C., „Gary Hirst: Simple yet complex", in: Futures-Magazine 12/97, S. 94

Chande, Tushar, „Stochastic RSI and Dynamic Momentum Index", in: Technical Analysis of Stocks & Commodities 1993

Chande, Tushar „Variable Index Dynamic Average", in: Technical Analysis of Stocks & Commodities 3/92

Chande, Tushar, „Rating Trend Strength", in: Technical Analysis of Stocks & Commodities 9/93

Connors, L./Bradford-Raschke, L., „Plugging gaps with ADX", in: : Futures-Magazine 4/94, S.38-40

Dinauer, J.W., „Berücksichtigung psychologischer Einflussgrößen in der Wertpapieranalyse", in: Beiträge zur Aktienanalyse, DVFA, Heft 14, Darmstadt 1976, S. 27-36

Downs, W.T., „From Technical Terms to Technical Tools", in: Technical Analysis of Stocks & Commodities 8/98, S. 43-53

Dreesbach, St., „Europa im Candlestick-Fieber", in: Optionsschein~Magazin 8/94, S.62-63

Dunkel, M., „Panik und Manien", in: Wirtschaftswoche vom 17.9.98, S.22-26

ETM, „Equivolume und Candlevolume", in: Ebert´s Terminmarkt Magazin, 3/97

Etzkorn, Mark, „Avoiding the oscillator trap", in: : Futures-Magazine 10/97, S.38-42

Florek, E., „Aroon Indikator", in: Börse NOW-Magazin 02/2000, S. 106-107

Florek, E., „Projection Oscillator", in: Börse NOW-Magazin 01/2000, S. 107-108

Florek, E., „Relative Momentum Index", in: Börse NOW-Magazin 12/99, S. 105-111

Florek, E., „Prognose von Daily Ranges", in: Börse NOW-Magazin 11/99, S. 105-107

Florek, E., „Prognosen mit Kursmustern", in Optionsschein-Magazin 10/99, S. 97-99

Florek, E., „Pattern Recognition", in: Optionsschein-Magazin 9/99, S. 97-99

Florek, E., „Bill Wolfe´s >Wolfe Waves<", in: Optionsschein-Magazin 8/99, S. 99-102

Florek, E., „Turtle Soup", in: Optionsschein-Magazin 7/99, S. 106-109

Florek, E., „Statistikfüchse Teil 2", in: Optionsschein-Magazin 6/99, S. 83-85

Florek, E., „Statistikfüchse Teil 1", in: Optionsschein-Magazin 5/99, S. 85-87

[Teil VI] Informationen für Börsianer

Florek, E., „Indikator-Generationen im Vergleich", in: Optionsschein-Magazin 4/99, S. 99-101

Florek, E., „Die Analyse von Indikatoren", in: Optionsschein-Magazin 3/99, S. 88-91

Florek, E., „Einsatz- und Kombinationsmöglichkeiten", in: Optionsschein-Magazin 2/99, S. 88-91

Florek, E., „Handelsstrategien mit dem ADX-Indikator", in: Optionsschein-Magazin 1/99, S.93-95

Florek, E., „Interaktionsanalyse", in: Optionsschein-Magazin 12/98, S. 96-99

Florek, E., „Reifezeit und Partyzeit", in: Optionsschein-Magazin 11/98, S. 92-94

Florek, E., „Die Formationsanalyse", in: Optionsschein-Magazin 10/98, S. 105-107

Florek, E., „Die Zonenanalyse", in: Optionsschein-Magazin 9/98, S. 91-91

Florek, E., „Indikatoren und ihre Linien", in: Optionsschein-Magazin 8/98, S. 94-96

Florek, E., „Der Elch-Test", in: Optionsschein-Magazin 7/98, S. 84-87

Florek, E., „Fallstricke herkömmlicher Indikatoren", in: Optionsschein-Magazin 6/98, S. 97-99

Florek, E., „Der Teufel steckt im Detail", in: Optionsschein-Magazin 5/98, S. 94-96

Florek, E., „Korrelations-Analysen", in: Optionsschein-Magazin 4/98, S. 97-99

Florek, E., „Spread- & Ratio-Analysen", in: Optionsschein-Magazin 3/98, S. 73-76

Florek, E., „Keltner Channel", in: Optionsschein-Magazin 2/98, S. 75-77

Florek, E., „Open-Kurse, Teil 2", in: Optionsschein-Magazin 12/97, S. 68-70

Florek, E., „Open-Kurse, Teil 1", in: Optionsschein-Magazin 11/97, S. 68-70

Florek, E., „Advanced Fibonacci, Teil 4", in: Optionsschein-Magazin 10/97, S. 66-69

Florek, E., „Advanced Fibonacci, Teil 3", in: Optionsschein-Magazin 9/97, S. 65-69

Florek, E., „Advanced Fibonacci, Teil 1", in: Optionsschein-Magazin 7/97, S. 62-65

Florek, E., „Jenseits traditioneller Ansätze", in: Optionsschein-Magazin 6/97, S. 69-71

Florek, E., „Point & Figure-Charts, Teil 4", in: Optionsschein-Magazin 4/97, S. 65-67

Florek, E., „Pivot-Zahlen", in: Optionsschein-Magazin 4/97, S. 63-64

Florek, E., „Grundzüge der Divergenzanalyse, Teil 3", in: Optionsschein-Magazin 1/97, S. 66-68

Florek, E., „Grundzüge der Divergenzanalyse, Teil 2", in: Optionsschein-Magazin 12/96, S. 62-64

Florek, E., „Grundzüge der Divergenzanalyse, Teil 1", in: Optionsschein-Magazin 11/96, S. 64-66

Florek, E., „Faszination Trendlinie, Teil 2", in: Optionsschein-Magazin 10/96, S. 58-61

Florek, E., „Faszination Trendlinie, Teil 1", in: Optionsschein-Magazin 9/96, S. 66-67

Florek, E., „Die Cardinal Squares", in: Optionsschein-Magazin 6/96, S. 66-67

Florek, E., „Dynamik Indikatoren, Teil 2", in: Optionsschein-Magazin 5/96, S. 66-68

Florek, E., „Dynamik Indikatoren, Teil 1", in: Optionsschein-Magazin 4/96, S. 68-69

Frey, B., „Entscheidungsanoinalien", in: Psychologische Rundschau, Heft 41/90, 67f.

Goldberg, J. ; v. Nitzsch, R., „Behavioral Finance", München 1999

Greenspan, William, „Three Turns on the Pivot Point", in: Technical Analysis of Stocks & Commodities 07/96, S. 29-32

Gronwald, S., „Kopfgeld", in: Managermagazin Juni 1999, S. 264-265

Hadik, Eric S., „What goes up..." in: Futures-Magazine, 5/98, S. 36-38

Haendeler, Erik, „Welches sind die Märkte der Zukunft", in: Optionsschein-Magazin 2/99, S. 86-87

Haendeler, Erik, „Wachstumsmotoren des nächsten Zyklus", in: Optionsschein-Magazin 3/99, S. 86-87

Hannula, Hans, „Polarized Fractal Efficiency", in: Technical Analysis of Stocks & Commodities 01/94

Horst, Sabine, „Kreativität - Erfolgreich durch Querdenken", in: Für Sie Heft 02/98

Lambert, Donald, „Commodity Channel Index", in: Futures-Magazine, Heft 10/80

Leimer, Manfred, „Ist die Menschheit zu dumm für Börsenspekulationen", Vortrag anlässlich der CTS-Strategie-Seminare vom 25.- 30. November 1991, Garten-Hotel Altmannsdorf, Wien

Lotter, W./ Vasek, Th., „Schneller! Klüger ?", in Profil, Ausgabe 44 vom 30.10.99, S. 162-168

Maas, P./Weibler, J., „Psychologie an der Börse", in: Köln-Mannheimer Beiträge zur Wirtschafts- und Organisationspsychologie, Heft 1/88 S. 83-104

Marisch, Gerald, „Breaking out of price channels", in: Technical Analysis of Stocks & Commodities 01/98, S. 93-97

Martinelli, Rick, „Pattern Recognition in Time Series", in: Technical Analysis of Stocks & Commodities 01/98, S. 62-70

o.V., „Studie: Der Psyche der Anleger auf der Spur", in: Handelsblatt vom 4.2.1999

o.V., „Was kommt nach Candlesticks?", in: Ebert´s Terminmarkt Magazin, Heft 221, S. 36-39

Pilz, Olaf, Interview mit Bill Williams, in: Ebert´s Terminmarkt Magazin, Heft 221 + 222

Poulos, Michael, „Are there persistent cycles ?", in: Technical Analysis of Stocks & Commodities 2/92

Rettberg, Udo, „Mit einer Transaktion zuschlagen", in: in: Handelsblatt vom 21.1.99, S.23

Shleifer, A./Summers, L.H., „The Noise Trader Approach to Finance, in: Journal of Economic Perspectives, Vol. 4, Nr.2, Spring 1990, S.19-33

Simons, Howard L., „Adapting Moving Averages for changing markets", in: Futures-Magazine, Heft 5/94, S. 38-40

Smith, William Q., „Combining Pattern with Indicators", in: Technical Analysis of Stocks & Commodities 11/98, S. 54-60

Star, Barbara, „Hidden Divergences", in: Technical Analysis of Stocks & Commodities 07/96, S. 21-26

Tharp, Van K., Mit Angst in die Miesen, in: Ebert´s Terminmarktmagazin, Heft 236, 8/98

Welter, Patrick, „Baukunst erfordert feste Fundamente" in: Handelsblatt vom 20.2.99, S.2

Werner, P. Wild, K.-D., Verborgene Regeln, in: WirtschaftsWoche, Nr.48, vom 26.11.93, S.114-125

Sachregister

Activity Bars 122, 139f.
ADX-Gapper 238
ADX-Indikator 129, 229, 231, 232, 234ff, 243, 269, 297
Ammenmärchen 105, 361
Anpassungsfalle 22
AROON-Indikator 247, 269
Ashby´s Gesetz 67
Auffalten des Zeithorizontes 92

Bar-Chart 94f.
Bear Setup 291f., 294
Bearish Hidden Divergence 293
Behavioral Finance 32, 455
Below 232, 237, 245, 254
börsenpsychologische NEWS-Indikatoren 47
Bremsklötze 70, 80, 374
Bull Setup 291, 293
Bullish Hidden Divergence 292
Buy-Setup 170f.

Candlestick-Chart 96, 122f., 132, 165, 319, 322
Candlevolume-Charts 130, 132
Chaikin Oscillator 216f., 218, 219, 220
Chaikin´s Volatility 259ff, 275, 277
Chande Momentum Oscillator 220, 302, 314
Channel Ranges 338
Channel-Indikatoren 103, 104, 105, 184, 304
Chart-Formationen 58, 60, 119, 154, 212f., 236, 281, 315
Commodity Channel Index 198, 455
Crossover-Minimalprinzip 299
„cut your losses short"-Gedanken 36

Darstellungsformen 53f., 58, 119, 121ff, 125, 127, 130
Datenqualität 98, 402f.
Directional Movement Index-Konzept 228
Discretionary Traders 72
Divergenz-Falle 296f.
Divergenzanalyse 221, 285, 291, 298, 454
DNS-Synthesizer 400
Double Smoothed Stochastic 453
Duration-Ansatz 332f.
Dynamic Momentum Index 261, 263, 279, 453
Dynamik des Wettbewerbs 383, 390

ECN 385f., 389, 398
Eindimensionalität 84

Sachregister

Einzelanalyse 273, 306f.
ENEXX 387, 388, 436
Equivolume-Chart 130f., 133
Eröffnungskurs-Formationen 167
Expertensysteme 53

Fallstricke der Technischen Analyse 67
False Breakouts 58, 157, 167, 184, 234, 259, 261
Fehlende Benchmarks 82
Fehlende Signalorientierung 107
Festlegen von Marktphasen 273
Fibonacci Extension 349
Fibonacci Retracement Extension 348
Fibonacci Time Extension 350f.
Fibonacci-Arc 87ff
Fibonacci-Golden-Triangle 90
Fibonacci-Pull-Extension 349
Fibonacci-Ratios 89f., 343f., 347, 351
Fibonacci-Techniken 84, 88f., 343, 350
Fibonacci-Zahlenreihe 91, 190, 343ff
Floreks Interaktionsanalyse 278, 305
Floreks Pivot-Erweiterung 362
Floreks Techno-Tempel 183
Formationsanalyse 53, 121f., 141, 154, 156, 161, 280, 454
Formelsubstitution 336

Ganns Cardinal Squares 356
GHETTO 22f.
Gleichartigkeit 112, 281
Gleitende Durchschnitte 52f., 68, 187f., 190, 201, 204, 237, 243, 275, 279f., 312, 327
Gurus 31, 76, 337, 390, 409

Handelsplattformen 26, 385, 386, 387
Handelssysteme 57, 60, 65f., 82f., 93f., 96, 105, 116, 139, 154, 167, 190, 215, 236, 260, 319, 321, 391, 407, 429ff
Hellseher 73f., 337
Historische Volatilität 236, 241, 255ff, 275
Holy Grail 240f., 308
Horizontales Abzählen 353

Identische Kurswellen 338f.
Indikator-Formationen 162, 221, 280f., 284, 303
Indikator-Korrelationen 310
Indikator-Zonen 282
Indikatoren mit Bändern 328
Indikatoren mit gleitenden Durchschnitten 327
Informationsfilter 25
Informationsgesellschaft 381ff, 390, 392, 395, 397
Informationszeitalter 382, 396
Instrumente zur Bestimmung von Handelsspannen 360
Instrumente zur Kursprognose 338
Intermarket-Analyse 50f., 94, 310, 318, 452

Sachregister

Island Reversal 122, 162f.
Jeff Coopers ADX/Stochastik 240

Kagi-Charts 126, 129f.
KAMA 183, 203, 204, 205, 265f., 442
KISS-Falle 67ff
Kita 424
Komplexe Divergenzen 294
Kondratieff-Theorie 378, 380f.
Konstruktionsfehler 103
Konzept der Preiszonen 62
Korrelationsanalyse 311f., 315
Kybernetik 67

„let the profit run"-Gedanken 208
Linien-Chart 94, 123, 321
LINUX-Effekt 81, 407f.
logarithmische Spirale 345

MACD 69, 74, 77, 99, 102, 110, 181, 183, 187, 192ff, 266, 275, 279, 283, 285, 289ff., 299f., 306f., 312, 314f., 318f., 324ff, 334
Market Profile 122, 135, 137ff
Mega-Mix-Party 334, 336
Metaphor Mixer 405f.
Micro-M Tops 165
Micro-W Bottoms 165
MK_OpenClose-Indikator 64f., 169, 173
Momentaufnahme 107f., 110f.
Momentum 69, 99ff, 113, 181f., 186, 205f., 208ff, 216f., 219ff, 235, 237, 243, 251
Morning-News-Reversal 48, 49

Nava Pattern 309
negative Divergenzen 29, 285, 287, 290
Neofundamentalanalyse 50
NEW KISS 54
Newcomer 185, 196, 215, 243, 257
Next Generation 185, 203, 222, 247, 261
NR4-Formation 166

Oberflächlichkeit 77ff
Old KISS 51f., 54, 112
Oldies 53, 58, 99ff, 185, 187, 209, 228, 250, 264f., 270
Open Source 407f.
Opening Gap Reversal-Formationen 176
Overconfidence Bias 32

Pattern 58, 112, 137, 154, 162, 166f., 173ff, 192, 197, 256, 263, 284, 309
Pivot-Preiszonen 63
Pivot-Zahlen 62f., 363f., 369, 454
Point & Figure Kurszielbestimmung 353
Point of Balance-Indikator 200
Point&Figure-Chart 353, 452

Sachregister

Point&Figure-Formationen 58, 154
Polarized Fractal Efficiency 111, 203, 207, 312f., 333, 444, 455
Popularität von Uralt-Indikatoren 99
Positive Divergenzen 286f., 290, 303
Prognose versus Trading 110
Projection Oscillator 102, 222ff, 267, 320, 450, 453

Range Targets 338, 340ff
RAVI-Indikator 243f.
Rebreak + Test 171
Reifezeit 217, 331, 454
Renko-Chart 128
RMI 183, 203, 205ff, 235, 266, 275, 277, 279, 445, 446
RSI 69, 99, 102, 108f., 113, 115, 181, 205, 209, 211ff, 220
RWI 183, 245ff, 447f.
Seasonal Trades 56
6. Kondratieff-Zyklus 380
Selektion von Einzelwerten 319
Sell-Setup 170f., 332
Spiegel eines Charts 89
Spread-Analyse 315f.
Standard-Regelwerk 77
Standardabweichung unseres Denkens 29, 34, 114
Starrheit der Zeitparameter 92
Statistikfüchse 54, 453
Stochastik 53
Stoppschilder 232, 240, 244, 253, 258, 270, 282, 303, 313f., 320, 327
Subjektivität 72, 76f.
Symmetrically Projected Resistances & Supports 366
Symmetrie der Märkte 168

TD-Range Projection 364f.
TD-Rei-Oscillator 217f.
Teamwork-Odyssee 80
Technologie-Scouts 399
Test 19, 82, 170f., 189, 277, 402, 454
Trendfolger 179, 182, 187, 189, 191, 193, 195, 211, 234, 236
Trendlinien-Differenz-Methode 143, 147, 352f.
Trendlinien-Faszination 119, 141
Trendlinien-Kreuzungspunkte 147
Trendlinienanalyse 324
Trendpsychologie 142
TRIX 183, 187, 194ff, 326, 335
Turtle Soup-Formation 279

Unterstützungs-Levels 282, 357f., 363

Versteckte Divergenzen 267, 291f., 298
Vertikales Abzählen 355
Verweildauer 217, 331
VHF 183, 257ff, 270, 275
VIDYA 183, 196, 197, 198, 449

Virtual Reality Trading 405
Visual Pattern Designer 58, 309, 428
Volatilitäts-Indikatoren 179, 184, 250, 251, 265, 270, 275, 279

Widerstands-Levels 357, 362
Wissensmanagement 392ff
Wolfe Waves 148ff, 152ff

Zeit-/Preis-Ratio 84ff, 88ff
Zeitfenster 40, 90ff, 294
Zonenanalyse 115, 199, 202, 226, 243, 247, 261, 263, 299, 301ff
Zoomen 87ff
Zweidimensionalität 84, 401